U0717852

中国哲学通史

郭齐勇 主编

学术版

清代卷

吴根友 著

A
HISTORY
OF
CHINESE
PHILOSOPHY

江苏人民出版社

图书在版编目(CIP)数据

中国哲学通史. 清代卷 / 郭齐勇主编；吴根友著.
--南京：江苏人民出版社，2021.7(2022.7 重印)
ISBN 978 - 7 - 214 - 25500 - 6

Ⅰ. ①中… Ⅱ. ①郭… ②吴… Ⅲ. ①哲学史-中国-
清代 Ⅳ. ①B2

中国版本图书馆 CIP 数据核字(2020)第 168865 号

中国哲学通史

郭齐勇　主编

清代卷

吴根友　著

策　　　划	府建明
责 任 编 辑	戴宁宁　莫莹萍
特 约 编 辑	张　欣
装 帧 设 计	周伟伟
责 任 监 制	王　娟
出 版 发 行	江苏人民出版社
地　　　址	南京市湖南路 1 号 A 楼,邮编:210009
照　　　排	江苏凤凰制版有限公司
印　　　刷	苏州市越洋印刷有限公司
开　　　本	652 毫米×960 毫米　1/16
印　　　张	37　插页 4
字　　　数	496 千字
版　　　次	2021 年 7 月第 1 版
印　　　次	2022 年 7 月第 2 次印刷
标 准 书 号	ISBN 978 - 7 - 214 - 25500 - 6
定　　　价	138.00 元(精装)

(江苏人民出版社图书凡印装错误可向承印厂调换)

目　录

第二章　方以智的哲学　72

第一节　方以智的本体论与人性论　73

第二节　方以智的科学哲学思想　83

第三节　方以智的辩证法思想　86

第四节　方以智的"全均"理想与人生哲学　93

第三章　王夫之的哲学　114

第一节　王夫之的气本论思想　117

第二节　"能必副所"与"行可兼知"的致知论　131

第三节　王夫之的伦理学与政治哲学思想　141

导　论

清代哲学大体上可以分成三个阶段：明亡之后到清康熙帝平定吴三桂叛乱之后为前期；以康熙执政三十年到道光元年为界，大体上为中期，是清代政治、经济、军事、文化的鼎盛期；道光以后直至清王朝的灭亡为晚期。

清代前期哲学思想的主要特征是清算宋明理学的理论过失，试图从理论上反省导致明王朝灭亡的学术和理论上的原因，并在反思的过程中提出了一些新的理论主张。就其理论的形态来说，可以称之为"后理学时代"（广义的理学包括心学与气学）。所谓"后理学时代"，即是通过对理学的理论反省与批判，试图给出中华文化发展的新方向。但他们的思维框架、问题意识、理论命题、哲学范畴基本上都是宋明理学所提出的，只不过他们对这些问题意识、理论命题、哲学范畴做出了新的、或相反的、或综合性的解释而已。

清代中期的哲学思想，一方面继承了明末清初的反理学思想传统，另一方面又在特殊的政治文化环境里展开新哲学思考。就理学的传统而言，这一时期的哲学思想没有多大的理论创新与突破；就反理学的思想传统而言，这一时期的哲学思想表现出了鲜明的时代特色。其主流的方法是通过考据学的方式展开哲学论述，其代表人物是戴震及其所影响的皖派学术共同体——扬州学派的一些中坚人物。而与戴震同时稍年轻一点的章学诚，则是通过史学的方式展开哲学论述，在思维方式上也表现出即器言道，即事说理的思维特征。清中期的哲学思想特征在于：以回归先秦"道论"的复古面貌展示了该时代哲学的形上学特点，以人文实证主义的方法论展开自己时代的哲学论述，从而基本上确立了不同于宋明理学以气、理、心为形上学的时代特色。

清代晚期的哲学思想，表现出相当驳杂的特色。就嘉、道时代而言，这一时段哲学思想表现出对中期哲学思想及其方法论的反思与批判，通过对现实政治问题的思考展开哲学的思考与论述，其典型的代表人物是龚自珍与魏源。就政治地位而言，龚、魏二人并不是时代的核心人物。但就思想史而言，他们无疑是该时代的精神代表。龚自珍以诗人哲学家的特有敏感，对该时代深入骨髓的问题有着清醒的认识。他提出的政治改革主张未必能付诸实践，但他提出的改革思想，尤其是对现实政治制度诸种弊病的批评，则是发人深省的。

魏源早期与中期的思想基本上属于今文经学家的阵营，并没有多少突破传统思维的地方。鸦片战争以后，他目睹了清王朝的种种政治失败，提出了众多明确的政治改革主张。特别是他提出的"师夷之长技以制夷"的思想，在文化哲学方面具有开风气之先的意义。但此时的清王朝还没有深刻地认识到自己与当时欧洲社会的巨大历史落差，因而在政治上还没有想到要彻底改革。魏源之后的晚清时代，更是一个风起云涌、波谲云诡的近代中国社会了，其哲学思想的复杂、多变，已经不是传统中国哲学所能涵盖的范围，故将魏源以后的清代哲学思想交给近代中国哲学来处理。

一、明清之际的时代特征

（一）"天崩地坼"与学术反思

明崇祯十七年（1644），明王朝在李自成率领的农民起义军的打击下，迅速地灭亡了。继后，却是满族贵族统治集团率兵入关窃取农民起义军的胜利果实，夺取了明政权，建立了清政权。这一重大的政治变故对汉族士大夫产生了巨大的心灵震撼。这一时期的主流哲学思想都是围绕着明王朝为何灭亡的政治主题，从不同的侧面展开学术与思想方面的清算。他们或批评程朱理学末流空谈心性，或批评陆王心学末流束书不观，凌空蹈虚，在理气、道器、理欲、情理、公私、君道、臣道诸方面展开新的哲学思考。黄宗羲着重从政治哲学方面反省传统专制政治的根本痼疾，写出了《明夷待访录》一书，批评专制君主以一姓之私利、一家之私法，危害天下人之公利，结果导致天下崩亡。他又从学术上批评明王朝的学术空疏无用，不研经史之弊，故要求学人研史读经，并自编《明儒学案》与《宋元学案》（未完成），一方面试图从学术史的角度来总结明亡的原因，另一方面又为保存明代诸儒的思想材料，积极肯定他们在维护儒家思想的纯正性方面所做出的度越前人的理论贡献。

顾炎武从经史两个方面反省晚明以来的学术，提出了"经学即理学"的命题，要求理学研究必须回到经学研究之中。而在经学研究的方法问题上，顾炎武也提出了新的方法，即"读经自考文始，考文自知音始"，从而为清代学术的研究提供了一种带有人文学实证特征的方法论思想。在政治哲学方面，顾炎武提出了类似黄宗羲、王夫之的分权思想，但侧重点有所不同，更偏重于用地方自治的方式来削弱后期君主专制的中央集权的力量，从而增加地方的经济与政治的活力。在政治制度改革方面，他提出了原则性的理想——"寓封建之意于郡县之中"，试图将西周的封建制的政治体制之长与秦以后郡县制之长结合起来，既保证中华民族政治上的大一统局面，又保留封建制中央权力不是过于集中，地方上有相对自治权的好处，从而形成一种新政治统治局面。可惜的是，顾氏的这一颇具想象力的政治制度改革的思想没有被后来者继续发扬光大。在政治哲学方面，顾炎武明确提出了"亡国"与"亡天下"的区别。他认为一姓君主国家的灭亡只是改朝换代，如果中华文化的文治传统灭亡了，那就是天下的灭亡。正是从这一文明的保存与灭亡的高度，顾炎武提出了"天下兴亡，匹夫有责"的光辉命题。这一光辉的政治哲学命题在近、现代中华民族的独立与解放运动中得到了积极的回应，并产生巨大的政治影响。

王夫之则从多方面总结了明亡的历史教训，在政治哲学方面提出了"必循天下之公"的政治理想，而且从三个不同的层次对"义"——即政治行为的正当性角度作出了梳理，即是一人之义、一时之义与天下之通义三个层次。他的主张是："不可以一时废千古，不可以一人废天下。"①在对待传统文化方面，提出了"六经责我开生面"的文化理想。在展望中华民族的未来命运时，王夫之提出了对"他年之道"的憧憬，"明日之吾"的希望。

方以智主要从哲学、文化上反省明王朝的灭亡，早期曾提出"坐集千古之智，折中其间"的宏伟文化理想。中晚年以后，在外在的生活形式上逃入禅门，而在思想上则是以理想中的儒家思想为主线，将孔子看作是无偏无颇的"大成钧"，以之熔铸儒释道各家思想资源，创造出一种新形态的思想与文化体系。但就其思想的最终成果来看，他又滑向了程朱理学的思想窠臼之中，未能实现自己的文化创新理想。

稍晚于他们的思想家有颜元与唐甄等人，颜元在哲学上主要批评程朱理学、陆王心学，要求以实学、实行代替理学与心学的虚玄不实之学。唐甄则从政治哲学层面批评传统专制政治的种种弊端，提出了一个非常激烈的政治哲学论断："自秦以来，凡帝王皆贼也"。他认为，现实政治中的种种弊端与危害都要归咎到帝王身上，宦官、妇人干政，小人当道，其最高的决策者、用人者无不是帝王。不仅如此，他还提出了政治的主要管理目标在于"治官"而不在于"治民"，人民应该有自由批评执政者的权利。这些颇为大胆、新颖的政治批评的声音都集中反映了明清时期进步的思想潮流，预示着中国传统社会的变化。这些新的政治思想发源于传统的民本思想，又不是传统的民本政治思想所能范围。结合世界范围内的现代化的思想潮流，我们将这些新思想统称之为中国的早期启蒙

---

① 王夫之：《读通鉴论》卷十四，《船山全书》第 10 册，第 535 页，长沙，岳麓书社，1996。

思想。

（二）"后理学时代"的问题意识及其转化

"后理学时代"的历史时间段，即是在明王朝灭亡后，清政权全面稳定之前大约五十年的历史时期。以历史人物而论，康熙三十四年（1695）明末清初三大家之一黄宗羲的逝世，标志着"后理学时代"的结束。若以政治事件为标准，则以康熙二十二年平定台湾，全面稳固了清政权为标志。就哲学思想史而言，当以黄宗羲的去世为标志。

所谓"后理学时代"，即是以广义的理学（包括气学与心学）为理论批评与改造对象的时代。这是从哲学思想史的角度对近半个世纪历史时期主流思想特征的概述。"后理学时代"的哲学问题意识均来自理学时代，但他们对理学时代里的诸命题进行了理论的改造，或从反命题的角度重新阐述理学时代的问题，如在理气、心物关系上，后理学时代的气论派思想家如王夫之就专门针对程朱理学的"理先气后"问题进行理论的批判，坚持认为气为第一性，理为气之理，气之外别无孤立虚托之理。或从合命题的角度对理气、心物关系进行重新论证，如方以智、黄宗羲等人都试图综合理、气、心三大理论流派的观点，消除三派之间的理论紧张关系。黄宗羲以气论为核心综合心学与理学的思想资源，在本体论上表现出调和论的色彩。方以智早年以气为核心建构自己的哲学本体论，中年以后则重新滑向理本论，表现出向程朱理学的回归。

在"后理学时代"，顾炎武所提出的"经学即理学""读经自考文始"两大命题，鲜明地体现了这一历史时期学术问题意识及其与宋明理学问题意识的不同面向。顾炎武对清代中期学术的影响极为深刻。前一个命题将宋明理学的问题意识转换为对经学的文献研究，后一个命题则将宋明理学思辨的哲学方法转化为一种以语言、文字、训诂为工具的语文学（philology）的实证方法，亦为后来的清学研究提供了一种新范式。不仅如此，顾炎武还开创了一种以社会调查为手段的实证方法，这与宋明学者在书斋里做学问的方式亦极不相同。此点，早年即处在反清斗争中的王夫之亦使用了初步的社会调查方法。可惜这一方法在清代学术中基本上中断了，只是在乾嘉时代后期的少数学者身上有微弱的体现，如钱大昕、王念孙、龚自珍等人重视田野里残碑、断碑的收集整理，阮元重视上古时代有字无字器皿的收集，以之作为知识考古的新材料。

王夫之的哲学著作在清初与中期的影响不是很大，然他的著作在哲学上代表了"后理学时代"的最高水平。他全面恢复了以张载为代表的气学思想流派的思想光辉，在极高的思辨与一定的实证相结合的思维水平上，推进并深化了气学的思想水平。在理气关系的问题上，王夫之坚持并论证了理不离气，气之外更无虚托、孤立之理的气本论思想立场。在理欲问题上，王夫之坚持并论证了"理不离欲"的伦理思想。在道器问题上，王夫之深刻地阐述了"道不离器，道者器之道"的道器观，另一方面又提出了"因道而审器"的光辉思想，而且对于"明日之道""他年之道"抱有乐观的理想主义情怀。

王夫之在批评理学的过程中，逐步建立起以气为本体的气本论哲学①，并在气本论的理论基础上，非常邃密地讨论了理气关系，并进而讨论了道器关系，理事、理势关系，理欲、情理关系等。其所坚持的是"即事以穷理"的经验的、归纳的思维方式，其所反对的是"立理以限事"的超验的、演绎的思维方式。在"理势"关系问题上，强调"理势相成"，在理欲关系、情理关系的问题上，坚持"人欲之各得，即天理之大同"②，"王道本乎人情。人情者，君子与小人同有之情"③等进步的思想观念。《张子正蒙注》一书集中体现王夫之气本论思想，在书中，王夫之通过对张载著作的

---

① 张学智认为，王夫之在继承了气本论，特别是张载的思想的基础上，建立了一个以"太极"为根本概念的本体论哲学。太极与万物的关系论是王夫之的形上学，而有关"气的存在方式、气的性质、气的演化过程等方面"的论述，可以看作他的自然哲学。参见张学智《明代哲学史》，第553—564页，北京，北京大学出版社，2000。蒋国保认为，"气是王夫之哲学的最高范畴"，并花费了大量地笔墨论证了这一基本思想。参见王茂、蒋国保等《清代哲学》，第六章，合肥，安徽人民出版社，1992。萧萐父、许苏民合著的《王夫之评传》亦认为，王夫之哲学的本体论是以"气"为本、"理寓于气"、"絪缊化生"的"实有论"。本书认同气本论的说法。参见萧萐父、许苏民《王夫之评传》，南京，南京大学出版社，2002。
② 王夫之：《读四书大全说》卷四，《船山全书》第6册，第639页。
③ 王夫之：《四书训义》卷二十二，《船山全书》第8册，第90页。

哲学注释，比张载更加明确地阐发了气本论。在张载《正蒙》一书中，由于其核心概念之一"太虚"一词的模糊性，后人对张载哲学遂有了不同的解释。① 王夫之则明确地将"太虚"解释成气。他说："人之所见为太虚者，气也，非虚也。虚涵气，气充虚，无有所谓无者。"② 又说："虚空者，气之量；气弥纶无涯而希微不形，则人见虚空而不见气。凡虚空皆气也，聚则显，显则人谓之有；散则隐，隐则人谓之无。"③"阴阳二气充满太虚，此外更无他物，亦无间隙，天之象，地之形，皆其所范围也。"④

在理气关系的问题上，王夫之坚持理气不分、理依于气、气不离理的观点。在《读四书大全说》中，对这一问题有较多的论述，如他说："理即是气之理，气当得如此便是理。理不先而气不后。理善则气无不善；气之不善，理之未善也。"又说："理只是以象二仪之妙，气方是二仪之实。健者，气之健也；顺者，气之顺也。天人之蕴，一气而已。从乎气之善而谓之理，气外更无虚托孤立之理也。"⑤"气之妙者，斯即为理。气以成形，而理即在焉。两间无离气之理，则安得别为一宗，而各有所出？"⑥

与朱子将"理"界定为"物之所以然"的思想不同，王夫之将"理"看作是一种秩序。他说："理者，天所昭著之秩序也。"⑦ 又说："凡言理者有二，一则天地万物已然之条理，一则健顺五常、天以命人而人受为性之至理。二者皆全乎天之事。"⑧

因此，在王夫之的思想体系中，"理"既是表征万事万物固有的"条理"，也是"健顺五常之气"下落为人性的"性理"，因而是一种伦理。

---

① 参见丁为祥《虚气相即：张载哲学体系及其定位》，第51—70页，北京，人民出版社，2000。
② 王夫之：《张子正蒙注》卷一，《船山全书》第12册，第30页。
③ 王夫之：《张子正蒙注》卷一，《船山全书》第12册，第23页。
④ 王夫之：《张子正蒙注》卷一，《船山全书》第12册，第26页。
⑤ 王夫之：《读四书大全说》卷十，《船山全书》第6册，第1052页。
⑥ 王夫之：《读四书大全说》卷五，《船山全书》第6册，第716页。不过，王夫之在此段接下来又说："气凝为形，其所以成形而非有形者为理。"实际上，其又没有跳出朱子的"所以然者"为理的思想束缚。
⑦ 王夫之：《张子正蒙注》卷三，《船山全书》第12册，第136页。
⑧ 王夫之：《读四书大全说》卷五，《船山全书》第6册，第716页。

　　黄宗羲在修正心学的过程中，逐渐建立起了以气为本体的哲学体系，并在气本论的基础上，深入地讨论了心气理三者之间的关系。黄宗羲通过对明代诸儒思想的整理与反思，建立起了自己的气本论思想体系。他通过对明代气论思想家罗钦顺、王廷相等人在理气问题上得失的分析与批判，提出了自己的气本论观点。而且，他一再反对儒者"视理为一物"的观点。在《胡直学案》中，他说："夫所谓理者，气之流行而不失其则者也，太虚中无处非气，则亦无处非理。孟子言万物皆备于我，言我与天地万物一气流通，无有碍隔。故人心之理，即天地万物之理，非二也。若有我之私未去，堕落形骸，则不能备万物矣。不能备万物，而徒向万物求理，与我了无干涉，故曰理在心，不在天地万物，非谓天地万物竟无理也。"黄宗羲的结论非常有意思："故世儒之求理，与释氏之不求理，学术虽殊，其视理在天地万物则一也。"①

　　在黄宗羲看来，所有将工夫与本体分成两橛的学问，问题都出在"认理气为二"的根子上。所以，他一再强调："造化只有一气流行，流行之不失其则者，即为主宰。非有一物以主宰夫流行。然流行无可用之功，体当其不失则者而已矣。"②

　　在气本论的前提下，黄宗羲认为，理气论与心性论应当是统一的。他说："人受天之气以生，只有一心而已。而一动一静，喜怒哀乐，循环不已。当恻隐处自恻隐，当羞恶处自羞恶，当恭敬处自恭敬，当是非处自是非。千头万绪，纷纭轇轕，历然而不能昧者，是即所谓性也。初非别有一物立于心之先，附于心之中也。"③他的观点非常明确："夫心只有动静而已，寂然不动，感而遂通，动静之谓也。情贯于动静，性亦贯于动静，故喜怒哀乐，不论已发未发，皆情也，其中和则性也。""凡动静者，皆心之所为也，是故性者心之性。舍明觉自然、自有条理之心，而别求所谓性，亦犹

---

① 黄宗羲：《宪使胡庐山先生直》，《黄宗羲全集》第 7 册，第 593 页，杭州，浙江古籍出版社，2005。
② 黄宗羲：《同知刘师泉先生邦采》，《黄宗羲全集》第 7 册，第 505—506 页。
③ 黄宗羲：《文庄罗整庵先生钦顺》，《黄宗羲全集》第 8 册，第 408—409 页。

舍屈伸往来之气，而别求所谓理矣。"①

关于气、理、心、性之间的相互关系，在《与友人论学书》中黄宗羲表述得最为明确。他说：

> 夫大化之流行，只有一气充周无间。时而为和，谓之春；和升而温，谓之夏；温降而凉，谓之秋；凉升而寒，谓之冬。寒降而复为和，循环无端，所谓生生之为易也。圣人即从升降之不失其序者，名之为理。其在人而为恻隐、羞恶、恭敬、是非之心，同此一气之流行也。圣人亦即从此秩然而不变者，名之为性。故理是有形（见之于事）之性。性是无形之理，先儒"性即理也"之言，真千圣之血脉也。而要皆一气为之，《易传》曰："一阴一阳之为道。"盖舍阴阳之气，亦无从见道矣。②

上述黄宗羲关于理气性三者之关系的论述，实为乾嘉时期戴震理气论、心性论思想之近源。对于此点，目前汉语学术界似乎还很少有学者对之进行深入论述。20世纪初，胡适、钱穆等人在讨论戴震哲学思想的来源问题时亦未注意到这一点。

顾炎武对理气关系没有直接的论述，但在他有限的关于"气"的论述中，明确地说过"盈天地之间者，气也"③的观点。而有学者认为，从他提出的"非器则道无所寓"的观点中，推论他有"非气即理无所存"的理气观，"至少在逻辑上是无可怀疑的"。④ 其实，顾炎武的反理学思想，其主要成就并不在于哲学思辨方面，而在于学术方法层面。在《施愚山书》中，他提出了"古之所谓理学，经学也"的命题。他说："理学之传，自是君家弓冶。然愚独以为理学之名，自宋人始有之。古之所谓理学，经学也，非数十年不能通也。"⑤后来，全祖望在《亭林先生神道表》中对此观点转述为"经学即理学也"。全氏评顾炎武道："晚年笃志《六经》，谓古今安得

---

① 黄宗羲：《文庄罗整庵先生钦顺》，《黄宗羲全集》第8册，第409页。
② 黄宗羲：《与友人论学书》，《黄宗羲全集》第10册，第152页。
③ 顾炎武：《游魂为变条》，《日知录集释》卷之一，黄汝成集释，第22页，长沙，岳麓书社，1994。
④ 参见许苏民《顾炎武评传》，第202页，南京，南京大学出版社，2006。
⑤ 顾炎武：《施愚山书》，《顾亭林诗文集》，第58页，北京，中华书局，1959。

别有所谓理学者，经学即理学也。自有舍经学以言理学者，而邪说以起，不知舍经学则其所谓理学者，禅学也。"①这样，理学思想传统内部的形上思考被经学的一些具体问题所取代，由顾氏提出的命题出发，清代乾嘉学者正是通过经学的实证研究，取代了理学的抽象思辨，通过对天道与道的思考与追求，形成了乾嘉时代哲学的特有风格，而戴震将宋明儒者的"天理"或形上之"理"解构为分理，凌廷堪将"理"替换为"礼"，可以看作是顾氏思想影响的结果。

颜元在理气关系问题上，大体上亦持"理气不二"的观点。他批评程子、朱子"理善气恶"的观点时指出："若谓气恶，则理亦恶，若谓理善，则气亦善。盖气即理之气，理即气之理，乌得谓理纯一善而气质偏有恶哉！"②他作《性图》一篇，并配有图画，阐明"理气融为一片"的道理，认为"阴阳二气，天道之良能也，元、亨、利、贞四德，阴阳二气之良能也；化生万物，元、亨、利、贞四德之良能也"；并质问道："噫！天下有无理之气乎？有无气之理乎？有二气四德外之理气乎？"③

对于"天是理"的说法，颜元有自己的解释。他说："天兼理、气、数，须知我与天是一个理，是一个气、数；又要知这理与气、数是活泼，而呼吸往来、灵应感通者也。若不看到此，则'帝谓文王'、'乃眷西顾'、'予怀明德'等皆无著落，皆为妄诞矣。"

"天"为何是理、气、数呢？颜元的回答是："为寒热风雨，生成万物者气也，其往来代谢、流行不已者，数也，而所以然者，理也。"④

不过，在理与气究竟何者更为根本的问题上，颜元似乎没有明确地说明。因而其"理气观"虽有反宋儒理先气后的意思，但与王夫之、黄宗羲明确地承认"气先理后"的思想还是有相当大的区别。他至少不能被

---

① 全祖望：《亭林先生神道表》，《全祖望集汇校集注》上，朱铸禹汇校集注，第 227 页，上海，上海古籍出版社，2000。
② 颜元：《驳气质性恶》，《颜元集》上，王星贤等点校，第 1 页，北京，中华书局，1987。
③ 颜元：《驳气质性恶》，《颜元集》上，王星贤等点校，第 19—22 页。
④ 颜元：《颜习斋先生言行录》卷上，《颜元集》下，王星贤等点校，第 627—628 页。

称为气本论者。

（三）实学的兴起与西学的传入

按照思想史的一般说法，自晚明以后，中国传统社会兴起了一股实学思潮。葛荣晋将实学规定为"实体达用之学"，大体上包括两个层面，一是经世致用之学，二是实测之学，即今天意义上的自然科学。① 在我们看来，"实学"思潮，其实是一股重视"经世致用"之学的思想潮流。依照中国"内圣外王"的传统学术二分构架来说，实学思潮即是一股偏重于"外王学"的思潮。其中既包括社会政治思想，也包括对自然科学技术加以重视的思想。特别是后一点，由于与西方耶稣会士在传教过程中带来的西方科学知识的相互结合，对当时中国士大夫阶层部分先进人士的思想产生了一定程度的积极影响，从而引起了他们思想上的一些微妙的变化。

实学一词的历史语义比较复杂，宋儒程颐为了把自己尊奉的儒学与佛、道二教的学术区别开来，也自称儒学是实学，而称佛、道之学为虚学。晚明清初学术界所说的实学，则是把外王学的学问称之为实学，而将宋、明儒者的理学、心性之学称之为虚学。但若仅就明清之际的实学一词来说，主要是指经世致用之学与实测之学。就"经世致用"之学的面向而言，明末清初实学的兴起与东林学派密切相关。东林党领袖人物之一顾宪成曾批评当时社会的讲学不关世道百姓，认为这是可耻的行为。他说："官辇毂，念头不在君父上；官封疆，念头不在百姓上；至于水间林下，三三两两，相与讲求性命，切磨德义，念头不在世道上，即有他美，君子不齿也。"②由于东林党人在自己的聚会之中常常是"裁量人物，訾议国政"，其结果是"天下君子以清议归于东林，庙堂亦有畏忌"③，故当时社会将各种有关国家政治的事件都归到东林党人身上。这一方面给东林党人带来了过多的荣誉，另一方面也给东林党人带来了巨大的政治压力。黄宗羲对此有生动的描述："言国本者谓之东林，争科场者谓之东林，攻逆阉

---

① 葛荣晋主编：《中国实学思想史》上卷，导论，第1—9页，北京，首都师范大学出版社，1994。
② 黄宗羲：《端文顾泾阳先生宪成》，《黄宗羲全集》第8册，第731页。
③ 黄宗羲：《端文顾泾阳先生宪成》，《黄宗羲全集》第8册，第731页。

者谓之东林，以至言夺情奸相讨贼，凡一议之正，一人之不随流俗者，无不谓之东林。"①这种影响固然并非完全符合历史实际，但东林党人在政治生活中以清议干政却是事实。"熹宗之时，龟鼎将移，其以血肉撑拒，没虞渊而取坠日者，东林也。……数十年来，勇者燔妻子，弱者埋土室，忠义之盛，度越前代，犹是东林之流风余韵也。一堂师友，冷风热血，洗涤乾坤。"②黄宗羲的父亲黄宗素就是东林党人之一，而黄宗羲早年、中年积极参与政治斗争就与其家庭背景密切相关。他在政治哲学方面高度肯定士大夫"清议"的价值，就与其目睹而经历的东林党人政治实践有深刻的内在联系。他说："清议者，天下之坊也。夫子议臧氏之窃位，议季氏之旅泰山，独非清议乎？清议熄，而后有美新之上言，媚奄之红本，故小人之恶清议，犹黄河之碍砥柱也。"③黄宗羲如此看重清议的政治价值，与顾炎武重视"清议"在政治生活与社会生活中的重要性，其思想脉络如出一辙。

就"实测之学"的面向而言，明清之际的实学思潮其实包含两个方面的内容，一是中国传统自然科学出现了一些总结性的著作，二是西方耶稣会传教士带来的西方科学知识对于中国社会的影响。就中国传统科学带有总结性的著作来看，这一时期出现的《本草纲目》《农政全书》《天工开物》等最有影响。李时珍（1518—1593）于1590年编成《本草纲目》一书，该书集中国历代本草药物之大成。徐光启（1562—1633）的门人陈子龙在徐氏逝世后六年，即1639年编成《农政全书》，该书反映了中国农业科学的伟大成就。宋应星（1587—1666）于1637年撰写出了《天工开物》一书，该书集中反映了中国手工业的技术成就。朱载堉（1536—1612）于1606年编成《乐律全书》，将数理理论应用到音乐实践方面。除此还有一些技术性的著作也相继问世，如邢云路的《古今律历考》、茅元仪的《武备志》、赵士祯的《神器谱》、计成的《园冶》、方以智的《物理小识》

---

① 黄宗羲：《东林学案》，《黄宗羲全集》第8册，第726页。
② 黄宗羲：《东林学案》，《黄宗羲全集》第8册，第727页。
③ 黄宗羲：《东林学案》，《黄宗羲全集》第8册，第726—727页。

等。而像程大位撰于 1592 年的《算法统宗》，作为一本普及类数学书，曾多次重版，体现了明末社会在以算盘为中心的计算时代里对应用数学的高度关注。

就西方自然科学知识的传入而言，晚明时期耶稣会传教士来华传教的过程中附带而来的科学技术知识对中国社会，特别上层知识界的思想变化产生了巨大的引发作用。明万历九年（1581），意大利人利玛窦来华，自此时起到清乾隆年间约二百年，大约有数百名传教士来华，其中有译著者七十余人，译述书籍达三百七十余种，其中属于科学技术类的著作约一百二十余种。在来华传教士中，利玛窦、汤若望、罗雅谷、南怀仁四人著述最多，共达七十五种。他们与中国学者徐光启、李之藻、李天经等合作完成的《崇祯历书》一百三十七卷。清初，经汤若望修订为《西洋新法历书》一百零三卷，清廷采用时命名为《时宪书》。该书在官方历书之后流行于社会。这表明西方的天文历法知识为中国官方所接受，这是颇具政治意义的。在传教士所传入的西学知识中，利玛窦与徐光启合译的《几何原本》（上）一书最为重要，该书后来对中国数学，特别是几何学，产生了重大的影响，而且对于中国学术研究方法、哲学思考方式都产生了重大影响。明末李之藻主编的《天学初函》五十二卷，内含译著十九种——其中教义编（"理编"）与科技编（"器编"），大体各占一半。清康熙帝本人也酷爱欧洲科学，曾编定《数理精蕴》五十三卷，总结中西数学，又组织人编成《历象考成》四十二卷，总结中西天文历法。而这两部书都以西洋方法为主。雍正、乾隆两朝，又续订《历象考成后编》十卷。《后编》已经采用开普勒第一、第二定律，即太阳沿椭圆轨道绕地球运行之说和欧洲最新的数据。除数学、天文与历法知识，自明末传入的西学知识还有世界地理知识、机械学、水利学以及火炮、钟表等技术。康熙以后，出于罗马教廷与当时中国朝廷关系的恶化，中西之间的文化与学术交流被迫中断，乾隆后几乎全部中断，直到鸦片战争失败被迫签订了一系列不平等条约之后，中西之间的文化与学术交流才以一种病态的方式再度展开。从 18 世纪 40 年代到 19 世纪 40 年代的一百年里，中国与西方之间的距离被急剧的拉大。18 世纪是西欧的科学技术日新月异与思想革命不断翻新的时代，而中国社会则沉浸在自大、自满之中。官方的学术则以程朱理学为意识形态，而整个社会的学术则被挤压在一个非常狭窄的古典文献的研究之中。考据学成为乾隆与嘉庆时代的主流学术。在这一考据学的思潮之中，虽也有少数思想者如戴震提出了非常深刻的哲学思想，章学诚提出了非常精彩的历史文化哲学思想，但就整个时代而言，缺乏足够的思想活力，尤其缺乏对自然与社会的探索热情。

二、清代社会、政治生态与思想界的反理学思潮

清初社会是一个矛盾丛生、各种社会力量此消彼长的时代。但就主要的社会矛盾而言，大体上表现为三种矛盾。其一，最为直接的矛盾就是满汉之间的民族矛盾。其二，满族贵族政权的现实政治、军事斗争的需要与在汉族地区长期统治之间的矛盾，这是政治策略方面的现实与长远之间的矛盾。其三，与此种政治策略上矛盾密切相关，表现为更加深刻的经济、政治关系方面，落后的满族的农奴制与汉族地区已经进入地主阶段经济后期的经济与政治关系的矛盾。面对如此复杂的社会矛盾，满族贵族统治集团在政治政策、经济政策、文化政策方面采取了一系列有效的手段，一方面迅速稳定了社会局面，另一方面也很快适应了新的经济生产方式，从根本上稳固了满清贵族的政权。

满清贵族政权从根本性质上说是一个满族贵族与汉族地主阶级联合的政权，在思想意识形态、政治制度上基本延续着明王朝的统治形式，这便是"清承明制"。康熙皇帝表彰理学，雍正皇帝在表彰儒学的同时又兼容佛、道二教；乾隆皇帝又重新表彰理学，尤其是展开大规模的编纂图书活动，以便统一思想。《四库全书》的编纂是乾隆皇帝实行文治的一大手段，客观上也有利于古代典籍保存的一面，但同时也是破坏、毁坏古代典籍的活动。康、雍、乾三朝，从整体上说是清代社会、政治、经济由动荡、混乱、凋敝走向稳定，并逐渐走向繁荣的历史时期，但从哲学思想的

角度说，却是越来越缺乏思想创新的空间。一大批读书人重新被禁锢在科举考试与官方钦定的教科书范围里，继续重复着宋明以来诸儒的说经、解经思想工作，只有极少数士人不甘沉沦于陈言之中，在考据学的夹缝里发表一些对时政与程朱理学的不满之言。

（一）反理学思潮与考据学的兴起

明末至清中叶前期的"反理学思潮"可以从两个层面来看。明王朝的灭亡，促使一大批汉族士人开始反省明王朝失败的理论根源，从而形成了"后理学时代"的反理学思潮。这一时期的反理学思潮主要表现为对理学各主要理论命题的修正与调整。清初至乾嘉考据学兴起之时的反理学思潮，一方面与后理学时代有千丝万缕的内在联系，但也与乾隆时代提倡典籍整理的官方汉学运动有密切的内在联系。就思想的联系而言，清初颜元与前期的李塨主要继承了"后理学时代"反理学思潮的精神气质，同时也体现了北方儒者的某些精神特点，以重"实行""实事"的外王学为主要倾向。而发源于清初的民间考据学运动，实际上是受顾炎武"读九经自考文始"的经学思想影响。从康熙到乾隆时代全面整理中国古代典籍的官方文化整理活动，其实是一场政治运动。康熙时代《古今图书集成》的编纂活动，乾隆时代《四库全书》的编纂活动，实际上是清王朝有意识展开的一场"文治"运动，以配合他们在战场取得胜利的"武功"。此"文治"运动其实还暗含着彻底肃清思想上异己的汉族士大夫分子，拉拢一大批中间的士大夫，从而牢固确立清王朝的政治正统地位。乾隆、嘉庆年间学界兴起的普遍反理学思潮，与官方提倡的"汉学"密切相关，但这其中亦有分别。以戴震为代表的反理学思想是建立在"气化即道"的哲学形上基础之上，通过对"天理"的解构，以分理为"核心"范畴，并通过"由字通词，由词通道""一字之义当贯群经"，典章制度、科学技术史的实证研究和"大其心以体古贤圣与天地之心相协"的系统人文实证方法，从而建立了新的认识论、伦理学思想体系。而以章学诚为代表的历史文化哲学思想，则通过"三人居室而成道"的新道论思想，再次强调"道不离器""即事言理"的哲学思想路线，并大胆论断"六经皆器"，重新阐述"六经皆史""言性命必究于史"等哲学命题,在哲学认识论与方法论方面策应了戴震的反理学思想。

清初的考据学与晚明以降的古典文献整理运动有关,以清代明的巨大政治变故虽然暂时地打断了这一历史进程,但在清政权的全面建立并稳定之后,这场古典文献整理运动又以新的方式展开了。

阎若璩的《尚书古文疏证》是清初考据学的重要代表著作,该书以考据学的方式展开了对宋儒核心思想——道统论的批判。阎氏的《尚书古文疏证》并没有表达多少哲学思想,但对伪古文《尚书》的证伪活动,间接地打击了朱熹一再强调的理学心传十六字:"人心惟危,道心惟微。惟微精一,允执厥中"的神圣性,表明朱熹所强调的理学心传十六字根本不是先秦儒家的思想。而毛奇龄的《四书改错》则是从另一个角度展开了对宋儒构造的新经学传统的批判。他曾分三十二门,列四百五十一条,用了二十二卷的篇幅批评朱子《四书集注》的错误。其中有些指摘并不一定成立,但其所具有的思想震撼意义不可小视。可惜后来毛奇龄自毁此书版本,故此书在当时并未广泛流行。这表明当时政治上的高压对于士人思想与心理的深刻影响。

在民间的古典文献整理过程中,吴派代表人物惠栋的贡献不可不提。他继承家学,在经学研究方面开创了新的风气,对清代学术产生了重要的影响。惠栋与戴震所开创的吴派与皖派"汉学",成为清代乾嘉考据学的主流学术形态。然而吴派"汉学"长于稽古而弱于思想体系的建构,使其在哲学思想史上所占的地位不高。

清代的考据学其实是晚明以降实学的一种变种,他们在文、史领域里展开古代文字字义、古音、历史事实的还原性研究,休现了一种"实事求是"的哲学精神。晚明以降的疑古思想在清代考据学的阶段逐渐变为一种"求真""求是"的思想。因此,从哲学精神的角度看,清代考据学在古典人文学研究的领域里体现了一种科学的求真、求是精神。考据学家们隐藏了自己的思想与价值追求,以追求纯粹客观性的知识与真理为表相,曲折地表达了他们对官方政治高压的反抗,展示了他们的学术理性与思想倾向。康、乾"盛世"的文治武功，治统与道统的合一，再加上现实的文字狱的迫害，使得这一时代的士人无法享有宋儒时代"不杀士大夫"的特殊宽松的政治环境。像戴震这样敢于斥责官方意识形态化理学"以理杀人"现象的哲人，毕竟是凤毛麟角。因此，从政治环境来看，清代考据学与清代康、雍、乾三朝的文字狱迫害士人的残酷政治镇压运动也有直接的关系。

当然，清代的官方意识形态还是程朱理学那一套思想，这套思想是社会生活的主流意识形态，而且因为科举制度的影响也有大批士人信奉程朱理学。但就思想与学术的活力而言，无论是程朱理学，还是陆王心学的信奉者，他们在理论上实在已经拿不出任何新的东西。其实，就最高统治集团而言，他们连理学家们以道统自居的心理也要加以摧毁。康熙经常斥责理学名臣的虚伪，其实就是要彻底剥夺士人的精神自主性。理学家们想做一个真正的理学家的机会也没有，更何谈发展理学思想呢？清代理学与心学思想之所以不能发展、更新，并非仅仅是考据学的兴盛导致的结果，最为深层的原因是极端残酷的专制政治的文化政策所导致的结果。考据学只是士人们为了保持与专制政治淫威的距离而自觉选择的一种学术与人生的生存方式，而理学家们则自觉或不自觉地成为专制政治的帮闲与牺牲品。学术界长期存在着一种观点，以为是考据学的兴起导致了理学与心学的衰微。这其实是倒果为因的说法，忽视了学术思潮与社会政治环境的密切关系。

（二）乾嘉时代与中国哲学的新转向

学术界常用简明的短语来概括一个相对长时间段的学术与思想的特征，如先秦诸子、汉唐经学、魏晋玄学、宋明理学等，而对于清代学术常常冠以"清代考据学"或"乾嘉考据学"。从哲学形态来看，清代哲学从根本特征来看是以道论为形上学，以人文学的实证方法为方法论体系的新哲学形态。简言之，可称之为"人文实证主义哲学"。现代新儒家群体多否认清代有哲学，这是他们的思想立场与价值偏好所导致的。这与现代西方逻辑实证主义哲学否认西方传统哲学有异曲同工之妙。借用现代逻辑实证主义或分析哲学的话语来说,哲学是一个有"意义"而无固定"指称"的语词,没有任何人、任何哲学流派可以垄断"哲学"一词的定义权,人们可以从不同的角度来丰富"哲学"一词的内涵。

乾嘉时代不仅有属于他们自己时代的哲学,而且开启了中国传统哲学的新方向,这种新方向即是:通过人文实证的方法,如语言、文字训诂法,典章制度史研究法或曰知识考古法,"言性命必究于史"的历史学方法,"大其心以体古贤圣与天地之心相协"的哲学诠释法等,展开对道、天道、心、性、命、才、情、欲、理、气、器、仁、礼、一贯、权等传统哲学概念的重新解释,从而形成了乾嘉时代特有的哲学精神。

乾嘉时代的哲学转向进入到嘉道时期之后基本上中止,其代表性人物以龚自珍为代表。他是皖派汉学中坚人物段玉裁的外孙,自幼就学习训诂学一套知识,长大后却不屑于从事文字训诂学,对时势、政治有高度的敏感,年轻时就写出了《明良论》这样政治时势的评论性文章。后又师从公羊学大家刘逢禄,以今文经学关怀现实政治的方式从事学术研究与思想性的批判工作。而与龚自珍同时代却晚于龚自珍去世的魏源,则共同推进了嘉道以后学术与思想风气的变化。清代哲学在后期的思考更加关注现实的政治问题,而且逐步与西方传来的新思想相结合。中国传统哲学自宋明以降自足的发展历程在嘉道以后逐渐终结,代之而起的是中国与西方哲学的对话,而且主要是借用西方文化与哲学的新观念来重新诠释中国哲学的新的思想历程。

（三）嘉道之际社会的新矛盾与哲学问题意识的再次转变

嘉庆、道光之际,正是清代社会由盛转衰的过渡时期。从政治上说,康、雍、乾三朝残酷的文字狱有所缓和,文人的言论环境有所宽松。而从经济上说,由于乾隆朝的政治腐败,吏治松弛,导致国家财政紧张。然而江南地区的新经济势力又有所增长。乾隆朝后期,中央与地方的矛盾有所激化,少数民族矛盾上升。大、小金川之战耗费了清政府的大量财政。而终嘉庆朝二十余年,白莲教势力的兴起又进一步耗费了国家的财力。道光朝,则因为不断出现地方暴动,更进一步动摇了清政权的基础。此时，西方列强也开始向这个偌大的王朝靠近，不断地试探着如何打开这个帝国的大门。而自雍正五年（1727）始，鸦片开始不断地进入中国。从雍正五年的二百箱，到乾隆二十二年（1757）的一千箱，到道光元年（1840）的七千八百八十九箱，鸦片对于中国社会的负面影响也越来越大。正是在这一系列的矛盾冲突之中，嘉道时期的哲学问题转向了对现实政治与社会问题的关注，政治改革的呼声在士大夫阶层兴起。其中龚自珍、魏源二人代表了这一时期前后两段的时代先声。

嘉道时期的社会问题主要是传统社会内部发展的自然之势形成的。由于政治上的安定，人口的急剧增加，形成了地少人多的矛盾。据不完全统计，乾隆末年，全国人口已经增加至三亿零七百四十六万，比康熙四十九年（1710）人口增加十五倍之多，而此时的人均耕地也只有三亩。到了道光二十年，全国人均耕地只有二亩二分五厘，而此时的人口已经增至四亿一千万。再加上大官僚、大地主、大商人的土地兼并，这种人多地少的矛盾变得更加突出。乾嘉时期的著名学者洪亮吉曾对此问题有过十分形象的描述。他粗略地统计：天下太平百余年，户口比三十年前增加五倍，比六十年前增加十倍，比百年前增加超过二十倍。以一个家庭为例，一家生三个男孩，长大后娶了媳妇，加上父母，就有八人。八口人再增加二个帮工，就有十人。十人居屋要十间，满足每人每年的口粮就需要一顷的田地。八人之后再到孙辈，就会有二十余人，再到玄孙，就会增加五六十倍，如此一来，土地必然出现不足。① 他把自己生活的时代与五十年前的情况做了一个对比："今则不然，为农者十倍于前而田不加增，为商贾者十倍于前而货不加增，为士者十倍于前而佣书授徒之馆不加增，且昔之以升计者，钱又须三四十矣；昔之以丈计者，钱又须一二百矣。所入者愈微，所出者益广，于是士农工贾各减其值以求售，布帛菜米又各昂其价以出市，此即终岁勤动，毕生皇皇，而自好者居然有沟壑之忧，不肖者遂至生攘夺之患矣。然吾尚计其勤力有业者耳，何况户口既

---

① 《洪亮吉集》第 1 册，刘德权点校，第 14—15 页，北京，中华书局，2001。

十倍于前,则游手好闲者更数十倍于前,此数十倍之游手好闲者遇有水旱疾疫,其不能束手以待毙也明矣,是又甚可虑者也。"①

再加上传统农业抵抗自然灾害的能力又比较弱小,在地域辽阔的中国版图上,每年各地不是发生旱灾就是水灾,或者是蝗虫灾害,有时这些灾害在不同地区同时发生,这就更使普通民众的生活不堪其忧了。嘉庆十八年(1813),河南卫辉府因为特大干旱,贫民以草根树皮度日,官道两旁的柳叶都被摘尽。② 道光二十一年六月,黄河在祥符县决口,开封城内积水"深及丈余",有钱人皆买舟逃去。水灾过后,人皆失业,"富者贫,贫者丐,迫于饥寒"。③

乾隆朝发生了多起农民暴动与起义的事件。乾隆三十九年山东王伦领导的农民起义,揭开了乾隆朝内地农民起义的先声。乾隆四十六年,在甘肃循化爆发了苏四十三领导的撒拉族人民起义,乾隆四十八年又爆发了田五领导的回民起义。乾隆五十一年在台湾又爆发了林爽文领导的汉族、高山族农民起义。乾隆五十九年,在贵州暴发了石柳邓领导的苗民起义、湖南石三保领导的苗民起义。而影响最大的是嘉庆元年在川、陕、楚交界的白莲教起义。该起义历时九年半,影响波及四川、湖北、陕西、河南、甘肃五省,让清王朝调集了十六个省的兵力,动用了二亿多两银耗,这个数字相当于清王朝四年的全部财政收入,严重地动摇了清王朝的统治根基。

白莲教被镇压之后,在山东又出现了天理教起义,天理教被镇压之后,在陕西又出现三门峡木工的武装斗争。而在道光六年,新疆又出现了张格尔的叛乱。这些军事事件,严重动摇了嘉、道之时清政权的根基。

嘉道时期的哲学问题意识主要转向了两个方面,一是从乾嘉时期的考据学转向了今文经学,二是转向了对社会政治问题的关注,特别是对

---

① 《洪亮吉集》第 1 册,刘德权点校,第 15—16 页。
② 《清实录》,嘉庆朝,卷二六七,嘉庆十八年三月。转引自戴逸主编《简明清史》第 2 册,第 360—361 页,北京,人民出版社,1984。
③ 转引自戴逸主编《简明清史》第 2 册,第 360 页。

边疆地理问题、民族问题的关注。鸦片战争以后，中国传统哲学的问题意识迅速转向如何向西洋学习以争取中国的主动性，其代表性的主张是魏源提出的"师夷之长技以制夷"。中国传统哲学也由此转向了自己的近、现代的历史时期，在新的中西政治、经济、军事、文化的冲突与交流中，展开了中国哲学的近、现代历程。

第一章　黄宗羲的哲学思想

　　黄宗羲（1610—1695），字太冲，号南雷，别号梨洲，浙江余姚人。其父黄尊素为东林党著名领袖，因揭发魏忠贤而被害。青年时代的黄宗羲继承父志，成为"复社"领袖，同阉党余孽继续斗争。明朝灭亡后，清兵入关，他激于民族义愤，组织"世忠营"，开展抗清斗争。抗清失败后，他曾四处漂泊流亡，一度远赴日本。他晚年总结自己一生的政治活动，几次濒临死亡的人生经历而仍然义无反顾的心路历程道："锋镝牢囚取次过，依然不废我玄歌。"[①]顺治十三年（1656）黄宗羲退居家乡，康熙六年（1667）重办证人书院，从事讲学、著述等学术活动。在明王朝灭亡九年（1653）之后，他写有《留书》一书，又在十年后将《留书》扩充改写成《明夷待访录》。在该书中，黄宗羲通过对历史的反思，结合自己的政治斗争实践，在很大程度上超越了"家天下"的王朝政治概念，提出了带有较朦胧的民主意识的政治理想，从而在政治哲学层面开启了中国传统专制政治向近代民主政治过渡的新思想方向。

　　以清代明的历史震荡，使得一大批汉族知识分子的灵魂受到巨大的震动，他们从不同的角度总结明王朝灭亡的原因，从而得出比较一致的

[①] 黄宗羲：《山居杂咏》，《黄宗羲全集》第 11 册，第 234 页。

倾向性意见：空谈心性的心学末流，使得人心大坏，故必须致力于真正儒学的建设。晚年的黄宗羲编纂《明儒学案》《宋元学案》，其深意恐正在于此。然而，与同时代的其他思想家、学者相比，黄宗羲很晚才真正进入到宋明理学的大传统之中。① 他继承其师刘宗周的思想，于康熙七年著《孟子师说》，阐发气本论、性善论以及理气心性合一论。康熙十五年又撰成《明儒学案》一书，共六十二卷。之后又着手撰写《宋儒学案》《元儒学案》。后因年老体衰，精力不济，未能完成这两部著作，由其子黄百家、私淑弟子全祖望续修，再加上王梓材、冯云濠校定整理，最终完成《宋元学案》一百卷。大约自康熙七年直到他去世的近三十年时间里，他还写有其他方面的著作和哲学类的文章，康熙十一年，还著有《易学象数论》，系统地阐发历代的象数学。其文集中《答万充宗论格物书》《论不宜立理学传书》《复秦灯岩书》《与友人论学书》《与陈乾初论学书》等书信，即是这一时期的哲学论文。晚年著有《破邪论》一书，阐发天人之际的学问。

学界有关黄宗羲的研究成果颇丰，一般都将他放在心学的脉络下加以评述。如有学者认为，他的哲学是继刘宗周之后对阳明哲学的一个积极的否定，"它源于阳明心学而又修正、改造了阳明心学，是心学发展的新阶段"。② 但也有学者认为，"就哲学本身来说，梨洲的思想本无原创性，乃取资于蕺山、阳明而有进一步的发挥"。③ 从学派的脉络来看，黄宗羲属于心学一系的普遍看法当然不错。然而，在如何看待黄宗羲思想特殊贡献的问题上，学者们是有分歧的。就思想史的发展与转进来看，黄宗羲的特殊贡献应当表现在两个方面，其一，在政治哲学思想方面，黄宗羲第一次深刻而又系统地批判了传统专制政治的核心观念及其制度架构，阐发出了带有近代民主性质的早期民主政治理想。而这一点，现代

---

① 郑宗义认为，黄宗羲 53 岁时才正式踏入宋明儒学的传统。其说可信，且深合我心。参见氏著《明清儒学转型探析——从刘蕺山到戴东原》，第 69—70 页，香港，香港中文大学出版社，2009。

② 李明友：《一本万殊——黄宗羲的哲学与哲学史观》，第 5 页，北京，人民出版社，1994。

③ 刘述先：《黄宗羲心学的定位》，第 80—81 页，杭州，浙江古籍出版社，2006。

新儒家群体多不予表彰。其二,通过对宋明理学传统中的气本论思想资源的大胆借取,对程朱一系天理本体论的批判,对心学加以根本性的改造与发展,把"气"看作是"一"是"本",从而发展出以气为一、以气为本的具有内在一元论特色的气理、心性、才情合一论的哲学思想体系。①

本章在综合前贤与时贤的学术成果基础上,着重阐述其气本论、理气、心性情才合一论及其人性本善论、学术史观与政治哲学四个方面,并以《明夷待访录》及其政治哲学为中心,对明清之际顾炎武、王夫之、唐甄等人的早期民主思想作一整体性的介绍,以展示 17 世纪中国早期民主政治思想的大致轮廓,从而进一步挖掘中国近现代文化运动的内在动力。

目前,黄宗羲的绝大部分著作均收入沈善洪主编、吴光为执行主编的《黄宗羲全集》之中。② 本章有关黄宗羲的史料均取之全集。

第一节　黄宗羲的气本论与伦理学思想

黄宗羲虽然是一个心学家,但却是一个以气为本的心学家。换句话说,他通过引入"气"的概念与观念,将心学从根本上予以改造。他在气本论的前提下深入地阐述了理气合一、心气合一、心性合一、以性情才合一的思想,并在气本论的前提下重新阐述了孟子的性善论及人生修养论或曰工夫论。

一、黄宗羲的气本论

黄宗羲在修正心学的过程中,逐渐建立起以"气"为本体的哲学体系,并在气本论的基础上,深入讨论了气理、气心、心性、性情才等宋明理

---

① 刘述先称黄宗羲的思想为"内在一元的倾向",从而与"内在一元论思想"区别开来,也可以避免自己以前的用词不够精准而引起误解。参见氏著《黄宗羲心学的定位》一书的《新版自序》第 1 页。
②《黄宗羲全集》有两个版本,一是 1985 年版,二是 2005 年的增订版。本书引文依增订本,即 2005 年版。

学诸范畴及它们之间的内在关系。黄宗羲这一颇具特色的气本论思想，既与他继承其师刘宗周的思想有关，亦与其对明代诸儒思想的整理与反思有密切关系。从师承的关系来看，他在《孟子师说》《明儒学案》及其他一些哲学文章中所表达的气本论思想，既是对其师刘宗周的孟子学说的概括、凝结，亦在相当大的程度上体现了他本人的思想。

在《孟子师说》中，黄宗羲说：

> 天地间只有一气充周，生人生物。人禀是气以生，心即气之灵处，所谓知气在上也。心体流行，其流行而有条理者，即性。犹四时之气，和则为春，和盛而温则为夏，温衰而凉则为秋，凉盛而寒则为冬，寒衰则复为春。[1]

这段文献集中而又明确地表达了其气本论思想。"心"不是别的什么东西，只是"气的灵处"。"心体流行"的"条理"，即是"性"。而所谓"心体流行"，即是气的流行。

在《明儒学案》一书中，他通过评论罗钦顺的理气观来阐明自己的气本论思想，以及理气关系论的思想。他说：

> 盖先生之论理气，最为精确，谓通天地，亘古今，无非一气而已。气本一也，而一动一静，一往一来，一阖一辟，一升一降，循环无已。积微而著，由著复微，为四时之温凉寒暑，为万物之生长收藏，为斯民之日用彝伦，为人事之成败得失，千条万绪，纷纭轇轕，而卒不克乱，莫知其所以然而然，是即所谓理也。初非别有一物，依于气而立，附于气以行也。或者因《易》有太极一言，乃疑阴阳之变易，类有一物主宰乎其间者，是不然矣。斯言也，即朱子所谓"理与气是二物，理弱气强"诸论，可以不辩而自明矣。[2]

---

① 黄宗羲：《孟子师说》卷二，《黄宗羲全集》第 1 册，第 60 页。
② 黄宗羲：《文庄罗整庵先生钦顺》，《黄宗羲全集》第 8 册，第 407 页。

上述文献可从三个层面来理解，第一个层面，黄宗羲高度肯定了罗钦顺的气本论观点。第二个层面，黄宗羲进一步阐述了自己的气本论观点，认为"理"即是气的"莫知其然而然"的秩序，并不是脱离气而可以独立存在的实在之物。第三个层面，他批评传统哲学中将太极当作独立于阴阳之气的观点，进而批评朱子理气二分的思想。三个层面统一起来，都是在阐述气本论的思想。黄氏坚持的气本论立场及其理气关系说，在他对王廷相理气观的评论中再次得到体现。他说：

> 先生受病之原，在理字不甚分明，但知无气外之理，以为气一则理一，气万则理万，气聚则理聚，气散则理散，毕竟视理若一物，与气相附为有无，不知天地之间，只有气，更无理。所谓理者，以气自有条理，故立此名耳……故气有万气，理只一理，以理本无物也。宋儒言理能生气，亦只误认理为一物。[1]

上述文献允分地表明，黄宗羲反对视"理为一物"的理本论观点，更反对"理能生气"的观点，坚持气本论的立场，并将理看作是"气之理"。他反复批评朱子的理气为二说：

> 朱子云："气只是身中底气，道义是众人公共底。天地浩然之气，到人得之，便自有不全了，所以须著将道理，养到浩然处。"此言有病。人自有生以后，一呼一吸，尚与天通，只为私欲隔碍，全不成天地之气耳，岂有到人身上，便自不全？后来罗整庵分明觉、天理为二，皆本于此。[2]

又说：

> 朱子说"人生时无浩然之气，只是有那气质昏浊颓塌之气。这浩然之气，乃是养得恁地"。愚谓浩然之气非固有，如何养得？就其实，昏浊颓塌之气，总是一气。养之则点铁成金，不是将好气来，换

---

① 黄宗羲：《肃敏王浚川先生廷相》，《黄宗羲全集》第 8 册，第 486 页。
② 黄宗羲：《孟子师说》卷二，《黄宗羲全集》第 1 册，第 65 页。

却此气去也。①

上述两段文献表明，黄宗羲坚决反对朱子贬低气与气质之性的说法。人所具有的浩然之气与昏浊颓塌之气，只是一气。这种气经过培养、修炼就可以成为浩然之气，不培养、修炼就变成"昏浊颓塌之气"。但是怎么养，用什么方法去养才能变成浩然之气呢？黄氏没有说清楚。

在黄宗羲看来，即使是"静"，也是气之静。他说："周子主静，静则气自流行，一不流行，则天地闭，贤人隐，平地而有山川之险矣。故惩忿如摧山，窒欲如填壑，非养之于初，则末流之难如此。"②

在《与友人论学书》长文中，通过对潘用微③思想的批判，比较集中地阐述了他自己的气本论与气理心性合一论的思想。他说：

> 夫大化流行，只有一气充周无间。时而为和，谓之春；和升而温，谓之夏。圣人即从升降之不失其序者，名之为理。其在人而为恻隐、羞恶、恭敬、是非之心，同此一气之流行也。圣人亦即从此秩然而不变者，名之为性。故理是有形（见之于事）之性，性是无形之理，先儒"性即理也"之言，真千圣之血脉也。而要皆一气为之，《易传》曰："一阴一阳之为道。"盖舍阴阳之气，亦无从见道矣。④

在此段文献中，黄宗羲吸收了张载的气本论思想，将气的升降运动中的秩序称之为理。这种"理"在人身上就表现为"恻隐、羞恶、恭敬、是非之心"。而这"四心"是先天具有而且是恒常不变的，故又称之为"性"。而所谓的"理"，即是有形的"性"，而所谓"性"，则是无形的"理"。然而，理、性、心并非是一独立的、超然的实体，皆是气的不同形态而已。他坚决反对潘用微的"虚即是理，理生气"的观点，引张载的气本论思想支持

---

① 黄宗羲：《孟子师说》卷二，《黄宗羲全集》第 1 册，第 65 页。
② 黄宗羲：《孟子师说》卷二，《黄宗羲全集》第 1 册，第 66 页。
③ 即潘平格（1610—1677），字用微，浙江慈溪人，明末清初思想家，著有《求仁录》一书。中华书局出版了《潘子求仁录辑要》（钟哲点校，2009 年版）一书。
④ 黄宗羲：《与友人论学书》，《黄宗羲全集》第 10 册，第 152 页。

他自己的说法道:"独不观张子曰：知虚空即气。则有无隐显，神化性命，通一无二。若谓虚能生气，则入老氏有生于无自然之论，不识所谓有无混一之常，则虚无生气之说，正先儒之所呵者，顾牵连而矫诬之乎？"①

与其"气本论"为一体两面，黄宗羲一再反对"视理为一物"的观点。在"胡直学案"中，他重新解释了胡直的"理在心，不在天地万物"的思想，说：

> 夫所谓理者，气之流行而不失其则者也，太虚中无处非气，则亦无处非理。孟子言万物皆备于我，言我与天地万物一气流通，无有碍隔。故人心之理，即天地万物之理，非二也。若有我之私未去，堕落形骸，则不能备万物矣。不能备万物，而徒向万物求理，与我了无干涉，故曰理在心，不在天地万物，非谓天地万物竟无理也。②

在此段文献中，黄宗羲的意思是说，理只能是气之理。而且有气之处必有理。人心中之理并非人心中固有之理，而是天地万物之理在人心中的表现。理不可能独立于气之外而存在。

值得注意的是，黄宗羲有时也讲"理是气的主宰"，比较容易使人产生误会，以为"理"是一与气平行的实体或高于"气"的实体。③ 其实，他所说的"主宰"仅是强调气的条理性与秩序性，有时也暗指一种必然性，故他又称之为命或正命。如他说：

> 耳目口鼻，是气之流行者。离气无所为理，故曰性也。然即谓是性，则理气浑矣，乃就气中指出其主宰之命，这方是性。故于耳目口鼻之流行者，不竟谓之为性也。纲常伦物之则，世人以此为天地万物公共之理，用之范围世教，故曰命也。所以后之儒者穷理之学，必从公共处穷之。而吾之所有者唯知觉耳，孟子言此理是人所固

---

① 黄宗羲：《与友人论学书》，《黄宗羲全集》第 10 册，第 153 页。
② 黄宗羲：《宪使胡庐山先生直》，《黄宗羲全集》第 7 册，第 592 页。
③ 有人因此而讲黄宗羲是理气一元论者。参见张师伟《民本的极限——黄宗羲政治思想新论》，第 28—65 页，北京，中国人民大学出版社，2004。

有，指出性真，不向天地万物上求，故不谓之命也。顾以上段是气质之性，下段是义理之性，性有二乎？①

从上述所引的文献可以看出，黄宗羲坚持认为人心中的理，其实就是天地万物之中的理在人心中的反映，并不是理仅在人心而不在天地万物之中。在黄宗羲看来，所有将工夫与本体分成两橛的理论或实践，其根本出发点都错在"认理气为二"。所以，他一再强调："造化只有一气流行，流行之不失其则者，即为主宰。非有一物以主宰夫流行。"②也就是说，气是万物的本原，理是气的条理化的表现，理不能离开气而独立存在，这种气一元论的思想是黄宗羲哲学的根本。因此，黄宗羲虽有"主宰"之说，然而其"主宰"并非有别于气，此一点与朱子极不相同。他说：

四时行，百物生，其间主宰谓之天。所谓主宰者，纯是一团虚灵之气，流行于人物。故民之视听，即天之视听，无有二也。"主事"、"事治"不必言矣，百神之享，一从民情之和悦见之，若以响应言天而求符命谶纬，则与求之"谆谆然命之"者无异矣。天岂滞于迹象，坠于方隅者哉？③

黄宗羲在此处所说的"一团虚灵之气"是什么呢？当然不再是生化万物的、纯自然性的"元气"，而只能是一种在人间被接受，被传播的感性化的道德法则。所以，他在讲"天"讲"命"时要强调依"义"而行，并认为这"命"即是主宰。因此，黄宗羲的"气本论"虽然从形上学的层面带有重视现实的、感性生活的思想内容在其中，但一旦落实在社会道德生活、政治生活之中，还是十分强调天、命、理的主宰作用。如他说：

所谓"命"者，以流行言也。流行者虽是不齐，而主宰一定，死忠死孝，当死而死，不失天则之自然，便是正命。若一毫私意于其间，

---

① 黄宗羲:《孟子师说》卷七，《黄宗羲全集》第 1 册，第 161 页。
② 黄宗羲:《同知刘师泉先生邦采》，《黄宗羲全集》第 7 册，第 505—506 页。
③ 黄宗羲:《孟子师说》卷五，《黄宗羲全集》第 1 册，第 124 页。

> 舍义而趋生，非道而富贵，杀不辜，行不义，而得天下，汩没于流行之中，不知主宰为何物，自绝于天，此世人所以不知命在旦夕也。①

上述引文中黄宗羲所说的"气化流行"之"命"乃是今日哲学所说的"必然性"，然其在人世间所表现出的"当死而死"之义，则是伦理学上的"应然"。人遵循伦理上的应然法则，毫无牵强做作，自然而然地从容就义，仿佛服从天道自然的法则，这就叫作"正命"。这种类比性的说法，实际上是将具有必然性的自然法则与人类社会的"应然"法则混同起来了。这就表明，在伦理学的学理层面，黄宗羲其实并没有摆脱程朱理学的思想影响。

黄宗羲虽为心学的继承者，但他所说的"主宰"，与阳明所说的"主宰"并不相同。阳明说：

> 天地气机，元无一息之停，然有个主宰，故不先不后，不急不缓，虽千变万化，而主宰常定，人得此而生。若主宰定时，与天运一般不息，虽酬酢万变，常是从容自在，所谓天君泰然，百体从令。若无主宰，便只是这气奔放，如何不忙？②

阳明哲学中的主宰是指"良知"，而黄宗羲哲学中的"主宰"则是不失其正的"气之理"，亦是孟子思想中的"四端"之心。阳明哲学一方面讲"我"的"灵明"，另一方面又讲"我"的"灵明"与天地鬼神之间的"一气流通"，因而不隔。③ 但阳明哲学将人的良知与草木、瓦石的良知等同起来，并在此基础上说"同此一气，故能相通耳"④。而黄宗羲虽然承认人物一气流通，却坚决不同意人之性与禽兽之性相同的说法，因为人有仁义礼智，而禽兽则无。

既然天地万物皆一气流行，那么人与物如何区分？这是所有"气本

---

① 黄宗羲：《孟子师说》卷五，《黄宗羲全集》第 1 册，第 124 页。
② 王守仁：《传习录上》，《王阳明全集》，吴光等编校，第 30 页，上海，上海古籍出版社，1992。
③ 参见王守仁《传习录下》，《王阳明全集》，吴光等编校，第 124 页。
④ 王守仁：《传习录下》，《王阳明全集》，吴光等编校，第 107 页。

论”者要面对的一个基本问题。黄宗羲认为：

> 天以气化流行而生人物，纯是一团和气。人物禀之即为知觉，知觉之精者灵明而为人，知觉之粗者昏浊而为物。人之灵明，恻隐羞恶辞让是非，合下具足，不囿于形气之内，禽兽之昏浊，所知所觉，不出于饮食牡牝之间，为形气所锢，原是截然分别，非如佛氏浑人物为一途，共一轮回托舍也。其相去虽远，然一点灵明，所谓“道心惟微”也。天地之大，不在昆仑旁薄，而在葭灰之微阳；人道之大，不在经伦参赞，而在空隙之虚明。其为几希者此也。①

从这段文献可以看出，黄宗羲的“气本论”对于人与物的根本区别并没有比孟子讲出更多的理论新意，即承认人与禽兽之间的区别只是那么一丁点先天的“灵明知觉”。而对于这一丁点的“灵明知觉”是如何产生的，黄宗羲并没有给出适当的说明。

要而言之，黄宗羲主张天地古今只是一气的循环与流行。他认为天地万物统一于气，理是气的主宰，是气自然而然地所具有的条理，而气的运动变化是永恒的。他甚至认为，“仁者天之主意，待人而凝，理不离气也。由是而之焉之为道，彼欲求之于未生之前者，非吾之所谓道也”②。这种气一元论的观点，既表现在伦理的方面，亦表现在美学方面。在伦理学方面，如他说：

> 覆载之间，一气所运，皆同体也。何必疾痛疴痒，一膜之通，而后为同耶？吹为风，呵为雾，唾为湿，呼为响，怒为惨，喜为舒，皆吾身之气也。人心无不仁，一念之差，惟欲独乐，故白起发一疑心，坑四十万人如蚍虱；石崇发一快心，截蛾眉如刍俑；李斯发一饕心，横尸四海；杨国忠发一疾心，激祸百年。战国之君，杀人盈城盈野，只是欲独乐耳。一经孟子点破，兵气销为日月光，真是点铁成金手段。③

---

① 黄宗羲：《孟子师说》卷四，《黄宗羲全集》第 1 册，第 111 页。
② 黄宗羲：《孟子师说》卷七，《黄宗羲全集》第 1 册，第 161 页。
③ 黄宗羲：《孟子师说》卷一，《黄宗羲全集》第 1 册，第 52 页。

在这里，黄宗羲将人的心念、想法与人的感性生命活动联系在一起，仁与不仁的行为都与人体的气之运行有内在的关系。这种说法有其理论上的长处，即不脱离人的具体生活来谈论道德和政治活动，但未能很好地揭示人类生活的本质。

在美学方面，如他说：

> 夫文章，天地之元气也。元气之在平时，昆仑旁薄，和声顺气，发自廊庙，而罄浃于幽遐，无所见奇；逮夫厄运危时，天地闭塞，元气鼓荡而出，拥勇郁遏，坌愤激讦，而后至文生焉。①

这里所讲的"气"，其实是作家具体的感情。这种感情在平常的生活中平淡无奇，一旦遇到压抑、阻遏，则会喷涌而出，创作出惊天动地的雄文来。

应当承认，黄宗羲在处理"理气"关系的问题上，也有个别地方的论述不是十分清晰，如在《孟子师说》卷四"居中下位"章，在转述了孙淇澳的观点后说：

> 太虚之中，昆仑旁薄，四时不忒，万物发生，无非实理，此天道之诚也。人禀是气以生，原具此实理，有所亏欠，便是不诚，而乾坤毁矣。学问思辨笃行，炼石以补天也。善即是诚，明善所以明其诚者耳。吾之喜怒哀乐，即天之风雨露雷也。天下无无喜怒哀乐之人，一气之鼓荡，岂有不动？苟亏欠是理，则与天地不相似，是气不相贯通，如何能动？②

对于此段文献的理解，有学者肯定黄宗羲还保有从形上层面讲理气心性的思想因素。③ 而我们从气本论的立场出发，恰恰认为这是他还未脱尽程朱理学影响的具体表现，表明他的气本论的哲学思想还不够纯

---

① 黄宗羲：《谢皋羽年谱游录注序》，《黄宗羲全集》第 10 册，第 34 页。
② 黄宗羲：《孟子师说》卷四，《黄宗羲全集》第 1 册，第 94 页。
③ 参见郑宗义《明清儒学转型探析——从刘蕺山到戴东原》，第 83 页。

粹，在有些地方还夹杂着理本论的渣滓。

二、黄宗羲的伦理学思想

在讨论黄宗羲的理气、心性、性情才合一论的思想之前，我们可以先看看他是如何理解其师刘宗周的思想的。在《先师蕺山先生文集序》里，黄宗羲从三个方面比较简明扼要地勾勒了其师的学说精髓。其一，他说：

> 先师之学在慎独。从来以慎独为宗旨者多矣，或识认本体而坠于恍惚，或依傍独知而力于动念。唯先师体当喜怒哀乐一气流通，复不假品节限制，而中和之德，自然流行于日用动静之间。独体如是，犹天以一气进退，平分四时，温凉寒燠，不爽其则。一岁如此，万古如此。即有衍阳伏阴，酿为灾祥之数，而终不易造化之大常。慎者，慎此而已。故其为说，不能不与儒先①牴牾。

这一段文献表明，刘宗周是从一气流通的角度来阐发"慎独"思想的，与宋儒程朱一系的理本论思想有所不同。

其二，在性情观方面，他将刘宗周与宋儒的不同之处区别开来，说：

> 先儒②曰："未发为性，已发为情。孟子之恻隐、羞恶、辞让、是非，因所发之情，而见所存之性；因所情之善，而见所性之善。"师以为指情而言，非因情见性也；即心言性，非离心言善也。形而上者谓之道，形而下者谓之器；器在斯道在，离器而道不可见。必若求之恻隐、羞恶、辞让、是非之前，几何而不心行路绝，言语道断。所谓有物先天地者，不为二氏之归乎？又言性学不明，只为将此理另作一物看，如钟虚则鸣，妄意别有一物主所以以鸣者。夫盈天地间，止有气质之性，更无义理之性，谓有义理之性不落于气质者，臧三耳之说

---

① 黄宗羲：《先师蕺山先生文集序》，《黄宗羲全集》第 10 册，第 53—54 页。
② 儒先，指宋儒，主要是程朱一系。

也。师于千古不决之疑，一旦拈出，使人冰融雾释，而弥近理而大乱真者，亦既如粉墨之不可掩矣。①

这一段文献表明，刘周宗不同意宋儒程朱一系有关性情、道器、气质之性与义理之性的诸论述，而是主张因情见性、即心言性、即器言道，不分气质之性与义理之性。

其三，黄宗羲指出了一个重要的史料问题，即刘宗周之子刘伯绳在编辑刘宗周的遗书时，将刘宗周与洛、闽之言相抵触的内容都删除了。这一方面表明二程与朱子的思想具有强大的社会影响力与不可抵抗的正统性，另一方面也表明刘宗周的思想中既有与程朱思想相抵触的地方，也有与之相一致的地方。这表明宋明儒虽有理、气、心学之流派的不同，然而有共通性之处。黄宗羲说："曩日之旅进者，才识多下。当伯绳辑遗书之时，其言有与雒、闽龃龉者，相与移书，请删削之，若惟恐先师失言，为后来所指摘。嗟呼！多见其不知量也。"②

从上述所引的材料大体可以看出，黄宗羲从气本论的立场出发，坚持理气、心性、性情才合一论，与他坚决维护并继承其师刘宗周的思想，有直接的学脉承继关系。黄宗羲不同意程朱一系儒家"以理归之天地万物"的观点，而认同阳明"良知即天理"的观点，认为这是阳明有功于儒学的地方。他认同其师刘宗周将"意"看作是"心"之体，而且将仁、义、礼、智看作是"四气"的观点，说：

> 夫心以意为体，意以知为体，知以物为体，意之为心体，知之为意体，易知也；至于物之为知体，则难知矣。家国天下固物也，吾知亦有离于家国天下之时，知不可离，物有时离，如之何物为知体乎？人自形生神发之后，方有此知，此知寄于喜怒哀乐之流行，是即所谓物也。仁、义、礼、智，后起之名，故不曰理而曰物。格有通之义，证得此体分明，则四气之流行，诚通诚复，不失其序，依然造化，谓之格

① 黄宗羲：《先师蕺山先生文集序》，《黄宗羲全集》第10册，第54页。
② 黄宗羲：《先师蕺山先生文集序》，《黄宗羲全集》第10册，第55页。

物。未格之物，四气错行，溢而为七情之喜怒哀乐，此知之所以贸乱也。故致知在格物，确乎不易。①

上述文献中，黄宗羲极力维护其师"心以意为体，意以知为体，知以物为体"的说法，而且着重解释了"物为知之体"这一颇为难以理解的话。黄宗羲对此句话的解释是，人自从获得生命并且在认识能力产生之后，人的认知活动就处在喜怒哀乐的感性活动之中，这就是"知以物为体"的意思，即使像仁、义、礼、智这些名称，其实也是具体的伦理之物而不是抽象的理则，对于这些伦理之物需要在实际的感性生活中加以体认，体认清楚明白之后，就称之为格物。如果人不能在生活中对这些伦理之物加以体认，任凭自然生理的需求乱来，就一定会出错。所以要想获得人伦生活的正确之知亦需要格物。黄宗羲对其师思想的维护与解释，后来也直接地影响他自己在理气、心气、性气、心性诸问题上的认识。

（一）理气、心气、性气、心性合一

"理气合一"的说法，黄宗羲本人多次提到过。《孟子师说》卷七云：

> 形色，气也；天性，理也。有耳便自能聪，有目便自能明，口与鼻莫不皆然，理气合一也。心是形色之大者，而耳目口鼻其支也。"圣人践形"，先践其大者，而小者从之。②

与上述材料类似的说法，黄宗羲还有很多论述，如他在论王廷相的气论思想时就说过"天地之间只有气，更无理，所谓理者，以气自有条理，故立此名耳"③之类的话。但需要注意的是，"理气合一"说是以气本论为前提的，是要否定"理"作为一独立实体，且能产生气的理本论思想的。

黄宗羲不仅认为理气合一，也认为心与气也是合一的。在《孟子师说》中，他借阐述其师刘宗周的思想，再一次明确地阐述了心气合一、心理合一、心性合一的思想。他说：

---

① 黄宗羲：《万充宗论格物》，《黄宗羲全集》第 10 册，第 201—202 页。
② 黄宗羲：《孟子师说》卷七，《黄宗羲全集》第 1 册，第 157 页。
③ 黄宗羲：《肃敏王浚川先生廷相》，《黄宗羲全集》第 8 册，第 487 页。

> 天地间只有一气充周,生人生物。人禀是气以生,心即气之灵处,所谓"知气在上"也。心体流行,其流行而有条理者即性也。犹四时之气,和则为春,和盛而温则为夏,温衰而凉则为秋,凉盛而寒则为冬,寒衰则复为春,万古如是,若有界限于间。流行而不失其序,是即理也。理不可见,见之于气,性不可见,见之于心,心即气也。心失其养,则狂澜横溢,流行而失其序矣。养气即是养心,然言养心犹觉难把捉,言养气则动作威仪,旦昼呼吸,实可持循也。佛氏"明心见性",以为无能生气,故必推原于生气之本,其所谓"本来面目","父母未生前","语言道断,心行路绝",皆是也。至于参话头则壅遏其气,使不流行。离气以求心性,吾不知所明者何心,所见者何性也。①

上述这段文献较长,然比较集中地体现了他对气、理、心、性四者关系的认识。而其核心观点则是:离气不可以言理、言心、言性。心是气的灵处,理是气流行不失其序的状态,性是心体流行而有条理的状态。要皆一气而已,即理气、心气、性气是合一的。类似的说法亦表现在《孟子师说》卷七之中,如黄宗羲说:

> 人与天虽有形色之隔,而气未尝不相通。知性知天,同一理也。《易》言"穷理尽性以至于命",穷理者尽其心也,心既②理也,故知性知天随之矣,穷理则性与命随之矣。……人心为气所聚,其枢纽至微,勿忘勿助,此气常存,稍涉安排,则霍然散,不能自主。故必须存,存得恰好处便是养,不是两件工夫。《易》言"成性存存",可知是一也。天下之理,皆非心外之物,所谓存久自明而心尽矣。③

---

① 黄宗羲:《孟子师说》卷二,《黄宗羲全集》第 1 册,第 60 页。《孟子师说》一书是黄宗羲复述其师刘宗周的孟子学思想,在一定程度上也可以视作是黄宗羲的思想。故论黄宗羲的理气心性论时,亦选用了该书中的材料。
② 既,此处为"即"。
③ 黄宗羲:《孟子师说》卷七,《黄宗羲全集》第 1 册,第 148—149 页。

对于心与性的关系问题，黄宗羲也坚持"心性合一"的观点，说："夫心只有动静而已，寂然不动，感而遂通，动静之谓也。情贯于动静，性亦贯于动静，故喜怒哀乐，不论已发未发，皆情也，其中和则性也。"①他又说："凡动静者，皆心之所为也，是故性者心之性。舍明觉自然、自有条理之心，而别求所谓性，亦犹舍屈伸往来之气，而别求所谓理矣。"②显然，黄宗羲主张性只是心之"历然不能昧者"，心和性的关系就是气和理的关系。在本体论上没有抽象的理，在伦理学上也没有抽象的道德理性。人的道德理性是人心在现实生活中恰当地表现出来的道德感情，即恻隐、羞恶、恭敬、是非的道德观念。黄宗羲的观点是不能脱离人的具体道德感情来谈论人的抽象道德理性，从而强调人在社会生活中的道德主动性的一面。

要而言之，黄宗羲认为理气与心性应当是统一的，他说：

> 夫在天为气者，在人为心；在天为理者，在人为性。理气如是，则心性亦如是，决无异也。人受天之气以生，只有一心而已。而一动一静，喜怒哀乐，循环无已。当恻隐处自恻隐，当羞恶处自羞恶，当恭敬处自恭敬，当是非处自是非。千头万绪，轇轕纷纭，历然不能昧者，是即所谓性也。初非别有一物立于心之先，附于心之中也。③

黄宗羲的意思很明确，天地之气，在人身上就是人心；天地之理，在人身上就是人性。气是动的，心也是动的。人心在各种不同的情境下能恰当地表现出恻隐、羞恶、恭敬、是非的道德观念，这就是人性。人性并不外在于人心的活动。

在性气的问题上，黄宗羲反对潘用微的"性自性，气自气"的气性二分的思想，坚持即气言性。他说：

> 离气言性，则四端者何物为之，仍堕于佛氏之性空。四端非气，

---

① 黄宗羲：《文庄罗整庵先生钦顺》，《黄宗羲全集》第 8 册，第 409 页。
② 黄宗羲：《文庄罗整庵先生钦顺》，《黄宗羲全集》第 8 册，第 409 页。
③ 黄宗羲：《文庄罗整庵先生钦顺》，《黄宗羲全集》第 8 册，第 408—409 页。

而指刚、柔、善、恶,始可言气。一人之心,有从气而行者,有不从气而行者,且歧为两,又何能体天地万物而一之也?①

性气是如何为统一体的? 黄宗羲引孙淇澳的说法,间接地表达了自己的意思。"孙先生淇澳曰:'……如将一粒种看,生意是性,生意默然流行便是气,生意显然成象便是质,如何将一粒分作两项,曰性好气质不好? 所谓善反者,只见吾性之为善而反之,方是知性,若欲去气质之不善而复还一理义之善,则是人有二性也。二之,果可为性否?'"②

在辨析心与理一的问题时,黄宗羲下面一段话值得重视。他说:

> 道盖大化流行,不舍昼夜,无有止息。此自其变者而观之,气也;消息盈虚,春之后必夏,秋之后必冬,人不转而为物,物不转而为人,草不移而为木,木不移而为草,万古如斯,此自其不变者而观之,理也。在人亦然,其变者,喜怒哀乐、已发未发、一动一静、循环无端者,心也;其不变者,恻隐、羞恶、辞让、是非,梏之反覆,萌蘖发见者,性也。儒者之道,从至变之中以得其不变者,而后心与理一。……是故理无不善,气则交感错综,参差不齐,而清浊偏正生焉。性无不善,心则动静感应,不一其端,而真妄杂焉。③

上述这段文献表明,黄宗羲虽然说理气、心性合一,但在具体的道德生活中,他还是要坚持用不动的"理"来规范流动的"气",用不动的"性"来规范极其灵活的"心"。这一点与程朱理学没有任何区别。

由于深受王阳明,特别是他的老师刘宗周思想的影响,黄宗羲在理气统一的观念中引申出人禀气而生且具备万理的结论。他说:

> 自其分者而观之,天地万物各一理也,何其博也;自其合者而观之,天地万物一理也,理亦无理也,何其约也。汎穷天地万物之理,

---

① 黄宗羲:《与友人论学书》,《黄宗羲全集》第 10 册,第 153 页。
② 黄宗羲:《孟子师说》卷六,《黄宗羲全集》第 1 册,第 137 页。
③ 黄宗羲:《文敬胡敬斋先生居仁》,《黄宗羲全集》第 7 册,第 22—23 页。

则反之约也甚难，散殊者无非一本，吾心是也，仰观俯察，无非使吾心体之流行，所谓"反约说"也。若以吾心陪奉于事物，便是玩物丧志矣。①

因而，人们眼中的万物皆出于"吾心"，"天下之理皆非心外之物，所谓存久自明而心尽矣"。② 黄宗羲将人心看作是天之气在人身的表现，突出"心"的实在性、主动性、能动性的特征。但他毕竟混淆了作为人的主体认识之心与客观之气的能动性这二者之间的不同，看不到作为认识之心的历史发展过程与人类社会的实践性、阶级性等具体历史内容，因此，他的哲学思想在气本体的立场比较接近朴素唯物主义，而从认识论的角度看，则带有先验唯心主义的思想特征。这也是马克思历史唯物主义出现之前所有哲学家的共同缺陷，即他们在自然哲学方面是唯物主义的，在认识论与历史观领域里是唯心主义的。黄宗羲甚至对"气"做出道德判断，认为"和气""善气"体现了气的道德属性。他还认为"志即气之精明者也"，"知者，气之灵也"③，将"志""知"等精神现象也做出物质性的规定，因而将观念中的东西看作生活中应有乃至实有的东西，甚至为此做出神秘主义的解释。这种道德观与历史观方面的唯心主义观点与气本论的唯物论思想交织在一起，显示了其哲学思想的杂糅性质。

（二）以性善论为出发点的伦理学思想

宋明理学各家的理论出发点不同，但在性善论的问题上大体上持相同的立场，而且往往斥责对手不能坚持性善论的观点，实际上他们都属于广义的性善论范畴之内。黄宗羲在批评宋儒程朱一系的思想时，亦采取类似的立场。在与潘用微、陈确的辩论过程中，黄宗羲反复坚持人性善的观点。他说：

> 夫人性之善也，尧、舜之道孝弟也，当入小学之日，熟读而习闻

---

① 黄宗羲：《孟子师说》卷四，《黄宗羲全集》第 1 册，第 110 页。
② 黄宗羲：《孟子师说》卷七，《黄宗羲全集》第 1 册，第 149 页。
③ 黄宗羲：《孟子师说》卷二，《黄宗羲全集》第 1 册，第 62、64 页。

之矣……阳明先生无善无恶心之体，亦犹《中庸》言上天之载，无声无臭，恐人于形象求之，非谓并其体而无之也。①

他是阳明学的后裔，不便于批评阳明的思想，故对阳明"无善无恶心之体"的说法作另一种解释，认为这一说法其实还是在讲人性本善，只是阳明担心一般的人执着于具象的理解，才以活脱的说法来规定人性。

他不同意同门师兄陈确"人性无不善，于扩充尽才后见之"的性善论观点，说：

> 夫性之为善，合下如是，到底如是，扩充尽才，而非有所增也，即不加扩充尽才，而非有所减也。不为尧存，不为桀亡，到得桀亡之后，石火电光，未尝不露，才见其善，确不可移，故孟子以孺子入井呼尔蹴尔明之，正为是也。若必扩充尽才，始见其善，不扩充尽才，未可为善，焉知不是荀子之性恶，全凭矫揉之力，而后至于善乎？②

在此段文献中，黄宗羲的意思是说，既然人性是善的，就完完全全是善的，无须等到扩充人的材质之后才真正是性善的。人性善是先天的，是恒定的，是绝对的，不依赖任何圣人来增加一点，也不因为某些大奸大恶而减少一点。在这一点上，黄宗羲与程朱理学讲天理、讲孝的伦理法则是绝对的，不因为尧舜而多一点的观点颇为一致。

黄宗羲持有一种绝对的"性善"说，他说：

> 夫性固浑然天地万物一体，而言性者必以善言性，决不以浑然天地万物一体言性，一体可以见善，而善之非一体明矣。且如以恻隐言一体可也，以辞让言一体亦可也，使羞恶是非历然，吾独知之中，未交人物，与浑然一体何与？③

在这段文献里，黄宗羲要表达的意思是，只要我们谈论人性的问题，

---

① 黄宗羲：《与友论学书》，《黄宗羲全集》第 10 册，第 154 页。
② 黄宗羲：《与陈乾初论学书》，《黄宗羲全集》第 10 册，第 159 页。
③ 黄宗羲：《与友论学书》，《黄宗羲全集》第 10 册，第 150 页。

就一定要以善来规定人性。从人与天地万物浑然一体之处言说人性之善，但不能反过来说"善"就是所有事物之性。而人性之善端——恻隐、辞让、羞恶、是非之心，需要在与万物打交道时才能说与万物一体，而不能在"独知之中"讨论什么"浑然一体"。

在对待"气质之性"与"义理之性"的问题上，黄宗羲虽然同意其师刘宗周的观点"义理之性即气质之本性，离气质无所谓性"，但不同意陈确"人欲恰好处，即天理也"的观点。他说：

> 然以之言气质言人心则可，以之言人欲则不可。气质人心，是浑然流行之体，公共之物也。人欲是落在方所，一人之私也。天理人欲，正是相反，此盈则彼绌，彼盈则此绌。故寡之又寡，至于无欲，而后纯乎天理。若人心气质，恶可言寡耶？……必从人欲恰好处求天理，则终身扰扰，不出世情，所见为天理者，恐是人欲改头换面耳。①

黄宗羲此处特别拈出"气质"与"人欲"的区别，颇有深意与新意。气质之性是针对人性的感性存在形式而言的，因为人性即是天地之气凝在人身上的秩序与条理，故可以说是善的。然而人欲则是具体个人的感性欲望，即黄氏说的"落在方所的一人之私"，就很难说是善的了。但是，他将人欲与天理绝对地对立起来，这又走到了理论的反面，不及王夫之所讲的"天理寓于人欲"之中的观点更加辩证。通观黄宗羲的气理心性思想，他虽然承认人身为"一气流行"，但这"流行之中，必有主宰"，"失其主宰，则义理化为血气"②。一旦义理化为血气，则将是人欲流行。这是黄宗羲绝对不能同意的。因此，他在气理心性的问题上特别强调人禽之别。在《孟子师说》卷六诸章中，他比较集中地讨论这了　问题。他说：

> 无气外之理，"生之谓性"，未尝不是。然气自流行变化，而变化

---

① 黄宗羲：《与陈乾初论学书》，《黄宗羲全集》第 10 册，第 159 页。
② 黄宗羲：《孟子师说》卷二，《黄宗羲全集》第 1 册，第 60 页。

之中，有贞一而不变者，是则所谓理也性也。告子唯以阴阳五行化生万物者谓之性，是以入于笼统，已开后世禅宗路径。故孟子先喻白以验之，而后以牛犬别白之。盖天之生物万有不齐，其质既异，则性亦异，牛犬之知觉，自异乎人之知觉；浸假而草木，则有生意而无知觉矣；浸假而瓦石，则有形质而无生意矣。若一概以笼统之性言之，未有不同人道于牛犬者也。①

他又说：

"食色，性也"，即是以阴阳五行化生者为性，其所谓仁者，亦不过煦煦之气，不参善不善于其间；其所谓义，方是天地万物之理。②

黄宗羲将仁义礼智看作是"理"，是禽兽所没有的"人性"。他说：

程子"性即理也"之言，截得清楚，然极须理会，单为人性言之则可，欲以该万物之性则不可。即孟子之言性善，亦是据人性言之，不以此通之于物也，若谓人物皆禀天地之理以为性，人得其全，物得其偏，便不是。夫所谓理者，仁义礼智是也。禽兽何尝有是？……理者，纯粹至善者也，安得有偏全！人虽桀纣之穷凶极恶，未尝不知此事是恶，是陷溺之中，其理亦全，物之此心已绝，岂可谓偏者犹在乎？③

黄宗羲将人禽之别规定在"有理之义"与"无理之气"的分界点上，并进而批评佛教的人性论与投胎转世说。他说：

若论其统体，天以其气之精者生人，粗者生物，虽一气而有精粗之判。故气质之性，但可言物不可言人，在人虽有昏明厚薄之异，总之是有理之气，禽兽之所禀者，是无理之气，非无理也。其不得与人同者，正是天之理也。释氏说"蠢动含灵，皆有佛性"，彼欲济其投胎

---

① 黄宗羲：《孟子师说》卷六，《黄宗羲全集》第 1 册，第 133 页。
② 黄宗羲：《孟子师说》卷六，《黄宗羲全集》第 1 册，第 134 页。
③ 黄宗羲：《孟子师说》卷六，《黄宗羲全集》第 1 册，第 135 页。

托舍之说，蟪蛄之微与帝王平等，父母之亲，入禽兽轮回，正坐人物一气，充类以至无理也。盖人而丧其良心入于禽兽者有矣，未有禽兽而复为人者也。[1]

上述引证的材料意在表明，黄宗羲坚持人性善的观点，在人性与物性的区别上，他强调人性是有理义之性而物性则无，并从这一基本认识出发，批评了告子、禅宗、佛教的人性论以及佛教的转世说，以此来维护儒家人性善的理论，特别是孟子性善论的纯洁性。就此点而言，黄宗羲是坚定的孟子主义者。

在情与性的关系上，黄宗羲"情性合一"论，反对宋儒"大略性是体，情是用；性是体，情是动，性是未发，情是已发"的情性说，亦反对程子"人生而静以上，不容说。才说性时，他已不是性也"的观点，认为程子的这一观点是将性看作一"悬空之物"。他抬出孟子为自己的情性合一论提供权威性的证据，说：

> 其实孟子之言，明白显易，因恻隐、羞恶、恭敬、是非之发，而名之为仁义礼智，离情无以见性，仁义礼智是后起之名，故曰仁义礼智根于心。若恻隐、羞恶、恭敬、是非之先，另有源头为仁义礼智，则当云心根于仁义礼智矣。是故"性情"二字，分析不得，此理气合一之说也。体则情性皆体，用则情性皆用，以至动静已未发皆然。才者性之分量。恻隐、羞恶、恭敬、是非之发，虽是本来所具，然不过石火电光，我不能有诸己。故必存养之功，到得"溥博渊泉，而时出之"之地位，性之分量始尽，希贤希圣以至希天，未至于天，皆是不能尽其才。犹五谷之种，直到烝民乃粒，始见其性之美，若苗而不秀，秀而不实，则性休尚未全也。[2]

黄宗羲一方面承认人有善性，情性皆善，但又认为这种善性还不能

---

[1] 黄宗羲：《孟子师说》卷六，《黄宗羲全集》第 1 册，第 135 页。
[2] 黄宗羲：《孟子师说》卷六，《黄宗羲全集》第 1 册，第 136—137 页。

当着已经完成的善性来加以使用，必须依靠存养的工夫，让这种善性在现实生活中依着具体情境自然而然的表现出来，无丝毫的勉强、做作。所谓"未至于天，皆是不能尽其才"，其实即是说未能达到充实而光辉的境界，就不能自然而然地表现出来。此句中"天"字，即包含自然而然的意思。而所谓"尽其才"，即充分展示人先天具有的潜在才质与可能性。黄宗羲此处的说法与陈确的观点有点类似，然实际上并不相同。陈确以人性的完成性为性，先天的、未展开的状态不能称之为性。黄宗羲则认为，人性先天地具有善性，情性皆善。然而必须经过存养的工夫，这种善性才能充分地实现出来。① 所以他又说：

> "平旦之气，其好恶与人相近也者几希"，此即喜怒哀乐未发之体，未尝不与圣人同，却是靠他不得，盖未经锻炼，一逢事物，便霍然而散，虽非假银，却不可入火，为其平日根株久禅宗席。平旦之气，乃是暂来之客，终须避去。明道之猎心，阳明之隔虐，或远或近，难免发露，故必须工夫，才还本体，此念庵所以恶现成良知也。②

类似的说法还有：

> 仁之于心，如谷种之生意流动，充满于中，然必加艺植灌溉之功，而后始成熟。……向非成之，则无以见天降之全，到得成之，方可谓之熟，不然，苗而不秀，秀而不实，终归无用。③

黄宗羲的意思是说，人性从性质上判定是善的，但此种先天善性在实际生活中不能完全依赖它，因为人性善不是现成的，需要在日常生活中加以存养。必须通过精熟的存养工夫，才能将人的先天善性在日常生活中切实地表现出来。

黄宗羲认为，"平旦之气"即是良心，"不是良心发见于此气也。但使

---

① 有关黄宗羲与陈确人性论的异同问题，参见郑宗义《明清儒学转型探析——从刘蕺山到戴东原》，第 76—84 页。
② 黄宗羲：《孟子师说》卷六，《黄宗羲全集》第 1 册，第 138—139 页。
③ 黄宗羲：《孟子师说》卷六，《黄宗羲全集》第 1 册，第 143 页。

此气虚灵不昧，以之应事接物，则旦昼自然合节"①，而且说"天心生生之几，无时或息。故放失之后，少间又发，第人不肯认定，以此作主宰耳"②。因此，其伦理学在讨论人的道德修养"工夫"问题时，提出了"养气"即是"养心"的观点，如他说：

> 孟子养心，是学者工夫，离不得欲字。心之所向谓之欲，如欲正欲忘欲助长，皆是多欲，但以诚敬存之，便是寡欲。盖诚敬亦是欲也，在学者善观之而已。③

类似的说法还有，如他说：

> "知"者，气之灵者也。肠子而不灵，则昏浊之气而已。养气之后，则气化为知，定静而能虑，故"知言"、"养气"，是一项工夫。④

> 气自粗精一滚出来，养之而后能清明，渣滓尽去，始为浩然。故横渠曰："散殊而可象为气，清通而不可象为神。"神乃是养后之气也，非清明如广大刚果不移不屈？正是浩然体段，如何反诋不可解也。⑤

通过上述所论可以看出，黄宗羲是在气本论的基本哲学立场上提倡理气心性、性情合一论的。他的伦理学坚定地维护孟子的性善论思想，肯定人性先天、内在的善性而又反对现成的良知派观点，要求在存养的工夫中将人的先天、内在的善性实现出来，其意图在于高度肯定人在道德修养、向善过程中的自主性，从而与重视"天理"的理学派重视道德伦理修为过程中他律作用的思想形成尖锐的对立。正是从一点说，黄宗羲是属于心学一系的思想家。黄宗羲是心学派的思想家，历代都无人怀疑，但其哲学思想中的"心"其实只是气之"灵明"，这一点与陆九渊"心

---

① 黄宗羲：《孟子师说》卷六，《黄宗羲全集》第 1 册，第 139 页。
② 黄宗羲：《孟子师说》卷六，《黄宗羲全集》第 1 册，第 139 页。
③ 黄宗羲：《孟子师说》卷七，《黄宗羲全集》第 1 册，第 164 页。
④ 黄宗羲：《孟子师说》卷七，《黄宗羲全集》第 1 册，第 64 页。
⑤ 黄宗羲：《孟子师说》卷二，《黄宗羲全集》第 1 册，第 64—65 页。

学"中的"心"、阳明哲学中的"心",均有所不同。此点不能不辨。而他所用的"灵明"虽然与阳明在《传习录》中所用的"灵明"一词有学脉的关系,但其含义却有不同,即黄宗羲思想中的心(或曰灵明)的本体是气,而阳明学中的"灵明"则是先验的"良知"。理解了黄宗羲思想中的心气关系,我们就可以更好地理解他在学术史观方面提出的"盈天地皆心"[1]命题的真正意蕴之所在。该命题并不是关于世界本源的论断,而只是就实存世界的某一灵明状态而言的。由于《明儒学案》要解决的主要是明代学术史中每位学者的独特地位问题,他要肯定每个人在学问上的"自得"之处,因而要肯定每个人的"灵明",即心的价值。故他以"盈天地皆心"的命题肯定灵明存在的普遍性,进而发掘这一普遍存在而又各具特色的灵明。这正是他继承阳明心学,凸显学者思想个性的精神在学术史方面的体现。因此,黄宗羲的"气本论"思想与学术史观中的"一本万殊"思想并没有内在的矛盾冲突,而只是在不同的层面讨论不同的学术问题而已。

第二节 "一本万殊"的学术史观

从具体内容与形式上看,《明儒学案》只是明代的儒学史,然而其中蕴含着超越儒学史,带有一般学术史意义的思想内涵。黄宗羲编纂该书的深层思想动机,是要保存汉民族的精神传统,以此来应对明王朝灭亡这一巨大的政治事件。这一精神祈向体现在下面这段文字中:

> 尝谓有明文章事功,皆不及前代,独于理学,前代之所不及也。牛毛茧丝,无不辨晰,真能发先儒之所未发。程、朱之辟释氏,其说虽繁,总是只在迹上;其弥近理而乱真者,终是指他不出。明儒于毫厘之际,使无遁影。[2]

这段话的意蕴非常丰富,主要意思是说明儒在文章事功方面虽然赶

---

① 黄宗羲:《明儒学案序》,《黄宗羲全集》第 10 册,第 73 页。
② 黄宗羲:《明儒学案发凡》,《黄宗羲全集》第 7 册,第 5—6 页。

不上前人，但在理学方面有独到的贡献。这主要表现在他们能从理论上深入、细致地批判佛教，维护儒家学说的本真精神。而就此点的学术贡献来说，宋儒程、朱大贤亦有不及之处。

如何表彰明代儒者的学术贡献呢？黄宗羲决定从发掘每位思想者的精神独创性的角度入手来编纂明儒学术史。他说：

> 盈天地皆心也，变化不测，不能不万殊。心无本体，工夫所至，即其本体。故穷理者，穷此心之万殊，非穷万物之万殊也。[1]

他的意思是，就人类整体而言，人心并没有预设的本体。人心与大化流行之气是相通的。在天为气，在人则为心；在天为理，在人则为性。所以心与性是相通的。人心没有预设的本体，而且从人的主体能动性而言，"心"是无限量的，这就要看每个具体的个人如何在现实的世界中将"心"的无限量发挥得更加充分。充分发挥每个个体心量的过程，就是每个个体的工夫，而每个个体工夫的极致之处也就是每个个体之心的"本体"。因此，研究气中之"理"，就是要研究并把握气中之理的万殊之心，因为理并不是一个实际的存在物，而只是流行之气的主宰与条理。这一主宰与条理并不是一个现成的客观之物，自然而然地平放在某处，而是要靠人心——人的理性思维去把握的。因此，要穷究气世界里的万殊之理，只需要研究现实世界中万殊的人心就可以了。另外，此段话中所说的"心"，是偏重于心的认识功能来说的，与他所说的人性先天具有善质的思想不相矛盾。

在《明儒学案序》改定本中，黄宗羲更加明确地指出，"天地万物之理即在吾心中"，如他说：

> 盈天地皆心也。人与天地万物为一体，故穷天地万物之理，即在吾心之中。后之学者错会前贤之意，以为此理悬空于天地万物之间，吾从而穷之，不几于义外乎？此处一差，则万殊不能归一，夫苟

---

[1] 黄宗羲：《明儒学案序》，《黄宗羲全集》第 10 册，第 73 页。

工夫著到，不离此心，则万殊总为一致。学术之不同，正以见道体之无尽，即如圣门师、商之论交，游、夏之论教，何曾归一？终不可谓此是而彼非也。奈何今之君子必欲出于一途，勦其成说以衡量古今，稍有异同即诋之为离经畔道。时风众势，不免黄茅白苇之归耳。①

黄宗羲此处所说的天地万物之理在吾人心中的观点，并不同于程朱理学所说的"心具众理"的观点。在程朱思想中，理既是绝对的天理，也是在物之理。人只有通过格物的工夫，才能把握表里精粗的众理，而达到一朝豁然开朗的境界。黄宗羲则认为，人心是气之灵明。气是有条理的，故众理实际上内在于人心之中，所谓"道体广大"，即是指气机世界本是生生之仁的世界，这个气化生生之仁的世界在每个人的心中表现与认识都有所不同。而每个人的"灵明"（心）对此本体世界的不同展现，正好又体现了道体的广大。故学术史的研究不能忽视道体广大本身的丰富性、多面性的特征，尤其不能以门户之见来限制、抹杀人心对道体多面性的体认与表达。黄宗羲强调道体广大，犹如江海，可容纳百川，体现了晚明学术气象博大的另一面向。他以譬喻的方式论述：

夫道犹海也，江、淮、河、汉以至泾、渭、蹄涔，莫不昼夜曲折以趋之，其各自为水者，至于海而为一水矣。使为海若者汰然自喜曰："咨尔诸水，导源而来，不有缓急平险清浊远近之殊乎？不可谓尽吾之族类也，盍各返尔故处。"如是则不待尾闾之泄，而蓬莱有清浅之患矣。今之好同恶异者，何以异是？②

黄宗羲所说的"道体"，其实即是存有的本身。如果仅就人类的存有世界而言，即是人类生活世界的本身。他要求学术史以深刻的哲学眼光洞察人类生活世界的丰富性，对学术史上诸多能揭示人类生活世界某一个侧面的真理性认识给予恰当的肯定，而不是从自己所坚持的学术门户

---

① 黄宗羲：《明儒学案序·改本》，《黄宗羲全集》第 10 册，第 75 页。
② 黄宗羲：《明儒学案序·改本》，《黄宗羲全集》第 10 册，第 75 页。

出发，忽视学术的独创性。上述引文虽为文学化的语言，但却阐发了具
有极强包容性的学术思想。这一学术史观，同时也可以说是哲学史观，
的确具有不同凡响的意义。黄宗羲非常曲折地调和了心、气、理三大思
想传统，将学术史的理论目标定位为研究每个学者思想的独特性以及它
在思想世界中的独特价值。这一学术史的理论目标，其实是将阳明心学
体系所隐含的肯定道德实践个体的近代性思想因素，从学术史的角度转
化为对思想者学术个性的肯定。这样，他的学术史观就突出地彰显了学
者的学术个性与思想的独特性，包含了近现代哲学中个体性原则的思想
因素。这正是黄宗羲"一本万殊"的学术史观中最有创发性的地方。

　　黄宗羲从肯定"心之万殊"的哲学思想出发，进一步肯定了学者思想
独创性的价值，反对与郡县制下的专制社会意识形态相一致的"举一废
百"的学术专制思想。他认为：

> 　　古之君子宁凿五丁之间道，不假邯郸之野马，故其途亦不得不
> 殊。奈何今之君子，必欲出于一途，使美厥灵根者化为焦芽绝港？
> 夫先儒之语录，人人不同，只是印我之心体变动不居。若执定成局，
> 终是受用不得。此无他，修德而后可讲学，今讲学而不修德，又何怪
> 其举一而废百乎！①

　　上述这段文献中"宁凿五丁之间道，不假邯郸之野马"一句的意思是
宁可像古代蜀国五位壮士那样筚路蓝缕地开凿山道，也不愿接受像晋国
智伯白白馈送的许多上好的野马。②　全段引文的意思可分三层来理解，
第一层意思是说，学问之道贵在独创。第二层意思是批评当时学界要求

---

① 黄宗羲：《明儒学案序》，《黄宗羲全集》第 10 册，第 73—74 页。
② 《战国策》卷三十二《宋卫》："智伯欲伐卫，遗卫君野马四白，白璧一。卫君大悦，群臣皆贺，南
　文子有忧色。卫君曰：'大（一）国大欢，而子有忧色何？'文子曰：'无功之赏，无力（理）之礼，
　不可不察也。野马四（百），[白]璧一，此小国之礼也，而大国致之，君其图之。'卫君以其言告
　边境。智伯果起兵而袭卫，至境而反曰：'卫有贤人，先知吾谋也。'"参见刘向辑录《战国策》，
　第 1159 页，上海，上海古籍出版社，1998。"邯郸之野马"一语，有人以为是庄子《逍遥游》篇
　"野马也，尘埃也"句中的"野马"。根据上下文之意，黄宗羲此处是化用《战国策》中的故事，
　"邯郸"是赵国的都城，故"野马"代指赵国智伯赠卫君野马的故事，更为妥当。

所有学问都从一条道上走，不允许有不同、有差异的做法。第三层意思肯定先儒语录的不同之处，并认为这正可以印证人的心体变动不居的特征。合而观之，就是主张学术研究要尊重学者的个性，要有自己的切身体会与真正的受用，不必强求大家都一样。很显然，黄宗羲的这一学术史观点具有一定的历史进步意义。

黄宗羲提倡学术研究的独创性与多样性，为此，他在编纂《明儒学案》一书时，注重分析了前人同类著作的得失，提出了重视每一思想家的学术宗旨、不以编纂者的思想阉割前代思想者之独特性的学术史原则。他说：

> 大凡学有宗旨，是其人之得力处，亦是学者之入门处。天下之义理无穷，苟非定以一二字，如何约之使其在我！故讲学而无宗旨，即有嘉言，是无头绪之乱丝也。学者而不能得其人之宗旨，即读其书，亦犹张骞初至大夏，不能得月氏要领也。①

这即是说，在编纂学术史时，一定要真切地把握被编纂者的学术宗旨。一个学者的"学术宗旨"既是他本人的学术心得，也是后人理解该人学问的最好门径。如果不能把握该人的学术宗旨，则无法理解该人的学问。所以，在面对天下无穷义理的时候，一定要用一两个简明的词汇提炼出该学人的宗旨，从而真正把握他的学术精髓。

黄宗羲还强调学问与自己人生信仰、安身立命的关系，这就是他下面一段话所说的：

> 学问之道，以各人自用得著者为真。凡倚门傍户、依样葫芦者，非流俗之士，则经生之业也。此编所列，有一偏之见，有相反之论。学者于其不同处，正宜著眼理会，所谓一本而万殊也。以水济水，岂是学问！②

---

① 王宗羲：《明儒学案发凡》，《黄宗羲全集》第 7 册，第 5 页。
② 黄宗羲：《明儒学案发凡》，《黄宗羲全集》第 7 册，第 6 页。

上述文献中所蕴涵的可贵思想，正在于重视学术的个性，重视学术研究中的差异，甚至是相反之论，从而体现天地、人类社会生活一本万殊的本相。由此可见，重视每一位思想家的学术宗旨，是黄宗羲"一本万殊"学术史观的核心所在。他还以胡季随追随朱熹求学之事为例，进一步论述为学之道当以"自得"为要旨的思想，体现了他重视学术独创性与学者个性的进步学术史观。在坚守儒家正宗思想的价值理想的前提下，他提倡探求多元化的学术探究路径，从而为传统社会迈向近现代社会提供了新的学术思想资源。

黄宗羲"一本万殊"的学术史观也体现在其编辑的《明文案》之中。在《明文案序上》中，他高度赞扬了"一往深情"的"情至"之文，从而对作家的个性与真性情给予了高度的肯定。他说：

> 夫其人不能及于前代而其文反能过于前者，良由不名一辙，唯视其一往深情，从而捃摭之。……今古之情无尽，而一人之情有至有不至。凡情之至者，其文未有不至者也，则天地间街谈巷语、邪许呻吟、无一非文，而游女、田夫、波臣、戍客，无一非文人也。[1]

而他自称将一些人文集中"至情孤露"的一二"情至之语"选择出来，类似于救人于溺水之中。对于那些毫无真性情的"千家之文集庞然无物，即尽投之水火不为过矣"。[2] 由此可见他对文人个性、真性情的高度尊重。这亦是其"一本万殊"的学术史观的具体表现。

在德性与学问的问题上，黄宗羲不同意将二者简单地区别开来，说：

> 所言德性问学之分合，弟谓不然，非尊德性则不成问学，非道问学则不成德性，故朱子以复性言学，陆子戒学者束书不观，周、程以后，两者固未尝分也。未尝分，又何容姚江、梁溪之合乎？此一时教法稍有偏重，无关于学脉也。[3]

---

① 黄宗羲：《明文案序上》，《黄宗羲全集》第 10 册，第 19 页。
② 黄宗羲：《明文案序上》，《黄宗羲全集》第 10 册，第 19 页。
③ 黄宗羲：《复秦灯岩书》，《黄宗羲全集》第 10 册，第 210 页。

由此条文献可知，余英时将宋明理学到清代学术的发展过程概括为"由尊德性到道问学"的过程，其实是难以成立的。

第三节　黄宗羲的政治哲学思想

一、17 世纪中国早期民主思想的一般概况

相对于中国历史上"无君论"思想而言，明末清初之际出现的早期民主思想思潮对专制政治的批判要深入、广泛得多。除黄宗羲外，我们还可以举出一长串的名单：顾炎武、王夫之、唐甄、吕留良、刘献廷，甚至连康熙朝的大臣李光地，亦对专制政治进行了深刻地批判，展示了明末在野思想家对朝廷执政大臣的影响。

顾炎武（1613—1682）对专制政治的批判，在很多地方与黄宗羲的观点颇接近，表现了这个时代进步知识分子"同声相应，同气相求"的特征。他在给黄宗羲的信中对《明夷待访录》大加称赞："因出大著《明夷待访录》，读之再三，于是知天下之未尝无人，百王之敝可以复起，而三代之盛可以徐还也。"[1]

在人性论方面，顾炎武亦提出了"人之有私固情之所不能免矣"的人性自私论，但这不妨碍天下之大公。他说：

> 人之有私，固情之所不能免矣。故先王弗为之禁，非惟弗禁，且从而恤之。……合天下之私，以成天下之公，此所以为王政也。……世之君子必曰有公而无私，此后代之美言，非先王之至训矣。[2]

又说：

---

[1] 黄宗羲：《南雷诗文集附录》，《黄宗羲全集》第 11 册，第 375 页。另《思旧录》"顾炎武"条记载此段文献，与顾氏原文小有出入，意思相同。见《黄宗羲全集》第 1 册，第 390 页。
[2] 顾炎武：《言私其豵》，《日知录集释》卷之三，黄汝成集释，第 92 页。

天下之人各怀其家，各私其子，其常情也。为天子、为百姓之心，必不如其自为……圣人者，因而用之，用天下之私，以成一人之公而天下治。①

像黄宗羲一样，顾炎武亦以托古的方式批评了后世君主以一己之私，而妨碍天下人之私的专制行为："古之圣人，以公心待天下之人，胙之土而分之国；今之君人者，尽四海之内为我郡县犹不足也，人人而疑之，事事而制之。"顾炎武称此为"独治"。如果要改变此"独治"，必须"以天下之权，寄天下之人"，实行"众治"。②

何谓"众治"呢？概而言之，共有三种方法：其一，"自公卿大夫至于百里之宰，一命之官，莫不分天子之权"。顾氏说："所谓天子者，执天下之大权者也。其执大权奈何？以天下之权寄天下之人，而权乃归之天子。自公卿大夫至于百里之宰，一命之官莫不分天子之权，以各治其事、而天子之权乃益尊。"③通过"寓封建于郡县之中"的方式、扩大地方政府的自治权，使"利尽山泽而不取诸民"，政治以国民致富为目的，而不以皇室致富为目的。

"众治"的第二个方法是按照各郡县人口比例推举人才，废除科举取士制度，使"天下之人皆得举而荐之"。顾炎武统计了当时天下的生员约五十万，皆致力于场屋之文。其实能文者十人不得一；通经知古今，数千人不得一，而嚣讼逋顽，以病有司者，比比皆是。有鉴于此，顾炎武提出了"废天下之生员"的主张，采用辟举之法，使天下之人皆得举而荐之，略仿唐人之制"小县三人，等而上之，大县二十人而止"，反对当时取士"而仅出一途"的方法。④

其三，要允许人民有"不治而议论"的言论自由。顾炎武认为，通过

---

① 顾炎武：《郡县论五》，《顾亭林诗文集》，第 14 页。
② 顾炎武：《郡县论五》，《顾亭林诗文集》，第 12 页。
③ 顾炎武：《守令》，《日知录集释》卷之九，黄汝成集释，第 327 页。此段引文标点与原引文小异。原引文的校点者第二句话标点似有误。
④ 顾炎武：《生员论下》，《顾亭林诗文集》，第 24 页。

"清议"，可以使地方政治清明，避免社会动荡。他认为，孔子讲"天下有道，则庶人不议"，但政教风俗如果不是尽善，则庶人可以议政。"天下有道，则庶人不议，然则政教风俗苟非尽善，即许庶人之议矣。"①

尽管顾炎武的许多观念、方法并未超出传统的政治哲学范畴，但其所表达的思想已逸出了旧有思想规范，是属于"旧瓶装新酒"之类的新思想。

王夫之（1619—1692）是明末清初的哲学家，与黄宗羲的政治思想颇为接近。他提出了治天下"必循天下之公"，"天下非一姓之私也"等"公天下"的理想；在权力的交替方面，提出了帝王之位"可禅、可继、可革"的思想。

王夫之从人的自然权利出发，论证了人民拥有生产资料的天然权利，而不待王者之授的观念，颇类似17世纪洛克的天赋财产权的思想。他说："若土，则非王者之所得私也。大地之间，有土而人生其上，因资以养焉。有其力者治其地，故改姓受命而民自有恒畴，不待王者之授之。"②

在这种土地财产私有的自然权利基础上，之所以要建立国家，设立"君长"，乃是为了"自畛其类"，以区别于动物，以与其他集团相区别，"圣人审物之皆然而自畛其类、尸天下为之君长"，以"保其族"，"卫其类"。这正是荀子"人能群"的思想在新的时代条件下的发展。这与17—18世纪卢梭等人思想有相同的思维逻辑：即人为了更好地保护其自然权利而结成了社会组织。所不同的是：西方17—18世纪的"契约论"更强调保护个人的自然权利及自由；王夫之所强调的乃是族类的生存，这与王夫之所处的明清之际的时代背景有关。但共同点是一致的，即国家的目的是为万民的，非为帝王一姓之私服务的。国家要追求国民财富，保护国民财富，而非为少数个人谋利益。像黄宗羲一样，王夫之亦揭露了君主视天下为一己之私有财产的行径：

---

① 顾炎武：《直言》，《日知录集释》卷之十九，黄汝成集释，第678页。
② 王夫之：《噩梦》，《船山全书》第12册，第551页，1996。

> 有天下者而有私财，……业业然守之以为固，而官天地、府万物之大用，皆若与己不相亲，而任其盈虚……灭人之国，入其都，彼之帑皆我帑也，则据之以为天子之私……祸切剥床，而求民不已，以自保其私。垂至其亡而为盗资，夫亦何乐有此哉！①

针对"私天下"之弊病，王夫之提出了"以天下论者，必循天下之公。天下非一姓之私也"的"公天下"理想。在此新的理想原则指导下，他对历史上所谓"一统"说提出了新的解释："故天子之令不行于郡，州牧刺史之令不行于县、郡守之令不行于民，此之谓一统。"②反对天下之权尽归于天子一人的专制政治（有关王夫之早期民主政治思想的详细论述参见本书第四章第三节）。

明末清初三大思想家的早期民主政治思想延续到清代的中叶，在满清王朝的高压政策下，仍然以潜流的方式在继续。唐甄（1630—1704）在《潜书》中公开提出了"自秦以来，凡为帝王皆贼也"的论断，猛烈地抨击专制政治。他认为要"抑天子之尊"，以使之与民同情。因为"天子之尊"非天帝大神也，皆人也。天下之乱的祸根在于君："治天下者惟君，乱天下者惟君。治乱非他人所能为也，君也。小人乱天下，用小人者谁也？女子、寺人乱天下，宠女子、寺人者谁也？奸雄盗贼乱天下，致奸雄盗贼之乱者谁也？"③

与历史上"政在治民"的观点相反，唐甄提出了"天下难治，非民也，官也"的新论断，认为为政之要，在于治官。因为官僚的贪污腐化，蒙上欺下，使得生民不如犬马，上下悬隔而不通。为政之官只见"固边疆，充府库，尊朝廷，叙官职"的重要性，而使得整个的官僚体制表现出巨大的异化现象："见政不见民"。把政治为民的目的抛弃得远远的。因此，唐甄说："天下难治，人皆以为民难治也，不知难治者，非民也，官也。凡兹

---

① 王夫之：《读通鉴论》卷二，《船山全书》第 10 册，第 76 页。
② 王夫之：《读通鉴论》卷十六，《船山全书》第 10 册，第 599—600 页。
③ 唐甄：《鲜君》，《潜书》上篇下，第 66 页，北京，中华书局，1955。

庶民，苟非乱人，亦惟求其所乐，避其所苦，曷尝好犯上法以与上为难哉！论政者不察所由，以为法令之不利于行者，皆根于民之不良，释官而罪民，所以难于言治也。"①

像黄宗羲、顾炎武一样，唐甄亦主张言论自由，提倡直言，并且认为这种言论自由不只是属于谏官的，亦属于百姓的："六卿六贰进讲陈戒，师箴、矇诵，百工谏，士议于学，庶人谤于道，皆谏官也。"②这虽有点"大民主"的味道，缺乏黄宗羲的制度化设想，与现代程序法和法律化的言论自由亦相去甚远。但他提出言论自由的理想，则是那个时代对言论自由在不同层面认知的反映。至于吕留良（1629—1683）、刘献廷（1648—1695）、李光地（1642—1718）等人批判专制政治，提倡"公天下"理想的有关言论，可参阅萧萐父、许苏民合著的《明清启蒙学术流变》一书相关内容。

总之，17 世纪反对君主专制的早期民主政治思想，以其前所未有的历史深度与广度，展示了中国历史"自我批判"的早期"启蒙精神"。正如马克思在《政治经济学批判导言》中所言，"历史的发展总是建立在这样基础上的：最后的形式总是把过去形式看成是向着自己发展的各个阶段，并且因为它很少而且只是在特定条件下才能够进行自我批判——这里当然不是指作为崩溃时期出现的那样的历史时期——所以总是对过去的形式作片面的理解"。③

中国早期的民主政治思想，正是在君主专制社会还未处于崩溃之时而又出现了新的社会势力——早期具有资产阶级特征的工商阶层的特定历史之际，思想家们对历史进行了自我批判。这些思想以其固有的片面深刻性，成为后来资产阶级用武器批判传统专制社会时的批判武器之一。梁启超、谭嗣同、章太炎等人，都曾将黄、顾、王视为自己的思想先驱，展示了中国哲学思想由古典向近、现代方向运动的内在一贯性。

---

① 唐甄：《柅政》，《潜书》下篇上，第 154 页。
② 唐甄：《省官》，《潜书》下篇上，第 136 页。
③《马克思恩格斯选集》第 2 卷，第 23—24 页，北京，人民出版社，1995。

二、《明夷待访录》的基本内容及其进步思想倾向

具有中国《民约论》之称的《明夷待访录》一书，以前所未有的体系性特征勾画了中国早期民主政治的理想蓝图。该书在中国比较成熟的郡县制内的君主专制政治体制框架内，对政治主体的君、臣、法的本质意义作了还原性的理论探索，对政治权力制衡的机构、机制的功能及其运行方式进行了新的阐释。另外，对军事安排及武力的控制、土地制度、货币制度、经济运行的目的——追求国民财富、中下层行政官吏的管理、传统家天下畸形政治的产物——奄宦及其制度的危害性，均作了超越前人的论述。现行的《明夷待访录》一书并不完整，其中有两篇涉及夏夷大防，与清王朝有抵触故被删除。但根据现行的篇章，已足以揭示黄宗羲民主政治思想的精华。

现有《明夷待访录》共计二十一篇，十三部分，其中《取士》上下篇、《田制》三篇、《兵制》三篇、《财计》三篇、《阉宦》上下篇。按照现代人的思维方式来看，《原君》《原臣》《原法》三篇为政治哲学原理篇。前两篇主要探讨为君为臣的本质意义、君臣之间的政治伦理关系；君臣政治行为的目的性等问题。《原法》篇则探讨了"法"——其实是广义的制度的本质意义，法所要维护的对象的利益等问题，并将"公法"与一家一姓的"私法"对立起来，提出了在法的面前，朝廷与民间平等的理想。

《置相》《学校》属于政治制度篇。《置相》篇主要讨论政治权力制衡的头号问题；《学校》篇则主要讨论政治批评的制度化建设问题，颇具有现代西方政治学中的议会制度精神，然又十分地不同。其所体现的是中国传统社会，特别是科举制条件下的士大夫与天子共治天下的精英民主思想。

《取士》上、下篇则是讨论用人制度、用人方法、用人标准等问题，通过用人制度、方法、标准的调整，引导并改变社会风俗，尤其是士风。

《建都》篇涉及中国特有的政治问题，由于专制帝国及政治权力中心——都城的安危乃国家安危之所系，这种政治权力中心又直接影响到

经济的发展，故建都就成为当时中国政治问题之一。

《方镇》篇乃是涉及地方政治势力的制衡问题。专制王权政治框架下，朝廷与地方势力常常处于矛盾之中。地方势力坐大，常常危及中央政权。西汉初年的削藩运动、唐代的藩镇割据、宋太祖的"杯酒释兵权"，都是中国政治制度史上地方与中央权力矛盾的典型事件，而"杯酒释兵权"则是处理此类事件的经典方法。

《田制》三篇主要讨论郡县制下的专制政府的税收政策、标准、土地占有制、兵屯与民屯等基本的财政问题。

《兵制》三篇则主要讨论军事权力的控制、军事管理、文官制度与军事权力使用等问题。黄宗羲说："夫天下有不可叛之人，未尝有不可叛之法。"这种思想，颇接近于现代人所谓"武力的文官化"理念，力求从制度上使武力臣服于政治权力。

《财计》三篇主要讨论货币制度问题。在这三篇中，黄宗羲希望郡县制下的君主专制国家能够统一货币，方便小民流通，从而做到"使封域之内，常有千万财用流转无穷"，从而能够追求"久远之利"的宏大经济理想。《财计》（之三）还专门讨论了传统农业社会内部的消费问题，提倡一种与生产和财富增殖相关的消费方式，反对为了宗教、迷信、奢侈等目的的消费行为，甚至提出了激烈的主张："使小民吉凶一循于礼，投巫驱佛"，从而使"学校之教明"，"倡优有禁，酒食有禁"。黄宗羲的消费观体现了儒家礼教政治的理性特征，与马克斯·韦伯所谓的"新教伦理"的节俭精神、法权制度颇为相似，所缺少的恐怕在于簿记方式或曰簿记制度，复式记账法，此点还可以做进一步的比较研究。

《胥吏》篇所讨论的实质上颇类似当今社会政府公务员的问题。郡县制下的君主专制社会的官是通过科举考试的正途选拔出来的，胥吏一部分是由各级官员自行录用的办事员，一部分是古代社会中的徭役之夫，这些人的薪俸由地方税收支出。黄宗羲认为要改革胥吏用人制度，下级胥吏让生员充之，让这些人日后为官有行政经验，而六部胥吏则由侯补进士充当，从而改变"胥吏危害天下"的局面。黄宗羲指斥当时的胥吏之害是"天下有吏之法，无朝廷之法"；"天下无封建之国，有封建之吏"。黄宗羲的设想是要求所有胥吏——政府办事人员都要由国家系统的教育制度培养出来的举人、进士来充当，一方面可以让这些举人、进士在见习期增长行政才干，另一方面也可以提高政府办事人员的素质，减少裙带关系的影响与腐败的机会。

《奄宦》上下篇主要讨论古代的宦官制度问题。阉宦是古代不人道的政治产物，而且是古代专制政治的毒瘤。黄宗羲指出阉宦产生的原因，乃在于"人主之多欲"。他又指责后世文人在礼乐制度的阐释方面极尽献媚君上之能事。如郑玄《周礼》论云："女御八十一人当九夕，七妇七人当三夕，九嫔九人当一夕，三夫人当一夕，后当一夕。"黄宗羲对此严加批评，进而批评《周礼》实为"诲淫之书"。当然，黄宗羲并未想彻底废除阉宦制度，而只想减少阉宦人数而已。在《奄宦》下篇，黄宗羲再次批评了郡县制下的皇权继承制，"彼鳃鳃然唯恐后之有天下者不出于其子孙，是乃流俗富翁之见"，尧舜不传子，宋徽宗多子，亦止供"金人之屠醢耳"。这种批评意见实际上曲折地表达了"公天下"的政治理想。

三、"公天下"——《明夷待访录》的核心政治理念

现代民主政治的核心理念是：主权在民。"democracy"可以分解为"demo"——多数和"cracy"——统治两个部分，意为"common people"＋"cracy"。辜鸿铭在《什么是民主》一文中曾指出："demos"在古希腊语为农庄的意思，即农人耕夫居住的场所，相当于中国古汉语中的"邱"，它与商人、银行家以及财主所居住的都会相对立。因此，希腊语中的"demos"指居于山间僻地的人。辜氏对民主的解说可备一说。[①] 在现代民主政体中，统治手段是依赖法律，其政体中的每个个人身分平等，个人除了受法律的约束外，都是自由的。政府是为人民办事的机构。按照早期"契约论"者的观点看，政府的一切权力来自人民，因而政府的一切行为必须保

---

① 辜鸿铭：《中国人的精神》，黄兴涛、宋小庆译，第 192—193 页，海口，海南出版社，1996。

护人民的各项权利。像亚伯拉罕·林肯在盖地斯堡演说中所概括的那样：民主政治的精神是："民有、民治、民享"。关于"民主政治"的具体论述与制度设计，洛克的《政府论》、卢梭的《社会契约论》、托克维尔的《论美国的民主》等著作，有不尽相同的论述，但最高的政治权力及一般的政治权力必须受到宪法或法律的制约，这一基本精神是相同的。戴维·赫尔德《民主的模式》一书，比较全面地介绍了西方民主政治的模式。以上引出西方政治思想中的有关民主的基本观念，是为了给黄宗羲《明夷待访录》一书中的民主思想提供一个大致的参考背景。

根据我们的观点来看，《明夷待访录》一书的核心理念是"公天下"，而"公天下"的思想对于"朕即国家"的"私天下"与"专制天下"的观念来说是绝对相反的。在黄宗羲看来，政治的目的乃在于"万民之忧乐"而不在"一姓之兴亡"，真正的法律是"藏天下于天下"，"贵不在朝廷，贱不在草莽也"。朝廷、民间的地位在制度上是平等的。这一"公天下"的思想比较集中地体现了中国早期民主思想的精神。

"公天下"的观念可以看作是《明夷待访录》一书的宗旨。透过此宗旨，我们可以一以贯之地理解黄宗羲的一些具体的政治主张。首先，因为天下是属于天下人所有的政治领地，所以国家的政治权力不应由皇帝一人掌握，皇帝、大臣其实都是治理天下的共同伙伴，如黄宗羲说："夫治天下犹曳大木然；前者唱邪，后者唱许。君与臣，共曳木之人也。"[1]而且，这种权力不能传子，只能传贤，因为"天子之子不皆贤"。[2] 正因为"公天下"，则有关天下的各种是非论断也不必都由天子一人说了算。黄宗羲说："天子之所是未必是，而公其是非于学校。"[3]

相反，如果把"天下"看作君主个人的私有财产，则"有生之初，人各自私也，人各自利也"，大家都想把"天下"归为己有，则"人之欲得产业，谁不如我"？故得天下者之害："远者数世，近者及身，其血肉之崩溃在其

---

[1] 黄宗羲：《原臣》，《黄宗羲全集》第 1 册，第 5 页。
[2] 黄宗羲：《置相》，《黄宗羲全集》第 1 册，第 8 页。
[3] 黄宗羲：《学校》，《黄宗羲全集》第 1 册，第 10 页。

子孙矣。"①

　　黄宗羲为了论证"天下是天下人的天下"这一古老然而又有新意的命题，他还预设人性是自私的这一人性前提。他说："有生之初，人各自私也，人各自利也。"②正因人性的自特性，要求任何人在执掌了天下的大权之后只能把天下视为公器，方才拥有天下的太平，否则只能引起战乱。因为，一旦人们把"天下"看作是私人财产，每个人凭借自私的本性都将会与现任的执政者来抢夺这一份额最大的财产，故而会造成连续不断的政治与军事斗争，天下永无宁日。从纯粹的思维逻辑来看，黄宗羲这种"人性自私"的分析，与执政者必须要坚持"公天下"的政治理念，这二者之间也许并没有黄宗羲所说的那样紧密的逻辑关系。然建立在人性自私的基础之上的现代资产阶级民主政治的确在一定程度上体现了政治活动的公共性质——多数人的政治，为多个利益集团服务而不是为一个家族服务。现代资产阶级民主政治的确也表现了"抢夺天下"的现象，只是其形式不是通过野蛮的战争，而是通过选举的文明方式轮替最高政治权力的象征——总统的位置。以今视昔，我们似乎可以这样理解，黄宗羲以托古改制的论述方式来表达他的"公天下"理想，透过他的公天下的政治理想，我们似乎可以看到中国传统社会开始孕育着一种早期民主政治的萌芽。黄宗羲这样说："古者以天下为主，君为客，凡君之所毕世而经营者，为天下也。"③

　　站在现代成熟的资产阶级民主政治思想的角度，我们完全可以说黄宗羲的民主思想过于稚嫩、片面，尤其是忽视了主权在民、契约成法等思想内容，但在一千多年"以君为主，民为客"的专制政体下，能够重新提出先秦时期早已出现，后来基本上被淹灭的"君为客，民为主"的政治思想，还是十分大胆的，尤其在明清易代之际，这一思想具有惊天动地的震惊作用。尽管这部书在清代乾隆间仍然禁止公开出版，但新思想一旦出

---

① 黄宗羲：《原君》，《黄宗羲全集》第 1 册，第 3 页。
② 黄宗羲：《原君》，《黄宗羲全集》第 1 册，第 2 页。
③ 黄宗羲：《原君》，《黄宗羲全集》第 1 册，第 2 页。

现，就具有不可阻挡的力量。因为，这种新思想并不是个别思想家凭着自己聪明的脑袋幻想出来的，而是社会历史的必然要求借助某些特殊的历史人物表达出的社会希望。与黄宗羲同时或稍后的部分思想提出了类似黄宗羲的进步政治思想就是明证。而且，在黄宗羲之后约半个世纪，诗人袁枚亦含蓄地表达了"公天下"的理想，预示着中国社会发展的方向不可逆转。袁枚也以托古改制的方式，论述郡县制不符合古代圣人"公天下"之意，认为封建制反而更能接近圣人之意。他说："一人之力，不能君天下，必众君之；一人之教，不能师天下，必众师之。"①圣人之所以不以自己的聪明才智来独揽统治天下的大权，是因为圣人出于"公天下之心"，深知"治天下之法""非封建不可"。圣人的"公天下之心"正好能满足天下人"各亲其亲""各子其子"的自私欲望，"故封建行而天下治"。②封建制不怕地方诸侯造反，因为其政治伦理的基本原则是：有仁德者居天下，所以"大子不仁，则汤、武至；诸侯不仁，则齐桓、晋文至。千八百国中，苟有一贤君，则民望未绝。师旷曰：天之爱民甚矣，岂其使一人肆于民上？先王亦爱民甚矣，岂其使子孙一人肆于民上"？③袁枚的这些论述，其主旨在于通过分权于地方的方式化解君主专制社会里中央权力过分集中的矛盾，以托古改制的方式表达了具有近代意义的民主政治理想的某些方面的要求，与黄宗羲的思想有着高度的一致性。

"公天下"的思想观念并非黄宗羲首创，先秦道家、儒家、杂家就已经提出了这一观念。而在汉、魏晋时代，这一观念仍然在少数正直的士大夫之中流行，如汉人谷永说："臣闻天生蒸民，不能相治，为立王者以统理之，方制海内非为天子，列土封疆非为诸侯，皆以为民也。垂三统，列三正，去无道，开有德，不私一姓，明天下乃天下之天下，非一人之天下也。"④曹魏时代的高堂隆说："夫皇天无亲，惟德是辅。民咏德政，则延期

---

① 袁枚：《书柳子封建论后》，《小仓山房诗文集》三，第 1634 页，上海，上海古籍出版社，1988。
② 袁枚：《书柳子封建论后》，《小仓山房诗文集》三，第 1634 页。
③ 袁枚：《再书封建论后》，《小仓山房诗文集》三，第 1637 页。
④ 班固：《谷永杜邺传》，《汉书》卷八十五，颜师古注，第 3466—3467 页，北京，中华书局，1961。

过历，下有怨叹，掇录授能。由此观之，天下之天下，非独陛下之天下也。"①西晋时的段灼亦说："夫天下者，盖亦天下之天下，非一人之天下也。"②一直到宋末元初的邓牧，这一思想观念仍然不绝如缕。为何说黄宗羲的"公天下"思想具有早期民主政治的思想性质呢？我们的解释是，老子的"容乃公，公乃王，王乃天，天乃道"与《礼记·礼运》篇的"大道之行也，天下为公"的"公天下"思想，还是一种十分简单的观念，缺乏与此观念相一致的基本制度设计。《吕氏春秋·贵公篇》所说的"昔先圣王之治天下也，必先公。公则天下平矣。平得于公"，"天下非一人之天下也，天下之天下也"虽然较之老子、《礼记》的思想更为丰富，然而也没有与之相一致的政治制度设计。而且以上三家的"公天下"观念都缺乏黄宗羲基于人性自私的理论预设，要求君主为天下人执掌政治权力、为天下人利益服务的思想。宋末元初的思想家邓牧，在《君道》篇继续阐发"公天下"的理想，然而带有更加浓厚的道家，特别是庄子的非君论思想色彩，而且也缺乏基于人性自私的理论预设而要求天下为公的政治理想。如《君道》篇说：

> 天生民而立之君，非为君也；奈何以四海之广，足一夫之用邪？故凡为饮食之侈、衣服之备、宫室之美者，非尧舜也，秦也。为分而严、为位而尊者，非尧舜也，亦秦也。后世为君者歌颂功德，动称尧舜，而所以自为乃不过如秦，何哉？《书》曰："酣酒嗜音，峻宇雕墙，有一于此，未或不亡。"彼所谓君者，非有四目两喙，鳞头而羽臂也；状貌咸与人同，则夫人固可为也。今夺人之所好，聚人之所争，慢藏诲盗，冶容诲淫，欲长治久安，得乎！③

要而言之，黄宗羲"公天下"的政治理想，是奠基在人性自私的新人

---

① 陈寿：《魏书·辛毗、杨阜、高堂隆传》，《三国志》卷二十五，裴松之注，第 717 页，北京，中华书局，1982。
② 房玄龄等：《段灼传》，《晋书》卷四十八，第 1346 页，北京，中华书局，1974。
③ 邓牧：《君道》，《伯牙琴》，张岂之、刘厚祜标点，第 4 页，北京，中华书局，1959。

性论基础上，对国君的本质意义，君臣相处的平等之道、天下之公法、士人精英民主——学校议政等系列问题作了比较系统的论述，从而发展并深化了中国传统"公天下"的理论内涵，初步体现了近代民主政治理想的萌芽形态。在后来的历史过程中虽然没有获得适宜的文化与政治土壤，得以更加丰满地开展出现代资产阶级的民主政治形式，但其思想所具有的近代性质并不因此而被抹杀。两百多年以后，亦即 19 世纪末，当资产阶级民主主义运动兴起之时，梁启超、谭嗣同辈倡民权、共和之说，则将《明夷待访录》节钞，印数万本，秘密散布，"于晚清思想之骤变，极有力焉"①。由此可见，《明夷待访录》与近代中国资产阶级民主政治之间有内在的血脉关系。

四、《明夷待访录》对专制政治及其意识形态的批判

构成《明夷待访录》一书民主性精华的有机思想成分，乃是对专制政治及其意识形态虚假性的批判。而这一思想是以往反君主思想中比较缺乏的新内容。其批判的具体内容大体上可从以下四个方面来加以概述：

首先，在黄宗羲看来，人性自私，人情好逸恶劳导致了公利莫兴，公害莫除的局面。谁要想赢得天下，就必须兴公利，除公害，方可以为百姓所拥戴。故政治的本质，做国君的精义乃在于"兴公利、除公害"。从人性的自私与好逸恶劳的通则来看，许由、务光不愿为君，乃人之常情，尧舜逃逸，亦是常情，而大禹乃不得已而就任王位。就个人的心态来说，他们并不愿意那样做，亦不得已罢了。故我们不必把他们的固有德性看得多么高尚，只是政治的必然性要求他们如此而已。

然而，后世人君不明白做国君的本质意义之所在，错以为手中的权力是为自己谋私利的，使天下之人不敢自私自利，而他自己又以一己私利冒充天下人的大公之利。这就犯了双重错误：其一，违背了人本自私

---

① 梁启超：《清代学术概论》，第 15 页，上海，上海古籍出版社，2005。

的自然属性；其二，用一己的私利侵占，甚至取代天下人的私利，剥夺了天下人谋求自己利益的权利。

只此两点，首先，后代君主其实并不明白做国君的本意，故后代所谓的"君"不是本来意义上的君。为了正本清源，必须将颠倒的君民关系重新颠倒过来，恢复到"古者以天下为主，君为客"的正常关系上来。将为天下人公共利益服务的目标规定为国君权位的本质职能，换句话说，国君的责任伦理、国君的政治义务是为天下人谋福利。这一大胆的托古讽今的设想，在中国历史上具有革命性的意义。

其次，正因为后世君主丧失了其为"君"之本意，故其虚构的意识形态内容之一——君臣如父子的血缘伦理也是虚假的。古时人们爱戴其君，比之如父，其前提是"君以天下之利为利，除天下之公害"；后世君主却相反，将天下之利尽归于己，天下之害将归于民，更有甚者，"敲剥下之骨髓，离散天下之子女，以奉我一人之淫乐"，如此这般的君主又怎么能再说"君臣如父子"，"君臣之义无所逃于天地之间"呢？更进一步言之，君与辅政大臣，都是共同治国之人，没有真正的不可逾越的等级鸿沟，相互之间可以取代，更遑论说辅政人臣为君而死的事情了。这里只有职责分工的区别，而不存在尊卑贵贱之别。故君与辅政大臣之间的关系，乃师友之间的关系，非父子、上下、尊卑之间的关系。父子关系是血缘关系，不可变更；君臣关系没有这种自然的血缘关系作基础，是可变的。黄宗羲这一观点非常重要，他从理论上摧毁了传统君主专制政治的伦理基础——即以父子之间的血缘关系为基础的政治伦理，使人们从理论上重新思考君臣关系、君民关系，开启了中国社会现代政治"契约论"的思想先河。

再次，后世家天下的所谓"法"——政治制度，亦不是天下之公法，实乃君主一人一家之私法。这样的"法"只是为了束缚、监督臣民为君主一人谋利，故无论是有法，还是无法，对于民众的生活而言都是有害的。黄宗羲所理想的真正"法律"，其精神乃在于：藏天下于天下，利在万民；贵不在朝廷，贱不在草莽。这两点精神可总结为利天下与平等精神，后世

"家天下"之法皆丢失殆尽。故要希望有真正大治的天下出现,必须改变法权体制,所以黄宗羲说"有治法方有治人"。

最后,社会生活的真理标准,并不能以天子一人的是非观为标准,而应该由这个社会中的知识精英的公共讨论来决定。这便是他在《学校》篇所阐发的现代民主议政思想,有学者将《学校》篇的议政思想与现代社会的公议(Public Reasoning)民主政治联系起来①,值得参考。尽管在黄宗羲的著作中可以看到他批评李贽的观点,但是他在批评君主专制社会的税收政策时,实际上与李贽提倡私有的思想是一致的。如他认为在土地私有、人民自食其力的情况下,君主专制政府如果不能为民众提供任何的保障,则无论是多么小的税率,都是违法的。

因此我们似乎可以说,在黄宗羲的《明夷待访录》中,李贽的某些思想得到了深化。这也展示了中国传统内部反专制的民主思想沿着自己固有的逻辑在向前发展,展示了历史运动的某种必然性趋势。

不过,黄宗羲的政治思想在清王朝统治基本稳定之后,似乎有所后退。他在编辑《明儒学案》的过程中,思想又回到了宋明儒的传统之中。他对孟子"万物皆备于我"的命题做出了新的解释,如他说:

> 盈天地间无所谓万物,万物皆因我而名。如父便是吾之父,君便是吾之君,君父二字,可推之身外乎? 然必实有孝父之心,而后成其为吾父;实有忠君之心,而后成其为吾之君。此所谓"反身而诚",才见得万物非万物,我非我,浑然一体,此身在天地间,无少欠缺,何乐如之?②

黄宗羲将君、父及其伦理关系看作是个人之"我"的内在、必然的关系,与《明夷待访录》中将君臣伦理与父子伦理分开的思想稍有出入。这段文献虽然是他综述其师刘宗周的孟子学思想,但在一定程度上也是他自己思想的一种反映。

---

① 参见彭国翔《公议社会的建构:黄宗羲民主思想的真正精华》,《求是学刊》2006 年第 4 期。
② 黄宗羲:《孟子师说》卷七,《黄宗羲全集》第 1 册,第 149—150 页。

五、《留书》及黄宗羲政治思想的其他面向

《留书》是黄宗羲早期的政治思想，作于《明夷待访录》之前的十年。其中涉及对"封建制"、华夷之辩、历史哲学中的文质之变、政治中的朋党之争等问题，不见于现行的《明夷待访录》之中。

封建制与郡县制的优劣问题，历史上一直有讨论。而在同时代的思想家中，王夫之对郡县制所包含的"公天下"思想精神多有阐发，顾炎武则对封建与郡县两种制度的各自优长与不足均有所论述。相比较而言，黄宗羲则着重论述封建制的优长，批评郡县制的失误。黄宗羲肯定封建制的理论出发点是华夷之别，而其现实的政治关怀却是封建制不必让整个国家动用兵力去抵抗少数民族的入侵。因此，其肯定封建制的理论出发点不纯粹是政治哲学的，也包含着一定的政治经济学的思考内容。

首先，他认为，自秦始皇统一中国，建立了郡县制以后，中国受夷狄之害日益加深，而且需要动用全国的力量去对付夷狄。而在封建制时代，夷狄对中国的侵害只是小规模的、小范围的，不能影响到广大的中国腹地。黄宗羲说："自三代以后，乱天下者无如夷狄矣，遂以为五德沴沓之运。然以余观之，则是废封建之罪也。"[1]他的理由是："秦未有天下，夷狄之为患于中国也，不过侵盗而已。而甚者，杀幽王于骊山，奔襄王于汜邑。然幽王之祸，申侯召之；襄王之祸，子带为内应。其时之戎狄，皆役于申侯、子带，非自能为主者也。"[2]但在秦始统一中国之后，郡县制社会要动用整个国家的力量来应付夷狄的入侵，从而让天下百姓苦于边疆的战事。从秦王朝建立到黄宗羲写作《留书》的时代止共一千八百七十四年，其"中国为夷狄所害者四百二十八年，为所据者二百二十六年"[3]，加

---

[1] 黄宗羲：《留书》，《黄宗羲全集》第 11 册，第 4 页。
[2] 黄宗羲：《留书》，《黄宗羲全集》第 11 册，第 4 页。
[3] 黄宗羲：《留书》，《黄宗羲全集》第 11 册，第 4 页。

起来共有六百五十四年，超过三分之一的历史时期。由此可见郡县制不是对付周边少数民族入侵的优等政治体制。

其次，黄宗羲还着重从经济上算了一笔账，批评郡县制国家因为抵抗边疆夷狄的侵扰，靡费天下大量钱财。"即号为全盛之时，亦必使国家之赋税十之三耗于岁币，十之四耗于戍卒，而又荐女以事之，卑词以副之，夫然后可以仅免。"①黄宗羲认为，从尧到秦为止共二千一百三十七年，从来都没有夷狄侵扰华夏整个国家的事情，而秦以后如此频繁，其主要原因就在于秦以前是封建制，而秦以后是郡县制，且又因为兵、民二分为养兵加剧了国家财政的负担。他说："今以天下之大，使虏一人盗边，则征发之不暇，赋敛之无度。"②而且自汉代民兵二分之后，匈奴一旦入侵，则致使汉朝要征收天下之赋，养兵去抵挡匈奴。黄宗羲认为，这都是由于废封建的恶果。依照黄宗羲的设想，以封建的方式来管理天下，应对边患，可以避免边患对整个天下的影响。他说："历观夷狄之取中国也，其时累入以挠之，重构以瘠之，相与守之数十年，中国未有不困绌。乘其内忧，不过一战，而天下之郡县皆望风降矣。向使列国棋置，一国衰弱，一国富强，有暇者，又有坚者，虏能以其法取彼，未必能以其法取此，岂有一战而得志于天下如此而易易乎？"③

《封建》篇为有感而发，所谓"一战而得志于天下如此而易易"的说法，其实即是暗指明王朝的灭亡而满清贵族入主中原这一事件。这种说法基于对明王朝灭亡的义愤，其实未必准确。黄宗羲对"封建制"的肯定其实在相当大的程度上是出于某种单方面的思考，如有利于防止边患的角度，并未看到封建制带来的其他害处。他对封建制与郡县制优劣的比较，主要是站在维护中华民族文明的立场展开的。故他说："夫即不幸而失天下于诸侯，是犹以中国之人治中国之地，亦何至率兽而食人，为夷狄所寝覆乎！吾以谓恶伤其类者然且不为，况乎其不至于是乎！后之圣人

---

① 黄宗羲：《留书》，《黄宗羲全集》第 11 册，第 5 页。
② 黄宗羲：《留书》，《黄宗羲全集》第 11 册，第 5 页。
③ 黄宗羲：《留书》，《黄宗羲全集》第 11 册，第 6 页。

复起，必将怵然于斯言。"①

　　黄宗羲的意思很明确，封建制的最坏结果是诸侯做大，抢了王位，但还是中国人统治中国人，文明形态没有变。郡县制丢失了天下，则是文化落后的夷狄来统治中国人，是率兽食人，文明退化了。黄宗羲对元朝统治中国时的民族歧视政策有深刻的揭露与批判。他说："元之法律曰：'蒙古人殴汉人，汉人勿得还报，蒙古人殴死汉人者断罚出征。'彼方以禽兽加之人类之上，何尝以中国之民为民乎？顾中国之人反群焉而奉之。"②视元朝为中华政治统治之帝统，这不是为虎作伥吗？很显然，黄宗羲此处的观点是在明王朝的灭亡后有感而发的，我们需要历史地看待这一观点。

　　由此，他提出了一个看起来有些违背儒家正统的思想观点，说：

> 中国之与夷狄，内外之辨也。以中国治中国，以夷狄制夷狄，犹人不可杂于兽，兽不可杂于人也。是故即以中国之盗贼治中国，尚不失中国之人也。徐寿辉改元治平，韩林儿改元龙凤，吾以《春秋》之义将必与之。使天地亟夫渠撑犁区脱之号，彼史臣从而贼之伪之，独不思为贼为伪有甚于蒙古者耶？③

　　站在维护中华民族文明的立场上，黄宗羲甚至能接受农民起义军建立的政权，而且还用儒家的《春秋》经来为其正统性进行辩护。黄宗羲在此问题上暂时性地超越了儒家的君臣观，在民族大义的前提下肯定了犯上、革命的合理性。这一点与王夫之的观点相当接近。当然，也正是基于儒家思想传统中的"华夷之辩"的民族立场，他坚决肯定封建制优于郡县制。然而，他既未能像王夫之那样从公天下与私天下的角度来思考封建制与郡县制的优劣，也未能像顾炎武那样从分权的角度来思考封建制与郡县的调和问题。其对封建制问题的思考主要还是停留于具体的政

----

① 黄宗羲：《留书》，《黄宗羲全集》第 11 册，第 6 页。
② 黄宗羲：《留书》，《黄宗羲全集》第 11 册，第 12 页。
③ 黄宗羲：《留书》，《黄宗羲全集》第 11 册，第 12 页。

治操作层面,思想史的意义不够鲜明。

对于历史上的"文质"嬗变的问题,黄宗羲认为不是简单的历史循环问题。由简陋、质朴的人类形态向文明化的人类形态转变是需要圣人自觉地追求与维护的结果。如果不能自觉地维持一种文明化的生活形态,人类生活就有可能退化到非常简陋、质朴,乃至于野蛮的形态之中的。首先,他以古代的葬礼、饮食礼、祭礼等的变化为例,揭示了人类生活恰恰是由文向质的退化,而不是由质向文的提升。他说:

> 古者天子之棺四重,诸公三重,诸侯再重,大夫一重,士不重。今天子之棺不重,则是古者士之制矣。古者设折俎,荐脯醢,酒清肴乾,宾主百拜,而后脱履升堂乃羞。今宾至而羞,则是古者燕饮之事矣。古者设奠于奥,迎尸于前,谓之阴厌;尸谡之后,改馔于西北隅,谓之阳厌;殇则不备。今无尸而厌,则是古者祭殇之礼也。……凡礼之存于今者,皆苟然而已。是故百工之所造,商贾之所鬻,士女之所服者日益狭隘。吾见世运未有不自文而趋夫质也。①

其次,人类生活的文明形态并非是普遍化的,未受王化的"要荒之人",其生活的形态是十分质朴、简陋的。末世之王,不行王道教化,也会变成另一种堕落的、放荡的形态。就前一种情况而言,"当周之盛时,要荒之人,其文画革旁行,未尝有《诗》《书》《易》《春秋》也;其法斗杀,未尝有礼、乐、刑、政也;其民射猎禽兽为生业,未尝有士、农、工贾也;其居随畜牧转移,未尝有宫室也。……然则同是时也,中国之人既喜文而恶质与忠,彼要荒之人何独不然与?是故中国而无后圣之作,虽周之盛时,亦未必不如要荒;要荒之人而后圣有作,亦未必不如鲁、卫之士也"②。就后一种情况而言,末世帝王,不推行王化之道,也会重新堕落到另一种野蛮的生活之中。如黄宗羲说:"以三代圣人相续而治,其功不可为不久矣。其末王不能守其教者,彼帝辛使男女裸逐,厉王发龙漦而使妇人裸而谍

---

① 黄宗羲:《留书》,《黄宗羲全集》第 11 册,第 3 页。
② 黄宗羲:《留书》,《黄宗羲全集》第 11 册,第 3 页。

之，夫非喜质之过乎？然则先王使忠之变而为质，质之变而为文，其势若此难也。"①

　　黄宗羲将秦国由余向秦穆公推荐的"俭道"称之为"戎狄之道"，严加批评。其结论是："天下之为文者劳，而为质者逸，人情喜逸而恶劳，故其趋质也，犹水之就下。子游曰：'直情而径行者，戎狄之道也。'"②由此可见，黄宗羲既没有简单地看待历史进程中文质之变问题，更是反对由文向质的变化，尤其是由一合理的文明形式向堕落的、不合理的丑陋的简单形式退化的文质之变。这一"文质观"体现了黄宗羲对历史变化的文明形态与合理化的坚持与向往。但他过于重视礼之文，忽视了礼之俭的合理性，则又有一定的复古倾向。

　　不过，从整体上看，《留书》中所讨论的政治学问题及其具体的政治主张不及《明夷待访录》一书有思想史的价值，它只是从一个侧面反映了黄宗羲政治思想中不成熟或比较偏激的一面。

---

① 黄宗羲：《留书》，《黄宗羲全集》第 11 册，第 3 页。
② 黄宗羲：《留书》，《黄宗羲全集》第 11 册，第 4 页。

第二章　方以智的哲学

方以智（1611—1671），字密之，号愚者，安徽桐城人（今属枞阳县）。其家族方氏由桂林迁往安徽桐城，其曾祖方学渐，祖父方大镇、父亲方孔炤均是朝廷命官，二人对《周易》都有精深的研究。方氏家庭是传统中国习文蹈武的家庭。少年时代的方以智自诩为"狂生"，"往往酒酣，夜入深山；或歌市中，旁若无人"。① 青年时代，他感愤于时局艰危，常常与朋友"画灰聚米"，筹画大计，报效国家。30岁中进士。其后仕途坎坷。明亡后，恪守遗民之志，一度坚持抗清，最后失败。然其终身不与清廷合作。据学者考证，他于清康熙十年（1671）在江西庐陵被清廷逮捕，病死于押往岭南途中。②

处在明末清初的特殊历史条件下，再加上桐城方氏家族专擅《易》学的家学传统的影响与晚年逃禅的生活经历，方以智的哲学思想显得特别驳杂、光怪陆离。中国传统文化中的儒、释、道（道家与道教）三大传统，再加上耶稣会士传来的少量西学知识，均在方以智的思想体系中有所体

---

① 方以智：《孙武公集序》，《稽古堂二集》，《浮山文集前编》卷二，《续修四库全书》第1398册，第194页，上海，上海古籍出版社，2002。
② 关于方以智的死亡结局，学界有不同的看法。参见蒋国保的《方以智哲学思想研究》、罗炽的《方以智评传》、余英时的《方以智晚节考》等著作。

现。他早年提出的"坐集千古之智而折衷其间"的宏伟学术理想,中晚年在哲学方面提出的"一贯"之道,"全均"理想,无一不体现了方以智哲学思考中试图纵览百家而自出杼机的哲学创造理想。就其出入三教、中西的思想规模而言,方以智在知识视野方面超出了同时代的王夫之、黄宗羲、顾炎武三人,然而在思想的精审方面,与同时代其他三大家各自取得的成就相比略为逊色。这大约与他晚年的不幸遭遇及过早的逝世有关。① 他与朱明王朝有着深刻的政治情感联系,抗清失败后不得不逃禅,而即使在逃禅的状态下也未必完全放弃了反清复明的内在念想。这就使得他在学术上有折衷诸家的抱负,而在终极的文化理想方面缺乏王夫之的"六经责我开生面"的深沉理想,甚至也不可能像黄宗羲那样在明亡后持一更为超越的立场,从政治上彻底反省并批判传统帝王专制政治的过失。方以智的哲学思想虽然有种种不足,然其奠基在广阔知识视野之上的思辨哲学体系,为中国哲学在后期的发展提供了新的思想形态与博大的气象,蕴含着逸出儒家以道德为终极归依的思想倾向,凸显了哲学思考与科学知识的内在关联性。这是方以智哲学的显著特色。其主要科学与哲学著作有《通雅》《物理小识》《东西均》《易余》《一贯问答》《性故》《药地炮庄》等。

第一节　方以智的本体论与人性论

方以智在哲学本体论的问题上,有一个从早年的"唯气"说到中年以后的"所以"说的转向过程。因而,其哲学思想从整体上看有一个从重视实证向重视思辨的方向发展的过程。尽管其早年的唯气论思想中也含有"心物不二"的唯心论思想,但其主要倾向是唯气论。其中晚年的思想中也没有否定气本论,但更多的是从思辨的角度讨论气之运用、变化的

---

① 方以智逝世后,顾炎武活了十一年,王夫之活了二十一年,黄宗羲活了二十四年。顾氏小方氏两岁,王氏小方氏八岁,黄氏长方氏一岁。而大多数哲学家的思想往往要到六十岁左右才臻致成熟。

"所以然"，以太极、所以等程朱理学的概念及其相关的思维方式来思考并解释事物运动、变化的终极根据与原因。

一、物(气火)论

与黄宗羲、王夫之不同，方以智主要继承了程朱理学的思想并充分吸收了气学一系的思想，将气本论的宇宙论与追问万物之"所以"的本体论结合起来，形成了一种带有杂糅性质的哲学体系。"盈天地间皆物"的命题是方以智关于世界根本性质的一种判断。但他所说的"物"并不是现代汉语中的事物，也不是马克思主义哲学中的"物质"概念，而只是一个表述思维对象的存在，既指具体物质性的东西，也指非物质性的，如心灵、精神之类的东西，如他说：

> 盈天地间皆物也。人受其中以生，生寓于身，身寓于世，所见所用，无非事也。事一物也。圣人制器利用以安其生，因表理以治其心。器固物也，心一物也。深而言性命，性命一物也，通观天地，天地一物也。推而至于不可知，转以可知者摄之。以费知隐，重玄一实，是物物神神之深几也。①

由此段文献可知，方以智哲学中的"物"既非"物质"，亦非心灵，而是包括物质、心灵在内的"东西"——即现代哲学中的"思维的对象"。不过，方以智又认为，"物"的构成要素是"气"，故"盈天地间皆物"的命题可以转化为"盈天地间皆气"。他说："一切物皆气所为也，空皆气所实也。"②"世惟执形以为见，而气则微矣。然冬呵出口，其气如烟；人立日中，头上蒸歆，影腾在地。考钟伐鼓，窗棂之纸皆动，则气之为质，固可见也。充一切虚，贯一切实，更何疑焉？"③这样一来，方以智似乎又可以被看作是"气本论"者。

---

① 方以智：《自序》，《物理小识》，第 1 页，上海，商务印书馆，1937。
② 方以智：《天类》，《物理小识》卷一，第 3 页。
③ 方以智：《天类》，《物理小识》卷一，第 3 页。

问题在于，方以智未能一以贯之地坚持这一气本论的立场。中年以后，他又从气本论滑向以"太极""所以"为宇宙本原的立场，从而回归到宋儒程朱一路的理学形上学立场。虽然如此，就气论而言，方以智关于世界统一于气的认识，仍然有超逸前人之处。具体表现在他对气的变化形态以及万物统一于气的复杂现象有更为明晰的论说。他说："气凝为形，发为光、声，犹有未凝之气与之摩荡、嘘吸。故形之用，止于其分；而光、声之用，常溢于其余。气无空隙，互相转应也。"①又说："气凝为形，蕴发为光，窍激为声，皆气也。而未凝、未发、未激之气尚多，故概举气、形、光、声为四几焉。"②"气动皆火，气凝皆水，凝积而流，动不停运。"③

上述有关"气"的变化形态的具体分析，不仅超越了张载、二程、朱子等人的说法，而且也超过同时代的大哲学家王夫之对于气的诸形态的认识。其对气的形、光、声、色的四种形态的分析，在当时的自然科学条件下具有相当鲜明的科学认知的进步意义。有学者曾根据方以智有关"火气"的论述文字，认定方以智是"火气一元论者"，或者是"气火一元论者"。如果全面考察方以智的火气论，我们就会发现，早年的方以智仍然是一个气一元论者，因为他明确地说过，火亦是气。他认为，"水为润气，火为燥气，木为生气，金为杀气……土为冲和之气，是曰五行"④。又说："火与气，一也。"⑤"火即真阳之元气。"⑥这些说法表明，早年的方以智并非是什么火气一元论，而只是一个气论者。

从现代哲学认识的角度看，方以智并不理解人类精神现象的独特性，正如他在"盈天地间皆物"的命题中把"心"看作物一样，他将"精神"也看作是气。他说："形者，精气之所为……精神皆气也。"⑦因此，方以智

---

① 方以智：《天类》，《物理小识》卷一，第5页。
② 方以智：《天类》，《物理小识》卷一，第11页。
③ 方以智：《人身类》，《物理小识》卷三，第79页。
④ 方以智：《天类》，《物理小识》卷一，第11页。
⑤ 方以智：《人身类》，《物理小识》卷三，第78页。
⑥ 方以智：《人身类》，《物理小识》卷三，第78页。
⑦ 方以智：《人身类》，《物理小识》卷三，第76页。

以气为基质的宇宙论并不能简单地归类到唯物主义的理论谱系之中。中年以后，方以智转向了理学立场，以心、所以、太极等抽象的精神观念作为世界的终极因，从"盈天地间皆物"的气本论转向了以所以、太极为核心的客观唯心论。如他说："气生血肉而有清浊，气息心灵而有性情。本一气耳，缘气生'生'；所以为气，呼之曰'心'。……世无非物，物因心生。"①又说："一气中有理焉，如主统仆。"②这些说法表明，中晚年的方以智在本体论的立场上有所转化。

二、方以智的所以论

方以智思想驳杂的特征之一，就在于他使用多个抽象的名词表达对终极问题的理解，这在一定程度也引起了思维的混乱。他认为：

> 未有天地，先有此心；邈邈言言，则可曰太极，可曰太一，可曰太无，可曰妙有，可曰虚满，可曰实父，可曰时中，可曰环中，可曰神气，可曰烟煴［氤氲］，可曰混成，可曰玄同，以其无所不禀，则谓之为命，以其无所不生，则谓之为心。以其无所不主，则谓之为天。③

上述文献中"未有天地，先有此心"的说法，显然是一种客观唯心论的说法，与朱子哲学"未有天地之时，毕竟有是理"的说法，在精神结构上如出一辙。他虽然努力从邈邈、无所不禀、无所不生、无所不主四个侧面来分别论说此"心"与以往哲学史上诸体系中的根本观念有相通之处，但都无法改变其哲学思维的客观唯心论性质。他又引进"所以""太极"两个概念来重新解释"心"："人之有心也，有所以为心者；天地未分，有所以为天地者。……则谓未有天地，先有此'心'可也，谓先有此'所以'者

---

① 方以智：《尽心》，《东西均注释》，庞朴注释，第 67—68 页，北京，中华书局，2001。本章所用《东西均》一书的原文及注释，均以庞朴先生《东西均注释》（中华书局，2001 年版）一书为蓝本，个别地方的标点及概念的解释有别于庞先生之处，特此说明。
② 方以智：《总论下》，《药地炮庄》，张永义、邢益海校点，第 84 页，北京，华夏出版社，2011。
③ 方以智：《译诸名》，《东西均注释》，庞朴注释，第 166 页。

也。"①这样的解释，也只是更加明确地将自己的哲学思考立场奠定在程朱理学的"理本论"之上，虽然表面上他并没有运用"理"或"天理"等概念。

中年时段的方以智明显地意识到自己思想与早年的气本论立场有较大的裂痕，故要认真处理"所以"与"气"的内在关系。他说：

> 考其实际，天地间凡有形者皆坏，惟气不坏。……由此征之，虚空之中皆气所充实也，明甚。人不之见，谓之"太虚"。虚日生气，气贯两间之虚者实者，而贯直生之人独灵。生生者，气之几也，有所以然者主之。所以者，先天地万物，后天地万物，而与天地万物烟煴[氤氲]不分者也。既生以后，则所以者即在官骸一切中，犹一画后，太极即在七十二、六十四中也。于是乎六相同时，世相常住，皆不坏矣；称之无二。②

他一方面要继续坚持"虚空之中皆气所充实"的气本论立场，另一方面要融合程朱理学追问气化生生背后的"所以然"之"理"的思想，提出"生生者，气之几也，有所以然者主之"新说法，将"所以"看成是"先天地万物，后天地万物，而与天地万物烟煴（氤氲）不分"的思维实体。从表面上看，他在理论上整合了气本论与理本论的哲学思想体系，实际上不知不觉滑向了理本论的哲学立场。因为，在张载—王夫之的气本论哲学体系里，无须一个思维实体"所以"来主宰"生生不息"的"气几"。气本论与理本论，作为两种截然不同的哲学体系，在其根本的哲学出发点上是无法通约或合并的，两者之中只能选择一种立场。我们认为，方以智在此根本问题上所做的理论融合是不可能成功的。

中年以后的方以智，为了追求哲学表述上的圆融，避免自己的哲学在本体论上陷入偏执于有或偏执于无的缺陷，又引进传统的"太极"概念。他说："不落有无又莫妙于《易》矣。太极者，先天地万物，后天地万

---

① 方以智：《所以》，《东西均注释》，庞朴注释，第218页。
② 方以智：《所以》，《东西均注释》，庞朴注释，第219—220页。

物,终之始之,而实泯天地万物,不分先后、终始者也;生两而四、八,盖一时具足者也。"他又进一步补充道:"太极者,犹言太无也。太无者,言不落有无也。"①这些说法,从表面上看已经融合了各家各派的说法,建构了一个圆融的、无所不包的哲学体系,实际上在不知觉中滑向了客观唯心主义的哲学体系之中。而方以智在哲学根本问题上由气本论滑向以心、所以、太极等为本体论的客观唯心主义立场,这与他的哲学认识论有密切的关系。他要从根本上杜绝人们在认识上的偏执而达致圆融、统贯性的真理。他说:

> 形本气也,言气而气有清浊、恐人执之,不如言虚;虚无所指,不如言理;理求其切于人,则何如直言"心宗"乎? 近而呼之,逼而醒之,便矣。然圣人且忧末师偷心自尊之弊,遁于洸洋,无所忌惮,故但以好学为教。②

方以智的意图有可取之处,即气本论所言之"气"本身带有某种"可执"的局限性,不足以表达终极的实在。然而,任何对于终极实在的言说在语言上都可能产生问题。而方以智本人最终也没有找到解决这一问题的方法。他提出的"以好学为教"的主张,只能说是逃避了他在此段文献开始说的问题,并没有解决他自己提出的问题。

为了破除人们对"名"的执着,方以智以多种名相命名宇宙、本体,从而努力达到对有机、连贯的世界本相的认识。他说:

> 本无名字而立名字,随其名字,是无相相。……故吾又变"所以"之号,旧谓之"太虚",我何妨谓之"太实"? 旧谓之"太极",我何妨谓之"太无"? 且谓之"生生",且谓之"阿阿",又安往而出吾宗乎?③

---

① 方以智:《三征》,《东西均注释》,庞朴注释,第46—47页。
② 方以智:《所以》,《东西均注释》,庞朴注释,第221页。
③ 方以智:《所以》,《东西均注释》,庞朴注释,第224页。

上文中的"吾宗"，即是方以智所言的"心宗"。而方以智"心宗"之"心"，并不能等同于现代哲学中的认识之心，而是一种"公心"，是一种"生生"之意。故方以智又说：

> 气也，理也，太极也，自然也，心宗也，一也，皆不得已而立之名字也。圣人亲见天地未分前之理，而以文表之。……夫乌知名殊而实本一乎？吾从无是非之原，表公是非之衡而一之。①

他又说：

> 天地生人，人有不以天地为征者乎？人本天地，地本乎天，以天为宗，此枢论也。天以心予人，人心即天，天以为宗即心以为宗也。②

由上所引的诸则材料可知，方以智的哲学在宇宙根本特征的界定方面，混淆了无意识之天的"生生之意"与作为人类社会的"生生之意"——仁德的不同性质。他试图"坐集千古之智，折衷其间"，建立一个无所不包、无所不容的哲学体系，而最终则丧失了自己早年哲学气本论的根本立足点，在不自觉之中滑向了客观唯心主义的理论体系之中。

三、方以智的人性论思想

从天人关系的角度看，方以智在人性论的问题上也是坚持天人一体论的思想。他认为，只有通先、后天然后才能明白人性之所以然。他对历史上五种主要的人性论观点进行分析之后说道：

> 性相近也，习相远也；此就性住气中而言之也。言性善，举其性之不受变于气者而言之也。可以为善为恶，止就习相远而言之也。有善不善，止就上智下愚不移而言也。言无善无恶者，指其全气全理为人事人语之所不到，而形容其泯云尔。③

---

① 方以智：《所以》，《东西均注释》，庞朴注释，第 216 页。
② 方以智：《所以》，《东西均注释》，庞朴注释，第 217 页。
③ 方以智：《性故》，《方以智全书》第 3 册，第 7 页。

方以智本人认为，人性之"性"可以从不同的角度来认识："因其生之所本曰性，无所不禀曰命，无所不主曰天，共由曰道，自得曰德，密察其中曰理，虚灵曰心，称性之德曰善。称本体为善，犹称本色为素也，非恶所敢对也。"[1]但是，方氏的这些说法并未对人性之性做出新的规定，只是表现为贯通各家之说，而在实际上又未必真能贯通各家的人性论思想。他说的"称本体为善，犹称本色为素也，非恶所敢对也"的"善"，似可称之为"元善"。然而从这种"元善"出发为何又衍化出种种不善出来，方以智并没有给出更新颖、更合理的回答。

他通过对历史上各种人性论思想出发点的分析，试图综合各家学说之长，化解各家在人性论方面的冲突。他说：

> 以质论之，气交凝形，而气籥栖灵，此生后之气质也。即未生前，亦缘气以为质也。辟天地一气质也，混天地一气质也，所以为气者，贯乎混、辟气中者也。气凝形者坏，而气不坏；气习聚者散，而大心无聚散。故称性之质为气，而明气之中曰理。物各一理而共一理也，谓之天理。气分阴阳则二其性，分五行则五其性。人物灵蠢各殊，是曰独性，而公性则一也；公性在独性中，遂缘习性。故学以《剥》《复》而用之，辩明而晦养之。……若欲通而谓之，以为气则无非气也，以为心则无非心也，以为理则无非理也。[2]

上述方以智对人性的论述有不同于其前人及同时代其他学者的地方。首先，他将性分为质与质中之理两个部分，而且认为阴阳、五行之气实即二种、五性之性。其次，他提出了独性、公性、习性三种分类方法，公性是"天理"，独性是人物之间不同的属性，而公性又寄寓于独性之中并在习性中得以完成与实现。其三，性既可看作是气，也可以看作是心，也可以看作是理，问题的关键在于我们从什么角度立论。气、心、理都统一于性。

---

① 方以智：《性故》，《方以智全书》第 3 册，第 8 页，合肥，黄山书社，2019。
② 方以智：《性故》，《方以智全书》第 3 册，第 8 页。

方以智将气质之性中的理（所以然）看作是可以脱离气质之性的思维实体，如他说："钻火燃灯而用其光，若惟其理，则未有灯火之先，已具此火光；是光理贯明暗，而灯与火乃其质体之名耳。光之理，乃灯火体中所以然之神。"①很显然，方以智所讲的气中理，不同于王夫之等同时代其他学者讲"理"为"气中之理"的观点。王夫之等唯气论思想家着重强调，离开了"气"就根本没有所谓的"理"。"理"只能是具体的气之理。而方以智所说的"理"似乎是可以脱离"气"的实体性的存在。

方以智对于历史上诸人性论虽然从理论上做了一个折衷性的评析，各取其长，然他本人的人性论仍然可以归入性善论的大范畴里。他认为，人性无不备，正如核中之仁全备植物之性一样，不以人知不知为转移。他说：

> 核中之仁，根干花实皆具，汝见之耶？汝以不见为不备，又何怪焉！人用之而有善不善，益可以信性之本善矣！故曰：众人生性，圣人始是成性。圣人见物即见物之则，知天即知天之理，奉性即尊性之德，情复性而情中节，即费见隐，而边皆中矣。众人随气质而不知其性之理，但顺流而率情耳。率性之谓道，率其天然之秩叙也。修道之谓教，表此公理而折中于事事之中节也。②

因此，方以智的人性论基本上没有跳出孟子以降性善论的思维框架，而且将现实中表现出来的善或不善的结果看作是人为的结果。仅就此点而言，他的人性论并没有提供更多的新内容。方以智还认为，能知"性故"，则"忍性、尽性、节性、率性、见性、无性本一贯"。③ 这也是他《性故》篇的基本思想。所谓"性故"，即是指"性之本来"。"性故"一词原出《荀子·性恶》，是荀子批评孟子的观点："今人之性善，将皆先丧其性故也。"今本《孟子》不见此语，且此语校勘者以为是"故恶也"。但方以智所

---

① 方以智：《性故》，《方以智全书》第 3 册，第 10 页。
② 方以智：《性故》，《方以智全书》第 3 册，第 16 页。
③ 方以智：《性故》，《方以智全书》第 3 册，第 19 页。

说的"性故"不同于荀子所说的"性故"。因为荀子所讲的性乃是"本始材朴"的自然之性，而方以智讲的"性故"即是上文提到过的，与经验世界之恶无对的"本体之善"。

对于宋儒强硬地区分"气质之性"与"义理之性"的做法，方以智明确地表示不同意，他说：

> 形为气所凝，神为气之灵，圣人见其中之理而表之。尝因物、事、位、时而显，因心而知，知其故乎？此折摄之言所由起也。如曰形不是气，又曰形即是气，可乎？如曰神不是气，又曰气即是神，可乎？理不同于神、气、形，而在神、气、形之中，因心而知。心不生时，理何在乎？此泯也。泯乃本泯也。不以自受用之心自不知，而谓两间无此理也。惟圣人然后可以践形。向正行者言"气"之一字，乃所不甘；向了当人言"性"之一字，吾不喜闻。①

但他也不同意直接将"气质之性"当作人性的做法，而是要对气质之性作一"化"的处理，然后方能成为人之性，故他又说：

> 性以气为质，凡夫所共见共知者也。气质中之理，则其所不见者也。因天地已分后之气质，而举出天地未分前之气质，此智者之巧也。贯混沌与开辟，乃能不作两橛。偏人便倚贯混、辟之气质，而圣人必表其贯混、辟气质中之理。一表之而即化其气质，即用其气质矣。②

最后，对"气质之性"与"义理之性"的关系问题，方以智给出了一个折衷的说法。他说：

> 六合万古，一气而已！圣人知所以为气者因而理之，所谓心与理来而理与知泯者也。特尊之以修教，曰於穆之命自命，气数自气

---

① 方以智：《性故》，《方以智全书》第 3 册，第 22 页。
② 方以智：《性故》，《方以智全书》第 3 册，第 22—23 页。

数，降衷之性自性，气质自气质，此孟子之两不谓也。①

方以智的意思是说，就实存性的宇宙而言，都是一气，性也不外乎是气。然而圣人知道所以为气的道理并且加以秩序化（即"理之"），故气质之性不妨碍义理之性。孟子的"两不谓"，即是不把生理性的"小体"称之为性，不把人间的外在之命称之为命而视之为性，即是说，在人性的问题上，并不因为人有生理性的欲求而将这种欲求称之为人性天然，故尔放纵追求；不因为父子之命、君臣之义是命之所限而表现为被动状态，反而要将这种命视之为人性天然拥有的，要视为当然之则而不懈的努力，使之完美地表现出来。这样一来，方以智在人性论的问题上又回到了孟子的立场。

尽管方以智反对用二分的方法来讨论人性问题，但他的综合却又不同于同时代唯气论者，如王夫之的人性论思想。他不从特定的唯气论或唯理论立场出发来综合气质之性与义理之性的关系，而是从每一理论的侧重点和实际立教的权宜与方便角度，阐述人性二分法的言说环境与对象。这种综合方式与方以智思想追求"圆融"折衷的思想倾向密切相关。

第二节　方以智的科学哲学思想

与晚明诸遗老的哲学思想相比，方以智哲学最具鲜明个性的地方在于他十分重视对自然科学知识的探究，进而上升到对哲学问题的思考。他首次明确地提出了"质测即藏通几"的新命题②，对科学研究与哲学思考活动的内在关系做出了度越前人与时人的论述。在方以智的哲学体

---

① 方以智·《性故》，《方以智全书》第 3 册，第 21 页。

② 在方以智看来，人类似乎有三大类知识：质测、通几、宰理之学。他本人瞧不起"宰理"之学，特别重视"质测"与"通几"之学，并对这二者之间的关系进行了论证。然究竟何谓"宰理"之学？方以智并没有明确的定义，只是说"儒者守宰理而已"。（《物理小识·总论》）"汉儒解经，类多臆说；宋儒惟守宰理，至于考索物理时制，不达其实，半仍前人。"（《通雅》卷首一《音义杂论·考古通说》）

系中,"质测"相当于今日的自然科学,"通几"相当于今日意义上的哲学。① 他是这样界定"质测"内涵的:"物有其故,实考究之,大而元会,小而草木螽蠕,类其性情,征其好恶,推其常变,是曰质测。"②

"元会"是指宋明以来推测天地运行变化的一种带有神秘命运论的宇宙学。在方以智看来,无论是大尺度的宇宙变化现象,还是具体而微的草木微虫的性情,皆称之为"物"。而物皆有其"故"——即所以为此物及变化的道理,通过实在的、可以把握、可以理性地表达出来的方法加以研究。这种研究就是"质测"。很显然,方以智此处所说的"质测"在内涵上与今日所言的"科学研究"一词相近。

方以智是这样界定"通几"的:

> 器固物也,心一物也。深而言性命,性命亦一物也,通观天地,天地亦物也。推而至于不可知,转以可知者摄之,以费知隐,重玄一实,是物物神神之深几也。寂感之蕴,深究其所自来,是曰通几。③

上述所引文献中所言,有几处需要特别地解释一下。对于所有的"物"而言,通过"实考究之"的"质测"之学,可以把握他们。然而如何去把握不可知的领域呢? 方以智认为,这时人们应当反过来,不在"不可知"的领域继续下功夫,而是以"可知"来统摄"不可知"。"摄"含有统摄、合理推测的意思。通过日常的现象"费",进而推知不可见,然而实际存在并对实际存在产生某种影响的"隐",老子哲学讲的"玄之又玄"的道,又称"重玄"(道教理论的核心概念),其实不是虚无一物的,反而是实有的(气)或太极。"以费知隐、重玄一实"的认识与掌握实在对象的方式就是"物物""神神"的深奥之几(征兆)。"物物",即把握物;"神神",即把握神,通过运用人的理性所把握的已知知识来统摄"隐"与"重玄"。人、物、

---

① 有学者认为,"质测"是"科学方法"而不是科学,"通几"是哲学方法,而不是哲学。可备一说。参见蒋国保《方以智与明清哲学》,第135—149页,合肥,黄山书社,2009。

② 方以智:《自序》,《物理小识》,第1页。

③ 方以智:《自序》,《物理小识》,第1页。

天地最根本、最原始的寂感之义蕴是从何处而来的呢？对此根本问题的研究与探索，就是"通几"。这一"通几"之学与研究具体事物之故（或曰几）不同，故称之为"通几"。"通几"不是具体事物之故的简单叠加的总和，而是对宇宙开端处的"寂感之蕴"的深入思索，这种思索才可以称之为"通几"。而此种"通几"其实就是今日哲学中的宇宙论或曰本体论，是第一哲学。

方以智从三个方面揭示了"质测"与"通几"的关系：其一，"质测即藏通几者也"。意思是说，具体的考究物故的"质测"之学即蕴含着"通几"的学问。如果有人离开对具体物的考究而笼统地阐述"通几"之学，则必然丧失对于具体物的认识。因此，方以智说："有竟扫质测而冒举通几，以显其宥密之神者，必流遗物。"①

其二，"通几护质测之穷"。由于人类的认识能力有限，总有不可知的"重玄"世界存在于人的认识之外，因此任何"质测"之学皆有其能力所达不到的地方。此时，"通几"之学可以庇护人们在具体事物认识过程中的短处，避免人们流于神秘的猜想，使人保持一种"阙疑"的理性态度。因为，"通几"之学告诉人们，万物皆有其所以然，世界是由气构成的，而气是生生不已的。这样就可以避免人们被有神论或各种神秘主义迷惑的可能性。

其三，"不可以质测废通几，不可以通几废质测。或质测，或通几，不相坏也"②。这即是说，"质测"之学与"通几"之学各有其相对的独立性，不能够相互否定或相互取代。

应当说，方以智对"质测"与"通几"关系的阐述，原则上是正确的，在科学昌明的今天，科学与哲学的关系，包括科学与神学、宗教的关系也是如此。哲学以整个世界、存在为研究对象，这就决定了哲学不可能像具体科学那样研究世界的细节，也达不到具体科学研究那样确定性的结论，但任何具体科学也取代不了哲学的功用。当人们试图将具体科学研究的结论

---

① 方以智：《自序》，《物理小识》，第 1 页。
② 方以智：《自序》，《物理小识》，第 1 页。

当作宇宙的根本法则时,总会引出一系列的哲学争论。值得注意的是,方以智对"测质"与"通几"的关系还有不同的说法,如"质论"与"推论",或曰"通论"。如《东西均·所以》篇说:"有质论者,有推论者,偏重而废一论乎?"《东西均·声气不坏说》篇云:"其曰总不坏者,通论也。质核,凡物皆坏,惟声气不坏,以虚不坏也。"《性故》篇说:"质论即藏通几。"《药地炮庄》卷一中"质测曰……通论曰……"凡此种种说法均表明,推论、通论即是"通几",而质论即是"质测"。由此可以看出,方以智在思考科学与哲学的关系时,特别突出了科学的实证思维方法与哲学的抽象思辨方法的不同与内在联系之处,而其所说的"通几",如果从方法论的角度看,更多地表现为一种形上学的方法,而非一些具体性的哲学方法,如归纳推理、演绎推理之类的方法。就其"质测即藏通几"的科学与哲学,科学方法与哲学方法之间的内在关系而言,这一思想原则在今天仍然是正确的。

第三节　方以智的辩证法思想

一、"随、泯、统"与"交、轮、几"

方以智试图以自己创立的辩证思维体系来把握世界的本相。这套辩证思维体系主要由两组概念体系和一个命题组成。第一组概念体系反映客观现实的变化法则,如交、轮、几;第二组概念体系反映人的主观认识的辩证性特征,如随、泯、统。一个命题是:"合二而一"。"交、轮、几"与"随、泯、统"二者之间的关系是:

> 明天地而立一切法,贵使人随;暗天地而泯一切法,贵使人深;合明暗之天地而统一切法,贵使人贯。以此三因,通三知、三唯、三谓之符,覈(核)之曰交、曰轮、曰几,所以征也。交以虚实、轮贯前后;而通虚实前后者曰贯,贯难状而言其几。①

---

① 方以智:《三征》,《东西均注释》,庞朴注释,第 37 页。

　　上述引文中的"随、泯、统"可以看作是认识的辩证过程。人们之所以要阐明天地及其运动的诸法则，其目的是要求人们随顺天地及其运动的法则，此是人类认识的第一步。接下来是要消除天地万物及其现象的对立状态，目的是要求人们对天地及运动法则的认识变得更加深刻。第三步将明与暗两方面再一次地统贯起来，使人对有法与无法二者的关系在认识的更高层次再作一次综合，从而贯通圆融，名之曰"贯"。"随、泯、统"称之为"三因"，运用此"三因"将儒家思想史上的"三知"——"不知命无以为君子；不知礼，无以立也；不知言，无以知人也"、"三唯"——"唯深也，故能通天下之志；唯几也，故能成天下之务；唯神也，故不疾而速，不行而至"、"三谓"——"天命之谓性，率性之谓道，修道之谓教"的认识体系贯通起来。简而言之，从天地的本然运动状态事看，"三因"可以分别称之为"交、轮、几"。

　　所谓"交"，主要是针对虚实现象而言，讲哲学上性质对立的二者之间相辅相成，不可截然分开的状态，亦即现代辩证法所讲的对立统一状态。如方以智说："一与二为三，此教父也。……可方可圆，可稜可破，可末可长，而交之轮之。"①他又说："虚实也，动静也，阴阳也，形气也，道器也，昼夜也，幽明也，生死也，尽天地古今皆二也。而两间无不交，则无不二而一者，相反相因，因二以济，而实无二无一也。"②

　　所谓"轮"，主要针对事物变化的连续性与循环性的特征而言，如方以智说："轮也者，首尾相衔也。"以时间为例，"一元一轮，一岁一轮，一月一轮，一日一轮，一时一轮，刹那一轮，则一呼吸间与天地同符、前后际同符"。③ 他还以天文学的地平环、子午环、赤道环为喻，提出了平轮、直轮、横轮等说法，以此揭示"轮"的普遍性。最后，他得出结论："物物皆自为轮。直者直轮，横者横轮，曲者曲轮。虚中之气，生生成轮。举有形无

---

① 方以智：《三征》，《东西均注释》，庞朴注释，第 39 页。
② 方以智：《三征》，《东西均注释》，庞朴注释，第 39—40 页。
③ 方以智：《三征》，《东西均注释》，庞朴注释，第 52 页。

形，无不轮者。无所逃于往来相推，则何所逃于轮哉？"①

"几"本是《易传》的一个重要概念，如"圣人极深而研几"。在方以智的哲学体系里，"几"有多重意思。从《东西均·三征》篇来看，方以智至少从三个层面阐述了"几"的内涵。其一，从人的主观认识角度看，"几"是难以用语言表述的"贯"："交以虚实；轮续前后；而通虚实前后者曰贯，贯难状而言其几"。其二，"几"即是合二为一的"交"。"何谓几？曰：交也者，合二而一也……凡有动静往来，无不交轮，则真常贯合一几，可征矣"。其三，"几者，微也，危也，权之始也，变之端也"。《药地炮庄》卷首《养生主总炮》云："间有其几。"《易余·三冒五衍》云："无动无静者，不必言也。惟于动静之间，明阴阳、刚柔之交。"由上所引可知，"几"必发生，存在于动静的时间与空间之中。因此，方以智所说的"几"，既是事物变化初始时的征兆，也是人处理事物之最好的"契几"。

就"交、轮、几"三种状态而言，方以智认为，人们对"几"应当给予更多的关注。一方面要领悟"於穆不已"的本体之天无前后、分别的对立，用现代的话说，要理解实存世界的连续性；另一方面人们又不能自恃这一领悟而对于世界对立、变化无所认识，无动于衷。相反，人们应该积极地去探索天地变化之"几"，做到"诚知此几而合之、续之，几几不失"②，"以几先彻几后，以无待者运待"③，"明不息之几于代错者，藏正因了因于缘因。以三一参两之存，用掀翻三谛之泯，则俱泯俱不泯可也"④。此段文献中的正因即是内因或根据，了因即是认识能力，缘因即是外因或次要条件，均是佛学术语。"三一"之"三"有两层意思，一是指先天、后天、中天，亦是指统、泯、随与交、轮、几。而"一"即指整体或统一。参两即是"一因二而两即参"的意思。《易余·中正寂场劝》云："因二为真一，执一为遁一。贞（真）一则二神，离二则一死。"按照庞朴的解释，"两即参，两

---

① 方以智：《三征》，《东西均注释》，庞朴注释，第 56 页。
② 方以智：《三征》，《东西均注释》，庞朴注释，第 61 页。
③ 方以智：《三征》，《东西均注释》，庞朴注释，第 64 页。
④ 方以智：《三征》，《东西均注释》，庞朴注释，第 65 页。

必中于参。并列的两即是统贯的参，参就在两中"①。两即参之"参"，既是数字的"叁"，又是动词"参与"的"参"。天地交而"叁"，即产生万物与人。这是从二相互作用后的结果而言的。如果说天地的交互作用的状态与过程而言，天地之二必相互"参与"、作用，正如阴阳、男女必相互参与、相互作用一样。"三谛"是佛学的术语，谓万物无自性，是空谛；人们所认识的皆是施设的假名，为假谛。如果既承认假名不假，又能见性空的一面，即是中道或曰中谛。由此可以看出，方以智的辩证思维还是用儒家经学传统中的《易》哲学精神来统一佛教的辩证思想，在生生不息的造化洪流里把握事物变化的征兆。而他的"世即出世，是名超越"②的说法，在语言的形式上看过于简单化，取消了"在世"与"出世"的区别。但从更深的思想层面看，以出世之心做入世之事业，又何尝不是出世和超越呢？反过来说，如果人的身体虽然出家，而心里整天想着的却是世人的功名利禄，则出世即是入世，这也是出家僧中常有的现象。

二、"合二而一"

"合二而一"是方以智辩证思维的另一方面内容，他主要强调现象界对立的双方最终会在更高的层次上实现统一，所谓"两间无不交，则无不二而一者，相反相因，因二以济，而实无二无一也"。③ 在《反因》篇，他比较系统地论述了"合二而一"的辩证思维。他说："吾尝言天地间之至理，凡相因者皆极相反。"④他从自然界到人类的生活现象，列举了一系列"相反相因""相救相胜而相成"的道理："昼夜、水火、生死、男女、生克（尅）、刚柔、清浊、明暗、虚实、有无、形气、道器、真妄、顺逆、安危、劳逸、《剥》《复》、《震》《艮》、《损》《益》、博约之类，无非二端。……夫对待者，即相反

---

① 方以智：《三征》，《东西均注释》，庞朴注释，第 41 页注释①。
② 方以智：《三征》，《东西均注释》，庞朴注释，第 65 页。
③ 方以智：《三征》，《东西均注释》，庞朴注释，第 40 页。
④ 方以智：《反因》，《东西均注释》，庞朴注释，第 87 页。

者也。"①

他还分别以水火、动静为例，进一步阐述相反相因的道理："人身之水火交则生，不交则病，可不谓相因乎？……静沉动浮，理自冰炭，而静中有动，动中有静，静极必动，动极必静。"②最后，他得出这样的结论："有一必有二，二皆本于一，岂非天地间之至相反者，本同处于一原乎哉？"③

三、"一三"与"三一"

方以智不仅讲"一而二，合二而一"，也讲"一三"、"三一"的问题，甚至讲"边四中五"、一与万、万与一的问题。把中国传统的易哲学、阴阳家等有关数的学说与佛教华严宗的思想综合起来，纳入自己的辩证法思想体系里，努力对大千世界与精神现象中的对立、矛盾的双方给出一个圆通无碍的解释。

方以智所讲的三一与一三的关系，是由一而二与合二为一的问题演化出来的。由矛盾的双方所共处的统一体则称之为"三"，而此"三"又不脱离二与一，故方以智用"非一非三，恒三恒一"④来规定他们之间的关系。他所说的"不立三者，无以明生二贯二之一"⑤，意思是讲，不建立"三"，就无法清楚地理解产生二又统贯二的一。可见由统一性的所以、太极产生出二，又统贯着二的一，必须通过"三"来进一步加以阐明。而此"三"乃是二（矛盾双方所共处的统一体）之为二的必需的思维实体。关于一三与三一之间的更为复杂的关系，《易余·三冒五衍》一文中有更加详细的论述。他说：

> 自有至[无]⑥者而言之，尚非其一，何是于三？ 不三之三而言

---

① 方以智：《反因》，《东西均注释》，庞朴注释，第 88 页。
② 方以智：《反因》，《东西均注释》，庞朴注释，第 89 页。
③ 方以智：《反因》，《东西均注释》，庞朴注释，第 89 页。
④ 方以智：《三征》，《东西均注释》，庞朴注释，第 37 页。
⑤ 方以智：《易余·二虚一实》，《方以智全书》第 1 册，第 137 页。
⑥ [无]为引者加。此处引文缺一"无"字。

三，不一之一而言一；一三非三尚不三，三一之一亦何一？一不一自非三；三不三自非一。非一之一，非三不留；非三之三，非一不立。不立之一本无三；不留之三本无一，是一三本无，而无亦无矣！①

这段文献的意思可以从以下四个层次来解说，第一层意思是说，如果从实有回归虚无的角度看，连"一"都没有，哪里能谈得上"三"呢？这显然是《庄子·齐物论》中"太初有无"的说法在此处的化用。第二层意思是说，三与一都是现成的、固有的实存者，因而由统一体之一分化出二，由二（矛盾双方）所共处的新的统一体之三的"三"还不是"三"，则由三而一的"一"又岂能是"一"呢？第三层意思是说：一如果不是一，即由一分化出来的二不能处在一个矛盾的共同体之中而构成"一"，则就没有所谓的在"二"之上的"三"。同理，没有这个新共同体的"三"，"一"（新的共同体）就不可能存在。因此，"一"如果不是纯粹的、不可分的"一"，就不可能有所谓的"三"（让从一分化出来的二所在其中的新的共同体）。同样，不是真正独立的"三"，也就没有那所谓的"一"。最后，方以智要人们破除对语言中一、三的执着，而采用了排遣名言的做法，认为不仅用来论述事物变化过程的一、三等概念是不存在的，而且连"无"的说法与状态也是不存在的。

方以智不仅谈论一而二、二而三的生成与演化的辩证发展观，而且也谈论由二至四而无四，由四至五而无五的观点。在《东西均·三征》篇，方以智说道："圆∴之上统左右而交轮之，旋四无四，中五无五矣。"②

而五四三二一之间的关系最终要归结为一，如他说："五止有四，四止有三，三止有二，二止有一，此琉璃图书也。未有天地，先有琉璃。"③

方以智还进一步讨论了一与万，一与多的关系问题。在《易余·通塞》一文中，方以智说："一之万之，万之一之，反一无迹者，得其未始有一

---

① 方以智：《易余·三冒五衍》，《方以智全书》第 1 册，第 50 页。
② 方以智：《三征》，《东西均注释》，庞朴注释，第 36 页。
③ 方以智：《三征》，《东西均注释》，庞朴注释，第 39 页。

而已矣……一之中有未始有一者，万之中依然[有]此未始有一者。"①

　　在《一贯问答》中说："一是多中之一，多是一中之多；一外无多，多外无一，此乃真一贯者也。"②

　　要而言之，方以智的辩证法思想，其主要问题意识在于处理"一与多"的问题，在综合《易》哲学传统与儒道哲学传统中的"一物两体"，即阴阳互体互用的思想基础上，讲一与二的问题。在综合中国大乘佛学天台宗三谛圆融的思想传统基础上，讲"一三"和"三一"问题。因旁涉阴阳五行的思想资源而讲一与四、五的关系。最终归结于华严宗"一多相即"的思维框架，而以儒家的"一以贯之"的命题来表达他的辩证思维。他说：

　　　　一多相即，便是两端用中；举一明三，便是统体相用。若一多相离，体用两橛，则离一贯之多识，多固是病，离多识之一贯，一亦是病。最捷之法，只从绝待处便是。两间无非相待者，绝待亦在待中，但于两不得处，即得贯几。以先统后，即无先后；二即是一，则无二无一。孟子"塞"字，最为得神。子思剔出"至"字，《易经》标出"太"字，此与"超"字、"统"字、"化"字、"无"字，俱是一样。③

　　由此段文献可以看出，在讨论"一多相即"的问题时，方以智最终试图以儒家的思想来对各家的辩证思维作"一以贯之"的处理。其"一贯"的思想虽然并不是《论语》中孔子及其弟子们所讲的"一贯之道"，如忠恕之道，下学上达之道，但在精神上仍然以儒家的一些观念为典型标志，以揭示"一多相即"的辩证思维的精髓。

　　不过，方以智的辩证思维，最终还是落入了反辩证法的思维陷阱，以精致的反辩证思维——圆∴三点形式终结了其辩证的思想。在《反因》篇最后，他这样说道：

① 方以智：《易余·通塞》，第214页，《方以智全书》第1册。[有]为引者加。依上文之语意当加此一"有"字。

② 方以智：《一贯问答》，庞朴注释，庞朴主编：《儒林》第一辑，第265页，济南，山东大学出版社，2005。

③ 方以智：《一贯问答》，庞朴注释，庞朴主编：《儒林》第一辑，第266页。

> 因对待谓之反因，无对待谓之大因。然今所谓无对待之法，与所谓一切对待之法，亦相对反因者也，但进一层耳——实以统并，便为进也。有天地对待之天，有不可对待之天；有阴阳对待之阳，有不落阴阳之阳；有善恶对待之善，有不落善恶之善，故曰：真天统天地，真阳统阴阳，真一统万一，太无统有无，至善统善恶。①

这种"不落对待"之中的所谓真天、真阳、真一、太无、至善，只能是方以智用哲学思维构想出来的思维实体，并不是对客观真实世界运动、变化、发展道理的哲学解释。就中国哲学史的已有哲学思想而言，方以智的这种说法也偏离了《易》哲学的阴阳、太极观念与张载哲学"一固神，两固化"的古典辩证法思想传统。而且，他的哲学要揭示出世界变化的总根据，以通几、太极、太无、所以等词表述之，固然表现了所有哲学家力图以自己所把握的"一"来统贯世界杂多现象的哲学本性，但他也明显地表现出受程朱理学思想影响的痕迹。他说：

> 无对待在对待中，然不可不亲见此无对待者也。翻之曰：有不落有无之无，岂无不落有无之有乎？曰：先统后后亦先，体统用用即体矣。以故新其号曰太极，愚醒之曰太无，而实之曰所以。②

无论是"不落有无之无"与"不落有无之有"，无论是"太极"，还是"所以"，方以智在此处所说的都只能是思维中的抽象实体，而不是对实存世界的真实概括。因而，其辩证思维最终还是落入了反辩证法的思想体系之中。

第四节　方以智的"全均"理想与人生哲学

二教归儒的实际思想史历程，开始于北宋新儒家出现之时。然而，两宋新儒家虽然均从佛教与道家、道教思想中吸取了思想资源，却要努

---

① 方以智：《反因》，《东西均注释》，庞朴注释，第94页。
② 方以智：《反因》，《东西均注释》，庞朴注释，第94页。

力坚持自己的儒家立场,公开斥责佛教与道家、道教思想。这一争正统的思想路线斗争,一直延续到晚明。清王朝建立之后,理学又被官方奉为正宗学说,而乾嘉时期虽有反理学的思想,然被官方当作意识形态的程朱理学仍然被奉为儒学的正统。政治化的儒学作为正统的意识形态一直延续到清王朝的灭亡为止。作为晚明遗老的方以智,其"三教归儒"论的思想也不可避免地带有他所处时代里不言而喻的文化背景,而且他也常常批评佛教与道家、道教的思想。只是方以智理想中的儒家与政治化的儒家终有一定的区别,仅以《东西均》一书来看,其"三教归儒"的思想主要表现为一种终极价值的认同,而对佛教、道家、道教的批评主要表现在对其终极价值的否定和思想方法的否定方面。换句话说,在《东西均》一书中,方以智主要立足于哲学理论的高度来批评佛教、道家、道教思想的。而他所崇尚的儒家则是一理想型的儒家,并非秦汉以后经学化、逐渐僵固化的儒家。学术界曾有人指出,方以智的"三教合一"论主要表现为"三教归易"论。① 另外,也有学者从明清学术发展的内在脉络出发,判定方以智的学术思想主要表现为"由博返约,由道问学以上达乎尊德性,而无显背于其理学之家风也",并认定方以智晚年的思想仍表现"儒与释之一贯,且于理学转入考证"的特征。② 这些说法当然都能言之成理,且持之有故,但若是针对《东西均》一书所表现出的思想倾向而言则并不准确,也不是很清晰。就第一种观点而言,《易》是儒家的经典之一,而方以智的思想也不局限于《易》,虽然,他在《易》方面有家学传统,他本人对《易》也有极深的造诣,且在易学方面做出了别开生面的哲学解释。然而,如果就"三教合一"的思想归宿来看,至少,从《东西均》一书来看,其"三教合一"论,更准确地说主要表现为"三教归儒"论。就第二种观点而言,方以智在"三教合一"的时代思潮里,其所坚持的"一"究竟是儒、是道、是释,还是他理想中的儒家,语焉不详。仅说方以智论学"出入

---

① 参见罗炽《方以智评传》第三章,南京,南京大学出版社,2006。
② 参见余英时《方以智晚节考》,第 48—74 页,北京,三联书店,2004。

三教，而胸中自有主宰，绝非一味炫奇逞博者之比"①，而未能向人们展示方氏哲学思想"主宰"的具体内容究竟为何。本节不欲论方以智一生的思想归宿，仅以其中年的重要哲学著作《东西均》一书为例，揭示其三教归儒的思想宗旨，以期深化人们对方以智思想的认识。而有关方以智哲学思想的系统论述，可参见蒋国保的相关论著。②

要而言之，方以智的学术气象虽然表现为淹博，然而其在《东西均》一书中所表现出的学术宗旨还是十分明晰的，那就是合佛、道思想，甚至是扬榷宋明理学、心学而归宗理想中的原始儒家。不过，此处所说的"儒"必需稍加辨证，因为方以智在《神迹》篇明确地说过："今而后儒之、释之、老之，皆不任受也，皆不阂（碍）受也"③。或有人据此文献为证，说方以智并不认同儒家，亦不可靠。依我们的理解，此处所说的"儒"并非原始儒家，尤非方以智理想中的儒家，而是概指汉以后政治化和教条化的儒者。本节所说"三教归儒"之"儒"，主要是指以孔子为代表的原始儒家，包括孟子等人，并非秦汉以后的儒者及其思想，而原始儒家则是方以智心目中理想型的儒家。庞朴曾经说："中道之教，为著者④所理解的儒学。"⑤庞氏此处所说的"中道之教"，即是理想型的儒家。本节是在理想型儒家的意义上论述方以智"三教归儒"论的思想。下面从四个方面揭示《东西均》一书中"三教归儒"的思想倾向。

一、"大成均"与儒家的价值理想

方以智哲学中"均"的概念，意义颇为复杂。从实际存在的角度看，"均"即是一种表示自然的存在物，"均固合形、声两端之物也。古呼均为

---

① 余英时：《方以智晚节考》，第 55 页。
② 参见蒋国保《方以智哲学思想研究》《方以智与明清哲学》，以及王茂、蒋国保等著《清代哲学》第十六章。
③ 方以智：《神迹》，《东西均注释》，庞朴注释，第 160 页。
④ 此处"著者"指方以智。
⑤ 方以智：《疑信》，《东西均注释》，庞朴注释，第 262 页注释④。

东西，至今犹然"①。作为一种历史的存在物，"均者，造瓦之具，旋转者也"②。由此造瓦之具而引申为衡量、裁度他物之一特殊之物："物物而不物于物，莫变易、不易于均矣。"由此，方以智再进一步提出了公均、隐均、费均三个概念。他说：

> 两端中贯，举一明三：所以为均者，不落有无之公均也；何以均者，无摄有之隐均也；可以均者，有藏无之费均也。相夺互通，止有一实，即费是隐，存泯同时。③

依庞朴先生的注释，费均之"费"为光貌，则费均实为"光均"。费虽可以解释为"光貌"的意思，如《楚辞·招魂》"费白日些"（蒋骥注）。然联系方氏著作的上下文，将"费"释为"光貌"似乎不通。费有散、耗、用等多种意思。依上下文，此处"费"应当释为"用"。此"费"字正是《中庸》篇"君子之道费而隐"之"费"字，而此"费"字正是"有藏无"的意思。所以、太极、太无是方以智中晚年哲学中最根本的概念，是用来表述其哲学形上学的概念。故"所以为均者，不落有无之公均"是方以智自己的哲学理论体系中用来解释整个宇宙人生的根本之"均"，也与他另一个概念——"通几"是相通的。而"何以均"则是方法论层面的系统理论，他将此理论称之为"以无摄有"之"隐均"，大约统称道家与佛教的理论，而"费均"当是儒家的理论。

"均"的最独特意义，也是方以智自己创造出来的意义，即是指一种思想体系、理论体系。他称孔子为"大成均"、老子为"混成均"、孟子为"邹均"、庄子为"蒙均"、印度佛教为"空均"、禅宗为"别均"、宋明理学中为"独均"。别均与独均，又号之为"性命均"，还有经论均、传注均，后世其他"专门性命、专门事业、专门象数、专门考辨、专门文章，皆小均，而非全均"，而只有孔子的"大成均"才是"全均"。他说：

---

① 方以智：《东西均开章》，《东西均注释》，庞朴注释，第1页。
② 方以智：《东西均开章》，《东西均注释》，庞朴注释，第1页。
③ 方以智：《东西均开章》，《东西均注释》，庞朴注释，第2页。

> 开辟七万七千而有达巷之大成均，同时有混成均。后有邹均尊大成；蒙均尊混成，而实以尊大成为天宗也。①

又说：

> 惟大成明备，集允中之心均，而苦心善世，以学为旋甄和声之门，弥纶乎大一而用万即一之一，知之乐之，真天不息，而容天下。②

由上述所引的文献可知，方以智将孔子的"大成均"看作是最无偏颇的理论体系，将它又称之为备集"允执厥中"的心均，通过"苦心"的方法而达到救世的目的，又以"重学"作为具体的"苦心"方法，从而实现"用万即一之一"，以"知之者不如好之者，好之者不如乐之者"的知学、好学、乐学的态度，表现出一种真正的"於穆不已"的"真天"精神，而包容天下万物。可以说，方以智在《开章》篇以无以复加的赞美言词表达了对以孔子为代表的儒家真精神的赞美之情，而以孔子为代表的"大成均"也可以称之"全均"。他可以统贯易学理论、佛教的轮回学说。而后来的宋明理学特别重视《伪古文尚书》的十六字心传，把"人心"放到了悬崖之傍以显示人心的危险性，这是宋明理学给人心提供的一块砥砺之石，而邵雍的先天学说，亦有助于"全均"，从而指导人们从生死的迷途中解脱出来。

方以智虽然尊奉孔子的思想为"大成均"，或曰"全均"，但他又清醒地意识到要以"全均"来拯救世界，劝人相信"全均"的道理，还是非常困难的。因为世俗的人们往往是"矜高自傲"，而上苍又不能帮助"全均"之人斥责那些不接受"全均"理论的人。所以方以智说："全均者苦矣，愚矣！"尽管如此，他还是要以"全均"重学的方法论作为解救世人的一种"解毒药之毒药"，此之谓"以毒攻毒"。

佰得注意的是，方以智在《东西均》一书中主观上虽以孔子为大成均、全均，在"三教合一"的问题上自觉地坚持以原始儒家的价值理想为

---

① 方以智：《东西均开章》，《东西均注释》，庞朴注释，第 7 页。
② 方以智：《东西均开章》，《东西均注释》，庞朴注释，第 7—8 页。

终极归宿。但是，从他论述"大全"的文字来看，其中也包含了《易传》与道家的思想。因此，他所推崇的孔子已经不再是先秦历史上真实的孔子，究其实而言，是一种文化理想的符号，即以一种积极入世的态度面对人生一切问题，而努力以切实可行的知识与方法逐步解决之，在思想上以包容、尊重一切有真知灼见的各家学说为体系的，没有偏颇的绝对中道的真理体系。因此，大成均、全均只能是方以智的文化理想。而方以智"三教归儒"之"儒"乃一理想型的思想体系，并非历史上的真实儒家，更不是秦汉以后的儒者所奉行的逐渐僵化的儒学思想。试以下列一段文字证明之：

> 有大全，有小全。专门之偏，以求精也；精偏者小全。今不精而偏，必执黑路胜白路，而曾知黑白之因于大白乎？……惟全者能容偏，惟大全者能容小全；而专必厌全，小全必厌大全。大全随人之不见是，而专者摧人以自尊。大全因物以作法，法行而无功，天下皆其功，而各不相知。专者必自露得法，而不容一法在己之上；以故闻者屈于其迅利，遂以为大全诚让专偏一等矣。①

上述对"大全"的肯定，对"小全""专"之理论形态缺失的指陈与批评，均体现了方以智对"大全"、大成之均的高度肯定的价值取向。

在《兹燚黈》一文中，方以智将孔子称之为"能收古今之利器，以集成一大棘栗蓬"之人，对孔子的赞美可以说是无以复加。他从十二个方面揭示了孔子对以前优秀文化精神的集大成特征：

> 羲皇凿破阴阳，成三百八十四利器，而孔子收之；轩辕创干支、文字之利器，而孔子收之；尧舜夺其子之天下，以成揖让之利器，而孔子收之；汤武夺其人之天下，以成征诛之利器，而孔子收之；殷三人为亡国之利器，而孔子收之；周公蒙杀弟之名，权侵冲主，成周礼之利器，而孔子收之；箾韶以来之乐，为诱人歌舞、迷人魂魄之利器，

---

① 方以智：《东西均开章》，《东西均注释》，庞朴注释，第18—19页。

而孔子收之；彙五帝以后之条例簿书，成奔走天下之利器，而孔子收之；抄三皇以来俚谣巷叹、士大夫之怨讪诔祝，成泄忿放情之利器，而孔子收之；伯夷壁立万仞，秉吹毛剑，使人不敢注视，此立清极之利器也，孔子收之；伊尹五就失节，贪功放主，不惜为后奸权藉口，而立此任极之利器，孔子收之；柳下以盗为弟，而苟且卑污，立一和极之利器，孔子收之。①

我们以现代语言对上文所说的十二方面内容稍加解释。第一方面是说孔子接受了《周易》六十四卦三百八十四爻的思想精髓；第二方面是说孔子接受了轩辕（即黄帝）创造的天干、地支和创造文字的精神传统；后面第三、四、五、六、七等五个方面的内容，主要是讲孔子继承了尧舜、汤武、周公的礼乐制度的优秀精神传统；第八方面是讲孔子继承了五帝以后政治管理的制度文化传统，而四处周游列国，宣讲于诸侯；第九方面是讲孔子继承了《诗经》、歌谣等上古采风制度所具有的体察民情的精神；第十个方面是讲孔子继承了伯夷、叔齐的理想人格精神；第十一方面是讲孔子继承了伊尹敢于承担，不避嫌疑的政治道义精神；第十二方面是讲孔子从柳下惠那里学得了宽容小人，使天下有德之君子与无德之小人都能和融相处的宽容精神。很显然，历史上的孔子，以及反映孔子思想的传世儒家文献，都无法毫无矛盾地容纳方以智上文所说的十二方面的内容。因此，方以智要归依的"儒家"及其所追求的"大成均"，只能是一理想型的儒家，而非历史上真实的儒家，是以孔子为文化符号而创设的一种理想的"大成均"或"全均"。

二、重学以拯心，下学而上达

与家学传统密切相关，方以智特别重视以孔子为代表的儒家"重学"思想。他说：

---

① 方以智：《兹燚黈》，《东西均注释》，庞朴注释，第 287 页。

本先生①曰：孔子之教，尊上用中，说于下学，以前民也；有大过人之才，而不尽用。佛以无上教人无住；有大过人之智，而多半谲权。老子专惜之不用耳。孔子尽性、知命而罕言，言学以正告者也；老尊命以殉性，反言者也；佛尊性而夺命，纵横倍仟者也。②

这段文献表明，方学渐重视孔子下学上达的"重学"思想，是方以智"重学"思想的家学渊源。在家学传统的基础上，方以智更进一步把"重学"思想上升到理论形态，将各种引导人们进入迷途的偏颇学说称之为"毒均"，而将解此毒药的学说称之为"毒毒药之毒"——即破解各种迷妄学说的一种"毒药"。方以智这种以双重否定表达肯定的独特哲学用语，使得他的《东西均》一书非常晦涩，给后人理解他的思想造成了不小的障碍。在方以智看来，能够拯救人们走出迷途的只有"重学"这一理性主义的途径。他说："毒均高炉，听人投迷。……不迷则死，不如迷学，学固轮尊毒毒药之毒也。"③

在《道艺》篇，他称"学问"为"古今之盐酱"④，不可废也，严肃地批评了历代废学的主张。他非常敏锐地指出，即使是赤子的吃饭与走路的行为都不是天生的，而是通过学习之后才具备的一种能力。他说：

据实论之，赤子之饭与行必学而后知，谓赤子可以笔、可以书则然，责赤子不学持笔而能作书乎？欲离外以言内，则学道人当行从不许学饭始！而好玄溺深者必讳学，即语学亦语偏上之学，直是畏难实学而踞好高之竿以自掩耳。⑤

在方以智看来，那些自命为达到了最高境界的人，也仍然要以"学问为事"，从而保任高超的境界。他说："真大悟人本无一事，而仍以学问为

---

① 本先生指方以智曾祖父方学渐，字本庵。
② 方以智：《全偏》，《东西均注释》，庞朴注释，第 144 页。
③ 方以智：《东西均开章》，《东西均注释》，庞朴注释，第 15 页。
④ 方以智：《道艺》，《东西均注释》，庞朴注释，第 175 页。
⑤ 方以智：《道艺》，《东西均注释》，庞朴注释，第 179 页。

事,谓以学问为保任也可,谓以学问为茶饭也可。尽古今是本体,则尽古今是工夫。天在地中,性在学问中。寡天无地,乃死天也。学道人守住净妙境界,即是恶知恶见。"①

方以智的观点非常明确,经验世界里的各种正派的学问当中,当以"重学"为大宗——即主流。如他说:"下学上达,是谓公心之大宗。"②这即是说,以孔子为代表的儒家重知的理性主义态度,是作为解决人生困境的主要途径。因此,"重学"思想是他"三教归儒"思想的重要体现,而且也体现了方以智对儒家思想的新发展。为了更进一步地理解方以智"重学"的思想,我们可以从以下五个大的方面揭示《东西均》一书的"重学"思想。

其一,从人性成长的必要性角度论"重学"。方以智说:"人之生也,自赤子不能求其母,自是而进,皆学焉而事能之,无所不学则无所不能。此无所不学则无所不能者,即'不虑而知''不学而能'者也,是人之性也,是独性也。所以为独性者,无始以前之公性也。……圣人知私心横行之弊,而表其空空之公心以天之,故不专标性命而以时学铎人。"③

其二,从解决人生诸问题的效用性角度论"重学"。在这方面似乎又可以细分为四个小的方面。第一,通过"重学"的途径,解决人生的信仰与信念问题。《东西均》的第一篇就是《扩信》,所谓"扩信",即是要通过切实可靠的实事、实理,以使人们相信宇宙、人生的新道理。这是他的重学思想在有关人的信仰方面的集中体现。在《尽心》篇,方以智提出以学问的方式化解人们对生死的恐怖。他说:"怖生死,求脱离,此黄、礜④也。不能不为生累,而以学问化之,此枳、苓也。"⑤这种"以学问化解生死之怖"的生死观,典型地体现了方以智尊崇孔子"重学"的理性主义生死观。

针对传统文化中"鬼神"现象对于人生的困扰,方以智仍然以"重学"

---

① 方以智:《道艺》,《东西均注释》,庞朴注释,第 187 页。
② 方以智:《译诸名》,《东西均注释》,庞朴注释,第 168 页。
③ 方以智:《译诸名》,《东西均注释》,庞朴注释,第 167—168 页。
④ 礜,指矿物质的毒性。
⑤ 方以智:《尽心》,《东西均注释》,庞朴注释,第 69 页。

的方法来加以解决。他说:"知者不惑,知乌可已? ……则学者于人间世,欲无忝所生,不负天地,独在从本心不愧怍而已。不虚生,不浪死,不学又何为哉? 弦歌则弦歌,删述则删述,不厌不倦,优哉游哉!"①

第二,在解决"名教"与文字的流弊问题时,方以智还是提出以"好学"方法拯救人们好名之流弊。他说:"东土、西方之公议名者曰:使人好'不好名'之名,至矣;使人好'无可名言'之名,至矣。然益可以欺人,谁是真平怀泯然自尽者乎? 何何氏不得已于自泯中以不泯泯天下,而立一平名以覈[核]实,曰:惟使天下好'好学无欺之名',则天地慰。"②在《颠倒》篇之末,方以智提醒人们不要因为世人为文字所束缚而就放弃学习。真正要破除世人在这方面的弊病,仍然要从重学入手。他说:"慨世人执定字面,末师屈缚科条,故为一吐气。学者若是死心一番,自能吐气,不为一切所缚。设非利根,大悟大彻,则一往任之,病更不小,故圣人只以好学为言。"③

第三,解决上智与下愚两类人的弊病,其方法也是"重学"。面对愚不肖与贤智等人的"庸而不中"与"中而不庸"的两极现象,方以智认为以孔子的"时中者"决破这两种人的偏颇,最为有效。而具体方法,仍然是"学","以天下万世为心,毋自欺而好学,则在药病中,风吹不着矣"④。"虚高者以学为习气。不知人生以后,一切皆有而无在其中,性在习中。……一切皆病,一切皆药,学正'回习还天'之药。溺学者,药病也;而忌学者,根病与药病相投,其病难治,故须以圣人中道药之。"⑤

第四,在德性与学问的二者关系中,学习的活动可以解决"蹈虚"的缺陷。他说,"德性、学问本一也,而专门偏重,自成两路,不到化境,自然相訾,今亦听之"。⑥ "圣人切切尊德性,而堂槛十半鸣学问之铎;问学切

---

① 方以智:《无如何》,《东西均注释》,庞朴注释,第 277 页。
② 方以智:《名教》,《东西均注释》,庞朴注释,第 256 页。
③ 方以智:《颠倒》,《东西均注释》,庞朴注释,第 120 页。
④ 方以智:《奇庸》,《东西均注释》,庞朴注释,第 137 页。
⑤ 方以智:《道艺》,《东西均注释》,庞朴注释,第 186 页。
⑥ 方以智:《道艺》,《东西均注释》,庞朴注释,第 187 页。

切乎躬行，而坛墠十半传弦歌之风，何不废一切而尊邪?"①在《疑信》篇，方以智说："疑不真，则信不真、煅炼不熟，必流狂邪；终不如信学问，变化之无大失也。"②在《象数》篇，方以智直斥"以废学为无心，直是未梦见在。"③而在《所以》篇，他坚定地称："故但以好为教。学至于学天地，盖莫可以征于天地也。"④这些论述，无非都是要求通过"道问学"的方式去"尊德性"，初步展示了明清之际的学风由明代心学、禅学末流的"蹈虚"，转向清代学术"征实"的变化征兆。

其三，方以智还通过文字学的知识，进一步阐明学与孝、教二字在义理上的贯通性，从而将"学"所具有的一般知识论意义与伦理学意义、社会教化的意义结合起来，体现了方以智对原始儒家"重学"思想进行新的诠释的时代特征——即通过语言文字的分析以阐发哲学思想。他说：

> 孝(孝)从子当學，子即效父，即谓之孝。學(孝)也者，父也、孝也、效也、教也、觉也，一以交万，人以交天，而自觉、觉人之几也；兼参悟、诵读、躬行，合外内、本末，无所不具者也。古原通用，后"學(孝)"分老部，作"學"以别之。學(孝)即教(敎)，《记》引《兑命》曰"學學半"，则明证矣。后加冖，加左右二手作學，又加攴作教，或作敎。學有效义，有觉义，音亦相转。人效天地，乃大功效。自觉觉世，乃习孝之分量。⑤

其四，以"学天"作为重学的基本内容，试图通过学习的理性活动解决人生的终极关怀问题。

"重学"的方法，成为方以智解决人生一切痛苦的不二法门，由此而体现了方以智对以孔子为代表的儒家重视"下学而上达"的人生解放之路。既然如此，方以智对于所学的内容又是如何规定的呢？方以智主张

---

① 方以智：《张弛》，《东西均注释》，庞朴注释，第 200 页。
② 方以智：《疑信》，《东西均注释》，庞朴注释，第 260 页。
③ 方以智：《象数》，《东西均注释》，庞朴注释，第 215 页。
④ 方以智：《所以》，《东西均注释》，庞朴注释，第 221 页。
⑤ 方以智：《译诸名》，《东西均注释》，庞朴注释，第 170—171 页。

"学天"。他说：

> 谓人学天，人谓之外；今谓人自学心，心即天也。天亦自学，天不学则何以日左旋、老不歇心邪？毋乃老天之习未除邪？日日虚，日日实；日日义，日日玄；以心还天地，天地还心，如是为一如是可耳。圣人曰：人在此天地间，则学天地而已矣。尽人事以不负天地，则言人事而天地之道可推矣；人能尽其所见之事，而不可见者坐见之，则往来之道可推矣；知天地、人事之往来，而昼夜、生死、呼吸一矣。①

由上面一段文献来看，方以智所说的"学天"至少包含三层意思：第一，学习天的日新不已的刚健精神；第二，努力发挥人的主观能动性，不辜负天地给予人的生命；第三，领悟天地变化不已的根本精神，从而超越对生死的恐怖。在"学天"的总原则指导下，方以智对"重学"过程中的种种问题进行了一一的化解。

其五，方以智所重之学乃是实学。方以智大声疾呼："欲挽虚窃，必重实学，即大悟者以学为养，中下人多，教主广被，乌有考钟伐鼓，日日拈花，而鞭扫日星理数之学，贱而弃之，乃为尊乎？"②

方以智重学，是要求尊六经而不师心自用，称那些主张立地成佛的顿悟者是"自掩其畏难失学之病，故往往假托于此"③。所以，他要提倡广泛地学习，一方面"补理学拘胶之病"，另一方面医治"守悟之鬼话"。他说："愚故欲以横竖包罗、逼激机用，补理学之拘胶，而又欲以孔子之雅言、好学，救守悟之鬼话；则错行环轮，庶可一观其全矣。"④

由上五个大的方面内容可知，方以智的"重学"思想，非常鲜明地体现了其理想型儒家的思想倾向，从而在明末清初"三教合一"的时代思潮

---

① 方以智：《奇庸》，《东西均注释》，庞朴注释，第 134 页。
② 方以智：《道艺》，《东西均注释》，庞朴注释，第 182 页。
③ 方以智：《道艺》，《东西均注释》，庞朴注释，第 185 页。
④ 方以智：《道艺》，《东西均注释》，庞朴注释，第 185—186 页。

里表达了自己鲜明的儒家思想立场。方以智也深知理智性的学习行为并不能解决一切问题，如在《兹燚辨》一文中，他虽也看到真正的思想创新并非直接来自于"学"，然不废"学"："大悟自非学习，而必言学习者，则为古今留此总棘栗蓬也专门之偏精者，且笑学天之务大；而大者容偏精之笑之者，为古今留此偏至之棘栗蓬也"[1]。而且，方以智也意识到，人们通过学习活动获得的知识也有精专、广博的区分。如方以智说："凡学非专不精，而专必偏，然不偏即不专。惟全乃能偏。偏而精者，小自全；然不可暱小之足全，而害大之周全于也。"[2]然而，所有这些有关"学"的局限的问题都不足以动摇他对"学"的重视。方以智坚定地认为，只有通过"下学"的经验理性过程，方可以"上达"于对"天道"的理解，从而要求人们在切实的学习过程中解决人生的实际问题。这一致思的思想路线只能是儒家的，而非道家与佛教的。

三、不虚生浪死

方以智将"生死问题"看作是"醒世第一铎"。他批评世俗社会的人们或沉沦于日常生活而忌讳讨论生死问题，或生活于富贵温柔之乡、醉生梦死。其对于生死问题的哲学思考在精神祈向上与 20 世纪德国哲学家海德格尔"向死而在"的观念有可以沟通之处。方以智说：

> 人生视死，诚大事哉！知生死，生死小矣。然营营者不大生死之事，何由知之？苟决华腴，营营相逐，如是乎忌讳生死，不闻生死之言，而日拖尸以趋死。死于宛娈金穴之缠羞鬼谵，比死于蓬室之酸邻烧纸，更难令人见，则安乐乃古今之石椁也。有言生死一大事者，岂非醒世第一铎乎？[3]

上述一段文献的意思很明确，生死问题是人生的一大问题，然而沉

---

① 方以智:《兹燚辨》,《东西均注释》,庞朴注释,第 286 页。
② 方以智:《全偏》,《东西均注释》,庞朴注释,第 141 页。
③ 方以智:《生死格》,《东西均注释》,庞朴注释,第 121 页。

溺于人世间的利益与荣华的人，忌讳谈论生死问题，每天拖着一个僵尸般的身体麻木地走向死亡。而那些死于温柔富贵之乡的人们，其实就是将安乐当作一个巨大的石棺。故方以智要人们认真面对死亡问题，并将死亡问题看作是唤醒世人的第一重要的木铎。

通过对中国历史上各家各派生死观的总结与批判，方以智将"心"看作是"生死之源"，认定只有那些"以重险待处忧患之人，置之死地而后生"[1]，而世俗社会的普通人，因为缺乏对生死问题的透彻理解，反而会"互相欺以死"[2]。这一对世俗社会死亡观的批评，与海德格尔对于普通世人死亡观的批评有诸多暗合之处。海德格尔为了揭示死亡对于"此在"[3]的本真意义，特别地指出了日常生活中公众对死亡现象认识的平面性："日常杂然共处的公众意见把死亡'识认'作不断摆到眼前的事件，即'死亡事件'。"当他们常常在传播着"有人死了"这一意见的时候，"死亡被领会为某种不确定的东西"，"这种东西必定要从某个所在到来，但当下对某一个自己尚未现成，因此也还不构成威胁"。这样，"死本质上不可代理地是我的死"[4]的真相，被扭曲地摆到公众眼前而成为一个平面化的事件。常人总是"向自己掩藏其最本己的向死亡存在的诱惑"，"不让畏死的勇气浮现"[5]，其结果是"按照常人的无声的令谕，理所当然之事就是对人总有一死这件'事实'漠然处之。这一种'（自觉）优越的'淡漠教养使此在异化于其最本己的、无所关联的能在"[6]。由此，海德格尔将日常生活中公众"向死亡的存在"看作是一种"沉沦的存在方式"，这种"沉沦着的存在方式乃是在死亡面前的一种持续的逃遁"。[7]

由上简单的对比可以看出，方以智要求世人"不虚生浪死"，海德格

---

① 方以智：《生死格》，《东西均注释》，庞朴注释，第 125 页。
② 方以智：《奇庸》，《东西均注释》，庞朴注释，第 135 页。
③ 张祥龙译为"缘在"。
④ 海德格尔：《存在与时间》，陈嘉映、王庆节译，第 303 页，北京，三联书店，1987。
⑤ 海德格尔：《存在与时间》，陈嘉映、王庆节译，第 304 页。
⑥ 海德格尔：《存在与时间》，陈嘉映、王庆节译，第 305 页。
⑦ 海德格尔：《存在与时间》，陈嘉映、王庆节译，第 305 页。

尔批评世俗的人们"在死亡面前的持续逃遁"，他们二人的思想体系虽然大不相同，然而仅就他们对世俗社会人们不理解死亡的真正意义而言，有可以相互启发之处。方以智还从儒家重视"名教"的角度出发，揭示"死亡"之于人的根本警醒意义。他说："若论劝世止恶，兼用死字、名字；欲歇名心，专须死字。死字是亘古亘今大恩人、大宝贝，切莫错过。"①这一独特的"向死而在"的思想与方以智晚年艰苦卓绝的人生经历密切相关。

就生死观的终极价值取向而言，方以智主要认同儒家的积极进取的观点。他虽然也有"齐同生死"的观念，但在根本上不同于庄子的齐同生死观。其关键的差异在于：方以智不以自然气化的观念来看待死亡问题。方以智认为，人可以拥有出入"生死"的高度主体的自觉性。这一主体自觉性使得他的齐生死观与道家庄子的齐生死的观念区别开来。他说："故虚浪以生死为小事者，必使以生死为大事而后可以入道；至执生死为大事者，又必至以生死为小事而后可言大道。"②

而且，方以智自觉地对庄子生死观进行反思，进而超越庄子的生死观。他说：

> 凡言生死者二也，不生不死者一也。然不生不死之一，即在生生死死之二中。止为因循汩没，直须层层剥烂，亲过庄子疑始无始之关。……疑至不疑，则微危精一过关而知命造命矣。故常随生死无生死，而即以生死炼天下之生死，岂徒坐无事窟耶？③

针对庄子保养个人生命的"养生"思想，方以智提出了"以死养生"的儒家式"养生"思想，即通过给父母送终的"养死"之大事，以彰显人道的无穷性——"死死于不死"，并且通过"观我生，观其生，即观天下之生"的社会性的养生方法，彰显儒家关怀民生的政治理想。这可以说是方以智

---

① 方以智：《名教》，《东西均注释》，庞朴注释，第 257 页。
② 方以智：《生死格》，《东西均注释》，庞朴注释，第 127 页。
③ 方以智：《总论中》，《药地炮庄》，张永义、邢益海校点，第 57 页。

生死观的一大特色。他说：

> 缘督知养，以知养其不知，谓之养生。以死养之，死其心，所以心其心之主也。生即无生，无生长生。生生于不生，死死于不死。惟送死可以当大事。人能送生，乃以送死。日舍（捨）一日，舍（捨）以为送，送以为养，尽则知送。朝送迭，夕逃逃，朝不能送夕而夕可乎？观我生，观其生，即以观天下之生。我虽欲不舍（捨），日已见舍（捨），何如先舍（捨）之而目送之之为豫乎？观我非我，观非我之我其我，尽变化其我，尽变化其生矣。①

与庄子的养生观念相反，方以智认为，只有人们对死亡的现象有所知觉，才能了悟人生在世活着的意义，故以死来养生，从而使人的生命获得根本性的价值与意义。然而，个人的生死问题并不是大事，而父母的死亡才是大事。就个体生命而言，人生日逝，不舍也得舍，现象中的个体自我从超越的角度看并不属于"我"，故而要努力变化个体的自我，从而使"我"的生命竭尽变化之能，做到每天自觉地送走父母每一天的生命，这就是最好的送终。以送走父母每一天的生命知觉作为敬养父母的生命的方法，这才是真正的尽到了"送终"的本真意义。由此可知，方以智的生死观浸透着儒家的"孝道"思想，与道家重视个体"养生"的思想大相径庭。

方以智通过对历史上各种生死观的分析、批判，最后认定儒家的生死观最为最高明。他说："以《易》观之，动静即生死，逆变顺变，无往非儵忽，而无方无体者。生死自生死，可出可入……惟不浪死虚生以负天地，故当然者无不可为。……是即以求出生死为幂孌，是即以知生死为鬼牖矣，亦一流之道术也。"②又说，"上下二《经》，以二《过》收水火，与《养》《孚》对。以公因反因论之，《大过》送死，独立不惧，所以养生也；《小过》

---

① 方以智：《尽心》，《东西均注释》，庞朴注释，第 80 页。
② 方以智：《生死格》，《东西均注释》，庞朴注释，第 129 页。

宜下，过恭、过哀、过俭，所以中孚上达也”①。而且他认为，所有关于生死的观点，不如孔子“知生”一语更能道尽生死意蕴：“孔子‘知生’一语，足为骨髓铭旌之格”②。

虽然，方以智以儒家的积极入世态度来面对生死的问题，然而，处在他那个特殊的历史时期，他最终也只能“以尽心”“不自欺”的心性修养来避免作为不确定的偶然因素的代名词——鬼神的干扰。他说：

> 生生死死，皆苍父主之，知乎不邪［耶］？ 乃寻苍父，合其恩仇朋友五人，极乎南北，旋乎东西，历九阶而扣之，惟有苍父所用者七公，而苍父竟不可得见。见最明者，曰：尽心则见，本无生死。生死勿自欺，欺则不能逃乎鬼神。③

方以智无法实现个人的自主权能以把握自己的生命，从而达至“不虚生浪死”的理想境界。他虽有思想上的自觉而没有现实上的可操作性，这既是他个人的不幸，也是当时民族的不幸。

四、对于名教价值的哲学辩护

方以智深知“名教”与“学问”，在劝导人们向善的方面都有其内在的不足，但他还是认为“名教”与“学问”更能有助于世道的善化。他说：“名教因之，以中道立邪正之大防，而主于劝善。故伯夷、盗跖等死，而右伯夷；学问、利禄等累，而褒学问。”④在《东西均》一书中，方以智专辟《名教》一篇，系统地为儒家的“名教”思想进行哲学的理论辩护。寻绎该文的脉络，大体上可以从下述四个方面理解方以智为儒家“名教”进行哲学辩护的思路。

---

① 方以智：《全偏》，《东西均注释》，庞朴注释，第 142 页。
② 方以智：《生死格》，《东西均注释》，庞朴注释，第 130 页。
③ 方以智：《无如何》，《东西均注释》，庞朴注释，第 281 页。
④ 方以智：《公符》，《东西均注释》，第 103 页。

首先，方以智从圣人立"名教"的动机及名教利大弊小的角度，对于名教的合理性进行辩护。他说："好名而畏死，人诚无奈其情何。然圣人之所以补救天地，使万世安生，正惟恐天下之不好名而畏死也。明知好名之末流，故又使好'不好名之名'，自立忠信、廉知、退让、仁勇诸名；其救世也，利十之九，弊十之一。"①

其次，从名实关系的角度，进一步为名教进行理论辩护。他说："有实即有名，犹有形即有影。天地既分，物物而名之，事事而名之。称其名使知其实，因有名实……圣人教人，求实而已。实者，忠孝之所以忠孝，文章之所以文章，生所以不虚生，死所以不浪死者也。"②

再次，方以智从方便社会管理的实用性角度为名教进行辩护，认为名教有利于人心的管理。他说："人情莫微于喜，莫危于惧。毁誉、生杀，动天下之风雷也。"富比王侯者、普通百姓者、大暴穷凶者，能使他们内心深处产生震动，莫非"名与死"两样东西。"使天下皆不好名、不畏死，圣人又奈天下何哉？断断然不好名、不畏死，非无以加之至人，即无法可制之恶人矣。"

最后，方以智又从名教之体与名教之用的关系角度，进一步论证不能因为名教之流弊而否定名教之体的重要性，要求人们以辩证的眼光看待名教之体的正面作用与名教之用的负面作用之间的辩证关系。他说："名如火之光、草木之香，相传于空中，不离不息，不得不然者也。画地作饼，虚名之罪也。因名之为累而罪所以为名者，是火罪光、草木罪香；天地能无罪乎？"③他认为，如果人们都像道家庄子那样否定社会中那些砥砺高节、见利思义之士，则会出现"名教贱"这样不好的社会效果，而"名教贱则人以无名之名便其所讳，而父子、君臣之名不足事，事皆可倒行逆施矣"④。因此，作为权教，名教有其不可忽视的社会作用。他说："告闻

----

① 方以智:《名教》,《东西均注释》,庞朴注释,第 250 页。
② 方以智:《名教》,《东西均注释》,庞朴注释,第 250 页。
③ 方以智:《名教》,《东西均注释》,庞朴注释,第 254 页。
④ 方以智:《名教》,《东西均注释》,庞朴注释,第 254 页。

人为圣人，必嗛嗛然不从；曰欲汝不同禽兽耳，欣欣然从矣。无上之名太远难从，故圣人以疾没世之药治万世，而以无闷之药治疾没世者。经之权在史，拈花之权在地狱也，安得罪名？安得不罪名？安得不罪罪名之名？"①

通过思辨哲学的否定之否定，方以智非常巧妙地肯定了"名教"的合理社会功用。不过，我们不能把方以智理解的"名教"局限于政治化儒家"三纲五常"的狭隘内容上面，而应当视之为一种社会伦理道德思想体系。也正是从这一角度看，方氏对名教的哲学辩护就获得了超越时代内容的意义，从而对后人思考伦理道德体系对维系世道人心的积极作用给予理论上的启示意义。

初读方以智《东西均》一书，往往被表面上看起来光怪陆离的思想所迷惑，然而稍微深究一番，则发现方氏思想的核心还是儒家的精神。但是，方以智心中的儒家，既不同于董仲舒合阴阳、法家思想于一体的汉儒，也不同于汉代今文经学奉孔子为神人，为汉代立法，是没有王位的素王的经学之儒，当然也不同于东汉《白虎通德论》中以三纲、五常、六纪为法典的政治化儒家。概而言之，汉、唐以后逐渐意识形态化的儒学，主要借用了儒家思想中重视人伦秩序的思想，以政治化、法典化的形式维护孝道、礼教，把原本出于人的情感意愿的人伦亲情政治化，以政治与行政的力量来推行儒家的教化思想，在教育与人才使用方面以官方认可的儒学思想来推行儒家思想的教育，确定人才的标准。北宋新儒家在与佛老的思想斗争中，重新确立了儒家思想对于现实社会，特别是士大夫们精神世界的指导地位。而南宋以后，经过朱熹的积极努力，逐渐确立了以"四书"为核心的新儒学的思想地位。宋代元祐年间（1086—1093），朱熹的《四书集注》成为官方科举考试的标准答案，从此，以"四书"为核心的新儒家思想又成为新的思想教条，束缚着一大批读书人的头脑。与上述政治化、意识形态化的儒家思想不同，方以智在《东西均》一书中提倡的

---

① 方以智：《名教》，《东西均注释》，庞朴注释，第 254 页。

儒家思想是一个重视下学而上达的理论体系。这一理想型的思想体系就其思想的包容性而言，一是吸收了佛、老思想的优长而又能以积极入世的精神来治理社会，使之向善；二是以清醒而又开放的学习精神来不断充实自己，使自己能以理性的、接近事情本身的方式来把握对象，从而实现人的合理的要求。这一理想型的思想体系虽然也运用名誉、名份等伦理规范来引导人、约束人，然而不再以政治化的手段推行"三纲五常"，而是通过教育的手段，使人从道德理性上明白人禽之别而自觉地践履君臣、父子的伦理规范。本节从大成均、重学、不虚生浪死、为名教进行哲学辩护等四个方面分析了《东西均》一书的儒家思想的价值取向，对于深入理解晚明清初"三教合一"的时代思潮可以提供一曲之见。《东西均》一书中的儒家是一理想型的儒家而非历史上任何时代的政治化的儒家（全面区分方氏在《东西均》一书中提倡的理想型儒家与历史上政治化的儒家的不同，非本节所能胜任，也不是本节的主要任务），作为"大成均"的孔子也是一理想性的文化符号。然而，在明末"三教合一"的大时代背景下，方以智自觉地以理想型的儒家为旨归统合佛、道二教思想，与王夫之自觉地以六经为资源而别开生面的思想旨归殊途同归，从而与以佛教、道教思想为宗旨的"三教合一"论的思想划清了界线。正是从这一角度讲，方以智仍然是儒家阵营里的思想家。

本章结语

作为晚明清初的大思想家，方以智的思想带有鲜明的过渡性质，一方面带有新的突破旧的思想倾向，如科学的实证，以理想型的儒家思想为宗主综合佛教哲学、道家道教哲学思想，构造了一个综罗百家的思想体系；另一方面又深深地保留着程朱理学的客观唯心主义的思维方式，窒息了自己哲学中所包含着的面向现实，开拓未来的新思想气息。就其与鼎盛期的清代哲学重视实证的思维方式而言，方以智有关语言哲学的新思考具有某种先声的意义。他在《通雅》一书的序文及补记中写道：

"函雅故，通古今，此鼓筐箧之必有事也。不安其艺，不能乐业；不通古今，何以协艺相传，讵曰训诂小学可弁髦乎？理其理，事其事，时其时，开而辨名当物；未有离乎声音文字，而可举以正告者也。"① 又说："学惟训诂，博乃能约；当其博，即有约者通之。博学不能观古今之通，又不能疑，焉贵书簏乎？……上下古今数千年，文字屡变，音亦屡变。学者相沿不考，所称音义，传讹而已。"② 正是有鉴于此，方以智著《通雅》一书，希望在名物、训诂、制度方面广泛考证，以求得对古代典籍的正确理解。就语言、文字与经籍意义之间的内在关系，他有诸多正确的认识。如他看到声音随时代变化，经典训诂与方言的内在关系，说："天地风时推移，而人随之声音亦随之，方言不可不察乎？古人名物，本系方言，训诂相传，遂为典实"③。而实际上，"古人说理事之音义，转假譬喻为多，不可执后人之详例以论也"④。从哲学思想方法的角度看，方以智已经开创了从训诂学角度批评汉儒与宋儒的思想风气，他说："孔融曰：'郊天鼓必麒麟之皮。'写《孝经》当曾子家策乎？汉儒解经，类多臆说。宋儒惟守宰理；至于考索物理时制，不达其实，半依前人。"⑤ 方以智十分看重文字、语言对于人类文化的保存作用，要求士人从文字、语言入手来认识万事万理。他说："'备万物之体用，莫过于字；包众字之形声，莫过于韵'是理事名物之辨，当管库也。……今遵《正韵笺》，详考诸家，上收金石，古今辨难，皆决其下，此小学必不可少者也。"⑥

　　方以智对文字、训诂、语言之于哲学思考关系的认识，虽然还远未达到戴震"由字通词，由词通道"的明晰、简练的程度，但像顾炎武的思想一样，均为清代鼎盛期的哲学思考提供了新的思想基础。从哲学与学术发展史的角度看，值得高度的重视。

---

① 方以智:《方以智全书》第 1 册，侯外庐主编，第 3 页，上海，上海古籍出版社，1988。
② 方以智:《方以智全书》第 1 册，侯外庐主编，第 3 页。
③ 方以智:《通雅凡例》,《方以智全书》第 1 册，侯外庐主编，第 6 页。
④ 方以智:《通雅》卷首之一《音义杂论·考古通说》,《方以智全书》第 1 册，侯外庐主编，第 2 页。
⑤ 方以智:《通雅》卷首之一《音义杂论·考古通说》,《方以智全书》第 1 册，侯外庐主编，第 3 页。
⑥ 方以智:《通雅》卷首之二《杂学考究类略》,《方以智全书》第 1 册，侯外庐主编，第 36 页。

第三章　王夫之的哲学

王夫之(1619—1692)，字而农，号姜斋，中年别号姜翁、一壶道人、以髻外史等，湖南衡阳人。晚年隐居湘西蒸左的石船山，又自号船山老农、船山逸老、船山病叟，学者称为船山先生。

他生于明万历四十七年(1619)夏九月初一日，卒于清康熙三十一年(1692)夏历正月初二日，出身于一个日趋衰落的在野地主知识分子家庭，从小接受了丰厚的传统文化教育。青年时代的王夫之，一方面眷恋科举，另一方面又关心动荡的时局，参加"行社""匡社""须盟"，立志改革社会。晚明的农民起义风暴，打破了他"学而优则仕"的迷梦。明亡后，清顺治五年(1648)他也曾在衡山起兵抗清，失败后，投奔南明永历政权，曾任行人司小官，因而结识了瞿式耜、金堡、蒙正发、方以智。在永历小朝廷，因弹劾权奸，险遭残害，后经农民起义军领袖高一功营救脱险，回到湖南，过了近四年的流亡生活。顺治九年，李定国率大西农民军反攻，收复衡阳后，派人招请王夫之，他"进退萦迴"，最终未去。晚年隐居衡阳石船山麓，在极其艰苦的条件下从事学术研究，总结明王朝灭亡的教训，并由此而展开对整个传统文化的总结、批判工作。在 51 岁时自题观生堂联道："六经责我开生面，七尺从天乞活埋"，表达了依托"六经"开创文化新局面的文化理想与不愿做异族王朝之下臣民的矛盾情感与复杂心情。在 71 岁时，他总结自己一生的政治与学术活动宗旨，自题墓石："抱刘越石之孤愤而命无从致，希张横渠之正学而力不能企"，以自谦的情怀表达了一种政治上的失败感与学术方面的力不从心感。

王夫之的学识极为渊博，在传统的经、史、子、集诸部门均有较深的造诣，在天文、历数、医理乃至兵法、卜筮、星象等方面，亦有旁通，而且留心当时传教士传入的"西学"。一生著述宏富，留下的著作有一百多种、四百多卷，其中主要哲学著作有十三种之多：《周易外传》《老子衍》《黄书》《读四书大全说》《诗广传》《庄子通》《相宗络索》《庄子解》《噩梦》《俟解》《张子正蒙注》《周易内传》《思问录》《读通鉴论》《宋论》《尚书引义》《夕堂永日绪论》等。王夫之的著作富有批判精神，他别开生面注解经、史、子、集，实际上是发挥他自己的思想。他把以往的学术明确地判为"贞邪相竞而互为畸胜"的对立阵营，自觉地继承、发扬《易》学系统中的朴素辩证法和从王充到张载的唯物主义气一元论思想，对历史上大体上属于"惟心惟识之说"均划入"异端"，并对这些思想"伸斧钺于定论"，给以严厉的批判。另一方面，他又主张采取"入其垒，袭其辎、暴其恃而见其瑕"的内在批判与继承相结合的方法，对老庄哲学、佛教理论加以认真研究，在哲学本体论与价值取向两个方面判定它们为"异端"，在思想方法、具体认识方面又吸取它们的合理认识。王夫之非常善于熔铸大量的先行思想资料，并在此基础上创立了具有历史总结意义的博大思想体系。

为了比较清晰地理解王夫之学术思想的前后变化，我们将其主要哲学著作的写定时间（虚岁）排列如下：

1655 年（37 岁），开始撰写《周易外传》，同年八月，写《老子衍》初稿。

1656 年（38 岁），三月，写成《黄书》。

1663 年（45 岁），《尚书引义》初稿完成。

1665 年（47 岁），《读四书大全说》十卷完成。

1668 年（50 岁），相继写成《春秋家说》三卷，《春秋世论》二卷。

1669 年（51 岁），撰《续春秋左氏传博议》。自题观生堂联："六经责我开生面，七尺从天乞活埋"。

1671 年（53 岁），《诗广传》约写成此时。

1672 年（54 岁），重订《老子衍》，稿本被唐端笏携去毁于火灾。今存《老子衍》为 34 岁时写成的初稿。

1673 年（55 岁），《礼记章句》初稿写成。

1676 年（58 岁），始撰《周易大象解》。

1677 年（59 岁）秋，《礼记章句》四十九卷定稿。其中《大学》《中庸》依朱子旧注。萧萐父先生认为"盖授徒讲，非自得之作。"

1679 年（61 岁），写成《庄子通》。该年秋，始著《四书训义》。

1681 年（63 岁），病哮喘。始撰《相宗络索》。又为门人讲解《庄子》，写《庄子解》，与《庄子通》相表里。

1682 年（64 岁），写成《说文广义》两卷。十月，写成《噩梦》一书。

1683 年（65 岁），重订《诗广传》。

1684 年（66 岁），病中写成《俟解》一卷。

1685 年（67 岁）孟春，写成《张子正蒙注》。同年八月写成《楚辞通释》十四卷。九月，为门人讲解《周易》，写成《周易内传》十二卷，又写成《周易内传发例》一卷。另外，《思问录》内外篇亦当定稿于此时。

1686 年（68 岁），重订《周易内传》及《发例》。又写出《四书笺解》十一卷。

1687 年（69 岁），开始写《读通鉴论》。

1688 年（70 岁），重订《四书训义》四十卷，今存三十八卷。

1689 年（71 岁），四月，重订《尚书引义》。

1690 年（72 岁），写成《夕堂永日绪论》内外篇，重订《张子正蒙注》。

1691 年（73 岁），久病哮喘，四月《读通鉴论》三十卷，《宋论》十五卷定稿。①

从上述简明的著述年表可以看出，57 岁以后的王夫之几乎是每一年都有新的著述完成，而且学术的堂庑愈加广大，出入儒、道、佛，精研中国

____

① 本章主要吸收了先师萧萐父先生的研究成果以及他与许苏民教授合著的《王夫之评传》一书的学术成果，有些地方的表述作了润色与修改，在行文中不再一一注出。同时，本章还参考了侯外庐、嵇文甫、陈来诸人的研究成果。

历史,对历史的兴衰成败作了深入的哲学思考。下面将从四个方面勾勒其主要的哲学思想。

第一节　王夫之的气本论思想

"气本论"是中国传统哲学中的宇宙论或本体论的一种形态,经过王充、柳宗元、刘禹锡、张载的哲学阐发,愈加精致。特别是张载,从宇宙—本体论的角度对气本论作了新的阐发,对于中国哲学史上各种唯心主义哲学思想进行了深刻、有力的批判。然而张载哲学在气本论的哲学论证方面没有很好地处理作为"太虚"状态的"元气"与聚散攻取的具体"物质之气"之间的关系,因而在理论上未能很好地解决本体与现象之间的关系。而在现实层面也未能为后期地主阶级政权提供合适的哲学理论,故张载之后,气本论哲学并未获得应有的发展。处在明末清初的历史大变故之际,王夫之一方面积极参与当时社会的政治运动,另一方面从理论上总结明王朝灭亡的教训,对他之前的各种唯心主义的哲学本体论从理论上予以清算,以"气化日新"的宇宙—本体论和辩证发展的思想,呼唤中华民族文化未来的新生命。

学术界对于王夫之气本论的思想特质的贞定大体上没有异议。但对其哲学的逻辑出发点,即以什么概念为最根本概念的认识上,有一定的分歧。有学者认为王夫之的哲学以太极为根本概念[1],有学者反对这种说法,坚持认为"气"是哲学的根本概念,并对气的多重意义作了阐发。[2] 我们认为,"气"是王夫之哲学中的根本概念,太极、太和、诚、天、道

---

[1] 张学智认为,"太极是王夫之哲学的根本概念"。其根据是《周易外传·系辞上传》第九章,参见氏著《明代哲学史》,第 553—557 页。陈来亦认为在船山哲学中,"有一阴阳和合、理气不分的浑沦实体,此为气之本体,为宇宙的本原,亦称太极、天、诚。其所称天为诚,是因为《中庸》以诚言天。此一实体,就其为宇宙的根源而言,称为太极;就其气化之前的浑然实体则称为天,就其变合之几以前的本然之体称为诚"。参见氏著《诠释与重建》,第 184 页,北京,北京大学出版社,2004。

[2] 王茂、蒋国保等:《清代哲学》,第 171—175 页。

（气化流行之秩序意义上的道）、实有等概念，都是在不同的语境下，从不同侧面来阐述阴阳二气的不同存有状态、特征与性质的。王夫之的哲学思想始终是借助经典的阐释与再阐释为其表达形式的，其所用的概念深受所阐释的经典文本的影响，并且是通过对前贤固有哲学概念内涵的新阐释来表达自己哲学思想的，他几乎没有自己特别鲜明的哲学概念体系，而只是通过对以往哲学传统中不同概念的规定与阐释，来阐发自己的哲学主张，这对于后来者理解他的哲学思想及其内在的一致性造成了很大的困难。不过，其哲学思想的主线还是十分清晰的，正如熊十力评论其易学思想时所言，"尊生以针寂灭，明有以反空无，率性以一情欲"。这就是说，其哲学以气论为根本出发点，讲世界的实有性，内在的自我运动特征——"一固神，两固化"；"气化即道"，气中涵理，理气相依的"天道"。进而讲"天人之际"的继善成性说，讲"道大而善小，善大而性小"，人有"性"，继善而成性，性日生日成，习与性成等人道的哲学。由于他身处民族矛盾尖锐、激烈、复杂的特定历史时期，他又讲"华夷之辩"，高度肯定中华文明的优良传统，要求君子、普通人都要具备竭天成能、相天辅地，裁成万物的积极进取精神，从而实现中华民族文化的未来复兴与辉煌。其人道论与社会政治哲学中的积极因素与人民性、民主性的精华，都是通过其维护汉民族的文化自尊而展现出来的。了解以上三个基本出发点，就可以较好地把握王夫之庞杂的哲学体系及其内在的一致性。

一、"气—诚—实有"与"太极"

王夫之从哲学本体论的高度对宇宙的存有方式做出了带有唯物论色彩的论述。他认为，无论人的感觉知与不知，人所面对的太虚世界都是充满着实有之气的，并不像佛、道二家所说那样是一种"无"。他说：

> 虚空者，气之量。气弥纶无涯而希微不形，则人见虚空而不见

气。凡虚空皆气。聚则显，显则人谓之有；散则隐，隐则人谓之无。①

人之所见为太虚者，气也，非虚也。虚涵气，气充虚，无有所谓无者。②

阴阳二气充满太虚，此外更无他物，亦无间隙，天之象，地之形，皆其所范围也。③

由上所引三则材料可知，王夫之从"宇宙—本体论"的高度把一切唯心主义的哲学思维道路给堵死了。以实有之气作为宇宙的本源，这种实有之气并不以人的感官所见为转移，稀微不可见之气并非是"无"，而是气的隐而不可见的存在方式而已。因此，在讨论宇宙的本然状态时，我们不能用"有无"的范畴来加以判断，而只能用幽明、隐显的范畴来加以描述。在当时科学认识水平上，王夫之还举出一些经验性的实例来证明"气"的永恒不灭性，如他说：

车薪之火，一烈已尽，而为焰，为烟，为烬，木者仍归木，水者仍归水，土者仍归土，特希微而人不见尔。一甑之炊，湿热之气，蓬蓬勃勃，必有所归，若盒盖严密，则郁而不散。汞见火则飞，不知何往，而究归于地。有形者且然，况其絪缊不可象者乎！④

这些具体的实例在今天看来并不能证明客观实有世界的不灭性质，但在当时的历史条件下，还是相当有力的经验证明。尤其值得肯定的是，他以这种实证的科学思维方式来从事哲学的论证，体现了与宋明理学重视思辨的时代差异。

相对于张载及张载以前的气本论哲学思想家而言，王夫之更进一步地提炼了"气"概念的哲学纯粹性，他将"气"的存在状态规定为诚与实有，从而在较高的哲学思辨水平上论证了"物质存在"的道理。他说：

---

① 王夫之：《张子正蒙注》卷一，《船山全书》第 12 册，第 23 页，长沙，岳麓书社，2011。
② 王夫之：《张子正蒙注》卷一，《船山全书》第 12 册，第 30 页。
③ 王夫之：《张子正蒙注》卷一，《船山全书》第 12 册，第 26 页。
④ 王夫之：《张子正蒙注》卷一，《船山全书》第 12 册，第 21—22 页。

太虚，一实者也。故曰"诚者天之道也"。①

诚也者实也；实有之，固有之也；无有弗然，而非他有耀也。②

夫诚者实有者也。前有所始、后有所终也。实有者，天下之公有，有目所共见，有耳所共闻也。③

因此，就自然哲学与一般意义上的存有论而言，王夫之坚持并发展了中国气论哲学思想传统，对于宇宙的存在状态作了实有论的贞定。他还从多方面对其哲学的最核心范畴"诚"进行了哲学规定。

首先，从哲学语言上，他将"诚"看作是无对之词，即用来描述绝对实有的最高哲学范畴。"诚者，无对之词也。""说到一个'诚'字，是极顶字，更无一字可以代释，更无一语可以反形……"④

其次，从认识主体与对象的关系角度，他将"诚"看作是不依赖人的感官与感觉的绝对实有，但可以为人所信，为理所允。如夫之说："诚则形，形乃著明，有成形于中，规模条理未有而有，然后可著见而明示于天下。故虽视不可见，听不可闻，而为物之体历然矣。"⑤

王夫之还认为，客观实在的对象世界在人出现之前就已经长久的存在了，只是人类出现之后才意识到了它们的存在。人通过感性与理性的认识逐渐地意识到了它们的广阔无垠、变化有度，而且深刻地意识到游心而不能越的正是天地之广大与客观实在性。他说：

两间之有，孰知其所昉乎？无已，则将自人而言之。今我所以知两间之有者，目之所遇，心之所觉，则固然广大者先见之；其次则固然可辨者也；其次则时与相遇，若异而实同者也；其次，则盈缩有时，人可以与其事，而乃得以亲用之者。是故，寥然虚清，确然凝立，

---

① 王夫之：《思问录·内篇》，《船山全书》第 12 册，第 402 页。
② 王夫之：《尚书引义》卷四，《船山全书》第 2 册，第 353 页。
③ 王夫之：《尚书引义》卷三，《船山全书》第 2 册，第 306 页。
④ 王夫之：《读四书大全说》卷九，《船山全书》第 6 册，第 997 页。
⑤ 王夫之：《思问录·内篇》，《船山全书》第 12 册，第 442 页。

无所不在,迎目而觉,游心而不能越,是天地也。①

在上述所引文献中,王夫之比较正确地揭示了人类对客观实在认识的逐渐深化过程,首先是认识到天地之广大,其次对天地中的众多事物进行分类,再次对貌似不同的事物进行理论的抽象,把握其表相差异背后的实质性的相同,最后对于事物变化的规则有所认识。而其根本精神在于揭示客观实在世界的第一性,人类的后起特征与人类认识的第二性特征,并抽象地论述了人类认识的不断深化过程。

再次,王夫之从"体用相胥"的角度进一步论证了"气—诚—实有"的唯物论的根本主张。他说:"天下之用,皆其有者也。吾从其用而知其体之有,岂待疑哉!用有以为功效,体有以为性情。体用胥有而相胥以实,故盈天下而皆持循之道。故曰:'诚者物之终始,不诚无物。'"②

又次,基于"太虚一实"的气本体论,王夫之还进一步提出"实有可依""不能绝物"的观点,坚持认为人类生活必需建立在衣、食、住、行的客观物质基础之上。他说:"夫可依者,有也;至常者,生也。皆无妄而不可谓之妄也。"③"况夫欲绝物者,固不能充其绝也。一眠一食,而皆与物俱;一动一言,而必依物起。不能充其绝而欲绝之,物且前却而困己,己且龃龉而自困。"④这些观点均深刻地批判了佛老唯心主义,乃至于宋明理学中唯心主义的思想倾向,努力剔除宋明理学中唯心主义的思想成分。

最后,王夫之还分析了历史上各种言"无"者的心态。他说:"言无者激于言有者而破除之也,就言有者之所谓有而谓无其有也。天下果何者而可谓之无哉?"⑤

可以这样说,王夫之在中国传统哲学的范围里,第一次全面、深刻、思辨地论证了朴素的唯物论的思想,使传统的气本论思想达到了历史条

---

① 王夫之:《周易外传》卷七,《船山全书》第 1 册,第 1076 页。
② 王夫之:《周易外传》卷二,《船山全书》第 1 册,第 861 页。
③ 王夫之:《周易外传》卷二,《船山全书》第 1 册,第 887 页。
④ 王夫之:《尚书引义》卷一《尧典》,《船山全书》第 2 册,第 239—241 页。
⑤ 王夫之:《思问录·内篇》,《船山全书》第 12 册,第 411 页。

件所允许的最高成就。王夫之将宇宙本体规定为"实有",从根本上批判了他所认为的佛老二派将宇宙本体归定为"真空"的唯心主义的观点,从而提出了"破块启蒙,灿然皆有",以及"富有日新"的哲学理想。他说:

> 然彼之所谓"真空"者,将有一成不易之例,何不取两间灵、蠢、姣、丑之生,如一印文,均无差别也哉?是故阴阳奠位,一阳内动,情不容吝,机不容止,破块启蒙,灿然皆有。静者治地,动者起功。治地者有而富有,起功者有而日新。殊形别质,利用安身,其不得以有为不可依者而谓妄,其亦明矣。①

就其思想的主要脉络来看,王夫之哲学的气本论形象是比较鲜明的,但他在阐述这一气本论哲学时,早期与中期、晚期所使用的一些概念,也容易让人产生错觉。在《周易外传》中,他第一次比较明确、系统地阐述了气本论的哲学思想,但对于道、太极与气的关系,有时说得不是很明确。《系辞上传》第九章,王夫之对"太极"作了颇为详细的阐述,以至于有学者认为他的哲学以太极为最根本的概念。我们认为,该处对"太极"的阐述,其实即是对未生天地的"元气"观念的阐述,此处的"太极"仅是"气"的混沌未分状态,而不是有别于"气"的另一种极精微之物质。②他说:

> 太极之在两间,无初无终而不可间也,无彼无此而不可破也,自大至细而象皆其象,自一至万而数皆其数。故空不流而实不窒,灵不私而顽不遗,亦静不先而动不后矣。……要此太极者混沦皆备,不可析也,不可聚也。以其成天下之聚,不可析也;以其入天下之析,不可聚也。虽然,人之以为功于道者,则因其已然,而益测之以

---

① 王夫之:《周易外传》卷二,《船山全书》第 1 册,第 887 页。
② 当然,王夫之也有"夫太极○之生元气(阴阳者,元气之阖辟也)直而展之,极乎数之盛而为九"的说法。参见氏著《周易外传》卷五,《船山全书》第 1 册,第 984 页。从其小字注文可以看出,太极即是元气的开合。此处"生"字并非母生子之"生",而是呈现,表现为的意思。

尽其无穷；而神而明之，分而剂之，裒而益之，则惟圣人为能显而神之。①

这里所说的在天地之间的"太极"，没有时间上的终始，没有彼此的分别，一切象都是由它而产生的象，一切数都是因它而产生的数。就其图形的虚空形象而言并不流（不流荡虚无），就其实有而有方所而言并不窒碍而停留于某一处。人类要想有功于道的话，必依此太极发动的已然之物，然后加以测算而追溯至无穷。此段对具有"元气"性质的"太极"的描述，有一定的涵混之处。然在其晚年《张子正蒙注·太和篇》开头一段，就明确地阐述了太极与道、气、太和的关系。他说："太和，和之至也。道者，天地人物之通理，即所谓太极也。阴阳异撰，而其絪缊于太虚之中，合同而不相悖害，浑沦无间和之至也。未有形器之先，本无不和，既有形器之后，其和不失，故曰太和。"②

我们大体上可以这样说，"气"是作为哲学上实有观念的概念化表达，气之原始未分的状态可以名之为"太极"，也可以称之为"道"，即"形而上者谓之道"的"道"，也可以称之为"太和"。而"一阴一阳之谓道"的"道"，实即是气化流行的总规则，即"天地人物之通理"，而具体事物的条理、秩序则称之为"理"。阴阳二气统一起来，称之为"神"。这统一的二气因为有阴阳的两种属性，故能够变化，也即是"两故化"。王夫之依托《易经》，以及儒家的其他经典，对以实有之气为本体的世界存有方式、自我运动变化，以及人在天人之际通过对天地之道的继与择，从而实现人文化成的人道理想，做出了非常精细的阐述。其哲学中的"理气"关系论，主要是清算宋明以来儒学内部的以理为本体的思想传统及其所产生的理论认识的谬误与现实危害性，其道器论则主要继承《易传》哲学传统，纠正儒学内部长期以来所坚持的"无其道则无其器"的唯心论的认识偏颇，着重阐述无其器则无其道的理论认识，要求士君子们在知器、作器

---

① 王夫之：《周易外传》卷五，《船山全书》第 1 册，第 1016 页。
② 王夫之：《张子正蒙注》卷一，《船山全书》第 12 册，第 15 页。

的经验世界里开拓更加广阔的生活境界，培养健动有为的理想人格。

二、理气相依

"理气"关系问题，是思维与存在这一哲学基本问题的中国式的表达。① "理气"关系问题涉及面较广，但在本体论的意义上，这一问题首先关系到世界的统一性和统一于什么的问题，其次是二者之间的分合与主次关系。坚持世界统一于"气"，即坚持世界统一于"实有"，这种实有可以通过感觉去把握。超越感觉的稀微之物也还是实有的一种存在方式，可以通过其他的实验方式去把握。这种"实有"永远处于变化之中；坚持世界统一于"理"，即坚持世界统一于某种"法则"，这种法则在理学家们看来也是"实有"，但不能通过感觉去把握，而且这种"实有"是亘古不变的。典型的说法是"万一山河大地都陷了，毕竟有是理"（朱子语）。

王夫之坚持气本论，其主要的理论批判目标就是南宋以来逐渐成为官方哲学形态的朱子理学。朱熹坚持理在气先，理为万有之根据的观点，如他说："宇宙之间，一理而已……其张之为三纲，其纪之为五常，盖皆此理之流行，无所适而不在。"②针对朱子这一理本论观点，王夫之反复强调："天人之蕴，气而已。从乎气之善而谓之理，气之外更无虚托孤立之理也。"③他"从理气相依"的角度反驳朱子的"理先气后"说，认为"理即是气之理，气当得如此便是理，理不先而气不后"。④

王夫之不承认在气之外还有一个独立于气而先在的理：

> 天下岂别有所谓理，气得其理之谓理也。气原是有理底，尽天地之间无不是气，即无不是理也。⑤

---

① 陈来认为，"船山理气论的讨论在其思想中并非终极性的本源问题"，因为气化是船山宇宙论的第二序的阶段，理气关系正是在此阶段立论的。见氏著《诠释与重建》，第 188 页。
② 朱熹：《读大纪》，《朱子文集》第 7 册，陈俊民校订，第 3500 页，台北，德富文教基金会，2000。
③ 王夫之：《读四书大全说》卷十，《船山全书》第 6 册，第 1054 页。
④ 王夫之：《读四书大全说》卷十，《船山全书》第 6 册，第 1052 页。
⑤ 王夫之：《读四书大全说》卷十，《船山全书》第 6 册，第 1058 页。

气之妙者，斯即为理。气以成形，而理即在焉。两间无离气之理，而安得别为一宗，而各有所出？①

在王夫之的著作中，有关理气关系的论述很多，其要旨皆是理气相依不离，理皆是气之理。在王夫之的哲学体系中，其"理"字有两层意思，如他说"凡言理者有二，一则天地万物已然之条理，一则健顺五常、天以命人而人受为性之至理。二者皆全乎天之事"②。这即是说，一是客观事物固有的"条理"，类似后来戴震所讲的万事万物的"分理"，一为人类的先天的性命之理，即人的先天的道德理性。从这一点讲，王夫之既继承了孟子的性善论思想，也继承了宋明儒的先天道德理性说。但王夫之的人性理论不过多地强调人继天而有的这种先天的道德理性，而是强调人在每天的道德生活实践中不断地选择，从而长养这种道德理性（此点见后面的人性论）生成论的人性论。这又使得他与宋明儒中程朱理学与陆王心学的人性理论区别开来了。

王夫之从"气本论"的"实有"立场出发，讲"实有"中之理，讲"气者，理之依也。气盛则理达。天积其健盛之气，故秩序条理，精密变化而日新"③的道理，开辟了不同于朱子"以理为本体"的哲学思想路线，充满着一种健动日新的积极气象。④

三、道不离器

"道器"关系一直是中国哲学的根本问题之一。《易传》提出了"形而上者谓之道，形而下者谓之器"的命题，然而没有系统、深入地阐发这一命题。老子哲学中的"道器"关系论是生者与被生者的关系，道生万物，

---

① 王夫之：《读四书大全说》卷五，《船山全书》第 6 册，第 716 页。
② 王夫之：《读四书大全说》卷五，《船山全书》第 6 册，第 716 页。
③ 王夫之：《思问录·内篇》，《船山全书》第 12 册，第 419 页。
④ 唐君毅先生也赞许船山哲学的气本论，然唐先生对船山气本论思想中气的理解带有太多的现代新儒家的色彩。参见吴根友《唐君毅的"明清思想研究"述评》，刘笑敢主编《中国哲学与文化》第七辑，桂林，广西师范大学出版社，2010。

朴散为器。朱子在"理先气后"的思想框架下，提出了"道先器后"的思想。如他说："天地之间，有理有气，理也者，形而上之道也，生物之本也；气也者，形而下之器也，生物之具也。是以人物之生，必禀此理然后有性，必禀此气然后有形，其性其形，虽不外乎一身，然其道器之间，分际甚明，不可乱也。"①王夫之在理气关系的问题上坚持理依于气，理气相依的气本论思想，在道器关系的问题上也坚持道不离器，道为器之道的观点，不承认有脱离具体之器而先在的道。他说："盈天地之间皆器矣。"②"天下惟器而已矣。道者器之道，器者不可谓之道之器也。"③与朱子的道器观也是针锋相对的。

就王夫之哲学体系的主要倾向来看，其道器关系论主要讨论的是一般（普遍）与个别（特殊）的关系，从而与宋明以来理气关系论讨论存有与法则的关系区别开来。从本体论意义上讲，王夫之用来表述"一般"的"道"范畴至少有两层涵义，其一指"物质一般"，即普遍的物质实体。如他所说的"清通不可象"的"气之本体"，是"物所众著"，是"气体"之"道"；二是指"规律一般"，即普遍的共同规律或事物的共同本质，如他所说的"天地人物之通理"，是"物所共由"的"气化"之"道"。"道者，物所众著而共繇者也。物之所著，惟其有可见之实也。物之所繇，惟其有可循之恒也。既盈两间而无不可见，盈两间而无不可循，故盈两间皆道也。"④

"物所众著"，意思是说一切事物所共同表现的，因而是普遍存在的物质实体；"物所共由"，意思是说一切事物所共同遵循的，因而是普遍规律。王夫之所说的"道"是这两种属性的统一体。

至于他所说的"器"，则是指具体的、个别的事物，以及和事物的普遍规律与共同本质相对的具体规律和特殊本质，用王夫之自己的话来说，即是"阴阳与道为体，道建阴阳以居，相融相结而象生，相参相耦而数

---

① 朱熹：《答黄道夫一》，《朱子文集》第 6 册，陈俊民校订，第 2798 页。
② 王夫之：《周易外传》卷五，《船山全书》第 1 册，第 1026 页。
③ 王夫之：《周易外传》卷五，《船山全书》第 1 册，第 1027 页。
④ 王夫之：《周易外传》卷五，《船山全书》第 1 册，第 1003 页。

立。……象日生而为载道之器，数成务而因行道之时，器有大小，时有往来，载者有量，行者有程，亦恒龃龉而不相值。"①

上述引文的意思是说：道不脱离阴阳二气而以阴阳二气为自己的存在方式，故从存有论意义上说，阴阳与道互为一体，分言之为阴阳，合言之为道。阴阳在具体的结合中生成"象"，交互作用而生成"数"。"象"即是"有形"而为形而下，有"象"而就有"数"，故具体的"象"（有形）就成为载道之器，器的大小、往来之变化则是道在具体情境、具体方面的表现，可见"数"是"行道"的具体表现，因而表现为具体的规律与法则。

就王夫之"道器"关系论的具体内涵来看，可以从两个层面来认识。一是从气本体的意义上说，"道"即一阴一阳之气永恒、有序的运动本身。而一阴一阳之气在运动过程中形成的具体之"器"只能是"道"的具体表现，道与器都统一于实有的阴阳之气。他说："统此一物，形而上则谓之道，形而下则谓之器，无非一阴一阳之和而成，尽器则道在其中矣。"②

王夫之的观点很明确，道、器仅是阴阳之气的不同表现形态而已，道为形而上未成形之气，器为形而下已成形之气。"两间皆形象，则两间皆阴阳也；两间皆阴阳，两间皆道。"③故将王夫之的道论看作是气本论前提之下的"形上学"是有内在根据的。

虽然，王夫之有时说"道体器用"，"器敝而道未尝息"④，但这也只能从一阴一阳之气永恒运动的本身与具体的凝气而成之器的关系去理解，不能将"道"理解成一抽象的、永恒不变的，如程朱理学中的"理"那样的思维实体。此两处文献所说的"道"只能理解成未成形的阴阳之气。

二是从一般（普遍）与个别（特殊）的角度看，"道"意指事物的普遍法则、规律，甚至是本质属性，其中包含事物的"必然之理"与"当然之则"。"器"是指具体的事物与特殊的属性。在这一意义上，王夫之反复阐述

---

① 王夫之：《周易外传》卷五，《船山全书》第 1 册，第 992 页。
② 王夫之：《思问录·内篇》，《船山全书》第 12 册，第 427 页。
③ 王夫之：《周易外传》卷五，《船山全书》第 1 册，第 1003 页。
④ 王夫之：《张子正蒙注》卷一，《船山全书》第 12 册，第 427 页。

"器体道用",道与器不可分离,道在器中,"无其器则无其道","据器而道存,离器而道毁"等道理。概而言之,我们可以从以下四个方面来认识他的道器关系论,考察他与程朱理学的不同之处,以及对于此问题的理论贡献。

其一,"上下无殊畛,道器无易体"——道器之间的关系是相对的。二程、朱熹均认为,"道器之间,分际甚明,不可乱也"。① 王夫之则认为:"'谓之'者,从其谓而立名之名也。'上下'初无定界,从乎所拟议而施之之谓也。然则上下无殊畛,而道器无异体矣,明矣。"②

这即是说,道与器之间没有截然的分界线,其本体都是实有之气。只是人们为了方便地把握气的不同存有方式,故有道与器之分别。他还进一步从语言与思维的逻辑角度,区分有形与无形的关系,"器而后有形,形而后有上。无形无下,人所言也。无形无上,显然易见之理,而邪说者淫曼以衍之而不知惭,则君子之所深鉴其愚而恶其妄也"③。其"无形无上"的观点与后来戴震从语言学角度将"形而上"解释成"形以前""形而下"解释成"形以后"具有高度的偶合性。

其二,"天下惟器而已矣","无其器则无其道"——世界上一切事物都是具体的存在物,没有抽象的思维实体,如没有"水果"而只有具体的苹果、梨子等一样。所有的"一般"只是具体的器物经过思维抽象的结果。王夫之说:"盈天下而皆象","象不胜多"而"天下无象外之道"。"盈天地间皆器"④,"象日生而为载道之器"⑤,故"群有之器,皆与道为体"⑥。抽象的"道",正如抽象的水果一样,共同与具体的器物,如苹果、梨子一道作为体而存在。

---

① 朱熹:《答黄道夫一》,《朱子文集》第 6 册,陈俊民校订,第 2798 页。
② 王夫之:《周易外传》卷五,《船山全书》第 1 册,第 1027 页。(新版编校者认为"易"当为"异"。今从之。)
③ 王夫之:《周易外传》卷五,《船山全书》第 1 册,第 1029 页。
④ 王夫之:《周易外传》卷六,《船山全书》第 1 册,第 1038—1039 页。
⑤ 王夫之:《周易外传》卷五,《船山全书》第 1 册,第 992 页。
⑥ 王夫之:《周易外传》卷二,《船山全书》第 1 册,第 862 页。

王夫之还从自己尊"器"的哲学观念出发，深刻而富有理论激情地阐述了"他年之道"的可能世界，说道：

> 天下惟器而已矣。道者器之道，器者不可谓之道之器也。无其道则无其器，人类能言之；虽然，苟有其器矣，岂患无道哉！……人或昧于其道者，其器不成；不成，非无其器也。无其器则无其道，人鲜能言之，而固其诚然者也。洪荒无揖让之道，唐、虞无吊伐之道，汉、唐无今日之道，则今日无他年之道者多矣。未有弓矢而无射道，未有车马而无御道，未有牢醴璧币、钟磬管弦而无礼乐之道。则未有子而无父道，未有弟而无兄道，道之可有而且无者多矣。故无其器则无其道，诚然之言也，而人特未之察耳。①

王夫之的意思非常明确，所有抽象的人类法则无非都是人类在具体的社会生活中逐步总结出来的，离开了具体的器物世界，就不可能有抽象的生活法则。人类的生活法则只能在具体的生活与器物世界之中抽象出来，并与之相适应。因此，对于未来世界，我们只能期待有更多的"他年之道"，而不能用已有之道来加以规定。不过，上述一段文献中的个别论证案例，如"未有牢醴璧币"等"而无礼乐之道"，容易引起歧义。因为反对者可以说因为有礼乐之道，才选择"璧币"等作为礼之器。

其三，"圣人治器"而"不能治道"。就经验世界的生活而言，抽象的道只能通过具体的器来体现，来把握。则圣人治世也只能从治器出发，而不能从事抽象的"治道"活动。王夫之说：

> 故古之圣人，能治器而不能治道。治器者则谓之道，道得则谓之德，器成则谓之行，器用之广则谓之变通，器效之著则谓之事业。故《易》有象，象者像器者也；卦有爻，爻者效器者也；爻有辞，辞者辨器者也。故圣人者，善治器而已矣。自其治而言之，而上之名立焉。

---

① 王夫之：《周易外传》卷五，《船山全书》第 1 册，第 1028 页。

上之名立,而下之名亦立焉。上下皆名也,非有涯量之可别者也。[1]

王夫之的意思很明确,社会政治生活是具体的、经验性的,必须在具体的、经验的活动中展开活动。成功的治器活动即可以称之为"道",得到这一成功之道便可以称之为"德",所成之器能够在经验世界行得通就称之为"行"(可以,可以这样做),能够普遍推广就称为"变通",所有具体的器用功效卓著就可以称之为"事业"。因此,社会政治活动不是经常性搞什么真心诚意式的道德修养活动,也不是从事所谓的思想教育活动,让人们洗脑。哪怕是"立法"这样一件看起来是从事"治道"的活动,其实也是"治器"。因为任何一部具体的、行得通的"法律"都是具体的社会管理之器,即具体的社会制度的一部分。所立之法若是"良法",就是一种可行的"制度之器",所立之法若非尽善,甚至于是恶法,就是一种不可行的"制度之器",当然也就难以卓有成效,因而也就没有所谓的"事业"。

其四,"尽器则道无不贯,尽道所以审器"——"个别"与"一般"之间的辩证关系。就王夫之哲学的主要倾向而言,他在"道器"关系论方面突出强调的是尽器而知道、践道的方面,因为在他之前的思想史中,人们已经过多地谈论了"无其道则无其器"的道理,而对于"无其器则无其道"的道理则很少有人论及。王夫之的伟大之处在于,他没有走向另一个极端,而是辩证地处理了"道器"关系,提出了"尽器则道无不贯,尽道所以审器"的光辉命题。上面的引文曾经提到,王夫之已经认识到,"人或昧于其道,其器不成"的一面,他为了突出强调"尽器"的困难,着重论述无其器则无其道的思想,但他也深刻地认识到"尽道所以审器"的重要性。因此,在《思问录》一书中,王夫之又辩证地说道:"圣人之所不知不能者,器也;夫妇之所与知与能者,道也。故尽器难矣!尽器则道无不贯,尽道所以审器。知至于尽器,能至于践形,德盛矣哉!"[2]

具体"器"世界,实即是复杂的个性化、特殊化的实有世界,即使是圣

---

① 王夫之:《周易外传》卷五,《船山全书》第 1 册,第 1028 页。
② 王夫之:《思问录·内篇》,《船山全书》第 12 册,第 427 页。

人对于此复杂世界也不能尽知。抽象的一般原则虽然高妙,普通人也可以认识、可以理解的,并能够按照这些原则行事的。在"尽器贯道"与"尽道审器"的辩证过程之中,重要的还在于每个人能够将"道"贯彻于生活的实践之中,即王夫之所说的:"识其品式,辨其条理,善其用,定其体,……成器在心,而据之为德。"①只有在个人的"成德"的效果下,作为规则、普遍性的"道"才能发挥效用。所以王夫之说:"勇于德而道凝;勇于道,则道为天下病矣。"②因为,只坚持所谓的普遍原则而不顾具体条件,很有可能导致两种恶果,一是在道德实践上用高调的道德原则指责他人,一是在一般的具体实践层面上可能会陷入教条主义的泥坑。

要而言之,王夫之的"道器"关系论在理论层面比较辩证地处理了一般(普遍)与个别(特殊)的关系,但着重强调的是"无其器则无其道","尽器可以贯道"的实践主张,在明末清初的特殊历史情境下,优先强调认识具体经验世界、治理经验世界的重要性,具有强烈的时代气息。

第二节　"能必副所"与"行可兼知"的致知论

就认识论问题而言,"心物"关系一直是中国传统哲学的主题。佛教传入中国后,"能所"关系也成为认识论的主题之一。宋明以后,在伦理与道德哲学领域里又再次出现了一个新问题——知行关系的问题。在此领域里,王夫之通过对程朱、陆王、佛老哲学的批判与扬弃,在气本论的前提下,提出了"能必副所""行可兼知"的哲学认识论。在有关知识的根本来源的问题上,他提出了"行可兼知"的重行理论,在中国哲学史上开辟了重视人的社会实践的新思想道路。

一、心物(事)、心理、能所关系

在王夫之的哲学体系之中,"心"既是与人的先验道德理性相关的道

---

① 王夫之:《周易外传》卷五,《船山全书》第 1 册,第 1029 页。
② 王夫之:《思问录·内篇》,《船山全书》第 12 册,第 428 页。

德心，也是现代哲学中人的主体认识能力与实践能力相统一的认识心。"心"作为一特殊的器官，将人的先验道德理性与后天的知、能统一起来，从而对物与所（认知对象）发生作用，使人能在正确地把握物与所的基础上成就德性，建立功业。王夫之说：

> 仁义者，心之实也，若天之有阴阳也。知觉运动，心之几也，若阴阳之有变合也。若舍其实而但言其几，则此知觉运动之惺惺者，放之而固为放僻邪侈，即求之而亦但尽乎好恶攻取之用；浸令存之，亦不过如释氏之三唤主人而已。①

这是约 47 岁的王夫之对"心"的认识，将"仁义"看作是"心之实"，将知觉看作是"心之几"、而"心之实"即是"心之本"，所以他又警告人们说：

> 学者切须认得"心"字，勿被他伶俐精明的事物占据了，却忘其所含之实。邪说之生于其心，与君心之非而待格谓之心者，乃"名从主人"之义。以彼本心既失，而但以变动无恒，见役于小体而效灵者为心也。若夫言"存"、言"养"，言"求"，言"尽"，则皆赫然有仁义在其中，故抑直显之曰"仁，人心也"。而性为心之所统，心为性之所生，则心与性直不得分为二，故孟子言心与言性善无差别。"尽心者知其性"，唯一故也。②

由上述所引材料可知，王夫之哲学体系中的"心"，其实包含着"性"，即先天具有道德理性。在《张子正蒙注》中，王夫之对"心"的解释又有一点变化，他通过对天道变化与人性的由来两个问题的论述，揭示人性与人心的特质。他认为，人之性乃是"原于天而顺乎道，凝于形气，而五常百行之理无不可知，无不可能，于此言之则谓之性"。通过此人性，然后"函之于心而感物以通，象著而数陈，名立而义起，习其故而心喻之，形也，神也，物也，三相遇而知觉乃发。故繇性生知，以知知性，交涵于聚而

---

① 王夫之：《读四书大全说》，《船山全书》第 6 册，第 895 页。
② 王夫之：《读四书大全说》，《船山全书》第 6 册，第 895—896 页。

处有间之中，统于一心，緐此言之则谓之心"。①

很显然，王夫之哲学中的"心"，既是指人先天具有的人性的一种能动的功能，又通过此能动性来认识人性，因而是先天的认识能力与后天的能动能力的结合体，通过发挥人心的能动性而使人成就自己的德业。有关心与性、性与天道三者之间的辩证关系，王夫之有"顺而言之""逆而推之"与"合而言之"的三个层次的认识。在《张子正蒙注》中讲了顺与逆两个层次，他说：

> 顺而言之，则惟天有道，以道成性，性发知通；逆而推之，则以心尽性，以性合道，以道事天。惟其理本一原，故人心即天，而尽心知性，则存事没宁，死而全归于太虚之本体，不以客感杂滞遗造化以疵颣，圣学所以天人合一，而非异端之所可溷也。②

在《周易外传》里，王夫之讲到了合而言之的内容。他将人心看作是知、能的合体，以此与天、地区别开来。如他说："夫天下之大用二，知、能是也；而成乎体，则德业相因而一。知者天事也，能者地事也，知能者人事也。"③

对于天为何以知名之，地为何以能名之？王夫之有一个较为复杂的思辨性的解释。他说："天则有其德，地则有其业，是之谓乾坤，知、能者，乾坤之所效也。"④意思是说，天则与地则，一有其德，一有其业，因此称之为乾坤，而乾坤所产生出的效用即分别称之为知与能。乾之知即乾之刚健，如王夫之说："知者惟其健，健者知之实也。"⑤坤之能即表现为坤之顺，如王夫之说："能者惟其顺，顺者能之实也。"⑥这是在宇宙论的视野里将大地遵循天道的法则看作是大地的品性。如果就大地与人类而言，大

---

① 王夫之：《张子正蒙注》卷一，《船山全书》第 12 册，第 33 页。
② 王夫之：《张子正蒙注》卷一，《船山全书》第 12 册，第 33 页。
③ 王夫之：《周易外传》卷五，《船山全书》第 1 册，第 983 页。
④ 王夫之：《周易外传》卷五，《船山全书》第 1 册，第 984 页。
⑤ 王夫之：《周易外传》卷五，《船山全书》第 1 册，第 984 页。
⑥ 王夫之：《周易外传》卷五，《船山全书》第 1 册，第 984 页。

地亦有能载、能生之能。然王夫之没有从这一角度来讨论大地的品性。

王夫之将知、能的源头追溯到天与地的实有形态，与其体用一源的哲学思想是联系在一起的，从而在源头处要杜绝老子、佛教从虚无本体讨论知、能问题的理论漏洞。如他说：

> 然则独乾尚不足以始，而必并建以立其大宗，知、能同功而成德业。先知而后能，先能而后知，又何足以窥道阃乎？异端者于此争先后焉，而儒者效之，亦未见其有得也。夫能有迹，知无迹，故知可诡，能不可诡。异端者于此，以知为首，尊知而贱能，则能废。知无迹，能者知之迹也。废其能，则知非其知，而知亦废。于是异端者欲并废之。①

王夫之此处所说的"异端"，一是指老子，二是泛指佛教。他认为，老子讲"善行无辙迹"，属于废能；"涤除玄览"，属于废知。而佛教讲"应无所住而生其心"，是废能；"知见立知即无明本"，是废知。最后，王夫之的结论是：

> 知能废，则乾坤毁。故曰："乾坤毁则无以见《易》。"不见《易》者，必其毁乾坤者也。②

从今人的角度看，王夫之对佛、老在知、能问题上的认识是不准确的，故其批评是有问题的。另外，他还不能理解人的知能是来自于人类长期发展的结果这一道理，但他正确地看到了人将知、能合为一体的特性。如他说："而夫人者，合知、能而载之一心也。故曰'天人之合用'，人合天地之用也。"③这即是说人类的出现与发展，首先是天人交互作用的结果，然后是人通过人心的主体能动性的作用，在合乎天地规则的前提下实现人的目的性要求——"人合天地之用"。这一知能合一，人能动地

---

① 王夫之：《周易外传》卷五，《船山全书》第 1 册，第 989—990 页。
② 王夫之：《周易外传》卷五，《船山全书》第 1 册，第 990 页。
③ 王夫之：《周易外传》卷五，《船山全书》第 1 册，第 984 页。

利用天地之用的观点，一方面高度地肯定了人的能动性，另一方面也要求人的知、能要合乎天地变化之规律。这一知、能合用的思想没有抽象地谈论人的知识理性从某一原点生出，以及其内在结构等问题，而是在动态的天地之化和人与天地参的过程中阐述知、能的关系，体现了中国传统哲学在知识论方面的民族特色。但他将心之"体"规定为一先验的道德本性，又表明其哲学认识论与思孟学派、宋明理学的心性论有极深的内在联系，带有极大的理论局限性。

在心理关系方面，王夫之极力反对程朱理学"心包万理"的先验论和唯理论，坚持"即事以穷理"，"以心循理"的认识论原则，将"理"看作是具体物与事的本来之用、当然之则，同时又是人的认识能力所把握的对象。他说：

> 万物皆有固然之用，万事皆有当然之则，所谓理也。乃此理也，唯人之所可必知，所可必行，非人之所不能知、不能行，而别有理也。具此理于中，而知之不昧、行之不疑者，则所谓心也。以心循理，而天地民物固然之用、当然之则各得焉，则所谓道。自大而言之，则以阴阳五行成万物万事之实体而有其理；即此阴阳五行之灵妙，合于人而为情性，以启其知行者，而有其心。则心之于理，所从出者本非二物。故理者，人心之实；而心者，即天理之所著所存者也。①

这一段话乃王夫 60 岁以后的思想，意思极为丰富复杂，可从如下几个层面去理解。其一，理为万物、万事固有的客观之用与当然法则。这种事物固有的功用、法则从原则上讲并非在人的知、行能力之外，而不能为人所用所知。这一层意思表明，王夫之相信客观实有世界是有秩序的、有功用的，这种秩序、功用从原则上说是人的知、行能力所能认知与把握的，因而从原则上说，王夫之是一个可知论者。

其二，王夫之认为人"心"即是在认识万事万物的事理过程中，能够

---

① 王夫之：《四书训义》卷八，《船山全书》第 7 册，第 377 页。

准确地把握事物之用与事物之理的认知能力与实践能力，而不是一种先验的灵觉。此点体现了王夫之认识论与实践观相结合的特点，体现了王夫之"合知行"来讨论人心的理性认识能力与实践智慧的哲学路径。

其三，道是人的主观认知与客观事物的高度吻合，是人把握到的万事万物各得其当的一种称谓，绝不是什么虚幻的形上之物。

其四，天理、人心都同出于客观的万事万物。万事万物的实际功用与法则就是人心的具体认知内容，而人心即是实有的万事万物之理在人心中的表现和实际内容。

很显然，王夫之在心理关系方面，虽然也使用了宋明理学中的"天理"概念，但其概念的内容与宋明理学颇不相同。从上述所引的晚年观点来看，其心理关系说基本上是一能动的、客观的反映论，偏重于"合知行"的路径来论述人"心"的认知与实践能力的。

王夫之还说：

> 凡理皆天之理，凡心皆天之心，天以此理为人之心，人即以此心体天之理。使非然也，则尽者何所尽，推者何所推乎？非身体力行如曾子，而欲知此也，其必难矣。①

这就表明，王夫之在心理关系方面，不是从静态的、机械的角度来讨论心理关系，而是从能动的、知行合一的实践的维度来讨论心理关系的。这是他综合并扬弃程朱理学与陆王心学的心理关系论，从"知行合一"的角度重新阐述心理关系的理论成果。

在能所关系方面，王夫之肯定了佛教中对能与所的区分，但不同意佛教中对能与所关系的论述。他说：

> 天下无定所也，吾之于天下，无定所也。立一界以为"所"，前未之闻，自释氏昉也。境之俟用者曰"所"，用之加乎境而有功者曰"能"。"能""所"之分，夫固有之，释氏为分授之名，亦非诬也。

---

① 王夫之：《四书训义》卷八，《船山全书》第 7 册，第 380—381 页。

　　乃以俟用者为"所"，则心实有其体；以用乎俟用而可以有功者为"能"，则能必实有其用。体俟用，则因"所"以发"能"；用乎体，则"能"必副其"所"。体用一依其实，不背其故，而名实相称矣。①

　　王夫之的观点是，与主观认识能力相对的"所"是不固定的，凡是俟用之境均可称之为"所"，凡是对作用对象施加影响而有功用的行为均可以称之为"能"。从"所"的角度看，人心不是虚幻的，而是"实有其体"；从作用的对象通过人的能动作用而有功效的角度看，"能"是有客观化的作用的。"能"必借"所"来发挥其效用，"所"必待人之"能"来展现其效用。从能所的相互依赖、相互作用的角度来考察能所的关系，则能所之名就可以做到名实相称了。

　　王夫之批评佛教中的能所关系是"以有为幻，以无为实，'唯心唯识'之说，抑矛盾自攻而不足以立"②。佛教中故意诡秘其词地说"空我执而无能，空法执而无所"③。"然而以心合道，其有'能'有'所'也，则又固然而不容昧。是故其说又不足以立，则抑'能'其'所'，'所'其'能'，消'所'以入'能'，而谓'能'为'所'，以立其说，说斯立矣。"④故意从理论上混淆能与所的关系，最终是"消所以入能"，取消对象的实在性，从而放大人的主观能动性。

　　在批评了佛教的能所关系之后，王夫之又将能所关系与儒家传统思想中的体用关系、己物关系等一系列表征主观与客观关系的范畴联系起来，从而将佛教哲学与中国哲学固有的问题意识联系起来，以之拓展中国传统哲学的问题论域。他说：

　　　　夫能所之异名，释氏著之，实非佛氏昉之也。其所谓能者即用也，所谓所者即体也，汉儒之已言者也。所谓"能"者即思也，所谓

---

① 王夫之：《尚书引义》卷五，《船山全书》第 2 册，第 376 页。
② 王夫之：《尚书引义》卷五，《船山全书》第 2 册，第 377 页。
③ 王夫之：《尚书引义》卷五，《船山全书》第 2 册，第 377 页。
④ 王夫之：《尚书引义》卷五，《船山全书》第 2 册，第 377 页。

"所"者即位也,《大易》之已言者也。所谓"能"者即己也,所谓"所"者即物也,《中庸》之已言者也。所谓"能"者,人之弘道者也;所谓"所"者,道之非能弘人者也,孔子之已言者也。援实定名而莫之所易矣。阴阳,所也;变合,能也。仁知,能也;山水,所也。中和,能也;礼乐,所也。①

通过王夫之这样的哲学解释,佛教哲学中能所范畴所阐述的主观与客观的关系思想,与儒家传统哲学所阐述的主观与客观的关系思想达到了视界上的融合,一方面丰富了佛教哲学的能所关系论,另一方面也使儒家偏重于道德实践的哲学思想获得了更加清晰的理论思辨性。

从现代哲学的认识论来看,王夫之在心物、心理、能所等问题的认识方面没有摆脱传统儒家,特别是宋明以来心性哲学思想框架的束缚,认为人心与天理有内在的同构性,通过尽性可以知人心中之理。但他的确又认为,存在于对象世界之中的事物之理、秩序又不能通过人的主观加以限制,使对象之理服从于人的主观营构的法则。他在《续春秋左氏传博议》卷下曾经说道:

> 有即事以穷理,无立理以限事。故所恶于异端者,非恶其无能为理也,阅然仅有得于理,因立之以概天下也。而为君子之言者,学不及而先言之,与彼同归,不已诬乎!异端之言曰:"万变而不出吾宗。"宗者,阅然之仅得者也,而抑曰"吾之宗"矣。吾其能为万变乎?如其不能为万变,则吾不出吾之宗,而非万变之不出也。无他,学未及之,不足以言而迫欲言,则阅然亦报以仿佛之推测也。②

王夫之的观点十分明确,人的正确认识只能来自对经验世界具体事实、事件的研究而探索事物之中的理则,从来没有人能够凭借主观想象设立一种理则来规定万事万物依照这种主观之理而行事。佛、老"异端"

---

① 王夫之:《尚书引义》卷五,《船山全书》第 2 册,第 377 页。
② 王夫之:《续春秋左氏传博议》下,《船山全书》第 5 册,第 586 页。

不是不能制造出种种理则，恰恰是其仅以主观狭隘的认识设定一种理则而牢笼天下。儒学当中的所谓君子们，在实际的知识探究过程还未正确地把握事物之中的理则时，就事先宣布一个所谓的理则。这种思维方式与佛、老异端的思维方式又有何不同呢？

由此，他通过批评佛、老异端的"吾宗"说，而上溯到对儒家思想史中的各种"立理以限事"的主观唯心论思想进行清算，认定历史上的"天人感应"说即属于"吾宗"类型的主观唯心论，同属于"私为理以限天，而不能即天以穷理之说也"①。在王夫之看来，真正的圣人总是在等待来学阐明自然之理，从而有助于心性之学。他说："呜呼！日食之理，幸而灼然于后世历家之学，则古人之诐辞辨矣。使不幸而未之明焉，则为文伯之言者以终古述焉可也，恶得有灼然于心性之藏，尽出以诏天下者起乎？异端冥行擿埴之浮言，五尺童子皆得而箝其喙矣。此圣人所以有俟来学也。"②这一重视对经验世界万事万物之理进行探究的思想倾向，使得王夫之的哲学思想系统具有面向事实、面向未来的开放性。

二、知行关系

在宋明理学的传统里，程朱理学提出了"知先行后"的观点，陆王心学提出了"知行合一"的学说。然而，在王夫之看来，他们的知行理论从整体上看都有共同的缺陷，即在知行的关系上"立一划然之秩序"③，而表现出"惮行之艰，利知之易，以托足焉"④，其结果是"异尚而同归"⑤。通过对程朱、陆王知行观的双向扬弃，王夫之提出了"知行相资以为用"，"并进而有功"的辩证的知行观。他说：

> 诚明相资以为体，知行相资以为用，惟其各有致功而亦各有其

---

① 王夫之：《续春秋左氏传博议》下，《船山全书》第 5 册，第 587 页。
② 王夫之：《续春秋左氏传博议》下，《船山全书》第 5 册，第 587 页。
③ 王夫之：《尚书引义》卷三，《船山全书》第 2 册，第 311 页。
④ 王夫之：《尚书引义》卷三，《船山全书》第 2 册，第 313 页。
⑤ 王夫之：《尚书引义》卷三，《船山全书》第 2 册，第 313 页。

效,故相资以互用,则于其相互,益知其必分矣。同者不相为用,资于异者和同而起功,此定理也。不知其各有功效而相资,于是而姚江王氏知行合一之说得藉口以惑世。①

王夫之的意思是:诚与明相互作用以为体,知与行相互作用以为现实的功用。诚与明、知与行的功能各不相同,但正因为它们之间有分别,才有可能相互作用而产生功效。如果它们之间没有分别,如何能起到相互作用的结果呢? 王阳明的"知行合一"说恰恰在理论认识上出了偏差,将知与行二者混同了。

虽然,从整体的过程来看,知行相资,知行并进,但就人类的知识起源、人类行为的目的来说,行是第一位的,如王夫之说:

> 且夫知也者,固以行为功者也;行也者,不以知为功者也。行焉可以得知也,知焉未可以收行之效也。知焉,未可以得行之效也。……行可兼知,而知不可兼行,下学而上达,岂达焉而始学乎? 君子之学,未尝离行以为知也必矣。②

上述一段文献表明,王夫之高度肯定"行"对于人类获取知识的第一性意义。他并不是否定间接之"知"对于人的指导作用,而是强调人的社会实践、具体格物的活动对于人探求到真知的首要意义。而且从"求知"目的的角度立论,强调"知"必以行为服务对象,反对抽象的、空洞的,与人的实际生活无关的知识(当然,王夫之在这里并不是反对现代知识体系中的理论知识)。他还进一步地指出:"凡知者或未能行;而行者则无不知。且知行二义,有时相为对待,有时不相为对待。如'明明德'者,行之极也,而其功以格物、致知为先焉。是故知有不统行,而行必统知也。"③

这就表明,王夫之是从儒家重视社会实际功效的角度谈论知行问题

---

① 王夫之:《礼记章句》卷三十一,《船山全书》第 4 册,第 1256 页。
② 王夫之:《尚书引义》卷三,《船山全书》第 2 册,第 314 页。
③ 王夫之:《读四书大全说》卷六,《船山全书》第 6 册,第 817 页。

的,带有鲜明的时代特色。处在明末清初的社会与政治环境里,首先需要的是能对现实社会产生直接正面作用的知识,而不是空洞的理论知识与只服务于个人心性修养的体验性之知。

最后,他批评"离行以为知"的理论道:

> 离行以为知,其卑者,则训诂之末流,无异于词章之玩物而中陋焉;其高者,瞑目据梧,消心而绝物,得者或得,而失者遂叛道以流于恍惚之中。异学之贼道也,正在于此。①

从上述的批评性言论可以看到,王夫之的知行关系论是服务于明末清初重整社会与政治秩序的现实需要的。虽然,他仍然是在传统儒家的道德之知与道德践履的大框架下来讨论知行关系,与现代哲学从认识与实践的角度来讨论知行关系还有相当大的距离。然而,他强调了行的第一要义,在他那个充满着奇诡变数的时代里尤其具有积极意义。而现代认识论框架下的"实践出真知"的思想与王夫之"行可兼知"的理论命题,也具有内在的理论上的可通约性。

第三节　王夫之的伦理学与政治哲学思想

在王夫之之前,中国的人性论思想已经相当丰富了。性善、性恶、不善不恶、性三品说等观点皆有丰富的内容。宋明理学又提出"气质之性"与"义理之性"的观点。王夫之人性论的突出贡献在于:他第一次明确而系统地从日常生活的动态过程角度论证人性的变化、发展的特征,提出了"性者,生理也,日生则日成也",以及"习与性成"的观点。

一、"性者,生理也,日生则日成也"

与传统的人性论思想不同,王夫之着重从社会生活的动态角度来阐明人性永远处于一种形成的过程之中的特性。这一人性论思想将人看

---

① 王夫之:《尚书引义》卷三,《船山全书》第 2 册,第 314 页。

作是一非现成的、未完成的活动者,较真实地揭示了人之为人的特性。

首先,他从人性的来源角度分析了人性与天道、与天命的内在关系。他说:"惟天有道,以道成性,性发知通。"①而对《易传》"一阴一阳之谓道,继之者善也,成之者性也"一语,他着重从"成性"的角度予以发展,凸显了人类所具有的潜在的发展能力。他说:"天命之谓性,命日受则性日生矣,目日生视,耳日生听,心日生思。……是以君子自强不息……以养性也。"②

王夫之在这里所说的人性中之"命",并非传统哲学中讲的绝对的天命或偶然性的命运,因而不是一成不变的"命"。他只是借助传统哲学中"命"的概念揭示人受制于一种不可抗拒的外在力量的影响。但这种不可抗拒的外在力量的影响也使得人积极应对而使人性有所变化。因此,人性也就不是初生的"天命"降落在具体个人身上的先天规定性,而是一种不断应对天道之作用的能动性的产物。如王夫之说:"天日临之,天日命之,人日受之。命之自天,受之为性。终身之永,终食之顷,何非受命之时? 皆命也,皆性也。天命之谓性,岂但初生之独受乎?"③

王夫之一再反对将人性看作是初生所禀的说法,他说:

> 天命者,岂但初生之顷命哉? ……二气之运,五行之实,始以为胎孕,后以为长养,取精用物,一受于天产地产之精英,无以异也。形日以养,气日以滋,理日以成。方生而受之,一日生而一日受之……故天日命于人,而人日受命于天。故曰:性者,生也;日生而日成也。④

上述引文中的"天日命于人"之"天",亦非自然之天或命运之天,而是合天人而言的外在客观力量之方便说法。王夫之的思想体系中,其

---

① 王夫之:《张子正蒙注》卷一,《船山全书》第 12 册,第 33 页。
② 王夫之:《尚书引义》卷三,《船山全书》第 2 册,第 301 页。
③ 王夫之:《尚书引义》卷三,《船山全书》第 2 册,第 301 页。
④ 王夫之:《尚书引义》卷三,《船山全书》第 2 册,第 299—300 页。

"天"的概念既指自然之天,也指"人之天"。而"人之天"中又可细分为圣贤之天与民之天。因此,"人日受命于天",其实即是讲人主动应对外在客观力量的作用而不断地长养人性。因此人性就是一个"日生日成"的动态过程。既然人性是"日生日成",故人性始终处在变化之中。所以王夫之又认为,性日生日成,已成可革。如他说:"惟命之不穷也而靡常,故性屡移而易。抑惟理之本正也,而无固有之疵,故善来复而无难。未成可成,已成可革。"①而人性之成之革都是基于人的内在主动接受与应对天命的结果,并非是由一全智、全能、全善的外在神秘力量教化或指引所致。

其次,从人的能动性来看,王夫之认为,人性是人在具体的生活中不断选择的结果,因而人性是"习与性成"的结果。他说:"生之初,人未有权也,不能自取而自用也。惟天所授,则皆其纯粹以精者矣。天用其化以与人,则因谓之命矣。已生之后,人既有权,能自取而自用也。自取自用,则因乎习之所贯,为其情之所歆,于是而纯疵莫择矣。"②

因此,人性实是先天之性与后天之性的合成,即"先天之性天成之,后天之性习成之也"③,"习与性成者,习成而性与成也"④。

既然"习成而性与成",则先天之善不能保证人性之善;而后天之"习中亦有驳杂之恶",特别是"因乎习之所贯,为其情之所歆",以至于"纯疵莫择",道德理性被遮蔽之时,人性亦可以在习之中养成恶的习惯。这就要求人用自己的道德自由意志去继善、去择善,然后"守之以养性也"。如王夫之说:"然则饮食起居,见闻言动,所以斟酌饱满于健顺五常之正者,奚不日以成性之善;而其卤莽灭裂以得二殊五实之驳者,奚不日以成性之恶哉?"⑤

---

① 王夫之:《尚书引义》卷三,《船山全书》第 2 册,第 301 页。
② 王夫之:《尚书引义》卷三,《船山全书》第 2 册,第 300 页。
③ 王夫之:《读四书大全说》卷八,《船山全书》第 6 册,第 946 页。
④ 王夫之:《尚书引义》卷三,《船山全书》第 2 册,第 299 页。
⑤ 王夫之:《尚书引义》卷三,《船山全书》第 2 册,第 302 页。

正是从"继善成性","习成而性与成"的动态发展的人性论观点出发，王夫之批评了历史上各种人性论思想的理论缺陷。他说："故专言性，则三品、性恶之说兴；溯言善，则天人合一之理得；概言道，则无善无恶，无性之妄又熺矣。"①在王夫之看来，这些人性论的谬误正在于"悬一性于初生之顷，为一成不易之俪，揣之曰：'无善无不善'也，'有善有不善'也，'可以为善可以为不善'也，呜呼！岂不妄与！"②

由上所论可知，王夫之的人性论对传统哲学中的各种人性论思想进行了合理的扬弃，在"天人合一"的思维框架下，给人的主体性、自由意志一个十分重要的位置，吐露出近代人性论的思想光芒。他运用的是古色古香的语言，如天命、五常之性等，所表达的却是充满着健动日新的近代性的思想光芒。虽然如此，他的人性论仍然局限于中国传统哲学的个体道德实践层面，未能清楚地阐述个人与社会的交互作用，特别是一定状态下的生产与生活方式对于人性的影响，因而与现代哲学特别是马克思主义哲学从社会实践角度论述人性不断生成变化的思想，还有相当大的距离。正是从此角度说，王夫之的人性论仍然是抽象的人性论。

二、天理"必寓于人欲以见"的理欲观

与宋明理学把"天理"与"人欲"对峙起来的伦理学思想不同，与李贽简单地将穿衣吃饭视作人伦、物理的新伦理学思想亦有差异，王夫之的伦理学则把人欲看作是天理的基础，天理看作是对人欲的规范。这一带有辩证思维特色的"天理人欲观"，从思想发展史的角度看，正好是对宋明理学和李贽新伦理学思想的双向扬弃，表现出明末清初之际大思想家"推故而别致其新"的思想特征。

---

① 王夫之:《周易外传》卷五,《船山全书》第 1 册,第 1008 页。
② 王夫之:《尚书引义》卷三,《船山全书》第 2 册,第 302 页。

王夫之的伦理学思想可以从四个层面来加以认识：其一，人欲为天理之基础，天理乃是对人欲之规范，二者同根而异用；其二，人欲并不只是人的自然欲望，一般意义上的维持生理生命的食色行为，实乃是社会化之需求，故"甘食悦色，天地之化机也"；其三，欲有公私，去私欲而尽公欲；最后，"我者，大公之理所凝也"①，在道德主体的方面挺立了理性个体的价值。

第一，天理"必寓于人欲以见"。有关理与欲之间的关系，王夫之有很多的论述，然其主要思想是强调"人欲"是"天理"的基础。他认为："礼虽纯为天理之节文，而必寓于人欲以见"。"故终不离人而别有天，终不离欲而别有理也。离欲而别为理，其释氏为然，盖厌弃物则而废人之大伦矣。"②上述两则引文表明，王夫之绝对不孤立的谈论天理与人欲的问题，而总是从人的角度来谈论"天理"在人性中的呈现。离却了人与人欲的天理，即使是存在的，也是没有意义的。甚至是王夫之视为异端的佛教，其实也没有离开人欲来谈论"理"。所不同的地方在于，佛教通过对人、人欲的否定来谈论"理"或佛理。

与宋明理学不同，王夫之不仅不否定人欲，而且还认为"饮食男女之欲，人之大共也"。如果这种人欲体现了人的公共性的需求，则是最高的天理。如他说："人欲之大公，即天理之至正。"在王夫之看来，谁要是看轻了这种"大公"之人欲，亦即是看轻"天理"的价值。故王夫之说："吾惧夫薄于欲者亦薄于理，薄于以身受天下者之薄于以身任天下也！"③这一段话的后半句很像《老子》所言："故贵以身为天下，若可寄天下；爱以身为天下，若可托天下。"王夫之的意思是说，那些看轻自己身体需要而接受治理天下之责任的人，恐怕也看轻自己对于天下的责任。由此可见，王夫之非常巧妙地吸收了道家重身的政治思想，将其与儒家的治天下的责任政治观念结合起来了。

---

① 王夫之：《思问录·内篇》，《船山全书》第 12 册，第 405 页。
② 王夫之：《读四书大全说》卷八，《船山全书》第 6 册，第 913 页。
③ 王夫之：《诗广传》卷二，《船山全书》第 3 册，第 374 页。

第二，"甘食悦色，天地之化机也"。王夫之说："君子敬天地之产而秩其分，重饮食男女之辨而协以其安。苟其食鱼，则以河鲂为美，亦恶得而弗河鲂哉？苟其娶妻，则以齐姜为正，亦恶得而弗齐姜哉？"① 又说："甘食悦色，天地之化机也。老子所谓犹橐籥动而愈出者，谓天地以万物为刍狗者也，非天地之以此刍狗万物，万物自效刍狗尔。"②

在王夫之看来，人们对美色美味的追求，是天地大化的根本秘密之所在。万物相对于人的需要而言，只不过是如祭祀的牺牲品——刍狗一般，随着人们需求的变化而由必需的东西转变为过时的东西。人性的充分发展，正在于"入五色而用其明，入五声而用其聪，入五味而观其所养"，然后"可以周旋进退，与万物交，而尽性以立人道之常"。③ 如果人们不懂得"甘食悦色"的"天地之化机"，将出现可怕的后果："恃天之仁而违其仁，则去禽兽不远矣"④。

王夫之强调人的欲望与人类文明之间的密切关系，虽然还不能说已经从社会实践角度阐述人的欲望的社会历史性特征，但毕竟比宋明理学只简单地肯定人的自然食色之性，否定人们追求"美色美味"的文明性特征，已经有了巨大的理论进步。在这一点上，王夫之远远地超越了朱子的思想认识，而与现代社会所追求、所肯定的观念更加接近。

第三，"天下之公欲即理也"。慎别人欲之中的公私之异是王夫之伦理学思想的又一个显著特点。正是这一点，使得他的思想既不同于宋明理学抽象的崇公抑私的思想，亦不同于李贽一味地肯定人性之私具有合理性的思想。就其哲学概念的内涵而言，王夫之所说的"公"不是宋明理学所说之"公"，在社会政治哲学层面，究其实乃是李贽、黄宗羲、顾炎武等人所说的"万民之私"。他说："天下之公欲，即理也；人人之独得，即公

---

① 王夫之：《思广传》卷二，《船山全书》第 3 册，第 374 页。
② 王夫之：《思问录·内篇》，《船山全书》第 12 册，第 405 页。
③ 王夫之：《尚书引义》卷六，《船山全书》第 2 册，第 409 页。
④ 王夫之：《思问录·内篇》，《船山全书》第 12 册，第 406 页。

也。道本可达，大人体道，故无所不可达之于天下。"①

　　他又说："人欲之各得，即天理之大同，天理之大同，无人欲之或异。"②因此，王夫之表面上仍沿袭了宋明理学的一些概念，但这些概念在具体的内容上与宋明理学已经有本质的不同。王夫之认为，人的"意欲"，即个人对食色的贪求之欲，乃为"私欲"，这种"私欲"不能代表天下人之"公欲"，故"天理""不行意欲之中"。他在解释张载"天人异用，不足以言诚"这句话时，认为"理，天也；意欲，人也。理不行于意欲之中，意欲有时而逾乎理，天人异用也"③。在《读四书大全说》中，他又说："只理便谓之天，只欲便谓之人。饥则食、寒则衣，天也。食各有所甘，衣亦有各有所好，人也。但以'食不厌精'、'不及绀緅饰'两章观之，则以此而裁成万物，辅相天地，忠动以天，恕亦动以天矣。"④

　　由此上引文献可知，王夫之在天理人欲关系问题上的论述，其思想内涵极其深邃、复杂。一方面，他主张"于天理达人欲，更无转折"。另一方面他又主张"于人欲见天理，须有安排"。于是可以看出仁与恕的区别。⑤ 因此，当他说"私欲净尽，天理流行，则公矣"这句话时，其所说的"公"其实亦即黄宗羲政治哲学中的"公天下"之"公"，顾炎武"合私成公"之"公"，可以理解为万民之所同然的欲求。⑥ 这种同然的欲求即是上述引文中所讲的"饥则食、寒则衣，天也"的公共性的欲望。而他所说的"意欲"，则只是人的个别性的、特别是不符合礼制要求的过分欲望，与万民的公共性需要——如安居乐业，老有所养，幼有所教等内容是不同的。

　　第四，"我者，大公之理所凝也"。王夫之的伦理思想严格地将道德主体之"我"与狭隘的功利性的"私"区分开来。在《思问录·内篇》，王夫

---

① 王夫之:《张子正蒙注》卷四，《船山全书》第 12 册，第 192 页。

② 王夫之:《读四书大全说》卷四，《船山全书》第 6 册，第 641 页。

③ 王夫之:《张子正蒙注》卷三，《船山全书》第 12 册，第 113 页。

④ 王夫之:《读四书大全说》卷四，《船山全书》第 6 册，第 641 页。

⑤ 王夫之:《读四书大全说》卷四，《船山全书》第 6 册，第 641 页。

⑥ 张岱年先生认为，王夫之的"公欲""公理"说似乎有矛盾，如《思问录·内篇》中说："天下之公欲即理也。"(《张岱年文集》)

之明确地说"有我之非私"。他认为,在道德实践中,如果忽视道德义务承担的主体之"我",则会使整个道德规范失去载体,使伦理学迷失方向:"于居德之体而言无我,则义不立而道迷。"①他甚至更思辨地说道:"言无我者,亦于我而言无我尔,如非有我,更孰从无我! 于我而言无我,其为淫遁之辞可知。"②意思是说,那些主张无我的人,正是有一个言说着的"主体之我"存在着,如果连这个主体的言说之"我"都不存在,从何谈得上有"无我"的说法呢! 由此可知,在道德义务承担的问题上大谈所谓的"无我",一定是虚妄不实之辞! 仅就道德义务承担的问题而言,王夫之高度肯定"我"的价值,把"我"看作是"大公之理所凝也"的道德之体,认为"我者,德之主,性情之所持也"。③ 通过这一道德主体之我去在"天理人情上絜著个均平方正之矩,使一国率而繇之"④。"以我自爱之心,而为爱人之理,我与人同乎情也,则亦同乎其道也。人欲之大公,即天理之至正矣。"⑤这样的情况下,人们就能超越"小我"的局限性,展示出人伦的光辉。

从本质上说,王夫之挺立道德主体个性特征,与早期李贽所呼唤的"各从所好、各骋所长"的个性解放思想,在精神内涵上有其一致性的地方。李贽歌颂历史上不拘陈套的英雄人物,王夫之亦歌颂"英尤""果敢机谋"之士,批评历代统治者使人变成"拘葸巽谨之人"的奴才哲学,在《俟解》一书中,王夫之严厉地批判了老子的"返朴"之说,认为这种学说简直是教人"养不死之躯以待尽","自鬻为奴,穿窬为盗",是绝灭"人之生理在生气之中"。⑥ 王夫之还说:"惟主阳以用壮,大勇浩然,亢王侯而非忿;情宾阴而善感,好乐无荒,思辗转而非欲"⑦。这一道德主体的个体

---

① 王夫之:《思问录·内篇》,《船山全书》第 12 册,第 418 页。
② 王夫之:《思问录·内篇》,《船山全书》第 12 册,第 417 页。
③ 王夫之:《诗广传》卷四,《船山全书》第 3 册,第 448 页。
④ 王夫之:《读四书大全说》卷一,《船山全书》第 6 册,第 439 页。
⑤ 王夫之:《四书训义》卷三,《船山全书》第 7 册,第 137 页。
⑥ 王夫之:《俟解》,《船山全书》第 12 册,第 487 页。
⑦ 王夫之:《周易外卷》卷三,《船山全书》第 1 册,第 924 页。

是在尊重生理自然具有的生气与生机的前提之下，在动态的活动中来发展人性，所谓"才以用而日生，思以引而不竭"①。故王夫之呼唤"明日之吾"："已消者已鬼矣，且息者固神也。则吾今日未有明日之吾而能有明日之吾者，不远矣。"②这种尊"我"的积极伦理学思想，正是中华民族精神在明清易代的特殊时代条件下呼唤个性觉醒的哲学表达。它既继承了传统"易学"尊生、主动、尚变的思想，又将其变化的方向指向了未来。当然，这种以"贵我"方式表达出来的尊重个性的思想，还不同于近现代西方发展出来的原子论式的个性主义，但也不同于传统儒家精英主义的君子式的道德英雄。其所包含的下层平民气息与道德自救色彩，与晚明社会儒学下移运动所唤起的下层士人的觉醒有密切的内在关系。

三、王夫之的政治哲学思想

王夫之政治哲学的灵魂是"生民之生死"高于"一姓之兴亡"的民本主义（也可以说是人道主义）精神，并以此民本主义精神为核心而表现为"公天下"的政治理想。其反君主专制政治的政治批判思想以及各种具体的政治制度设想，均是这一政治哲学思想的合理延伸。

（一）"一姓之兴亡，私也，而生民之生死，公也"

处在民族矛盾极端激化的明末清初之际，王夫之政治哲学思考的现实出发点就是民族的自存与自维。这种民族自存与自维的现实要求使得王夫之的政治哲学在语言的表达方面带有强烈的汉民族自尊自大的色彩，但我们要充分理解王夫之时代汉民族的艰难处境——遭到关外满族贵族政权的严重威胁。然而他在维护汉民族生存的自然权利的要求下却阐发出了超越这一具体历史要求，带有极强的人民性与现代民主性色彩的新思想光芒。

首先，他突破正统儒家的纲常名教，反对将君臣大义看得高于一切

---

① 王夫之：《周易外传》卷四，《船山全书》第 1 册，第 948 页。
② 王夫之：《思问录·外篇》，《船山全书》第 12 册，第 434 页。

的政治伦理思想，提出了"不以一时之君臣，废古今夷夏之通义"①的民族大义至上的观念和"一姓之兴亡，私也，而生民之生死，公也"②的新民本主义（实即人道主义）的政治伦理原则。在民族主义与人道主义的新政治伦理原则之下，王夫之甚至说"宁丧天下于庙堂，而不忍使无知赤子窥窃弄兵以相吞啮也"③，这就将以往被看作是至高无上的君臣之义——政治伦理加以颠覆，使人的生命和族类的生存上升为至高无上的原则，从而体现了以人的生命和族类的生存为至上的人道主义的政治伦理理想。这一新的政治伦理在其史评中多次表现出来，如《读通鉴论》卷十一，他这样说道：

> 天下，非一姓之私也，兴亡之修短有恒数，苟易姓而无原野流血之惨，则轻授他人而民不病。魏之授晋，上虽逆而下固安，无乃不可乎！④

这一"生民之命高于一姓天下之兴亡"的政治伦理思想，在服务于后期君主专制的僵化的社会里固然是不可接受的，然而这一新思想又是传统民本思想里可以引申出的理论观点。当然，王夫之在这里并没有激进到鼓励臣下犯上作乱，以至于篡权的地步，他是在两难的取舍中提出了这种思想。在正常的情境下王夫之还是坚守君臣之义的，但王夫之的"君臣之义"前提又是重视生民之命这一理想中的先王与其大臣的伦理关系，表明王夫之具有将人道主义的理想与君臣之义统一起来的思想意图。因此，他的观点与李贽"奖谯周、冯道"这种激进的新民本主义政治观，还是有明显的区别的，也因此他对李贽所论大加斥责。⑤

尽管如此，王夫之"公天下"的政治理想仍然值得我们加以大力的阐扬。他提出的某些政治哲学的原则在今天仍然有一定的启迪意义。如他说：

---

① 王夫之：《读通鉴论》卷十四，《船山全书》第 10 册，第 536 页。
② 王夫之：《读通鉴论》卷十四，《船山全书》第 10 册，第 669 页。
③ 王夫之：《读通鉴论》卷十四，《船山全书》第 10 册，第 669 页。
④ 王夫之：《读通鉴论》卷十一，《船山全书》第 10 册，第 416 页。
⑤ 有关此点所论详见萧萐父、许苏民《王夫之评传》，第 401—404 页。

> 有一人之正义，有一时之大义，有古今之通义；轻重之衡，公私之辨，三者不可不察。以一人之义，视一时之大义，而一人之义私矣；以一时之义，视古今之通义，而一时之义私矣。公者重，私者轻矣，权衡之所自定也。三者有时而合，合则亘千古、通天下、而协于一人之正，则以一人之义裁之，而古今天下不能越。有时而不能交全也，则不可以一时废千古，不可以一人废天下。[1]

在上述文献里，王夫之看出了政治伦理中的三个不同层次的关系，"一人之义"属于君臣伦理中具体的国君与具体的大臣之间的关系，如历史上的管仲与后来的齐桓公之间的关系，带有个人之间的交谊的性质，属于政治伦理中的个案。"一时之大义"则是特殊历史时期的政治伦理，如秦汉以后第一个朝代内部的"君臣之义"。这一时期的"君臣之义"不能用来衡量战国时代的君臣关系，也不能用来衡量现代民主社会里国家最高领导人与其他属僚之间的关系。而"天下之通义"则是"生民之生命"高于一切所谓的政治伦理关系，即使在今天的政治生活里，人的生命财产还是一切政治伦理必须予以让步的根本政治原则。凡是违背这一政治原则——义的政治伦理与政治行为，都是不正义的，因而都是需要加以谴责的。王夫之提出的"不可以一时废千古，不可以一人废天下"的政治伦理原则，在今天的国内与国际政治关系中，仍然具有原则上的正确性与有效性。

在"公天下"的政治理想前提之下，王夫之肯定"君臣者，义之正者也"的政治伦理，但如果"君非天下之君，一时之人心不属焉，则义徙矣。此一人之义，不可废天下之公也"[2]。当然，王夫之的夷夏之别的政治伦理尤其严格，故他又说："为天下所共奉之君，君令而臣共，义也；而夷夏尤严者也。……不以一时之君臣，废古今夷夏之通义。"[3]他将"夷夏之

---

[1] 王夫之：《读通鉴论》卷十四，《船山全书》第 10 册，第 535 页。
[2] 王夫之：《读通鉴论》卷十四，《船山全书》第 10 册，第 536 页。
[3] 王夫之：《读通鉴论》卷十四，《船山全书》第 10 册，第 536 页。

别"看作是"古今之通义",这一观点需要作具体的分析。在王夫之的思想体系中,夷夏之别实际上是文明与野蛮之别,与今天社会所盛行的民族主义思想并不相同。他自认为华夏文化代表文明,而少数民族地区代表落后与野蛮。这种说法在今天看来包含有汉民族自尊自大的思想成分,但在当时的历史条件下,王夫之的这一说法基本上也是符合历史事实的。以汉民族为主体的华夏民族在当时的历史条件下,的确代表了文明的一方。不过,即使如此,在当今世界多元文化共存的局面下,王夫之过分强调文明之间的区别,忽视其中的可沟通性以及不同形态文明之中的合理因素,这一思想并不足取。

在"公天下"的政治理念之下,王夫之还对传统政治体制——郡县与封建两种体制的得失进行了认真的哲学反省,他说:

> 郡县者,非天子之利也,国祚所以不长也;而为天下计,则害不如封建之滋也多矣。呜呼!秦以私天下之心而罢侯置守,天假其私以行其大公,存乎神者之不测,有如是夫!

> 若夫国祚之不长,为一姓言也,非公义也。秦之所以获罪于万世者,私己而已矣。斥秦之私,而欲私其子孙以长存,又岂天下之大公哉!①

通过这一哲学反省,他高度肯定了"郡县制"这一政治制度的历史进步意义,认为这一政治制度对于天下万民更加有利,对于统治集团的国命却更加不利。这一通过制度比较而得出的具体结论,对于今天思考当代中国政治制度建设亦具有理论上的借鉴意义,即我们应当从什么样的原则出发来思考政治制度的建设问题。

在"一姓之兴亡,私也,生民之生死,公也"的人道主义政治理念之下,王夫之还对传统政治伦理中具体的"忠义"原则进行了深刻的哲学反思,对"臧洪杀妾"式的"义"、"张巡杀妾"式的"忠",均作了严正的批判。

---

① 王夫之:《读通鉴论》卷一,《船山全书》第 10 册,第 68 页。

臧洪杀妾之事载于《后汉书》,对此历史事实,王夫之批判道:

> 张巡守睢阳,食尽而食人,为天子守以抗逆贼,卒全江、淮千里之命,君子犹或非之。臧洪怨袁绍之不救张超,困守孤城,杀爱妾以食将士,陷其民男女相枕而死者七八千人,何为者哉? ……洪以私恩为一曲之义,历不顾身,而一郡之生齿为之併命,殆所谓任侠者与! 于义未也,而食人之罪不可逭矣。①

通过臧洪之事,王夫之进一步反省道:

> 天下至不仁之事,其始为之者,未必不托于义以生其安忍之心。洪为之而死于侠,巡效之而死于忠,于是而朱粲之徒相因以起。浸及末世,凶岁之顽民,至父子、兄弟、夫妻相噬而心不戚,而人之视蛇蛙也无以异,又何有于君臣之分义哉?②

很显然,王夫之认为,任何伦理行为必以仁爱为其根基,凡是违背仁道的所有伦理行为,都是一种异化的伦理。而仁爱、仁道的基本要求就是平等地尊视、尊重每个个人的生命价值,不得以任何理由来残杀他人的生命以实现所谓的伦理目标。这可以说是王夫之政治伦理思想最为核心的观念。这一核心观念是基于原始儒家的仁学观念而阐发出的,具有更加鲜明的人道主义色彩。由此思想基点出发,王夫之对臧洪的"异化之义"给予了严厉的批判与声讨:"孟子曰:'仁义充塞,人将相食。'夫杨、墨固皆于道有所执者,孟子虑其将食人而亟拒之,臧洪之义,不足与杨、墨,而祸烈焉。君子正其罪而诛之,岂或贷哉!"③

王夫之的意思是说,对于臧洪这种假"义"之名而实际上做的是违背人伦的基本准则,残杀无辜之人的人,要明确地给他加上反人类的罪名而予以诛杀,以正视听。

---

① 王夫之:《读通鉴论》卷九,《船山全书》第 10 册,第 352 页。
② 王夫之:《读通鉴论》卷九,《船山全书》第 10 册,第 352 页。
③ 王夫之:《读通鉴论》卷九,《船山全书》第 10 册,第 353 页。

　　与臧洪之事类似而性质稍有不同的是"张巡杀妾"一事。《旧唐书》卷一八七下《忠义传》记载，安史之乱时，张巡守睢阳城，该城被围很久，粮食殆尽，易子而食，张巡于是将自己的妾拉出来，当作将士们的面杀掉，以飨将士，随后又搜索全城的妇女、男性老人以及小孩，约二三万人口，全部杀掉，以充军粮。睢阳城是保住了，然而大量无辜的妇女、儿童、老人却无辜的成为专制政权的牺牲品。对于此事，王夫之愤怒地谴责道：

> 夫人之不忍食人也，不待求之理而始知其不可也，固闻言而心悸，遥想而神惊矣。于此而忍焉，则必非人而后可。①

　　王夫之的观点十分明确，君臣、父子之伦，必以尊重每个个人生命为其基本底线，突破此一基本的人伦底线，都是不允许的。"守孤城，绝外救，粮尽而馁，君子于此，唯一死而志事毕矣。臣之于君，子之于父，所自致者，至于死而蔑以加矣。过此者，则恣尤之府矣，适以贼仁戕义而已矣。无论城之存亡也，无论身之生死也，所必不可者，人相食也。"②

　　叛逆的政治与军事行动，所夺取者在于现实的政治权力，所破坏者乃是现存的政治秩序。维护现实政治秩序的目的也在于维护百姓的基本日常生活秩序。如果为了一姓王朝的政治秩序去屠杀无辜的百姓，这样的现实政治力量、军事力量甚至还不如叛逆者。这便是王夫之的结论。因此，王夫之对于张巡杀人以守城的极端错误的做法给予了严厉的批判，认为这种行为根本不符合政治伦理中"忠"的原则，而恰恰是"贼仁戕义"。虽然，就"一时之义"而言，"若张巡者，唐室之所可褒，而君子之所不忍言也"③。但从"天下万民"的生命高于一切的政治伦理角度看，张巡的行为绝对不值得肯定，相反，还应当受到严厉的批判。王夫之这些史论所表现出的政治哲学思想，上直承原始儒家的仁爱思想，下可接续

---

① 王夫之：《读通鉴论》卷二十三，《船山全书》第 10 册，第 872 页。
② 王夫之：《读通鉴论》卷二十三，《船山全书》第 10 册，第 872 页。
③ 王夫之：《读通鉴论》卷二十三，《船山全书》第 10 册，第 872 页。

近现代的人道主义的政治理想，与同时代黄宗羲的进步政治理想具有高度的一致性，并与后来袁枚等人的进步政治思想也具有高度的一致性。

（二）对"正统"与"道统"的辨析

"正统"主要是讲政治权力的获取及其使用的正当性问题，而"道统"是讲学术话语源头的正当性与合理性问题，往往是为政治上的"正统"论服务的，但也不完全一致。汉代董仲舒的"三统三正"说是"正统"论的较早来源，朱熹也肯定"正统"，说"岁周于上而天道明矣，统正于下而人道定"①，并说"只天下为一，诸侯朝觐，狱讼皆归，便是正统"②。仅就朱子的这些片言只语来看，其"正统"论基本上是符合儒家传统的"王道"思想的。王夫之的政治思想十分复杂，他自己有时也讲"治统"与"道统"问题。但其在晚年则集中批判"正统"论与"道统"论，体现了王夫之哲学新的突破旧的一面。③ 他批判"正统"论道：

> 正统之论，始于五德。五德者，邹衍之邪说，以惑天下，而诬古帝王以征之，秦汉因而袭之，大抵皆方士之言，非君子之所齿也。④

王夫之不相信"正统"论，认为这是基于"五行"理论基础上的一种方术之士的观点，恰恰为后世以暴力手段夺取政治统治权提供了一种口实罢了。政治理性应当建立在"君天下之道"的根本政治哲学原理之上，以生民之命，生民之忧乐的关怀为核心内容，而不在于一姓之私的王朝之兴亡。他说：

> 舍人而窥天，舍君天下之道而论一姓之兴亡，于是而有正闰之辨，但以混一者为主。故宋濂作史，以元为正，而乱大防，皆可托也。……晋之篡立，又奚愈于魏、吴，而可继汉邪？⑤

---

① 朱熹：《资治通鉴纲目序》，《朱子文集》第 75 册，陈俊民校订，第 3785 页。
② 黎靖德编：《朱子语类》第 7 册，王星贤点校，第 2636 页，北京，中华书局，1994。
③ 参见萧萐父、许苏民《王夫之评传》，第 445 页。
④ 王夫之：《读通鉴论》卷十六，《船山全书》第 10 册，第 610 页。
⑤ 王夫之：《读通鉴论》卷十六，《船山全书》第 10 册，第 611 页。

他进一步从"统""正"之范畴的意义分析与王朝权力变更的历史过程的双重角度批判历史上所谓的"正统"论,说道:

> 统之为言,合而并之之谓也,因而续之之谓也。而天下之不合与不续也多矣!盖尝上推数千年中国之治乱以迄于今,凡三变矣。当其未变,固不知后之变也奚若,虽圣人弗能知也。①

而他对"正统"之"正"完全做了一个新的政治哲学的阐述,以公为正,说道:

> 天下之生,一治一乱。当其治,无不正者以相干,而何有于正?当其乱,既不正矣,而又孰为正?有离,有绝,固无统也,又何正不正之云邪?以天下论者,必循天下之公,天下非夷狄盗逆之所可尸,而抑非一姓之私也。②

相对于儒家思想史上的各种"正统"论而言,王夫之始终抓住"公天下"的核心政治理念,对各种形式的"正统"论加以批判。而处在明清易代的特殊历史时期,他的政治哲学始终带有强烈的汉民族主义的情结,将正统论与华夏夷狄论联系起来,有其理论上的局限性。但是,他的政治哲学思考正是在维护汉民族政治文明的过程中展开了带有现代民主政治意味的天下、国家思想的论述,超越了传统一姓之私的家天下的政治观念。

"道统"论滥殇于孟子,成形于韩愈,在宋儒,特别是程朱理学的思想体系里得到了极其充分的发展。宋明以前的"道统"论为儒家文化争取正统的学术地位;宋明以后的"道统"论逐渐发展成为专制政治的理论基础,从而构成专制政治意识形态的重要组成部分。王夫之不认同二程、朱熹的"道统心传"或"孔门传授心法"的"道统"论,说道:

> 古今此天下,许多大君子或如此作来,或如彼作来,或因之而加

----

① 王夫之:《读通鉴论》卷末,《船山全书》第 10 册,第 1176 页。
② 王夫之:《读通鉴论》卷末,《船山全书》第 10 册,第 1177 页。

密，或创起而有作，岂有可传之心传，直指单传，与一物事教奉持保护哉！①

王夫之不承认儒家思想上有"直指单传"、以心传心的唯一"道统"，而且明确地说，"道统"绝非像某一具体"物事"那样教给后人，从而让后人"奉持保护"。他甚至非常尖锐地指出，凡以尧舜为名而论"道统"者，都是以"镇压人心"为目的的，如他说：

> 故学者之言学，治者之言治，奉尧、舜以为镇压人心之标的；我察其情，与缁黄之流推高其祖以树宗风者无以异。韩愈氏之言曰，"尧以是传之舜，舜以是传之禹"，相续不断以至于孟子。愈果灼见其所传者何道邪？抑仅高举之以夸其所从来邪？②

王夫之将儒学传统内部奉持"道统论"者视之为道教与佛教系统内部"推高其祖以树宗风"之流一样，都是故意制造宗派，对于儒学的发展、儒家学术与政治思想的发展均无益处。他还这样说道：

> 王者创制显庸，有传德而无传道也。体仁以长人，利物以和义，嘉会以合礼，贞固以干事，君子行此四德耳。千圣之教，百王之治，因天因人，品之节之，分之合之，以立一代之规模者，不度其终以善其始，乃曰吾固以前王为师，是犹操舟者见上游之张帆，而张之于下游，不背于彼之道而背于其道也矣。故传道者非道也。③

在王夫之看来，政治之道恰恰在于要为民谋现实的福利，故尔通过积德的活动而去传德，不是递相授受所谓的"道统"。历史条件不同，治理国家的法则也不同，如果依样画葫芦，表面上是继承前王之道，实际上足违背前王之道。既然仁具体的政治实践中足"传道者非道"，那么在理论上哪里有什么"道统"呢？政治活动的目的就在于具体的历史条件下

---

① 王夫之：《读四书大全说》卷九，《船山全书》第 6 册，第 1029 页。
② 王夫之：《宋论》卷六，《船山全书》第 11 册，第 153 页。
③ 王夫之：《尚书引义》卷五，《船山全书》第 2 册，第 395—396 页。

为民众谋取福利，就是积德而传德的活动，而不是争抢什么"道统"。

王夫之虽然不相信"道统"论，但他相信有"治道"，并且认为"治道之极致，上稽《尚书》，折以孔子之言，而蔑以尚矣。其枢，则君心之敬肆也；其戒，则怠荒刻覈，不及者倦，过者欲速也；其大用，用贤而兴教也；其施及于民，仁爱而锡以极也"①。又说："以仁守天下，以义经天下，阅千古而莫能易者也。"②

上述王夫之所说的"治道"，其实就是他理想中的仁义之正道。只有从"仁义之正道"出发，才是千古不变的大经大法。在此大经大法的指导下，具体的政治制度、规则都可以因时因地而变。如王夫之说："以古之制，治古之天下，而未可概之今日者，君子不以立事；以今之宜，治今之天下，而非可必之后日者，君子不以垂法。古封建、井田、朝会、征伐、建官、颁禄之制，《尚书》不言，孔子不言。岂德不如舜、禹、孔子者，而敢以记诵所得者断万世之大经乎！"③

王夫之的观点很明确，历史条件不同，治理天下国家的政治原则及其制度是不一样的。就具体的制度而言，每一代高明的执政者都不要试图为后世"垂法"。这就是《尚书》、孔子不讨论具体的"封建、井田、朝会、征伐、建官、颁禄之制"的道理。而后来的儒者，又岂能用自己的"记诵之学"来裁断万世的大经大法呢？而所谓的万世大经大法其实是"无法之法"，仅以仁义为经为法而已。

（三）"恃一之耳目以弱天下"——王夫之对专制政治的批判

与同时代黄宗羲、顾炎武对专制政治的批判思路不同，王夫之将专制政治的发端上溯到儒家所尊奉的文王那里，体现了王夫之思想的深刻与独到之处。在《尚书引义》卷五《立政周官》一文里，他以非常隐曲之笔批评了周文王罢除宰相之位，开创政治集权的先例，并在文章的最后提出了这样的警告："故师文王者师其德，则允合于尧、舜之传德矣，师其道

______

① 王夫之：《读通鉴论》卷末，《船山全书》第 10 册，第 1181—1182 页。
② 王夫之：《尚书引义》卷五，《船山全书》第 2 册，第 396 页。
③ 王夫之：《读通鉴论》卷末，《船山全书》第 10 册，第 1182 页。

则非尧、舜之道也。后有兴者，其尚鉴之哉！"①

　　王夫之为何要求后人不能学习文王之道，而只能学习文王之德，其实也只是一种"衡虑较多"之辞，即不便于将儒家传统中的圣人一批到底。这既体现了王夫之思想中新旧杂陈的特征，还体现了王夫之政治哲学思考的深刻之处，即将明代专制政治的行为上溯到历史上最为称颂的文王那里，以一种深沉的历史理性批判了专制政治的思想来源。王夫之认为，夏、商二朝皆有宰相，即使是周初，周公实际上亦处于"正百工"的相位之上。然从文王开始，设立"三公"而不让他们掌握实际政治权力，仅仅论道议政而已。王夫之说：

　　　　若夫三公职专论道，则以议道而不任以政。且曰"官不必备，惟其人"，是又有无废置之不恒也。盖周之不置相也前乎此者无所因，因始之者文王也。

　　　　《诗》云："勉勉我王，纲纪四方。"合四方之纲纪，操之于一人之勉勉，《周官》之制，其昉于此矣。故立政三宅，立事庶尹，取天下之经提携于一人，而天工无与代焉，故曰文王始之也。②

　　在王夫之看来，文王将天下之权归于最高君王一人，其历史影响是十分恶劣的。然而王夫之没有像李贽那样正面批评这一做法，还专门从文王之德的角度来为文王这一做法从勤勉美德的角度加以辩护，体现了他依托"六经"而又努力创新的思想倾向。他引证孟子的话来批评这一专制政治的做法，其态度还是明确的。他说道：

　　　　孟子曰："为天下得人谓之仁。"尧之大也，舜之君也，末之强而卒不可弱，得其理而势自顺也。仁以厚其类则不私其权，义以正其纪则不妄于授，保中夏于纲纪之中，交相勉以护人禽之别，岂必恃一人之耳目以弱天下而听其靡哉！③

---

① 王夫之：《尚书引义》卷五，《船山全书》第 2 册，第 401 页。
② 王夫之：《尚书引义》卷五，《船山全书》第 2 册，第 397 页。
③ 王夫之：《尚书引义》卷五，《船山全书》第 2 册，第 400 页。

　　王夫之的意思是说,仁道的政治应当厚待同类之人而不必将政治权力化为一家之私。只要保证华夏民族免于退回到禽兽的野蛮状态,不必过于担心政治权力在同族之间的转移,因而也就无需依赖一人耳目的所见所闻之知,以削弱华夏民族的政治实力,听任其腐败而丧失政治的活力。由于文王是儒家的政治偶像,王夫之不得不小心翼翼地处理这一历史人物,但从维护民族生存、发展的大义出发,他还是含蓄地批评了文王所开创的"恃一人之耳目以弱天下而听其靡"的专制政治局面。他批评文王开创的这种专制政治的恶劣后果:

　　　　缘此而后世之以勤劳开国者,恃其精明刚健之才,师《周官》而一天下之权归于人主,禁制猜防,上无与分功,而下得以避咎,延及数传,相承以靡,彼拱此揖,进异族而授之神器,师古无权,而为谋不远,又岂非理势之必然者乎?①

又说:

　　　　秦汉以降,封建易而郡县壹,万方统于一人,利病定于一言,臣民之上达者难矣。编氓可弋大命,裔夷可窃神皋,天子之与立者孤矣。则即以文王之勤,若将病诸,而概责之锦衣玉食之冲人,散无友纪之六卿,以虚文而理乱丝,彼己不相知而功罪不相一,欲无日偷日窳,以听封豕长蛇吞噬也,其可得邪?②

　　上述两材料均表明,王夫之对专制政治的制度缺陷有清醒的认识。这种制度的最大缺点就是依赖最高统治者一人的聪明,而将政治大权集中在一人手中。文王、历代的开国君主有个人政治的美德,如勤勉,有政治才干,可以保一时政治的无忧,但后继的君主往往是锦衣玉食之辈,而其周围也是一帮"以虚文而理乱丝"的大臣,根本不能面对如"封豕长蛇"一般的强大而又凶恶的外部政治势力,必然导致"编氓可弋大命,裔夷可

---

① 王夫之:《尚书引义》卷五,《船山全书》第 2 册,第 399 页。
② 王夫之:《尚书引义》卷五,《船山全书》第 2 册,第 401 页。

窃神皋"的政治结局。

王夫之认为，专制政治的另一个特点就是猜忌人才，害怕大权旁落，尤其不敢放手使用宰相。周文王置三公而不用，对后世造成了很坏的影响。他说：

> 天下之情，独则任，众则委，贤不肖之所同也。上畀之则容辞之，人分之则不容任之，贵贱之所同也。贵以其名而不贵以其实，则三公弗容自任矣。贤以其人而不贤以其事，则虚有论道之名而政非其任矣。虽有极尊之位，与其尤贤之才，而上不敢偪天子之威，下不能侵六官之掌，随乎时而素其位，大舜、孔子莫之能踰，而况其下焉者乎？①

由对文王专制政治体制的批评出发，王夫之还对历代专制君主从"私天下"的根本政治目标出发，妒贤嫉能，猜疑人才的政治统治术进行了严厉地批评。他说："自隋文以来，欲销天下之智，毁天下之廉隅，利百姓之怨大臣以偷固其位者，非一朝一夕之故矣。"②

王夫之还对专制君主猜疑天下之人的政治心理及其危害性，作了深刻地揭露。他说：

> 呜呼！以疑而能不召乱亡之祸者无有。天下皆以为疑己矣，而孰亲之？其假以防疑者，且幸己之不见疑而窥其疏以乘之；无可亲而但相乘，于是而庸人之疑，终古而不释。道不足于己，则先自疑于心；心不自保，而天下举无可信，兄弟也，臣僚也编氓也，皆可疑者也。以一人之疑敌天下，而谓智计之可恃以防，其愚不可瘳，其祸不可救矣。③

专制政治与私天下的政治目标结合在一起，最高统治者不仅不相信

---

① 王夫之：《尚书引义》卷五，《船山全书》第 2 册，第 397—398 页。
② 王夫之：《读通鉴论》卷十九，《船山全书》第 10 册，第 725 页。
③ 王夫之：《读通鉴论》卷十一，《船山全书》第 10 册，第 425 页。

身边的宰相、大臣，也不相信任何其他的官员。在一个相互猜疑，缺乏必要的政治信任的制度里，整个统治集团的内部就缺乏足够的凝聚力，整个社会也处在一种相互不信任的状态之中。这样的政治集团和由这样的政治集团所掌控的社会，在强大的外敌入侵时，其结果必然是分崩离析，很快瓦解。上述王夫之对专制政治统治及其社会效应批判的深刻程度，在同时代的思想家中很少有人企及。

（四）理想政治制度的设计

为了纠正君主专制政治的过失，王夫之在政治制度的设计方面亦提出了系列的主张。首先，他提出了"君、相、谏官"三者"环相为治"的权力制衡的思想。在《宋论》卷四"诏宰相毋得进用台官"条，王夫之仔细分析了天子、宰相、谏官三者的职责及其相互的权力关系，尖锐地批评了宋仁宗将宰相与谏官放在对立位置的做法，其结果是大臣交战于朝廷，其祸下延五百年而不息。王夫之认为，在政治体制内，天子的职责就是选择好宰相，如果天子没有样的能力，就不配做天子。他说："天子之职，论相而已矣。论定而后相之，既相而必任之，不能其官，而唯天子进退之，舍是而天子无以治天下。……然而弗能审焉，则天子无以为天下君。"[①]而宰相的职责是帮助天子安社稷，司生民之生死，"故唯宗社安危，贤奸用舍，生民生死之大司，宰相执之，以弼正天子之愆，而自度其去就"[②]。

在传统的政治框架内，王夫之如此看重宰相的位置，有其合理性。但如何处理相权与皇权之间的关系，也是一个现实的政治难题。宰相权力过于强大，皇帝的权力就会架空。皇帝权力太大，宰相之位就形同虚设。但就反对政治权力过于集中的角度看，设置宰相并赋予宰相明确的政治权力是防止政治权力过度集中的一个相对好的办法，也是防止、避免政治决策过程中过分依赖一人之智产生重大误判的一个相对好的办法。如果再加谏官制度对皇权产生制约，一个相对理性、能较大程度地

---

① 王夫之：《宋论》卷四，《船山全书》第 11 册，第 121—122 页。
② 王夫之：《宋论》卷四，《船山全书》第 11 册，第 122 页。

容纳社会不同利益群体、阶层意见的政治局面是可以达成的。宋以后的中国政治的重大制度缺陷就是宰相这一"权力"作用的过滤层被取消了，表面上政治效率提高了，而政治判断的风险也随之大幅提升了。再加上谏官的作用大大下降，整个朝廷的政治运作的理性与理智程度也就大大降低了。

王夫之的政治哲学思考始终依托中国传统政治的经验事实展开的。他认为，若依古制，谏本无专职，谏之有专职始于萧梁，而唐朝沿袭不改。但唐代的谏官是听命于宰相的，不像宋仁宗以后的谏官听命于皇帝，专以纠正宰相的过失。

基于政治制度的历史发展状况，王夫之在传统的政治体制内提出了一个理想的权力制衡的制度。他说：

> 宰相之用舍听之天子，谏官之予夺听之宰相，天子之得失则举而听之谏官；环相为治，而言乃为功。谏官者，以绳纠天子，而非以绳纠宰相也。天子之职，止此一二日侍密勿心膂之大臣，弗能决择而委之谏官，则天子旷矣。天子旷而繁言兴，如是而不乱者，未之或有。仁宗诏宰相毋得进用台官，非中丞知杂保荐者毋得除授，曰："使宰相自用台官，则宰相过失无敢言者。"呜呼！宋以言语沓兴，而政紊于廷，民劳于野，境蹙于疆，日削以亡，自此始矣。①

"国君、宰相、谏官"三者环相制约的政治制度，在传统的政治框架里，不失为一种相对好的制度设计。传统政治的理想是：皇帝是有德有能之人，他完全有能力来选择一个好的宰相，替他办事。由谏官来纠正皇帝的过失，既避免了宰相与皇帝的直接冲突，也可避免谏官用鸡毛蒜皮的小事来干扰宰相的工作。而宰相不可肆意妄为，因为皇帝这一最高权力时时在监督他、制约他。而谏官的选择由宰相来负责，也使得宰相有间接的束约皇帝的可能性。表面上看宰相可以选用自己的私党充作

---

① 王夫之：《宋论》卷四，《船山全书》第 11 册，第 122 页。

谏官，但实际上不太可能。如若这样，皇帝就会直接问责宰相。当然，王夫之的"国君、宰相、谏官"三者环相制约的制度设计还只是一种理论性的设想，并未付诸政治实践，因而也难以考察实际的功效如何。但这一"环相制约"的权力理论，包含了可贵的政治权力制约的思想因素，蕴涵着突破儒家传统圣贤政治理念的新因素，与现代民主政治的权力制约思想有更多的可沟通性。

其次，王夫之提出了类似于现代民主政治中的"虚君共和"的理想。在《读通鉴论》卷十三中，王夫之以托古改制的方式说道：

> 夫古之天子，未尝任独断也，虚静以慎守前王之法，虽聪明神武，若无有焉，此之谓无为而治。守典章以使百工各钦其职，非不为而固无为也。诚无为矣，则有天子而若无；有天子而若无，则无天子而若有；主虽幼，百尹皆赞治之人，而恶用标辅政之名以疑天下哉？[1]

王夫之这种"守典章以使百工各钦其职，非不为而固无为也"的政治理想，其实就是想通过合理的政治制度来行使政治权力，不要将天下之重任、生民之性命寄托于君王一人身上，甚至也不能寄托给所谓的"辅政"等"权相"、权臣等少数人的身上。政治活动是一种实践理性的行为，要依托良性的制度、发挥众人才智，才能取得较好的政治效果。因此，他又说："有圣主兴，虑后世不能必长君令嗣之承统也，豫定奕世之规，置天子于有无之外，以虚静而统天下，则不恃有贵戚旧臣以夹辅。"[2]

王夫之这一政治理想的火花在现代中国之初，得到了熊十力的高度推崇。他说："船山处异族专制之下，不敢倡言民主而思想实及。"如王夫之说："儒者尚法治，独推船山。案其言预定奕世之规，置天子于有无之外，以虚静统天下。远西虚君共和之治，此先发之矣，值世网密，微辞以见意，思深哉。"[3]熊十力的评价虽然有一点拔高之嫌，但他对王夫之政治

---

① 王夫之：《读通鉴论》卷十三，《船山全书》第 10 册，第 474 页。
② 王夫之：《读通鉴论》卷十三，《船山全书》第 10 册，第 474 页。
③ 熊十力：《心书·钩王》，《熊十力全集》第 1 册，第 27—28 页，武汉，湖北人民出版社，2001。

哲学思想中蕴涵的新因素的认识是极其敏锐的，值得后人认真地咀嚼、反思。

最后，王夫之在维护华夏民族文化与文明的思想前提下，对于君权的轮替问题也做了精彩的论述。他认为，从动物界到人类社会，"自畛其类"的法则都是共通的，"今夫玄驹之有君也，长其穴壤，而赤蛇、飞蟗之窥其门，必部其族以噬杀之，终远其垤，无相干杂，则役众蠢者，必有以护之也"①。因此，华夏民族在面对外族入侵时亦当"自畛其类"。在自畛其类的目标下，最高政治权力的交替形式可以是灵活的："是故智小一身，力举天下，保其类者为之长，卫其群者为之邱。故圣人先号万姓而示之以独贵，保其所贵，匡其终乱，施于子孙，须于后圣，可禅可继可革而不可使夷类间之"②。

为了保存中华民族的繁衍与发展，民族内部的政治权力的交替方式，可以采用禅让制，也可以采取继承制，甚至可以采取革命的方式。其最终的目的是保存中华民族的生存与发展，而不能让外族来统治中华民族。这就是王夫之在文化民族主义前提下的多元形式的政治权力转移模式，也是王夫之心目中的"天下之通义"。这一"天下之通义"在当今民族国家林立的世界里，仍然不是一种过时的政治思想。

第四节　王夫之的历史哲学

一、"理势合一"的历史辩证法

王夫之综合了刘知几、柳宗元等人历史哲学中"势"的概念，批判地吸收了宋明理学中"理"的概念，提出了"理势合一"的历史规律说。他说：

> 言理势者，犹言理之势也，犹凡言理气者，谓理之气也。理本非

---

① 王夫之：《黄书》，《船山全书》第 12 册，第 504 页。
② 王夫之：《黄书》，《船山全书》第 12 册，第 503 页。

> 一成可执之物，不可得而见，气之条绪节文，乃理之可见者也。故其始之有理，即于气上见理；迨已得理，则自然成势，又只在势之必然处见理。①

按照王夫之的观点看，理与势的关系在思维形式上可以从理与气的关系中获得启示。没有离开"气"的"理"，因而也就没有离开"势"的"理"。从原则上说，"理势"关系可以从两方面看：其一是从"理成势"的角度看，"得'理'自然成'势'"，"'理'当然而然，则成乎'势'矣"。② 在阐述理势关系的问题时，王夫之有时虽然还借用"天命"的旧概念，但对这一旧概念作了新的内涵规定，即以"有理而无心"来规定"天命"的内涵，进而说明"得理自然成势"的历史哲学道理。他说：

> 天之命，有理而无心者也……生有生之理，死有死之理，治有治之理，乱有乱之理，存有存之理，亡有亡之理。天者，理也；其命，理之流行者也。……违生之理，浅者以病，深者以死，人不自知，而自取之，而自昧之。……曰天之命也，是诚天命之也。理不可违，与天之杀相当，与天之生相背，自然其不可移矣，天何心哉？夫国家之治乱存亡，亦如此而已矣。③

治、乱、存、亡的政治现象，其中都蕴涵着深刻的内在法则。所谓的"天命"，无非是"有理而无心"的客观法则而已，并非有一人格神在主宰着人间的治、乱、存、亡现象。人们把握了政治现象之中的正确法则，就可以使乱者复归于治，存者避免于亡。这便是王夫之所说的"得理自然成势"的基本意思。

其二是从"势成理"的角度看，则"于势之必然处见理"，"势既然而不得不然，则即此为理矣"。④ 在《读通鉴论》开宗明义第一篇，通过对秦变

---

① 王夫之：《读四书大全说》卷九，《船山全书》第 6 册，第 994 页。
② 王夫之：《读四书大全说》卷九，《船山全书》第 6 册，第 992 页。
③ 王夫之：《读通鉴论》卷二十四，《船山全书》第 10 册，第 936 页。
④ 王夫之：《读四书大全说》卷九，《船山全书》第 6 册，第 992 页。

"封建制"为"郡县制"的重大历史变故所包含的历史必然性之分析，得出了"势相激而理随以易"的重要结论，确立了"理势合一"，"理势相成"历史观。他说：

> 郡县之制，垂二千年而弗能改矣，合古今上下皆安之，势之所趋，岂非理而能然哉？天之使人必有君也，莫之为而为之。①

这就表明，一旦人们正确地把握了历史变化的趋势之时，就是把握了历史变化之"理"。这就是他所说的"在势之必然处见理"。他又进一步地分析道：

> 古者诸侯世国，而后大夫缘之以世官，势所必滥也。士之子恒为士，农之子恒为农，而天之生才也无择，则士有顽而农有秀；秀不能终屈于顽，而相乘以兴，又势所必激也。……势相激而理随以易，意者其天乎！②

这即是说，古代诸侯世国、世官制度，发展到最后必然产生制度性的流弊，而其流弊的最大之处在于淹没人才，让贤者居下，不屑者居卜。而"贤者居下"的局面不可能长久，最终应当是贤者居上。在长期的发展过程中必然导致社会制度的变化。这哪里是什么"天意"在起作用，而是一种政治力量与人才法则在起作用，只是很多人看不出这一点而已。

通过对大量历史现象的分析，王夫之对理势关系给出了原则性的概括。他说："势之所趋，岂非理而能然哉！"③"势之顺者，即理之当然者也。"④"时异而势异，势异而理亦异。"⑤而"理势不可以两截沟分"⑥。他高度称赞孟子在理势问题上的观点，认为"孟子于此，看得'势'字精微，'理'字广大，合而名之曰'天'。进可以兴王，而退可以保国，总将理势作

---

① 王夫之：《读通鉴论》卷一，《船山全书》第 10 册，第 67 页。
② 王夫之：《读通鉴论》卷一，《船山全书》第 10 册，第 68 页。
③ 王夫之：《读通鉴论》卷一，《船山全书》第 10 册，第 67 页。
④ 王夫之：《读四书大全说》卷九，《船山全书》第 6 册，第 993 页。
⑤ 王夫之：《宋论》卷十五，《船山全书》第 11 册，第 335 页。
⑥ 王夫之：《读四书大全说》卷九，《船山全书》第 6 册，第 994 页。

一合说，曲为分析，失其旨矣"①。王夫之借表彰孟子的"理势合一"观点，其实是在为自己的"理势合一"说寻找一种儒家圣人的权威支撑，亦可以看作是托古以表达自己的观点而已。王夫之的"理势"论还有更为复杂的内容，即在势、情、理三者之间讲理势关系。在《春秋家说》一书中，他阐述了得天下的三种因素：得理、得情、得势。"受天下之归者，太上得理，其次得情，其次得势。"②"故势合而后可以言情，情得而后可以言理。"③这一理、情、势三者相结合的思想，深刻地揭示了政治活动的复杂性，应该说是抽象的理势论哲学思想与具体的政治问题结合之后的一种深化。

在理势论的问题上，王夫之虽然阐述了"理势相乘"的道理，但并未简单地看待"理势相乘"的道理。一方面，他作为一个坚定的儒家思想家，非常重视礼制的固有等级分别，坚决反对"乘势以上乎尊，固非理也"④的小人做法。另一方面，他作为一个具有深厚历史学修养的哲学家，其对历史过程中的曲折与复杂，以及人心的能动作用、人心与历史客观法则之间的辩证关系等问题却又有度越前人的深刻认识。由于"势因乎时，理因乎势"，故历史的变迁过程充满着无穷的"忧患"与"险阻"，那种"贞一之理"是通过曲折复杂的相乘之几来实现的，而其中不时夹杂着各种矛盾冲突和偶然性的因素。像秦以郡县制取代封建制，实乃出于秦始皇的私心，但正因为这种"私心"却成全了"天下之大公"，使封建诸侯私其一国之民与土地的封建制一变而为郡县制下的人民、土地属于皇权制下的土地国有状态。至于历史上历次农民起义与暴政者一同灭亡而导致新王朝的出现这一重复更迭的过程，更展示了历史变迁的规律在具体历史过程中的复杂性。因此，对历史人物功过的评价，必须放在较长的历史长河中来"通古今而计之"，在矛盾的分析中把握历史变迁的复杂

---

① 王夫之：《读四书大全说》卷九，《船山全书》第 6 册，第 995 页。
② 王夫之：《春秋家说》卷中，《船山全书》第 6 册，第 237 页。
③ 王夫之：《春秋家说》卷中，《船山全书》第 6 册，第 238 页。
④ 王夫之：《读四书大全说》卷九，《船山全书》第 6 册，第 992 页。

性。王夫之这样说：

> "天"欲开之，圣人成之。圣人不作，则假手于时君及智力之士以启其渐。以一时之利害言之，则病天下；通古今而计之，则利大而圣道以宏。……时之未至，不能先焉。迨其气已动，则以不令之君臣，役难堪之百姓，而即其失也以为得，即其罪也以为功，诚有不可测者矣。"天"之所启，人为效之，非人之能也。①

这就表明，王夫之在讲理势相乘的客观历史变化力量与法则的同时，并没有忽视人类的能动性在客观历史进程中的作用。而人的主观意志与历史的合力作用之间又有一种复杂的关系，表面上看起来是有所得的行为，实际上可能是真正的损失，表面看起来是有罪的行为，从长远的历史发展来看，可能正是有功于社会的发展。通过对以上所引文献的分析来看，王夫之对历史发展中"恶"的价值认识，已经接近恩格斯在《路德维希·费尔巴哈与德国古典哲学的终结》一文所揭示的历史运动的辩证法——"自从各种社会阶级的对立发生以来，正是人的恶劣的情欲——贪欲和权势欲成了历史发展的杠杆"②。

二、"依人建极"的新人文史观

王夫之历史哲学的更为深刻之处，乃在于他比较突出地强调了人道与天道的差异性，通过对人的道德理性，自由意志的阐扬，肯定了历史前进过程中人的主观能动性的价值，并从原则性上提出了"依人建极"的人道史观，暗含着对道家自然主义历史观的批判，同时也是对历史上儒家的民本思想再一次做出了哲学范畴的提升。在儒家的经典里，《尚书·洪范》篇有"建用皇极"的"皇极"观念，《尚书·君奭》有"作汝民极"的"民极"观念，隋末唐初的王通《中说》中有"仰以观天文，俯以察地理，中以建人极"的"人极"观念，但在王夫之之前似乎还没有人明确地提出过"依人

---

① 王夫之：《读通鉴论》卷三，《船山全书》第 10 册，第 138 页。
② 《马克思恩格斯选集》第 2 卷，第 237 页。

建极"的历史哲学原则。如果说有，我们只能从抽象的精神上说，儒家的"人禽之别"观念、仁爱观念，以及老庄的尊生贵身观念里也包含有这种思想。但王夫之明确地提出"依人建极"的历史哲学命题，并对人的主体能动力给予了新的阐述，因而是对儒家思想乃至对整个中国传统的历史哲学思想作出了新的贡献。

首先，他在肯定人道统一于天道的前提下，突出强调了人道的独特性。他说："人之道，天之道也。天之道，人不可以之为道也。"[1]这就是说，人道从原则上不能脱离天道，而要服从于天道。但是，人类社会又不能简单地将自然的法则施之于人类社会之中。自然中遵循弱肉强食的法则，就不能直接地施之于人类社会。这一观点应当是对老子"天地不仁，以万物为刍狗。圣人不仁，以百姓为刍狗"的政治思想的一种批判。

其次，他提出了极其光辉的众人创造历史，众人要以圣自居的思想。他认为，所谓"相天之大业"，不必归之于圣人。人如果不敢以圣自居，则是同于禽兽之化。他说：

> 语相天之大业，则必举而归之于圣人，乃其弗能相天与，则任天而矣。鱼之泳游，禽之翔集，皆其任天者也，人弗敢以圣自尸，抑岂曰同禽鱼之化哉？[2]

在王夫之看来，历史上的思想家们一谈到相天之大业，全都归结为是圣人的举动，其实这是极其错误的想法。这是人们自觉地把自己放到与禽兽同等水平的位置上，是听任大自然摆布的做法。正确的做法应当是人人都应当具备"造命"的使命感。他对唐代邺侯的"君相可以造命"一句给予了高度地肯定，同时又认定造命之事并非仅仅属于君相，如他说：

> 君相可以造命，邺侯之言大矣！……乃唯能造命者，而后可以

---

① 王夫之：《续春秋左氏传博议》卷下，《船山全书》第 5 册，第 617 页。
② 王夫之：《续春秋左氏传博议》卷下，《船山全书》第 5 册，第 617 页。

俟命，能受命者，而后可以造命，推致其极，又岂徒君相为然哉！……修身以俟命，慎动以永命，一介之士，莫不有造焉。①

"人当以圣自居"，"一介之士，莫不造命"积极健动精神，众人创造历史的观念，在今天看来仍然是可取的历史哲学思想。

再次，人所以能"相天"而成就大业，乃在于两方面原因：一是从类的方面说，人类有文明制度和前后相续的文明积累，这便是君、师和礼、义之存在，因此可以避免被动地适应自然环境的结局。他说："天之所生而生，天之所杀而杀，则是可无君也；天之所哲而哲，天之所愚而愚，则是可无师也；天之所有因而有之，天之所无因而无之，则是可无厚生利用之德也；天之所治因而治之，天之所乱因而乱之，则是可无秉礼守义之位也。"②

王夫之不承认这种被动的"天命"史观。他认为，人道之独，恰恰表现在人类有自己文明成果——君、师和礼义制度的存在，让人在自然的面前不是完全被动、无援的，而是可以积极进取的。如果一切委之于自然、天命，人类的义明成果与制度建制就丝毫没有存在的价值。

从个体的方面来说，人可以凭借自然的生理器官之特征，通过人的弘道过程，而使人目明耳聪，心思睿哲，从而实现"人道之独"。他说：

> 夫天与之目力，必竭而后明焉；天与之耳力，必竭而后聪焉；天与之心思，必竭而后睿焉；天与之正气，必竭而后强以贞焉。可竭者天也，竭之者人也。人有可竭之成能，故天之所死，犹将生之，天之所愚，犹将哲之！天之所无，犹将有之！天之所乱，犹将治之！……任天而无能为，无以为人；助天而成其乱，抑非以任天。③

"竭"就是允分发挥人的土观能动性，在具体的社会实践中将人的自然禀赋、潜能扩充到极致，并创造出大自然所没有提供的许多物事、器

---

① 王夫之：《读通鉴论》卷二十四，《船山全书》第 10 册，第 936—937 页。
② 王夫之：《续春秋左氏传博议》卷下，《船山全书》第 5 册，第 617 页。
③ 王夫之：《续春秋左氏传博议》卷下，《船山全书》第 5 册，第 617—618 页。

用,从而也实现人性的发展。在社会生活中,通过自己独立的理性判断,自立权衡而不流于世俗大流之中;在困辱危难之中,挺立个人的道德自由意志;在抗争中,虽或以自我牺牲为代价,但亦不是白白地付出了自己的努力。王夫之说:

> 裁之于天下,正之于己,虽乱而不与俱流;立之于己,施之于天下,则凶人戢其暴,诈人敛其奸,顽人砭其愚,即欲乱天下,而天下犹不乱也。功被于天下,而阴施其裁成之德于匪人,则权之可乘,势之可为,虽窜之流之,不避怨也。若其权不自我,势不可回,身可辱、生可捐、国可亡,而志不可夺。虽然,天亦岂必以我为匪人之饵,饱彼而使之勿脱于钩哉?[1]

王夫之不仅以十分深沉的历史意识高扬了人的道德理性和自由意志,而且天才地猜测到了历史变迁过程中“社会合力”的作用。正因为他看到了人的能动性和个人在社会历史中的价值,他提出了“依人建极”的历史道德法则:“道行乎乾坤之全,而其用必以人为依,不依乎人者,人不得而用之。则耳目所穷,功效亦废,其道可知而不必知。圣人所以依人而建极也”[2]。

自然的法则多种多样,然而只有与人发生关系的那部分自然及其法则,才能为人所用。故历史上的大圣人急于了解、把握与人类生活发生关系的自然法则,故依人而建极。依人建极,并非现代哲学所反对的人类中心主义的观点,而恰恰道出了人类视野里的自然秩序,即王夫之所说的“以人为依,则人极建而天地之位定也”[3]。人类不可能不从人道的原则出发来重新安排自然的秩序,从而让自然人化。而自然的人化过程就是人类文明发生、发展、繁荣的历史过程。这是王夫之历史哲学视野下的人与自然关系观。

---

[1] 王夫之:《续春秋左氏传博议》卷下,《船山全书》第 5 册,第 618 页。
[2] 王夫之:《周易外传》卷一,《船山全书》第 1 册,第 851 页。
[3] 王夫之:《周易外传》卷一,《船山全书》第 1 册,第 852 页。

三、"今胜于古"的历史发展观与"文野互变"的历史猜想

在抗清斗争的活动中,王夫之被迫深入少数民族的生活地区,因而对少数民族的生活有一定的了解,进而使他对中国上古历史有了新的认识。他不再将中国的远古时代设想为黄金时代,而是大胆地认定中华先民为"植立之兽"而已。基于这一新的中华文明历史起源的认识,他对中华民族的未来抱有乐观的态度。通过对晚明以来来华传教士的认识,以及对西方著作的少量接触,也使得他对人类的文明形态有了新的认识,不再将中华文明看作是唯一的文明形态。这些新思想均体现了王夫之历史哲学的深邃与新颖之处。

对于中华文明的起源问题,王夫之深感缺乏必要的史料加以证明,仅以他当时所知而大胆地作出了如下的推测:

> 考古者,以可闻之实而已。知来者,以先见之几而已。故吾所知者,中国之天下,轩辕以前,其犹夷狄乎! 太昊以上,其犹禽兽乎! ……所谓饥则呴呴,饱则弃余者,亦植立之兽而已矣。①

上述这则典型材料表明,王夫之在历史观的问题上,已经超越了中国传统中的儒、道、墨各家有关上古"黄金时代"的历史假想,断然认定中华民族的祖先在其文明的源头处"亦植立之兽而已矣"。这一论断从原则上说是正确的。在《读通鉴论》中,王夫之反复说到,中国古代文明并不像有些儒者所说的那样是黄金时代,而极可能像当时川、广一带的土司。从文明发展史的角度看,郡县制的确立,在政治制度上是一种进步,改变了地方势力擅自兴兵与专杀的局面。他说:"郡县之天下有利乎? 曰:'有,莫利乎州郡之不得擅兴军也。'郡县之天下有善乎? 曰:'有,莫善乎长吏之不敢专杀也。'"②正凭借这两点就可以看出,郡县制优于古代的封建制。在封建制下,那些诸侯其实就是当地的土霸王,他们"各君其

---

① 王夫之:《思问录·外篇》,《船山全书》第 12 册,第 467 页。
② 王夫之:《读通鉴论》卷十五,《船山全书》第 10 册,第 585 页。

土，各役其民，若今化外土夷之长，名为天子之守臣，而实自据为部落，三王不能革，以待后王者也"①。而到了唐、宋时期，"非叛贼不敢称兵；有司之酷者，惟以鞭笞杀人，而不敢用刀锯；然后生人之害息，而立人之道存。不然，金、元之世，中国遗黎，其能胜千虎万狼之搏噬乎"②？

这些论述表明，王夫之从整体上肯定了人类政治文明是处在动态的发展过程之中的，即使是金、元等少数民族统治中原大地的时候，文教也没有完全丧失。否则那些生活在少数民族统治地区的汉民族如何能面对金、元统治者的虎狼之军队呢？在满清贵族入主中原之初，激起了汉民族的强烈反抗。在反抗满清贵族政权对于汉民族血腥屠杀的民族斗争过程中，王夫之特别突出地强调了华夷之别、文野之分。但在晚年，他对文野问题的思考似乎有所变化。在《思问录·外篇》，他曾这样说道：

> 天地之气衰旺，彼此迭相易也。太昊以前，中国之人若麋聚鸟集，非必日照月临之下而皆然也，必有一方焉如唐、虞、三代之中国也。既人力所不通，而方彼之盛，此之衰而不能征之，迨此之盛，则彼又衰而弗能述以授人，故亦蔑从知之也。③

王夫之对文明发展的不平衡性的假想，在理论上极富想象力，不再将中国文明看作是人类最高文明形态的表现。这一文明发展不平衡的假说，既与晚明社会耶稣会传教士带来的西方文明成果有关，也与他对现实社会中区域文化的变化观察密切相关。他认为，吴、楚、闽、越地区，汉以前属于夷，而现在为文教之渊薮。齐、晋、燕、赵，唐、隋以前为中夏，现在那些"椎钝駤戾者，十九而抱禽之心矣"。由此，他得出结论："地气南徙，在近小间有如此者，推之荒远，此混沌而彼文明，又何怪乎！"④

王夫之的"地气南徙"的说法虽然是一种文明变化的现象描述，不足

---

① 王夫之：《读通鉴论》卷十五，《船山全书》第 10 册，第 585—586 页。
② 王夫之：《读通鉴论》卷十五，《船山全书》第 10 册，第 586 页。
③ 王夫之：《思问录·外篇》，《船山全书》第 12 册，第 467—468 页。
④ 王夫之：《思问录·外篇》，《船山全书》第 12 册，第 468 页。

以揭示文明变化的根本原因，但他不再执着于华夏文明优越论，而有一种更加深沉的历史忧患意识，即华夏地区的人民如果不加倍努力，很有可能退化为野蛮的民族。这种对中华民族未来命运的担忧，才是其文明假说的精蕴之所在。王夫之有关文明退化可能性的忧思，在今天看来依然具有哲学上的启迪意义。

第四章　李颙、颜元、李塨的哲学思想

第一节　李颙的"体用全学"及其影响

李颙(1627—1705)，字中孚，陕西盩厔①（今周至县二曲镇）人，自号惭夫②，亦别署亚室病夫，世称二曲先生。16 岁时父丧（李可从，随汪乔年出征襄阳讨伐李自成部，城破死之），18 岁时清兵入关，家国离乱之际与母彭氏相依为命。二曲早年泛观博览，致力于程朱格物穷理学说，假于闻见，"泛滥于群籍，汲汲以撰述辩订为事，以为学在是矣"③。但 31 岁大病一场之后，深契于陆王心学"默坐澄心"之说，学思方向陡然转变，悉数焚去早年著述文稿，开始致力于向内静坐默识，涵养心性本性，不假闻见。对此由博入约、由外而内的显著转变，他曾自道：

> 以余之不敏，初昧所向，于经、史、子、集，旁及二氏两藏，以至九

---

① 盩厔，汉武帝置，属右扶风，班固《汉书》有云："山曲曰盩，水曲为厔。"盩厔得名于此。李颙生于斯长于斯，因以二曲先生称。

② 据刘宗泗《二曲先生墓表》云：尝泣语人曰："吾母之生，寝无席。吾父之亡于外也，求其骨而不得；吾实天地之罪人矣！因自号曰惭夫。"另外，由于他中年以后渐趋闭门隐逸，冥然深造，人亦称其"李晦夫"。

③ 李颙：《历年纪略》，《二曲集》，陈俊民点校，第 562 页，北京，中华书局，1996。

流百技、稗官小说，靡不泛涉。中岁始悟其非，恨不能取畴昔记忆，洗之以长风，不留半点骨董于藏识之中，令中心空空洞洞，一若赤子有生之初，其于真实作用，方有入机。①

在中年"痛悟前非"后，成书于 33 岁时的《悔过自新说》已基本呈现出其"默坐澄心""悔过自新"的尊德性思想之雏形。到《学髓》完成时（42 岁），其澄心见性、明体适用的治学宗旨已趋成熟。又两年后，二曲受常州知府骆仲麟邀请到常州、无锡、苏州等晚明东林学派大本营讲学三个多月，江南人文渊薮之地一时为之振动。二曲晚年除了曾一度短暂主持关中书院，流寓富平之外，基本上闭门不出，且坚拒官府征辟，直至 79 岁去世。其主要著述除《二曲集》之外，还有《四书反身录》《司牧宝鉴》等。

二曲时值关学续亡存绝之际，继明代关学中兴代表人物吕柟、冯从吾等人之后，主讲关中书院，推动出版关中先贤文献（亲自整理《鸡山语要》一书），与邻近的眉县李柏（尺木）、富平李因笃（天生）并称"关中三李"。作为当时关学之主要代表，他与河北孙奇逢、浙东黄宗羲一起时称"清初三大儒"②。在清初儒林之中，二曲在异常艰苦的环境中"坚苦力学，无师而成"③，其学思之纯粹，言行之一致，尤其令人钦佩。

二曲早年幼无师承，泛滥百家，出入于程、朱、陆、王之间，治学完全是自己从摸索中得来，很少受门户宗派局限。他不仅对于明末清初学界聚讼焦点的朱陆异同与阳明后学分化等问题有深入而平衡的理解，同时对于释、道两家学说亦持开放态度。他说"仆学兼采众长，未尝专主一家，非区区阿其所好，私一姚江，而真是真非之所在，实难自昧"④。其晚年入室弟子王心敬亦认为，"其生平论学，无朱、陆，无王、薛，惟是之从"，

---

① 李颙：《富平答问》，《二曲集》，陈俊民点校，第 127 页。
② "清初三大儒"有两种说法。文中说法是据全祖望《二曲先生窆石文》，见《鲒埼亭集》卷十二，四部丛刊本；近代以来通行的说法，一般指顾炎武、黄宗羲和王夫之。
③ 顾炎武：《广师》，《顾亭林诗文集》，第 134 页。
④ 李颙：《答范彪西徵君》，《二曲集》，陈俊民点校，第 200 页。

不"落近儒门户之习"①。清代唐鉴等极少数人则认为二曲虽然出入程朱陆王，但"确宗程朱家法"②。而与二曲过从甚密、宗主程朱的王弘撰（山史），则特别指出其"意主文安、文成之说，其所出入，似得之禅"③。今人梁启超、钱穆等多数人认为二曲"是结实的王学家"和"王学后劲"④。章太炎、蒋维乔等人则认为"植基于陆子，而兼取朱子之长，不偏于一派"⑤。而侯外庐、蔡尚思、冯契、赵俪生等人则认为二曲之学具有一定的民主、自由、平等等现代性元素，直接将其归入明清之际启蒙思想家行列之中。

笔者以为，二曲治学虽不拘宗派却学有宗旨。其治学宗旨以一念万年、无善无恶之良知（心）为本体，以"悔过自新"、提撕人心为工夫门径，以经世实务为致用手段，形成了一整套"明体适用"的"体用全学"架构。下面，我们将通过勾勒其"悔过自新说"、"无念之念说"与"明体适用说"等体用全学的思想要点，分析其思想主旨，评析其理论得失及影响。

一、"悔过自新"的立言宗旨

从家国剧变的刺激和儒学内在发展理路的双重角度来看，清初学界的主流是对宋明新儒学进行全面的理论反思并总结其理论的得失。有关朱陆异同的问题成为学界的主要问题之一。二曲对于程朱陆王之间的分歧看得很清楚，评价也比较中肯，他说：

> 人之所以为人，止是一心，七篇之书反复开导，无非欲人求心。孟氏而后，学知求心，若象山之"先立乎其大"、阳明之"致良知"，简易直截，令人当下直得心要，可为千古一快。而末流承传不能无弊，往往略工夫而谈本体，舍下学而务上达，不失之空疏杜撰鲜实用，则

---

① 冯从吾：《关学编》（附续编），陈俊民、徐兴海点校，第 87 页，北京，中华书局，1987。
② 唐鉴：《国朝学案小识》卷四，《唐鉴集》，第 357 页，长沙，岳麓书社，2010。
③ 王弘撰：《频阳札记》，《砥斋集》卷四，第 443 页，上海，上海古籍出版社，2002。
④ 梁启超：《中国近三百年学术史》，第 43 页，北京，中国书店，1986。
⑤ 蒋维乔：《近三百年中国哲学史》，第 39 页，上海：中华书局，1936。

失之恍忽虚寂杂于禅。程子言"涵养须用敬，进学在致知"，朱子约之为"主敬穷理"，以轨一学者，使人知行并进，深得孔门"博约"家法。①

程朱、陆王之学各有所长，如何取长补短，重塑儒家的一贯之学，结束宋明以来几百年双峰并峙、聚讼不已的局面，成为晚明清初学术界要解决的核心理论问题。二曲说道：

> 而吾人生乎其后，当鉴偏救弊，舍短取长，以孔子为宗，以孟氏为导，以程朱陆王为辅，"先立其大""致良知"以明本体，"居敬穷理""涵养省察"以做工夫，既不失之支离，又不堕于空寂，内外兼诣，下学上达，一以贯之矣。②

随着年龄与学识的日增，加上而立之年病中的切身体验，二曲在权衡朱陆及诸家学说的基础之上，最终找到了自己安身立命的基础和进德修业的门径，提出了"悔过自新"说。作于 33 岁的《悔过自新说》一文，最早展现了他综合程朱陆王之学的创见。他说：

> 古今名儒倡道救世者非一：或以"主敬穷理"标宗，或以"先立乎其大"标宗，或以"心之精神为圣"标宗，或以"自然"标宗，或以"复性"标宗，或以"致良知"标宗，或以"随处体认"标宗，或以"止③修"标宗，或以"知止"标宗，或以"明德"标宗。虽各家宗旨不同，要之总不出"悔过自新"四字，总是开人以悔过自新的门路，但不曾揭出此四字。所以当时讲学，费许多辞说。④

上述所说的"标宗"各家，"主敬穷理"当指二程、朱子，"先立乎其大"当指陆九渊，"心之精神为圣"当指杨慈湖，"自然"当指陈白沙，"复性"当指薛瑄，"致良知"当指王阳明，"随处体认"当指湛甘泉，"止修"当指李材

---

① 李颙：《四书反身录·孟子》，《二曲集》，陈俊民点校，第 532 页。
② 李颙：《四书反身录·孟子》，《二曲集》，陈俊民点校，第 532 页。
③ 陈俊民点校本将"止"误校为"正"。
④ 李颙：《悔过自新说》，《二曲集》，陈俊民点校，第 3 页。

之学，"知止"当指黄绾的"艮止"之学，"明德"当指罗汝芳（号明德先生）的"天明"之说。二曲在综合上述各家学说之后提炼出"悔过自新"说，未必能囊括上述诸家学说精神，毋宁说是二曲自己出入诸家之后的一种心得之见。"悔过自新"说的基本倾向仍然是一种道德心理的自我反省，自我克服行为，未脱离宋明儒学的道德心性修养的大框架，如二曲说：

> 同志者苟留心此学，必须于起心动念处潜体密验。苟有一念未纯于理，即是过，即当悔而去之；苟有一息稍涉于懈，即非新，即当振而起之。……悔其前非，断其后续，亦期至于无一念之不纯，无一息之稍懈而后已。……众见之过，犹易惩艾；独处之过，最足障道。何者？过在隐伏，潜而未彰，人于此时最所易忽；且多容养爱护之意，以为鬼神不我觉也。岂知莫见乎隐，莫显乎微，舜跖人禽，于是乎判，故慎独要焉。①

上文中"苟有一念未纯于理，即是过"有三个关键概念：念、理、过。念在这里指道德心理活动过程中产生的各种意识，特别是内在隐秘的道德动机。理是指良知或心体所具有的先验道德规范或德性之知。过，就是道德动机与情感在经过先验的德性之知检验过程中所表现出来的不"自慊"之情，诸如道德愧疚感、悔恨感甚至负罪感。不断地觉知并减损这种道德过错及其良心压力，就是"悔过"，而悔过就是"自新"。

需要指出的是，"理"在这里作为良知天然具足或自为立法的德性之知，是不以外在闻见之知为前提条件的。正所谓"气有聚散，理无聚散；形有生死，性无加损"②，二曲借用了朱子"在天为理，在人为性"的性即理说，将天理与德性直接关联起来，并对于德性之知的天然自足性与先验性，以及道德的主体性与内在性屡加强调，如他说：

> 性，吾自性也；德，吾自得也。我固有之也，曷言乎新？新者，复

---

① 李颙：《悔过自新说》，《二曲集》，陈俊民点校，第 5 页。
② 李颙：《四书反身录·论语》，《二曲集》，陈俊民点校，第 478 页。

其故之谓也，辟如日之在天，夕而沈，朝而升，光体不增不损，今无异昨，故能常新。若于本体之外，欲有所增加以为新，是喜新好异者之为，而非圣人之所谓新矣。①

又说：

> 生死一理，知生则知死矣。气变而有形，形变而有生。生者，造物之所始；死者，造物之所终。故生之必有死，犹昼之必有夜，自古及今，无一获免。而所以生所以死之实，则不因生死为存亡，不随气机为聚散也。②

性体"日之在天"，"不增不损，今无异昨"，是无损益的；而且"性，吾自性也"，"我固有之也"，③是不假闻见与外求的。当然，天性固然是先验的，"无加损"的，然而绝非一个超绝于人类之外的有待认知的超验对象。它是可以"于起心动念处潜体密验"的。因此，一方面，"悔过"的过程，通常是一个人单独的，带有一定神秘感的道德体验、反省和自检行为，并不以他人的道德规劝与强制为必要条件。另一方面，既然悔过不以外在闻见为条件，那么"自新"作为不断悔过的结果，也不是要增加什么新的道德知识，只不过"复其故之谓也"，恢复天性的本来面目而已，并非"于本体之外，欲有所增加以为新"④。"悔过自新"只是不断去除后天的蒙蔽以恢复、保持、呈现性体真实如初状态的一个过程。

二曲的"悔过自新说"在道德修养的方面，有简易直截的方便之处。但在理论上显然隐藏着两个有待证明的前见：一是与绝大多数宋明新儒家一样，未加批判地继承了孟子先验主义的心体至善主张，且认定良知是人人都能够后天经验自证其为真实存在之实体，绝非只是一个理论上的抽象假设或可能性；二是由于主张人性先天本善，因此与善相对的恶

---

① 李颙：《悔过自新说》，《二曲集》，陈俊民点校，第 5 页。
② 李颙：《四书反身录·论语》，《二曲集》，陈俊民点校，第 477—478 页。
③ 李颙：《悔过自新说》，《二曲集》，陈俊民点校，第 5 页。
④ 李颙：《悔过自新说》，《二曲集》，陈俊民点校，第 5 页。

只能被认为是源于诸种后天因素所致。为了进一步理解其"悔过自新"的宗旨，下面进一步对其"无善无恶为心之体""一念万年之真面目"的心性本论论，与"静坐默识""主敬独体"的"明体"工夫论的解释，展示其学说的内在一惯性。

二、"无善无恶"与"无念之念"的良知本体论

宋明诸儒虽然有各自的心性论，但其理论源头都与《中庸》"天命之谓性，率性之谓道，修道之谓教"三句话相关。二曲说："识得良知便是性，依良知而行，不昧良知，便是'率性'，便是'道'"。① 很显然，这一说法是对《中庸》三句话的前两句的重新解释。二曲的心性论主要继承了孟子—陆王一系的"良知"或"良心"这一本体概念的经验体证与修养方法，多是"于起心动念处潜体密验"，而对于天命、心、性、情、欲等核心范畴没有进行细致的分析解释，这对后人理解其心性修养的思路带来了一定的困难。不过，其言说的大体意思基本上还是清楚的。

（一）"一点良心便是性"的心性关系论

关于天命、人性、良心（或良知）三者的关系，二曲通常不加区别地使用，他对"天命之谓性"解释道："天命为吾性之所自出"，"天与我此性，虚灵不昧，无须臾之少离"。② 故"天命"无非即是人人皆有的先天禀性，天人之间是二而一的，而"良知即良心也。一点良心便是性，不失良心便是圣"。③ 由此可知，人心（良知或良心）、人性与天命之间是三位一体的同质异名关系。"悔过自新"无非是良心的自我发现，良心的自我发现无非是人性的彰显，而彰显人性便是顺遂天命。二曲将心体与性体合而为一，以心体为基础所构建起的本体论，与思孟学派和陆王一系的尽心、知性、知天的心性修养路线无疑是一脉相承的。

---

① 李颙：《富平答问》，《二曲集》，陈俊民点校，第 126 页。
② 李颙：《四书反身录·中庸》，《二曲集》，陈俊民点校，第 415 页。
③ 李颙：《悔过自新说》，《二曲集》，陈俊民点校，第 2 页。

　　当然，这里还存在一个如何解释人性实际展现过程存在的不纯粹性甚至邪恶性的重要问题。二曲为此不得不引入"气（质）"的概念以及程朱的天地之性与气质之性的二分法。他说，"天地之性人为贵"，"本至善精纯，至粹无瑕"，然而"人多为气质所蔽，情欲所牵，习俗所囿，时势所移，知诱物化，民失厥初"。① 情欲、习俗、时势等因素熏染了的气质之性可能会蒙蔽纯粹至善的天地之性，不过气质之性只是偏离、蒙蔽本性而已，其本身非恶。如二曲说：

> 人也者，禀天地之气以成身，即得天地之理以为性。此性之量，本与天地同其大；此性之灵，本与日月合其明。②

又说：

> 言性而舍气质，则所谓性者，何附？所谓性善者，何从而见？如眼之视，此气也，而视必明，乃性之善；耳之听，此气也，而听必聪，乃性之善；手之执，此气也。……以至于百凡应感，皆气也，应感而咸尽其道，非性之本善而能之乎？若无此气，性虽善，亦何从见其善也？善乎程子之言性也，曰"论性不论气则不备，论气不论性则不全"。此纷纷之折衷也。③

　　二曲虽从理论上借鉴了程朱理学，包括张载的天地之性与气质之性二分的人性论思想框架，但并没有简单地将人性之恶归咎于"气质之性"，也没有像颜元那样直接地肯定"气质之性亦善"，而只是说"若无此气，性虽善，亦何从见其善也"，强调"气质之性"对"天地之性"之呈现，并展示其功能实现的现实性条件。由二曲论"天地之性"与"气质之性"二者之间的关系可以看出，"后理学时代"的诸家，都在史加细致地处理此前的宋明诸儒的思想资源，努力修正前人的理论偏颇，注意自己言说的

----

① 李颙：《悔过自新说》，《二曲集》，陈俊民点校，第 3 页。
② 李颙：《悔过自新说》，《二曲集》，陈俊民点校，第 2—3 页。
③ 李颙：《靖江语要》，《二曲集》，陈俊民点校，第 35 页。

分寸,对经验世界不再采取简单的否定态度。

（二）"学所以约情而复性"的情性关系论

在熏染气质之性的情欲、习俗、时势等诸种因素之中,情欲因素是主体受到外在因素刺激而自然产生的心理与生理反应。人生而有饮食男女之需、喜怒哀乐爱恶欲之情,这些统称之为"情欲"的东西伴随人的始终。因此,如何让情欲发而皆中节,不至于扭曲和遮蔽天地之性的自然流露就成为儒家人性论关注的又一个焦点问题。在二曲这里,恶既然来源于后天情欲的偏失,那么悔过自新的工夫就具体转换成如何适当节制情欲的问题。

二曲有感于现实生活中的人们于良知习焉不察、麻木不仁的种种表现,提出了"约情复性"说或"摄情归性"说:

> 吾人自能食能言以来,情识日杂,天真日凿,记诵之勤,见闻之广,不惟未尝以之祛情识,而愈以滋情识;不惟未尝以之全天真,而愈以凿天真。骋私智,长巧伪,躭功利,骛声名,借津仁义,"色取行违",而赤子固有之良、本然之心,失而又失,愈不可问。耳、目、口、鼻虽与大人同,念、虑、言、动迥与大人异,非小人而何?[1]

然正如二曲不是简单地排斥"气质之性"一样,他也没有简单地禁欲排情,而是认为情需性之发乎其外而皆中节中矩,尽量避免气(性)的遮蔽与控制。因此,他提出了以学的途径达到"约情而复性"的目标:

> 学,所以约情而复性也。后世则以记诵闻见为"学",以诵习勤、闻见博为"好学"。……学苟不在性情上用功,则学非其学。性情上苟不得力,纵夙夜孜孜,博极群籍,多材多艺,兼有众长,终不可谓之"好学"。[2]

二曲认为,"学"的目的是约情复性,其内容应当是内在道德性情的

---

① 李颙:《四书反身录·孟子》,《二曲集》,陈俊民点校,第 519—520 页。
② 李颙:《四书反身录·论语》,《二曲集》,陈俊民点校,第 448—449 页。

涵养和节制,而非外在知识的记诵闻见。如果不在性情修养上用功而只是一味地"博极群籍",那将不仅不能够认识、体证天性,反而恰恰是滋生情识、放逸本心而成为有违天性的罪魁祸首。这里的"约情",与"博学"相对,要求将人的精神注意力由向外物的认知转向内心的体证。正所谓"学,所以明性而已,性明则见道,道见则心化,心化则物理俱融。跃鱼飞鸢,莫非天机;易简广大,本无欠缺;守约施博,无俟外索"①。这一观点,显然是孟子"求放心"、阳明"致良知"学说的重新表述。

二曲"摄情归性"说的具体内容是:通过"慎几微之发,严理欲之辨",来实现"欲理两忘,谶念不起,犹镜之照,不迎不随"②的"绝学"境界。为了说明这种约情复性的养心绝学的真实可行性,他屡引王心斋《学乐歌》"人心本自乐,自将私欲缚。私欲一萌时,良知还自觉。一觉便消除,此心依旧乐。乐是乐此学,学是学此乐",以此来表达良知心体感发自为时的种种道德愉悦感与满足感。很显然,二曲的这些论述并无多少新意,他只是以自己的言说方式重新叙述了阳明后学中王龙溪一系的思想。下面将要论述的"虚明寂定"的灵明论、"无善无恶"的天机论以及"无念之念"的意念关系论,更能体现其良心本体论的意蕴。

(三)"虚明寂定"的灵明论

陆王一系主张"先立乎其大",学贵立心,正所谓"虚灵不昧,众理具而万事出。心外无理,心外无物"③。二曲亦说:"吾之教人,使其鞭心返观,重本轻末。久则自觉意思安闲,襟怀潇洒,一切外物,自不入虑。"④至于有人问何谓"本",二曲的回答是:"即各人心中知是知非,一念之灵明是也。此之谓天下之大本。立者,立此而已。……既觑本面,一证永证,一了百了,生顺死安,无复余憾也。"⑤

---

① 李颙:《四书反身录》,《二曲集》,陈俊民点校,第562页。
② 李颙:《学髓》,《二曲集》,陈俊民点校,第19页。
③ 王阳明:《亲民堂记》,《王文成公全书》卷七,第37页下,四部备要本。
④ 李颙:《靖江语要》,《二曲集》,陈俊民点校,第33页。
⑤ 李颙:《靖江语要》,《二曲集》,陈俊民点校,第34页。

又说:"形骸有少有壮,有老有死,而此一点灵原,无少无壮,无老无死,塞天地,贯古今,无须臾之或息。会得此,天地我立,万化我出,千圣皆比肩,古今一旦暮。"[1]

二曲对"灵明"或"灵原"这一本体的无生死、塞天地、贯古今等终极性之赞叹,其实即是对孟子、阳明所谓的"良知""良心",以及《大学》中的"明德"的赞叹。对于这一道德形上学内容的描述与规定,二曲花费了很多笔墨。如对于"灵明"之本体的"虚明寂定为本面"[2],他这样规定:

> 静而虚明寂定,是谓"未发之中";动而虚明寂定,是谓"中节之和"。时时返观,时时体验。一时如此,便是一时的圣人;一日如此,便是一日的圣人;一月如此,便是一月的圣人;终其身常常如此,缉熙不断,则全是圣人,与天为一矣。[3]

将"虚明寂定"当作心性之本来面目或根本属性的类似描述还有不少,当有人进一步追问"虚明寂定之景若何"时,二曲分别采用了四个比喻性的说法间接而形象地予以了说明:

> 即此是景,更有何景。虚若太空,明若秋月,寂若夜半,定若山岳,则几矣。然亦就景言景耳。若著于景,则必认神为本面,障缘益甚,本觉益昧。[4]

更具体地说来,心体"虚、明、寂、定"这四种属性可以作如下的描述:其一,"虚"即虚空,指其具有形而上的真实性。"心体本虚,物物而不物于物,廓然大公,物来顺应。如是则虽酬酢万变,而此中寂然莹然,未尝与之俱驰。"[5]其二,"明"即自明,指其具有纯粹至善性。"天与我此性,虚灵不昧,无须臾之少离;天昭鉴我此性,凛凛在上,无须臾之或离。虽欲

---

① 李颙:《学髓》,《二曲集》,陈俊民点校,第 18 页。
② 李颙:《学髓》,《二曲集》,陈俊民点校,第 20 页。
③ 李颙:《学髓》,《二曲集》,陈俊民点校,第 21 页。
④ 李颙:《学髓》,《二曲集》,陈俊民点校,第 21 页。
⑤ 李颙:《四书反身录·大学》,《二曲集》,陈俊民点校,第 408 页。

不惧,其可得乎?'昊天曰明',正是'顾諟天之明命',惟恐心思念虑少有纵逸,不合天心。"①其三,"寂"即寂静,无从闻见,指其具有时空与语言上的超绝性。"秦镜朗月,不足以喻其明;江汉秋阳,不足以拟其皜。行且微尘六合,瞬息千古,区区语言文字,曾何足云。即有时不得不言,或见之语言文字,则流于既溢,发于自然;不烦苦思,不费安排,言言天机,字字性灵,融透爽快,人已咸惬矣!"②其四,"定"即安定,兼有决定、主宰义,指其具有主体统摄性。"学问之要,全在定心;学问得力,全在心定。心一定,静而安,寂然不动,感而遂通,廓然大公,物来顺应,犹镜之照,不迎不随,此之谓'能虑',此之谓'得其所止'。"③

上述对"灵原"的精微论述固然是从自身的心性修养中体贴出来的,十分真切却又不无神秘。总体上看,二曲的灵明论属于阳明学当无疑义,且在阳明后学中更接近于泰州学派的良知现成论。在二曲《观感录》一书中,都是一些主张圣凡平等、超凡入圣的典型,其首选就是王艮,堪为显例。无论是王门左派还是二曲,其在良知灵原的论述上可谓壁立万仞,在儒、禅之间只争一线,引起了诸多误解与非议。这一点,在二曲的"无善无恶"论与"一念万年"论上体现得更为明显。

(四)"无善无恶"的天机论

众所周知,对阳明四句教中首句"无善无恶为心之体"的不同理解,是导致阳明后学分化以及导致狂禅流弊的重要起因。到了明末,"无善无恶"之说除遭到王门内部的批判之外,且"为顾叔时(泾阳)、顾季时(泾凡)、冯仲好(少墟)明白排决"④,以减少阳明学的流弊。时至清初,二曲到苏、锡、常等东林之学重镇讲学时,却仍坚决主张心体"无善无恶"的观点,难怪乎遭到了普遍非议。不过,二曲不为诸多非议所动,为阳明也为

---

① 李颙:《四书反身录·中庸》,《二曲集》,陈俊民点校,第 415 页。
② 李颙:《答张澹庵》,《二曲集》,陈俊民点校,第 145 页。
③ 李颙:《四书反身录·大学》,《二曲集》,陈俊民点校,第 403 页。
④ 黄宗羲:《东林学案·顾泾阳传》,《明儒学案》卷五十八,沈芝盈点校,第 1379 页,北京,中华书局,2008。

自己的"无善无恶"之说作辩护，他说：

> 先生曰："此诸儒文字之见，学者不洞其大也。所见者形而下，其形而上者，原未之深契也。性本冲漠无朕，不可以'善'言。凡言'善'者，皆就其'继之者'而名也。若论'无声无臭'之本，'善'犹不可以强名，况'恶'乎！故无善之善，乃为至善；有意为善，虽善亦私。"此阳明立言之本意也。①

在二曲看来，心体"虚明寂定"，无声无臭，冲朕无漠，寂然不动，本无所谓善恶之分的。当心体随感而应，产生意念之后，才有所谓"继善成性"，才有所谓理欲、善恶、是非、正邪的区别。二曲之所以将心之本体界定为"无善无恶"而非"有善无恶"，正是因为："'有善有恶'从乎意动之后而言，而非言乎本然之性真有此对峙也，而未及思夫鄙图之善、恶两行，亦指乎意动之后也。"②心体寂然未发之前的状态，二曲除了使用上述"虚明寂定"来形容之外，还使用了"无念之念"一语（稍后详论），以表示其无思无虑、浑沦一体、绝无对待的性质。

二曲既承认孟子的性善学说，却又坚持说心体"无善恶"而非有善无恶；与此同时，还说"无善无恶"之心体是"无善之善"③，"万善之源"④。这些说法，乍看起来不仅自相矛盾，其实涉及的问题是对天道之善——亦即"元善"的认知与评价。二曲坚持心体"无善无恶"乃是真几之论，并不认为这一学说会流于狂禅。他说：

> "有意为善，虽善亦私"，此前人见道语。盖心须寂然不动，感而后通，恻隐、羞恶、是非、辞让，随感而形，自然而然，莫非天则，非勉然而然，起炉作灶。若无所感而有意为善，犹未见孺子入井而辄欲怵惕。失何思何虑、寂然不动之本体，更是起炉作灶。即一无所为

---

① 李颙：《靖江语要》，《二曲集》，陈俊民点校，第 35 页。
② 李颙：《书三》，《二曲集》，陈俊民点校，第 218 页。
③ 李颙：《靖江语要》，《二曲集》，陈俊民点校，第 35 页。
④ 李颙：《中庸》，《二曲集》，陈俊民点校，第 416 页。

而为，毫弗涉私，亦是出位逐外。行仁义非由仁义，非私而何？……鄙意则谓人果真从事性功，恶固不可有，善亦岂可执？善与恶须一切放下，胸无一善可执，方为至善，方是"尽性至命"之绝诣。若尽性而犹有为善之见，横于胸中，物而不化，未免心为善累，犹眼为金玉屑障。性何由尽？命何由至？故必忘而又忘，并忘亦忘，令心如太虚，始获庶几。①

二曲区分"无意为善"与"有意为善"两种不同境界，只有在预设"天道之善"的前提之下才能成立，也只有在宋明理学道德修养"境界论"的理论框架内才能得到比较合理的解释。宋明理学化用了先秦道家的"自然"说，要求人在道德修养的境界上达到如同天德流行那样的高妙境界。这时的人直如圣人，通体所为皆合天道自然的要求，所谓"无意为善"，即是随感而应的天机流露，自然而然，毫无人心起念，刻意行善，正所谓"视听言动，浑是天机"②。这才是真正的善，这才方为"仁义之根，道德之枢，经纶参赞之本"③。而人在无所感的情况下有意为善，"犹有为善之见横于胸中，物而不化，未免心为善累"，即使是"一无所为而为，毫弗涉私"，也是属于受外在目的强制与结果驱动的伪善。很显然，二曲在这里对人的道德修养境界提出了极其严格的要求，事实上很少有人能达到这一境界。不过，从理论上讲，"有意为善"是否一定就是自私呢？未必。人在有意识的前提下从事善举，然后又在道德理性的指导下不去追求行善的回报，这完全是可能的。但我们不能因此说这样的人行善是自私的。宋明理学在道德修养境界的问题上，不自觉地借用了先秦道家的"自然"学说，要求人在道德境界上达到无心而自然地行善。这一理论很精微，但在现实的理解中常常容易生出各种偏差，故在阳明的后学中产生种种辩难。李二曲在明末清初之际仍然坚持阳明的"无善无恶心之体"的说法，

---

① 李颙：《答范彪西徵君》，《二曲集》，陈俊民点校，第 198 页。
② 李颙：《四书反身录·大学》，《二曲集》，陈俊民点校，第 403 页。
③ 李颙：《富平答问》，《二曲集》，陈俊民点校，第 125 页。

一方面体现了他对阳明学的"独契"之处，另一方面也表明他与"后理学时代"追求外王学的时代氛围并不相合的"落伍"特征。而之所以造成这一理论现象，主要是他脱离时代，独处冥思的结果。

（五）"无念之念"的意念关系论

在阳明的后学中，最关注意、念之辨的首推刘宗周。他不仅对二者作了明确区分，并批判了当时学界"以念为意""以念为知"的流行说法：

> 意者，心之所以为心也。……意之于心，只是虚体中一点精神，仍只是一个心，本非滞于有也，安得而云无？

> 一念不起时，意恰在正当处也。念有起灭，意无起灭也。今人鲜不以念为意者，呜呼！道之所以尝不明也。[1]

> 意之好恶与起念之好恶不同。意之好恶，一机而互见；起念之好恶，两在而异情。以念为意，何啻千里？

> 程子云："凡言心者皆指已发而言"，是以念为心也；朱子云："意者，心之所发"，是以念为意也，又以独知偏属之动，是以念为知也；阳明子以格去物欲为格物，是以念为物也。后世心学不明如此，故佛氏一切扫除，专以死念为工夫，及其有得，又以念起念灭为妙用。总之，未识大道，非认贼作子，则认子作贼。[2]

在刘蕺山这里，"念"仍是比较感性化的原初意识，有是非、对错；而"意"则是指先验的道德意志（"心中一点虚灵不昧之主宰"），纯善而坚定。蕺山在意、念之辨上既非议朱子，也批评阳明，是一个很特别的解释。他将"念"定义为无定向的认知活动，将"意"转换为有定向的"意志"，是心之所以为心的根基或根据。这显然是为了解决在良知发见的具体过程中由于缺少道德意志的有效约束而流于狂禅的时代难题。

相比较而言，对于意、念关系，二曲只是一笔带过地说"意者，情之动

---

[1] 刘宗周：《答董生心意十问》，《刘宗周全集》第 2 册，第 337—339 页，杭州，浙江古籍出版社，2007。
[2] 刘宗周：《学言中》，《刘宗周全集》第 2 册，第 412、420 页。

也”，没有过多地讨论“意”与“念”之间的不同，通常是“以念为意”来谈良知的发用问题。

首先，二曲非常重视灵原发用时的原初状态。这虽然与一般动机论有所不同，但在重视审察动机的纯善与否上则有相同之处，如他说：“发端起念之初，不可以不察也。”①

其次，二曲之所以重视起念之初，是因为心体意念一旦发动，必将影响“无善无恶”心体的天机自发。为此，他提出了必须从一开始就要息虑绝妄、屏缘绝欲，做到“无念之念”的工夫进路。他说：

> 无念之念，乃为正念，至一无二，不与物对。此之谓“止”，此之谓“至善”。念起，而后有理欲之分，善与恶对，是与非对，正与邪对，人禽之关，于是乎判。……欲理两忘，谶念不起，犹镜之照，不迎不随。夫是之谓“绝学”，夫是之谓“大德敦化”。②

又说：

> 惺惺一念是也。能常惺惺，无事时澄然湛然，何思何虑；事至，则随感而应，思其所当思，自不妄思，虑其所当虑，自无杂虑。③

二曲这里的“无念之念”，与“正念”“惺惺一念”“不妄思”“无杂虑”并无不同，并非从根本上取消良知灵原的思虑功能。它无非是指灵原天机自发、自然流露，处于至纯至善状态的一种描述而已。

最后，为了说明“无念之念”的真面目与究竟义，二曲干脆又从禅宗那里借用了“一念万年”的说法。章太炎对此说法曾有评论，说道：“顾宁人深惩王学，然南交太冲，北则尤善中孚。太冲固主王学者，中孚且称一念万年，其语尤奇。”④可以说，“　念万年”堪称二曲哲学中最具特色的

---

① 李颙：《常州府武进县两庠汇语》，《二曲集》，陈俊民点校，第 26 页。
② 李颙：《学髓》，《二曲集》，陈俊民点校，第 19 页。
③ 李颙：《靖江语要》，《二曲集》，陈俊民点校，第 36 页。
④ 章太炎：《菿汉昌言》，溥杰编校：《章太炎学术史论集》，第 351 页，北京，中国社会科学出版社，1997。

种提法。它在《二曲集》中比比皆是，不胜枚举，今略举三条文献以窥一斑。

> 一念万年，死犹不死，此尧舜孔孟及历代尽性至命者，知生知死之实际也。[1]

> 湛湛澄澄，内外无物。往复无际，动静一原。含众妙而有余，超言思而迥出，此一念万年之真面目也。[2] 至此，则无圣凡可言，无生死可言了。先觉之觉后觉，觉此也。《六经》之"经后世"，经此也；《大学》之"致知"，致此也；《中庸》之"慎独"，慎此也；《论语》之"时学习"，学习乎此也；《孟子》之"必有事"，有事乎此也。以至濂溪之"立极"、程门之"识仁"、朱之"主敬穷理"、陆之"先立乎其大"、阳明之良、甘泉之认，无非恢复乎此也。外此而言学，即博尽羲皇以来所有之籍，是名玩物；著述积案充栋，是名丧志。[3]

> 诚能屏缘息虑，常寂常定，口无他言，目无他视，耳无他听，心无他念，内想不出，外想不入，洁洁净净，洒洒脱脱，此即一念万年之真面目也。……则身安命立，天赋之本然复矣。[4]

要而言之，二曲的"一念万年"是指心念达到终极之境的一种状态。此念一生死、一动静、一内外、一古今，显然与起灭不定之念有根本的区别，是脱离了心理学意义上的意念之内涵而成为表述至上生命境界的心学概念。二曲通过"一"与"万"的对待，认为只有"无念之念"的"念"，才是"尧舜孔孟及历代尽性至命者"的根本意志，这种根本意志不随时空条件的改变而改变，始终保持其自为自发的活力和坚定不移的意志定向，

---

[1] 李颙：《四书反身录·论语》，《二曲集》，陈俊民点校，第478页。
[2] 陈俊民点校本《二曲集》此句读为"此一念，万年之真面目也"，笔者以为"一念万年"当连读。"念"是"一"，是当下体认的，而"万年"则意指越超历史时空的永恒性，二曲通过此一命题想要表达的意思是意念具有即存有即活动、即当下亦永恒的超越性和无比最重性。实际上，庄子"参万岁而一成纯"的说法，与此亦可参看。
[3] 李颙：《学髓》，《二曲集》，陈俊民点校，第21页。
[4] 李颙：《传心录》，《二曲集》，陈俊民点校，第46页。

最终使得时空历史中的个体活动,特别是灵原的原初运动具有了至高无上的善性的可能性。

由于二曲把"念"看作道德行为的动机和心体运动的最原始因素,因此二曲的心性修养工夫也都聚焦于对于"念"的修持,简易直截,省去了过多的理论曲折与繁琐的哲学论证。按理来说,"学须该动静,偏静恐流于禅",但是为了体悟灵明本体的"未发之中",避免万念继起纷呈,二曲认为"用功莫先于主静",首先选择了以静坐为工夫入的手处。他主张"只是要主静,静极明生"①,"自识性灵,自见本面,夫然后主敬穷理,存养省察,方有着落"②,其静坐独体、主敬穷理的工夫论与"一念万年"论之间显然存在着理论逻辑上的一致性。

这里需要进一步指出的是,"无念之念"与"一念万年"的提法显然是受到了禅宗南岳一系"立无念为宗"思想的直接影响。③ 六祖《坛经·般若品》中有曰:"般若三昧即是无念,何名无念,若见一切法,心不染著,是为无念。用即遍一切处,但净本心,使六识出六门,于六尘中,无染无杂,来去自由,通用无滞,即是般若三昧,自在解脱,名无念行。若百物不思,当令念绝,即是法缚。"其中"心不染着,是为无念","无染无杂,来去自由,通用无滞"等说法,与二曲"屏缘息虑,常寂常定……心无他念……洒洒脱脱","由思而至于无思,则朗然常觉,而本体常现,缉熙不断。如是,

---

① 李颙:《两庠汇语》,《二曲集》,陈俊民点校,第 30 页。
② 李颙:《授受纪要》,《二曲集》,陈俊民点校,第 135 页。
③ 二曲对佛教中的禅宗理论尤其注意,在《二曲集》里,特别是在与顾炎武论学书信中,曾多次提及惠能此人。二曲认为惠能乃始标"体用"二字之人,还说"惠能生平绝不识字,亦不能阅,其所从入,不繇语言文字,解经演法,直抒胸臆",对惠能及禅宗予以相当肯定的评价。参见《二曲集》,陈俊民点校,第 152 页。另外,在对儒释道三教的态度上,顾炎武称"生平不读佛书,如《金刚经解》之类,未曾见也",而二曲认为,若欲研究学术异同,判断学术是非,释典、玄藏亦不可不一寓目。二曲还说:"然天地间道理,有前圣之所未言,而后贤始言者;吾儒之所未言,而异学偶言之者。但取其益身心、便修证耳。"与此相关,在"体用"概念的起源上,二曲认为其源自印度佛教。他认为"'体用'二字相连并称,不但六经之所未有,即十三经注疏亦未有也",虽然"西来佛书,虽无此二字,而中国佛书,庐惠能实始标此二字。惠能,禅宗之所谓六祖也,其解'金刚经',以为'金者,性之体;刚者,性之用'。"而顾则认为"'体用'二字,既经传之所有",勿需外求别教。顾虽以博学宏通称,但在对待学术遗产时,反而不如二曲态度开放、包容和客观。

则常寂而常定,安安而不迁,百虑而一致,无声无臭,於穆不已"①等说法几乎没有什么区别。二曲说"无念之念,乃为正念",是要将灵原"屏缘息虑"至一种无念可念的"虚明寂定"的境地,与"般若三昧,自在解脱"的禅定境地,至少在经验体悟与概念上有异曲同工之妙。正所谓"二氏(按指释、道)作用,与吾道悬殊,而一念万年之实际,亦有不可得而全诬者"②。二曲认为人们对于灵原的经验体悟具有超越理论宗派的共通性,因此借用禅宗的说法又有何妨? 他在《答张敦庵》一书中,对于张氏"带来带去等语,未免涉禅"的疑问,二曲通过批评陈建(号清澜,广东东莞人,嘉靖年间进士)所著《学蔀通辩》一书,力辨阳明学及己学并非禅学。二曲说自己只是"虚其心"而没有"空其理",其"无念之念""一念万年"之说法,"夫岂释氏参话头麻其心于无用者,可得而班耶"!③

　　二曲对禅佛教的借鉴吸收,一方面为他会通三教、兼取朱陆提供了丰富的思想资源和广阔的解释空间,另一方面也引起了诸多非议。《四库全书总目提要》中认为"颙之学,本于姚江",其"无念之念"的不动心论"是亦主持太过,而流于偏驳者矣"。④ 这一批评应该说有一定的道理,但对其"无念之念"说法的具体内容缺乏必要的分析。李氏的"无念之念"实际上即是先验的道德之"意",他只不过借用了禅宗的概念,并未取消儒家的先验道德原则。

三、"明体适用"的体用全学

　　李二曲"反身悔过"的立言宗旨强调建立内在道德主体性的重要性,但仅仅有内而无外、有体而无用、有形上而无形下是远远不够的。在二曲看来,儒家的学问不仅仅是形上道德心性本体之学,而且同时也包括修、齐、治、平等内容的形下内容,因而是形上与形下一贯的学问。正如

---

① 李颙:《答胡士英》,《二曲集》,陈俊民点校,第 147 页。
② 李颙:《富平答问》,《二曲集》,陈俊民点校,第 127 页。
③ 李颙:《答胡士英》,《二曲集》,陈俊民点校,第 147 页。
④《四库全书总目四书反身录提要》,《二曲集》,陈俊民点校,第 716—717 页。

她所说："儒者之学，明体适用之学也。……其实道学即儒学，非于儒学之外别有所谓道学也。"①章太炎在《诸子略说》中亦曾指出，"盖二曲虽静坐观心，然其经济之志未曾放弃"，体现出儒家学者鲜明的经世致用精神与深切的忧患时意识。用二曲的话来说，儒者"明体"之后还要"适用"，儒学须是一套"明体适用"的"体用全学"。

（一）明体适用

二曲的体用论，即所谓的"明体适用"说，最早出现于 30 岁时的《鳌峰答问》中。他说：

> 穷理致知，反之于内，则识心悟性，实修实证；达之于外，则开物成务，康济群生。夫是之谓"明体适用"。明体适用，乃人生性分之所不容已，学焉而昧乎此，即失其所以为人矣！……明体而不适用，便是腐儒；适用而不明体，便是霸儒；既不明体，又不适用，徒灭裂于口耳伎俩之末（另为：辞章记诵之末），便是异端。②

类似的说法还有："穷理致知，反之于内，则识心悟性，实修实证；达之于外，则开物成务，康济群生，夫是之谓明体适用。"③

在《四书反身录》及答顾炎武的信中，他还多次提到这一说法："澄心返观，深造默识以立体；通达治理，酌古准今以致用。体用兼资，斯不愧于须眉。"④

又说：

> 明体而不适于用，便是腐儒；适用而不本于明体，便是霸儒；既不明体，又不适用，徒汩没于辞章记诵之末，便是俗儒；皆非所以语于人学也。⑤

---

① 李颙：《鳌峰答问》，《二曲集》，陈俊民点校，第 120 页。
② 李颙：《鳌峰答问》，《二曲集》，陈俊民点校，第 120 页。
③ 李颙：《鳌峰答问》，《二曲集》，陈俊民点校，第 120 页。
④ 李颙：《四书反身录·大学》，《二曲集》，陈俊民点校，第 401 页。
⑤ 李颙：《四书反身录·大学》，《二曲集》，陈俊民点校，第 401 页。

在答顾炎武的信中说:"如'明道存心以为体,经世宰物以为用',则'体'为真体,'用'为真用。……苟内不足以明道存心,外不足以经世宰物,则'体'为虚体,'用'为无用。"①

简而言之,二曲所说的"明体"就是内圣立德,"适用"就是外王济世,二者"乃人生性分之所不容已"②,因而是具有内在统一性的。所以存心与格物、道德与经济的德业双馨、内外兼修就是成就一个"全儒""完人"所要具备的必要条件和内容。

二曲"明体适用"说主要是通过道德(理学)与经济或者义与利这对范畴来论述的。他说:"理学、经济,原相表里,进呈理学书而不进呈经济之书,则有体无用,是有里而无表,非所以明体适用,内圣而外王也。"③他还说:

> "儒"字从"人"从"需",言为人所需也。道德为人所需,则式其仪范,振聋觉聩,朗人心之长夜;经济为人所需,则赖其匡定,拯溺亨屯,翊世运于熙隆:二者为宇宙之元气,生人之命脉,乃所必需,而一日不可无焉者也。然道德而不见之经济,则有体无用,迂阔而远于事情;经济而不本于道德,则有用无体,苟且而杂乎功利:各居一偏,终非全儒。④

"适用"之"用"除了关注了民生民富等经济事功以外,二曲的关注还有两个主要方面:一是"为政以德",整顿吏治。他详细论述了官吏有司应以"四事"自勉,而为民去其"十害",条条都针砭时弊,对症下药,对政治道德予以了初步探讨,特别是对传统农村的政治经济所存在的问题分

---

① 李颙:《答顾宁人先生》,《二曲集》,陈俊民点校,第 149—150 页。
② "性分"一词,实儒家的"天职"概念。此一点恰是儒学近代转化之关键处。
③ 李颙:《与许学宪书》,《二曲集》,陈俊民点校,第 176 页。
④ 李颙:《四书反身录·论语》,《二曲集》,陈俊民点校,第 450 页。

析得相当深刻。这对当下行政伦理建设不无镜鉴。① 另一方面，因为他主张"明学术以治人心"，所以他还对有关"学政"给予了非常多的关注。

功名虽然不能简单地等同于于经济，但功名并不是不可以追求的。二曲同样认为，"志于道德者，潜心性命，惟期道明德立，功名不足以夺其志；志于功名者，究心经济，惟期功成名就，富贵不足以夺其志"②。他的意图是让道德主体自觉造就一个立己达人、内外平衡的儒家式完人或君子。

（二）体用全学

李二曲对于"学"的定义主要遵循《大学》中的"大学之道"，认为"学"之根本在"为己"而后"达人"，如他说：

> 学非辞章记诵之谓也，所以存心复性，以尽乎人道之当然也。其用功之实，在证诸先觉，考诸古训，尊所闻，行所知，而进修之序，敬以为之本，静以为之基。博学、审问、慎思、明辨而躬践之，一有缺焉，非学也。③

这段话说得很明白，学即用功，其具体内容就是，"证诸先觉，考诸古训，尊所闻，行所知"；其"进修之序"，即学的先后次序和过程则是"敬以为之本，静以为之基。学的方法则有，"博学、审问、慎思、明辨而躬践之"并且"一有缺焉，非学也"，说明"学"既是一个持续不断和完整的过程，其内在构成元素是立体的。注重"敬"以确保道德的能动性与生长活力，注重"静"以道德修养与积累的基础。很明显，这些说法继承了二程、朱子的"涵养须用敬，进学在致知"的"主敬穷理"理论。在同一时期他还说道：

---

① 参见李颙《司牧宝鉴》，《二曲集》，陈俊民点校，第 369—371 页。"四事"分别是：（1）律己以廉；（2）抚民以仁；（3）存心以公；（4）涖事以勤。"十害"则分别是：（1）断狱不公；（2）听讼不审；（3）淹延囚系；（4）残酷用刑；（5）泛滥追呼；（6）招引告讦；（7）重叠催税；（8）科罚取财；（9）纵吏下乡；（10）低价买物。
② 李颙：《四书反身录·论语》，《二曲集》，陈俊民点校，第 471—472 页。
③ 李颙：《东林书院会语》，《二曲集》，陈俊民点校，第 96 页。

> 故君子于学也，隐而幽独危微之介，显而人伦日用之常，以至古今致治机猷，君子小人情伪，及礼、乐、刑、赋、役、农、屯，皆当一一究极，而可效诸用，夫是之谓大人之学。……苟一物不格，则一理未明，一理未明，则临事应物，又安能中款中会，动协机宜，此不学无术，寇相之所以见诮于张公也。[1]

在《体用全学》中，二曲建构了"体用全书"的三层构架。一是"明体之明体"之学，所列书目全属心学尊德性一系著作（如陆象山、王阳明、王龙溪、罗近溪、杨慈湖、陈白沙），二是"明体之工夫"之学，所列书目则是诸如二程、朱子、吴与弼、薛瑄、胡居仁、罗钦顺、吕柟、冯从吾等程朱一系道问学著作。其杂糅程朱陆王"由工夫以合本体，由现在以全源头，下学上达，内外本末，一以贯之"的立场，由此可见一斑。[2] 三是"适用"之学，所列书目多为史地、经济、律法、军事、农田水利等著作。

由上简述可以看出，二曲之学的范围是非常广博的，其内容可以分为三个层次：学在尽心、学在敦伦、学在为用。在独处时，讲究慎独；在社群中，讲究克己复礼、康世济民。尽心与敦人伦是究性理、尊德性，目的是为了立人极，成就道德修养，其主要方法在于用心默证体认，此时学就是寂感与直觉、体验与肯认。而学以致用则主要体现在经济事功方面，是研事理、道问学，主要方法在于知性了解和经验习得，此时学是技能的练习、锻炼与深造。这是一个先内化再外化的过程，明理应物，才能游刃有余，强调了知识对于行为的控制和指导作用。

在传统学术史上，李颙曾经居于"清初三大师"的地位，但是在现代学术史与明清哲学史中，却丧失了这一地位。1920 年，章太炎在《重刊船山遗书序》中则指出，"明末三大儒，曰顾宁人、黄太冲、王而农，皆以遗献自树其学"，对明末清初诸儒重新排定了座次，而且基本上奠定了现代学术史、哲学史对此三人的地位。这种学术史、思想史与哲学史对历史人

---

[1] 李颙：《锡山语要》，《二曲集》，陈俊民点校，第 40 页。
[2] 李颙：《体用全学》，《二曲集》，陈俊民点校，第 49—52 页。

物的进退排位，主要是由于现代学术的价值诉求与评价尺度发生了巨大变化。特别是在现代性的宏大叙事模式下，传统思想的价值取决于对现代文化建设的作用大小。二曲本人的思想旨趣，与晚明至清代逐渐成为主流的提倡达情遂欲、实事求是的新思想潮流不甚相侔。颜元曾经非常不客气地批评二曲："膺抚台尊礼，集多士景从，亦只讲书说话而已。……后儒之口笔，见之非，无用；见之是，亦无用，此所以吾心益伤也！"①习斋的这一批评后来虽然遭到了章太炎的反驳，但是他对于二曲之学的态度在后世学者中间具有一定的代表性。梁启超在《明清之交中国思想界及其代表人物》一文中，认为二曲的学风与当时的孙奇逢类似，在当时是"最为'平民的'"，"注重实践，少谈玄理，可以说是儒家的'清教徒'"②。他"以无用为用，乃激励廉耻心"③的隐逸实践，很好地展现了二曲知行合一、体用全学的基本精神。二曲之学作为关学一脉，朴实敦厚，大概不出黄宗羲"关学世所渊源，皆以躬行礼教为本"这一评价的总体特点。④

总而言之，李二曲承"心学"之大意直指本心，以"悔过自新"说标宗立义，以"无念之念"为工夫进路，以"明体适用"为推扩手段，形成了一套别具特色的"体用全学"。其思想主张与隐逸的生存方式，对于研究清初哲学思想的诸多面向，尤其是研究王学的发展历史，具有重要的思想史意义。全祖望曾经高度赞扬二曲道，"先生起自孤根，上接关学六百年之

---

① 李塨：《颜元年谱》，王源订，陈祖武点校，第 80 页，北京，中华书局，1992。章太炎对颜元的反批评是这样说的："据是，则至人无危，其次犹有闲居静思、辟欲远声者。以此思仁，是非延平李氏所谓默坐澄心、体认大埋者邪？故知此事非独禅宗所有。特以臧息自治，任人自为，不容载诸学官律令，故师保诸职，未有一言及此。颜氏谓非，全屏此功，亦视思仁之道大轻矣，皆矫枉过直之论也。"参见章太炎《章太炎学术论著》，刘凌、孔繁荣编校，第 115—116 页，杭州，浙江人民出版社，1998。
② 载《东方杂志》第 21 卷第 3 号。另见余英时等《中国哲学思想论集·清代篇》，第 5 页，台北，水牛出版社，1988。
③ 李颙：《与当事论出处》，《二曲集》，陈俊民点校，第 196 页。
④ 黄宗羲：《明儒学案》，沈芝盈点校，第 11 页，北京，中华书局，2008。

统，寒饿清苦之中，守道愈严，而耿光四出，无所凭籍，拔地倚天，尤为莫及。"①全氏的说法，从传统学术重视士人道德人格的角度看，应当具有相当大的合理性。

第二节　颜元的哲学思想及其反理学思想

颜元（1635—1704），字易直，又字浑然，自号习斋，河北博野人，明末清初学者。他的思想形成过程甚为曲折，先是信奉陆王，后改信程朱，最后扬弃陆王、程朱而自创重"实事"、"实行"、实功（或曰实效）的实学理论体系。在人性论的问题上，坚持气质之性亦善的人性论。他是清初北方重要的儒家学者。后来，他的学生李塨继承并发扬颜氏之学，在后世产生了很大影响，史称"颜李学派"。颜元的主要著作均收在《颜元集》（中华书局版）一书中。

学术界对颜元的哲学思想有较多的研究，有重视其思想中"两个世界"的划分及其实学思想所含的近代启蒙意义②，有重视其人性论的思想地位及其实学思想的③。依照现存的《颜元集》所收的著作与文章来看，颜元的思想框架大体上以存性、存学、存人、存治四部分组成。用现代哲学的眼光来看，大体上可分为人性论、知识论、儒家人伦与政治论三大部分。从思想史的角度来看，思想成熟以后的颜元，反对宋明理学中的程朱理学与陆王心学，主要是反对他们思想中的虚空无用的思辨思想成份，并不完全反对他们学说中所维护的天理秩序。颜元极力反对佛、道二教逃离儒家人伦的立场比反对理学的思想似乎更为激烈、彻底，要求用儒家的世俗人伦彻底战胜佛、道二家的现实影响。对于此点，很多现行研究颜元思想的著作不甚在意。

---

① 全祖望：《二曲先生窆石文》，《鲒埼亭集》卷十二，四部丛刊本。另见《二曲集》，陈俊民点校，第 614 页。
② 参见侯外庐《中国想想通史》第五卷，第 324—374 页，北京，人民出版社，1956。
③ 参见王茂、蒋国保等《清代哲学》，第 258—298 页。

颜元思想的基本经历大体可以从《未坠集序》中略窥梗概。他 21 岁读《资治通鉴》，"以为博古今，晓兴废邪正即人矣"①。自此之后，受同里彭九如的影响开始知道陆王之学，"以为圣人之道在是，学得如陆、王乃人矣；从而肆力焉"。25—26 岁，又读到《性理大全》，深深喜爱，"以为圣人之道又在是，学得如周、程、张、朱乃人矣；从而肆力焉"，并在家中孔子牌位前，"题明道诸儒主，次四配下，朔望拜礼，出入告面，事如父师。于《通书》称周子真圣人，于《小学》称朱子真圣人。农圃忧劳中，必日静坐五、六次，必读讲《近思录》、《太极图》、《西铭》等书；云得《太极图》，一以贯之"。到康熙七年(1668)，经历了一次养祖父母的大丧之事，遵照朱子的《家礼》，觉得有"拂戾性情"的地方，但此时的他还不敢怀疑《家礼》不合周公旧礼之处，到该年之末，欣然知道自己本姓不是朱姓，要减损哀礼的等级，不能在庐墓中守丧。此时，偶尔读"《性理》、《气质之性总论》、《为学》等篇，始觉宋儒之言性，非孟子本旨；宋儒之为学，非尧、舜、周、孔旧道；而有《存性》、《存学》之作，然未敢以示人也"②。

从康熙七年到康熙三十年的 23 年里，颜元仍然不敢轻易冒犯宋儒的赫赫势焰，有着想将就依附宋儒的思想。然而到康熙三十年游中州时，颜元的思想发生了根本性的变化。他"见人人禅宗，家家训诂，确信宋室诸儒即孔、孟，牢不可破"的局面时，才真正的意识到：

> 口敝舌疲，去一分程、朱方见一分孔、孟；不然，则终此乾坤，圣道不明，苍生无命矣。……于是始信程、朱之道不熄，周、孔之道不著，圣人复起，不易吾言矣！乃断与之判为两途。③

由上述文献可知，颜元对于陆王、程朱之学是始信而后疑，再经历相当长的沉默期后才敢于公开对其加以批判的。其思想历程与王阳明颇为相似，只是阳明辟程朱而不甚批评陆九渊而已。

---

① 颜元：《习斋记余》卷一，《颜元集》下，王星贤等点校，第 397 页。
② 颜元：《习斋记余》卷一，《颜元集》下，王星贤等点校，第 397 页。
③ 颜元：《习斋记余》卷一，《颜元集》下，王星贤等点校，第 398 页。

一、颜元的人性论

颜元认同孟子以来人性本善的思想,就此点而言,他与宋明儒学的人性论思想没有什么根本的冲突。他与宋明儒学人性论思想的不同之处仅仅在于:他从气化流行的道论与理气混融的宇宙—本体论的立场出发,坚持"气质之性不恶"、恶为外界"引蔽习染"的人性论立场。颜元对宋明儒学"气质之性"与"义理之性"二分的人性论的批评,有些地方颇为精彩,但有些地方也缺乏理论的说服力,反而不如宋明儒学的人性思想精微。这与颜元轻视理论思维的思想倾向有关。

颜元的人性论思想是建立在"有物有则""天道本善"的古典信仰之上的。他坚持理气融为一片,阴阳二气是天道之良能的观点,反对"理善气恶"的说法。

他曾经绘有一幅"浑天地间二气四德化生万物之图",形象地展示他的"理气混融"说。

他对此图解释道:

浑天地间二气四德化生万物之图[1]

> 知理气融为一片,则知阴阳二气,天道之良能也;元、亨、利、贞四德,阴阳二气之良能也;化生万物,元、亨、利、贞四德之良能也。知天道之二气,二气之四德,四德之生万物莫非良能,则可以观此图矣。[2]

颜元的基本观点是:万物由理与气两部分构成的,而理与气是混融一体,不可分割的。所以上述图中的正者、间者、交杂者、高明者、卑暗者、清厚者、浊薄者,长、短、偏、塞者,都是此理此气。而"二气四德者,未

---

① 颜元:《性图》,《颜元集》下,王星贤等点校,第 21 页。
② 颜元:《性图》,《颜元集》上,王星贤等点校,第 21 页。

凝结之人也；人者，已凝结之二气四德也。存之为仁、义、礼、智，谓一者，以在内之元、亨、利、贞名之也；发之为恻隐、羞恶、辞让、是非，谓之情者，以及物之元、亨、利、贞言之也；才者，性之为情者也，是元、亨、利、贞之力也。谓情有恶，是谓已发之元、亨、利、贞，非未发之元、亨、利、贞也。谓才有恶，是谓蓄者元、亨、利、贞，能作者非元、亨、利、贞也；谓气质有恶，是元、亨、利、贞之理谓之天道，元、亨、利、贞之气不谓之天道也。噫！天下有无理之气乎？有无气之理乎？有二气四德外之理气乎？"①

颜元接受了宋儒程朱一系理气二分，理赋于性、气凝为气质的物性与人性的二分思维框架，但没有接受程朱一系理生气的本体—生成论和性善而气质恶的人性论思想，而是以"理气混融"的本体—生成论和人性本善，气质与情、才不恶的人性论，来批评宋儒程朱一系的理气论与人性论，因而高度体现了"内在一元论"②的思想倾向。他认为："人之性，即天之道也。以性为有恶，则必以天道为有恶矣；以情为有恶，则必以元、亨、利、贞为有恶矣；以才为有恶，则必以天道流行乾乾不息者亦有恶矣；其势不尽取三才而毁灭之不已也。"③在肯定人性与天道相通的理论前提下，颜元反复为人的"气质之性不恶"进行理论辩护，如他说：

> 若谓气恶，则理亦恶，若谓理善，则气亦善。盖气即理之气，理即气之理，乌得谓理纯一善而气质偏有恶哉！
>
> 譬之目矣：眶、疱、睛，气质也；其中光明能见物者，性也。将谓光明之理专视正色，眶、疱、睛乃视邪色乎？余谓光明之理固是天命，眶、疱、睛皆是天命，更不必分何者是天命之性，何者是气质之性；只宜言天命人以目之性，光明能视即目之性善，其视之也则情之善，其视之详略远近则才之强弱，皆不可以恶言。盖详且远者固善，即略且近亦第善不精耳，恶于何加！惟因有邪色引动，障蔽其明，然

① 颜元：《性图》，《颜元集》上，王星贤等点校，第21页。
② 参见刘述先《黄宗羲心学的定位》，新版自序第1页。
③ 颜元：《性图》，《颜元集》上，王星贤等点校，第22页。

后有淫视而恶始名焉。然其为之引动者，性之咎乎，气质之咎乎？若归咎于气质，是必无此目而后可全目之性矣，非释氏六贼之说而何！①

颜元上述喻证的合理性在于，一切抽象的属性必依托于相应的实体，眼睛能见的属性必须依托眶、皰、睛的实体。如果说眼睛能见的属性是善的，那么就不能简单地说眶、皰、睛等实体是恶的。同理，如果说"理"所赋予人的根本属性——理性是善的，则这种根本属性所依托的人的肉身——气质之性，也应当是善的。因为离开了这种气质之性，道德理性无法存在，更谈不上发挥作用，正如人离开了眶、皰、睛的眼睛实体根本没有看的属性是一样的。在上述喻证中，颜元真正要表达的意思是：人的气质之性以及与气质之性密切相关的感性需求，并不是现实中人之恶行产生的根本原因，更不能从理论上简单地将感性欲求判定为是人性恶的成份，将道德理性判定为是人的善的源头。人在现实中表现出的善恶行为是由别的原因引起的，即是由恶的习与染所引起的。

颜元为了论证人的气质之性不恶的理论命题，采用了一个极其质朴的比喻，即以棉桃来喻证人性气质不恶的道理。他说：

> 天道浑沦，譬之棉桃：壳包棉，阴阳也；四瓣，元、亨、利贞也；轧、弹、纺、织，二气四德流行以化生万物也；成布而裁之为衣，生人也；领、袖、襟裾，四肢、五官、百骸也，性之气质也。领可护项，袖可藏手，襟裾可蔽前后，即目能视、耳能听、子能孝、臣能忠之属也，其情其才，皆此物此事，岂有他哉！不得谓棉桃中四瓣是棉，轧、弹、纺、织是棉，而至制成衣衫即非棉也，又不得谓正幅、直缝是棉，斜幅、旁杀即非棉也。如是，则气质与性，是一是二？而可谓性本善，气质偏有恶乎？②

---

① 颜元：《驳气质性恶》，《颜元集》上，王星贤等点校，第 1 页。
② 颜元：《棉桃喻性》，《颜元集》上，王星贤等点校，第 3 页。

颜元上述比喻旨在说明，人性与棉衣有相似之处，人的道德善性是人性的有机组成部分，而人性的感性内容也是人性的有机组织部分，正如棉花四瓣是棉花、通过加工后的棉纱，以及由棉纱织成的棉布，其成分也是棉花，由棉布裁剪而成的棉衣当然还是棉制品的衣服而非其他。棉的统一贯穿于棉花加工过程之中及棉制品的各种形态之中。人性的统一性也贯穿于人的感性与理性的统一及其各种表现形态之中。人性之恶不是先天的人性内容，而只是由于环境影响的结果，正如衣服的污染不是棉花先天的本性而是后天的污染的道理一样。他说：

> 然则恶何以生，则如衣之著尘触污，人见其失本色而厌观也，命之曰污衣，其实乃外染所成。有成衣即被污者，有久而后污者，有染一二分污者，有三四分以至什百全污不可知其本色者；仅只须撋澣以去其染著之尘污已耳，而乃谓洗去其襟裾也，岂理也哉！是则不特成衣不可谓之污，虽极敝亦不可谓衣本有污。①

颜元如此来看待人性的问题，当然包含了他对人性可以为善，以及人即使有恶性也可以被改造为善人的善良愿望，也与他自己坚持的体用一致，形性不二的思想原则相一致。从思想史的角度来看，颜元的人性论与墨子、荀子以习染论人性的变化思路有相似之处，然而在理论上并无法说明人的善恶行为在相同的社会条件下何以出现不同的复杂现象。我们似乎只有从他憧憬的王道社会的角度，才可以进一步理解他所谓的人性之恶来自于习染的理论观点。他说：

> 呜呼！祸始于引蔽，成于习染，以耳目、口鼻、四肢、百骸可为圣人之身，竟呼之曰禽兽，犹币帛素色，而既污之后，遂呼之曰赤帛黑帛也，而岂其材之本然哉！然人为万物之灵，又非币帛所可伦也。币帛既染，虽故质尚在而骤不能复素；人则极凶大憝，本体自在，止视反不反、力不力之间耳……吾故曰，不惟有生之初不可谓气质有

---

① 颜元：《棉桃喻性》，《颜元集》上，王星贤等点校，第3—4页。

恶，即习染凶极之余亦不可谓气质有恶也。此孟子夜气之论所以有功于天下后世也。程、朱未识此意，而甚快夜气之说，则亦依稀之见而已矣。[1]

在这里，颜元用"体用一致"的观点进一步驳斥了理学家在人性问题上所持的理善气恶的观点，认为人之所以为恶，乃是后天环境的影响所致，与其所禀气质毫无关系。他对宋儒程朱以水喻性的论证方式也给予了反驳，说道：

> 程、朱因孟子尝借水喻性，故亦借水喻者甚多……程子云："清浊虽不同，然不可以浊者不为水。"此非正以善恶虽不同，然不可以恶者不为性乎？非正以恶为气质之性乎？试问，浊是水之气质否？吾恐澄彻渊湛者，水之气质，其浊之者，乃杂入水性本无之土，正犹吾言性之有引蔽习染也。其浊之有远近多少，正犹引蔽习染之有轻重浅深也。若谓浊是水之气质，则浊水有气质，清水无气质矣，如之何其可也！[2]

颜元人性论的现实意图是要求人们在具体的社会实践中彰显人性，从而培养和完善人格，而不是闭目静坐，静观内省，这体现了明清之际社会鼎革的历史大变动对人们思想的深刻影响。

人性论是颜元思想的核心与出发点，他的三事、三物、六行、六府的实学思想，均以人性论为其精神枢纽。他曾这样说道：

> 六行乃吾性设施，六艺乃吾性材具，九容乃吾性发现，九德乃吾性成就；制礼作乐，燮理阴阳，裁成天地，乃吾性舒张，万物咸若，地平天成，太和宇宙，乃吾性结果。故谓变化气质为养性之效则可，如德润身，睟面盎背，施于四体之类是也；谓变化气质之恶以复性则不

---

[1] 颜元：《性图》，《颜元集》上，王星贤等点校，第29页。
[2] 颜元：《借水喻性》，《颜元集》上，王星贤等点校，第4页。

可，以其问罪于兵而责染于丝也。知此，则宋儒之言性气皆不亲切也。①

颜元在人性善的理论前提下，承认人性可以养育、充实，但主张不可以回复到本初之善为由进而否定人性的感性内容。因此，他的反理学思想对宋儒否定气质之性、否定人情而肯定人的先验道德性的人性论思想给予了坚定而又系统的批判。

特别值得一提的是，颜元在批评程朱一系宋儒人性论思想的同时，也包含着对佛教人性论思想的批评，认为持"气质之性为恶"的人性论其实就是把儒家与佛教混为一体。要防止儒家思想的佛教化，或者说要保持原始儒家思想的纯正性，必须批评程朱一系宋儒的"气质之性为恶"的人性论思想。这一论证策略既可以看作是颜元为保护自己而设置的理论屏障，也曲折而隐晦地体现了颜元思想中"以复古求解放"的思想特征。他说："非气质无以为性，非气质无以见性也。今乃以本来之气质而恶之，其势不并本来之性而恶之不已也。以作圣之气质而视为污性、坏性、害性之物，明是禅家六贼之说，其势不混儒、释而一之不已也。能不为此惧乎！"②

宋元明清时代的大多数儒者，在批评自己的理论对手时，往往将理论对手的思想与释、道二教联系起来，认为对方的思想借阶于释、道而背离了原始儒家的真精神。上述颜元对程朱理学一系人性论思想的批评，也采取了同样的论证策略。后来戴震亦从此角度批评程朱理学的整个立论基础的。

二、颜元的反理学思想

从广义的宋明理学角度看，颜元对于程朱理学与陆王心学，都曾经给予了无情地批判，但同时又吸取了他们思想之中的合理成分。颜元曾

---

① 颜元：《明明德》，《颜元集》上，王星贤等点校，第2页。
② 颜元：《性理评》，《颜元集》上，王星贤等点校，第15页。

经向友介绍自己学习圣贤之道的心路历程时说道："初求之陆、王无所得，继求之程、朱无所得，因反求之孔、孟，亦终瞻望仿佛其万一，而不敢自信也。夫求之陆、王、程、朱，则不惟与世间名利、博弈等人相远，即诗、文、字、画今世所尚为高致者亦相远；反求之孔、孟，则不惟与世间佛、老、申、韩、杂霸等相左，即与学王、陆、程、朱，辑语录、谈静敬、著书册者亦相左。"①

在《性理评》中，他对借别人评上蔡之学"终不离禅的见解"这一评价，说道："予于程朱、陆王两派学宗正如是。"②

这就表明，颜元对于广义理学中的程朱、陆氏之学都不满意。不仅不满意，而且还加以批判，主要因为他们的学术空疏不实，且与佛教类似。在《寄关中李复元处士》一信中，颜元对朱、陆两家学说都有批评，他说：

> 为朱者曰我真孔子也，凡不由朱者皆斥之；为陆者曰我真孔子也，凡不由陆者皆斥之。吾乡若孙钟元先生以为合朱、陆而成其为真孔子也。而以孔门礼乐射御书数观之，皆未有一焉；有其一亦口头文字而已矣。以孔门明德、亲民之道律之，皆未有似焉；有其似，亦禅宗虚局而已矣。③

简洁地说，颜元对于程朱、陆王之学的批评可以从以下三个方面来理解：

其一，批评程朱、陆王之学空疏不实，夹杂佛教与禅学内容，不是先秦周公、孔子、孟子之学。

其二，批评宋、明儒家所坚持的义理之性与气质之性二分，以义理之性为善，气质之性为恶的人性论思想，坚持义理之性与气质之性为一，气质之性不恶，人性从根源上说皆是善，恶是由习染所成的人性论立场。

---

① 颜元：《与易州李孝廉石（辛未）》，《颜元集》下，王星贤等点校，第 437 页。
② 颜元：《性理评》，《颜元集》上，王星贤等点校，第 63 页。
③ 颜元：《习斋记余》卷三，《颜元集》下，王星贤等点校，第 434 页。

其三，在对程朱、陆王之学的双向批评过程中，对程朱的批评更加激烈。而在对程朱的批评过程之中，对于朱子的批评又甚于对程子（主要是伊川）的批评。

下面集中讨论颜元对宋儒程、朱思想的批评。

相对于陆王之学而言，颜元对于程朱一系儒学的批评更为尖锐。他曾说："两程出而前圣之道始乱矣，伤哉！"①在《存学编》卷二《性理评》部分，集中批评程、朱理学空谈不实，近佛近老，背弃儒家思想之根本精神。他对程子的辟佛之言做出了这样的反批评：

> 程子辟佛之言曰："弥近理而大乱真。"愚以为非佛之近理，乃程子之理近佛也。试观佛氏立教，与吾儒之理，远若天渊，判若黑白，反若冰炭，其不相望也，如适燕适越之异其辕，安在其弥近理也！孟子曰："治人不治，反其智。"伊川于此徒叹学者之流于异端，而不知由己失孔子之教，亦欠自反矣。②

他对朱子批评杨龟山"做人也苟且，是时未免禄仕，故乱就之"的观点进行反批评道：

> 余尝谓宋儒是理学之时文也。看朱子前面说"龟山做人苟且，未免禄仕，故乱就之"，此三语抑杨氏于乡党自好者以下矣。后面或人说"大贤出处不可议"，又引胡氏之言比柳下惠，且曰"极好"；又何遽推之以圣人哉？盖讲学先生只好说体面话，非如三代圣贤，一身之出处，一言之抑扬，皆有定见。龟山之就召也，正如燕雀处堂，全不见汴京亡，徽、钦虏；直待梁折栋焚而后知金人之入宋也。朱子之论龟山，正如戏局断狱，亦不管圣贤成法，只是随口臧否。驳倒龟山以伸吾识，可也；救出龟山以全讲学体面，亦可也。③

---

① 颜元：《四书正误·大学》，《颜元集》上，王星贤等点校，第 157 页。
② 颜元：《性理评》，《颜元集》上，王星贤等点校，第 57 页。
③ 颜元：《性理评》，《颜元集》上，王星贤等点校，第 59 页。

对于朱子的"穷理居敬"说,颜元亦有激烈的批评。他说道:

> 朱子称"上蔡直指穷理居敬入德之门,最得明道教人纲领",仆以为此四字正诸先生所以自欺而自误者也。何也?"穷理居敬"四字,以文观之甚美,以实考之,则以读书为穷理功力,以恍惚道体为穷理精妙,以讲解著述为穷理事业,俨然静坐为居敬容貌,主一无适为居敬工夫,舒徐安重为居敬作为观世人之醉生梦死,奔忙放荡者,诚可谓大儒气象矣;但观之孔子门,则以读书为致知中之一事且书亦非徒佔毕读之也,曰"为《周南》《召南》"、曰"学《诗》"、"学《礼》",曰"学《易》""执《礼》",是读之而即行之也。曰"博学于文",盖《诗》、《书》六艺以及兵农、水火在天地间灿著者,皆文也。皆所当学之也。①

颜元对于朱子之学的缺陷作了三点总结:"一者,游思高远,自以为道明德立,不屑作琐繁事。一者,略一讲习,即谓已得,未精而遽以为精。一者,既废艺学,则其理会道理,诚意正心者,必用静坐读书之功,且非猝时所能奏效。及其壮衰,已养成娇脆之体矣,乌能劳筋骨,费气力,作六艺事哉!"②

颜元认为,"不知道理不专在书本上理会,贪记许多以求理会道理,便会丧志,不得以程子看史一字不差相混也"③。

上述颜元对程朱理学的批评与他的切身的生命经历有关,此点与阳明龙场悟道有相似之处。他说:"吾自弱冠遭家难,颇志于学,兼读朱、陆两派语录,后以心疾,无所得而萎塌。至甲辰,年三十,得交王子助,遂专程朱之学……至戊申,遭先恩祖妣大故,哀毁庐中,废业几年,忽知予不宜承重,哀稍杀。既不读书,又不接人,坐卧地炕,猛一冷眼,觉程朱气质之说大不及孟子性善之旨,因徐按其学,原非孔子之旧。是以不避朱季

---

① 颜元:《性理评》,《颜元集》上,王星贤等点校,第 59 页。
② 颜元:《性理评》,《颜元集》上,王星贤等点校,第 72—73 页。
③ 颜元:《性理评》,《颜元集》上,王星贤等点校,第 60 页。

友之罪而有《存性》、《存学》之说，为后二千年先儒救参杂失，为前二千圣贤揭晦没之本源。"①

其实，颜元清醒地意识到，在当时的社会情境之下，从理论上批评宋儒是有巨大政治风险的，然即使是这样，他也甘愿冒着这样的政治风险，以关心万民生命，不负天地的大无畏精神气概批评宋儒。他说：

> 韩愈诋佛，几至杀身，况敢议今之尧、舜、周、孔者乎！季友著书驳程、朱之说，发本州杖决，况议及宋儒之学术、品诣乎！此言一出，身命之虞所必至也。然惧一身之祸而不言，委气数于终诬，置民物于终坏，听天地于终负，恐结舌安坐，不援沟渎，与强暴、横逆内人于沟渎者，其忍心害理不甚相远也。②

他甚至将程、朱之学与孔、孟子之学对立起来，非常激烈地说道："迨于秦火之后，汉儒掇拾遗文，遂误为训诂之学。晋人又诬为清谈，汉、唐又流为佛、老，至宋人而加甚矣。仆尝有言，训诂、清谈、禅宗、乡愿，有一皆足以惑世诬民，而宋人兼之，乌得不晦圣道，误苍生至此也。仆窃谓其祸甚于杨、墨，烈于嬴秦；每一念及，辄为太息流涕，甚则痛哭！"③颜元甚至说："非疲口敝舌，辩开一分宋学，孔道一分不入"④

要而言之，颜元对宋儒的批判，其着眼点主要在两个方面，一是批评宋儒空疏不实，于事无补。他说：

> 宋代当举世愦愦，罔所适向之时，而周子突出，以其传于禅僧寿涯、道士陈抟者杂入儒道，绘图著书，创开一宗，程、朱、陆、王皆奉之。相率静坐顿悟"验喜、怒、哀、乐未发时气象"，曰"以不观观之"，暗中二氏之奸诡，而"明明德"之实功涸矣；相率读注释，合清谈、训诂为一堂，而习行、礼、乐、兵、农之功废，所谓"亲民"者无其具矣，又

---

① 颜元：《性理评》，《颜元集》上，王星贤等点校，第 74 页。
② 颜元：《上太仓陆桴亭先生书（甲寅）》，《颜元集》下，王星贤等点校，第 426 页。
③ 颜元：《寄桐乡钱生晓城（生名煌）》，《颜元集》下，王星贤等点校，第 439 页。
④ 颜元：《寄桐乡钱生晓城（生名煌）》，《颜元集》下，王星贤等点校，第 440 页。

何"止至善"可言乎！以故尧、舜"三事"之"事"，周、孔"三物"之
"物"，偭矩而趋；而古大学教人之法，秦人强使之亡而不能尽者，潜
奸暗易，而消亡遂不知所底矣。生民之祸，倍甚晋、唐，道法沦湮，人
才廖落，莫谓虞、夏、商、周之文物尽灭其迹……试观两宋及今五百
年学人，尚行禹、益、孔、颜之实事否？圣道之衰，毋乃已极与！孔子
在天之灵，无乃伤与！①

二是批评宋儒的性善、气质恶、情恶的人性论。在《性理评》《性图》
两篇长文中，颜元从多个角度反复批评程朱人性论中的性善、气质恶、情
恶的人性论思想。上文已经简要地勾划了他对程朱"气质之性恶"观点
的批评，此处再简要地勾划他对程、朱"性善情恶"观点的批评。颜元的
《存性编》共有七幅图表，直观地表达了他对理气、性、情、才、德的认识，
在思想的表达方面有独特之处（此点亦表明他受宋儒影响的另一面）。
在论证性、情、才均为善的观点时，他亦提供了一个直观的图形：

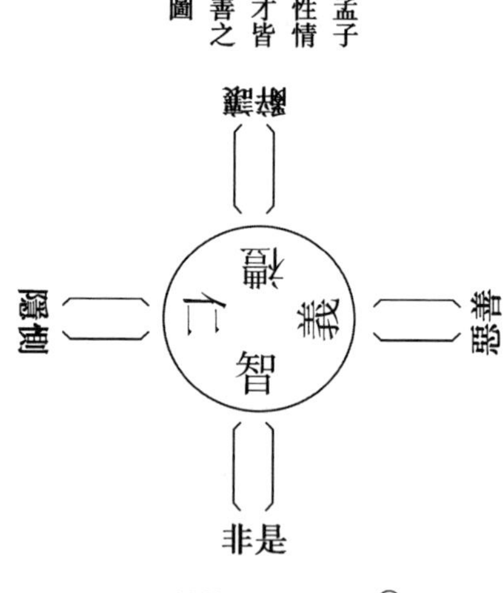

孟子性情才皆善之图②

---

① 颜元：《大学辨业序》，《颜元集》下，王星贤等点校，第395—396页。
② 颜元：《性图》，《颜元集》上，王星贤等点校，第27页。

通过此图形，他论证道：

> 发者情也，能发而见于事者才也；则非情、才无以见性，非气质无所为情、才，即无所为性。是情非他，即性之见也；才非他，即性之能也；气质非他，即性、情、才之气质也；一理而异其名也。若谓性善而才、情有恶，譬则苗矣，是谓种麻而秸实遂杂麦也；性善而气质有恶，譬则树矣，是谓内之神理属柳而外之枝干乃为槐也。自有天地以来，有是理乎？[1]

颜元仍然从理气混融论的立场出发，论证人的道德理性——仁义礼智四种表征与人的道德情感及其外化的作为，具有理论的内在的统一性。仁义礼智为一浑然的"性善"，"见当爱之物而情之恻隐能直及之，是性之仁；其能恻隐以及物者，才也。见当断之物而羞恶能直及之，是性之义；其能羞恶以及物者，才也。见当敬之物而辞让能直及之，是性之礼，其能辞让以及物者，才也。见当辨之物而是非能直及之，是性之智；其能是非以及物者，才也。不惟圣贤与道为一，虽常人率性，亦皆如此，更无恶之可言，故孟子曰'性善'，'乃若其情，可以为善'，'若不为善，非才之罪也'"。[2]

而人情由于受财色的引诱，受蔽受惑，当爱而不见，见不当爱而爱之，于是有贪营之类刚恶，有鄙吝之类的柔恶。"程、朱惟见性善不真，反以气质为有恶而求变化之，是'戕贼人以为仁义'，'远人以为道'矣。"[3]

为拯救程朱一系宋儒的偏颇，颜元提出了他自己的实学构想。针对人性的气质偏驳问题，颜元提出了不同于宋儒"明明德"的方法。他说：

> 然则气质偏驳者，欲使私欲不能引染，如之何？惟在明明德而已。存养省察，磨励乎《诗》《书》之中，涵濡乎礼乐之场，周、孔教人之成法固在也。自治以此，治人即以此也。使天下相习于善，而预

---

① 颜元：《性图》，《颜元集》上，王星贤等点校，第 27 页。
② 颜元：《性图》，《颜元集》上，王星贤等点校，第 28 页。
③ 颜元：《性图》，《颜元集》上，王星贤等点校，第 30 页。

远其引蔽习染，所谓"以人治人"也。若静坐闭眼，但可供精神短浅者一时之葆摄；训诂著述，亦止许承接秦火者一时之补苴。如谓此为主敬，此为致知，此为有功民物，仆则不敢为诸先正党也。①

颜元对自己的人性论及其实学颇为自信，他说：

> 熟读《孟子》而尽其意，细观赤子而得其情，则孔、孟之性旨明，而心性非精，气质非粗；不惟气质非吾性之累害，而且舍气质无以存养心性，则于所谓三事、六府、六德、六行、六艺之学是也。是明明德之学也，即谓为变化气质之功，亦无不可。有志者倘实以是为学为教，斯孔门之博文约礼，孟子之存心养性，乃再见于今日，而于儒有学术，天下有治平，异端净扫，复睹三代乾坤矣！②

如果就宇宙与人生的关系，人心与真理、与生理的两重关系论而言，颜元的思想更接近张载的气本论的思想立场。他曾经这样说道：

> 宇宙真气即宇宙生气，人心真理即人心生理。全其真理，自全其生理。微独自全其生理，方且积其全真理者而全宇宙之真气，以挟宇宙生生之气。予悲夫人心之真理日散，惧夫宇宙之真气渐硗，则人之为生与宇宙之生生，将终不虞、夏也哉！即终不虞夏，何遽不存虞、夏意？存虞、夏意，终有虞、夏望也。乃历观诸史册，博求之当世，殊不似商、周前之人心宇宙，处处真气洋溢，人人真理布濩也。存人心之真理，以撑持宇宙之真气者，止数忠臣、孝子、节妇耳。③

而人心中的真理又与人心的生理结合在一起，把真理与人的存在联系在一起，可以看出阳明学对颜元的深刻影响。他这样说道：

> 夫真理自在人心，不触不动；真气自在宇宙，不鼓不起……鼓动及之，人心各充其自有之真理，而宇宙间散者日醇，硗者复厚，孰谓

---

① 颜元：《性图》，《颜元集》上，王星贤等点校，第 30—31 页。
② 颜元：《性图》，《颜元集》上，王星贤等点校，第 32 页。
③ 颜元：《烈香集序》，《颜元集》下，王星贤等点校，第 409 页。

斡旋乾坤不由一妇人哉。方且动人心之生理，起宇宙之生气，又孰谓其死于一日者，不生于千古哉！①

很显然，阳明心学凸显人的主观意志在社会改造过程中的积极作用的思想，在颜元这里以改头换面的形式得到了继承。仅以此点来看，颜元的哲学思想在强调人的主观能动性这一点上更接近于阳明学。

三、颜元的实学观

颜元提倡实学的现实动机，可谓起于他读宋史时的千古一叹。他说：

> 吾读《甲申殉难录》，至"愧无半策匡时难，惟余一死报君恩"，未尝不凄然泣下也！至览和靖祭伊川"不背其师有之，有益于世则未"二语，又不觉废卷浩叹，为生民怆惶久之！夫周、孔以六艺教人，载在经传，子罕言仁、命，不语神，性道不可得闻，予欲无言，博文约礼等语，出之孔子之言及诸贤所记者，昭然可考，而宋儒若未之见也。专肆力于讲读，发明性命，闲心静敬，著述书史。伊川明见其及门皆入于禅而不悟，和靖自觉其无益于世而不悟，甚至求一守言语者亦不可得，其弊不大可见哉！至于朱子追述，似有憾事于和靖而亦不悟也。然则吾道之不行，岂非气数使之乎！②

而他自己所提倡的三事、六府、六德、六行、六艺之学，可以统称之为实学。在《学辩一》中，他将"学"的本质规定为"非主难、非主易，总是要断尽实学，不去为耳"！③　在《性理评》中，他称赞胡宏在五代宋初之际"独知救弊之道在实学不在空言，其主教太学也，立经义、治事斋，可谓深契孔子之心矣"④。而他所讲的实学内容当指"六艺及兵农、水火、钱谷、工

---

① 颜元：《烈香集序》，《颜元集》下，王星贤等点校，第 410 页。

② 颜元：《性理评》，《颜元集》上，王星贤等点校，第 62 页。

③ 颜元：《颜元集》上，王星贤等点校，第 51 页。

④ 颜元：《性理评》，《颜元集》上，王星贤等点校，第 75 页。

虞之类"，当然还包括"天文、地志、律历、兵机数者"。① 要而言之，颜元所说的实学是指一切有益于世道人心的知识。颜元的后学郭金诚为《存学编》作序时亦称，他得力于颜习斋的地方正在于实学。② 可见，"实学"在颜元思想体系中的地位。而用实学一词概括颜元学术的基本精神，还是基本恰当的。

就颜元思想的整体来看，他的实学在知识的范围上看是三事、六府、六德、六行、六艺之学。从性质上看，是与他所反对的"虚学"相反，主要是指一种重视实际行动、实际功效的学问。在《上太仓陆桴亭先生书》一文里，颜元一方面驳斥了历史上各种消极的理数说，另一方面主张实学，如他说道：

> 某闻气机消长，否泰剥复，天地有不能自主，理数使然也；方其消极而长，否极而泰，天地必生一人以主之，亦理数使然也。越稽孔、孟以前，理数醇，尚其实，凡天地所生以主此气机者，率皆实文、实行、实体、实用，卒为天地实绩，而民以安，物以阜。虽不幸而君相之人竟为布衣，亦必终身尽力于文、行、体、用之实，断不敢以不尧、舜、不禹、皋者苟且于一时，虚浮之套，高谈袖手，而委此气数，置此民物，听此天地于不可知也。亦必终身穷究于文、行、体、用之源，断不敢以惑异端、背先哲者，肆口于百喙争鸣之日，著书立言，而诬此气数，坏此民物，负此天地于不可为也。③

上文中所说的实文、实行、实体、实用、实绩五个词组，可以反映颜元实学的基本精神结构。就实行这一侧面而言，颜元有时以习、习行来表示，他在《总论诸儒讲学》一文中说道：

> 仆妄谓性命之理不可讲也；虽讲，人亦不能听也，虽听，人亦不能醒也，虽醒，人亦不能行也。所可得而共讲之，共醒之，共行之者，

---

① 颜元：《性理评》，《颜元集》上，王星贤等点校，第75页。
② 颜元：《存学编序》，《颜元集》上，王星贤等点校，第37页。
③ 颜元：《上太仓陆桴亭先生书（甲寅）》，《颜元集》下，王星贤等点校，第426页。

性命之作用,如《诗》、《书》、六艺而已。即《诗》、《书》、六艺,亦非徒列坐讲听,要惟一讲即教习,习至难处来问,方再与讲。讲之功有限,习之功无已。孔子惟与其弟子今日习礼,明日习射。间有可与言性命者,亦因其自悟已深,方与言。盖性命,非可言传也。①

颜元非常自信,将他自己提倡的学术看作是尧、舜、周、孔之道的真正体现者。他认为,真正的学问即是尧、舜、周、孔之道所规定的"三事三物"之道。所谓"三事",即正德、利用、厚生;所谓"三物",即是《周礼·大司徒》中所说的"乡三物":一为"六德"(知、仁、圣、义、忠、和),二为"六行"(孝、友、睦、姻、任、恤),三为"六艺"(礼、乐、射、御、书、数)。而"三物"其实就是"三事","六德即尧、舜所为正德也,六行即尧、舜所为厚生也,六艺即尧、舜所为利用也"。②

颜元还提出了"六府"之学,即水、火、木、金、土、谷之学。这一"六府"之学蕴涵了现代知识分类学的思想萌芽,尤其能体现出他的实学思想具有切于民生日用的特征。根据其弟子李塨的概括,他的"六府"之学的主要内容如下:

> 言水,则凡沟洫漕轮,治河防海,水战藏冰、醋榷诸事统之矣;言火,则凡焚山烧荒,火器火战,与夫禁火改火诸爨理之法统之矣;言金,则凡冶铸泉货,修兵讲武,大司马之法统之矣;言木,则凡冬官所职,虞人所掌,若后世茶榷抽分诸事统之矣;言土,则凡体国经野,辨五土之性,治九州之宜,井田封建,山河城池诸地理之学统之矣;言谷,则凡后稷之所经营……诸农政统之矣。③

有关"三事"与"六府"之学的内在关系,李塨作了比较明确的解释。他说:"全三事,则所以经纬乎六府者也。正德,正此金木水火土谷之德也;利用,利此金木水火土谷之用也;厚生,厚此金木水火土谷之生也。

---

① 颜元:《颜元集》上,王星贤等点校,第 41 页。
② 颜元:《寄桐乡钱生晓城》,《颜元集》下,王星贤等点校,第 439 页。
③ 李塨:《瘳病编》,《李塨文集》,邓子平、陈山榜点校,第 99 页,石家庄,河北人民出版社,2011。

故徒正德而不能利用、厚生，则德流于空无迂腐；徒利用而不能正德、厚生，则用流于机械淫巧；徒厚生而不能正德、利用，则生失于刻啬攘夺。然究之不能利用、厚生者，亦必不能正德；不能正德、厚生者，亦必不能利用；不能正德、利用者，亦必不能厚生。此六府所以欲其修，三事所以欲其和也欤！"①

颜元将正德、利用、厚生三者之间的关系做了一内在的、循环的、相互依赖的解释，纠正了宋儒传统中过分重视正德，忽视利用、厚生的思想倾向。颜元认为自己的实学直接从孔子而来，他说："我夫子承周末文胜之际，洞见道之不兴，不在文之不详而在实之不修，奋笔删定繁文，存今所有经书，取足明道，而学教专在六艺，务期实用。"②从而为自己的实学找到了历史根据。而这种实用之学可以从两个方面来理解，一是治身，一是治人，而这两者在儒家的学统中是高度统一的。相比较而言，霸术只治人不治身，隐怪之徒只治身而不治人。他对《大学》的精神重新阐释道：

> 盖吾儒原是学为君相、为百职。便是庶人，谁无个妻子、兄弟、徒仆？以道治吾身便是明，以道治他们便是亲，明亲到十分满足便是至善。此个大人，是人人有分可做的；此个学功是人人有力当做的。异端是不上此条道的；曲学是自身上做几分，不能合天下以为量的；霸术是治民上做几分，不以修身为本的；隐怪又是异端中雄杰，要出至善外做十二分的，总坐不知止耳。③

值得注意的是，颜元所提倡的实学，并不仅仅是一种经世之学，同时它也是一种成人之学。颜元认为，"六艺之学"不只有功于天地，而且能使人"尽人道而死"。他说："子产云，历事久，取精多，则魂魄强。今于礼乐、兵农无不娴，即终身莫之用而没，以体用兼全之气还于天地，是谓尽

---

① 李塨：《瘳病编》，《李塨文集》，邓子平、陈山榜点校，第 99 页。
② 颜元：《性理评》，《颜元集》上，王星贤等点校，第 75 页。
③ 颜元：《四书正误·大学》，《颜元集》上，王星贤等点校，第 158 页。

人道而死，故君子曰终。故曰学者，学成其人而已，非外求也。"①这表明，颜元的经世实学并非简单的事功之学，而是与人的自我实现密切相关的学问。

"习行"是颜元实学观中最重要的范畴，也是他最重视的人生态度。他说："孔子与三千人习而行之，以济当世，是圣人本志本功。"②因此，他呼吁当时社会主盟儒坛之人，"垂意于习之一字，使为学为教，用力于讲读者一二，加功于习行者八九，则生民幸甚，吾道幸甚！"③。不过，颜元所谓的"习"，并不是温习书本知识，而是实习、练习；他所谓的"习行"，是指把书本知识施之实事与生活中，而不仅仅是阳明心学中的"知行合一"之"行"。侯外庐曾经仔细分析了颜元"习"字所包含的六个方面的意思，如实践意、验证意、改造自然和改造社会意、自强不息意、习行经济谱导出的运动发展意和功用意。④ 此处综合前贤的研究成果，从颜元"学"所包涵的知识与德性两个方面来考察其重视"习行"思想的主要内涵。

第一，就一般的知识问题而言，可以从如下两个方面来理解：

其一，从一般的自然知识与社会知识获取的角度来看，颜元特别强调"习行"是一切真知的第一源泉，而且强调知识与效用之间的关系。比如他在解释"格物致知"命题中的"格"字时，就特别强调直接经验对于人获得知识的重要性，他说：

> 李植秀问"物致知"，予曰："知"无体，以物为体，犹之目无体，以形色为体也。故人目虽明，非视黑视白，明无由用也。人心虽灵，非玩东玩西，灵无由施也。今之言"致知"者，不过读书、讲问、思辨已耳，不知致吾知者，皆不在此也。辟如欲知礼，任读几百遍礼书，讲问几十次，思辨几十层，总不算知。直须跪拜周旋，捧玉爵，执币帛，亲下手一番，方知礼是如此，知礼者斯至矣。辟如欲知乐，任读乐谱

---

① 颜元：《学辨一》，《颜元集》上，王星贤等点校，第51—52页。
② 颜元：《四书正误·大学章句序》，《颜元集》上，王星贤等点校，第157页。
③ 颜元：《存学编·总论诸儒讲学》，《颜元集》上，王星贤等点校，第42页。
④ 参见侯外庐《中国思想通史》第五卷，第369—372页，北京，人民出版社，1956。

几百遍，讲问、思辩几十层，总不能知，直须搏拊击吹，口歌身舞，亲下手一番，方知乐是如此，知乐者斯至矣。是谓"格物而后知至"。故吾断以为"物"即三物之物，"格"即手格猛兽之格，手格杀之之格……故曰"手格其物，而后知至"。①

其二，而从知识与效用的关系角度看，他认为，只有通过"习行"才可以验证知识真假、有用与否。他以医学知识与治病的效果关系来论证知识效用的重要性。他说：

辟之于医，《黄帝·素问》、《金匮》、《玉函》，所以明医理也，而疗疾救世，则必诊脉、制药、针灸、摩砭为之力也。今有妄人者，止务览医书千百卷，熟读详说，以为予国手矣，视诊脉、制药、针灸、摩砭以为术家之粗，不足学也。书日博，识日精，一人倡之，举世效之，岐、黄盈天下，而天下之人病相枕、死相接也，可谓明医乎？②

颜元的结论是："若读尽医书而鄙视方脉、药饵、针灸、摩砭，妄人也，不惟非岐、黄，并非医也，尚不如习一科、验一方者之为医也。读尽天下书而不习行六府、六艺，文人也，非儒也，尚不如行一节、精一艺者之为儒也。"③

他又以音乐等技艺方面的理论知识与实际表演技能来论证实际才干的重要性，如他说：

譬之学琴然，诗书犹琴谱也，烂熟琴谱，讲解分明，可谓学琴乎？故曰以讲读为求道之功，相隔千里也。更有一妄人指琴谱曰，是即琴也，辨音律，协声韵，理性情，通神明，此物此事也。谱果琴乎？故曰以书为道，相隔千里也。千里万里，何言之远也！亦譬之学琴然：歌得其调，抚娴其指，弦求中音，徽求中节，声求协律，是谓之学琴

---

① 颜元：《四书正误》，《颜元集》上，王星贤等点校，第 159 页。
② 颜元：《学辩一》，《颜元集》上，王星贤等点校，第 50 页。
③ 颜元：《学辩一》，《颜元集》上，王星贤等点校，第 50 页。

矣，未为习琴也。手随心，音随手，清浊、疾徐有常规，鼓有常功，奏有常乐，是之谓习琴矣，未为能琴也。弦器可手制也，音律可耳审也，诗歌惟其所欲也，心与手忘，手与弦忘，私欲不作于心，太和常在于室，感应阴阳，化物达天，于是乎命之曰能琴。今手不弹，心不会，但以讲读琴谱为学琴，是渡河而望江也，故曰千里也。今目不睹，耳不闻，但以谱为琴，是指蓟北而谈云南也，故曰万里也。①

第二，从人的德性修养与成人的角度来看，颜元所重视的"习行"，亦可以从两方面去理解，其一是以动克服静的弊病，其二是用事功检验人的德性修养的效果。

其一，就以动克服静的弊病方面而言，颜元说道："养身善于习动，夙兴夜寐，振起精神，寻事去作，行之有常，并不困疲，日益精壮；但说静息将养，便日就惰弱。故曰'君子庄敬日强，安肆日偷'。"②

又说："常动则筋骨疏，气脉舒，故曰：'立于礼'，故曰'制舞而民不肿'。宋元来儒者皆习静，今日正可言习动。"③

正因为如此，他特别反对宋儒在道德修养方面的主敬主静说。他说：

> 敬字字面好看，却是隐坏于禅学处。古人教洒扫，即洒扫主敬，教应对进退，即应对进退主敬，教礼乐射御书数，即度数音律、审固罄控、点画乘除莫不主敬。故曰"敬执事"，故曰"敬其事"，故曰"行笃敬"，皆身心一致加功，无往非敬也。若将古人成法皆舍思置，专向静坐、收摄、徐行、缓语处言主敬，乃是以吾儒虚字面做释氏实工夫，去道远矣。④

其二，就以事功来检验德性修养的方面讲，颜元说道："学须一件做

---

① 颜元：《性理评》，《颜元集》上，王星贤等点校，第 78 页。
② 颜元：《颜习斋先生言行录》，《颜元集》下，王星贤等点校，第 635 页。
③ 颜元：《颜习斋先生言行录》，《颜元集》下，王星贤等点校，第 686 页。
④ 颜元：《性理评》，《颜元集》上，王星贤等点校，第 91 页。

成，便是圣贤一流。"①如果仅仅是"读得书来口会说，笔会作，都不济事，须是身上行出，方算学问"②。学习之人如果不是"从身上习过，皆无用也"③。

他说："吾愿求道者尽性而已矣。尽性者，实征之吾身而已矣；征身者，动与万物共见而已矣。吾身之百体，吾性之作用也，一体不灵，则一用不具；天下之万物，吾性之措施也，一物不称其情，则措施有累。身世打成一片，一滚做功，近自几席，远达民物，下自邻比，上暨廊庙，粗自洒扫，精通燮理，至于尽伦定制，阴阳和，位育彻，吾性真全矣。"④

颜元的习行哲学在德性修养方面，不仅要求个人以动制静，而且要求天下人皆以动而造就世功。故他又说：

> 五帝三王周孔，皆教天下以动之圣人也，皆以动造成世道之圣人也。五霸之假，正假其动也，汉、唐袭其动之一二，以造其世也。晋、宋之苟安，佛之空、老之无，周、程、朱、邵之静坐，徒事口笔，总之皆不动也。而人才尽矣，圣道亡矣，乾坤降矣。吾尝言一身动则一身强，一家动则一家强，一国动则一国强，天下动则天下强，益自信其考前圣而不谬矣，后圣而不惑矣。⑤

颜元通过对儒家经典中"习行"思想的强调，发展出一种新的哲学论述方式，使宋明儒学重视心性，向内收敛的思维方式，转变为一种重视社会生活实践、重视外在效用的思维方式。他从自己的实学观出发，对中国传统哲学的体用关系作出新的阐述，提出了"以用验体"的新体用论。他说：

> 人皆知古来无无体之用，不知从来无无用之体。既为无用之

---

① 颜元：《颜习斋先生言行录》，《颜元集》下，王星贤等点校，第 667 页。
② 颜元：《答齐笃公秀才赠号书》，《颜元集》下，王星贤等点校，第 466 页。
③ 颜元：《性理评》，《颜元集》上，王星贤等点校，第 56 页。
④ 颜元：《第二唤》，《颜元集》上，王星贤等点校，第 129 页。
⑤ 颜元：《颜习斋先生言行录》，《颜元集》下，王星贤等点校，第 669 页。

体，则理亦虚理。释氏谈虚之宋儒，宋儒谈理之释氏，其间不能一寸。①

从这一新体用论出发，他对朱子学末流进行了激烈的批判。他认为，当时科举考试要求天下人在特定的年份读特定的书，这与原始儒家正德、利用、厚生的"三事""三物"以及现实生活毫不相关，是对天下读书人的误导，使之尽为无用之人。这种重视实践、关注民生的实学观显然具有进步意义。不过，应当指出的是，颜元的"实学"思想及其中的"习行"观，都还只是限于个人的实践，缺乏现代哲学，特别是马克思主义哲学重视社会实践的内容。

颜元重视实学，有其时代的合理性，但他把实学与一切书本上的知识对立起来，即是把实学与人类一切间接的知识对立起来，就重新陷入了另一种偏颇，如他说："但凡从静坐读书中讨来识见议论，便如望梅画饼，靠之饥食渴饮不得。"②这就过于轻视书本上理论知识的价值了。从最原初的根源处说，实践是一切知识的来源。但人类进入文明社会后，对于书本上理论知识的学习、研究，也是人获得知识的重要源泉。在人类发展到重视科学实验的时代，理论研究就显得尤其重要。就此点而言，颜元的实学显得似乎有点狭隘，但他的实学中重视"习行"的基本精神在今天仍然是值得肯定并发扬光大的。

综上所述，颜元的实学思想及其所强调的重"习行"、经世致用的倾向，对程朱理学和陆王心学的客观唯心主义与主观唯心主义的先验论给予了有力的驳斥，本质上是一种积极主动的哲学，在一定的意义上反映了该时代要求发展知识理性、重视外王之学的启蒙思想精神，对当时及以后的思想文化界产生过较大影响。但是，他把人性之恶仅仅归结为社会的习、染而忽视个人的自由意志选择，重经验之行而忽视理性思维的倾向，则是他在理论上的局限之处。而他对于儒家学说的变化历史持一

---

① 颜元：《朱子语类评》，《颜元集》上，王星贤等点校，第285页。
② 颜元：《性理评》，《颜元集》上，王星贤等点校，第66页。

种退化的历史观，也并不完全符合历史事实，如他说："儒运之降也久矣，尧、舜之道，周、孔之学，微独习之、行之也无人，三事、三物之言并不挂齿舌。汉、宋以来，徒见训诂章句，静敬语录与帖括家，列朝堂，从庙庭，知郡邑；塞天下痒序里塾中，白面书生微独无经天、纬地之略，礼乐、兵、农之才，率柔脆如妇人女子，求一腹豪爽偶傥之气无之。间有称雄卓者，则又世间粗放子。"①

又说："'儒者天地之元气'，以其在上在下，皆能造就人材，以辅世泽民，参赞化育故也。若夫讲读著述以明理，静坐主敬以养性，不肯作一费力事，虽曰口谈仁义，称述孔、孟，其与释、老之相去也者几何！"②

颜元高度称赞孔子及其弟子，说："吾谓孔子如太阳当空，不惟散宿众星不显其光，即明月五星亦不出色，若当下旬之夜，一行星炯照，四国仰之如太阳然矣。故孔子奠楹后，群推有子为圣人，西河又推卜子为圣人。当时七十子身通六艺，日月至仁，倘有一人出于后世，皆足倡学一代，使人望为圣人，非周、程以下诸先生所可比也。"③

这虽是用远古圣人来批评近世的权威，借古代的圣贤来表达自己的学术与救世理想，但毕竟还保留着一种权威主义的思想印痕，不利于人类思想的真正解放。

最后，值得注意的是，颜元并不是一般的反对识"理"，而只是反对宋儒于书本上、静坐中求"理"的方法，他说："孔子则只教人习事，迨见理于事，则已彻上彻下矣。此孔子之学与程、朱之学所由分也。"④如此说来，孔子之学与宋儒程朱之学的差异，仅只是求理的方法、途径之不同而已。这又将二者之间的区别简单化了。

---

① 颜元：《泣血集序》，《颜元集》下，王星贤等点校，第398—399页。
② 颜元：《性理评》，《颜元集》上，王星贤等点校，第69页。
③ 颜元：《性理评》，《颜元集》上，王星贤等点校，第65页。
④ 颜元：《性理评》，《颜元集》上，王星贤等点校，第71页。

第三节　李塨的哲学思想及颜、李思想之异同

李塨(1659—1733),字刚主,号恕谷,河北蠡县西曹家蕞人。其父孝悫曰:"予年强仕,始立长子,命乳名曰四友,期之以疏附先后之侍也。龀岁入学,更名为塨,恭欲其谦,土欲其实也。"①22 岁时,"效习斋立《日记》自考"②。据其门人冯辰所言,"先生年谱,自庚申七月以后,皆采之《日谱》,以前,则本之辰所素闻于先生者"③。因为"辨学论道者必录",所以研究李塨的哲学思想及其嬗变历程,《李恕谷先生年谱》处于非常重要地位。李塨 25 岁时,其父孝悫临终"嘱以从习斋教"④。30 岁时,"思仁道大,求之惟恕。曹家蕞村中,一路甚深似谷,长而通似恕,乃自号恕谷,志勉也"⑤。37 岁,友人郭子坚备船从,"送先生入杭州,游西湖"⑥。39 岁,李塨受子坚、子固之邀,复入浙,问乐于毛奇龄。李塨与胡渭、阎若璩、万斯同、方苞等当世名流交厚。著有《大学辨业》《圣经学规纂》《论学》《阅史郄视》《拟太平策》,其代表性著作收录在河北人民出版社 2011 年出版的《李塨文集》中。

一、李塨的哲学思想

(一)"程朱陆王皆染于禅"

宋明理学家几乎都力辟佛老,竭力与二氏区分开,但这恰恰说明了他们的理论建构或多或少地吸收了佛老的思想,尤其是二氏的思辨成分。正如陈亮所言:"此如猩猩知酒之将杀己,且骂而且饮之也。"⑦降至

---

① 《李塨文集》,邓子平、陈山榜点校,第 688 页。
② 《李塨文集》,邓子平、陈山榜点校,第 692 页。
③ 《李塨文集》,邓子平、陈山榜点校,第 687 页。
④ 《李塨文集》,邓子平、陈山榜点校,第 706 页。
⑤ 《李塨文集》,邓子平、陈山榜点校,第 719 页。
⑥ 《李塨文集》,邓子平、陈山榜点校,第 731 页。
⑦ 黄宗羲、全祖望:《宋元学案》,第 1841 页,北京,中华书局,1986。

清季，颜元深感"无事袖手谈心性，临危一死报君王"①的理学家们不仅未能扶危救难，而且视实学为粗迹，贻误苍生。他与弟子李塨对"遗置天地民物"的理学家们进行了无情的批判。颜元虽然对程朱陆王之学皆有所批评，然而其批驳的主要对象是程朱理学，指责"朱子为手执《四书》《五经》之禅僧"②，而李塨则直斥"程朱陆王皆染于禅"。他说：

> 后儒不解学字，遂一往皆误。学者学于人，学《诗》《书》《礼》《乐》也。后儒专重诵读，或直指性天，而学岐，而学亡。……《太极图》本道家说，今本《大学》《孝经》，系朱子改窜，晦圣经本旨。程朱陆王皆染于禅。③

李塨指责后儒"专重诵读""直指性天"，背离了圣学。他认为："圣贤正学，在明德亲民，学习礼乐。闭目静坐，古学所无也。诵读，乃致知中之一事，非专以此为学也。"④至于"闭目静坐"、玩弄性天，则是先儒所无，孟子"与乱性者辨，而皆就才情言，非专以言性立教也"⑤。李塨进一步指出"但言明心见性"是"戴儒巾之禅"，他说："今儒者遗置天地民物，但言明心见性，只为戴儒巾之禅和子而已。"⑥所以，在他看来，"程朱陆王皆染于禅"。另外，李塨指出程朱所本的《太极图》乃是道家学说。他与毛奇龄、胡渭论学，深知周敦颐《太极图说》来源于道家的秘密。

钱穆说："而据余所见，习斋种种持论，更似颇有近阳明者。"⑦《四库全书总目提要》亦认为颜元"其学大抵源出姚江"。颜元往往批程朱多，斥陆王少。李塨则不然，他认为程朱、陆王是"一主一奴"之关系，说道：

> 象山、阳明必先提所谓本心良知者，举此以致知事物，而以下学

---

① 颜元：《学辨一》，《颜元集》上，王星贤等点校，第 51 页。
② 颜元：《朱子语类评》，《颜元集》上，王星贤等点校，第 251 页。
③ 《李塨文集》，邓子平、陈山榜点校，第 732 页。
④ 《李塨文集》，邓子平、陈山榜点校，第 729 页。
⑤ 《李塨文集》，邓子平、陈山榜点校，第 713 页。
⑥ 《李塨文集》，邓子平、陈山榜点校，第 713 页。
⑦ 钱穆：《中国近三百年学术史》，第 204 页，北京，商务印书馆，1997。

讲习为支离，其亦舛矣。盖其说即禅门之直指心性也，而借《孟子》之本心良知以附会之。……夫教人以性为先，程朱不犹之陆王耶？乃一主一奴，何耶？①

李塨以为，陆王以"本心良知"为先，以"下学"为支离，即是"禅门之直指心性"，而程朱"教人以性为先"，亦相类也。虽然李塨的儒佛之辨泥于形迹，难免会招到郑若洲"攻佛不知其精，不如不攻"，以及"先生语低"②的责难，但他的确触及到了理学家们的共同理论缺失和痛处：即体认性天，虚中玩弄，忽视了"躬行日用"。他说：

> 宋儒之误，实始周子。周子尝与僧寿涯、道士陈抟往来，其教二程以寻孔颜乐处，虽依附儒说，而虚中玩弄，实为二氏潜移而不之觉。……为窥见性天，为汉唐儒者所未及。不知汉唐儒者原任传经，其视圣道固散寄于天下也。宋儒于训诂之外，加一体认性天，遂直居传道，而于圣道乃南辕而北辙矣。③

> 要使躬行日用，事事自强不息，念念参前倚衡，是之谓先立其大。未尝有所谓静坐观空，致思于无极太极，生天生人之始，以为尊德性也。④

李塨一再强调宋儒与佛道二氏的亲缘关系，认为他们玩弄太极、体认性天的做法与儒学理想中"躬行日用"之学南辕北辙、背道而驰。他认为，陆九渊将孟子"先立乎其大"诠释为立其"本心"，以"本心"为大、为精，以实学为小、为粗；王阳明以"良知"为体，以"致良知"为修养工夫，这是陆王心学忽视习行、"寻孔颜乐处"的理论基础。李塨为了还原儒学内圣外王、济民救世之宗旨，重新解释"先立其大"的内涵，认为"要使躬行日用，事事自强不息，念念参前倚衡"，方才是真正的"立其大者"。再者，

---

① 《李塨文集》，邓子平、陈山榜点校，第 723 页。
② 《李塨文集》，邓子平、陈山榜点校，第 789 页。
③ 《李塨文集》，邓子平、陈山榜点校，第 734 页。
④ 《李塨文集》，邓子平、陈山榜点校，第 713 页。

宋儒"静坐观空"与致思无极太极等玄妙问题,亦非先儒的"尊德性"之学。他说:"德性,《中庸》自注之矣,曰智曰勇。"①以智和勇为德,排斥先天性理是李塨思想的一大特色。李塨语其三弟曰:"德之主在仁,而用在智,无智则德俱无用矣。故《论语》终以三知;《中庸》四德,首以聪明睿知;孟子赞孔子大成,独推其智也。"②对"智"与"习行"的重视,本可以促进经验科学的发展,但对李塨而言,"智"多限于考证古之礼乐,"习行"也仅囿于习射、行礼等,这不能不说是一件憾事。

在李塨看来,程朱与陆王之别,在于"下学上达"的不同,他在《大学辨业》中说:

> 朱子《孟子注》以"知性知天"为"格物致知","存心养性"为"诚意、正心、修身",盖欲上达而后下学也。至陆王,则又以为上达即是下学。两派不同在此。不知不先下学,所谓上达,非上达也,非大本也,皆佛氏之空幻耳。③

尽管李塨对朱子与陆王区别的理解,并非完全准确,但可以明显看出他主张首在"下学",然后"上达",反对以"存心养性"为先,以"格物致知"为后的修德与为学次第。所以,虽然朱子有"格物致知",然不以"下学"为先,亦同陆王,皆佛氏之空。相较于颜元而言,李塨似乎更讨厌陆王,他说:"程朱未尝没古圣学习旧规,但云今已失,且读书穷理以旋补之。至阳明则直抹杀矣,此所以致宗程朱者,如刁蒙吉、张武承等之掊击之也。"④可见,相对批评程朱"读书穷理"而言,李塨更反对王阳明"若以私意去安排思索,便是用智自私矣"⑤的思想主张。

但李塨认为,程朱陆王之学在玩弄虚空的本质上却是一致的。他说:

---

① 《李塨文集》,邓子平、陈山榜点校,第 713 页。
② 《李塨文集》,邓子平、陈山榜点校,第 773 页。
③ 《李塨文集》,邓子平、陈山榜点校,第 28 页。
④ 《李塨文集》,邓子平、陈山榜点校,第 31 页。
⑤ 王守仁:《传习录中》,《王阳明全集》,吴光等编校,第 58 页。

阳明"无善无恶心之体，有善有恶心之用"二语，为学程朱者所诟病，然其意程朱即有之。朱子力护"无极"，又言"心为人之太极"，"太极"即至善也，是亦可曰无善而至善矣，非即"无善无恶心之体"乎？①

王阳明四句教的首句即是"无善无恶心之体"，学宗程朱者虽然反对阳明所论，但在李塨看来，程朱所言"心为人之太极"一语，意同"无善无恶心之体"，都在空谈"至善"、不事"礼乐兵农"，与二氏无异。由于李塨没有充分吃透理学家们的思想，致使他对程朱陆王的批判缺乏必要的系统性与深刻性，他甚至将王阳明的"有善有恶意之动"误解成"有善有恶心之用"。但是，如果从反古开新、主张习行，力纠宋明理学专务读书静坐，使儒家学说更加切合实用方面来说，李塨对程朱、陆之学的批评又有一定的合理性。

（二）"目见身试"的经验论

章太炎以"滞于有形，而概念抽象之用少"②来评价颜学。在我们看来，这一评价对于李塨而言，尤其是对李塨的早、中期思想而言，似乎更为精准，

首先，李塨重释经典，消解宋以来天理、太极、心性等抽象范畴的神秘性与崇高性地位，此即他所说"力追古学，拨正支离"③。在《大学辨业》中，李塨遍引先秦儒家典籍及汉儒、颜元诸说，力驳宋儒将"格物"与"天理"或"良知"等联系在一起的思想观念。他说：

> 朱子一生功力、志愿，皆在此数言，自以为表里精粗，无不到矣，然圣贤初无此学教之法也。《论语》曰："中人以下，不可语上。"夫子之言性与天道，不可得闻。《中庸》曰："圣人有所不知不能。"可见初

---

① 《李塨文集》，邓子平、陈山榜点校，第 728 页。
② 章太炎：《颜学》，章太炎、刘师培：《中国近三百年学术史论》，第 74 页，上海，上海古籍出版社，2006。
③ 《李塨文集》，邓子平、陈山榜点校，第 719 页。

学不必讲性天，圣人亦不得遍知一草一木也。朱子乃如此浩大为愿，能乎？ 毋怪《太极图解》、《集注》，当时即不能服陆子静、陈龙川，而元明以来，更多指摘矣。①

李塨以《论语》《中庸》为本，以"圣贤初无此学教之法"驳朱子格物致知的抽象"天理"之狂论。他认为致力于心性乃是佛门教法，孔子教人罕言性与天，孟子言心性乃是不得已而为之，他说："（孔子）其教人也，罕言命仁，性天不可得闻。孟子虽不得已，与乱性者辨，而皆就才情言，非专以言性立教也。"②李塨反对朱子"遍知一草一木"的观点，这与其承袭颜元训"物"为"《周礼》之'三物'"的认识相关。细读《大学辨业》，40 岁的李塨恶阳明学更甚，他竭力驳斥王阳明及其后学（尤其是王心斋）"以致良知为致知"、训"格"为"正"的思想，认为"心之本体""良知""天理"等先验范畴皆为禅语："程朱于佛老，固有洗脱未净者，然闲邪卫正，尚尔毅然，至阳明则居之不讳矣。"③

其次，李塨在知识的问题上，坚持"目见身试""因形以察理"的经验论学术立场，反对"因理而推之"的宋儒式的唯理论的立场。他以钱丙为例，痛斥专以"明理为言"的做法：

> 钱丙不讲学问，不讲持行，专以明理为言。年来加以狂怪，将《大学》《中庸》《古文尚书》《易·系辞》《周礼》《仪礼》《礼记》《春秋》三传，有见者，有未见者，望风而诟曰："我理见以为如是，虽古圣起，吾不信也，吾信吾理而已矣。"近又移之于医……予问之曰："君曾习医乎？"曰："否。"亦识药乎？ 曰："否，皆以理断之耳。"……然则不目见，不身试，何由以理断之耶？ 且君之以理断，即当前莫辨也。天下之物因形以察理，则理可辨，而今君曰："吾但论理。"有甲者，本顺面皙，君曰："矮而黧"，且曰："彼形不可凭而理可凭。"夫理者，物之脉

---

①《李塨文集》，邓子平、陈山榜点校，第 28—29 页。
②《李塨文集》，邓子平、陈山榜点校，第 713 页。
③《李塨文集》，邓子平、陈山榜点校，第 33 页。

理也，物形既置，理安傅哉？①

在这段话中，李塨以"专以明理为言"的钱丙为例，形象生动的痛斥了理学家"皆以理断之"的荒谬之处。此处，李塨提出了三个经验性原则：第一，在知识来源的问题上，李塨坚持"目见身试"的经验立场。如从医，先要习医、识药，躬行其事，方可做一个合格的医生。第二，主张"因形以察理"的处事原则。在消解"天理"的超越性与神秘性之后，"理"成了有限的经验性存在，即无关道德的"物之脉理"。宋儒的"天理"依靠体悟去感知，而"物之脉理"则需要"智"去认知，这是李塨强调"智"而反对"顿悟"的根本原因。第三，"凭形而不凭理"的是非判断标准。也就是说，应该凭着对事物的经验感知，来认定其性质，而不可以抽象、先验的"理"来断定之。这样，就可以防止类似于将"本颀面皙"者主观臆断为"矮而黬"者的事情发生。

从经验论的立场出发，李塨将妄论"太极""良知"的程朱陆王一并视为"无质对"的"画鬼"者，是袖手空谈。他说：

> 管廷耀问学，予曰："画家言画鬼容易画马难，以鬼无质对、马有证佐也。今讲《河》《洛》《太极》者，各出心手，图状纷然，而致良知者又猖狂自喜，默默有物，皆画鬼也。子志于学，子臣弟友、礼乐兵农，亦画马而已矣。"②

李塨从经验原则出发，认为无论是高谈太极的程朱理学，还是以"致良知"为学术宗旨的阳明学，皆无实形佐证，他们歧圣荒经，犹如画家之画鬼，自以为是。相反，如果志于可见、可闻的子臣弟友、礼乐兵农，那么，学问才真止落到了实处。

最后，在道德修养方面，李塨坚持"以礼治内"的经验论原则。宋明理学家在道德修养方面，一般持先验论立场，程朱的"天理""太极"和王

---

① 《李塨文集》，邓子平、陈山榜点校，第 86 页。
② 《李塨文集》，邓子平、陈山榜点校，第 86—87 页。

阳明的"良知",都是道德行为和修养的先天根据,是一种超时空的抽象存在物。在理学家看来,外在的行为规范("礼")只是"天理"或"良知"客观化的结果,如王阳明认为"良知即是天植灵根",而外在的孝、忠等规范却是由"良知"生发出来的,他说:"以此纯乎天理之心,发之事父便是孝,发之事君便是忠,发之交友治民便是信与仁。"①与此相反,李塨认为外在的"礼"才是本原性的,如他说:"以礼治内,则为主敬,以敬范外,则为循礼。"②学礼、行礼对李塨而言,尤其重要,甚至是"圣学之方"。那么,如何保证对"礼"的遵从是出于内心真诚,而不是由于恐惧或私利呢? 在此一根本的问题上,李塨改变了自己的经验主义立场,以"小心翼翼,昭事上帝"的儒家式的信仰来保证每个人习礼、行礼的真诚性,其《日谱》载曰:

> 从杭州回故里,拜习斋时,习斋曰:"先生倡明圣学,功在万世。但窃窥向者,束身以敛心功多,养心以范身功少,恐高年于心性更宜力也。"乃以无念有念,无事有事,皆持以敬之功质。先生曰:"然。"乃书"小心翼翼,昭事上帝"二语于《日记》首,日三复之。③

李塨主张以礼治内,却疏忽了心性修养,所以颜习斋告诫他要注重养心以范身。李塨虽然答以"然",但是,仅仅一日三复"小心翼翼,昭事上帝",未必就是习斋的真实愿望。"小心翼翼,昭事上帝"出自《诗·大雅·大明》,诗书中的帝、天,皆有人格神的意味,如果道德主体的心性修养活动缺乏内在的道德主体性,则颜习斋所告诫的"恐高年于心性更宜力"一语,在李塨的道德修养活动中是要落空的。李塨在其《日记》中反复申言的"昭事上帝"的"上帝",其实是一种外在的超越神,并不能帮助他提升自己的心性修养水平。这是李塨反对理学家妄谈心性、太极,一

---

① 王守仁:《传习录上》,《王阳明全集》,吴光等编校,第 2 页。
② 《李塨文集》,邓子平、陈山榜点校,第 759 页。
③ 《李塨文集》,邓子平、陈山榜点校,第 746 页。此语同样出现在《颜习斋先生年谱》中,但其中"习斋曰"变成"塨谓先生曰",另个别文字有所不同。特别是《颜习斋先生年谱》中有"敢不共力"一语,表明此语乃李塨对颜元以前的主张提出的含蓄批评,颜元接受李塨的说法,要在年事已高之后于心性上更下功夫。见《颜元集》下,王星贤等点校,第 785 页。

切证之以"目见身试"的理论主张的必然结果。章太炎认为颜习斋反对"默坐澄心，体认天理"是"矫枉过直"①，在李塨，则直接回归至孔孟之前，以一种人格神来规范自己的道德修养。这在理论上显然是一种倒退。

（三）"圣学之方"：学礼、行礼

关于圣学之方，不同的思想家有不同的看法。理学家一般认为圣学之方在修养工夫方面，如朱子视"敬"为圣学之方，他说："因叹'敬'字工夫之妙，圣学之所以成始成终者，皆由此，故曰：'修己以敬。'"②王阳明则认为是"致良知"，他说："致知二字，是千古圣学之秘。"③李塨的圣学之方则在"礼"，《论学》中载有他与周梁问"入道之路"的一段对话：

> "圣门学道成规固在也。"曰："何在？"曰："以礼学礼，则为博文。行礼则为约礼。以礼自治，则为明德。以礼及人，则为亲民。"④

李塨将"博文""约礼""明德""亲民"分别解释为"学礼""行礼""以礼自治""以礼及人"，并以此为"圣门学道成规"。在 46 岁时，其《年谱》亦有类似的记载：

> 聚五问从事圣学之方，先生曰："以礼。博文，学礼也；约礼，行礼也；齐明，内养以礼也；非礼不动，外持以礼也。"⑤

聚五是李塨入河南时所遇一儒生。此处，李塨认为"圣学之方"即是"学礼""行礼"，做到"内养以礼""外持以礼"，所论与上一则资料的意思相同。李塨虽亦言"圣学在礼乐兵农，诗文非学也"⑥。"艺于六艺之外，再分天文、地理等科，亦无不可。"⑦但是，他认为六艺"总归一礼"，说道："圣门六艺之学，总归一礼、四勿、三省，乃我辈今日正务耳。……我辈今

---

① 章太炎：《正颜》，章太炎、刘师培：《中国近三百年学术史论》，第 79 页。
② 黎靖德编：《朱子语类》第 1 册，王星贤点校，第 207 页，北京，中华书局，1986。
③ 王守仁：《寄薛尚谦》，《王阳明全集》，吴光等编校，第 199 页。
④《李塨文集》，邓子平、陈山榜点校，第 77 页。
⑤《李塨文集》，邓子平、陈山榜点校，第 770 页。
⑥《李塨文集》，邓子平、陈山榜点校，第 752 页。
⑦《李塨文集》，邓子平、陈山榜点校，第 86 页。

曰惟自治教家、教弟子，时时以礼检勘，则为真学。"①所以，当有求学"礼乐兵农"时，李塨说："勿猎多也，且学礼。"②由此可见，"学礼"在李塨思想体系中的位置。

在儒家经典中，李塨最重《周礼》，认为《周礼》"无所不包"，他对钱塘王复礼说：

> 《周礼》教士以六德、六行、六艺，而实统以礼。孔子言智廉勇艺之才德，而俱文以礼乐。求仁而视听言动必以礼，孝亲以礼，事君以礼，养德制行不出一礼也。约我以礼，齐民以礼，明德亲民皆礼也。《周礼》无所不包，而但名《周礼》。吾人修己治人之学，舍是何由？③

李塨常常提到的"三物"即指《周礼》中的六德、六行、六艺④。《大学》中"格物"之"物"亦此"三物"，他说："格物即学文，物即《周礼》之'三物'。"⑤此"三物"又"实统以礼"。《周礼》无所不包，无论是孔子所言"智廉勇艺"，还是"求仁""孝亲""事君""养德"，或是"约我""齐民""明德亲民"等，皆备于《周礼》。舍此，则无修己治人之学。所以，他说："一部《周礼》行尽，天下有不归仁者乎？"⑥

既然"圣学之方"在于"以礼"，那么，如果不专以此为学，便是憾事，不是正途。当王复礼"因言阳明善射，少年即以豆为阵习兵"时，李塨说："程子亦考行礼，朱子辑《礼》行礼，蔡氏《律吕》虽有误义，而亦留心于乐矣。况阳明之兵，宁不可几圣门子路？但所憾者，诸公不专以是为学宗，且杂圣道以他途耳。"⑦可见他对"学礼"的重视程度。

---

① 《李塨文集》，邓子平、陈山榜点校，第 77 页。

② 《李塨文集》，邓子平、陈山榜点校，第 791 页。

③ 《李塨文集》，邓子平、陈山榜点校，第 738 页。

④ 他说："《周礼》教民，一曰六德，有圣忠和，犹是四德而分其名也；一曰六行，内有姻睦与恤，五伦所推及也；一曰六艺，及于射御书数，又礼乐兵农也。而统名之曰三物。"见《李塨文集》，邓子平、陈山榜点校，第 757 页。

⑤ 《李塨文集》，邓子平、陈山榜点校，第 731 页。

⑥ 《李塨文集》，邓子平、陈山榜点校，第 769 页。

⑦ 《李塨文集》，邓子平、陈山榜点校，第 79 页。

李塨考虑到"礼残乐阙"的现实情况，他不得不移情于考订，说道："吾人行习六艺，必考古准今。礼残乐阙，当考古而准今者也。射御书有其髣髴，宜准今而稽之古者也。数本于古，而可参以近日西洋诸法者也。且礼之冠昏丧祭，非学习不能熟其仪，非考订不能得其仪之当，二者兼用者也。宗庙、郊社、禘祫、朝会，则但可考究，以待君相之求，不便自我定礼，以为习行也。"①李塨在六艺考订及辑录方面成果丰硕，著有《禘祫考辨》《宗庙考辨》《郊社考辨》《学礼》《学乐》《学射》《学御》《祭礼》《士相见礼》等，并由此赢得了毛西河、万斯同的赞赏。李塨录《六律正五音图》，向毛西河求正，毛氏称之"概世一人"②。万斯同讲会，他当众揖李塨曰："此李恕谷先生也，负圣学正传，非予所敢望。今且后言郊社，请先讲李先生学，以为求道者路。"③由此可见李塨礼学思想在当时的实际影响。

李塨著述、考订的目的，在于习行日用，他说："经书乃德行艺之簿籍也，所以诏习行，非资徒读，犹田园册所以检稼殖，非用徒观也。"④他所言"习行"，主要限于习礼、习射等六艺。他称赞颜习斋"不惟存之空言，而且存之实事"的主张，说道："习斋先生卓然特立，以六艺为学，冠昏丧祭，必遵古典，率弟子习礼，习射，习书数乐，得一节焉即习之。置《日记》以考德行，其于古人之学，不惟存之空言，而且存之实事。"⑤从其《年谱》可见：每有学人拜会，李塨多教习礼射；他随时随事以礼，如吕副室卒，遍考诸礼以行事。"一日，以事迫，忘出告礼。中夜觉，惶愧不能成寐。夙兴，拜母谢罪。"⑥由此可见李塨对习礼行为的重视。不过，李塨所言"习行"是广义的，他曾书壁曰："坐如尸，坐时习也；立如齐，立时习也；周旋中规，折旋中矩，趋以采荠，行以肆夏，行时习也；寝不尸，寝时习也。皆习

---

①《李塨文集》，邓子平、陈山榜点校，第 765 页。

②《李塨文集》，邓子平、陈山榜点校，第 750 页。

③《李塨文集》，邓子平、陈山榜点校，第 755 页。

④《李塨文集》，邓子平、陈山榜点校，第 78 页。

⑤《李塨文集》，邓子平、陈山榜点校，第 722 页。

⑥《李塨文集》，邓子平、陈山榜点校，第 784 页。

礼也。"①也就是说：只要心中有礼，坐立行寝，皆为习礼。

当然，除了六艺之外，李塨亦主张习行一切救世、济民的实学，他说："夫人精力有几，乃不力礼乐兵农之学，水火工虞之业，而徒骛于读览著述，何为哉？……且道犹路也，书所以指路也，天下群欲为指路之人，而不为行路之人，将指之谁而行乎？"②又曰："纸上之阅历多，则世事之阅历少；笔墨之精神多，则经济之精神少。宋明之亡，此物此志也，望贤者勿溺。"③如果说理学家们是在笔墨上用功的"指路之人"的话，那么，李塨自己则愿意成为从事"礼乐兵农之学，水火工虞之业"的"行路之人"。他认为，不理世事、不问经济的理学家们应该为"宋明之亡"负主要责任。

李塨反对读书静坐、主张力行救世、治民之学，但并不表明他是一个追求个人发家致富的人，而是希望士人能够研究有用于天下百姓的学问，不只是沉溺于个人的心性修养之中。晚年，他移居齐家庄，学稼圃，当时有人议其"力农致富"，他说："非以求富也，聊以自守也。"④在明末清初的哲学史上，李塨与颜元一道，共同倡导儒家思想要向外王学方面转化，他们提倡实学的致思倾向，暗示着中国传统学术向近代知识论方向转化的新趋势。但由于清代政治与学术环境的影响，这种知识论转向并没有真正转向对自然与社会的研究，而是转向了对古代经典的研究。满汉贵族联合的清政府为了重建自己政权的合法性，亦大力提倡古学与先秦礼学。李塨学术中重视礼学的思想内容，实际上也与这个时代的背景密切相关。

（四）师友的劝诫与晚年"日必澄心"

李塨一方面以《周礼》为本，习行礼乐，并置《日谱》自察；另一方面，以"小心翼翼，昭事上帝"来纯化道德信念、警示自己。李塨的道德学说可谓自成一体。但是，深受几百年理学思想传统的影响，其周围的师友

---

① 《李塨文集》，邓子平、陈山榜点校，第 758 页。
② 《李塨文集》，邓子平、陈山榜点校，第 714 页。
③ 《李塨文集》，邓子平、陈山榜点校，第 716 页。
④ 《李塨文集》，邓子平、陈山榜点校，第 816 页。

很难接受他的这种的说法。对此，李塨亦有自觉，他在 41 岁回复浙江邵允斯的书信时感叹道："且论学直宗周孔，以待来者，将世所传程朱陆王之间歧途，欲从而改正焉。世人闻之，大惊小怪，恐非绵力所能揸撑。"①正如他所言，越趋晚年，他越难独撑前说。或是学术环境的压力，或是自我体悟，他晚年亦回归到宋明儒学的心性之学的旧途，澄心之功日密。

1. 师友之诚

对李塨的劝诫，既有师友、门人，也有一面之交的拜访者，内容多集中在道德内功修养方面。在老师方面，除了上文提到颜元的"恐高年于心性更宜力也"诚勉之外，主要来自毛西河的规劝。李塨 39 岁复入浙江时，首次拜会毛西河，《日谱》对此有详细的记载，说道：

> 过河右斋，问乐，拜求教。河右辞，复设筵，曰："颜习斋好言经济，恐于存养有缺，存心养性之功不可废也。"先生曰："颜先生省心之功甚密，每日习恭数次，所谓'居处恭'也。置日记以省心，时下一圈，心慊则圈白，否则黑。与王法乾十日一会，规过责善甚严。塨亦与其末焉。但其存养欲内外并进，非惺惺恁地之说耳。"河右曰："予所言者，恐体用有一不全，则世儒议其偏。贤者不观《大学》乎？《大学》以修身为本，修身则内而格致诚正，外而修齐治平，无一缺失。"先生曰："谨受教，适所言内外并进者，正此意也。"②

毛西河拿习斋说事，其实有所影射，李塨自然明白。李塨以习斋"置日记以省心"来证明"省心之功甚密"，亦是为自己辩护，但问题是："置日记以省心"并非就是毛西河所说的"存心养性之功"。所以，毛西河干脆直白地说："予所言者，恐体用有一不全，则世儒议其偏"，这样，李塨不能说"置日记"即是"体"吧。李塨似乎并未完全明白毛氏之意，仍坚持认为"适所言内外并进者，正此意也"。其实，在这段对话中，李塨的回答与上文他以"书'小心翼翼，昭事上帝'二语于《日记》首"来回应习斋"养心以

---

① 《李塨文集》，邓子平、陈山榜点校，第 749—750 页。
② 《李塨文集》，邓子平、陈山榜点校，第 737—738 页。

范身功少"之诚,是同一种思维模式。此时,他与毛西河是不可能达成一致意见的。原因在于:习斋与毛西河并没有超越理学家(尤其是王阳明)道德内在性的思想范式,而李塨深受《诗》《书》的影响,他通过对外在超越的"上帝"的"敬"来达到对"礼"的虔诚恪守,他在 44 岁时说"主敬者,'小心翼翼,昭事上帝'也"[1]。又曰:"思天人相与之际甚矣,人而自亵,是亵天也,敢不畏乎?"[2]如果不以宋明儒的心性修养作为传统士人心性修养的唯一合理范式的话,上述李塨的说法并无不妥之处,但二者之间的区别也不能置之不理。

李塨自己曾经这样说:"生平知交,雅重毛河右、王崑绳、方灵皋。"[3]然而毛西河、方苞二人与他的学术和思想立场并不相同。48 岁的李塨再次进入浙江时,仅会得西河之子毛姬潢,得毛西河手书,书曰:"南北睽隔,艰于相通,每有记忆及思量告语者,辄掩卷太息而已。足下于礼乐大事,皆洞彻原委,发汉唐以后未发之秘,实先圣先王所系赖一大人。不揣一日之长,实所愧心。圣道圣学,全在《大学》诚意,《中庸》诚身,《论语》一贯、忠恕,《孟子》反身、强恕尽之。"[4]毛氏仅赞李塨"于礼乐大事,皆洞彻原委",尽管他知道二人"艰于相通",仍以"圣道圣学,全在《大学》诚意,《中庸》诚身,《论语》一贯、忠恕,《孟子》反身、强恕尽之"相劝。很显然,毛西河推崇的《四书》之学,与李塨重视"礼学"的思想路线根本不同。

方苞与毛西河对待程朱理学的态度尽管有别,但二人对李塨劝诫的内容却极为相似。方苞在《李刚主墓志铭》中写道:

> 习斋之学,基本在忍嗜欲,苦筋力,以勤家而养亲,而以其余习六艺,讲世务,以备天下国家之用。以是为孔子之学,而自别于程朱,其徒皆笃信之。余尝谓刚主:"程朱之学未尝不有事于此,但凡此乃道之法迹耳。使不由敬静以探其根源,则于性命之理知之不

---

[1]《李塨文集》,邓子平、陈山榜点校,第 759 页。
[2]《李塨文集》,邓子平、陈山榜点校,第 774 页。
[3]《李塨文集》,邓子平、陈山榜点校,第 823 页。
[4]《李塨文集》,邓子平、陈山榜点校,第 778 页。

真，而发于身心，施于天下国家者，不能曲得其次序。"刚主色变，为默然者久之。①

相较于毛西河而言，方苞的劝诫更有说服力。他从体用关系上，将颜李"习六艺，讲世务"之用与"探其根源"、立"性命之理"结合起来，劝其做学问要有个"次序"。如果大本未立，经世之用恐亦无法保证，李塨书与共师颜习斋的王崑绳曰："天壤之大，惟我二人，圣学王道，可共商酌。"可是，"闻崑绳庚寅秋弃世，则是书未之见也"②。不过，方苞以程朱理学相劝诫，李塨并没有接受。而方苞其实也并不了解李塨的学术宗旨。李塨在 69 岁时，感觉与方苞"向者论学尚未尽，若及今而不一剖，恐留毕生之憾"。于是入京与方苞会面，辩明习斋及自己的学术宗旨，说道：

> 颜先生学之切实，君所素许也，但谓宋儒是圣学，则天下无是非并立之理。请问其以主静为主敬之功，是禅宗否？ 其存诚，是愚诚否？ 其穷理，是俗士之诵读否？ 以六艺为末务粗迹，而专讲性天，背圣学否？ 以致聪明人尽归无用，遂使神州陆沈，王夷甫辈安谢其咎？ 仁人念之垂泣否？③

面对李塨的连续发问，方苞仅对之曰："愿先生急著治平书，以为世法，则正学兴，彼学退矣。"李塨门人刘调赞以为方苞此言为"遁辞"，其实，方苞不仅回答了李塨之问，而且亦指出了李塨思想的另一缺憾——外王不足。李塨虽然研究"礼学"，然而并没有针对礼学中的制度内容做深入的研究，多局限于训诂、考据，其"破"程朱之学有余，而积极"立"其圣学之功不足，故其学出现"皋闻去，学益孤矣"④的悲惨结局。李塨之学在"破"与"立"方面并不对等，以至于最终出现了内圣与外王的两面缺失。

---

① 方苞：《李刚主墓志铭》，《李塨文集》，邓子平、陈山榜点校，第 858 页。
②《李塨文集》，邓子平、陈山榜点校，第 803 页。
③《李塨文集》，邓子平、陈山榜点校，第 840 页。
④《李塨文集》，邓子平、陈山榜点校，第 814 页。

此外，李塨晚年尚有门人恽皋闻以"道之为路借语耳，可云一阴一阳之为路乎"规劝李塨，认为"《大学》之'道'，不宜注作路"①；王复礼诫其"不可过激而失中"②；郑若洲亦有规李塨之语③；这些都是导致李塨思想晚年发生变化的外在因素。

2. 晚年"日必澄心"

全面细读《李恕谷先生年谱》，可以明显感觉到李塨在中年就渐增"澄心""养心"之功，且越趋晚年，"澄心"之功日密，如《年谱》49 岁载："每夜澄心。王崑绳来，先生规以养心谨微，倡明正道，斥去虚文。"59 岁记载"日必澄心"，60 岁载"每日存心，使如帝天之临"，甚至到了 61 岁时，"一切学仪俱废，惟日夜存心以敬"。

李塨早年亦有"澄心"之功，这只是"效颜先生"，《年谱》36 岁记有："习恭，效颜先生之居处恭，端坐，整容，澄心，以易静坐也。"只是还不能确定此时李塨的"澄心"是出于道德修养的自觉，还是个种对老师的尊敬与模仿。52 岁时，他说："今回勘《日谱》，当时大本未立，盖冒认也。"由此可见，至中晚年，李塨的思想才有明显的变化。其变化的原因有很多，但不能忽视师友劝诫的潜移默化，如《年谱》57 岁记载：

> 季荣问学，先生教以存心修身之道，因告之曰："学术不可偏，偏于立体，必流清静空虚为异端，先儒已尝其弊矣；偏于致用，必流杂霸忮克为小人，今日宜戒其祸焉。"④

这段话明显是受到毛西河"恐体用有一不全，则世儒议其偏"，以及方苞"立体致用"告诫的影响。前此，李塨对立"大本"是持反对态度的。但是，我们也不能因此就认为李塨完全地背离前说，因为他晚年虽然增加了"澄心""存心"之功，但他仍然没有放弃反对"静坐"的思想，否则他

①《李塨文集》，邓子平、陈山榜点校，第 820 页。
②《李塨文集》，邓子平、陈山榜点校，第 737 页。
③《李塨文集》，邓子平、陈山榜点校，第 789 页。
④《李塨文集》，邓子平、陈山榜点校，第 809 页。

不会在 69 岁高龄时,专程跑到京城与方苞辩学,斥程朱为"禅宗"。由此看来,方苞出刑部狱时(早于李塨 69 岁)说:"以刚主之笃信师学,以余一言而翻然改。"①实际上是自夸之辞,并不足信。但是,我们也不能说方苞所言是"片面之词""无中生有"②,更不能说方苞是为了维护宋儒而"诬蔑颜元"③。李塨思想在中晚年渐增理学因素,是显而易见的。再者,李塨并不强于思想体系的建构,出现前后抵牾亦是难免的。比如,李塨虽然始终未改"且静坐,固佛门教法"的主张,但其"澄心"活动是离不开"静坐"形式的。早在李塨 51 岁时,黎长举自镇原千里来访,李塨教以"身心为主",而长举"言其静坐致病",拜受而去。因此,不能仅凭李塨主动找方苞辩论,就完全否定方苞的劝诫对李塨所产生的影响。

二、李塨与颜元思想的异同

李塨虽然于 31 岁时才正式"至习斋,投门人刺"④,但他于 20 岁时就曾谋学于习斋先生,并于 22 岁,效习斋立《日记》自考。此后,二人经常互质日记,相互勉励。颜李之学盛极一时,李塨功不可没。李塨门人冯辰说:"习斋除漳南、梁、魏一再游论学,余无及者。其后推明衍绎,广布四方,闻风而起者接踵,实先生之功。……王崑绳作《习斋传》,谓传其学者,李孝悫先生之子一人。诚非诬也。"⑤冯辰所言不虚,李塨亦曰:"先生不交时贵,塨不论贵贱,惟其人。先生高尚不出,塨惟道是问,可明则明,可行则行。"⑥且曰:"咫尺习斋,天成我也,不传其学,是自弃弃天矣。"⑦颜元对李塨亦寄予厚望,他曾答李塨书曰:"吾所望与于此道者,惟足下

---

① 方苞:《李刚主墓志铭》,《李塨文集》,邓子平、陈山榜点校,第 859 页。
② 朱义禄:《颜元李塨评传》,第 450 页,南京,南京大学出版社,2006。
③ 侯外庐:《中国思想通史》第五卷,第 383 页。
④《李塨文集》,邓子平、陈山榜点校,第 721 页。
⑤《李塨文集》,邓子平、陈山榜点校,第 846 页。
⑥《李塨文集》,邓子平、陈山榜点校,第 749 页。
⑦《李塨文集》,邓子平、陈山榜点校,第 696 页。

一人。"①由于李塨对颜元学术的继承与大力阐扬,以致"天下言圣贤实用之学,必尊颜李"②。以"颜李"并称,自有其可信的理论根据。下面从三个方面揭示"颜李学派"的思想特征:

第一,尊古学、尚习行。颜李学派最显著的特色就是尊古学、尚习行。颜李二人都有强烈的历史意识,一方面,他们通过对先秦圣贤(尤其是"三代"与周孔)安民济世、崇尚"习行"的历史叙述,表现对先贤圣学的无限向往之情;另一方面,他们借古讽今,以达到救世目的,如颜元说:

> 试观吾夫子生知安行之圣,自儿童嬉戏时即习俎豆、升降,稍长即多能鄙事,既成师望,与诸弟子揖让进退,鼓瑟,习歌,羽龠、干戚、弓矢、会计,一切涵养心性、经济生民者,盖无所不为也。周公,文王之子,武王之弟,成王之叔,身为上公者也。而亦多材多艺,吐哺握发以接士,制礼作乐以教民,其一生作费力事又如此。……若夫讲读著述以明理,静坐主敬以养性,不肯作一费力事,虽曰口谈仁义,称述孔孟,其与释老之相去也者几何!③

颜元对孔子"生知安行"、周公"多材多艺"的具体论述,就是要树立圣贤典范,还原圣学。这种典范就是习行济世,不是"诵读",颜元说:"孔子与三千人习而行之,以济当世,是圣人本志本功,删述是老来无奈何方作底,朱子认作诵而传之,误矣。"④又曰:"先生辈何弃孔门之习行而别有道乎?"⑤李塨作《孔子赞》曰:"猗与孔子,万禩之师。庸德之行,庸德之知。不言性天,下学达之。"⑥他们藉圣贤典范抨击"不肯作一费力事"的理学家们,希望学术回归到圣学正途上来。同时,他们把孔门处理成"习行"的符号,以便得出普遍的圣学原则,以证立自己的学术观点。

---

① 颜元:《颜习斋先生年谱》卷上,《颜元集》下,王星贤等点校,第 782 页。
② 恽鹤生:《李恕谷先生传》,《李塨文集》,邓子平、陈山榜点校,第 863 页。
③ 颜元:《性理评》,《颜元集》上,王星贤等点校,第 68—69 页。
④ 颜元:《四书正误·大学》,《颜元集》上,王星贤等点校,第 157 页。
⑤ 颜元:《四书正误·子罕》,《颜元集》上,王星贤等点校,第 200 页。
⑥《李塨文集》,邓子平、陈山榜点校,第 420 页。

第二，反虚文、静坐，斥宋儒为禅。自北宋开始，反对虚文、静坐之声就从未中断过，但以"孔门之习行"为标准，径斥诵读、静坐为迷乱圣道，为禅，却仅见于颜李之学。他们不仅反对"袖手高谈"与"玩弄光景"的心性之学，而且也反对一味从事诵读、传注、著述等虚文应世的学风。颜元说：

> 试观今世，若有为我之杨子，虽充塞圣人亲民之大道，苍生不被其泽，尚使人自全一己；若有兼爱之墨子，虽充塞圣人明德之大仁，施恩无序，尚使苍生实被其排难守卫之功。何至主教大儒读讲著述，耗损自身之心血精力，双瞽其目，尺寸无补于社稷世运，沦胥以亡，其流祸后世，使国无政事、人无才德、民无教养，举一切而皆空之如此乎？故妄谓：仙、佛之害，甚于杨、墨；理学之祸，烈于仙、佛。①

在颜李著作中，诸如此类批驳宋儒读讲著述之言，密度之大，言辞之激烈，在中国思想史上可谓绝无仅有。他们力斥当世理学，就是要"远迈宋儒，直追三代经世之学"②。颜元说：

> 凡古人所谓道、所谓学者，后世废失殆尽。凡汉儒与老、释所谓道、所谓学者，后世家知人习。果有真志绳二千年堕绪，而为二帝、三王、周公、孔子之学，明二帝、三王、周公、孔子之道，必于后世之学道恶如淫声恶色，除如莠草荆棘，而实学古人之学，求古人之道，乃可曰道学先生，乃可上溯古人而使之点头，乃可下议汉儒、辟老、释而使之垂首。③

为了重建古圣贤习行经世之道，颜元强调要以古人之学为标准（使之点头）痛斥后世之学（使之垂首），要像"恶如淫声恶色""除如莠草荆棘"一样，除去昏迷于纸墨中的恶习。李塨承师说而进，则直斥程朱陆王

---

① 颜元：《四书正误·孟子下》，《颜元集》上，王星贤等点校，第 244 页。
② 颜元：《颜习斋先生年谱》卷上，《颜元集》下，王星贤等点校，第 712 页。
③ 颜元：《四书正误·论语上》，《颜元集》上，王星贤等点校，第 197 页。

专事读书是"戴儒巾之禅"。

第三，对"格物"的独特解释。颜李二人对"格物"的理解，可谓别具一格，颜元说：

> 今之言"致知"者，不过读书、讲问、思辨已耳，不知致吾知者，皆不在此也。辟如欲知礼，任读几百遍礼书，讲问几十次，思辨几十层，总不算知。直须跪拜周旋，捧玉爵，执币帛，亲下手一番，方知礼是如此，知礼者斯至矣。辟如欲知乐，任读乐谱几百遍，讲问、思辨几十层，总不能知。直须搏拊击吹，口歌身舞，亲下手一番，方知乐是如此，知乐者斯至矣。是谓"物格而后知至"。故吾断以为"物"即三物之物，"格"即手格猛兽之格，手格杀之之格。[1]

在此，颜元以必须"亲下手一番"方可达到"知礼""知乐"之目的为例，来说明"格"即"手格猛兽之格，手格杀之之格"。可见，颜元所理解的"知"不限于理论之知，他主要指实践操作之知。在其他地方，颜元说的更加具体，如其曰："元谓当如史书'手格猛兽'之'格''手格杀之'之'格'，乃犯手捶打搓弄之义，即孔门六艺之教，是也。"[2]又说："此'格'字乃'手格猛兽'之格，'格物'谓犯手实做其事，即孔门'六艺'之学是也。"[3]颜元将"格物"解释为"犯手捶打搓弄"或"犯手实做其事"，这与理学家们主要从道德修养方面来理解，大相径庭，凸显了他强调"习行"的思想特征。李塨解"格物"，虽然用语不同于颜元，但仍不离"习行"，如他说："言格物，即学习礼乐射御书数之物。"[4]其中，"物"亦主要限于颜元所说的"孔门六艺之教"或《周礼》之"三物"。

尽管颜李二人的思想有很多共同之处，但是，颜、李之间还是一些比较明显的区别。在尊古方面，颜元反对汉儒，而李塨则对汉儒多有褒扬，

---

① 颜元：《四书正误·大学》，《颜元集》上，王星贤等点校，第 159 页。
② 颜元：《阅张氏王学质疑评》，《颜元集》下，王星贤等点校，第 491 页。
③ 颜元：《颜习斋先生言行录》，《颜元集》下，王星贤等点校，第 645 页。
④ 《李塨文集》，邓子平、陈山榜点校，第 754 页。

认为"宋儒不及汉儒"①，甚至他的哲学思想亦近似汉儒。再说习行，虽然二人都崇尚习行，都训"物"为《周礼》之"三物"，但具体所"行"的内容却存在很大的差异：颜元偏于"利"，而李塨则偏于"礼"。所以，李塨 51 岁时说："近闻习斋致用之学者，或用之于家产，或用之于排解，少不迂阔，而已流杂霸矣。"②朱义禄从"个性上的差异""格物致知上的歧义""治学方法上的区别"③等三个方面，对二人思想进行了较为细致的甄别。下面，主要从哲学层面谈谈颜李之别。

李塨 39 岁复入浙江时，《年谱》载有他与王复礼的一段对话：

> 草堂曰："颜先生言理气为一，理气亦似微分。"曰："无分也。孔子曰'一阴一阳之谓道'，以其流行谓之道，以其有条理谓之理，非气外别有道理也。"④

王复礼之言，道出了颜李思想分歧的根本所在。其他表面差异，皆由此衍生。在王复礼看来，"颜先生言理气为一，理气亦似微分"，而李塨却是"理气不分"。按正常逻辑，李塨应该就颜元的思想来反驳王复礼，同时也证明了李塨本人所坚持的哲学原则——"无分也"。但是，李塨却是用他个人的观点，而非颜元的主张，来回答王复礼之问。遍览颜元已出版的著述，在理气的问题上，特别是对"一阴一阳之谓道"命题的解释，其中并没有类似"以其流行谓之道，以其有条理谓之理"的训解。从李塨与晚年门人恽皋闻关于训释《大学》之"道"的争议中可以看出，这只是李塨的个人主张。当时，恽皋闻南游，李塨复恽皋闻书云：

> 来教云，《大学》之"道"，不宜注作路。道之为路借语耳，可云一阴一阳之为路乎？夫曰道之为路借语耳，是以道为正字，路为借字也，不知道亦借字也。路从足，道从辵，皆言人所共由之义理，犹人

---

① 《李塨文集》，邓子平、陈山榜点校，第 716 页
② 《李塨文集》，邓子平、陈山榜点校，第 790 页。
③ 参见朱义禄《颜元李塨评传》，第 457—474 页。
④ 《李塨文集》，邓子平、陈山榜点校，第 738 页。

所由之街衢也。……道即路，路即道，非一正而一借也。阴阳往来，正如由路。……宋人曰："阴阳非道，所以阴阳者为道。"则显悖圣经，陷入异邪。①

恽皋闻劝诫李塨，《大学》之"道"，不宜注作"路"，"路"只是借字，其理由是"可云一阴一阳之为路乎"？李塨从经验原则出发，认为"路"是"共由之义理，犹人所由之街衢"，并指责朱子"阴阳非道，所以阴阳者为道"之说，是陷人邪说异端。可见，李塨所理解的"道"是属于"气"一层，"道"与"气"无隔。颜元论"道"显然与李塨有别，如他说："'道'即'率性'之谓。是人之所以生，了悟的此道，便完却了此生。长寿的百年千载，夭折的一时亦千载。"②颜元本《中庸》"天命之谓性，率性之谓道"训"道"，此"道"显然是非经验性的。颜元论"心"与"性"，主要本《孟子》《中庸》，取其道德意义，如他说：

心即恻隐、羞恶、辞让、是非之心，是人人本有，故曰"其心"。人尽其恻隐等"四端"之心者，知其仁、义、礼、知之性也。性命于天。③

上述颜元所说"道""心""性"是先验的，显然不是后天之"气"，其中"道"更不能训为"路"。

再者，王复礼认为"颜先生言理气为一"，亦属实情，如颜元说："若谓气恶，则理亦恶，若谓理善，则气亦善。盖气即理之气，理即气之理，乌得谓理纯一善而气质偏有恶哉！"④颜元"四存编"所表达的思想重心就是反对视气为恶、离气言性言理，斥责程朱离艺求道，是玩弄镜中花、水中月。但并不能因此就说明颜元认"道"或"理"为气，否则，何有"身心道艺，一滚加功"的修养论？用颜元的话来说，"气即理之气，理即气之理"只是"一滚说"，即今日的圆融说。李塨训"道"为"街衢"，"道"就成了"器"。

---

① 《李塨文集》，邓子平、陈山榜点校，第 820—821 页。
② 颜元：《四书正误·论语上》，《颜元集》上，王星贤等点校，第 183 页。
③ 颜元：《四书正误·孟子下》，《颜元集》上，王星贤等点校，第 240 页。
④ 颜元：《驳气质性恶》，《颜元集》上，王星贤等点校，第 1 页。

在道德修养上，李塨没有沿着理学家的路向前走，他另辟蹊径，自成一统，用"小心翼翼，昭事上帝"来保证内在的诚敬，这正是他从不提及颜元"一滚加功"的根本原因。

造成颜李哲学思想有别的原因有很多，但二人的性情与学术渊源各异，是其中不可忽视的重要因素。王法乾尝谓颜元曰："吾近狷，兄近狂，李妹夫乃近中行也。"①王法乾所言极是，二人个性分属"狂"与"中行"，单从各自行文即可窥一斑，兹不赘述。颜元虽学无师承，但亦非平地而起。颜元自述曰：

> 吾自弱冠遭家难，颇志于学，兼读朱、陆两派语录，后以心疾，无所得而萎塌。至甲辰，年三十，得交王子助予，遂专程、朱之学。乙巳丙午，稍有日进之势。丁未，就辛里馆，日与童子辈讲课时文，学遂退。至戊申，遭先恩祖妣大故，哀毁庐中，废业几年，忽知予不宜承重，哀稍杀。既不读书，又不接人，坐卧地炕，猛一冷眼，觉程、朱气质之说大不及孟子性善之旨，因徐按其学，原非孔子之旧。是以不避朱季友之罪而有存性、存学之说，为后二千年先儒救参杂之小失，为前二千年圣贤揭晦没之本源。②

这段话至少包含四层意思：第一，20 岁，颜元始有志于朱陆之学。其《年谱》载，24 岁"深喜陆、王，手抄《要语》一册"③。《上征君孙钟元先生书》云："弱冠前为俗学，枉度岁月，懵懵不知道为何物。自顺治乙未，颇厌八股习，稍阅《通鉴》、《性理》、诸儒语录，乃知世间有理学一脉。"④但是，在访孙奇逢之前，他自谦"无所得"。第二，30 岁时，约王法乾访孙奇逢，遂"私淑孙征君"⑤，专攻程朱之学。第三，34 岁（戊申）遭祖妣大故，猛觉程朱"气质之说"有问题。细检其学，并非孔子之旨。第四，著《存

---

① 《李塨文集》，邓子平、陈山榜点校，第 690 页。
② 颜元：《性理评》，《颜元集》上，王星贤等点校，第 73—74 页。
③ 李塨：《颜习斋先生年谱》，王源订，陈祖武点校，第 712 页。
④ 颜元：《上征君孙钟元先生书》，《颜元集》上，王星贤等点校，第 46 页。
⑤ 颜元：《颜习斋先生言行录》，《颜元集》下，王星贤等点校，第 620 页。

性》《存学》篇，以救宋儒之失，复孔孟之源。

颜元深受孙奇逢的影响，不失为一北方学者。他浸润于理学多年，深谙其学，攻程朱"气质有恶"是其思想的切入点。他是从理学传统中反叛出来的，或者说，他的思想是宋明理学于清初在北方的进一步发展。颜元尚习行、重实学的理论根据乃是"舍气质无以存养心性"的理（性）气关系；他斥朱子是"手执《四书》《五经》之禅僧"①，是因为读书、静坐枉费了"作圣之气质"，致使"广大高明之体"亦成了"无用之体"；他反对"气质有恶"，提出"丝毫之恶，皆自玷其光莹之本体"的新命题是反对以性命为精、视躬行为粗迹的理学传统；等等。以上诸论，皆宋明理学的反命题，其实并未超越宋明理学的理论藩篱。朱子虽赞张程"气质之性"之说，但对"变化气质"并不持乐观态度，如他说："人之为学，却是变化气禀，然极难变化。"②对于学生之问："尧舜之气常清明冲和，何以生丹朱、商均？"朱子却"答之不详"③。可见，朱子对于"恶"之来源问题，其实是很困惑的。钱穆认为颜元"平日持论虽甚激昂，其制行则仍是宋、明诸儒矩矱"④，是契合实情的。

李塨好广游，他除了家学及师从颜元之外，还在 40 岁时入浙江，"投业剌于河右"⑤，可谓"惟道是问"，他自述云：

> 于是李子从之，学礼于习斋，学琴于张而素，射骑则学于赵思光、郭金城，书则学于王五公、彭通，数则学于刘见田，后又学律吕于毛河右。其于明德，则立《日谱》，逐时记身心言行得失，勉改。耄老，愈追念家学。⑥

上文"耄老，愈追念家学"之"家学"的说法，往往不为学界所重。其

---

① 颜元：《朱子语类评》，《颜元集》上，王星贤等点校，第 251 页。
② 黎靖德编：《朱子语类》第 1 册，王星贤点校，第 69 页。
③ 黎靖德编：《朱子语类》第 1 册，王星贤点校，第 59—60 页。
④ 钱穆：《中国近三百年学术史》，第 216 页。
⑤《李塨文集》，邓子平、陈山榜点校，第 740 页。
⑥《李塨文集》，邓子平、陈山榜点校，第 854 页。

实，"家学"对颜元和李塨二人的影响均甚大。李塨家学主要指其父李明性之教。《习斋年谱》载有王源对李塨之父较详细的介绍：

> 李先生讳明性，字洞初，号晦夫，蠡县人，明季诸生。事亲孝，日鸡鸣，趋堂下四拜，然后升堂问安，亲日五、六食，必手进。疾，侍汤药，洁拂厕牏，夜闻辗转或痛噫咳，则问睡若何，思何饮食，比三月如一日。妻马氏亦笃孝，相之无违。亲殁毁瘠，遵古礼三年。事兄如父。兄尝怒而詈，举履提其面，则惶恐柔色以请曰："弟罪也，兄胡为尔，气得无损乎！"时年六十七矣。初，崇祯末，天下大乱，先生方弱冠，与乡人习射御贼，挟利刃、大弓、长箭，骑生马疾驰，同辈无敌者。甲申变后，暗然弢晦，足迹不履市阓。念圣学以敬为要，颜其堂曰"主一"。慎独功甚密，祭必齐，盛暑，衣冠必整，力行古礼。读书乏膏火，则然条香映而读。晚年益好射，时时率弟子值侯比耦，目光箕张，审固无虚发。元旦，设弧矢神位，置弓矢于旁，酹酒祀之，曰："文武缺一，岂道乎！"①

李明性谥孝悫，其所学制行可归纳如下：第一，事亲笃孝；第二，善习骑射、长于兵刃；第三，力行古礼；第四，主敬。颜李学派之轮廓已见于孝悫先生。孝悫曾规习斋曰："满腹经济，再求中节。"②颜元亦以父事之。③颜元有理学根基，加之如孝悫等习行骑射、古礼和重经济日用的熏陶，故易攻理学之不足。李塨虽广交名流，但由于不精于宋学，攻程朱陆王之学而招反唇之讥，袭习斋倡《周礼》之"三物"，却废失"存心养性之功"，迫于师友的压力以及晚年醒悟"忧智之伤仁，不仁，则根本蹶矣"④的道理，终以"日必澄心"补之，回到宋儒窠臼。此不可尽责人事，当时南方学风或尊程朱，或务考据，皆与颜李之学大异其趣。

---

① 颜元：《颜习斋先生年谱》卷上，《颜元集》下，王星贤等点校，第 721 页。原文为"盛暑衣，冠必整"。
② 颜元：《颜习斋先生年谱》卷上，《颜元集》下，王星贤等点校，第 754 页。
③ 颜元：《颜习斋先生年谱》卷上，《颜元集》下，王星贤等点校，第 721 页。
④《李塨文集》，邓子平、陈山榜点校，第 841 页。

有学者认为，李塨南游之后，"和颜元分手"，"走进了考据学的狭路"①，此说虽然抓住了李塨中晚年移情考据的倾向，但忽视了他从事考据的真正目的。李塨在重视考据的同时，并没有完全放弃颜学，他晚年之教习行，仍在六艺，70 岁收到南游弟子恽皋闻书至，喜曰："习斋之道南矣。"②关于考据之目的，李塨复浙江邵允斯书说：

> （颜习斋）教塨力求古圣旧辙，置《日谱》以纠察身心，学礼，学射，学韬钤，学数，凡古今成败经济大端，日夜研究。至于经史子集，皆翻阅之，以为实行之考证，非务占毕也。③

李塨明言"以为实行之考证"，他 45 岁亦曰："吾人行习六艺，必考古准今。"可见，李塨考证的目的就在于恢复圣人旧辙而习行之，范围仅限六艺，并无它涉。李塨师从毛奇龄，目的仅在于向他学习古乐。梁启超评说毛氏曰："他的音乐造诣如何，也非我们门外汉所能批评。但研究音乐的人，他总算很早，所以能引动李恕谷从他问业。"④梁启超意在评价毛氏，但也阐明了李塨为学的目的性。诚如梁启超所言，李塨对胡渭与阎百诗本没有好感，如《年谱》42 岁载："看胡朏明《易图明辨》，言太极、先天、《河图》、《洛书》之非。"⑤又《年谱》46 岁载："知阎百诗至京病，往视之，语以老当自重。"⑥对毛氏，李塨唯乐是学，并不深辨是非。其实，这也是颜元的考证观，如颜元说："故仆谓古来诗、书不过习行经济之谱，但得其路径，真伪可无问也，即伪亦无妨也。"⑦如此看来，李塨考据学的宗旨，亦未背离颜元的思想实质。

颜李之学，始于颜元，终于李塨。按照"舍气质无以存养心性"和"身心

---

① 侯外庐：《中国思想通史》第五卷，第 383 页。
②《李塨文集》，邓子平、陈山榜点校，第 843 页。
③《李塨文集》，邓子平、陈山榜点校，第 749 页。
④ 梁启超：《中国近三百年学术史》，第 169 页。
⑤《李塨文集》，邓子平、陈山榜点校，第 749 页。
⑥《李塨文集》，邓子平、陈山榜点校，第 769 页。
⑦ 颜元：《寄桐乡钱生晓城》，《颜元集》下，王星贤等点校，第 441 页。

道艺，一滚加功"的理论，颜元理应重视穿衣吃饭等济世救民的种种技艺，包括近代西方"质测"之学，而不仅仅拘于"三物"。但由于颜元深居简出，没有机会接触近代西学，加之深受北方学术氛围的影响，致使其"正其谊以谋其利，明其道而计其功"的外王思想，并未如实的体现出来。至李塨，以"礼"统"三物"，以"行礼"为"圣学之方"，完全无涉于经济日用之学，枉费了"作圣之气质"。钱穆在总结颜李之学最终湮沉的原因时说：

> 细籀恕谷所言，实无以远异于阳明在贵阳所谓"以静坐补小学收放心一段工夫"之意也。其论礼乐，自习行转为考古，固与师门意趣大异，然习斋亦自有其不可行。恽皋闻与恕谷书，自称"六艺之事，不特身手未涉，即耳目亦未见"。今习斋乃欲以举世所身手不涉、耳目不见者强人习行，亦徒见其迂阔而远于事情。故习斋习行之教，不能以当身为务，而以复古为说，宜其一传而变为恕谷之考古；而恕谷复拘牵于习斋"六府、三事、三物"之教，遂以《周官》《古文尚书》为真古，而考古之业亦入于断港绝潢而不可通。颜、李之学，终于湮沉，不能大其传，而自此一百年学术，遂完全走入书生纸墨一路，吁！可悕也！①

钱穆从颜李之学自身的特性分析入手，揭示其后来湮没的原因，自有其合理性。其实，颜李之学在后来的湮没，还与时代的大氛围密切相关。清政权全面稳定之后，一方面右文稽古，另一方面大力提倡程朱理学，而且继续宋明以来的科举考取士制度，以巨大的政治力量将大批士人重新吸引到古代儒家与宋明以来提倡的书本学问之中。颜李之学所包含的一些面向现实社会、自然科学的思想萌芽，无法找到合适的思想土壤。"颜李之学"的湮没恰恰是"历史洄流"具体表现之一，仅从"颜李之学"自身的特性出发，还不足以充分说明其衰落的原因。

---

① 钱穆：《中国近三百年学术史》，第241—242页。

第五章　顾炎武、傅山、陈确的反理学思想

简括地讲，在明末清初反理学的思潮之中，王夫之、黄宗羲二人主要从哲学理论的高度，重新阐释了理气关系。顾炎武则主要从历史还原的角度，将理学还原为经学，提出了"理学即经学"的命题，从而消解了理学的神圣性，力图将理学的形上思辨转化到具体的经学研究之中。而且，他对经学研究的方法也指出了一条切实的路径，那就是"读九经自考文始，考文自知音始"的训诂学道路。而颜元则主要从经世实学的角度，批评理学的空疏不切日用之处。相比较而言，傅山对理学的批评，其路径则比较接近顾炎武与颜元，在理气论方面论述不多，比较侧重于从字义的历史还原和理学的社会作用的角度，批评理学之"理"的理论谬误及其危害性。他通过对宋儒的批判而上溯到对孔子以下儒者的批评，将孔子以后的儒家统称为"世儒"，又将"世儒"分为三类，像孟荀则被称为"俗儒"、程朱被称为"陋儒"、死守程朱教条的称为"奴儒"。其思想批判的重点在于"陋儒"与"奴儒"两类，而又通过对"陋儒"与"奴儒"的批判来确立一种独立人格，培养起历史个体的理性批判能力。他通过对子学的提倡，打破经学一统的局面，从而为确立多元的学术研究格局，培养学者自由的思想精神提供了广阔的思想空间。有学者说："傅山对儒学，尤其是对宋明新儒学的批判，所以难能可贵，并不体现在其理论的深刻性上，而

是体现在其立场的鲜明性上。……这一鲜明的立场，使他对于宋明新儒学乃至整个儒学的批判，在一定程度上突破了改良儒学、完善儒学这一儒家自我批判的旧模式，而具有近代才正式出现的彻底批判儒学的某些涵义。"①

我们认为，上述这一评价基本上符合傅山反理学思想的历史定位，其鲜明的立场从其文本中也可以找到内证。②

陈确与黄宗羲虽然同为刘宗周的弟子，但他们二人的思想倾向并不相同。陈确有明确的反理学思想，坚持"欲之正当处即是理"的理欲观，而在"性善"论的问题上，他也不同意程朱理学与陆王心学的观点，坚持从工夫论的角度讨论性善问题，即性善是一个人的原初之善与在现实的人生中通过学习而完成的善性，才是人的真正善性。对于《大学》一书，陈确坚定地认为不是圣人之书，其中很多观点都是错的。这对于宋明以降理学的理论权威构成了巨大的学术与理论挑战。因此，从思想的性质来看，陈确可以视为宋明理学的反对派，其态度与立场之坚决胜过黄宗羲。

第一节　顾炎武的"经学即理学"命题

顾炎武（1613—1682），字宁人，原名绛，因为敬仰南宋文天祥门人王炎武的忠贞人格，更名为炎武。学者尊称他为亭林先生。江苏崑山人。少年时曾加入复社。明亡后，曾一度抗清。抗清失败后，弃家出游，先后考察过山东、河北、山西、陕西诸省，拜谒过明十三陵。所到之处，或访问

---

① 参见王茂、蒋国保等《清代哲学》，第 558 页。
② 他对古代诗文中用"理"字诗句所表现出的一种情绪上的厌恶，亦可以体现出来。如他说："张茂先《励志诗》，难说非正经语，但常耳。'累微以著，乃物之理'，此四字正堪买免宋儒也。厌！厌！潘安仁《关中诗》'岳牧虑殊，威怀理二'，'理二'尤可厌也。殷仲文《九井作一首》，起曰：'四运虽鳞次，理化各有准。'可谓腐矣。谢灵运往往用'理'字，曰'事为名教用，道以神理超'，曰'虑澹物自轻，意惬理无违'，曰'沈冥岂别理，守道自不攜'，曰'孤游非情叹，赏废理谁通'。用法虽不腐，然终碍我眼。"参见《傅山全书》第 1 册，尹协理主编，第 539 页，太原，山西人民出版社，1987。

当地的知名学者，或询问地方风俗、民情，并与往日书中所记相对勘。1681 年在访问陕西华阴县途中患病，1682 年正月病逝。他一生著述宏富，主要著作有：《天下郡国利病书》（120 卷）、《肇域志》（未完成）、《音学五书》（38 卷）、《日知录》（32 卷）、《亭林文集》（6 卷）。其学问涉及范围极广，经学、史学、子学皆有研究，而于经学中的音韵、训诂学，以及与之相关的金石、文字考证之学，史学中的历史地理学极有研究，开创了清代学术研究与哲学思考的新范式。

顾炎武身处"以清代明"的巨大历史变故之中，心中有深沉的故国之思。其学术中包含着强烈的经世致用色彩。他对山川、风俗的实地考察，对现实科举取士制度弊病的深刻、敏锐的洞察与批判，对郡县制与封建制两种重大社会制度形态利弊的综合、权衡与取舍，提出了"寓封建之意于郡县之中"的光辉政治制度改良的主张，成为"后理学时代"不可多得的新思想命题。而且，在有关最高政治权力的制约与下放，民众如何具备评论现实政治的言论自由权，科举取士过程如何按照县一级政府的人口规模实现候选人人数限制等政治改革思想，都极富创发性。非常可惜的是，清代政权全面巩固之后，这些宝贵的新思想在乾嘉时代基本上销声匿迹。只有文学家、诗人兼思想家的袁枚零星地、片断地继承了顾炎武的政治改革思想。这不能不说是历史的遗憾。

一、对宋明理学的批评

顾炎武对宋明理学的批评是从对明末空疏学风的反思开始的。他说：

> 五胡乱华，本于清谈之流祸，人人知之，孰知今日之清谈有甚于前代者。昔之清谈谈老庄，今之清谈谈孔孟，未得其精，而已遗其粗；未究其本，而先辞其末。不习六艺之文，不考百王之典，不综当代之务，举夫子论学论政之大端一切不问，而曰"一贯"，曰"无言"，以明心见性之空言，代修己治人之实学。股肱惰而万事荒，爪牙亡

而四国乱。神州荡覆，宗庙丘墟。昔王衍"妙善玄言"，"自比子贡"，及为石勒所杀，"将死，顾而言曰：'呜呼，吾曹虽不如古人，向若不祖尚浮虚，戮力以匡天下，犹可不至今日。'"今之君子，得不有愧乎其言！①

顾炎武将明末空疏学风与魏晋玄学相提并论，认为明末空疏学风与魏晋玄学一样，都是导致"夷狄之祸"的重要原因。因为这种学风"以明心见性之空言，代修己治人之实学"，"不习六艺之文，不考百王之典，不综当代之务，举夫子论学论政之大端一切不问"，从而出现"股肱惰而万事荒，爪牙亡而四国乱"的局面，最终导致"神州荡覆，宗庙丘墟"。

在顾炎武看来，这种"未得其精，而已遗其粗；未究其本，而先辞其末"的空疏学风已经背离了"圣人之道"。他在《与友人论学书》中说：

> 窃叹夫百余年以来之为学者，往往言心言性，而茫乎不得其解也。命与仁，夫子之所罕言也；性与天道，子贡之所未得闻也。性命之理，著之《易传》，未尝数以语人。其答问士也，则曰"行己有耻"；其为学，则曰"好古敏求"；其与门弟子言，举尧、舜相传所谓危微精一之说一切不道，而但曰："允执其中，四海困穷，天禄永终。"呜呼！圣人之所以为学者，何其平易而可循也，故曰："下学而上达。"颜子之几乎圣也，犹曰："博我以文。"其告哀公也，明善之功，先之以博学。自曾子而下，笃实无若子夏，而其言仁也，则曰："博学而笃志，切问而近思。"今之君子则不然，聚宾客门人之学者数十百人，"譬诸草木，区以别矣"，而一皆与之言心言性，舍多学而识，以求一贯之方；置四海之困穷不言，而终日讲危微精一之说，是必其道之高于夫子，而其门弟子之贤于子贡，桃东鲁而直接二帝之心传者也。我弗敢知也。《孟子》一书，言心言性，亦谆谆矣，乃至万章、公孙丑、陈代、陈臻、周霄、彭更之所问，与孟子之所答者，常在乎出处、去就、辞

---

① 顾炎武：《日知录校释》，张京华校释，第 311 页，长沙，岳麓书社，2011。

受、取与之间。以伊尹之元圣，尧、舜其君其民之盛德大功，而其本乃在乎千驷一介之不视不取。伯夷、伊尹之不同于孔子也，而其同者，则以"行一不义，杀一不辜，而得天下不为"。是故性也，命也，天也，夫子之所罕言，而今之君子之所恒言也；出处、去就、辞受、取与之辨，孔子、孟子之所恒言，而今之君子所罕言也。谓忠与清之未至于仁，而不知不忠与清而可以言仁者，未之有也；谓不忮不求之不足以尽道，而不知终身于忮且求而可以言道者，未之有也。我弗敢知也。愚所谓圣人之道者如之何？曰"博学于文"，曰"行己有耻"。自一身以至于天下国家，皆学之事也；自子臣弟友以至出入、往来、辞受、取与之间，皆有耻之事也。耻之于人大矣！不耻恶衣恶食，而耻匹夫匹妇之不被其泽，故曰："万物皆备于我矣，反身而诚。"呜呼！士而不先言耻，则为无本之人；非好古而多闻，则为空虚之学。以无本之人，而讲空虚之学，吾见其日从事于圣人，而去之弥远也。①

上述引文较长，但其核心意思还是很明确的，即按照顾炎武的理解，"圣人"之为学，具有注重实践、面向生活的特点，是"平易而可循"的，那些成天与士人讨论"举尧、舜相传所谓危微精一之说一切不道，而但曰：'允执其中，四海困穷，天禄永终'"大道理的人，鄙薄"多学而识"的下学功夫，醉心于所谓"危微精一"的尧舜传心之法，对现实世界的"四海困穷"的局面无动于衷。在顾炎武看来，这样的一种治学路向和风气，与孔、孟所提倡的儒学之宗旨显然是背道而驰的。

顾炎武还进一步探讨了儒学之中这种空疏学风的理论来源。他认为，这与禅学的影响密切相关。他说："今之君子，学未及乎樊迟、司马牛，而欲其说之高于颜、曾二子，是以终日言'性与天道'，而不自知其堕于禅学也。"②晚明儒学深受禅学的影响，又可以进一步追溯到阳明学的"良知说"。他说：

---

① 顾炎武：《与友人论学书》，《顾亭林诗文集》，第 40—41 页。
② 顾炎武：《日知录校释》，张京华校释，第 310 页。

　　盖自弘治、正德之际，天下之士厌常喜新，风气之变已有所自来，而文成以绝世之资，倡其新说，鼓动海内。嘉靖以后，从王氏而诋朱子者，始接踵于人间，而王尚书发策谓："今之学者偶有所窥，则欲尽发先儒之说而出其上；不学则借一贯之言以文其陋；无行则逃之性命之乡，以便人不可诘。"此三言者，尽当日之情事矣。故王门高弟为泰州、龙溪二人。泰州之学一传而为颜山农，再传而为罗近溪、赵大洲。龙溪之学一传而为何心隐，再传而为李卓吾、陶石篑。

他评价说："以一人而易天下，其流风至于百有余年之久者，古有之矣。王夷甫之清谈，王介甫之新说，其在于今，则王伯安之良知是也。"①在顾炎武看来，正是由于禅学对儒学的侵蚀，使得儒学内部出现了背离孔孟之道的空疏学风，才最终导致了"夷狄入主中原"的历史巨变。他说：

　　《学蔀通辩》又曰："佛教入中国，常有夷狄之祸。今日士大夫尚禅尚陆，使禅佛之魂骎骎复返，可为世道之忧。"呜呼！辛有之适伊川，其豫见于百年之后者矣！②

所谓"辛有之适伊川"，出自《左传·僖公二十二年》："初，平王之东迁也，辛有之适伊川，见被发而祭于野者，曰：'不及百年，此其戎乎！其礼先亡矣。'秋，秦、晋迁陆浑之戎于伊川。"顾炎武引用这一典故，旨在说明明朝的灭亡固然与满清的入侵有直接的关系，但其内在原因却在于儒学的自身变异而引发了"世道人心"的败坏。正因为学术与政教风俗的关系是如此的密切，因此要祛除禅学对儒学的影响，"拨乱世反之正"，就需要进一步追溯儒学的源头——孔孟之道的真实意蕴。在《下学指南序》一文中，顾炎武指出：

　　今之言学者必求诸《语录》，《语录》之书始于二程，前此未有也。

---

① 顾炎武：《日知录校释》，张京华校释，第762—763页。
② 顾炎武：《日知录校释》，张京华校释，第763页。

今之语录几于充栋矣。而淫于禅学者实多，然其说盖出于程门。……夫学程子而涉于禅者，上蔡也，横浦则以禅而入于儒，象山则自立一说，以排千五百年之学者，而其所谓"收拾精神，扫去阶级"，亦无非禅之宗旨矣。后之学者递相演述，大抵不出乎此，而其术愈深，其言愈巧，无复象山崖异之迹，而示人以易信。苟读此编，则知其说固源于宋之三家也。呜呼！在宋之时，一阴之《姤》也，其在于今，五阴之《剥》也。[1]

上蔡，指谢良佐（1050—1103），寿春上蔡人，程门弟子。横浦，指张九成（1092—1159），字子韶，钱塘人，自号横浦居士，受学于程门高弟杨时，是程门的再传弟子。象山，即陆九渊（1139—1192），江西抚州金溪人，因曾在贵溪象山居住讲学，故自号象山居士。朱熹曾说："上蔡之学一转而为张子韶，子韶一转而为陆子静。"（《宋元学案》卷二四《上蔡学案》）这道出了谢良佐、张九成、陆九渊思想的内在联系。顾炎武则更加明确地指出，从谢良佐的"学程子而涉于禅"，到杨时弟子张九成的"以禅而入于儒"，再到陆九渊的"自立一说"而"无非禅之宗旨"，这其中的学术发展脉络是一步步地向禅学靠近而渐趋远离儒学，真所谓"在宋之时，一阴之《姤》也，其在于今，五阴之《剥》也"。

由上所引的文献可知，顾炎武反对陆王一派的立场十分鲜明。但他是否如其他学者所说，属于理学中的程朱一派呢？对此问题，我们可以稍做辨析。

在顾炎武的著作中，我们确实可以找到很多尊崇程朱的材料。例如《日知录》"卦爻外无别象"条："《十翼》之中，无语不求其象，而《易》之大指荒矣！岂知圣人立言取譬，固与后之文人同其体例，何尝屑屑于象哉？王弼之注虽涉于玄虚，然已一扫《易》学之榛芜，而开之大路矣。不有程子，大义何由而明乎？"[2]

---

① 顾炎武：《下学指南序》，《顾亭林诗文集》，第131—132页。
② 顾炎武：《日知录校释》，张京华校释，第12页。

又如《亭林文集》卷五之《华阴县朱子祠堂上梁文》："两汉而下,虽多保残守缺之人;六经所传,未有继往开来之哲。惟绝学首明于伊雒,而微言大阐于考亭,不徒羽翼圣功,亦乃发挥王道,启百世之先觉,集诸儒之大成。"①

根据这些材料,顾炎武似乎确实是不折不扣的程朱信徒。然而我们同时也发现,顾炎武对于程朱的许多主张,也并非没有异议。例如对《论语》中子贡所说的"夫子之文章可得而闻也,夫子之言性与天道不可得而闻也"这句话的解读,顾炎武就没有完全认同朱熹的说法。对于此句话,朱熹解释道:"文章,德之见乎外者,威仪文辞皆是也。性者,人所受之天理;天道者,天理自然之本体,其实一理也。言夫子之文章,日见乎外,固学者所共闻;至于性与天道,则夫子罕言之,而学者有不得闻者。盖圣门教不躐等,子贡至是始得闻之,而叹其美也。"朱子将"性"理解为"人所受之天理",而"天道"是"天理自然之本体";"性与天道不可得而闻"是因为"圣门教不躐等"。顾炎武的解释则不一样。他认为:"夫子之教人文行忠信,而性与天道在其中矣。故曰:'不可得而闻。'……谓夫子之言性与天道不可得而闻,是疑其有隐者也。不知夫子之文章,无非夫子之言性与天道。"因此,"可仕、可止,可久、可速,无一而非天也。恂恂便便,侃侃闇闇,无一而非天也"。"夫子之文章莫大乎《春秋》,《春秋》之义,尊天王,攘戎翟,诛乱臣贼子,皆性也,皆天道也。"②"《论语》《孝经》,此夫子之言也。文章在是,性与天道亦不外乎是。"③顾炎武的意思很明确,"性与天道"之所以不可得而闻,并不是因为"圣门教不躐等",而是因为它们就在"夫子之文章"之中;而且"性与天道"本身也不是什么先验的"人所受之天理","天理自然之本体",而是孔子在"文章"中所表达的一些很朴实的道理如"尊天王","攘戎翟","诛乱臣贼子",等等。顾炎武的这种思想,从哲学的角度看,便是否定朱熹的先验理本体论的思想,主张"道寓

---

① 顾炎武:《华阴县朱子祠堂上梁文》,《顾亭林诗文集》,第 121 页。
② 顾炎武:《日知录校释》,张京华校释,第 309 页。
③ 顾炎武:《日知录校释》,张京华校释,第 784 页。

于器"，"即器达道"的经验论的认识路线。

又如对《尚书·大禹谟》"人心唯危，道心唯微，唯精唯一，允执厥中"十六字心传的解读，顾炎武也不同于朱熹。朱熹在《中庸章句序》中将这十六字视为圣人"传心"的要典，而顾炎武则明确地指出：

> 心不待传也。流行天地间，贯彻古今而无不同者，理也。理具于吾心，而验于事物。心者，所以统宗此理而别白其是非。人之贤否，事之得失，天下之治乱，皆于此乎判。此圣人所以致察于危微精一之间，而相传以执中之道，使无一事之不合于理，而无有过不及之偏者也。禅学以理为障，而独指其心曰"不立文字，单传心印"。圣贤之学，自一心而达之天下国家之用，无非至理之流行，明白洞达，人人所同，历千载而无间者。何传之云："俗说浸淫，虽贤者或不能不袭用其语，故借书其所见如此。"《中庸章句》引程子之言曰："此篇乃孔门传授心法。"亦是借用释氏之言，不无可酌。[1]

我们知道，"危微精一"十六字诀是朱熹建构"道统"论的直接经典根据，论证其理学思想"直承孔孟"的法宝，而"天理"是程朱理学思想体系的核心概念；顾炎武对这两项主要思想的直接否定，实际上就是从根基处否定了程朱理学。

可见，顾炎武在根本思想上既不属于理学中的陆王一派，也不属于理学中的程朱一派。在对待"天道性命"的根本问题上，无论是程朱的"理学"，还是陆王的"心学"，他都是持批判态度的。其根本的思想特征在形式上表现为向原始儒家复归，而实际上是借复古的形式表达他自己的理论主张。

二、"经学即理学"

在明清之际的反理学思潮中，顾炎武的思想主张具有特殊的意义。

---

[1] 顾炎武：《日知录校释》，张京华校释，第 750 页。

梁启超曾评价说："清初大师，如夏峰、梨洲、二曲辈，纯为明学余波。如船山、舜水辈，虽有反明学的倾向，而未有所新建设，或所建设未能影响社会。亭林一面指斥纯主观的王学不足为学问，一面指点出客观方面许多学问途径来。于是学界空气一变，二三百年间跟着他所带的路走去。亭林在清代学术史所以有特殊地位者在此。"[1]梁启超对黄宗羲等学者的评价虽然有片面之处，但他的确敏锐地揭示出了顾炎武在明清之季学术思想转型过程中的重要地位和作用。具体而言，顾炎武在批判作为理学根基的心性之学的基础上，通过提出"理学，经学也"（后全祖望改为"经学即理学"）的命题及建立的"读经自考文始"的经学研究新范式，为中国传统学术由宋明理学向清代朴学的转型奠定了坚实的新思想基础，开辟了新的方法论途径。

在批判心性之学的基础上，顾炎武通过对理学与经学关系的考察和辨析，提出了"理学，经学也"的命题，从而开创了中国传统学术由宋明理学的思辨形态向清代经、史考据的朴学形态的转型。在《与施愚山书》一文中，他提出了"理学，经学也"的命题，说道：

> 理学之传，自是君家弓冶。然愚独以为理学之名，自宋人始有之。古之所谓理学，经学也，非数十年不能通也。故曰"君子之于《春秋》，没身而已矣。"今之所谓理学，禅学也，不取之五经而但资之语录，校诸帖括之文而尤易也。又曰："《论语》，圣人之语录也。"舍圣人之语录，而从事于后儒，此之谓不知本矣。[2]

对于顾炎武这段话的含义，学术界历来有不同的解读，主要分歧可以归结为以下三点：（1）"古之理学"与"今之理学"的具体指称对象是什

---

[1] 梁启超：《中国近三百年学术史》，第 65 页。

[2] 顾炎武：《与施愚山书》，《顾亭林诗文集》，第 58 页。施愚山即施闰章，字尚白，号愚山，宣城人，顺治己丑年（1649）进士，官至江西布政司参议，康熙己未年（1679）召试博学鸿词，授翰林院侍读，著有《学余堂文集》二十八卷。施闰章父祖生前皆笃志理学，他本人也尊尚理学，所以顾炎武对他说"理学之传，自是君家弓冶"。"弓冶"二字典出于《礼记·学记》："良冶之子必学为裘，良弓之子必学为箕。"它的意思是说施闰章家族世传理学，子承父业，不坠家声。

么?(2)顾炎武所说的"理学"是什么含义?(3)顾炎武是否"反理学"?我们认为,只要了解"理学"这一名称及其指称对象的源流演变,这些问题是不难回答的。

"理学"这一名称兴起于南宋,是当时许多学者的通用语。如朱熹说:"理学最难,可惜许多印行文字,其间无道理底甚多,虽伊洛门人亦不免如此。"①陆九渊说:"惟本朝理学,远过汉唐,始复有师道。"②湖湘学者张栻指出:"学者徇名忘实,此真可忧,但因此遂谓理学之不可讲,大似惩噎废食。"③朱学传人黄震亦说:"自本朝讲明理学,脱出训诂。"④可见"理学之名,自宋人始有之"是对这一历史事实的正确认识。

既然"理学"之名到宋代才产生,那么"古之所谓'理学',经学也"中的"古"就不可能指称先秦和汉唐,而是指两宋。顾炎武的意思是说,在北宋时期"理学"这一名称刚开始出现的时候,其指称对象并不是以探讨"天道性命"为主要内容的专门之学,而是指经学研究传统中与辞章、考据、训诂相对的义理之学。这样一种学问属于经学的范畴,而且"非数十年不能通也"。从以上南宋学者对"理学"一词的使用情况来看,顾炎武的这一看法基本上也是符合历史实际的。

"今之所谓'理学',禅学也"指的是"理学"这一名称在历史的发展演变过程中,其指称对象发生了变化;到了明朝后期,已经成为专用名词,用于指称只探讨"天道性命""危微精一"的专门之学。顾炎武认为,这种专门之学的实质是禅学,因为它背离了孔孟儒学之宗旨,而且"不取之五经而但资之语录",是没有根基的"空虚之学"。他进一步指出"舍圣人之语录,而从事于后儒,此之谓不知本矣",一方面是提示这种"禅学化的理学"的根源可以追溯至程门高第,另一方面则是强调儒学之"本"是孔子,应当根据孔子的学说来衡量后世学术理论的正误与价值,而不能本末

---

① 黎靖德编:《朱子语类》第 4 册,王星贤点校,第 1485 页,北京,中华书局,1986。
② 陆九渊:《与李省幹》,《陆九渊集》,钟哲点校,第 14 页,北京,中华书局,2008。
③ 张栻:《寄周子充尚书》,《南轩集》卷十九,四库全书本。
④ 黄震:《读论语》,《黄氏日钞》卷二,四库全书本。

倒置。

由上可以看出，对于顾炎武是否"反理学"的问题，在某种意义上取决于我们对"理学"的界定。如果将"理学"界定为只探讨"天道性命"的专门之学，那么顾炎武是一位坚定的"反理学"的学者，因为他认为这种"不取之五经而但资之语录"的专门之学背离了孔孟儒学的宗旨，已经"堕落"为禅学；如果将"理学"理解为"义理之学"，那么顾炎武并不反对"理学"，在他看来，"义理之学"与考据训诂一样，都属于经学的范畴。

进一步来看，如果我们确定顾炎武在这段话中蕴涵着价值判断，即否定"今之理学"，肯定"古之理学"，那么就不得不承认顾炎武所认可的"理学"是属于经学范畴的"义理之学"。在某种意义上，他是通过对"理学"这一名称的"历史还原"，确定了"理学"的原初含义，从而将他所认可的宋元"理学"重新纳入经学的范围。换句话说，"宋元理学"是作为顾炎武心目中的"经学"之延续而受到肯定的，并不是后人所理解的"空谈心性"之类的理学。明了这一点，就可以比较清楚地看出顾炎武"尊朱贬王"的实质：他对陆王之学的贬斥和对程朱之学的尊崇，并不简单地表现为宋明理学内部理学与心学之争，而是从是否"有功于圣学"，即是否促进了他所理解的"经学"发展的角度，对陆王之学和程朱之学的价值分别进行了贞定。在《日知录》"嘉靖更定从祀"条，更加清晰地表达了顾炎武从经学的传承与发展的角度来判定宋明理学价值的立场。他首先回顾了唐宋时期的孔庙从祀情况，说道：

> 《旧唐书》：太宗贞观二十一年，"二月壬申，诏：以左丘明、卜子夏、公羊高、穀梁赤、伏胜、高堂生、戴圣、毛苌、孔安国、刘向、郑众、杜子春、马融、卢植、郑玄、服虔、贾逵、何休、王肃、王弼、杜预、范宁等二十二人，代用其书，垂于国胄。自今有事于太学，并令配享宣尼庙堂"。盖所以报其传注之功。迄乎宋之仁、英，未有改易，可谓得古人敬学尊师之意者矣。神宗元丰七年，始进荀况、扬雄、韩愈三人。此三人之书虽有合于圣人，而无传注之功，不当祀也。祀之者，

为王安石配享、王雱从祀也。理宗宝庆三年，进朱熹。淳祐元年，进周敦颐、张载、程颢、程颐。景定二年，进张栻、吕祖谦。度宗咸淳三年，进邵雍、司马光。①

在此基础上，顾炎武对宋代理学家的入祀资格进行了评价：

> 以今论之，唯程子之《易传》，朱子之《四书章句集注》、《易本义》、《诗传》及蔡氏之《尚书集传》，胡氏之《春秋传》，陈氏之《礼记集说》，是所谓"代用其书，垂于国胄"者尔。南轩之《论语解》、东莱之《读诗记》抑又次之。而《太极图》《通书》《西铭》《正蒙》，亦羽翼《六经》之作也。②

接下来，他对嘉靖年间更定从祀的行为进行了批评：

> 至有明嘉靖九年，欲以制礼之功，盖其丰昵之失，而逞私妄议，辄为出入，殊乖古人之旨。夫以一事之瑕，而废传经之祀，则宰我之短丧，冉有之聚敛，亦不当列于十哲乎？弃汉儒保残守缺之功，而奖末流论性谈天之学，于是语录之书日增月益，而《五经》之义委之榛芜，自明人之议从祀始也。有王者作，其必遵贞观之制乎！③

并补充说：

> 嘉靖之从祀，进欧阳修者，为"大礼"也，出于在上之私意也；进陆九渊者，为王守仁也，出于在下之私意也。与宋人之进荀、扬、韩三子，而安石封舒王配享，同一道也。④

由上所引的文献可以看出，顾炎武通过对孔庙从祀人员资格的评议，在某种程度上重新整理了儒学的谱系。他根据"传注之功"的标准，严厉批评了明代嘉靖年间罢祀和改祀戴圣、马融、郑玄、服虔等汉代经学

---

① 顾炎武：《日知录校释》，张京华校释，第 626—627 页。
② 顾炎武：《日知录校释》，张京华校释，第 627 页。
③ 顾炎武：《日知录校释》，张京华校释，第 627 页。
④ 顾炎武：《日知录校释》，张京华校释，第 628 页。

家，以及增祀陆九渊等学者的做法。他认为，上述这些做法是"弃汉儒保残守缺之功，而奖末流论性谈天之学"，会导致"《五经》之义委之榛芜"。同时，他对宋代理学家及其著作进行了重新排序，将《太极图》《通书》等重要的理学著作排在了最末位，其价值甚至低于张栻的《论语解》和吕祖谦的《读诗记》。这样一种价值序列的变化，充分说明了顾炎武试图消解宋明理学的神圣性，并将程朱之学纳入经学体系的思想意图。

"理学，经学也"的命题，经过全祖望的转述变成了"经学即理学"。在《亭林先生神道表》中，全祖望说：

> （顾炎武）最精韵学，能据遗经以正六朝唐人之失，据唐人以正宋人之失……晚益笃志六经。谓古今安得别有所谓理学者，经学即理学也。自有舍经学而言理学者，而邪说以起，不知舍经学，则其所谓理学者，禅学也。故其本朱子之说，参之以黄东发《日抄》，所以归咎于上蔡、横浦、象山者甚峻。于同时诸公，虽以苦节推百泉、二曲，以经世之学推梨洲，而论学则皆不合。其书曰《下学指南》。或疑其言太过，是固非吾辈所敢遽定。然其谓经学即理学，则名言也。[1]

学术界对于全祖望转述的这一命题也有两种不同的意见。有的学者将"经学即理学"与"理学，经学也"等同起来，认为两个命题表达的意思没有什么区别；也有的学者指出"经学即理学"与"理学，经学也"含义不同，因此全祖望转述的"经学即理学"命题不是顾炎武的"原意"。我们认为，一方面"经学即理学"符合顾炎武一贯的论学主张，因此全祖望的转述是可信的，并没有背离顾炎武的"原意"。另一方面，"经学即理学"与"理学，经学也"虽然在表述上有相似的地方，但两个命题所关注的重心是不同的，因此在含义上还是有一定的区别。

首先，"经学即理学"符合顾炎武一贯的论学主张。顾炎武是一位主张在"下学"中实现"上达"的学者，他在解释"形而上者谓之道，形而下者

---

[1] 全祖望：《亭林先生神道表》，《全祖望集汇校集注》上，朱铸禹汇校集注，第 227 页。

谓之器"时说:"非器则道无所寓,说在乎孔子之学琴于师襄也。'已习其数',然后可以'得其志'。'已习其志',然后可以'得其为人'。是虽孔子之天纵,未尝不求之象数也。故其自言曰'下学而上达'。"[1]在解释"性与天道不可得闻"时说:"夫子之教人文行忠信,而性与天道在其中矣","夫子之文章,无非夫子之言性与天道。"[2]"《论语》《孝经》,此夫子之言也。文章在是,性与天道亦不外乎是。"[3]他指出:"窃以为圣人之道,下学上达之方,其行在孝弟忠信;其职在洒扫应对进退;其文在《诗》《书》、三《礼》《周易》《春秋》;其用之身,在出处、辞受、取与;其施之天下,在政令、教化、刑法;其所著之书,皆以为拨乱反正,移风易俗,以驯致乎治平之用,而无益者不谈。一切诗、赋、铭、颂、赞、诔、序、记之文,皆谓之巧言而不以措笔。其于世儒尽性致命之说,必归之有物有则,五行、五事之常,而不入于空虚之论。"[4]以上种种论述,体现出顾炎武"道寓于器"和"即器达道"的哲学主张,而这一主张落实到经学与理学的关系方面,便是"经学即理学"。

其次,"经学即理学"与"理学,经学也"在含义上并不完全相同。上文已经指出,"理学,经学也"这一命题是针对宋明理学而言的。其目的是:一方面是将"堕于禅学"的陆王心学排除在儒学谱系之外,另一方面则是把程朱理学定位为属于经学范畴的"义理之学",从而将其纳入经学传承的范围。其主要作用是动摇了宋明以来居于学术统治地位的理学的神圣性和权威性。正如梁启超所说:"昔有非笑六朝经师者,谓'宁说周、孔误,不言郑、服非'。宋、元、明以来谈理学者亦然,宁得罪孔、孟,不敢议周、程、张、邵、朱、陆、王。有议之者,几如在专制君主治下犯'大不敬'律也。而所谓理学家者,盖俨然成一最尊贵之学阀而奴视群学。自炎武此说出,而此学阀之神圣,忽为革命军所粉碎,此实四五百年来思想

---

① 顾炎武:《日知录校释》,张京华校释,第 37 页。
② 顾炎武:《日知录校释》,张京华校释,第 309 页。
③ 顾炎武:《日知录校释》,张京华校释,第 784 页。
④ 顾炎武:《答友人论学书》,《顾亭林诗文集》,第 135 页。

界之一大解放也。"①"经学即理学"则不同。这个命题主要是针对经学而言的。经学是主语，理学是谓词，其含义在于肯定"道寓于器"，即经书中蕴涵着"圣人之道"，因此可以通过研治经学来寻求"圣人之道"。其目的在于实现以经学代替理学的学术目标。

可见，顾炎武提出的这个命题的两种表达方式，既有区别，又是紧密联系在一起的，而且在逻辑上似乎具有一种递进的关系：全祖望转述的命题"经学即理学也"，重在消解宋明理学的神圣性和权威性，顾炎武本人的"理学，经学也"命题，则在于彰显经学研究的价值，蕴涵着以经学取代理学的意图。顾炎武此命题的两种表达方式，恰恰从一个侧面展示了为中国传统学术由宋明理学向清代朴学转型的思想史进程，而在语法上，则表现为主词与谓词关系上的颠倒。

三、经学研究新范式的建立

在明清之季的反理学思潮中，主张回归经学以革除理学之弊的学者还有不少。例如方以智曾提出"藏理学于经学"的设想，钱谦益也说："宋之学者，自谓得不传之学于遗经，扫除章句，而胥归于身心性命。近代儒者，遂以讲道为能事，其言学愈精，其言知性知天愈眇。而穷究其指归，则或未必如章句之学，有表可循，而有坊可止也。汉儒谓之讲经，而今世谓之讲道。圣人之经，即圣人之道也。离经而讲道，贤者高自标目，务胜于前人；而不肖者汪洋恣肆，莫可穷诘。则亦宋之诸儒扫除章句者，导其先路也。修《宋史》者知其然，于是分儒林、道学，厘为两传，儒林则所谓章句之儒也，道学则所谓得不传之学者也。儒林与道学分，则古人传注、笺解，义疏之学转相讲述者，无复遗种。此亦古今经术升降绝续之大端也。经学之熄也，降而为经义；道学之偷也，流而为俗学……生心而害政，作政而害事，学术蛊坏，世道偏颇，而夷狄寇盗之祸，亦相挺而起……

---

① 梁启超：《清代学术概论》，第 9 页。按：梁启超的这段话是针对"经学即理学"的命题而言的。我们认为，这段话用来评价"理学，经学也"的命题似乎更为恰当。

诚欲正人心,必自反经始;诚欲反经,必自正经学始。"①这些思想与顾炎武的观点大体上是一致的,说明以经学代替理学在当时是许多学者的共同主张。顾炎武之所以能够超越这些学者而被后世视为清代朴学的开创者,是因为他不仅从理论上指出了经学代替理学的必要性和必然性,而且还身体力行,探索并创立了一套经学研究的新范式,从而在实践中为清代朴学的兴起和发展开辟了方向。

(一)《音学五书》

顾炎武的经学研究新范式主要体现在《音学五书》和《日知录》两部著作中。《音学五书》是一部音韵学研究专著,顾炎武在《音学五书序》及《后序》中对这部著作的成书历程及主要内容进行了介绍。他说:"余纂辑此书三十余年,所过山川亭鄣,无日不以自随,凡五易稿而手书者三矣。"②

又说:

> 炎武潜心有年,既得《广韵》之书,乃始发悟于中而旁通其说。于是据唐人以正宋人之失,据古经以正沈氏唐人之失,而三代以上之音部分秩如,至赜而不可乱。乃列古今音之变,而究其所以不同,为《音论》二卷;考正三代以上之音,注三百五篇,为《诗本音》十卷;注《易》,为《易音》三卷;辨沈氏部分之误,而一一以古音定之,为《唐韵正》二十卷;综古音为十部,为《古音表》二卷,自是而六经之文乃可读。其他诸子之书,离合有之,而不甚远也。③

他将《诗经》看作中国上古时期的韵谱,本着"还原"古音原貌的目的,通过分析审核《诗经》全书一千九百多个韵字,与《广韵》韵部对勘,分别同异,综合贯串,将古韵分为十部,从而建立了第一个比较科学的《诗经》古音学的系统。在他之后,江永著《古韵标准》,分古韵为十三部;戴

---

① 钱谦益:《新刻十三经注疏序》,《钱牧斋全集》第 2 卷,第 851 页,上海,上海古籍出版社,2003。
② 顾炎武:《音学五书后序》,《顾亭林诗文集》,第 27 页。
③ 顾炎武:《音学五书序》,《顾亭林诗文集》,第 25—26 页。

震著《声类表》，分古韵为十六部（入声分立则为二十五部）；段玉裁著《六书音均表》，分古韵为十七部；孔广森著《诗声类》《诗声分例》，分古韵为十八部；王念孙著《古韵谱》，江有诰著《音学十书》，各自分古韵为二十一部；夏炘综合王、江，作《古韵二十二部集说》，定古韵为二十二部；章太炎著《文始》，提出队部独立说，分古韵为二十三部。虽然古韵分部具有"后出转精"的特点，但就系统研究古韵而论，顾炎武"导夫先路"的历史贡献是无可质疑的。

更重要的是，顾炎武在古韵研究的过程中，还确立了若干方法论原则，对之后的经学研究产生了重大影响。第一，确立了"考文知音"的经学研究新路径。在《答李子德书》一文中，顾炎武针对历代学者的"改经之病"，明确提出了"读九经自考文始，考文自知音始"的经学研究主张。他说：

> 三代六经之音，失其传也久矣，其文之存于世者，多后人所不能通，以其不能通，而辄以今世之音改之，于是乎有改经之病。始自唐明皇改《尚书》，而后人往往效之，然犹曰：旧为某，今改为某，则其本文犹在也。至于近日锓本盛行，而凡先秦以下之书率臆径改，不复言其旧为某，则古人之音亡而文亦亡，此尤可叹者也。①

顾炎武认为学者擅改古经的毛病是从唐玄宗李隆基开始的。李隆基在读《尚书·洪范》篇时，以为其中的"无偏无颇，遵王之义"这两句不押韵，于是根据《周易·泰卦》"无平不陂"而将"无偏无颇"改为"无偏无陂"。顾炎武指出，李隆基将"颇"错改为"陂"的原因，就在于不知道"遵王之义"的"义"字古音读"我"，与"颇"本来就是押韵的。他列出大量古文不误，而后人因不明古音而误改的例子，指出在李隆基之后，擅改古文的风气愈演愈烈，从而导致经学研究的衰颓和"旧本之日微，而新说之愈凿"局面的出现。他批评道：

---

① 顾炎武：《答李子德书》，《顾亭林诗文集》，第69页。

> 嗟夫！学者读圣人之经与古人之作，而不能通其音，不知今人之音不同乎古也，而改古人之文以就之，可不谓之大惑乎？

并进一步提出"拨乱反正"的新主张：

> 故愚以为读九经自考文始，考文自知音始，以至诸子百家之书，亦莫不然。①

这一主张包括两层含义：(1) 将"考文"作为"读经"的起点。所谓"考文"，首先是要纠正后人擅改古书的错误，恢复古代文本文字的"原貌"，在此基础上，通过"历史还原"的方法，进一步弄清楚古经中文字的"原意"。(2) 顾炎武认为，要实现这两个目标，就必须将"知音"作为"考文"的前提。所谓"知音"，就是要弄清楚古经中文字的正确读音。汉字中的形声字占百分之八十以上，"本无其字，依声托事"的现象十分普遍，只有掌握了音韵学的知识，才能对"假借""转注"等汉字发展演变过程中的语言现象了然于心，才能恢复古代文本的"原貌"和古经中文字的"原意"。总的来看，这一主张确立了经由文字、音韵、训诂等"小学"来研究"经学"的治学方向，并特别强调了音韵学在"小学"乃至经学研究中的特殊地位。

顾炎武"考文知音"的主张提出后，在清代学者中引起了巨大反响。惠士奇、惠栋、江声、戴震、王鸣盛、钱大昕、段玉裁、王念孙、阮元等学者都表达了与此类似的观点"训诂明然后经义明"。通过"小学"特别是音韵学来从事经学研究，成为乾嘉学者的共同信念。

第二，确立了"无征不信"的实证性研究原则和方法。在音韵学研究中，顾炎武继承了明代学者焦竑、陈第将"本证"与"旁证"相结合以审定古音的方法，并加以发展，从而确立了以本证和旁证为主，以参伍推论的理证为辅的研究方法。他引述陈第的观点以之作为自己的研究方法："列本证、旁证二条。本证者，《诗》自相证也；旁证者，采之他书也。二者

---

① 顾炎武：《答李子德书》，《顾亭林诗文集》，第 69—73 页。

俱无，则宛转以审其音，参伍以谐其韵。"①这样一种方法，充分体现了顾炎武"无征不信"，在治学中重视科学归纳和实证的经验主义思维方式。他认为，对古书字音的辨析和审定，不能凭空臆断，也不能凭孤证立论，而应当广泛搜集资料，运用详实可靠的证据来证明自己的论断。因此，为了证明"行"字古音读若"杭"，他列举了三百六十四条证明材料；为了证明"下"字古音读若"户"，他列举了二百一十九条证明材料；为了证明"马"字古音读若"母"，他列举了六十九条证据；为了证明"家"字古音读若"姑"，他列举了五十七条证据，并指出"今山东青州以东犹存此音，如张家庄、李家庄之类，皆呼为姑"。② 顾炎武的这种重归纳、重实证的治学方法也为乾嘉学者所继承和发展，并广泛运用到经、史学研究的各个领域。

第三，确立了经学研究的历史主义的立场和方法。所谓"历史主义的立场和方法"，一方面是主张从历史的实然出发，而不是从应然出发，主张从客观存在的事实出发，而不是从政治伦理的需要出发，来从事学术研究；另一方面，是重视"考镜源流"，强调在运动变化的历史过程中来考察研究对象，"每一事必详其始末"。顾炎武反对宋明理学家以"直承道统"自矜而不重视前代学者研究成果的做法，他说："经学自有源流，自汉而六朝，而唐，而宋，必一一考究，而后及于近儒之所著，然后可以知其异同离合之指。如论字者，必本于《说文》，未有据隶楷而论古文者也。"③在这种观念的指引下，他通过对音韵学发展历史的细致考察，得出了对音韵学发展演变规律的正确认识。他说：

> 三代之时，其文皆本于六书，其人皆出于族党庠序，其性皆驯化于中和，而发之为音无不协于正。然而《周礼·大行人》之职："九岁属瞽史，论书名，听声音。"所以一道德而同风俗者又不敢略也。是

---

① 顾炎武：《音论》卷中，《音学五书》，第 35 页，北京，中华书局，1982。
② 赵俪生：《顾亭林与王山史》，第 71—72 页，济南，齐鲁书社，1986。
③ 顾炎武：《与人书四》，《顾炎武诗文集》，第 95—96 页。

> 以《诗》三百五篇，上自《商颂》，下逮陈灵，以十五国之远，千数百年
> 之久，而其音未尝有异。帝舜之歌，皋陶之赓，箕子之陈，文王周公
> 之系无弗同者。故三百五篇，古人之音书也。魏晋以下，去古日远，
> 词赋日繁，而后名之曰韵；至宋周颙、梁沈约而四声之谱作。然自
> 秦、汉之文，其音已渐戾于古，至东京益甚。而休文作谱，乃不能上
> 据《雅》《南》，旁摭骚子，以成不刊之典，而仅按班、张以下诸人之赋，
> 曹、刘以下诸人之诗所用之音，撰为定本，于是今音行而古音亡，为
> 音学之一变。下及唐代，以诗赋取士，其韵一以陆法言《切韵》为准，
> 虽有独用、同用之注，而其分部未尝改也；至宋景祐之际，微有更易；
> 理宗末年，平水刘渊始并二百六韵为一百七；元黄公绍作《韵会》因
> 之，以迄于今。于是宋韵行而唐韵亡，为音学之再变。世日远而传
> 日讹，此道之亡，盖二千有余岁矣。①

顾炎武的这种历史主义的立场和方法，深刻影响了乾嘉学者的经学
研究。以戴震为代表的乾嘉考据学者主张通过"历史还原"的办法来寻
求经书义理和"圣人之道"，章学诚"六经皆史"命题的提出，在某种意义
上都是这一人文学的实证主义治学方法的推衍和发展。

（二）《日知录》

与《音学五书》专门探讨古代音韵的内容不同，《日知录》贯注了顾炎
武"平生之志与业"②，因而是一部更加全面反映其学术和思想的"百科全
书"式的著作。潘耒在给《日知录》所写的序文中介绍道："先生著书不一
种，此《日知录》则其稽古有得，随时札记，久而类次成书者。凡经义、史
学、官方、吏治、财赋、典礼、舆地、艺文之属，一一疏通其源流，考正其谬
误。……学博而识精，理至而辞达。是书也，意惟宋元名儒能为之，明三
百年来殆未有也。"③《四库全书总目提要》在概括《日知录》的内容时说：

---

① 顾炎武：《音学五书序》，《顾亭林诗文集》，第 25 页。
② 顾炎武：《与友人论门人书》，《顾亭林诗文集》，第 47 页。
③ 顾炎武：《日知录校释》，张京华校释，第 1430—1431 页。

> 书中不分门目，而编次先后则略以类从。大抵前七卷皆论经义，八卷至十二卷皆论政事，十三卷论世风，十四卷、十五卷论礼制，十六卷、十七卷皆论科举，十八卷至二十一卷皆论艺文，二十二卷至二十四卷杂论名义，二十五卷论古事真妄，二十六卷论史法，二十七卷论注书，二十八卷论杂事，二十九卷论兵及外国事，三十卷论天象、术数，三十一卷论地理，三十二卷为杂考证。①

并评价道：

> 炎武学有本原，博赡而能通贯，每一事必详其始末，参以证佐，而后笔之于书。故引据浩繁，而牴牾者少。非如杨慎、焦竑诸人偶然涉猎，得一义之异同，知其一而不知其二者。②

仅从学术研究的角度来看，《日知录》不仅在更广阔的学术领域内贯彻落实了顾炎武在《音学五书》中建立的方法论原则，而且还在著作体裁的选择、学术领域的开拓、学术方法的完善、学术规范的倡导等方面，为清代朴学的发展提供了一个新"范式"。在著作体裁的选择方面，《日知录》的学术札记体裁特别适合绵密专深的学术研究，因此在顾炎武之后成为众多学者发表学术成果的主要形式，如阎若璩的《潜邱札记》，钱大昕的《十驾斋养新录》，臧琳的《经义杂记》，卢文弨的《钟山札记》《龙城札记》，孙志祖的《读书脞录》，王鸣盛的《蛾术编》，汪中的《知新记》，洪亮吉的《晓读书斋四录》，赵翼的《陔余丛考》，王念孙的《读书杂志》，王引之的《经义述闻》，何焯的《义门读书记》，臧庸的《拜经日记》，梁玉绳的《瞥记》，俞正燮的《癸巳类稿》《癸巳存稿》，宋翔凤的《过庭录》，陈澧的《东塾读书记》等。这些著述的形式直接受到顾炎武的启发而成为清代学术的一大体例。

在学术领域的开拓方面，《日知录》在文字、训诂、音韵、经学、史学、

---

① 顾炎武：《日知录校释》，张京华校释，第 1445 页。
② 顾炎武：《日知录校释》，张京华校释，第 1445 页。

天算、舆地、风俗、金石、校勘、目录、经济等众多学术领域都有研究成果，为后学者的进一步研究开辟了道路、奠定了基础。在学术方法的提炼方面，顾炎武重视原始材料的作用，即提他提出的"采铜于山"之法和综合运用传世文献与出土文献来考核史料的"二重证据法"，这两种方法均被钱大昕等乾嘉学者继承并发扬光大。在学术规范的倡导方面，顾炎武重视原创，反对抄袭，主张著述"必古人所未及就，后世所不可无，而后为之"①的观点。这种"贵创"精神在思想倾向上具有打破宗经述古的经学思维模式的历史意义，使传统的学术研究具有了开拓新知识疆界，追求新知的显著特征。从哲学思维的变革来说，具有从本体论——如理本论、气本论、心本论的论证向知识论转向的意义。

《日知录》对清代学术的影响还体现在清代学者对它的关注与重视等方面。据黄汝成《〈日知录〉集释·叙》中所列举的名单，从清朝康熙中期至道光以前，为《日知录》作注疏的学者有九十四家之多。其中包括阎若璩、潘耒、王锡阐、张尔岐、陆世仪、唐甄、魏禧、朱彝尊、陆陇其、徐乾学、李光地、方苞、梅文鼎、臧琳、惠士奇、惠栋、沈彤、顾栋高、曹一士、陈兆伦、全祖望、江永、戴震、卢文弨、王鸣盛、赵翼、钱大昕、钱大昭、姚鼐、凌廷堪、阮元、汪中、刘台拱、洪亮吉、孙星衍、桂馥、方东树、刘逢禄、魏源等九十余人，几乎囊括了道光以前（含道光年间）各学术流派的所有最著名的学者。对于《日知录》的研究，"几无异汉唐时诸经史训解，为专门学也"。② 可见，在清代学者的心目中，《日知录》已经成为能与"汉唐时诸经史训解"相媲美的的经典之作，成为规范和指导他们从事学术研究的新范式。

按照传统的哲学史观点来看，顾炎武没有提出多少深刻的哲学命题，尤其是在传统的理、气、心性、道器等抽象的哲学问题方面，没有多少精深的论述，因而算不上是一个哲学家。然而，如果我们放宽"哲学"的

---

① 顾炎武:《日知录校释》,张京华校释,第 776—777 页。
② 黄汝成:《日知录刊误·序》,《日知录集释》,第 2435 页,上海,上海古籍出版社,1985。

视野,将带有实证特征的经学研究方式看作是中国传统哲学内部出现的人文学的实证哲学类型,则顾炎武的哲学思想就应当在中国哲学史上占有独特的一席之地。清代乾嘉时期的人文实证主义哲学思潮的兴起,就直接地与顾炎武的哲学思维方式有内在的学脉关系。

第二节　傅山论理与无理的关系

傅山(1607—1684),初名鼎臣,后改名为山,字青竹,后改为青主。字号有 54 种之多。① 山西曲阳人。出生在一个官僚家庭。其祖父傅霖,为嘉靖壬戌年(1562)进士,后官至辽海兵备道。傅山 7 岁就小学,15 岁通过考试成为秀才。20 岁时就自觉举子业不足以满足他的人生理想,遂读十三经,读诸子、诸史至《宋史》而止。② 30 岁时,曾组织并领导山西学生请愿活动,为山西提学金袁继咸鸣冤。明亡后,曾组织义军参加抗清活动。清政权建立之初,曾被迫接受"博学鸿词"科,最终以死抗拒而未成行。当时有人说傅山好骂人,傅山自己辩解道:"天下虚心人莫过我,怜才人亦莫过我,谬膺一'好骂人'之名,冤乎哉! 即使我真好骂人,在人亦当自反。骂不中耶,是仰面唾天。若骂中耶,何不取以自省,以我为一味药何如?"③他也自知自己所说的话不合时宜,说道:"吾胸中有极奇、极快之言千千万万,来如河海,惜未暇操觚。间出一言半句,人已骇如怪雷,不敢再听矣。"④

他对士人的出处非常重视:"仕不惟非其时不得轻出,即其时亦不得轻出。君臣僚友,那得其人也! 仕本一'志'字,志不得行,身随以苟,苟岂可暂处哉!""仕之一字,绝不可轻言。"⑤又说:"幽独始有美人,澹泊乃

---

① 参见魏宗禹《傅山评传》,第 8 页,南京,南京大学出版社,2011。
② 参见魏宗禹《傅山评传》,第 11 页。
③ 傅山:《说我好骂人》,《傅山全书》第 1 册,尹协理主编,第 891 页。
④ 傅山:《吾胸中之言》,《傅山全书》第 1 册,尹协理主编,第 821 页。
⑤ 傅山:《仕训》,《傅山全书》第 1 册,尹协理主编,第 512 页。

见豪杰，热闹人毕竟俗气。"①

　　傅山亦重视"童心"，说道："老人胸中有篇文、赋，只是收拾不起来编写，衰可知矣。然亦可以不弄此伎俩。童心宿业，有何不能舍去也。"②

　　傅山的著述很广，经学、先秦诸子、音韵、训诂、考据、史学、佛学，均有所论述或涉猎。他还善书法、绘画，精通医学医术、兵法、武术，是一个百科全书式的人物，也是一个多专多能的奇人。据专家考证，现存的著作不及他所有著作的十分之一，所存著作绝大部分现已经收到《傅山全书》和《傅山全书补编》之中。就目前所见的材料来看，傅山系统的哲学论述文字并不多，主要哲学思想均在一些杂文与诸子学的述评类文字之中。他自叙曾编制有《性史》一书，可惜亡迭。他说："贫道昔编性史，深论孝友之理，于古今常变多所发明。取二十一史中应在孝友传而不入者，与在孝友传而不足为经者，兼以近代所闻见者，去取轩轾之。二年而稿几完，遭乱失矣。……然皆反常之论，不存此书者，天也。"③目前，学术界出版的思想史、断代哲学史和傅山评传等著作中，对于傅山的哲学思想及其反理学思想均有比较详细的介绍。④ 本节主要梳理傅山反理学思想的基本思路，着重从"无理与理"的关系角度，深入揭示傅山反理学思想的社会政治的指向性。同时，对其社会政治思想、诸子学思想作一简洁的介绍。

　　傅山的哲学思考往往借助他所熟悉的文字学进路展开，如他的水气论就是这样展开的："六，地之数也，一是水。土下皆水。水是气，所以能载十，故从十从一而为土。土湿者，以一在下也。其声叶五。十即乂之正写者。若十下无一，则干燥不生矣。生之从土，以此也。"⑤在《庄子解》札记中，他通过对庄子《天地》篇"泰初有无无"一段话的解释，表达了自

---

① 傅山:《杂训一》,《傅山全书》第 1 册,尹协理主编,第 515 页。
② 傅山:《杂训二》,《傅山全书》第 1 册,尹协理主编,第 518 页。
③ 傅山:《贫道编性史》,《傅山全书》第 1 册,尹协理主编,第 778 页。
④ 如侯外庐的《中国思想通史》第五卷,王茂、蒋国保等著的《清代哲学》,魏宗禹的《傅山评传》,萧萐父、许苏民合著的《明清启蒙学术流变》等著作。
⑤ 傅山:《六字》,《傅山全书》第 1 册,尹协理主编,第 629 页。

己的形上学思想。他说："阴阳交泰之初，何所有乎？有无而已，别无所有。然无而有者，无可得而名，确乎其有一。一之所起，有一而未形，不可闻，不可见。然万物之生者，皆由得此一以生，是之谓德。"①

> 泰、太异乎？不异也。天为一大，太为大一。一即天一生水之一。一，水也，气也。泰，上从大，下从水，水即一也。中加廾而泰，《老子》所谓"抱一"也。廾有反廾之义，不敢失其一也。于"太"之不用艸者，有天人之分耳。②

在《老子解》中，傅山对道、物关系的解释，在一定程度上可以反映他的形上学思想。他说："物也，而有非物者传焉。非物之物，道之为物也，恍惚象物。象，似之矣，而不可榷之。以窈冥之精非假，而或然或不然者，自初有一人以至于今，传之不息，以至于有我之身者，其何物也耶？此道也。"③

他对"廉耻"二字的解释也别具新意，说道："廉耻：广下能兼，自然廉；耻则耳上生心耳。"④

他有时以文学的手法来表达哲学思想，在《失笑辞》一文中，他说道："天地幻无有，有人；人幻无而有，有文。"又说："氤氲变化，无古无今。无模似之天使，图粉本于皇神。何物主气也？何物主理也？何物�应也？何物法度也？每破苍颜，复冷若齿。"⑤

傅山曾作有《狂解》一文，对各种样的狂人做了分类，而他最为推崇"清狂"之人，批评瞎狂之辈，应当视作鲁迅《狂人日记》之先声（虽则鲁迅未必读过傅山的著作）。他说："古人有清狂，清狂不可得矣。傅子曰：狂，病也，病于清则狂。狂不可貌，貌狂，碜。概论之，狂有数种：有真狂，

---

① 傅山：《天地篇泰初有无无段解》，《傅山全书》第 2 册，尹协理主编，第 919 页。
② 傅山：《天地篇泰初有无无段解》，《傅山全书》第 2 册，尹协理主编，第 920 页。
③ 傅山：《老子解》，《傅山全书》第 2 册，尹协理主编，第 912 页。
④ 傅山：《廉耻》，《傅山全书》第 1 册，尹协理主编，第 627 页。耻，又写作恥，故傅山说"耳上生心"。
⑤ 傅山：《失笑辞》，《傅山全书》第 1 册，尹协理主编，第 523 页。

有隐狂,有佯狂,有谦谦君子狂,有轻狂,有瞎狂。"①傅山认为,真正的狂者,"未有不知己知彼。知己则伤我无所用,有激勃,有滂湃;知彼则为彼乎激勃,向彼乎滂湃。人睨视之,则两疯汉,不解其遇而狂之矣"②,而瞎狂之人,"则盲然无所知见,一味摇头摆耳,沓沓焉,妄评乱诋而蛮蛮者也"③。因此,傅山所推崇的"狂人",或是道德方面的高洁之人,或是思想方面的开风气之先者。

一、傅山反理学思想的基本思路

相对于黄宗羲、王夫之非常系统的"理气观"来说,傅山在理气问题上的论述比较零碎。但是,在对伪儒学、理学的批评程度上,傅山可以说是最为激烈的。

他以文学的类比手法批评伪儒,有一医家,将中药薏苡放在壶中,后来老鼠钻入壶中,把薏苡吃完了,留下了一大堆老鼠矢(屎)。医家不知其情。有一天病人来求薏苡,此医生不察,将老鼠矢(屎)当薏苡卖给求药之人,求药人不相信,而这位医生坚定地说,这就是薏苡。后来这个人见到真薏苡,反而认为是假的,与人论辩。讲完此故事后,傅山接着说道:"世儒之于学也,皆以鼠矢为薏苡者也。"④

他批评宋儒道:"宋儒好缠'理'字。'理'字本有义,好字,而出自儒者之口,只觉其声容俱可笑也。如《中庸》注'性即理也',亦可笑。其辞大有漏,然其窍则自《易系》'穷理尽性以至于命'来,似不背圣人之旨,不背则不背其字耳。圣人之所谓理者,圆备无漏;才落儒家之口,则疏直易寻之理可见,至于盘根错节之理,则不可知矣。"⑤萧萐父、许苏民曾认为:"傅山对奴性的批判,是清初中国早期启蒙思潮中的个性解放思想的时

---

① 傅山:《狂解》,《傅山全书》第 1 册,尹协理主编,第 545 页。
② 傅山:《狂解》,《傅山全书》第 1 册,尹协理主编,第 546 页。
③ 傅山:《狂解》,《傅山全书》第 1 册,尹协理主编,第 546 页。
④ 傅山:《饥而食篇》,《傅山全书》第 1 册,尹协理主编,第 544—545 页。
⑤ 傅山:《理字考》,《傅山全书》第 1 册,尹协理主编,第 537 页。

代最强音……在鼓舞人们冲决封建网罗的斗争方面，他的思想是清初最激进、最富于战斗性的思想。"①在我看来，这一论断亦可以用来评价其反理学的思想性质。

为了行文的方便，笔者将傅山从理论上对理学的批评概括为以下四个方面：

第一，从理气关系的角度，认同"气先理后"的思想。他不同意程朱理学"理在气先"的观点。他说："老夫尝谓气在理先，气蒸成者始有理，山川、人物、草木、鸟兽、虫鱼皆然。若云理在气先，但好听耳，实无着落。"②

第二，从范畴史的角度，消解理学之理的神圣性。揭示"理"范畴的历史内涵，以证明理学家对"理"字的哲学解释不合古代经、史、子的本意。他说：

> 《书》为帝王治世之本，而不言"理"字，惟《周官》则有"燮理阴阳"一字。《诗》咏性情，而用"理"字者，但"乃疆乃理"之类，三四见，皆不作"道理"之"理"用，岂古人不知有此字耶？看《孟子》"理义说心"用"理"字处，傻生动，何尝口龈牙辭也？《礼记》则"理"字多矣，亦不觉甚厌人。乃知说"理"字亦顾其人何如耳。③

又说：

> 《老子》八十一章绝无"理"字，何也？妙哉！无"理"字，所以为《道经》。即道亦强名之矣，况理乎！
>
> "理"之一字，在先圣赞《易》初见之："君子黄中通理。""理"从"里"；"里"从"田"从"土"。皆属地者。坤卦，地道也，故言理。物之文理之缜密精微者，莫过于玉，故"理"从"玉"。玉，几于无理者也，言其细也。圣人于坤卦说理，而乾卦中无"理"字，乾，天也，不可以

---

① 萧萐父、许苏民：《明清启蒙学术流变》，第 419 页，沈阳，辽宁教育出版社，1995。
② 傅山：《理字考》，《傅山全书》第 1 册，尹协理主编，第 537—538 页。
③ 傅山：《理字考》，《傅山全书》第 1 册，尹协理主编，第 538 页。

"理"字概也。《系辞》"穷理尽性以至命","下学而上达"之旨耶！韩非曰："理者，成物之文也。"解"理"字最明切矣。"乾知大始，坤作成物"，故乾不言理而坤言理。黄中，地之德也。《象》曰："黄裳元吉，文在中也。"有文而后见理，黄中以通之。①

上述三则材料主要从概念史的角度批评宋明理学，他还进一步从广义的语言学角度，批评宋明儒者所坚持的"理学"不是古代经典的原意。首先，他从词性的角度，进一步辨析古书上的"理"字与宋儒所喜用的"理"字的不同。他认为，古人书中所用之"理"字，多作动词；而后世儒者多作名词。正因为后世儒者将"理"用作名词，结果被"理"所束缚，只能从纸上空谈"理"，而不能经世致用。他说：

> 唐、虞之《书》无理，而《周》始有理，曰"燮理"。理，用之名，非其之名。后世之理，皆其之也，其之而为其所其也。

又说：

> 羲、文之《易》无理，而孔子读《易》始有理，曰"黄中通理"，曰"畅"，曰"发"，则其所谓理者，如"理烝而屯泄"也。至于"四支""事业"，末也，亦非其之也。"观变阴阳"以来，"发挥刚柔而理于义"，亦非其之也。"穷理尽性"，其之矣，而其之与世儒之其之异。圣人之穷之，将反乎刚柔阴阳之不可知者，而世儒张至其人之所共知者，而曰"我独知之"也。②

其次，他借用训诂的知识，嘲讽宋明儒所坚持的名词之"理"，其实来自人类的垃圾。他说："其名理者，亦用反法，以'来屎'反理，'终始'之始用'屎'字，云始自清谷面米也。其祭其先，亦用清粞，曰：理反其所自屎。"③

---

① 傅山：《理字考》，《傅山全书》第 1 册，尹协理主编，第 539 页。
② 傅山：《圣人为恶篇》，《傅山全书》第 1 册，尹协理主编，第 542 页。
③ 傅山：《圣人为恶篇》，《傅山全书》第 1 册，尹协理主编，第 544 页。

他甚至用寓言的形式嘲讽"明于礼义而陋于知人心"的所谓"中国之大儒"，不辩名物，不知历史，"不知五谷，尘土是食"，"人长七、八寸，不见日月星辰。……其国自有文，不满数十字，读中国唐以上之书即不能。人抄宋人卑语，读之曰：圣人之言也，知理不知气。"①

上述这些批评从哲学思想的角度看并不一定有力，但他开创以文献实证的方法来批评"理学"的道路，则对清代乾嘉学者以考据学的方式拒斥理学的思辨学风具有一定的影响。

第三，对"理"的性质判断。傅山认为，理也有善恶之分，如同性有善恶一样。而且"理"存在于看似无理的地方，因此，在价值判断的层面上，傅山要人们从理学家们崇理、颂理的精神祈向中跳出来。他说："理之有善有恶，犹乎性之有善有恶，不得谓理全无恶也。即树木之理，根株枝节，而忽有纠挐杂糅之结，斤斧所不能施者，谓此中无理耶？"②

第四，通过"无理与理"关系的辩证，肯定"无理生理""无理胜理"激进思想。可以这样说，傅山从理论上批评理学最具特色的地方，在于他透过"无理与理"关系的论述，显示了其对理学批评的社会政治指向。

与理学家将"理"看作形而上，"气"看作形而上的思想观点针锋相对，傅山在理论上提出"理，形而下也；无理，形而上也。无理生理，理不知无理……"③的独特思想。他赞成这一独特思想观点的理由是："天，一也。阴阳，二。阴有阴理，阳有阳理，阴不欲无阳，阳不欲无阴。分而之于人者，阳之人始不欲有阴，阴之人始不欲有阳，而各有其理。……欲独据而有之者，天之毗也，理之毗也。毗阴者嫉阳，毗阳者嫉阴，皆不知分诸天而同诸天也。故阴阳有理，而天无理也。何也？一，二也，分也。无理一而理二，无理单而理争，无理强而理弱，故小人多胜。"④

此段中"毗"字当作"损害"讲，意思是说：想以阴独据或想以阳独据，

① 傅山：《圣人为恶篇》，《傅山全书》第 1 册，尹协理主编，第 543—544 页。
② 傅山：《理字考》，《傅山全书》第 1 册，尹协理主编，第 537 页。
③ 傅山：《圣人为恶篇》，《傅山全书》第 1 册，尹协理主编，第 541 页。
④ 傅山：《圣人为恶篇》，《傅山全书》第 1 册，尹协理主编，第 541 页。

都是对"天"和"理"的损害。损害阴的东西一定会妒嫉阳,反之亦然,原因是"阴不欲无阳,阳不欲无阴"。阴阳互求、和合才能构成完整而又统一的"天"。

傅山从哲学的形上学高度为"无理"找到了终极根据,将"无理"等同于"天"。"天"之所以等同于"无理",是因"天"作为阴阳二气混一的状态,是无法看清其"理"之所在。阴阳之所以各有其理,是因为它们从天的混一状态分离出来之后的次一级存在状态。正因为有了阴阳,从而有了阴阳之理,因而也就出现了阴阳之理的相互斗争。"因理而争",当然可视为傅山对理学内部争论不休,于现实政治、社会、经济问题的解决无补状态的一种思想的嘲讽。但是,当他从历史的角度阐述"若君子能用无理于小人,天不偏助小人也"的王朝变更的道理时,显然是歌颂敢于反抗暴君的"真君子",而不是那些仅知道读死书,谨守各种纲常的"伪君子"。他说:"汤,桀之所谓无理者也,而南巢之放,不闻天怒汤而助桀。武王,纣之所谓无理者也,孟津之征,不闻天怒武王而助纣。即陈胜、吴广,秦之所谓最无理者也,而所置侯王将相,径以灭秦。项也,汉也,皆因陈、吴而无理者也,不闻天怒汉而助秦,使秦至今不亡也。"①

他公开地肯定无理之"理"。他说:"理不足以胜理,无理胜理,故理不足以平天下,而无理始足以平天下。当桀、纣为君之时,君子者,忍而君之,理也。汤、武则最无理者,敢有南巢、牧野之快,而匹夫匹妇之怨为之舒,故必无理而后理。"②

此处所说的"无理",即是一种打破现实不合理秩序的政治革命与社会革命行为。从君臣、上下不可逾越的旧的理则来看,这种革命的行为是"无理"的,但这种相对于旧的不合理秩序而言是"无理"的行为,恰恰是最有理的。因为这种"无理"是以天下百姓的要求为根本旨归,通过暴力的行动摧毁旧的不合理秩序之理,重建新的以民众福利为旨归的新的

---

① 傅山:《圣人为恶篇》,《傅山全书》第 1 册,尹协理主编,第 541 页。
② 傅山:《圣人为恶篇》,《傅山全书》第 1 册,尹协理主编,第 540 页。

秩序。因此，傅山反理学思想中充满着一种歌颂政治革命、社会革命的激进思想，具有鲜明的社会政治指向。他有一段非常拗口的、思辨的论理与无理关系的文字，以此可见他对政治、社会秩序应如何除旧趋新的革命性主张。他说：

> 理无理无理，无理亦无无理理。理无理无理者，无理，其不读书也；无理无理者，亦无理，其徒读书也。读书者闻是言也，噪之曰："市井贱夫，无理者也，足以治天下耶？"曰："市井贱夫，最有理者也，何得无理之！"曰："彼为利而已，安所得理？"曰："贩布者，不言缯糟于布之理也；贩金者，不言玉精于金之理也。缯者、玉者如之，焉得不谓之理！"曰："理，天理也。吾穷理而意必诚，心必正。彼知天理乎？意亦诚乎？心亦正乎？"曰："适吴、越者，不肯枉于燕、齐，心奚翅正！期销者，不折阅于铢，意奚翅诚！凡金玉布、缯，物无贵贱，生之造之，莫非天也。天生之，天也。人为之，人所共天也。所共天而精之，不翅精于记诵糟粕之鄙夫也。记诵糟粕之夫，之于口中所谦谟天者，犹谚之所谓浑沦吞枣也。"①

所谓"理无理无理"，即是说当处于有理之位的人表现出"无理"行为时，这时，本来有理的就变成了无理。所谓"无理亦无无理理"，即是说本来处于"无理"之位的人大胆地表现出对不合理的行为进行反抗，索性让"无理"再一次地无理下去，结果就会出现新的有理状态了。所谓"理无理无理者，无理，其不读书也"意思是说，那些本来处于有理位置的人变得了没有理了，其过错在于不读书，即不从历史上吸取教训，不听从先贤的教导。所谓"无理无理者，亦无理，其徒读书也"意思是说，那些本来处于无理之位，然而安于无理之位，结果始终处于无理之位，受人压制，其原因在于仅仅读死书，墨守不合理的陈规，不从现实出发来批判性地思考那些陈规，更没有想到要改变这些陈规。傅山在此处阐述理与无理之

---

① 傅山：《圣人为恶篇》，《傅山全书》第 1 册，尹协理主编，第 540 页。

间的多重、动态关系，其实质是要为下层百姓追求自己利益的合法性进行理论的论证，甚至暗含有歌颂下层民众大胆革命的思想意向，从而表面上看起来"无理"的革命行为正可以改变由理变成无理的混乱局面，最终可以建立新的"有理"的状态。

上文中还有值得进一步分析地方是：傅山肯定贩卖缯布、金玉者各自不说自己所卖产品的价值贱于对方商品的行为，恰恰体现了他们的最正之心，最诚之意。金玉、缯布，一类为天然产品，一类为人造产品。当两类产品共同作为商品出现于市场之中时，都要遵守"人所共天"的客观法则的约束，商人们精于"所共天"客观法则，牢牢记住市场上交易的经济原理，比那些只知道记诵理学教条的"奴儒"更能知道何者当记，何者不当记。这与李贽肯定"自然之理"，肯定市民们的功利追求，在价值取向上是一致的。

有学者指出，傅山在说"天无理"时，实际上承认了"存在着不运动的所谓先天之气，不然有天（气）就应该有'理'"。他之所以在理论上有如此的漏洞，与他只考虑以"天无理"来对抗宋儒的"天理"，而认为深究世界本原没有实际意义的思想倾向有关。[1] 在笔者看来，这种推论其实是有问题的。傅山认定"天无理"的时候，却承认"天有道"，而即使是以"道"来名天，也只是勉强为之命名，不得已而为之。对于运动不已的天之体而言，人类是无法完全把握的。因此，天也只是一"元气浑沦"而已。而这一"浑沦元气"，也只是处在"氤氲变化，无古无今"的运动过程之中。但即如此，运动之气仍有"道"，"气不道则死矣"。所以傅山在说"天无理"时，并不包涵有承认"存在着不运动的所谓先天之气"的思想，但认为古书上讲的"理"字多作动词，只是宋儒讲"理"字时则作名词讲。一旦将"理"当作静态的名词，人也就被理束缚了。所以，他不承认有"天理"，而至多有"天道"。当然，傅山的确没有从理论上讲清楚天道与气与阴阳二理的关系，不像后来戴震明确地说："道，恒赅理气。"但不能据此推论他

---

① 参见王茂、蒋国保等《清代哲学》，第 579 页。

“认为深究世界本原没有实际意义”。而至多只能说他的反理学思想更偏重于社会政治的思想维度。“历史乐章凭合奏，见林见树费商量。”（萧萐父诗）傅山反理学思想的这一维度，正好体现了明清之际思想的丰富性特征。

值得注意的是，傅山反理学思想，绝对不是一种意气用事，而是与他追求思想独立，个体的主体与个性的思想倾向有关。其实，他有时也肯定理学家语录中的言论，如他曾说：“读书不必贪多，只要于身心有实落受用处，时时理会。如宋儒语录，不胜寻讨，须细细涵咏之。”①

在反理学的思潮中，傅山与戴震的思想有某种可比性。尽管目前还没有找到明确的史料证明戴震看过傅山的作品，但戴震在批评理学思想时，专门针对“理”范畴本身进行哲学分析，并从物理、事理的角度将“理”解释成“分理”，从而把“理”看作是形而下的东西。这种哲学批判的气质与傅山有某种相似之处。

戴震是这样来定义“理”的哲学特质的：“理者，察之而几微必区以别之名也，是故谓之分理。在物之质，曰肌理，曰腠理，曰文理；亦曰文缕。理、缕，语之转耳。得其分则有条而不紊，谓之条理。”②

这与傅山一再强调理是依存于事物之中的条理的思想基本一致。

从伦理的角度出发：戴震又进一步从“情”的角度来界定“理”的特征：“理也者，情之不爽失也，未有情不得而理得者也。……天理云者，言乎自然之分理也。自然之分理，以我之情絜人之情，而无不得其平是也。”③

如果说傅山借用“无理”的概念，为贩夫走卒行为的合理性进行辩护的话，戴震则通过对“意见”“非理”等概念来批评在上位者以“理”压人的荒谬性。而且，他们的论证理由似乎是一致的，认为“理”字在六经之中不多见。如戴震说：“《六经》、孔、孟之言以及传记群籍，理字不多见。今

---

① 傅山：《读书不必贪多》，《傅山全书》第 1 册，尹协理主编，第 875 页。
② 戴震：《孟子字义疏证·理》，《戴震全集》第 1 册，第 151 页，北京，清华大学出版社，1991。
③ 戴震：《孟子字义疏证·理》，《戴震全集》第 1 册，第 152 页。

虽至愚之人，悖戾恣睢，其处断一事，责诘一人，莫不辄曰理者，自宋以来始相习成俗，则以理为'如有物焉，得于天而具于心'，因以心之意见当之也于是负其气，挟其势位，加以口给者，理伸；力弱气慑，口不能道辞者，理屈。呜呼！其孰谓以此制事，以此制人之非理哉！"①

戴震对宋明理学及其信徒以理处事，以理待人，最终走向"非理"的荒谬性的批判，非常类似傅山所说的"理无理无理"。在社会生活领域里，戴震要求在上位者从具体的人情出发来讲理，否则就是任意见。他说："惟以情絜情，故其于事也，非心出一意见以处之，苟舍情求理，其所谓理，无非意见也。未有任意见而不祸斯民者。"②而戴震讲的"任意见"，其实就与傅山讲的"理无理"相通。那些依凭着"伦理之理"的在上位者，常常做出无理的事情，不仅是"任意见"，而且是任意妄为。

从理论的系统性看，戴震对理学的批评更有系统性，从本论的角度看，戴震主要从血气心知一本论的角度来批评理气二本论，反对将抽象的"理"作为独立于气之外的客观实在，坚持"理"为具体的气与物事的内在规则，是人通过自己的神明对存在于事物之内规则的把握结果。

从伦理学的角度看，戴震主要从"理欲不二"的角度来批评宋明理学所坚持的以理制欲，以理灭欲的思想。特别关怀"民之饥寒愁怨、饮食男女、常情隐曲之感"，在一点上与傅山有相通之处。他将宋明理学的"理欲之辨"看着是"适成忍而残杀之具"，③其批判的激烈程度虽然还达不到傅山歌颂革命的程度，但在文字狱盛行的乾隆时代也已经非常难得了。

二、傅山的社会哲学思想

傅山对汉唐以后的儒家不以为然，说道："汉唐以后，仙、佛代不乏人，儒者绝无圣人。此何以故？不可不究其源。"④又说，"宋人议论多而

---

① 戴震：《孟子字义疏证·理》，《戴震全集》第 1 册，第 154 页。
② 戴震：《孟子字义疏证·理》，《戴震全集》第 1 册，第 155 页。
③ 戴震：《孟子字义疏证·权》，《戴震全集》第 1 册，第 209 页。
④ 傅山：《仙佛儒》，《傅山全书》第 1 册，尹协理主编，第 789 页。

成功少，必有病根，学者不得容易抹过"①。对于性理之儒家，傅山亦不以为然，通过引用他人之言表达自己的意思道："李念斋有言：'东林好以理胜人。'性理中宋儒诸议论，无非此病。"②

他对王阳明极为赞扬，而对道学家颇不以为然，说道："明王道，辟异端，是道学家门面，却自己只作得义袭工夫。非阳明先生直指本源，千古殊无觉察。"③他高度肯定"子贡一出而存鲁乱齐、强晋、破吴而霸越"的实事实功，认为"先圣门下，不可少此一弟子"，"而济事之快，亦足见圣门之才"。④ 因此，他提出"论古人须破门面，不破门面而一味颟顸责之，期于事之不济而已"⑤。

他在《墨子大取篇释》中，对义利之辨的问题进行重新阐释："义、宜也，宜利不宜害。兴利之事，须实有其功，不得徒以志为有利于人也"⑥，再次肯定实事实功的重要性。

在晚明清初的时代里，傅山的思想充满着一种尊重个体主体，思想独立、自由的精神，给晚明社会带来了一股清新的风气。他曾经这样说道："不拘甚事，只不要奴。奴了，随他巧妙雕钻，为狗为鼠已耳。"⑦

又说："一切文武，病只在多言。言者名根，本无实济，而大言取名，尽却自己一个不值钱底物件买弄㤭矜犹可言，又不知人有实济，乱言之以沮其用，奴才往往然。而奴才者多，又更相推以争胜负，天下事难言矣。偶读《宋史》，暗痛当时之不可为，而一二有廉耻之士又未必中用。奈何哉！奈何哉！天不生圣人矣，落得奴才混帐。所谓奴才者，小人之党也。不幸而君子有一种奴君子，教人指摘不得。"⑧

---

① 傅山：《宋人成功少》，《傅山全书》第 1 册，尹协理主编，第 784 页。
② 傅山：《李念斋语》，《傅山全书》第 1 册，尹协理主编，第 783 页。
③ 傅山：《道学门面》，《傅山全书》第 1 册，尹协理主编，第 782 页。
④ 傅山：《子贡事》，《傅山全书》第 1 册，尹协理主编，第 781—782 页。
⑤ 傅山：《子贡事》，《傅山全书》第 1 册，尹协理主编，第 782 页。
⑥ 傅山：《墨子大取篇释》，《傅山全书》第 2 册，尹协理主编，第 958 页。
⑦ 傅山：《不要奴》，《傅山全书》第 1 册，尹协理主编，第 878 页。
⑧ 傅山：《书宋史内》，《傅山全书》第 1 册，尹协理主编，第 725 页。

又说："一双空灵眼睛，不惟不许今人瞒过，并不许古人瞒过。看古人行事，有全是底，有全非底，有先是后非底，有先非后是底，有似是而似非而是底。至十百是中之一非，十百非中之一是，了然于前，我取其是而去其非。其中更有执拗之君子，恶其人，即其人之是亦硬指为非。喜承顺之君子，爱其人，即其人之非亦私泥为是。千变万状，不胜辨别，但使我之心不受私蔽，光明洞达，随时随事，触著便了，原不待讨论而得。"①

他对书生之奴大加挞伐，说道："书生眼里不得一个人，自谓尊崇圣道，益自见其狭小耳，那能不令我卢胡也！"他甚至说："奴人害奴病，自有奴医与奴药，高爽者不能治。胡人害胡病，自有胡医与胡药，正经者不能治。妙人害妙病，自有妙医与妙药，粗俗者不能治。"②

在这种高度尊重个人思考的独立性，追求真是非的精神③，与李贽所具有的怀疑批判精神一脉相承。依着这种独立、自由的哲学思考精神，傅山特别强调读书人要求有怀疑与分析精神，并要有远大的志向与抱负。他曾经这样说："读书是学人分内事。析得一疑，闻得一幽，与后进作眼目，则诚有功。专欲指谪前辈之陋，则非矣。况疑义不二，后复有所析阐，则我亦在陋中耶！戒之，戒之！"④如果读书人缺乏远大的志向就与猪狗与异。他在释《窝囊》一文中说道："俗骂龌龊不出气人曰'窝囊'。窝，言其不离窝，无四方远大之志也。囊，言其知有囊橐，包包裹裹，无光明取舍之度也。……大概人无光明远大之志，则言语行事，无所不窝囊也。而好衣好饭不过图饱暖之人，与猪狗无异。"⑤傅山又说："为学当先立志，修身先当知耻。"⑥

他反对读书人只在注脚中讨生活的做法，对阳明弟子王龙溪颇为赞扬，说道："近日读王龙溪先生书，不惟于阳明先生良知颇有理会。正当

---

① 傅山：《看古人行事》，《傅山全书》第 1 册，尹协理主编，第 878 页。

② 傅山：《医药论略》，《傅山全书》第 1 册，尹协理主编，第 553 页。

③ 傅山：《奴书生》，《傅山全书》第 1 册，尹协理主编，第 781 页。

④ 傅山：《读书是学人分内事》，《傅山全书》第 1 册，尹协理主编，第 876 页。

⑤ 傅山：《窝囊》，《傅山全书》第 1 册，尹协理主编，第 876 页。

⑥ 傅山：《为学当先立志》，《傅山全书》第 1 册，尹协理主编，第 873 页。

注《易》，觉与旧随文诠义者亦稍稍有头脑。因思看书，洒脱一番，长进一番。若只在注脚中讨分晓，此之谓钻故纸，此之谓蠹鱼。"①因此，他将"学"训为"觉解"，不沉沦于所学的知识与所效法的对象之中，体现了学习的主动性与创造性。他说："理本从玉，而玉之精者无理；学本义觉，而学之鄙者无觉。盖觉以见而觉，而世儒之学无见。无见而学，则瞽者之登泰山，泛东海，非不闻高深也，闻其高深则人高之深之也，故训学之为效似矣，而始终乎人拾级而卑之。至于效先觉而效，始不至于日卑。……病老子者，曰'绝学'。老子所谓'绝'者，绝河之绝也。学如江河，绝而过之，不沉没于学也，觉也；不沉没于效也，觉也。"②

在这种独立精神的指导下，傅山将传统的儒家人物自孔子以下统称为"世儒"，并将世儒分为三类：像孟子、荀子都属于俗儒类，俗儒之外是"陋儒"（或曰鄙儒、腐儒）与"奴儒"。像程朱都属于陋儒类，而死守程朱教条的则称为奴儒。而对于此三类儒者，傅山集中力量批评陋儒与奴儒两类。对于陋儒类，傅山这样说道："'儒'字《荀子》屡见，皆与偷儒连言。而此则瞀儒。若儒如本音读，则谓之瞎儒也。儒真多瞎子。沟犹如本音读，则谓如在沟渎之中而讲谋猷，是瞀儒之大概也。《儒效篇》又有'愚陋沟瞀'。"③

他认为理学家所讲的穷理尽知的思想从根本上说是行不通的，穷理尽知的思想只能自大无知的表现。他说："唯于理有未穷，故其知有不尽。不知其知果有能尽时乎？圣人有所不知，则穷理之能事，断非鄙儒小拘者所能颟顸欺人也。"④

傅山对于理学家的能耐颇不以为然，说道："凡所称理学者，多不知诗文为何事何物，妄自谓我圣贤之徒，岂可几首诗、几篇文字为后学范，

---

① 傅山：《王龙溪》，《傅山全书》第 1 册，尹协理主编，第 781 页。
② 傅山：《学解》，《傅山全书》第 2 册，尹协理主编，第 903 页。
③ 傅山：《荀子评注》，《傅山全书》第 2 册，尹协理主编，第 1259 页。
④ 傅山：《理字考》，《傅山全书》第 1 册，尹协理主编，第 538 页。

遂高兴如‘何物清意味，何物天下理’而已矣。”①

对于“奴儒”，傅山更是极力加以抨击。他说：“奴儒尊其奴师之说，闭之不能拓，结之不能觼，其所谓不解者，如结襮也，如縢箧也。”②又说："‘沟犹瞀儒’者，所谓在沟渠中而犹犹然自以为大，盖瞽而儒也。……后世之奴儒，生而拥皋比以自尊，死而图从祀以盗名，其所谓闻见，毫无闻见也，安有所觉也？不见而觉几之微，固难语诸腐奴也，若见而觉，尚知痛痒者也；见而不觉，则风痹死尸也。”③

傅山甚至说“理学家法，一味版拗”④，而且更为尖锐地说道："自宋入元百年，无一个出头地人，号为贤者，不过依傍程朱皮毛蒙袂，侈口居为道学先生，以自位置。至于华夷君臣之辨，一切置之不论，尚便便言圣人《春秋》之义，真令人齿冷。”⑤

他告诫人们："读理书尤著不得一依傍之意。大悟底人，先后一揆，虽势易局新，不碍大同。若奴人，不曾究得人心空灵法界，单单靠定前人一半句注脚，说我是有本之学，正是咬龋人脚后底货，大是死狗扶不上墙也。”⑥

傅山特别重视物质财富对于个人与国家的作用，对“何以聚人？曰财”句解释道："自然贫士难乎有群矣。家国亦然。故讳言财者，自是一教化头骨相耳。常贫贱骄语仁义之人大容易做也。”⑦傅山还通过对墨子著作的阐释，来表达他自己重视生人之利的思想，他说："故圣人之利人也，实实为其生人也。故欲富之。富人，非为鬼也。”⑧

他毫不留情地说道："今所行《五经》、《四书》注，一代之王制，非千古

---

① 傅山：《理学不知诗文》，《傅山全书》第 1 册，尹协理主编，第 780 页。

② 傅山：《学解》，《傅山全书》第 2 册，尹协理主编，第 904 页。

③ 傅山：《学解》，《傅山全书》第 2 册，尹协理主编，第 904—905 页。

④ 傅山：《孙奇逢》，《傅山全书》第 1 册，尹协理主编，第 787 页。

⑤ 傅山：《道学先生》，《傅山全书》第 1 册，尹协理主编，第 778 页。

⑥ 傅山：《读理书》，《傅山全书》第 1 册，尹协理主编，第 778 页。

⑦ 傅山：《聚人以财》，《傅山全书》第 1 册，尹协理主编，第 637—638 页。

⑧ 傅山：《墨子大取篇释》，《傅山全书》第 2 册，尹协理主编，第 960 页。

之道统也。"①他将宋元明以来所形成的中古政治化儒学的权威加以解构，从而在学术上呼唤一个新的诸子争鸣的新时代。

三、傅山推崇子学与反文化专制的思想

傅山对于历史上的"经子之争"的学术现象加以评论道：

> 经子之争亦末矣。只因儒者知《六经》之名，遂以为子不如经之尊，习见之鄙可见。即以字求之，经本"巠"字，"一"即天，"巛"则川。《说文》："巠，水脉也。"而加"工"焉，又分为"二"为天地，"丨"以贯之。"子"则"了"而已。古"子"字作"孝"。巠、子皆从"巛"者，何也？巛即川者，水也。巛则无不流行之理。训诂者以"学"上之巛为发形，亦浅矣。人水也。子之从巛者，正谓得巛之一而为人也，与巠之从"巛"者同文。……孔子、孟子不称为孔经、孟经，而必曰孔子、孟子者，可见有子而后有经者也。岂不皆发一笑？②

上述傅山对经子关系的论述虽然十分周折，其意甚明，即他不同意同时代人或历史上的尊经而陋子的学术观念。他本人所提出的"有子而后有经者"的观点虽不是全对，但对于"十三经"而言，有部分的正确性。以此也表明经不是绝对的崇高而子不是绝对的浅陋。

傅山对诸子思想颇为推崇，尝说："吾以《管子》《庄子》《列子》《楞严》《唯识》《毗婆》诸论约略参同，益知所谓儒者之不济事也。释氏说断灭处，敢说个不断灭。若儒家，似专于断灭处做工夫，却实实不能断灭。'世路莫如人欲险，几人到此误平生？'如此指摘，何等严毅！学者概因一个'怕'字要远他，所以士大夫不无手松脚脱时。若但能平淡看去，鬼不向人不怕处作祟也。"③

他甚至说《管子》一书多道"情"字，故他喜爱此书："申、商、管、韩之

---

① 傅山：《五经四书注》，《傅山全书》第 1 册，尹协理主编，第 631 页。
② 傅山：《经子之争》，《傅山全书》第 1 册，尹协理主编，第 631 页。
③ 傅山：《读诸子》，《傅山全书》第 1 册，尹协理主编，第 753 页。

书，细读之，诚洗东汉、唐、宋以后之黏一条好皂角也。《管》犹多道情，前人都不曾与见面。……老夫耽嗜此秘，自谓研几，尚与尔句栉字比。"①

傅山对《庄子》一书中的"情"字颇为在意，从《齐物论》始，到《则阳》篇止，共列了二十八例含有"情"字的句子或段落，②虽未有任何评价，但比较含蓄地表达了傅山重"情"的思想倾向。在《文训》中，他明确地说："文者，情之动也；情者，文之机也。文乃性情之华。情动中而发于外，是故情深而文精，气盛而化神，才挚而气盈，气取盛而才见奇。"③

傅山虽然重"情"，但对个人修养与家国之事还是区别对待的，故他又说："'直情径行'四字甚好，只是入道使得，若是以之家国，全使不得。所以世上人受许许委曲，以此告诸后生，非陈万年告咸之意。"④

傅山对《庄子》一书中"理"字也做了基本的文献综罗，初步得出结论道："见诸篇者凡三十四字，或有遗漏，再简。"⑤从傅山的文献综罗似可看出，"理"字多在《庄子》外、杂篇，而内七篇只有《养生主》篇有一处提到"天理"二字——"依乎天理"。

傅山虽然十分推崇诸子，但并不是简单的排斥经书。更准确地讲，傅山是尊经而不陋子，大体具有经子平等相处的思想倾向。他在训子侄读书时说道："尔辈努力，自爱其资，读书尚友，以待笔性老成、见识坚定之时，成吾著述之志不难也。除经书外，《史记》《汉书》《战国策》《国语》《左传》《离骚》《庄子》《管子》，皆须细读。其余任其性之所嘉者，略之而已。"⑥

在明末清初的特殊历史情境里，傅山大力推崇子学，以嬉笑怒骂的方式批评理学以及理学家的一味板拗，给学界带来了一股清新自由的思想学风。从思想建设的角度看，傅山思想的成就也许并不大，但在"后理

---

① 傅山：《申韩客商》，《傅山全书》第 1 册，尹协理主编，第 753 页。
② 傅山：《庄子情字》，《傅山全书》第 1 册，尹协理主编，第 770 页。
③ 傅山：《文训》，《傅山全书》第 1 册，尹协理主编，第 509 页。
④ 傅山：《杂训二》，《傅山全书》第 1 册，尹协理主编，第 518 页。
⑤ 傅山：《庄子理字》，《傅山全书》第 1 册，尹协理主编，第 767 页。
⑥ 傅山：《训子侄》，《傅山全书》第 1 册，尹协理主编，第 508 页。

学时代"里，他的反理学新清思想风格可以构成该历史阶段里历史交响乐的一个有机组成部分，值得肯定。

第三节　陈确的《大学辩》与对理学的理论批评

陈确(1604—1677)，原名道永，字非玄。又原名籧永，字原季，号逊肤。明亡后，更名为确，字乾初。浙江海宁人。据同时代人的相关传记所载，他对书法、篆刻、洞箫、弹棋等艺术有一定的造诣。就目前的《陈确集》来看，其部分诗作反映了晚明社会下层民众生活的苦难，有很强的现实主义精神。由于他连举人也没有考上，不能做官，故家庭没有固定的经济收入，长期处于贫寒之中。晚年得拘挛病，长年卧床，甚为痛苦。在拜刘宗周为师之前，陈确基本上是晚明社会中一名文士。拜刘宗周为师后，逐渐对学术产生兴趣，次第展开研究。其哲学思想主要表现在三个方面，一是否定《大学》为圣经。二是在承认人性善的前提下，力证扩充为能尽善之全的性善论，可以称之为工夫论进路的性善论。与王夫之的性善论思想有比较一致的理论倾向，然不及王夫之的人性论思想深刻、细致、丰富，略显粗疏。三是坚持"理欲一致"说，最为著名的观点是："盖天理皆从人欲中见，人欲正当处，即是理，无欲又何理乎?"①除哲学思想之外，陈确对改造社会风俗有极大的热情，著《葬书》(上下篇)，提倡深埋薄葬，又著文辩风俗之美恶，反对世俗社会在婚丧嫁娶诸事中的过度奢侈，主张量力而行，以节俭为美。其主要文章收在《陈确集》(中华书局1979 年版)中。

一、《大学辩》与对理学的理论批评

陈确《大学辩》的主旨在于推倒《大学》一书的圣经地位，要将它还原到《礼记》中的一篇文章的位置，从而在文本上推倒程朱一系确立起来的

---

① 陈确:《与刘伯绳书》,《陈确集》下，第 468 页，北京，中华书局，1979。

"四书"之一书的统治地位，以历史还原的方法打击程朱一系制造的中世纪的思想权威。

《大学辩》开篇就说：

> 陈氏确曰：《大学》首章，非圣经也。其传十章，非贤传也。程子曰："《大学》，孔氏之遗书"，而未始质言孔子。朱子则曰："右经一章，盖夫子意，而曾子述之；其传十章，则曾子之意，而门人记之也。"古书"盖"字，皆作疑词。朱子对门人之问，亦云"无他左验，且意其或出于古昔先民之言也，故疑之而不敢质"，以自释"盖"字之意义。程朱之说如此，而后人直奉为圣经，固已渐倍于程、朱矣。①

陈确上述所论，有理有据，结论基本成立。接下来，他进一步批评程、朱在学术上的失察，并进而站在历史还原的立场上指出将《大学》视作圣经的危害性，以卫道的表面形式打击程朱理学的理论权威性。他说："虽然，则程、朱之于《大学》，恐亦有惑焉而未之察也。《大学》，其言似圣而其旨实窜于禅，其词游而无根，其趋罔罔终困，支离虚诞，此游、夏之徒所不道，决非秦以前儒者所作可知。苟终信为孔、曾之书，则诬往圣，误来学，其害有莫可终穷者，若之何无辩！"②

陈确从"辩其迹"与"辩其理"两个层次来论证《大学》非圣人之作。所谓"其迹"，即是从《大学》文本中的文献证据及后人对此书的评价来证明此书非圣经。所谓其理，即是《大学》一书的思想逻辑。从"迹"的角度看，陈确提出了两重理由，证明《大学》非圣经。一是文中所引的孔子、曾子的语言有限。如他说："《大学》两引夫子之言，一引曾子之言；由自'于止''听讼'二段文外，皆非夫子之言可知；自'十目'一节外，皆非曾子之言可知。"③

二是从汉代《大戴记》到宋代一千五百年间，没有人把该文看作圣经

---

① 陈确：《大学辩》，《陈确集》下，第 552 页。
② 陈确：《大学辩》，《陈确集》下，第 552 页。
③ 陈确：《辩迹补》，《陈确集》下，第 562 页。

的。如他说："自汉有《戴记》,至于宋千五百余年间,真儒辈出,绝未有以《大学》为圣经者。韩子《原道》引其文,亦止称《传》;惟伊川独臆为孔氏遗书,而未敢质言孔子。朱子亦云'无他左验',意其或出古昔先民之言也,故疑之而不敢质,以自释'盖'字之义。则《大学》之非确然圣经可知矣。"①

而《大学》之所以被宋代士人所重视,是因为宋仁宗特别选出《中庸》《大学》篇章赐给新科进士,结果是:"上有好者,下必有甚焉,学者辄相增加附会,致美其称,非有实也。"②

陈确从迹的角度辨明《大学》非圣经,其材料真实,结论可靠。然而,他从理的角度论证《大学》非圣经,则比较困难。因为,对于该文的思想及其思想逻辑的解释,只要是自圆其说,是可以人言言殊的。而陈确在这一层面的辩论很难说是成功的,但也很难说是失败的。此一层面的辩论只能看作是陈确的哲学思想借阶于对《大学》文本的批判而展开的。从《大学辩》的原文看,陈确主要从五个方面否定《大学》一书不合孔子、曾子、孟了的思想。

其一,陈确认为,《大学》首章将孔、孟之学割裂为大学与小学两个部分,因而是"非知道之言也。"他说:"子言之矣:'下学而上达。'夫学,何大小之有! 大学、小学,仅见《王制》,亦读'太'。作大学者,疑即本此,亦犹宋人之作小学也云耳。虽然,吾又乌知小学之非即大学也? 吾又乌知小学之不更胜大学也? 夫道,一而已矣。古《易》称蒙养圣功。古人为学,自少至老,只是一路,所以有成。今乃别之为大学,而若将有所待也,则亦终于有待而已矣。古学之不可复,其以此也。"③

陈确此处所辩未必能成立。道一,并不妨碍学习过程分成小、大的阶段。基础知识为小学,复杂、抽象的知识为大学,并非就导致道的统一性的丧失或割裂。陈确的意思固然很好,强调"下学而上达",强调知识

---

① 陈确:《辨迹补》,《陈确集》下,第 562 页。
② 陈确:《辨迹补》,《陈确集》下,第 562 页。
③ 陈确:《大学辩》,《陈确集》下,第 553 页。

学习的统一性，但其论证并不严密。这是必须要指出来的。

其二，陈确认为，"在明明德，在亲民，在止于至善"三句话都不是知道之言。就前面两句话的论辩来看，陈确的反驳在逻辑上并不能成立，对历史上古君子的政治态度的解释有过于理想化之处，如他说："古人之学虽不离乎明，而未尝专言明。推之《易》《诗》《书》可见，恶其逃于虚焉故也。而《大学》首言'明明'，固已倍矣。且古之君子，非有所亲疏于民也；而有以民饥民溺为己责者，有以一夫不被泽为耻者，又有箪瓢陋巷以自乐者，而其道则靡不同。此古人之学，所以能善因乎时势而莫之有执也。"①

《大学》之前的古人不专言"明"，并不能要求《大学》一文不能专门讨论"明"的问题。学术是随时代的变化而在发展。陈确此条指责并不能成立。美化古之君子对待民众无亲疏之别，过于美化历史上的君子们了，甚至也不符合儒家亲亲、尊尊的思想原则。但他称赞古人之学因时势的变化而变化的特点，这倒是有接近历史之处。

在第二个方面，陈确对"止于至善"的反驳，于《大学》一文的本身来说，并不一定就能站得住脚，但却有哲学的创新之处。陈确的正面观点非常值得玩味。他说："至善，未易言也；止至善，尤未易言也。古之君子，亦知有学焉而已。善之未至，既欲止而不敢；善之已至，尤欲止而不能。夫学，何尽之有！善之中又有善焉，至善之中又有至善焉，固非若邦畿丘隅之可以息而止之也。"②

陈确的创新性认识在于：他从认知的角度来讨论道德的修行问题，而不是从安身立命的价值目标的选择角度来讨论"止于至善"的问题的。在陈确看来，我们很难知道何者为"至善"。因为在众多"善"的目标中，我们无法确定何者为至善。既然如此，则止于至善的目标就无法实现。对于古人而言，只知道不断地学习而已。在没有达到善的境界时，不敢

----

① 陈确：《大学辩》，《陈确集》下，第 553 页。
② 陈确：《大学辩》，《陈确集》下，第 553—554 页。

停下来学习。善的目标达到了，这时更不会停下来学习。因为在这种境界里人会更加严格地要求自己向更高的目标迈进。由于"善"的内涵极为丰富，善中又有更高级的善，层层递进。善绝对不是一个类似城郭一样的，有固定化空间形态的东西。

陈确强调人在学习的过程中，特别是有关道德境界提升的过程，是无止境的，这一观点有价值的，但他对此问题的认识也有理论的漏洞。如果我们在学习的过程中不知道何者是我们要追求的较好的善，我们的学习不是丧失了目标吗？这样的不断学习又有什么意义呢？更何况，"止于至善"可以像孟子、陆九渊所理解的那样，"先立乎其大"，以此立志，以此安身立命，不为外物所诱惑，又有何不可？故陈确此处所辩，实有不切于理的地方。

不过，从陈确所批评的言论中可以看出其所真正关心的学术问题，即陈确反对道德修行方面仅仅停留于知而不落实于行的知行两橛状况，担心人们把"止于至善"看作是对一种道德境界的领悟而不付之实践。故他将"止于至善"的追求看作类似于禅宗的顿悟，这也是他批评《大学》开篇这三句话接近于禅的理由。下述两段文献可以表达陈确的基本主张。其一云：

> 君子之于学也，终身焉而已。则于其知也，亦终身焉而已。故今日有今日之至善，明日又有明日之至善，非吾能素知之也，又非可以一概而知也，又非吾之聪明知识可以臆而尽之也。……天下之理无穷，一人之心有限，而傲然自信，以为吾无遗知焉者，则必天下之大妄人矣，又安所得一旦贯通而释然于天下之事之理之日也哉！①

其二云：

> 君子之于道也，亦学之不已而已，而奚以夸诞为哉！学之不已，终将有获，而不可以豫期其效。豫期其效以求知，则浮伪滋甚。今

---

① 陈确：《大学辩》，《陈确集》下，第 554 页。

即所谓知止者真知止矣，然犹知之而已耳，于道浩乎其未有至也。而遽歆之以定、静、安虑、得之效，长夸心而堕实行，必此焉始矣。禅家之求顿悟，正由斯蔽也，而不可不察也。①

我们当然不能认为陈确连起码的历史知识都不懂，即在《大学》文本出现之时禅宗根本还没有传入中国。他之所以要把《大学》"止于至善"的理念看作是禅，是担心人们一旦自以为是地达到了"至善"的境界就停滞不前了。这种停滞不前有两种可能性，一是只知不行，从而使知行割裂。二是在思想境界上满足于目前之所得，不再是学而不已，向更新的境界迈进。这种对《大学》"止于至善"说的担心在今天看来是出于一种双重的误解，不仅误解了《大学》文本的意思，其对禅宗修行中"顿悟"说的理解也是有问题的，因为禅宗顿悟之后还有保任，也并非一了百了。而使陈确产生这种误解的思想源头来自两个方面， 是对阳明学"知行合一"说坚定不移的信仰与维护，二是对孔子好学精神、荀子"学不可已已"思想的坚决捍卫。上述引证的文献最后一句——"又安所得一旦贯通而释然于天下之事之理之日也哉"，其实是对朱子观点的反驳。通过此反驳，他表达了在道德境界与知识学习方面主张永无止境的正面观点。因此，就学术而言，陈确对《大学》"止于至善"观点的理解是有问题的，就思想的创发性而言，陈确所表达的好学不已的精神，以及人在"天下之理无穷"面前应当表现出谦逊态度的思想，则是非常可取的。

其三，对《大学》"古之欲明明德于天下"一句后面诸种说法，陈确不以为然，认为将君子修身的纯道德行为做了过分功利化的解释，因而是私伪，无法达到道德之诚。如他说：

其曰"古之欲明明德于"曰云云者，尤非知道者之言也。古人之慎修其身也，非有所为而为之也，而家以之齐，而国以之治，而天下以之平，则固非吾意之所敢必矣。孟子之释恒言，提一"本"字，何等

---

① 陈确：《大学辩》，《陈确集》下，第 555 页。

浑融！《大学》纷纷曰"欲"曰"先"，悉是私伪，何得云诚！宁古人之学之多夹杂乃尔乎！圣人之言之甚鄙倍乃尔乎？①

其四，对《大学》"诚意"说，和正心与格物的次第进行猛烈的批评，充分体现了陈确本人的"心学"主张。就心与意的关系而言，陈确主张以心统意，意为心之实。如他说：

> 至"正心"以往，益加舛谬。既言"正心"，不当复言诚意。既先诚、正，何得又先格、致？夫心之与意，固若此其二乎？故《大学》之所为诚者非诚也。凡言诚者，多兼内外言。《中庸》言诚身，不言诚意。诚只在意，即是不诚。②

又引朱熹的"诚意"解——"实其心之所发"为根据，以证明心与意一。意乃心之意。故他又说："心者，身之主也。存心公恕，夫后能知己之过，知物之情。知己之过，故修之而无勿至；知物之情，故齐、治、平之可以一贯也。今不先求之正心，而欲徐俟之格致之后，正所谓'倒持太阿，授人以柄'，鲜不殆矣。必且以未致为已致，未格为已格，又孰从而定之？"③

就正心与格物的次第来看，陈确认为"正心"在先，"格物"在后。"正"即是"敬"之意。他说：

> "正"亦可释"敬"，《易》"君子敬以直内"是也。心惟敬，故致知而无不致，格物而无不格。山阴先生曰："主敬之外，更无穷理。"至哉师言！程子亦曰"入道莫若敬"，又曰"未有致知而不在敬者"，则固已知正心之先于格致矣。④

其五，陈确认为《大学》中"物格"一节，词益枝蔓，是后儒靡靡之习，故既不是圣人之言，亦不是圣人之经，甚至也不是贤人之传。⑤ 不过，对

---

① 陈确：《大学辩》，《陈确集》下，第 555 页。
② 陈确：《大学辩》，《陈确集》下，第 555—556 页。
③ 陈确：《大学辩》，《陈确集》下，第 556 页。
④ 陈确：《大学辩》，《陈确集》下，第 556 页。
⑤ 陈确：《大学辩》，《陈确集》下，第 557 页。

于此条，陈确在《大学辩》正文中没有提出更加详细的论证。

上述五个方面的批评，只能看作是陈确的哲学立场透过此文，以反驳的形式表现出来的。其中有是处，亦有不妥处。《大学辩》一文及相关的来往书信讨论，可以看作是宋明时期有关《大学》研究学术思想史的重要一环，在今天的思想脉络里再讨论这一问题，已经没有多大的思想价值。在我们看来，有关《大学》文本及其义理的讨论，均属于一解释学的问题，具有多元并存的可能性，不必此是彼非。从晚明以降的思想发展倾向来看，我们认为《大学辩》一文的真正思想史的价值在于：它具有反对意识形态化的程朱理学的理论权威，追求思想独立，以复古形式追求思想解放的思想倾向。这亦是阳明心学挺立学人思想独立性的具体表现。该文的结尾部分所言，即使在今天看来，仍然具有启发意义。他说：

> 故君子之听言也，不惟其人，惟其言。使其言是，虽愚夫之言，其能不听？使其言非，虽贤者之言，其能不疑？向使确幸得亲承孔、曾之教，而于心有未安，犹当辨而正之。况如《大学》之说之甚倍于孔、曾者，而欲使确信而不疑，则确无人心者而后可，而确则安敢以自昧也？……学者言道，不苟为异，亦不苟为同，而惟中之从。故水火非相戾也，而相济也。尧用四凶，舜皆诛之，不为畔尧；《春秋》善五伯，孟子黜之，不为畔孔子。程、朱表章《大学》，后人驳之，岂为畔程、朱哉！使程、朱而可作也，知其不予咈也已。吾信诸心而已；亦勿敢信诸心，信诸理而已。虽然，心非吾一人之心，理非吾一人之理也，吾又敢以吾之说为必无疑于天下后人哉！其敬以俟之知道者，而确之罪已莫逭矣。予惧以没世已矣。①

此段文献中，陈确竟然敢说"向使确幸得亲承孔、曾之教，而于心有未安，犹当辨而正之"。这体现了阳明学，以及阳明后学如李贽等人"不以孔子是非为是非"的独立思考精神。而其所说的"学者言道，不苟为

______

① 陈确：《大学辩》，《陈确集》下，第 558 页。

异，亦不苟为同，而惟中之从"一段话，颇类似乾嘉时代"实事求是"的学术精神。因此，《大学辩》一文及其与诸同道的反复辩难文字的思想价值，不在其具体的学术结论，而主要在于其中所蕴涵的反抗意识形态化的程朱理学的思想权威，体现了陈确的独立思考精神与批判精神。

二、工夫论进路的性善论

陈确虽然也坚持人性本源为善的性善论，但他的性善论的突出特色似可视之为工夫论进路的性善论。他说："盖孟子言性必言工夫，而宋儒必欲先求本体，不知非工夫则本体何由见？孟子即言性体，必指其切实可据者，而宋儒辄求之恍惚无何有之乡。如所云平旦之气，行道乞人之心，与夫孩少赤子之心，四端之心，是皆切实可据者。即欲求体，体莫著于斯矣。盖孟子分明指出气、才、情之善，以明性之无不善。而宋儒将气、才、情一一说坏，甚云'人生而静以上不容说，才说性，便已不是性矣'。则所谓性竟是何物？惑世诬民，无若此之甚者。犹各侈然自以其说直驾孔、孟之上，此尤可痛哭流涕长太息者也。"①

正因为陈确十分重视人性在经验世界养成的结果，而不愿意侈谈人性在本体先验之中的善性，故他特别重视"性"与"习"的关系。他说：

> 夫仁者，心德之全，而圣功之极粹者也。而孔子恒易言之，曰："我欲仁，斯仁至矣。"曰："有能一日用其力于仁矣乎？我未见力不足者。"此无异故，由人性无不仁焉故。知仁之性，则可以知礼义智之性矣。故人但知孟子之性善，而不知孔子之言性善更有直捷痛快于孟子者，人第不察耳。虽然，性善矣，尤不可以不勉也。故孟子谆谆教人扩充，教人动、忍、存、养，教人强恕、强为善。如此类，不一言而足。犹之五谷，虽云美种，然不耕植，不耘耨，亦无以见其美。此孟子尽心知性之旨也。②

---

① 陈确：《原教》，《陈确集》下，第 457 页。
② 陈确：《原教》，《陈确集》下，第 457 页。

此处,陈确以谷种为例,以类比的方式论证人性之善要由潜在状态变成现实的状态,就必须通过耕植、耘耨的工夫方可以实现出来。此一工夫论的观点,受到其同门黄宗羲的反复批评。究其实,陈确的说法与黄宗羲的观点差异并非像黄宗羲本人想象的那么大。首先,陈确与黄宗羲一样,都承认人性在源头上是善的。其次,他们都将工夫的重要强调到无以复加的境界,提出了通过工夫展现本体的思想,如黄宗羲本人就说,"工夫所至,即是本体"。陈确讲人性之善需要通过耕植、耘耨的工夫方可以实现出来才能称之为真正的善性,这正是黄宗羲即工夫言本体思想的一个例证,而黄宗羲本人对此点却不能理解。其三,他们两人都反对宋儒程朱一系"人生而静以上不容说,才说性,便已不是性矣"的观点。黄宗羲为何如此地对待陈确的人性善的理论,其实是黄宗羲本人过强地维护孟子思想的立场所致,并没有多少理论上的道理可言。①

陈确从工夫论进路讲人性善,因而也特别重视习的作用。他说:

> 圣人辨性习之殊,所以扶性也。盖相近者性也,相远者习也。虽相远之极,至于不移,而性固未始不相近也,焉可诬乎? 夫子若曰:人之性,一而已,本相近也,皆善者也。乌有善不善之相远者乎? 其所以有善有不善之相远者,习也,非性也。故习不可不慎也。习相远矣,虽然,犹可移也。……善固可自矜,而不善固可自弃乎? 若夫习成而不变者,唯上智下愚耳。上智习于善,必不移于不善;下愚习于不善,必不移于善。善移之,则智者亦愚,愚者亦智;不移,则智者益智,愚者益愚。唯其习善而不移,故上智称焉;唯其习不善而不移,故下愚归焉。习之相远,又有若斯之甚者。故习不可不慎也,而性则未有不相近者也。②

---

① 此一问题的争论,可参看刘述先、郑宗义的相关论述。
② 陈确:《子曰性相近也二章》,《陈确集》下,第 458 页。

在人性的完成过程中重视"习"的作用，即是重视社会生活对于人性养成的作用。这既符合原始儒家孔子的人性论思想原则，也不违背孟子有关人性的某些具体论述，与荀子重视人性在礼乐制度教化之下"化性起伪"的人性论思想也颇为相符。因此，陈确非常坚定地说："大抵孔、孟而后，鲜不以习为性者。人岂有二性乎！二之，自宋儒始。既分本体与气质为二，又分气质之性与义理之性为二，不惟二之，且三之矣。若谓孔、孟皆见性偏，而张、程氏独见其全，尤极狂悖。"①

陈确从工夫论的角度论述人性之善，反对宋儒从形上本体的角度论述人性之善的思路，从理论上说是无所谓对错，只是理论的出发点、着眼点不同罢了。但若从学术史的角度看，他的人性善的说法反而更接近原始儒家的思想。此点黄宗羲反而有所不察，这恰好从反面显示了黄宗羲在人性善的问题上持有顽固的宋明儒的立场。清初学者颜元无论看过陈确的著作否，他在人性论的问题上重视"习行"的思想倾向，与陈确当为一系。而王夫之在此问题上论述得最为辩证与全面，代表了该时代人性论思想的最高理论水平。这似乎也表明，"后理学时代"重视外王学的整体思路在人性论问题上亦有鲜明的体现。

三、天理人欲之辩

理欲之辩是宋元明清近千年里重要的伦理学问题。就主流的思想脉络来看，宋元至明中叶阳明心学为止，都把理与欲对立起来，提倡存理灭欲。李贽以后，逐渐出现了理欲统一论，而统一的基础是欲。正当的欲望就是理或天理，或者说天理必须通过人欲来体现，逐渐成为主流的思想倾向。当然，朱熹也曾经说过，人的自然欲望也是天理这样的话。但其主要思想还是存天理、灭人欲。反过来，陈确也说过以理制欲、绌欲从理的话，如他说："宾昏丧祭，循礼而不循俗；日用饮食，从理而不从

---

① 陈确：《子曰性相近也二章》，《陈确集》下，第 458 页。

欲。"①"过天理一分，便是人欲。"②"理以制欲，私不胜公。"③"欲胜理为小人，理胜欲为君子。绌欲从理，儒者克己之学也。"④但是他的主要思想倾向是理欲统一说。在陈确看来：

> 人欲不必过为遏绝，人欲正当处，即天理也。如富贵福泽，人之所欲也；忠孝节义，独非人之所欲乎？虽富贵福泽之欲，庸人欲之，圣人独不欲之乎？学者只时从人欲中体验天理，则人欲即天理矣，不必将天理人欲判然分作两件也。虽圣朝不能无小人，要使小人渐变为君子。圣人岂必无人欲，要能使人欲化为天理。君子小人别辨太严，使小人无站脚处，而国家之祸始烈矣，自东汉诸君子始也。天理人欲分别太严，使人欲无躲闪处，而身心之害百出矣，自有宋诸儒始也。君子中亦有小人，秉政者不可不知；天理中亦有人欲，学道者不可不知。⑤

上述一段文献最能典型地反映陈确在理欲关系上相对中和的观点。而其中"人欲正当处，即天理也"的说法，是陈确理欲观中最为典型的命题。在不同的地方，这一典型命题虽然有变相的说法，但基本精神是相同的。在《无欲作圣辨》一文里，

> 陈确曰：周子无欲之教，不禅而禅，吾儒只言寡欲耳。圣人之心无异于常人之心，常人之所欲亦即圣人之所欲也，圣人能不纵耳。饮食男女皆义理所从出，功名富贵即道德之攸归，而佛氏一切空乏，故可曰无，奈何儒者而亦云耳哉！确尝谓人心本无天理，天理正从

---

① 陈确：《瞽言一》，《陈确集》下，第 431 页。
② 陈确：《撤主议》，《陈确集》上，第 195 页。
③ 陈确：《骨牌颂》，《陈确集》上，第 357 页。王瑞昌仿牟宗三评价刘蕺山的口气，说陈确的"那些以欲为首出的言论，是滞词，不可为准"，并以此来批评刘述先的观点。刘氏虽然从负面评价的角度来论说陈确"以欲为首出"的思想倾向，但从认识陈确的思想特征来说，可能更准确，只是我们不能同意刘氏在此问题上所持有的负面性的评价而已。参见王瑞昌《陈确评传》，第 410—411 页，南京，南京大学出版社，2002。
④ 陈确：《与刘伯绳书》，《陈确集》下，第 469 页。
⑤ 陈确：《瞽言一》，《陈确集》下，第 425 页。

人欲中见，人欲恰好处，即天理也。向无人欲，则亦并无天理之可言矣。①

又曰：欲即是人心生意，百善皆从此生，止有过与不及之分，更无有无之分。流而不反，若贪愚之俗，过于欲者也。割情抑性，若老、庄之徒，不及于欲者也。贤人君子，于忠孝廉节之事，一往而深，过于欲者也。顽懦之夫，鞭之不起，不及于欲者也。圣人只是一中，不绝欲，亦不纵欲，是以难耳。无欲作圣，以作西方圣人则可，岂可以诬中国之圣人哉！山阴先生曰："生机之自然而不容已者，欲也；而其无过不及者，理也。"斯百世不易之论也。②

在《与刘伯绳书》中，陈确也说了几乎完全一样的话：

盖天理皆从人欲中见，人欲正当处，即是理，无欲又何理乎？孟子曰："可欲之谓善。"佛氏无善，故无欲。生，所欲也，义，亦所欲也，两欲相参，而后有舍生取义之理。富贵，所欲也，不去仁而成名，亦君子所欲也，两欲相参，而后有非道不处之理。推之凡事，莫不皆然。③

从上述几则典型性的文献来看，在理欲关系的问题上，陈确的基本观点可以从四个层面来加以概括：其一，正当的、合理的人欲，就是天理。这是陈确的主要思想。其二，凡人与圣人有共通性的欲望，如富贵福泽。其三，欲望是人心中的生意，是自然而然具有的。天理却不是人心自然具有的内容，恰恰相反，"天理正从人欲中见"，"向无人欲，则亦并无天理之可言矣"。由此而可以作进一步的推论："饮食男女皆义理所从出，功名富贵即道德之攸归"。用现代的话来解释，陈确观点的大体意思是，人类的伦理法则是从人的具体的感性生活中产生的，只有在处理感性需求、名利追求的问题上才需要伦理法则，也才能体现人的道德性品质。

---

① 陈确：《无欲作圣辨》，《陈确集》下，第 460 页。
② 陈确：《无欲作圣辨》，《陈确集》下，第 460 页。
③ 陈确：《与刘伯绳书》，《陈确集》下，第 468 页。

否则的话，我们根本不需要什么伦理与道德。陈确的观点当然有可商榷之处，因为他主要是从社会生活中物质利益的角度谈论伦理、道德问题的功用，而对道德与宗教、与习俗之间的复杂关系缺乏足够的认识。但在宋元明清理学发展史上，陈确的这一"理欲观"更能代表中下层社会，特别是新兴工商阶层的道德诉求，上与李贽，中与同时代的王夫之、傅山，下与稍后的颜元、李塨，更加靠后的戴震的理欲观，一脉相承。其四，似乎是出于一种论证技巧的需要，陈确将"欲"概念的外延扩大化了，把它变成一种关乎人的需求的概念，在相当大的程度上改变了宋儒张、程、朱、陆与明儒王阳明等人"欲"概念的内涵。这种出于论证技巧需要的"理欲统一"论意涵，其实也只是为了化解理欲之间截然对立的紧张关系而已，应当不是陈确"理欲统一"论中的主要思想内容。

在"后理学时代"里，陈确只能算是二流的思想家，他在中国哲学史、思想史上的地位无法与顾炎武、黄宗羲、王夫之、方以智等人相比。仅就反理学的激烈态度，特别是对《大学》一书（宋明时期新经之一）重要性的坚决否定态度而言，他又有超过上述几位最为重要的思想家的地方。这大约也是黄宗羲对他的墓志铭反复重写四次的一个重要原因。陈确对《大学》重要性的否定，"欲之正当处即是理"的理欲观、从工夫论的角度讨论人性善的思想，可以看作是这一时期反理学思想的一个重要的侧面，显示了该时代反理学思想的丰富性与多样性特征。

第六章　戴震的哲学

戴震（1723—1777），字慎修，又字东原，安徽休宁人。因与其同乡前辈学者江永字相重，后仅以东原为其字。他出身于一个贫寒的小商人家中，少年时无力就师学习，仅在私塾里读书。35 岁以前的戴震基本上是靠自学成材。当然也曾向同乡先贤江永等人问学。其一生最重要的哲学著作为《孟子字义疏证》一书，目前有《戴震全书》《戴震全集》行于世，为学界全面研究戴震的学术与哲学思想提供了比较完备的资料。学界关于戴震学术与思想研究的著作、文章已经很多。本章在努力吸取前贤已有的主要成果基础上，试图对戴震的哲学思想的形成及其特点，做出新的阐述。至于他的生平事迹，他与乾嘉学者的关系，可以参看李开的《戴震评传》，许苏民的《戴震与中国文化》等书。

第一节　青年戴震的学术思想

一、35 岁前戴震的著述情况

根据前贤与时贤的研究成果来看，戴震在接识惠栋之前就已经有相当大的学术成就了。从今天的学问（知识）分类来看，其学术成就大体在

以下四个方面(若依四部分类则为经、子、集三部)①:

其一,在科学技术史方面。他 22 岁撰成《筹算》,后改名为《策算》,而且自 22 岁以后,几乎每年都出版著作一种或二种。这即是说,在乾隆二十二年(1757)接识惠栋之前,他已经是一个著作等身的青年学问家了。24 岁撰成《考工记图注》,33 岁撰成《勾股割圜记》(三卷),又作《周礼太史正岁解》二篇,《周髀北极璿机四游解》二篇。

其二,在文字学与音韵学方面。23 岁撰写《六书论》三卷,此书后来散佚,今仅存《六书论序》一文。25 岁撰成《转语》二十章,今亦不存。27 岁撰成《尔雅文字考》十卷。

其三,在经学研究方面。31 岁撰成《诗补传》。《法象论》约作于此时。

其四,在集部研究方面。30 岁撰成《屈原赋注》九卷,《音义》三卷。

接识惠栋之前,有几封重要的论学书信颇能反映戴震的学术思想,兹列举如下,然后稍加分析。其一,《与是仲明论学书》,段玉裁于《年谱》中记为乾隆癸酉年,即公元 1753 年,据钱穆考证当为乾隆己巳至庚午年间,即公元 1749—1750 年间,约戴震 26—27 岁之间的作品。据信中"仆欲究其本始,为之又十年"一句来看,自戴震 17 岁从塾师处学习许慎《说文解字》始,至此年,正好十年整。钱穆所订或更准确。

其二,《与姚孝廉姬传书》,该封信作于乾隆乙亥年(1755),戴震 33 岁。

其三,《与方希原书》,该书亦作于乾隆乙亥年,戴震 33 岁。

---

① 参见张立文《戴震年表》,《戴震》,台北,东大图书股份有限公司,1991。2011 年 11 月 23 日,在台湾"中研院"参加明清国际学术会议期间,我认识了美国圣塔克鲁兹加州大学历史系助理教授胡明辉博士,他把他的论文《青年戴震:十八世纪中国士人社会的"局外人"与儒学的新动向》赠给我,该文以详细的史料,特别的视角揭示了青年戴震自学成才的人生经历与心路历程。可谓是从不同角度得出了大体相同的结论,即青年时代的戴震已经形成了"自己独特的字词学以及方法论,并提出了崭新的经学知识认识论"。参见《清史研究》2010 年第 3 期。

二、35 岁前戴震学术思想简论

（一）《与是仲明论学书》与戴震学术思想的第一次总结

《与是仲明论学书》比较全面地反映了戴震学思经历及其早年的学术思想。分析如下：

第一，戴震早年的学术成长经历主要是靠自学，没有专门的师承关系。在长期的摸索之后得出了如下的认识："经之至者道也，所以明道者其词也，所以成词者字也。由字以通其词，由词以通其道，必有渐。"[1]这是 30 岁以前戴震明确的经学思想与研究经学的方法论，即通过文字、语言的途径寻求"经"文中的抽象哲学道理——道，而"由词通道"的过程是一个循序渐进的过程。

第二，他的文字学研究起源于许慎的《说文解字》。然后他又发现《说文解字》对于故训的解释不够充分，又研习《十三经》的注、疏，然而在学术思想上又获得新的认识："则知一字之义，当贯群经、本六书，然后为定。"[2]这一思想极为重要，体现了戴震从局部到整体，又从整体到局部的经学解释学思想。而其经学解释学思想是以文字、语言的理解与分析为基础的。

第三，除了文字与语言的功夫之外，从事经学研究还需要解决"若干事"，这"若干事"即是戴震后来概括的"制数"之学。这一段文字较长，但为了能充分揭示戴震早年的学术思想，不得不引证如下：

> 至若经之难明，尚有若干事。诵《尧典》数行至"乃命羲和"，不知恒星七政所以运行，则掩卷不能卒业。诵《周南》《召南》，自《关雎》而往，不知古音，徒强以协韵，则龃龉失读。诵古《礼经》，先《士冠礼》，不知古者宫室、衣服等制，则迷于其方，莫辨其用。不知古今

---

① 戴震：《与姚孝廉姬传书》，《戴震全书》第 6 册，张岱年主编，第 370 页，合肥，黄山书社，1995。
② 戴震：《与姚孝廉姬传书》，《戴震全书》第 6 册，张岱年主编，第 371 页。

地名沿革,则《禹贡》职方失其处所。不知少广、旁要,则《考工》之器不能因文而推其制。不知鸟兽虫鱼草木之状类名号,则比兴之意乖。而字学、故训、音声未始相离,声与音又经纬衡从宜辨。……中土测天用句股,今西人易名三角、八线,其三角即句股,八线即缀术。然而三角之法穷,必以句股御之,用知句股者,法之尽备,名之至当也。管、吕言五声十二律,宫位乎中,黄钟之宫四寸五分,为起律之本。学者蔽于钟律失传之后,不追溯未失传之先,宜乎说之多凿也。凡经之难明右(原文为竖排版,引者注)干事,儒者不宜忽置不讲。仆欲究其本始,为之又十年,渐于经有所会通,然后知圣人之道,如悬绳树槷,毫厘不可有差。①

上述文献表明,戴震在 30 岁之前还花费了十年时间研究古代典章制度、古代科学史、数学史,西方传来的数学知识。其中戴震对中国勾股、缀术,即将圆形图展开进行细分,然后再合成为圆形,与西方三角形八线方法的优长比较有认识上的不妥之外,其余的部分都可以看作是他在文字、语言之外还重视"制数"的治经学术思想。如果比较简洁地来概括戴震的治经学术思想,大体上可以说有两条路线,一是传统的小学(或曰类似西方的语文学),一是典章制度史、科学史等史学知识。而这两种知识在人文学领域里都具有较强的客观性与可实证的特征。这也是晚明以来学者要求以实学(此词意义极其宽泛)代替宋明理学、心学的思辨哲学——虚学的共同倾向。戴震很少用实学一词,因为宋儒也将他们的学说称之为实学②,并以之与佛学与道家、道教学说区别开来。但在晚明、清代学者看来,宋明儒的理学、心学在对待经学的问题上过于偏重思辨,一方面缺乏故训的基础,另一方面缺乏对上古制度史、科学技术史的了解。要而言之,宋明儒在经学方面缺乏必要的实证性知识。因此,在

---

① 戴震:《与姚孝廉姬传书》,《戴震全书》第 6 册,张岱年主编,第 371 页。
② 如朱熹讲"吾儒万理皆实,释氏万理皆空"(《朱子语类》卷一二四),又认为《中庸》一书所讲的道理"皆实学也"。参见葛荣晋主编《中国实学史》上卷,第 290 页,北京,首都师范大学出版社,1994。

戴震看来,他们对经学的研究成果就难以令人信服。上述戴震所说的"若干事",可以概括为知识的考古工作。这即是说,经学研究除了文字、语言学的基础知识之外,还需要一个更加广泛的知识考古工作做辅助。

第四,研究经学有三大困难,即"淹博难,识断难,精审难"①。

第五,从"道问学"的角度批评历史上的贤人,一类是博学而不精审的郑樵与杨慎;另一类是陆九渊、陈白沙、王阳明等心学一系的人物。他说:"前人之博闻强识,如郑渔仲、杨用修诸君子,著书满家,淹博有之,精审未也。别有略是而谓大道可以径至者,如宋之陆,明之陈、王,废讲习讨论之学,假所谓'尊德性'以美其名,然舍夫'道问学'则恶可命之'尊德性'乎?未得为中正可知。群经六艺之未达,儒者所耻。"②而最后一句"群经六艺之未达,儒者所耻"。似乎就是顾炎武"博学于文,行己有耻"的改编版。与顾氏不同的地方在于,戴震将儒者在知识方面的欠缺看作是儒者之耻,而不再是顾炎武强调道德修身方面的耻感。然而我们也不能简单地认为,戴震仅"道问学"而不"尊德性"了。更准确地讲,戴震认为"尊德性"必须通过"道问学"的实学途径去实现。这与他后来在《绪言》《孟子字义疏证》两书中强调的通过不断扩大知识视野,提高认识能力,以使人的德性上升到神明境界的哲学、伦理学思想,在精神实质上是一致的。

(二)《与姚孝廉姬传书》与戴震学术、思想的变化

《与姚孝廉姬传书》一信,主要讨论了经学研究过程中如何获得"十分之见"的方法论,和学者应当确立"求道"的高远目标这样两个问题。所谓"十分之见"也即是上文所讲的为学应当"精审"的意思,只是用词不同而已。而学问的"精审""十分之见"即是指学问中包含着高度准确性的知识,与现代哲学认识论所追求的目标——"真理"比较相似。该信已经开始批评汉儒、宋儒在为学精审方面的不足与缺失之处了,另外还旁

---

① 戴震:《与姚孝廉姬传书》,《戴震全书》第 6 册,张岱年主编,第 371 页。
② 戴震:《与姚孝廉姬传书》,《戴震全书》第 6 册,张岱年主编,第 371—372 页。

涉学者要"深思自得"的学术个性问题，以及如何看待师友之道的新见解等两个方面的问题。主要内容有如下四点，分述如下：

第一，寻求"十分之见"及其方法论的问题。戴震这样说：

> 凡仆所以寻求于遗经，惧圣人之绪言暗汶于后世也。然寻求而获，有十分之见，有未至十分之见。所谓十分之见，必征之古而靡不条惯，合诸道而不留余议，钜细毕究，本末兼察。若夫依于传闻以拟其是，择于众说以裁其优，出于空言以定其论，据于孤证以信其通，虽溯流可以知源，不目睹渊泉所导，循根可以达杪，不手披枝肄所歧，皆未至十分之见也。①

上述这段文献极其重要，至少包含了三层意思。其一，在有关经学研究方面有两大类型的成果，一类是"十分之见"（绝对正确）的成果，另一类是"未至十分之见"（部分正确）的成果。其二，对"十分之见"从理论上给出了规定，它是一种融贯性的、系统性的真理认识。古今贯通，与道相合，本末兼顾。其三，对如何达到"十分之见"的方法从否定性的方面进行了规定，不能依据传闻而猜测事情的真相，不能从众人的说辞或观点中选择一种看起来更好的观点当作是正确的认识，不能凭玄想而没有证据来决定是非，不能根据一个孤立的证据来确立一种融贯性的认识。要而言之，不是亲自考察事情的原委，不是亲自考察并梳理事情发展的细节与过程，都不可能达到"十分之见"。

第二，批评汉儒、宋儒"得失中判"。戴震说："先儒之学，如汉郑氏、宋程子、张子、朱子，其为书至详博，然犹得失中判。其得者，取义远，资理闳……其失者，即目未睹渊泉所导，手未披枝肄所歧者也。"②刚过而立之年的戴震，在学问上具有极大的气魄，敢于目空千古，对前贤大儒在学问上不能"目睹渊泉所导，手披枝肄所歧"的缺陷给予了大胆的批评。

第三，批评学习郑玄、程、朱者不能以求道为学问的终极价值关怀，

---

① 戴震：《与姚孝廉姬传书》，《戴震全书》第 6 册，张岱年主编，第 372 页。
② 戴震：《与姚孝廉姬传书》，《戴震全书》第 6 册，张岱年主编，第 372 页。

缺乏深思自得的"十分之见"。他说，后世"学者浅涉而坚信之（代指郑玄、程、朱之学），用自满其量之能容受，不复求远者闶者。故诵法康成、程、朱不必无人，而皆失康成、程、朱于诵法中，则不志乎闻道之过也。诚有能志乎闻道，必去其两失，殚力于其两得。既深思自得而近之矣，然后知孰为十分之见，孰为未至十分之见"①。

戴震认为，郑玄、程、朱之学的两失在于：一是详博而不精审，二是"目未睹渊泉所导，手未披枝肄所歧者"，即未能认真地把一个问题的来龙去脉搞清楚。换句话说，他们的学问均未能达至戴震所理想的"十分之见"的境界："必征之古而靡不条惯，合诸道而不留余议，钜细毕究，本末兼察。"而他们学问的"两得"则是："取义远，资理闳"。戴震要求郑玄、程、朱之后的学者对于他们前贤学问的态度应当是："传其信，不传其疑，疑则阙，庶几治经不害。"②由此可见，戴震既批评了汉儒郑玄，宋儒程朱在学问方面的不足之处，又肯定了他们学问的各自长处，可谓相当冷静、理性。

第四，在这封信中，戴震还涉及师友之道的问题。对此问题他提出了别具一格的新见解，他说："古之所谓友，固分师之半。仆与足下无妨交相师，而参互以求十分之见，苟有过则相规，使道在人不在言，斯不失友之谓，固大善。"③戴震在这里以追求"十分之见""道"作为交"友"的终极价值目标，而且以托古的方式说真正的朋友即是一半之师。其愿意以交相为师的方式与姚鼐做朋友，从而让"道"在人的能动性追求之中保持而不停留在僵化的语言之中。这是一种开阔而光明净洁的人格境界！可惜姚鼐不理解戴震高阔遥远之志，拜师不成，反而日后交恶，成为学术方面的敌人。然而这也从反面体现了戴震的远见卓识，未收此人为学生。

《与方希原书》一信作于第二次逃难于北京之时。戴震曾于 26 岁与

<hr>

① 戴震:《与姚孝廉姬传书》,《戴震全书》第 6 册,张岱年主编,第 373 页。
② 戴震:《与姚孝廉姬传书》,《戴震全书》第 6 册,张岱年主编,第 373 页。
③ 戴震:《与姚孝廉姬传书》,《戴震全书》第 6 册,张岱年主编,第 373 页。

族人"争祖坟之被侵者，讼不能胜，乃入都门"。① 33 岁时，其族中豪者又侵占其祖坟，族豪倚财，贿赂县令，欲致罪戴震，戴震紧急脱身到北京，连行李衣服都没有携带，寄居歙县会馆。此次在京与当时著名的青年学者纪昀、王鸣盛、钱大昕、王昶、朱筠结交，戴震以扎实的学术知识，名动京师。故这封信的结尾说："仆奔走避难，向之所欣，久弃不治，数千里外闻足下为之，意志动荡，不禁有言。"②

这封信末尾所说的"向之所欣，久弃不治"的学问，即是指 30 岁之前四个方面的学问：(1)科学技术史方面的学问；(2)文字学与音韵学方面的学问；(3)在经学研究方面的补注一类的工作；(4)在集部研究方面，如《屈原赋注》之类的注释工作。但故乡友人提起这些学问，还是令戴震情不自禁，要对友人说一说自己对做这些学问的终极目的的看法，进而对整个经学学术史有一个反思性的评价，一是陈述自己对传统学问分类的看法，二是劝诫友人"致力于古文之学"当以求道为终极目的，否则徒费精神。

这封信的第一部分讨论学问(知识)分类问题，戴震认为："古今学问之途，其大致有三：或事于理义，或事于制数，或事于文章。事于文章者，等而末者也"③很显然，戴震明确地认为，文章之学在三种学问之中是最不重要的。戴震的这一观点后来遭到章学诚的严厉的批评。④ 当然，戴震这里所讨论的"学问(知识)三途"，可能与程颐所言有关。程颐曾说："古之学者一，今之学者三，异端不与焉；一曰文章之学，二训诂之学，三曰儒者之学。欲趋道，舍儒者之学不可。"⑤但戴震所说的"三途"，其具体内容毕竟与程颐所言又有所不同。此点不可不察。而且，其价值取向与

---

① 段玉裁：《诰封孺人戴母朱夫人八十寿序》，《经韵楼集》卷八，《续修四库全书》第 1435 册，第 201 页，上海，上海古籍出版社，2008。
② 戴震：《与方希原书》，《戴震全书》第 6 册，张岱年主编，第 376 页。
③ 戴震：《与方希原书》，《戴震全书》第 6 册，张岱年主编，第 375 页。
④ 见章学诚《文史通义》外篇三《又与正甫论文》："马、班之史，韩、柳之文，其与于道，犹马、郑之训诂，贾、孔之疏义也。戴氏则谓彼皆艺而非道，此犹资舟楫以入都，而谓陆程非京路也。"
⑤《程氏遗书》卷十八，转引之李开《戴震评传》，第 47 页，南京，南京大学出版社，2001。

程颐亦不同。戴震非常看重的是理义之学与制数之学，并且强调由制数通达理义之学的实证途径。

这封信第二部分明确批评汉儒与宋儒之失，表现了戴震要超越汉学与宋学的思想倾向。他说："圣人之道在六经。汉儒得其制数，失其义理；宋儒得其义理，失其制数。"①

另外，该封信两次提到郑君，一次提到汪君，当指同郡的郑用牧、汪凤梧二人。而在《答郑丈用牧书》一信结尾处提到"好友数人，思归而共讲明正道，不入四者之弊，修词立诚以俟后学"，当指身在外地的四位年青时代的朋友，想回故乡从事讲学活动，以发扬圣人之正道。该信不著具体年月，在《戴震全书》中被编在《与姚孝廉姬传书》与《与方希原书》之间，不知编辑者是否暗示该书为 35 岁以前之书信？若依信中内容没有过激批评程朱理学言论这一点看，应当是戴震的早年书信。该信要求友人在立身、为学两方面避免四弊，要皆以"闻道"为终极价值目标方可避免四弊。《答郑丈用牧书》权且寄放于此一时段，以佐证未见惠栋之前的戴震已经学有宗旨，以求道、闻道为核心，然后有自己的一套方法论。该信云："立身守二字曰不苟，待人守二字曰无憾。事事不苟，犹未能寡耻辱，念念求无憾，犹未能免怨尤。此数十年得于行事者。其得于学，不以人蔽己，不以己自蔽，不为一时之名，亦不期后世之名。有名之见其弊二：非掊击前人以自表曝，即依傍昔儒以附骥尾。二者不同，而鄙陋之心同，是以君子务在闻道。"②

戴震在此正面表达了自己为学"务在闻道"，尽量避免"以人蔽己""以己自蔽""为一时之名""期后世之名"的"四蔽"。接下来批评当时"博雅文章善考核者"道：

今之博雅文章善考核者，皆未志乎闻道，徒株守先儒而信之笃，如南北朝人所讥，"宁言周、孔误，莫道郑、服非"，亦未志乎闻道者

---

① 戴震：《与方希原书》，《戴震全书》第 6 册，张岱年主编，第 375 页。
② 戴震：《答郑丈用牧书》，《戴震全书》第 6 册，张岱年主编，第 374 页。

也，私智穿凿者，或非尽掊击以自表曝，积非成是而无从知，先入为主而惑以终身；或非尽依傍以附骥尾，无鄙陋之心，而失与之等。故学难言也。①

综上分析可以得出如下三点结论：第一，戴震在见惠栋之前，已经明确地确立了以闻道、求道为终极价值目标的学问精神。这是三封信的共同主题。第二，戴震从重视"学问"的立场出发，批评了陆九渊、陈白沙、王阳明空谈心性学派轻视学问的缺陷，同时又从追求学问的精审性目标出发，批评了汉儒郑玄，宋儒张载、程子、朱子在为学方面缺乏精审，未能穷源达杪的缺陷与不足。但这些都没有涉及对他们思想主张，特别是他们的伦理学观点的批评，然已经表现了戴震试图超越汉学与宋学的思想倾向。第三，戴震已经形成了比较完整的于经中求道的方法论体系。其一是"由字以通其词，由词以通其道"语言学纲领，或曰"语言学解释哲学"②。其二是"制数"之学的方法。具体而言，即是对古代科学技术史、制度史、吕律学的广泛了解与把握，从而正确解释古代"经"文中所蕴涵的"圣人之道"。

另外，《答郑丈用牧书》中"立身不苟""事事不苟，犹未能寡耻辱"两句，可证明以戴震为代表的乾嘉学者亦重视"尊德性"的问题。这也证明并非如余英时先生所言，清人只是一味地"道问学"，同时也可以此反驳现代新儒家批评戴震，进而批评清儒不讲道德修养的观点。

透过以上分析，我们可以看到，戴震在乾隆二十三年冬天于扬州见到惠栋以前，基本上已经形成了自己一套学问方法，对汉儒、宋明儒在学问方面的缺失均有批评，但未涉及理气及伦理学诸问题。客居扬州四载后，其学术与思想开始发生变化。这究竟是受惠栋的影响，还是有其他原因所致，未可轻易下判断。钱穆认为戴震的反理学思想是受惠栋的影响所致，缺乏令人信服的证据。

---

① 戴震：《答郑丈用牧书》，《戴震全书》第 6 册，张岱年主编，第 374 页。
② 参见李开《戴震评传》第七章内容。

第二节　戴震的道论思想

一、戴震道论思想的发展历程

戴震道论思想有一个较长的发展时期。30 岁左右时，戴震从"体用"的角度来论述"道"，他说："盈天地之间，道，其体也；阴阳，其徒也；日月星，其运行而寒暑昼夜也；山川原隰，丘陵溪谷，其相得而终始也。"（《法象论》）这即是说，道为体，阴阳为用，而日月星辰是道体的具体表现。这段文献表明，戴震此时的道论思想还打上很深的程朱理学的印痕，因为他将"道"看作是更根本的存在，而阴阴二气只是道体的显现。这与朱子理学讲理先气后的根本思想有类似性。

不过，戴震又从分与合的角度论述条理与道的关系，说道：

> 天地之道，动静也，清浊也，气形也，明幽也。外内上下尊卑之纪也，明者施而幽者化也，地在天中，德承天，是以配天。凡天之文，地之义，人之纪分则得其专，合则得其和。分也者，道之条理也；合也者，道之统合也。（《法象论》）

这一道分为条理，合则为道的思想又有不同于程朱理学之处。程朱理学有时将道、理互用，多数情况下讲他们自己所创立的"理"，而不讲"道之分为条理"观点。

到了作《中庸补注》和《绪言》时（40 岁左右），戴震对"道"的认识开始有了自己更为鲜明的特色了。《中庸补注》中说："经传中或言天道，或言人道。天道，气化流行，生生不息是也。人道，以生以养，行之乎君臣、父子、夫妇、昆弟、朋友之交也。凡人伦日用，无非血气心知之自然，故曰'率性之谓道'。"从此则材料可以看出，40 岁左右的戴震已经将自己的道论奠基于气化论的思想基础之上了。气化论与道论融为一体。这一思想与早年的道体气用观点有了根本性质上的不同。

《绪言》一书中，戴震有意将"道"与"理"分开言说，并表现出以道论统合历史上理、气两派学说的理论倾向。他说："古人言道,恒赅理气;理乃专属不易之则,不赅道之实体。而道、理二字对举,或以道属动,理属静,如《大戴礼记》孔子之言曰'君子动必以道,静必以理'是也。或道主统,理主分;或道赅变,理主常。此皆虚以会之于事为,而非言乎实体也。"①在此条文献里,戴震深化、细化了早年"道之分为条理"的思想,明确地以道来统贯理与气,从理论上表现出要综合宋明理学中气学与理学两大思想传统的思想倾向。

晚年,戴震作《孟子字义疏证》一书,分别从天道与人道两个方面,阐述了道的特征,专门列出了天道与(人)道的条目,既看到天道与人道的区别,又阐述了人道与天道的内在关系。在天道层面,戴震明确地从"气化流行"的角度阐述天道的"实体"特征:"道,犹行也;气化流行,生生不息,是故谓之道。"②在人道层面,他从人性具有血气心知双重属性的起点出发,以人伦日用的"实事"来阐述人道的特征:"人道,人伦日用身之所行皆是也。在天地,则气化流行,生生不息,是谓道;在人物,则凡生生所有事,亦如气化之不可已,是谓道。"③

由上所论可知,在戴震的思想中无论是"天道"还是"人道",都不是虚构的思维实体,而是有其具体感性内容的"实体实事",故"立天之道,曰阴与阳,立地之道,曰柔与刚"。阴阳、刚柔是天道之实,而"人伦日用"则是人道的"实事","率性之谓道""修道之谓教""天下之达道五"都是人道"实事"的具体表现。但戴震的这一思想似乎又不能与西方哲学中的自然主义简单的划等号,从理论上讲,他看到了人伦之道与大自然的气化之道一样,都具有实在性的特征,但人道似乎更受"必然"(今天伦理学上的"当然")的制约,而这一"必然"又不脱离"自然",而是恰恰通过"必然"来实现"自然"的极致。惜乎戴震然没有花费更多的笔墨来讲清楚天道与人道二者之间的区别,给后人留下了很多的理论空间。

---

① 戴震:《绪言》,《戴震全书》第 6 册,张岱年主编,第 88 页。
② 戴震:《孟子字义疏证·天道》,《戴震全书》第 6 册,张岱年主编,第 175 页。
③ 戴震:《孟子字义疏证·人道》,《戴震全书》第 6 册,张岱年主编,第 199 页。

二、戴震论天道与人道

在戴震看来，天道与人道的区别在于："在天道不言分，而在人物，分言之始明。"戴震的意思是说，天道运行是自然浑沦的，不讲分别与差异。而人道则要讲究分别、差异，甚至是"察之而几微必区以别之"，因而要讲"分理"，这样，人伦的关系才能变得更清晰，更有秩序。但是，天道与人道又有内在的联系，这种联系是通过人的能动性——"继之者善"的社会行为来实现天人之间的贯通的。"易言天道而下及人物，不徒曰'成之者性'，而先曰'继之者善'。继谓人物于天地其善固继承不隔者也；善者，称其纯粹中正之名；性者，指其实体实事之名。一事之善，则一事合于天；成性虽殊而其善也则一。善，其必然也；性，其自然也；归于必然，适完其自然，此之谓自然之极致，天地人物之道于是乎尽。"①

此段文献中所讲的"必然"，即是今天伦理学中所讲的"应然"。戴震在理论上相信人伦具有某种客观性，尤其相信儒家的"五伦"具有不得不如此这样的必然性，故称之为"必然"。而他将人性之性看作是"自然而然"的实有性，必须受善的"必然"法则的规范与约束。就此点而言，他的人性论思想接近历史上的告子、荀子，从自然性的角度规定人性的哲学思路，属于孟子一系所谓的"义外"论者。然而，戴震又十分重视人性中"心知"的先验性，认为通过长养人性中的心知，可以让人性提升到神明的境界。故戴震自己坚决维护孟子的性善说，反而批评荀子的性恶说。因此，对于戴震的人性论思想，我们既不能简单地说是告子、荀子一系的，也不能简单地说就完全等同于孟子的性善论。尤其不能接受的是，因为戴震的人性论思想中有告子、荀子的思想元素，就推论说戴震不重视道德、伦理。更不能像熊十力所说的那样，清代以后社会风气的败坏、道德的沦丧与戴震提倡的伦理学思想有关。

---

① 戴震：《孟子字义疏证·道》，《戴震全书》第 6 册，张岱年主编，第 201 页。

　　戴震还进一步地论述了人道的特殊性，那就是"人道"概念既描述"实体实事"的"人伦日用之行"，也包含了表征"纯粹中正之名"的"仁义礼"的伦理法则。如他说："古圣贤之所谓道，人伦日用而已矣，于是而求其无失，则仁义礼之名因之而生。非仁义礼有加于道也，于人伦日用行之无失，如是之谓仁，如是之谓义，如是之谓礼而已矣。"①

　　戴震此处所言，其实就是《中庸》"道不远人。人之为道而远人，不可以为道"思想的重新表述，也可说是在晚明以降，特别是泰州学派"百姓日用即是道"的解释脉络之下的再阐释。但戴震对此古老命题在理论上似乎有所推进，即从"取实予名"的角度阐述了仁、义、礼等人伦规范之名，是从人伦日用的无失状态中产生的。换句话说，仁、义、礼等人伦之名是对人伦日用无失状态的一种命名。因此，仁、义、礼等人伦规范本身不具有第一性，而"人伦日用"本身才是第一性的。从这一"取实予名"的理论立场出发，戴震批评宋儒把仁义礼等伦理法则客观化，进而把伦理法则与具体人伦日用行为两分，最终在理论与实践两个层面导致蔑视具体感性生活的伦理学思想，如他说：

> 宋儒合仁义礼而统谓之理，视之"如有物焉，得于天而具于心"，因以此为"形而上"，为"冲漠无朕"；以人伦日用为"形而下"，为"万象纷罗"。盖由老庄、释氏之舍人伦日用而别有所（贵）［谓］道，遂转之以言夫理。②

而在戴震看来：

> 人伦日用，其物也；曰仁，曰义，曰礼，其则也。专以人伦日用，举凡出于身者谓之道，故曰"修身以道，修道以仁"，分物与则言之也；中节之为达道，中庸之为道，合物与则言也。③

---

① 戴震：《孟子字义疏证·道》，《戴震全书》第 6 册，张岱年主编，第 202 页。
② 戴震：《孟子字义疏证·道》，《戴震全书》第 6 册，张岱年主编，第 202 页。
③ 戴震：《孟子字义疏证·道》，《戴震全书》第 6 册，张岱年主编，第 203 页。

由上所引两段文献可知，戴震所讲的"道"，既表征实体实事——物，又表征人伦法则。从其天道论来看，气化之物是内在的具有自身法则的，也即是他所说的"气化即道"。而人道与天道相似，故人伦日用的生活本身也是有规则的，人道的法则即是仁、义、礼等"纯粹中正之名"。这就是他与传统经学"有物有则"的思想保持高度一致的地方。

但是，戴震的上述论证也有其理论上的困难之处，即我们如果没有一个评判是非得失的标准在先，又如何能讨论人伦日用的无失与有失呢？更进一步地说，用来描述人道无失状态的仁、义、礼等规范难道与我们描述恒星运动的法则一样，具有极高的客观性内容，具有普遍的有效性吗？站在儒家立场之外的道家、佛教、基督教等人群能接受仁、义、礼这套法则吗？戴震批评"宋儒合仁义礼而统谓之理，视之'如有物焉，得于天而具于心'"的客观唯心主义进路的伦理学，体现了他重视"人伦日用"——感性生活第一性的新伦理思想倾向。但对于我们生活中的合理伦理规范是从哪里来的重大理论问题，戴震仍然没有给出新的、令人满意的回答。他所坚持的"取实予名"的经验论的认识论进路，将仁、义、礼等伦理规范看作是对我们日常生活无失状态的一种命名，在思辨的理论层面具有一定的开放性，具有肯定感性生活优先性的思想倾向。但他将仁、义、礼等规范看作是对人道中正无失状态的恰到好处的描述，即他所说的"纯粹中正之名"，又从经验论的理论进路将这些伦理规范客观化了。再者，由于仁、义、礼等伦理规范在中国文化传统里具有相对稳定的历史内涵，因而在现实层面就基本上消解了其理论中所包含的微弱的新义。

因此，我们可以这样说，他非常有力地批判了宋明儒伦理学客观唯心主义的缺失，但又在唯气论的理论体系之中将仁、义、礼等的伦理规范重新客观化了，因而也就没有提供出一个更好的、能够替代宋明儒的新伦理学。

第三节　戴震的伦理学思想

一、戴震与宋明理学伦理学之分歧

伴随着专制政治的解体，思想意识形态的解放，戴震思想中所包含的近代思想因素也逐步被人们所认识。从 20 世纪初期开始，戴震伦理学中包含的自由精神就为现代进步思想家所认同。最早认同戴震等人自由思想的是蔡元培。蔡先生于 1907—1911 年在德国留学撰写《中国伦理学史》时就说道："然如梨洲、东原、理初（即俞正燮——引者）诸家，则已渐脱有宋以来理学之羁绊，是殆为自由之先声。"蔡先生还将戴震的伦理学与西洋的功利派的伦理学作了比较，认为两者之间有相似之处："至东原而始以人之欲为己之欲之界，以人之情为己之情之界，与西洋功利派之伦理学所谓人各自由而以他人之自由为界者同。"①

继蔡元培之后，梁启超在《戴东原哲学》一书中将戴震的哲学说成是"情感主义哲学"，并认为这种哲学对宋明理学的"理性主义哲学"是一种反动。而对其伦理学中具有的自由意志亦有明确的论述。在梁启超之后，系统研究戴震的现代思想家要数胡适。胡适的《戴东原的哲学》一书虽然主要从科学主义的立场来研究戴震的伦理学，并没有明确地说戴震伦理学包含有自由意志的成份，但在把戴震的伦理学与西洋的功利学派的伦理学作比较时，还是间接地揭示了戴震伦理学有追求自由的倾向。如胡适说：戴氏的主张颇近于边沁（Bentham）、弥尔（J. S. Mill）一派的乐利主义（Utilitarianism）。乐利主义的目的是要谋"最大多数的最大幸福"。戴氏也是主张："'圣人治天下，体民之情，遂民之欲，而王道备。'道德之盛，使人之欲无不遂，人之情无不达，斯已矣。"②而边沁、弥尔（今作密尔）等人功利主义派的伦理学恰恰是属于自由主义学派的，胡适看到

---

① 蔡元培：《中国伦理学史》，第 56—61 页，北京，商务印书馆，1910。
② 胡适：《戴东原的哲学》，《胡适学术论文集》，第 1033 页，北京，中华书局，1991。

戴震伦理学与功利主义学派的关系，实际上也算是看到了其伦理学追求自由的特征。

新中国成立后，首先认识到戴震伦理学中包含自由精神的是周辅成先生。他在 1956 年撰写的长文《戴震的哲学》，以及 1957 年出版的著作《戴震——十八世纪唯物主义思想家》一书中，对此作了精辟的论述。周先生认为，戴震所讲的"客观规则，并不妨害人类的自由。因为二者都是天性或自然规律在人身上的表现"。戴震既讲"命"之限制，又讲循"性"的自由发展以尽"才"，而对于性、命、才三者之间的矛盾关系，戴震是这样来处理的，那就是让性、命、才三者同时俱进，使它们处在相反相成的关系之中。周先生说，用现代哲学的语言来说，"性既是'存乎材质所'自为，'逞己而为'，则性的展开，是特殊性的展开，也是特殊展开的自由，这就指道德行为上'自由'的意义；也合乎马克思主义出现以前唯物主义者如斯宾诺莎等所谓'内在必然性即自由'的意义"。① 戴震所谓道德上的"善"的意义，就是从人这个"自由"中推演出来的。"善不是背叛'命'而是循乎'命'；这就指人类的意志自由是相对的。""须知，人类的意志行为，如果是绝对自由，这其间决不能推演出善的意义。因为失去了公正评判的标准。任何人皆可自有一标准。反之，若人类意志行为，完全是被客观世界决定，人类自身无丝毫自由可言，那么，任何善行皆是客观世界的机械活动的结果，都是被动的，这样善与不善，不能区别，也等于否认善的存在。这个道理在中国古代哲学家中，本来已被荀子和王充都见到，但他们说得不详细。只有到了戴震他在相对的意志自由论的基础上，提出'无失'和'纯粹中正'为善的标准，才使这问题更得到发展。"②"善乃是人的自由在循乎命定中所取得的成绩。"因为人有道德理性，有自由意志，他可以权衡轻重，因此，人的一切行为，必须自负其责，"他在必然中，可以充分自由，但也必须对于命、对于他人负完全的责任"③。这

---

① 周辅成：《戴震的哲学》，《哲学研究》1956 年第 3 期。
② 周辅成：《戴震的哲学》，《哲学研究》1956 年第 3 期。
③ 周辅成：《戴震的哲学》，《哲学研究》1956 年第 3 期。

是 20 世纪中国学界对戴震伦理学中所包含的自由思想揭示得最为充分的观点。但是，周先生并没有把戴震伦理学中的自由精神看作是与宋明理学伦理学思想相区别的根本标志，亦未从"分理"与自由的关系上来论述戴震的自由观，即未从其伦理学的本体论角度来阐述戴震伦理学中的自由意志。

在我们看来，戴震伦理学中所包含的自由思想可以从以下四个层面来认识：第一，本体论意义上的，即分理与自由的关系。戴震坚信，人类像宇宙中的万物一样都有自己得之于天的先天的秩序与规定性——分理，每个人因为有得之于天的内在秩序与规定性——分理，因而就是自律的。当他们表现为类的活动时也必然是有内在的秩序性，因而是无须管束的。人按照自己的内在秩序、规定性展开自己，因而它在本质上是自律而自由的。这便是戴震伦理学中本体论意义上的自由。也是他将宋儒的普遍性的"天理"解构成自然之"分理"的理论意义之所在。第二，自由意志与道德律令二者之间的孰先孰后的关系问题。戴震认为，人类伦理规范的本质就是人的自律而自由的正当活动。用戴震的话来说即是："理者，情之不爽失也。"①人欲、人情是人之为人的基本属性，只有让人的合理欲望、情感得到充分的满足以达到纤毫无憾的境地，才有所谓的"理"存在。因此，人类生活的本质是实现人的自由意志，只有在实现自由意志的过程中，为了保证每个人的自由不受侵犯而制定出一定的规则，才会有真正的人伦规则可言。人类社会里并不存在优先于人类自由活动的先验的"天理"，无论是在历史的时间维度上还是人类的思维逻辑中。戴震把人的自由意志及在自由意志指导下的遂欲达情的合理行为界定为"理"，从而亦就把人的自由意志从时间上和逻辑上放在了优先的地位。第三，"欲而不私"。充分领悟忠恕、絜矩之道，做到"欲而不私"。这一命题探讨了自由的边界问题，亦即个人自由与社会公正、社会法则的关系问题。第四，尽性知命以逞才。揭示了自由与必然、自由与具体

---

① 戴震：《孟子字义疏证·理》，《戴震全书》第 6 册，张岱年主编，第 152 页。

历史条件下的当然之则的关系。下面就从这四个方面来分述戴震伦理学中的自由思想。

二、戴震伦理学的基本内容及其内在结构

（一）"天理云者，言乎自然之分理也"

戴震一再把"理"解释成"分理"，他说："天理云者，言乎自然之分理也。"①这种自然的"分理"，在人类社会生活中就具体地表现为"以我之情絜人之情"的"忠恕之道"，这种忠恕之道承认每个人的基本欲望、情感的满足是他人欲望、情感满足的前提，因而包含有每个人都是目的而不是手段的思想内容，故这种"忠恕之道"与近现代西方发展出的承认每个人的生存权、发展权的人道主义思想有着相互诠释的可能性，至少从理论上说是不相冲突的。这一"分理"可以从以下三个层面来认识：

其一，从生成论角度看，这一"分理"禀自于自然气化不息的过程。由于自然的气化不息过程，是一个有条理的过程，亦即是一个自然而然的过程。每一具体的事物都根据自然的原则而自在地存在着，从而构成了一个万象纷呈而条理森然的物质世界。人类是从自然世界衍化而来的，在自然界中表现的自然而然的特性，在人类的自身上就表现为先天禀赋的自律而自由的本性——也可以说人类生生不息的活动中先天具有一种道德的秩序性。但这种先天的道德秩序性不是宋明理学先于气而存在的"天理"，而是人区别于物的人之所以为人的一种质的规定性。这种质的规定是血气心知合一的人，通过心知的培养与学习而能做到去私、解蔽，从而具有较高的道德理性。

其二，从存在论的静态角度看，每一事物都有自己的内在结构和秩序。戴震坚决相信事物有自己的内在秩序与条理，这就是他一再阐发的观点："有物有则"。"有物有则"的思想在《诗经》中就有，但与《诗经》中"物"的概念内涵不同，戴震思想体系中"物"的概念，具有高度的概括性，

---

① 戴震:《孟子字义疏证·理》,《戴震全书》第 6 册,张岱年主编,第 151 页。

它包括自然之物与人类之事。他是这样来定义"物"概念的:"物者,指实体实事之名。"(《孟子私淑录》)"有物有则"偏重于对事物作静态的结构分析,其理论目的是反对宋明理学无处不在、无所不包的"天理"。具体事物之则即是"分理",而"分理"在人伦日用世界则无非是在"遂欲达情"的过程之中的中正无失的"条理"——亦即人伦。戴震强调事物的内在秩序和条理,实际上是借自然的秩序性来为人类的感性活动的自律性特征作理论上的论证,又借人类的自律性特征来为人达情遂欲的感性自由活动作理论的辩护,从而也即是借"分理"来保护每个具体个人的个性及其个性化的需求。

其三,分理与人的自律、自由的关系。在自然哲学层面上,戴震所说的"分理"即是自然气化的有条不紊的过程,这一条理化的过程表现在人事之中即是一自律的过程。而正因为在自然领域里物和事是有条理的,在人类社会活动中人的行为是自律的,故尔也就不受任何超越具体事物之上的先验"天理"的干涉。人虽然要服从仁、义、礼等法则的约束。但在戴震看来,作为"分理"具体化表现的仁、义、礼等具体法则,具有"以我之情絜人之情,而无不得其平也"的理想效果。换句话说,具有以"必然"来规范"自然"而实现自然之极致的效果。

从自然哲学的角度来看,"分理"与人的自律与自由之间的关系应当是这样的:首先,自然的气化过程是一个"生生而条理"的过程,因而每一事物按照自己所禀而具有了内在的秩序与规定性。这一"内在的秩序与规定性"使自己成为独特的"这一类",获得了自己类的本质规定性,即戴震所说的"性"。由于所有的事物都处于生生不息的大化洪流之中,在这种气化的过程中,事物都遵循自己类的规定性而表现为一定的秩序性,这种秩序性即是"分理"。在人类社会,这种"分理"即是人的行为的自律性特征,即人伦日用之道。正因为这种"自律性"特征,使得人的行为不受一个无所不在的"天理"束缚,人类道德行为秩序——"分理"也不是这一"天理"的影子,因为这一秩序——"分理"乃是从大化流行,从自然而又有秩序的自然界获得的自身的内在秩序,他先验地有秩序地存在着,因而也就是自律而自由地存在着。自然界不存在自由的问题，也即是戴震所说，"天道不言分"，但其"生生而条理"的自然而然特征在人类看来仿佛是一种自律而自由的活动。因而这种"条理"性的特征就被人视为自己"自律而自由"的本性象征，成为人实现自己目的的一种最高的哲学说明。因此，戴震自然哲学中的"分理"落实在人类社会之中就变成了道德的自律，而这种自律正是其伦理学中自由的前提。正因为人具有这种道德的自律性特征，人才具有了自由的资格。在此，戴震自然哲学中的"分理"就成了理解戴震伦理学中包含"自由"思想萌芽的关键。

但必须预先指出，尽管戴震是从自然哲学的"分理"角度来谈论伦理学中人的自律与自由问题，但他并没有把人类社会伦理的当然之则等同于自然界的"自然法则"（亦即我们今天所讲的"必然"法则）。他只是把"分理"作为人具有道德自律特征的形而上的根据，而并没有将二者划等号。自然哲学中的"分理"与伦理学中"自律与自由"的区分，就在于人类的自律与自由是人在理智指导下由自然的存在达到自为的存在的提升结果；人类的自律与自由是人的心智通过学习人道的一切规范，如仁义礼智、忠恕之道而上升到神明的理智境界，用戴震的话说，是"由自然而归于必然"，用今天的话说也即是由自在最终上升到自为，由野蛮进化到文明的过程。但为了解决人的道德理性是从哪里来的（或者说人为什么具有道德理性）这一理论问题，戴震才煞费苦心地论证了自然的条理性特征。自然的这一条理性特征下落到人类社会之中不仅表现为自由而自律的存在，即表现为人先天地具有道德理性，还表现为人先验地具有道德理性认知的潜能，这种潜在的道德理性认知能力通过学习而展开为现实的道德理性，从而使人远远地超越动物式的存在而让人把自己提升到神明境界。这是戴震在讲人性的问题时，一定要将"血气心知"紧密地联系在一起来讲，而不能有所偏至的道理之所在。正因为人具有这种道德认知潜能——心知，人才可以通过学习使这种潜能得以展开和扩充，把自己提升到"遂己之欲而遂人之欲""达己之情而达人之情"的自由而自律的境界。戴震非常抽象地要求人欲、人情的充分满足，以至于纤微无憾而区以别之的境地。这与宋明理学简单地把人的食色之性名之曰"天理",而把人在社会历史过程中所形成的追求美色美味的行为斥之为人欲之荡逸的伦理思想大不相同。宋明理学与传统的儒家思想一样,都不绝对地排斥人欲,这是作为明清时期官方意识形态的理学与西方中世纪神学对待人欲的不同之处。但是这种理论一旦作为官方的意识形态来压制中下层社会成员发展经济的要求,其理论的保守性就充分的暴露出来了。

在戴震的哲学中,"必然"即是不得不如此、应当如此的意思,是趋时而更新的,是伴随着人的具体历史生存条件的变化而变化的,不是一种僵化的外在规范。这种"必然"之则本身并不具有优先存在的可能性,而只是从具体生活中抽象出来的"至正",它不能脱离具体的感性生活,也不具有永恒性,就其存在的理由来说,这一代表"至正"的当然之则就是要遂人之欲、之情以至于无纤毫之憾。反过来说,束缚人性自由发展的任何规范都不能作为人类生活的"当然之则"。

这样,戴震伦理学中的"必然"法则实乃是人类自由的保护伞,这把保护伞不是直接从气化的自然界顺手牵羊得来的"分理",而是人类道德理性通过学习而上升到神明境界之后对人性的内在法则认知并将其制定出来的结果,如戴震说:"夫人之异于物者,人能明于必然,而百物之生各遂其自然也。"(《字义疏证·理》)这即是说人类在遂欲达情的过程中能保持合理的界限,做到"欲而不私",合理的利己,而动物则不能。

不过,亦应指出的是,戴震从自然的"分理"角度来论证人类道德生活的自律与自由问题,也有他的理论局限。那就是他从"生生即条理"的前定和谐论的理论前提出发的,没有充分地注意到人类生活中的历史性特征。进而也就没有看到自由的相对性问题,也没有把自由看作是人的类生活的特征,仿佛每个人通过自己的道德努力而无须人类的社会实践也可以进入自由的境界。这是马克思历史唯物主义出现以前所有唯物和唯心主义思想家在讨论人的自由的问题时所表现出的理论局限。

（二）"理也者，情之不爽失也"①

戴震的自由思想在现实生活领域就表现在替人情的充分实现而大声疾呼，他一再要为人情辩护，认为现实的规范无非就是为人的情感、欲望的充分满足服务的。他说："理也者，情之不爽失也，未有情不得而理得者也。"②又说："由血气之自然，而审察之以知其必然，是之谓理义；自然与必然，非二事也。就其自然，明之尽而无几微之失焉，是其必然也。如是而后无憾，如是而后安，是乃自然之极则。"③这即是说，人类的伦理规范本身不具有本体的意义，其存在的现实理由就是要更好地为人的现实欲望、情感之满足服务。人的现实生活本身才是伦理规范之"体"，伦理规范则是生活之"用"；变化发展了的生活是"本"，而为生活本身服务的伦理是"末"。戴震说："天下惟一本，无所外。有血气，则有心知；有心知，则学以进于神明，一本然也。"不存在什么超越物质生活之上的伦理规范。所有的伦理规范都属于精神范畴，是人的"心智"上升到"神明"境界后的产物。而人的心智则是奠基于"血气"的物质生命的基础之上的；伦理规范本身不具有本体意义，它是人的感性生活的"至正"的表现，是深深地扎根于感性生活之中的。人类与时俱进的感性欲求，人根据自己的自由意志成全个性的发展，这种要求才是人类生活的本质特征。这样，无论是程朱的"理在气先"，还是陆王的"理具于心"，他们的共同理论失误都在于把具体历史进程中形成的伦理原则放在了社会感性生活的优先地位，使本应与时更新的伦理原则成为束缚人性自由的理论教条。

---

① 对于此一理论主张，刘述先有非常严厉的批评。既然情有不爽失，就表明情是可爽失的。以可爽失之情如何能作为伦理的标准呢？刘氏的批评实际上不能成立。戴震并不要求以爽失之情来作为理，而只是要求以不爽失之情作为矩来度量人与人之间的关系。不仅情是可爽失的，"理"也不尽然是正确的。戴震主张以正当的、恰到好处的"情"作为度量与他人相处的标尺，恰是传统儒家恕道在清代哲学中的发展。戴震所说的"情"并非新儒家思想中的"炎炽之情"，而只是一种"欲而不私"的合理的利己之情，虽不高尚，但也无甚大害。至于生活中有人以"炎炽之情"为标准去度量他人，亦如生活有人以不尽人情之理来要求别人一样，这已经不是理论的问题，而是道德实践问题了。
② 戴震：《孟子字义疏证·理》，《戴震全书》第 6 册，张岱年主编，第 152 页。
③ 戴震：《孟子字义疏证·理》，《戴震全书》第 6 册，张岱年主编，第 171 页。

戴震用"情之不爽失"来界定"理",其理论意义在于：要求人类从自己具体的感性生活中，从自己自由的社会实践中抽象出维护人的自由，更好地实现人的自由本性的道德、伦理，而不是把历史上的道德、伦理作为教条来束缚人与时俱进的自由本性。

戴震把舍情而求理的行为称之为"任意见"："苟舍情求理，无非意见也。未有任其意见而不祸斯民者。"①在《答彭进士允初书》书之中，他对欲、情的内涵及其与理的关系做了非常明晰的规定，说道："欲者，有生则愿遂其生而备其休嘉者也；情者，有亲疏、长幼、尊卑感而发于自然者也；理者，尽夫情欲之微而区以别焉，使顺而达. 各如其分寸毫厘之谓也。"②其对欲、情之于人的客观性与实在性做出了明确的阐述，并将"理"看作是充分展现差别性的个人欲望与情感的正当表达与实现。戴震的言论中没有现代西方哲学"个性"一词，然"理者，尽夫情欲之微而区以别焉，使顺而达. 各如其分寸毫厘之谓也"的理论化表述，在思想上与近现代西方重视"个性"、个性自由的理论主张，有相当一致性的地方。因此，我们可以这样说，上述戴震对欲望、情感与理之间关系的辩证阐述，实即是对自由意志与道德律令、个人自由与社会规范之间的关系做出了辩证的论述。他肯定生活的优先地位，亦即肯定了自由意志的优先地位，但并不因此而否定伦理和道德律令的重要性。他要反对的是"冥心求理"的理，"严于商、韩之法"的理，而不是"尽夫情欲之微区以别焉"的理（即分理），如戴震说："圣人之道，使天下无不遂之情，求遂其欲而天下治。后儒不知情之至于纤微无憾是谓理者，同酷吏之所谓法。酷吏以法杀人，后儒以理杀人，浸浸乎舍法而论理，更无可救矣！"③又说："后儒冥心求理，其绳以理严于商、韩之法，故学成而民情不知，天下自此多迁儒，及其责民也，民莫能辩。彼方自以为理得，而天下受其害者众矣。"④戴震对意识形

---

① 戴震：《孟子字义疏证·理》，《戴震全书》第 6 册，张岱年主编，第 155 页。

② 戴震：《答彭进士允初书》，《戴震全书》第 6 册，张岱年主编，第 358—359 页。

③ 戴震：《与某书》，《戴震全书》第 6 册，张岱年主编，第 496 页。

④ 戴震：《与某书》，《戴震全书》第 6 册，张岱年主编，第 496 页。

态化了的理学思想从社会、政治治理恶果的角度加以批判，是乾隆时代高度政治专制的历史背景下大胆批评泛道德主义的不同凡响的声音，是那个时代社会良知的典型表露，具有不同寻常的思想史与社会意义。如果说黄宗羲的《明夷待访录》初步地表达了早期启蒙学者要求将政治与伦理作一适当的区分，使传统的人治走向近代的法治的历史要求，那么，戴震批评后儒"以理杀人"，则表达了要将伦理与法律作一适当区分的历史愿望。作为当代的人们都应当而且理所当然地指责中世纪基督宗教的宗教裁判所对于科学发明的严酷镇压行为。那么，对于异化的儒家伦理不也应当像戴震一样予以严厉的批判吗？而且正是通过对异化的儒家伦理的严厉批判，才能将儒家思想中合理的内核释放出来。

戴震批评宋明理学不知"权"，把人的所有需求都统统称之为人欲："举凡饥寒愁怨、饮食男女、常情隐曲之感，则名之曰'人欲'。"[1]然后要用他们所谓的"理"来控制人欲。从表面上看，这一批评并未切中宋明理学的要害，因为朱熹明白地说过"饮食男女，天理也"的话，因而戴震的批评未能切中宋明理学的"理欲之辨"的要害。其实不是这样的。从具体的历史脉络来看，首先，戴震不可能明目张胆地批评在位的统治者，他只能通过理论的批判达到对现实批判的目的。其次，戴震所说的"欲"，除了"饱寒愁怨、饮食男女、常情隐曲之感"的基本需求以外，更本质的含义乃是指人的，尤其是当时社会正在成长的市民阶层追求"美色美味"的欲望，这种欲望的真实历史内容即是新兴工商业阶层要求发展经济，提高自己社会地位的自由意志。如戴震说："天下必无舍生养之道而得存者，凡事为皆有于欲，无欲则无为矣；有欲而后有为，有为而归于至当不可易之谓理；无欲无为又焉有理！"[2]戴震在中国传统的思想脉络里，没有也不可能使用自由意志的概念，但上述文献所说的思想内容，其实即是说人的自由意志是人的有为的前提，也是人类社会规范、律令产生的前提。

---

① 戴震：《孟子字义疏证·权》，《戴震全书》第 6 册，张岱年主编，第 216 页。
② 戴震：《孟子字义疏证·权》，《戴震全书》第 6 册，张岱年主编，第 216 页。

人类若没有了任何欲望,哪里有人的现实活动呢?而没有了人的有为行动,何以产生制约人的社会规范呢?合理的做法是:"君子使欲出于正而不出于邪,不必无饥寒愁怨、饮食男女、常情隐曲之感。"①历史上的大圣人治天下,"何一非为民谋其人欲之事!惟顺而道之,使归于善"。② 伦理规范存在的前提是承认人有自由意志,如果人无欲无为,如木石僵尸一般,又哪里还需要制约人的"天理"呢?因此,问题不在于要不要人欲,而在于使人欲处于合理的范围之内,使个人的自由意志与社会必要的限制之间处于动态的平衡之中。

戴震称当时"在上者"所坚持的宋明理学的"天理",乃是"忍而杀人之具",他们所坚持的"天理"其实是祸民之"理"。尽管他们可以通过政治权力把自己所坚持的"理"美其名为"天理""公义",但真正落实到社会之中则只能"祸其人"。因为他们是在"离人情欲求,使之忍而不顾之"的基础上来谈论所谓"理欲之辨"的问题,因而也就"适以穷天下之人尽转移为欺伪之人",其为祸天下之人也就不可胜言了。正是从这一角度看,戴震对人情物欲的肯定与辩护,可以看作是为人的自由意志做辩护。

(三)"欲而不私"

20 世纪上半叶,前辈学者在谈到戴震的伦理学时,大多都提到了其学说与西方 19 世纪的功利主义伦理学有相似之处,但却是语焉不详,仅仅是一笔带过。实际上,最能体现戴震伦理学与西方功利主义伦理学派相似之处的是其"欲而不私"的命题。戴震承认,人在自然属性方面与禽兽有相同的一面,他说:"凡血气之属皆知怀生畏死,因而趋利避害;虽明暗不同,不出乎怀生畏死者同也。人之异于禽兽不在是。"③又说:"一私于身,一及于身之所亲,皆仁之属也。私于身者,仁其身也;及于身之所亲者,仁其所亲也;心知之发乎自然有如是。人之异于禽兽不在是。"④这

----

① 戴震:《孟子字义疏证·权》,《戴震全书》第 6 册,张岱年主编,第 216 页。
② 戴震:《孟子字义疏证·权》,《戴震全书》第 6 册,张岱年主编,第 216 页。
③ 戴震:《孟子字义疏证·性》,《戴震全书》第 6 册,张岱年主编,第 181 页。
④ 戴震:《孟子字义疏证·性》,《戴震全书》第 6 册,张岱年主编,第 181 页。

实际上也含蓄地肯定了人有趋利避害、怀生畏死，以及自私的本能，与李贽所说的"人必有私，而后其心乃见"的观点在原则上是相通的。但与李贽所不同的是，戴震并没有就此为人的自私自利本性大唱赞歌。他认为人虽有私心以及趋利避害之心，但人之为人的特征乃在于人有理性，可以超越这种本能的自私，从而做到遂已之欲，广之能遂天下之欲。这应当看作是戴震的伦理学思想比李贽更为圆通的地方。他为了补救人在"遂欲达情"过程中的缺陷，便提出了个人的欲望、情感满足的边界问题，那就是每个人的欲望、情感的满足是以他人的欲望、情感的满足为前提的，从而就从理论上弥补了李贽"各从所好，各骋所长"的早期自由伦理思想中隐含的极端个人主义的理论缺陷。但如何使一般民众做到"遂己之欲而遂人之欲"，"达己之情而能达人之情"呢？那就是通过理智的扩充，使普通的人们做到"欲而不私"。

我们需要追问的是，人为什么具有扩充道德理性的可能性呢？在戴震看来，就在于人具有内在的道德理性——分理，这种内在的道德理性是工道教化的基础。当这种潜在的道德理性具体地展开为现实的人性时，就表现为"人之欲无不遂，人之情无不达"。整个社会充满着进取的活力，同时，又保持着整体的协调、和谐。如戴震说："惟有欲有情而又有知，然后欲得遂也，情得达也。天下之事，使欲之得遂，情之得达，斯已矣。惟人之知，小之能尽美丑之极致，大之能尽是非之极致。然后遂己之欲者，广之能遂人之欲；达己之情者，广之能达人之情。道德之盛，使人之欲无不遂，人之情无不达，斯已矣。欲之失为私，私则贪邪随之矣；情之失为偏，偏则乖戾随之矣；知之失为蔽，蔽则差谬随之矣。不私，则其欲皆仁也，皆礼义也；不偏，则其情必和易而平恕也；不蔽，则其知乃所谓聪明圣智也。"[1]"圣贤之道，无私而非无欲。"[2]

上述戴震所论，从理论方向上改变了宋明以来"理欲之辩"的论争方

---

[1] 戴震：《孟子字义疏证·才》，《戴震全书》第 6 册，张岱年主编，第 197 页。
[2] 戴震：《孟子字义疏证·权》，《戴震全书》第 6 册，张岱年主编，第 211 页。

向，将"理欲"问题转化为人我关系的问题，从而也就改变了宋明理学以自我心性修养为核心的"成己"的伦理学方向，使之向"成己成物"的人我关系的伦理学方向转化。换句话来讲，即是由"内圣"的伦理学向"外王"的伦理学方向转化。这一新的理论方向的转化，还可以从戴震对"克己复礼"所做的新解释中再一次得到证实，他说："克己复礼为仁，以'己'对'天下'言也。礼者，至当不易之则，故曰'动容周旋中礼，盛德之至也'。"[1]只有当人"能克己以还其至当不易之则"，也即是使自然之人欲归于"必然"，符合社会的当然之则，个人的欲求与天下之人的欲求"不隔"，则天下所有人的欲望就无一不是仁的体现了。如此的"天下"当然是一个理想的王道天下了。

（四）性、命、才

探讨性、命、才三者之间的关系，实际上是探讨人的自由与外在的客观限制的关系，亦可以说是探讨人的自由与自然和社会的必然性的关系。戴震是这样来定义才、命、性的："才者，人与百物各如其性以为形质，而知能遂区以别焉……气化生人生物，据其限于所分而言谓之命，据其为人物之本始而言谓之性，据其体质而言谓之才。"[2]这即是说，才是人性的物质化的形态，是每个人先天具有的与其他个体相区别的现实化的特性。性是从每个人在开端处与他人形成差异的角度来说的，而命是就每个个体从自然中所禀赋的有限性的角度来说的，但才与性与命不是没有关系，三者其实可以说是人的"天性"，如戴震说："别而言之，曰命、曰性、曰才；合而言之，是谓天性。"[3]戴震又说："性者，分于阴阳五行以为血气、心知、品物区以别焉，举凡既生以后所有之事，所具之能，所全之德，咸以是为其本，故易曰'成之者性也'。"[4]这即是说，性是人开端处的才质，才是每个人人性的现实性表现，是展开了的、现实化的人性。"才质

---

① 戴震：《孟子字义疏证·权》，《戴震全书》第 6 册，张岱年主编，第 214 页。

② 戴震：《孟子字义疏证·才》，《戴震全书》第 6 册，张岱年主编，第 195 页。

③ 戴震：《孟子字义疏证·才》，《戴震全书》第 6 册，张岱年主编，第 196 页。

④ 戴震：《孟子字义疏证·性》，《戴震全书》第 6 册，张岱年主编，第 179 页。

者，性之所呈也，舍才质安睹所谓性哉！"①而"命"则是人得之于天的限制性和受礼义规定的限制性。在《孟子私淑录》，戴震对此有较完整的规定，他说："凡言命者，受以为限制之称，如命之东则不得而西。故理义以为之限制而不敢逾，谓之命；气数以为之限制而不能逾，亦谓之命。"②而戴震此处所讲的"命"，与他所讲的"自然"与"必然"的辩证关系具有内在的一致性，如他说：

> 命即人心同然之理义，所以限制此者也。古人多言命，后人多言理，异名而同实。耳目百体之所欲，由于性之自然，明于其必然，斯协乎天地之中，以奉为限制而不敢逾，是故谓之命。命者非他，就性之自然，察之精明之尽，归于必然，为一定之限制，是乃自然之极则。若任其自然而流于失，转丧其自然而非自然也。故归于必然，适完其自然，如是斯"与天地合其德，鬼神合其吉凶"。③

在写作《绪言》时的戴震，把"命"看作是"自然之极则"，认为人既要尽其自然之性，又要归于"必然之则"的约束，体现了戴震伦理思想既重视自由，又重视法则的辩证之处。在戴震看来，人的自由既有其内在的必然性限制，也有理义的限制。这种内在的必然性，可以从三个方面来认识：一是先天所得，如性别、家庭背景、身体素质与大脑智力；二是所处的时代大背景，如族别、国别、人种的限制；三是人自身的生理极限，如生命期限、记忆力、学习能力、生理需求和社会需求。而人类社会还有"心之所同然"的义理亦对人的行为有所限制。所有这些与人内在生命和外在社会活动规则相关的限制可以统称之为"命"。但是，人不应该，也不会因为这种限制而就表现为无所作为，听之任之，而是应当努力地克服各种限制，同时还需要正确利用"义理"的限制与保护，有选择地实现自己的理想。而一旦人通过个人的努力、朋友的帮助和社会的支持，充分

---

① 戴震：《孟子字义疏证·才》，《戴震全书》第 6 册，张岱年主编，第 195 页。
② 戴震：《孟子私淑录》，《戴震全书》第 6 册，张岱年主编，第 45 页。
③ 戴震：《绪言》，《戴震全书》第 6 册，张岱年主编，第 102 页。

地把握现有的条件,在合乎"义理"的范围内最大限度地展示自己的生命潜能,把理想化为现实或部分地化为现实,这便获得了现实性的"才能",从而在"命限"里展示了自由。这便是戴震在论"性、命、才"三者关系时所要阐述的思想。

三、戴震伦理学的新贡献

欲论戴震对中国自由思想之贡献,必须要讨论戴震的"分理"说与宋明理学的"天理"说之间的区别。后期戴震与宋明理学伦理学的根本分歧,并不能简单地看作是一个理欲、情理之辨的问题,而在于"分理"与"天理"之间的区别,即"分理"含蓄地表达了追求自由的理想,而"天理"则自觉不自觉地维护了郡县制下的君主专制权威。宋明理学的"理欲"之辨,实际上有两个层次的意义,在本体论上是"理气之辨",在社会生活中才是"理欲之辨"。在本体论意义上,"理"代表秩序,而"气"则是一种具体的感性存在。在理与气的关系问题上,朱熹虽然也说"理未尝离乎气"(《朱子语类》卷一),但他最终还是强调理的优先性地位:"若在理上看,则虽未有物而已有物之理。"(《文集》卷四十六:《答刘叔文》)在社会生活之中,这种先于天地之"理",无非就是人类特定历史阶段的道德秩序,在程朱理学的思想体系里也就是"三纲五常"的伦理规范而已。在哲学本体论上,朱熹强调理的优先性,在社会哲学层面,程朱理学便强调代表统治者利益的道德秩序的优先性。因此,在现实层面,"理欲之辨"其实涉及社会伦理规范与人的自由意志之辨。哲学本体论中的"气",下落在社会生活层面,其内涵之一就是指人的各种感性欲求,也即是传统哲学中所说的"人欲"和"人情"。这种"人欲"和"人情"不是人的一般性的与动物相同的食色之性,而是与人的自由意志相关的感性欲求,是人在变化发展的社会中根据自己的生存现状而表现出的对新奇之事之物的欲求,它并不是人们简单的、低级的自然生理需求。一些学者在批评宋明理学的时候,只是简单地列举了"存天理,灭人欲"一语,批评宋明理学的禁欲主义倾向;而维护宋明理学的学者则分析说,像朱熹等人并不反对人的自然欲求，因为朱熹明确地说过"食色之欲亦是天理"这样的话。这样一来，简单地批评宋明理学有禁欲主义倾向的命题似乎就不能成立。因此，不从自由意志的角度来看问题，就很难将宋明理学的"理欲观"，与明清之际的"新理欲观"区分开来。宋明理学的一些中坚人物如朱熹虽然也曾明白地说过，饮食男女也是天理，但他反对人们追求美色美味的行为。笔者认为，戴震的伦理学与宋明理学的伦理学的根本分歧正在于此。

戴震的伦理学要求尽人情、人欲以至于纤微而无憾，当然就内在地肯定了人追求美色美味的要求。从人类道德生活的本质来看，过一种富裕的好生活与过一种贫穷的坏生活的本身并没有什么道德与非道德之分，因而追求美色美味的物质生活本身也就谈不上是道德的还是非道德的。问题的关键在于人们是用什么样的手段获得这一生活的。而手段的正当与否，又总是与特定的社会意识形态相关。当剥削者通过剥削而享受人间的美色美味被视为正当的、道德的，被剥削者过着饥寒交迫的生活被认为是天经地义的时候，当被剥削者甚至只能用暴力的手段获得基本的温饱，当新兴市民只能通过越礼逾制享受统治者才能享受的美色美味而又被视为不合法、不道德的时候，宋明理学所建构的旨在反对人们追求"美色美味"的理论就不是在一般地维护着道德的纯正性，而只是站在统治者的意识形态立场上借维护道德的纯正性之名来阻止社会的进步，来扼杀中下层社会人们的自由意志了。即使不从阶级的分析角度来看，专就人的感性生活特征来说，人的食色之欲都带有区别于动物的文明特征（不管人们是赞成还是反对这种文明特征）。从这一角度来看，人追求美色美味的感性生活也是人的社会本质特征之一，是人为了实现自己的自由意志，求得人性的更加充分发展的必然行径，而且也是人区别于动物的食色行为的本质之所在，是人实现自己自由本质的具体表现之一。人所具有的文明特征并不唯一表现在他所具有的纯粹的精神性方面。在今天，我们把满足人们日益增长的物质与文化生活需求看作是我们社会主义生产区别于资本主义社会生产的本质特征之一。因此，无论是从阶级分析的角度出发，还是从人类文明生活的一般性特征来看，宋明理学反对人们追求"美色美味"这种"人欲"，从根本上说都是反人类文明生活的，也是对人的自由意志的扼杀，因而可以说是非人道的。而戴震与宋明理学的根本分歧也正在于此！

戴震不仅肯定人的自然欲求，而且要求达人之情、遂人之欲之极致，以至于无纤毫之憾，肯定人们追求美色美味的合理性，由"自然"而进于"必然"。这种要求充分满足人的情感、欲望的思想，其基本精神恰恰在于"自由"二字——即实现人的自由本质。因此，戴震与宋明理学伦理学的根本区别不在于要不要人欲的问题，而在于要不要自由的问题。"理欲之辨"，在伦理学领域实质上是限制与自由之辨，在文化学领域则是野蛮与文明之辨，在历史学领域则是保守与进步之辨。这也是明清早期启蒙思想家的伦理学与宋明理学伦理学的根本区别之处。因此，揭示戴震"分理"说中所包含的自由精神，是判别后期戴震学说与程朱理学分道扬镳的根本标志。

第四节　戴震的语言哲学①

20 世纪戴震与乾嘉学术思想研究取得了丰硕的成果，但从语言哲学的角度研究戴震哲学的论者还属于少数。李开在《戴震评传》中开启了这一新的研究视角，但并未由此看到这种语言哲学的出现对于整个清代哲学的转向意义。我们则从中国哲学发展史的角度，着重考察以戴震为代表的乾嘉学者从语言学角度来思考哲学问题，开创了中国哲学的新转向，形成了不同于宋明理学，甚至也不同于明末清初的"后理学时代"的哲学形态。这一新的哲学思考方式使中国传统哲学初步具备了前所未有的明晰性。在追求先秦儒家经典原意的历史还原主义的旗帜下，展开了对先秦儒家经典，进而扩大到对先秦诸子典籍的文本考察，对于重新

---

① 本书在此处所说的语言哲学是一广义的语言哲学，即凡是对语言及语言与哲学的关系的思考，均视之为语言哲学。

认识、理解先秦经典的思想产生了巨大的影响。这一哲学运动虽然并没有带来 19 世纪后半叶中国哲学形态的新变化，但由这一具有实证哲学精神所培养起来的"求真""求实""求是"的精神，为中国人培养近代的科学精神提供了自己的文化土壤。其中，以戴震为代表的哲学家群体，还为新伦理学的建设提供了新的思想资源。当然，由于这一哲学的语言学转向是以对先秦儒家经典研究为起点的，而且其理论目标带有鲜明的复古主义倾向（尽管戴震本人是托古言志），因此，其理论上的自身矛盾及其局限性也是显而易见的。语言虽然能够通向道，但毕竟不是道本身。经典中蕴含的思想虽然可以通过语言来把握，但对经典中的思想研究也不完全是一个语言问题，其中应该还有言说者的社会背景、个人背景和说话意图等非语言因素的影响，而这些因素不能简单通过语言分析来把握的。尽管戴震的理想是通过语言、制度、名物、训诂的综合研究来把握经典的原意和经中之道，但即使如此，人文学的研究还有超越这些实证方法之外的东西。而戴震本人对儒家经典中理、天道、道、性、命、仁义礼智、诚、权等概念的定义，也并非如自然科学那样，具有绝对的确定性。恰恰相反，这些解释在很大程度上表达了戴震本人的理解，并不具有他自己所想象的那样具有客观性。所以，我们可以看到，以戴震为代表的乾嘉学者所开创的中国哲学的语言学转向，并未完全取代其他哲学家的思考，也不可能取代其他哲学家从不同的角度从事哲学思考的工作。其中，以章学诚为代表的历史文化学派对戴震及其学派的批评，在很多方面都是相当中肯的。我们在章学诚一章里将讨论这些问题。①

　　不过，我们应当特别重视戴震在中国哲学史上的突出贡献。在《孟子字义疏》一书中，戴震对自己所讨论的理、分理、天道、性、才、道、仁义礼智、诚、权以及善、欲、私等概念和无欲与无私、自然与必然等范畴皆有明确的定义，使中国传统哲学在思维的明晰性方面上升到一个新的台

---

① 参见第八章及吴根友《从来前贤畏后生——重评章学诚对戴震的批评》，《安徽大学学报》2008 年第 2 期。

阶。中国传统的语言哲学主要包括"名实之辩""言意之辩"两大部分内容。在乾嘉考据学时代,中国的语言哲学又有新的发展,其纲领性的表述就是戴震提出的"由字以通其词,由词以通其道"的新思想。这一新思想内在地包含着言能通意的言意观,其言能通意的途径就是由字到词(语言),由词(语言)到意的"阶梯式"途径。在这一纲领性的表述中,"字"具有现代汉语中所说的字(词素)和词语两层意思。词,又作辞,即是现代汉语中的言语的意思。而戴震本人的语言哲学思想可以从四个方面加以理解:第一,名实之辩;第二,通过句法分析达到对传统哲学命题的重新解释;第三,通过句子和经典文本的语言脉络分析达到对传统哲学思想的还原性解释;第四,在言能达意的基本哲学立场上所阐述的"字→词→道"的"阶梯式"言意观。这种语言哲学与 20 世纪西方世界兴起的"以拒斥形而上学"为己任的语言哲学目标非常的不同。① 不仅如此,戴震的语言哲学思想还有强烈的现实政治关怀。他以孟子"辟杨墨",挽救世道人心为自况,说道:"孟子辩杨、墨;后世习闻杨、墨、老、庄、佛之言,且以其言汩乱孟子之言,是又后乎孟子者之不可已也。苟吾不能知之亦已矣,吾知之而不言,是不忠也,是对古圣人贤人而自负其学,对天下后世之仁人而自远于仁也。"②戴震将自己所从事的哲学分析与批判工作,上升到对人类文明的忠诚与对天下人的仁爱关怀高度,可见其哲学研究态度的严肃性与立言的谨慎性。这也是以戴震为代表的 18 世纪中国的语言哲学家们与 20 世纪英美语言哲学家们具有不同的哲学情怀。

---

① 李开将戴震透过语言来思考哲学问题的新哲学形态称之"语言解释哲学",这一语言解释哲学可以分成两个层次,第一层次是词义诠释,第二层次是哲学释义。在词义诠释层面,戴震使用的是"经验的实证的方法"。李开通过与西方近代以来的语言哲学的比较,得出了这样的结论:"西方语言哲学往往把语言看作与世界有相同的逻辑结构,从而以语言解释代替对世界的认识,戴震的语言解释哲学则以语言文字解释为逻辑起点,通过书本知识,寻求道德哲学本体及其具体表现。在语言和世界的关系上,西方是代替论,戴震是凭借论。"参见李开《戴震评传》,第 288 页。
② 戴震:《孟子字义疏证·序》,《戴震全书》第 6 册,张岱年主编,第 147 页。

一、戴震的名学思想

先秦名学思想集中探讨了名与实之间的关系，命名以及名本身是否具有实在性等一系列问题。荀子从儒家立场对先秦名学思想作出了理论的总结，但将命名权集中到王者身上，带有一定的权威主义倾向。先秦名学也涉及名的分类，如达名、共名、私名，即现代分类学中的通称、类称、具体指称某物的特称等三个层次。汉儒董仲舒在"深察名号"的过程中，涉及名的分类问题，然而没有明确的提出"指其实体实事之名"与"称夫纯美精好之名"的分类问题。就目前的文献研究来看，戴震是第一次明确地提出了表述事实与表述价值的这两类大名的划分问题。

（一）戴震对"名"的分类

戴震将名分为两大类，一为"指其实体实事之名"，二为"称夫纯美精好之名"。他说：

> 学者体会古贤圣之言，宜先辨其字之虚实。今人谓之"字"，古人谓之"名"，《仪礼》云"百名以上书于策，不及百名书于方"，《周礼》云"谕书名，听声音"是也。以字定名，有指其实体实事之名，有称夫纯美精好之名也。曰"道"，曰"性"，曰"言"，曰"行"，指其实体实事之名也；曰"圣"，曰"贤"，称夫纯美精好之名也。曰"道"曰"性"，亦称夫纯美精好之名也。道有天道人道：天道，阴阳五行是也；人道，人伦日用是也。曰善曰理，亦称夫纯美精好之名也。曰中曰命，在形象，在言语，指其实体实事之名也；在心思之审察，能见于不可易不可逾，亦称夫纯美精好之名也。[①]

所谓"实体实事"之名，即是描述客观对象的名称与概念，不含价值判断。而"称夫纯美精好"之名，是指一种价值性的称谓，包含了价值的判断，因而是一种规范性的词汇。但是，由于天地之大德表现在生生不

[①] 戴震：《绪言》，《戴震全书》第 6 册，张岱年主编，第 104 页。

息的过程之中，所以用来描述这一最根本性的实体实事时，也暗含了价值的判断，如戴震说：

> 天地之气化，流行不已，生生不息，其实体实事即纯美精好，人伦日用，其自然不失即纯美精好。生于陆者入水而死，生于水者离水而死，生于南者习于温而不耐寒，生于北者习于寒而不耐温。此资之以为养者，彼受之以害生。"天地之大德曰生"，物之不生而以杀者，岂天地之失德哉？故语于天地，实体即美好，不必分言也，《易》曰"一阴一阳之谓道"是也。[1]

在戴震看来，指称天地之名，实体实事即纯美精好，二者之间无需分别。这样，事实与价值，是与应当之间的内在联系性，由此而得以确立起来。凡符合天道自然而无偏失的人伦行为，因此也获得了正面的价值意义。只是人伦的行为与天道自然的行为还不完全一样，人道必须通过仁礼义的价值引导与规范，即通过"修道以仁"，"圣人修之以为教"的过程，才能达致"纯美精好"的境界。而君臣、父子、夫妇、昆弟、朋友"五达道"，亦必需通过"智仁勇以行之，而后归于纯美精好"[2]。这便是戴震在事实描述之名与价值规范之名二者之间，既有分又有合的语言哲学思想的内容之一。

（二）两类之"名"的内在关系

在戴震的思想中，用来描述"实体实事"的概念与用来表达伦理与价值的规范概念，这二者之间是有所分别的，但在天道自然的层面，两者却又可以合而为一。所以，戴震说："善者，称其美好之名，性者，指其实体之名；在天道不分言，而在人物分言之始明，究之美好者即其实体之美好，非别有美好以增饰之也。"[3]在《孟子字义疏证·道》篇，他将"纯美精好之名"又改成"纯粹中正之名"："曰'性'曰'道'，指其实体实事之名；曰

---

① 戴震：《绪言》，《戴震全书》第 6 册，张岱年主编，第 104 页。
② 戴震：《绪言》，《戴震全书》第 6 册，张岱年主编，第 105 页。
③ 戴震：《绪言》，《戴震全书》第 6 册，张岱年主编，第 105—106 页。

仁，曰礼、曰义，称其纯粹中正之名。""善者，称其纯粹中正之名；性者，指其实体实事之名。"①

戴震之所以将描述"实体实事"与指称"纯粹中正"两类名称分开，与他对世界的整体看法有关。他将世界分成作为存在的"物"与作为抽象条理的"则"两大部分："物者，指其实体实事之名；则者，称其纯粹中正之名。实体实事，罔非自然而归于必然，天地、人物、事为之理得矣。自然之极则是谓理，宋儒借阶于释氏，是故失之也。"②戴震在此处从理论上揭示了宋儒"天理"论的缺陷，即他们将表达自然之极则的"理"看作是实体实事的存在，而这一思维方式恰恰是佛教唯心主义思维。宋儒受佛教唯心主义的影响，故尔在理论的根本立场上出现了失误。

从理论上说，戴震区分了描述"实体实事"与指称"纯粹中正"的两类名称，但他又认为，"纯粹中正"之名是基于"实体实事"之上的一种理想化的法则，因而称之为"理"。如此说来，"理"是包涵了自然法则的内容而具有超越自然法则的人伦规范。戴震通过对"物"与"则"的区分，把客观世界与人对客观世界内部蕴涵的秩序、法则、规律的认识这两者区别开来了，从而对宋明理学先验的客观唯心主义思想进行了批判与解构，进而在肯定人的感性生活的基础上重新肯定道德原则的神圣性，并表达了这样一种新的社会理想：通过神圣而合理的道德原则使人实现自然之极致。从中国哲学发展史的角度看，戴震区分描述"实体实事"与指称"纯粹中正"两类名称的语言哲学思想，已经蕴涵着主客二元对峙的思想倾向。这一思想倾向虽然还不能与近现代西方主客二元对立（如笛卡尔"我思故我在"）的思想相提并论，但在宋明理学的思想脉络里，这一思想倾向蕴涵着新的突破旧的思想萌芽，即要求世人，特别是士君子们立足于"实体实事"的经验世界去把握合理、恰当的社会规范，而不只是运用

---

① 戴震：《孟子字义疏证·道》，《戴震全书》第 6 册，张岱年主编，第 200—201 页。
② 戴震：《孟子私淑录》，《戴震全书》第 6 册，张岱年主编，第 74 页。关于此书是写于《绪言》《孟子字义疏证》之前还是之后，学界有不同的看法。依据该书的内容来看，应当是在《绪言》之后，《孟子字义疏证》之前。

古以有之的规范权威来约束变化了的经验世界。然而，由于乾隆时代的中国社会在整体上仍然保持着农业文明的自然经济形态，江南地区重新恢复的资本主义萌芽过于幼弱，人对自然的开发、利用能力还深深地停留在传统农业的生产方式之下，因而也就不可能给戴震的新哲学思考提供足够的社会动力。最终，他的新哲学思想还是窒息在传统哲学"天人合一"的思维框架里，并且用所谓的"必然"来规范"自然"，丧失了对"自然"的深度认识与开发，进而也就无法提供新的"必然"。这恰恰从一个侧面说明，任何社会里新思想的产生与发展必须有与之相适应的社会经济、政治的土壤，否则，新思想本身也难以产生，即使产生了也无法得到必要的社会思想资源的营养，发展、成熟，进而形成广泛的社会思潮，反过来推动社会的发展。

二、戴震语言哲学中的句法分析

（一）句法分析

在讨论何者为"道"的哲学形上学问题时，戴震首次引入语言学的分析方法，通过对古代汉语中两种谓语动词"之谓"与"谓之"在句子中的作用不同的分析，重新阐释了古典哲学众多命题的意义。《易传》中有"形而上者谓之道，形而下者谓之器"这一著名的哲学命题。程子对此两句话的解释是："惟此语截得上下最分明，元来止此是道，要在人默而识之。"朱子对此两句话的解释是："阴阳，气也，形而下者也；所以一阴一阳者，理也，形而上者，道即理之谓也。"程、朱的解释可以说是一种哲学的解释，即从自己的哲学体系出发对古典哲学命题给出新的解释。戴震从自己的"气化即道"的唯气论哲学体系出发，给出了不同于程子、朱子的解释。然而在他所处的时代，程、朱哲学是官方哲学，不容置疑。戴震不能直接说他们讲错了，而是借助语言的分析，以说理的方式来重新解释传统哲学中的核心概念——道，从而为自己的道论思想寻找经典的与语言学的支持。他说：

气化之于品物，则形而上下之分也。形乃品物之谓，非气化之谓。《易》又有之曰："立天之道，曰阴与阳。"直举阴阳，不闻辨别所以阴阳而始可当道之称，岂圣人立言皆辞不备哉？……古人言辞，"之谓""谓之"有异：凡曰"之谓"，以上所称解下，如《中庸》"天命之谓性，率性之谓道，修道之谓教"，此为性、道、教言之，若曰性也者天命之谓也，道也者率性之谓也，教也者修道之谓也；《易》"一阴一阳之谓道"，则为天道言之，若曰道也者一阴一阳之谓也。凡曰"谓之"者，以下所称之名辨上之实，如《中庸》"自诚明谓之性，自明诚谓之教"，此非为性教言之，以性教区别"自诚明""自明诚"二者耳。《易》"形而上者谓之道，形而下者谓之器"，本非为道器言之，以道器区别其形而上形而下耳。①

上述引文的主要意思是说，古代圣贤所说的"道"，即是阴阳二气，阴阳二气未成形时，谓之形而上，凝结成形之后便称之为形而下。从来没有听说过有"所以阴阳者为道"的说法。就语法而言，谓语动词"之谓"与"谓之"在句子中的作用是不一样的。凡是"之谓"类型的句子，均是用主语来解释谓语宾词的，其句法可以等值的替换成"A（原宾语）也者 B（原主语）之谓也"的判断句式，如"天命之谓性"可以等值的替换为"性也者天命之谓也"。所以"一阴一阳之谓道"的意思是说：道也者，一阴一阳之谓也。而凡是"谓之"句式，则是用谓语宾词辨明主语所言的具体内容，如"自诚明谓之性，自明诚谓之教"两句，不是要说明性与教二个名词或概念，而只是以性与教来区分"自诚明"与"自明诚"二者之间的不同。同理，"形而上者谓之道，形而下者谓之器"这句话，并不是要说明何者为道，何者为器，而只是用道和器来区分"形而上"与"形而下"两种形态而已。

除了在《绪言》《孟子私淑录》二篇论道的文字中有同样的表述之外，

---

① 戴震：《孟子字义疏证·天道》，《戴震全书》第 6 册，张岱年主编，第 176 页。在《绪言》中，已经有如此的表述。据段玉裁《戴东原先生年谱》记载，约完成于 1772 年，是年戴震 49 岁。

现存《戴震全集》中还没有发现其他地方也有类似的句法分析。戴震在此处所说"古人言辞，'之谓''谓之'有异：凡曰'之谓'，以上所称解下……凡曰'谓之'者，以下所称之名辨上之实"的说法，究竟是得之于语言学史的归纳结论，还是一种不完全归纳后得出的逻辑结论，我们一时很难判断。因为，只有当我们通过全面的文献检索之后，对"谓之"与"之谓"句在上古汉语中的全面运用的例子进行分析之后，才可作出最后的判断。而戴震在当时的条件下，还不太可能对先秦时代古汉语作一地毯似的文献搜罗工作，然后在此基础上给出判断。此一工作可以由古代汉语语法学者去做进一步的深入研究。

（二）对戴震句法分析的形式化考察

为了进一步理解戴震的句法分析在哲学思考方面的普遍意义，在此，我们首先将戴震的两种句式分析转换成现代汉语的形式化表达式。"A 之谓 B"，"Y 之谓 X"，依等值替换原则，表述为 B 也者，A 之谓也，X 者也，Y 之谓也，直译为"B 就是 A"，"X 就是 Y"。《中庸》"天命之谓性，率性之谓道，修道之谓教"，可以直译成"性就是天命，道就是率性，教就是修道"。因此，"一阴一阳之谓道"就可直译为："道就是一阴一阳"。在这样的句法中，我们无法转换出"所以一阴一阳之谓道"的说法。由此语言分析可知，程子与朱子的说法是不能成立的。

"A 谓之 B，Y 谓之 X"，可以翻译成"A 称之为 B"，"Y 称之为 X"。《中庸》"自诚明谓之性，自明诚谓之教"，可以翻译成"自诚明称之为性，自明诚称之为教"。由此类推，"形而上者谓之道，形而下者谓之器"，也可以直译为"形而上者称之为道，形而下者称之为器"。这样，道与器之间就不是截然的不同存在形式，而只是人对两种不同存在形式的一种方便的称谓而已。

由上的翻译转换可以看出，"之谓"句类似为定义式的判断句，而"谓之"句则为一种解释句。戴震通过对经典命题的句法分析，对于比较准确、客观地理解经典的原初意义的确有帮助。但是，哲学解释学往往有一种故意的曲解或误读，通过曲解与误解而达到一种哲学的创造。程子、朱子对《易传》中"形而上者谓之道，形而下者谓之器"的解释，在语法上可能真的如戴震所言，是错了，不具有学术史的价值，然而具有思想史的价值。那是程子、朱子的哲学表达。也许，戴震对程子、朱子的批评并没有区分学术史与思想史这两者之间的不同，但戴震通过句法分析对经典意义进行还原，把程朱思想与原始儒家的思想分开，其学术努力的效果及其意义是多重的，一是巧妙地批判了官方树立的程朱理学；二是的确澄清了宋儒与先秦儒家思想的不同，本身具有很高的学术价值；三是树立了一种"求真""求是"的科学精神，并以语言学所具有的实证特征展示了人文学研究中的科学精神，有力地动摇了当时社会流行的权威主义的思想根基。

三、语词、句子意涵与文本中的言语脉络诸分析

戴震在批评宋明儒的思想同时，还引进了语词分析、句子意涵分析和文本中的言语脉络分析等具体的技术性方法。

（一）"天道""天德""天理""天命"等概念之间的区别

在戴震的思想体系中，各个概念都有明确的界定，如他对"天道""天德""天理""天命"等概念都作了明确的界定。他说：

> 一阴一阳，流行不已，生生不息。主其流行言，则曰道；主其生生言，则曰德。道其实体也，德即于道见之者也。……其流行，生生也，寻而求之，语大极于至钜，语小极于至细，莫不各呈其条理；失其条理而能生生者，未之有也。①

这即是说，"天道"是就气的运动过程而言的，"天德"就气运动过程中表现为不断地产生万物的品性而言的。"天道"是用来描述气化流行的客观实际过程，属于描述性的语言，"天德"是"天道"不断产生万物的品性之表现，是规范性语言。"天理"是指每类事物，每个具体的事物内

---

① 戴震：《孟子私淑录》，《戴震全书》第 6 册，张岱年主编，第 45 页。

部所具有的条理与秩序。所以，戴震说："天理云者，言乎自然之分理也"。① 因此，"天理"属于描述性的概念。而且，天理是事物内部自然的条理与秩序。

而所谓的"天命"即是：

> 凡言命者，受以为限制之称，如命之东则不得而西。故理义以为之限制而不敢逾，谓之命；气数以为之限制而不能逾，亦谓之命。古人言天之所定，或曰天明，或曰天显，或曰天命，盖言乎昭示明显曰命，言乎经常不易曰理，一也。②

这样，"天命"其实也是一个描述性的概念，它主要揭示一种自然的或社会的固有法则对人的限制。从外在的规定性角度说是"天命"，从内在规定性、不变性来说是"理"。尽管现代新儒家唐君毅严厉批评戴震对天命、命概念的规定，认为戴震将天命、命概念的丰富内涵狭隘化了，但从思想的明晰性来说，戴震将自己的思想概念界定得十分清晰，本身并没有什么过错。

（二）"形而上"与"形而下"

在戴震的思想体系中，"形"与"气化"是两个不同的概念。他说：

> 气化之于品物，则形而上下之分也。形乃品物之谓，非气化之谓。……《易》"形而上者谓之道，形而下者谓之器"，本非为道器言之，以道器区别其形而上形而下耳。形谓已成形质，形而上犹曰形以前，形而下犹曰形以后。（如言"千载而上，千载而下"。《诗》："下武维周。"郑笺云："下，犹后也。"）阴阳之未成形质，是谓形而上者也，非形而下明矣。③

戴震通过语言学史的例证，证明"而上"与"而下"具有"以前"与"以

---

① 戴震：《孟子字义疏证·理》，《戴震全书》第 6 册，张岱年主编，第 152 页。
② 戴震：《孟子私淑录》，《戴震全书》第 6 册，张岱年主编，第 45 页。
③ 戴震：《孟子字义疏证·天道》，《戴震全书》第 6 册，张岱年主编，第 176 页。

后”的意思，进而对“形而上”与“形而下”两词做出新的哲学解释。这种哲学思考方式具有语言学的实证性特征。但我们要清醒地意识到，戴震在这里并未举出足够多的例证。因此，其哲学论证是不够充分的。再者，他虽有明确的语法观念，也举出了大量的证据，但基本上还只是一种经验例证的归纳，没有上升到原理的层面，因而还很难得出逻辑上的必然结论。因此，就其哲学思考的结论而言，我们并不一定要同意戴震对“形而上”与“形而下”的具体解释。但通过上述的语言分析，我们可以看到，戴震试图把哲学思考建立在明白无误的语言分析的基础之上，这一新的哲学思考路线值得哲学史家给予充分的关注。那就是，在引进语言分析之后，戴震初步展示出中国传统哲学从未有过的概念自身的明晰性。

（三）“一以贯之”非“以一贯之”

通过非常细腻的语言学分析，戴震对朱子哲学中的一些思想观念进行了非常犀利的批评。他认为，孔子在《论语》中两次所说的“一以贯之”并不能像朱子所理解的那样：“圣人之心，浑然一理，而泛应曲当，用各不同；曾子于其用处，盖已随事精察而力行之，但未知其体之一耳。”戴震认为：

> “一以贯之”，非言“以一贯之”也。道有下学上达之殊致，学有识其迹与精于道之异趣；“吾道一以贯之”，言上达之道即下学之道也；“予一以贯之”，不曰“予学”，蒙上省文，言精于道，则心之所通，不假于纷然识其迹也。①

从表面上看，在这段文字里戴震只是区分了“一以”与“以一”的短语的不同，其实，在思想上却有非常大的差别。“一以贯之”是说孔子思想具有内在的一贯性，如曾子所说的“夫子之道，忠恕而已”。而戴震认为，孔子的“下学之道”与“上达之道”具有内在的统一性。而朱子“以一贯

---

① 戴震：《孟子字义疏证·权》卷下，《戴震全书》第 6 册，张岱年主编，第 212—213 页。

之"则是讲孔子的思想可以用一个核心的概念来贯通,在朱子那就是用一个"理"字来贯穿孔子的思想,这样一来,就把孔子思想中活泼的、丰富的内容狭隘化,理学化了。显然是朱子想用自己的"理"本论思想来代替孔子以"仁"为核心的思想,因而,"以一贯之"的理学思想根本不同于孔子下学之道即是上达之道的"一以贯之"的思想。

(四)"己非私"

"己非私"之辩,是清代考据学者反对宋明理学伦理学思想的一个具体的表现,也是清代哲学对于个人正当欲求加以维护的伦理学思想在此具体问题上的展开。戴震不仅从思想观念上反对将"无欲"与"无私"混为一谈,而且从文本的语境与语言脉络的分析出发,指出朱子将"己"释为"私"的不妥之处。对于《论语》中"克己复礼为仁"一语,朱子曾经这样解释道:"己,谓身之私欲;礼者,天理之节文。"戴震对朱子的解释反驳道:"'为仁由己',何以知'克己'之'己'不与下同?此章之外,亦绝不闻'私欲'而称之曰'己'者。"①戴震此处对于朱子释"己"为"私欲之身"的哲学化解释的批评虽然不是很充分,但对于后来学人的讨论提供了新的问题意识,阮元、凌廷堪等皖派学术后劲均详细地辨析了"己非私"的观点,可以说是对戴震伦理学思想的继承与深化。

(五)"孔子论太极之本指"

戴震认为,周敦颐、朱子对"太极"的解释都离开了孔子的"本指"。那么孔子言"太极"的"本指"是什么呢?戴震认为,孔子讲"易有太极,是生两仪,两仪生四象,四象生八卦",都是根据"作《易》"的过程而言,并非"气化之阴阳一身是得两仪四象之名"。"孔子赞《易》,盖言《易》之为书起于卦画,非漫然也,实有见于天道一阴一阳为物之终始会归,乃画两者从而仪之,故曰'易有太极,是生两仪'。既有两仪,而四象,而八卦,以次生矣。孔子以太极指气化之阴阳,承上文'明于天道'言之,即所云'一阴

———————————

① 此段虽设为问难语言,实亦戴震自己的观点。

一阳之谓道'，以两仪、四象、八卦指《易》画，后世儒者以两仪为阴阳，而求太极于阴阳之所由生，岂孔子之言乎?"①上述戴震对孔子"太极"概念本旨的追求，就其结论来看，其对孔子"太极"概念的理解也只能是一家之言，然其哲学思考方法是通过文本的脉络化分析来实现的。他的意思是说，孔子从天道变化始于和终于阴阳的实际认识出发，用两仪来摹拟天地变化这一实际过程。孔子所说的"太极"就是气化的阴阳，而不是别的东西。后来的儒者把两仪看作是阴阳，而又进一步去追问太极是如何从阴阳中产生出来的。这种思路哪里是孔子当初的意思呢? 如实地讲，上述戴震对"太极"内涵的解释、分析已经远远超出了语言的分析，而进入了一种文本的哲学解释学领域，但其基础是语言的脉络分析。故仍然可以看作是语言哲学分析的一部分。

四、戴震的言意观及其语言哲学的形上学追求

（一）从文字入手理解语言的意义

与宋明理学从哲学思考路径出发来重新诠释儒家经典的致思方法不同，戴震是直接从文字训诂与语言分析入手来重新解释儒家经典的哲学意义的。他在 23 岁时写作《六书论》(该书已经失传)一书时就基本上形成了其哲学思考的独特路径。《六书论》一书现已经失传，今从其序文仍可以看出基本思想。他认为"自昔儒者，其结发从事，必先小学。小学者，六书之文是也。……故其时儒者治经有法，不歧以异端"。然而自汉以后，"世远学乖，罕睹古人制作之本始"，这导致了对经典理解的偏差。所以戴震特别强调学者要明白"文字"制作的原理及其对理解经典的重要性。他说："六书也者，文字之纲领，而治经之津涉也。载籍极博，统之不外文字；文字虽广，统之不越六书。"②

上述引文的意思是，戴震试图从文字的发生原理出发来把握文字的

---

① 戴震:《孟子字义疏生·天道》卷中，《戴震全书》第 6 册，张岱年主编，第 177—178 页。
② 戴震:《六书论序》，《戴震全书》第 6 册，张岱年主编，第 295 页。

意义,进而通过文字去理解古代的语言。他甚至非常夸张地说道:"六书废弃,经学荒谬,二千年以至今"①,从而将他之前的经学史全部否定了。他特别激烈地批评后儒(实暗指宋明儒者)不依据故训而凿空解释儒家经典的方法。他说:"夫今人读书,尚未识字,辄目故训之学不足为。其究也,文字之鲜能通,妄谓通其语言;语言之鲜能通,妄谓通其心志;而曰傅合不谬,吾不敢知也。"②戴震说人们不识字就试图解释经典,显然是夸张的说法。他的真正意思是说,后世儒者不懂文字、音韵、训诂学而去解释经典,所以对经典的解释很少不把意思搞错的。

当章学诚第一次听到戴震的这一说法时,甚至有点目瞪口呆的感觉。由此可见,戴震实为乾嘉时代的哲学狂人。不过,从原则上讲,戴震的观点是正确的,即只有通晓古今之异言,然后才能准确地理解古代的经典。但通晓了古代的语言是否就能真正地把握古代经典的真正意义,那就是另外一回事了。对于此点,戴震似乎没有做更多的论述。戴震非常重视文字与语言的关系,所以他本人特别重视对《尔雅》的研究。他说:"故古训之书,其传者莫先于尔雅,六艺之赖是以明也。所以通古今之异言,然后能讽诵乎章句,以求适于至道。"③

应当说,戴震是在言能达意的前提下讨论语言与经学经典的意义关系的。这种经学研究方法固然有其深刻性,但如果不将语言与社会制度背景,人伦生活实际结合起来,仅仅通过语言也还是不能准确地把握经典中的意义的。因此,戴震也十分强调对古代科学知识、制度背景的研究。

(二)声音与意义的关系

戴震还敏锐地意识到,要研究古代文字、词汇的意义,还必须通晓古代语言的发音及其变化的历史。他从人发声的自然节限出发来分析"六书"制作的原理,说道:"人之语言万变,而声气之微,有自然之节限。是

---

① 戴震:《与王内翰凤喈书》,《戴震全书》第 6 册,张岱年主编,第 278 页。
② 戴震:《尔雅注疏笺补序》,《戴震全书》第 6 册,张岱年主编,第 276 页。
③ 戴震:《尔雅注疏文字考序》,《戴震全书》第 6 册,张岱年主编,第 275 页。

故六书依声托事，假借相禅，其用博，操之至约也。"他注意到声音与意义之间的关系并不始于戴震，明末清初的顾炎武、方以智对此已经有所论述。戴震则更进一步地分析了声音与意义关系的具体规则。他说："凡同位则同声，同声则可以通乎其义。位同则声变而同，声变而同则其义变可以比之而通。"因此，在训诂过程中，就可使用这样的原则："疑于义者以声求之，疑于声者以义正之。"①

戴震的这一"因音而求义"的语言学方法，是顾炎武、方以智因声求义思想的继承与深化。这一方法，在其同时代的学者钱大昕那里，后学段玉裁、高邮王氏父子那里均得到了进一步的回应与继承。如钱大昕说："古人以音载义，后人区音与义而二之，音声之不通而空言义理。吾未见其精于义也。"②

段玉裁说："圣人之制字，有义而后有音，有音而后有形，学者之考字，因形以得其音，因音以得其义……治经莫重乎得义，得义莫切于得音。"③

王念孙说："以训诂之旨，本于声音。故有声同字异，声近义同，虽或类聚群分，实亦同条共贯。譬如振裘必提其领，举网必挈其纲，故曰'本立而道生'。④"

王引之亦说："大人（其父王念孙）曰：诂训之指存乎声音，字之声同声近者，经传往往假借，学者以声求义，破其假借之字而读以本字，则焕

---

① 戴震：《转语二十章序》，《戴震全书》第 6 册，张岱年主编，第 305 页。远在元代的戴侗就提出过"因音求意"的思想，清初方以智又继承了这一思想。在《通雅·凡例》中，他明确说"此书主于折衷音义"，又说，"因声知义，知义而得声也"。参见方以智《通雅》卷六，《方以智全书》第 1 册，侯外庐主编，第 241 页。
② 段玉裁：《六书音均表序》，《说文解字注》第十五卷下，第 804 页，上海，上海古籍出版社，1981。
③ 段玉裁：《王怀祖广雅注序》，《经韵楼集》卷八，《续修四库全书》第 1435 册，第 71 页。
④ 王念孙：《广雅疏证序》，《王石臞先生遗文》卷二，《续修四库全书》第 1466 册，第 42 页，上海，上海古籍出版社，2002。

然冰释。如其假借之字而强为之解,则诘鞫为病矣。"①

这些乾嘉学者将对古代文字意义的研究深入到声音与意义的关系层面,进而更加深入、系统地考索古代经典中字、词的原义,这一点应当是汉人训诂学所缺乏的新内容,也是乾嘉考据学不能简单地看作是汉代训诂学翻版的理由之一。

(三)通过语言以求经中之道

将文字、名物制度的考订这一广义的语言学研究方法与考究古代圣贤的思想精神联系起来,并从此角度公开批评宋儒在学术方法上的缺失,是戴震哲学思考的根本特点。在《与某书》中,②他这样说:

> 治经先考字义,次通文理,志存闻道,必空所依傍。汉儒训故有师承,亦时有傅会。晋人傅会凿空益多。宋人则恃胸臆为断,故其袭取者多谬,而不谬者在其所弃。我辈读书,原非与后儒竞立说,宜平心体会经文,有一字非的解,则于所言之意必差,而道从此失。③

在此封信中,戴震从文字、名物制度的考订这一广义的语言学研究方法角度公开批评宋儒哲学思考的方法论缺失。他说:"宋以来儒者,以己之见,硬坐为古贤圣立言之意,而语言文字实未之知。"他对宋儒思想作知识论进路的批评,在当时具有非常大的震撼意义。先且不说宋儒们所说的道理对不对,只要一看宋儒们连基本的语言文字理解能力方面都有问题,则其所阐述的道理是否符合往古圣贤的思想,就自然地要引起人们的怀疑与重新思考了。特别是以朱子为代表的理学,向来以"格物致知"和"道问学"而见长。这时突然变得连字都认错了,岂不令人震惊!因此,戴震从广义的语言哲学的立场出发来解构宋儒理论的权威性,而

---

① 王引之:《经义述闻序》,《王文简公文集》卷三,《续修四库全书》第 1490 册,第 383 页,上海,上海古籍出版社,2002。
② 依钱穆先生考证,该信写于乾隆丁酉年,即公元 1777 年夏,属于临终前绝笔信之一。若钱先生的考证准确,则此信晚于《孟子字义疏证》一书,因而可以看作是《疏证》一书的理论概括,也可以看作是其晚年哲学方法论与新哲学创造实践统一后的高度理论总结。
③ 戴震:《与某书》,《戴震全书》第 6 册,张岱年主编,第 495 页。

借助的工具则是当时人们奉为圭臬的语言、文字学方法。在方法论上占有优势，并因此优势而获得时人的心理认同。

以戴震为代表的乾嘉考据学并不反对人们追求形而上的"道"，而只是强调人们应当通过广义的语言工具，以实证的方式去求道。这与西方20世纪语言哲学拒斥形而上学的思路非常不同。因此，我们可以说，戴震只是反对宋儒凿空而言道的方法，强调必须依赖文字、语言的工具以达到对存留于"六经"中的"道"——真理的把握。他说：

> 士生千载后，求道于典章制度而遗文垂绝。今古悬隔，时之相去殆无异地之相远，仅仅赖夫经师故训乃通，无异译言以为之传导也者。又况古人之小学亡，而后有故训，故训之法亡，流而为凿空。数百年以降，说经之弊，善凿空而已矣。①

戴震的意思是说，生在圣贤之后几千年的读书人，如何去理解他们留下的经典呢？如果仅仅依靠经师和历史上留给我们的训诂，与依赖翻译作为经典的传达者没有两样。故代系统的小学知识系统已经亡选，故训的方法也已失传，所以几千年来的解经著作，其严重的弊端在于凭空臆说。基于他对几千年经学史作如此全面否定性的认识，戴震希望以语言学的实证方式来论道，反对宋儒思辨型的哲学思考方式。这一思路在他30岁以前作《与是仲明论学书》②时，就已经非常明白地表达出来了。他说：

> 仆自少时家贫，不获亲师，闻圣人之中有孔子者，定六经示后之人，求其一经，启而读之，茫茫然无觉。寻思之久，计于心曰："经之至者道也，所以明道者其词也，所以成词者字也。由字以通其词，由词以通其道，必有渐。"求所谓字，考诸篆书，得许氏《说文解字》，三年知其节目，渐睹古圣人制作本始。又疑许氏于故训未能尽，从友

---

① 戴震：《古经解钩沉序》，《戴震全书》第 6 册，张岱年主编，第 377 页。
② 该封书信作于癸酉年，是年为乾隆十八年，即公元 1753 年，戴震 29 岁。

人假《十三经注疏》读之，则知一字之义，当贯群经、本六书，然后为定。①

他为了批评宋明以来儒者中的"凿空"之风，不得不反复强调汉儒强调"故训"的方法论意义。所以他又说：

> 后之论汉儒者，辄曰故训之学云尔，未与于理精而义明。则试诘以求理义于古经之外乎？若犹存古经中也，则凿空者得乎？呜呼！经之至者，道也；所以明道者，其词也；所以成词者，未有能外小学文字者也。由文字以通乎语言，由语言以通乎古圣贤之心志，譬之适堂坛之必循其阶级，而不可以躐等。②

上述两则文献，前一则是戴震早年自学成才时的心得之见，此时他并未与惠栋见面。后一则是中晚年的作品。这两则文献均表明，以戴震为代表的皖派考据学，不仅不反对义理，而特别强调了通过文字、语言的正确途径通达义理方法的重要性。他将文字、词汇、语言看作是通向古经中圣人之道的必经台阶。舍此台阶，我们无由达到古经中的圣人之道。这样，戴震就明确地将文字、词汇、文化制度、语言研究的价值和意义与追求圣人之道的崇高的价值理想联系起来了。一方面，这种方法使得清代学人对古代圣人之道的认识获得了坚实的方法论的基础；另一方面，又在价值理想方面指明了文字、词汇、文化制度、语言学研究的方向与目标，避免文字、语言学研究重新陷入支离破碎之中。

戴震为什么要如此地强调文字、文化制度、语言学研究之于哲学思想研究的意义呢？因为在他看来，如果抛弃了文字、词汇、语言的实证方法，以"凿空"的方式求道于六经，则会出现两种弊病："其一，缘词生训

---

① 戴震：《与是仲明论学书》，《戴震全书》第 6 册，张岱年主编，第 370—371 页。关于言与道的关系，类似的说法还有，如在《沈学子文集序》中，戴震说："凡学始乎离词，中乎辨言，终乎闻道。离词，则舍小学故训无所籍；辨言，则舍其立言之体无从而相接以心。"见戴震《沈学子文集序》，《戴震全书》第 6 册，张岱年主编，第 393 页。
② 戴震：《古经解钩沉序》，《戴震全书》第 6 册，张岱年主编，第 378 页。

也;其二,守讹传谬也。缘词生训者,所释之义,非其本义。守讹传谬者,所据之经,并非其本经。"①用现代的语言来说,"缘词生训",即是根据作者的主观理解,对经典中的一些关键词汇根据上下文作推测性的解释,而会忽略经典所处时代的文字、词汇的本义。"守讹传谬",即是对经典的版本问题研究不透,据伪经来释义,有拉大旗作虎皮的意味。戴震的意图很明确,那就是要力求通过文字、语言的工具,使得后人对古代经典高深哲理的解释具有人文学的实证性,从而保证人文学释义的客观性与科学性,不要使人文学的研究陷入高度主观化的臆想之中,力求在历史的情境中理解古代圣人"与天地之心相协"的精神。在晚年《与段茂堂等十一札》的第九札中,戴震坦陈了其一生在哲学方面的终极价值追求与方法论追求:"仆自十七岁时,有志闻道,谓非求之六经、孔、孟不得,非从事于字义、制度、名物、无由能通其语言。宋儒讥训诂之学,轻语言文字,是欲渡江河而弃舟楫,欲登高而无阶梯也。为之卅余年,灼然知古今治乱之源在是。"②

戴震将通过文字、语言的正确方法把握儒家经典中蕴涵的道,与整个社会的治乱的大问题联系在一起,充分地展示了他的语言哲学与政治关怀的内在联系。如果从比较哲学的角度看,这也是戴震所开创的中国哲学的语言学转向与 20 世纪西方哲学的语言转向颇为不同的地方。综合上述几节所论,我们把以戴震为代表的皖派汉学"力求通过文字、典章制度、语言的工具"来获得经典解释中的客观性方法,暂时称之为"人文实证主义"③。这一人文实证主义的方法使得乾嘉时期的哲学思考迥然有别于宋明理学的思辨哲学,与明末清初的反理学思潮亦有不同之处。明末清初的反理学思潮可以看作是乾嘉时期哲学思想的一种过渡,而乾

---

① 戴震:《古经解钩沉序》,《戴震全书》第 6 册,张岱年主编,第 378 页。
② 戴震:《与段茂堂等十一札》,《戴震全书》第 6 册,张岱年主编,第 541 页。
③ 实证主义是 20 世纪西方哲学的一个流派。我借用实证主义的基本思想而将清代乾嘉时期皖派考据学称之为"人文实证主义"方法。其基本涵义即是通过文字、训诂、制度、名物的考订的广义语言学方法追求经典解释过程中的客观性。

嘉时期的人文实证主义哲学可以看作是清代哲学的典型风貌。

（四）戴震语言哲学的开放性

戴震的哲学思考虽然非常重视文字、音韵、训诂的方法，但他的哲学思考并没有完全依赖于对字、词的重新解释与语言的理解来解释经义，而是从更加广阔的文化史角度——即"知识考古"的角度来重新解释经典的原义。本章第一节提到，他在《与是仲明论学书》中曾说："至若经之难明，尚有若干事。"这若干事包括如下几个方面的内容，一是要懂得天文知识，二是要懂古代音韵知识，三是要懂得古代的礼制，四是要懂得古代历史地理，五是要懂得古代科技制造知识，六是要对生物、植物知识有所了解，从而更好地理解《诗经》中的比喻、比兴等文学手法。我将戴震提出的这些知识手段称之为"知识考古"的路径。除此之外，戴震所追求的"一字之义，当贯群经"遍举法，也可以理解为以整体来确证局部的哲学解释学方法。在《与姚孝廉姬传书》一信中，戴震提出了要追求"十分之见"的真理论，反对"据孤证以信其通"的或然证据法。显然，这些要求已经远远超出了语言哲学的领域之外，而具有科学的实证与追求真理的精神了。

除上述所讲的内容之外，戴震的语言哲学思想还与哲学的解释学有密切的关联，他还提出了"要大其心"以合于古圣贤与天地之心相协的伟大心灵相合的哲学解释学方法，实现后来者与古代圣贤精神的对话与沟通。这是一种近乎哲学解释学的方法，以往学术界对于此点一般比较忽视，现在学术界已经有人研究此问题了，如李开。在《古经解钩沉序》中，戴震说："由文字以通乎语言，由语言以通乎古圣贤之心志。"又说："人之有道义之心也，亦彰亦微。其彰也，是为心之精爽；其微也，则以未能至于神明。六经者，道义之宗而神明之府也。古圣哲往矣，其心志与天地之心协而为斯民道义之心，是之谓道。"①

在《郑学斋记》中，戴震颇为痛心地说道："学者大患，在自失其心。

---

① 戴震：《古经解钩沉序》，《戴震全书》第 6 册，张岱年主编，第 377 页。

心，全天德，制百行。不见天地之心者，不得己之心；不见圣人之心者，不得天地之心。不求诸前古贤圣之言与事，则无从探其心于千载下。是故由六书、九数、制度、名物，能通乎其词，然后以心相遇。"①

在《春秋究遗序》中，戴震这样说道："读《春秋》者，非大其心无以见夫道之大，非精其心无以察夫义之精。"在该文中，他借《春秋究遗》的作者叶书山的话，将经典研究过程中通过语言学的途径与"精心""大心"的思想领悟方法结合起来，体现了戴震语言哲学思想内涵的丰富性。他说：

> 震尝获闻先生论读书法曰："学者莫病于株守旧闻，而不复能造新意，莫病于好立异说，不深求之语言之间，以至于精微之所存。夫精微之所存，非强著书邀名者所能至也。日用饮食之地，一动一言，好学者皆有以合于当然之则。循是而尚论古人，如身居其世睹其事，然后圣人之情见乎词者，可以吾之精心遇之。非好道之久，涵养之深，未易与于此。"先生之言若是。然则《春秋》书法以二千载不得者，先生独能得之，在是也夫。②

这则序文，戴震当然有美誉叶书山之处，然叶书山所言多有与他自己的观点相合之处，如强调通过语言研究进入对道的理解，非勉强著书以邀名，合于当然之则这三点，都是戴震日常反复强调的思想。惟以研究者的"精心"与圣人之心相遇的思想，是戴震在晚年逐渐明晰的新思想。上述两篇序文，一篇学记，集中反映了戴震语言哲学思想之外的哲学解释学的内容。从一个侧面展示了戴震的语言哲学在理论视野上蕴涵着较强的开放性，需要我们从多个方面来理解其哲学思想。20 世纪中国哲学研究长期以来受制于西方哲学视野与中国现实社会政治与文化需求的影响，对于戴震丰富的哲学思想的认识预留了相当大的理论空间，有待后来者进一步拓展其丰富的哲学内涵。

---

① 戴震：《郑学斋记》，《戴震全书》第 6 册，张岱年主编，第 406 页。
② 戴震：《春秋究遗序》，《戴震全书》第 6 册，张岱年主编，第 381—382 页。

第七章　章学诚、崔述的历史哲学

　　章学诚（1738—1801），字实斋，号少岩，浙江会稽（今绍兴市）人。他是乾嘉时代颇具学术独立性的历史学家。其最重要的历史学著作是《文史通义》。从思想的发展过程看，作为与戴震同时代而在思想与学术两方面晚熟于戴震的章学诚，其学术、思想的成长深受戴震的影响。一方面，章学诚是当时能够理解戴震哲学思想的少数学者之一，另一方面，章学诚又是当时及戴震身后批评戴震学术与思想的最重要的学者与思想家之一。他处于乾嘉考据学鼎盛的时代而能抗拒考据学的时代压力，致力于文史通义的历史文化哲学的理论思考，在"六经皆器"的道器关系论的前提下，重新阐述了"六经皆史"的历史哲学命题，以"言性命必究于史"的实证哲学思想作为"渐东学术"的精神纲领，建构了"渐东学派"的史学理论流派。他与戴震一道成为乾嘉时代另一面哲学旗帜。章学诚所追求的"通史家风"，上接司马迁、刘知几等人的历史哲学精神，下开具有近代意义的历史文化哲学。其学说在当世并无多大影响，清末民初之后对我国学术界产生了巨大的影响，梁启超、胡适等人对其学说都有高度的评价。

第一节　《文史通义》的性质及其学术定位

与乾嘉时代三大考据史学家的代表著作相比较而言，章学诚的《文史通义》一书颇为另类。它与其说是一部历史学著作，不如说是一部历史文化哲学著作。从哲学思想史的角度看，其性质与经学家戴震的《孟子字义疏证》当属同类，并且可以毫不夸张地说，这两本书是该时代哲学著作的双璧。

从哲学思想史的角度看，《文史通义》一书的核心观念是"道不可见，可见者道之迹"的道论与"三人居室而成道"的人道论。作为"形上之道"的道体是变动不居的，圣人也无法把握，因而圣人并不能代表"道"，更遑论以道自居，而只能从百姓日用而不知的生活轨迹中发现"道"之迹。"六经"是载道之书，但"六经"不能涵盖发生在"六经"之后的历史事件和变化之道。因此，"六经"也只能是道之器，而不是道体，即不是道本身。每一代人都必须通过对"六经"核心精神的领悟来重新研究、把握他们自己的时代之道。"六经"皆是大道变化的陈迹，是圣人因时而撰写的经典文本，因而"六经皆史"。

大道之体不可见，也不可说，则天人性命之理也不能凭空而论。要研究天人性命的抽象哲学道理，也只能在"道"变化的历史轨迹中去寻找。因此，"言性命必究于史"之史就是所有哲学研究的出发点。

历史是什么？凡是人间的所有文字、著述等都是历史。可见，章学诚思想中的历史即是历史文献及其所呈现出的道的变化轨迹。这是一个相当抽象的思辨历史哲学命题，而与司马迁所追求的"究天人之际，通古今之变"的历史学观念有相当大的不同。章学诚的历史学更多关注的是历史文献及其所呈现出的道之迹，而不是感性的人类活动本身。这大约与乾嘉时代重视文献的时代与学术氛围有关。按照章学诚的历史观来看，传统经、史、子、集四部分类的典籍与学问（知识）系统的文字表达形式，都是历史。换句话说，四部分类虽然由来已久，然而就人类的学问而言，只有一种，那就是章学诚所说的历史学。因此，文史，即一切通过文字形式存留下来的道之变化的陈迹——历史，是"道体"在人间留下的足迹，表面看起来有经、史、子、集四类形式，其实具有内在的共通性质——即是"道"之迹的表现。因此，历史学研究不是斤斤计较于具体历史事实的考订，经学研究也不是对六经原义的把握，人文学的研究无非是要把握那变动不居的道，通过对道变化轨迹的研究来研究现实的存在，把握现实中的道，从而实现研究者研究活动的价值。因此，所有学术研究的根本精神是对"公共之道"的把握，而不是为了研究者的名声去别立门户。如果一个人的研究成果的确体现了"道"的精神，即使不以这个人的名字去命名也没有关系，因为学术乃追求大道的"天下之公器"。只要是揭示了那个时代的变化之道，则具体个人的名声存留于人间与否，是没有多大关系的。这是章学诚在道论思想指导下所持有的特别的学术价值观。

然而，章学诚在《文史通义》中又对"独断之学"情有独钟，三致其意。而且也强调学术研究要体现研究者的"性灵"——即研究者的"别识心裁"。如果学术研究是对"公共之道"的把握，人们又何以能够有自己的"别识心裁"，从而形成自己的"独断之学"呢？

这需要联系他"独断之学"的反面——考索之功和"别识心裁"的反面——记注史学，才能充分理解这一学术主张与其"道公而学私"的内在关系。

在《文史通义》一书中，章学诚将"独断之学"与"考索之功"严格区分开来，对乾嘉时代徒知考据为学问的时代风气给予了猛烈的抨击，体现了过人的胆识与学术智慧。他说：

> 学问文章，古人本一事，后乃分为二途。近人则不解文章，但言学问，而所谓学问者，乃是功力，非学问也。功力之与学问，实相似而不同。记诵名教，搜剔遗逸，排纂门类，考订异同，途辙多端，实皆学者求知所用之功力尔！即于数者之中，能得其所以然，因而上阐

古人精微，下启后人津逮，其中隐微可独喻，而难为他人言者，乃学问也。①

章氏将考索之功与理想中的真正学问（即独断之学）区别开来，与戴震将考据看作是抬轿者，而"求道"才是坐轿之人的说法类似。章学诚从学问的角度肯定戴震的同时，又批评戴震以"考索之功"为标准来衡量某人是否有学问的做法，如章学诚说："近日言学问者，戴东原氏实为之最。以其实有见于古人大体，非徒矜考订而求博雅也。"②但是戴震又有过失之处，以己之长来要求天下所有学人必精于考订方能言学问："戴氏深通训诂，长于制数，又得古人之所以然，故因考索而成学问，其言是也。然以此概人，谓必如其所举，始许诵经，则是数端皆出专门绝业，古今寥寥不数人耳，犹复此纠彼讼，未能一定，将遂古今无诵五经之人，岂不诬乎！"③

不过，章学诚并没有简单地否定"考索之功"的价值，只是认为在更高的层面上盾，考索之功与独断之学是不能够严格区分的，如果真正做到融功力于性情之中，则可以称之为有学问了。他认为，当孔子说"发愤忘食，乐以忘忧，不知老之将至"这段话时，我们已经无法区分什么是功力，什么是性情了，这就是学的究竟意。而孔子之所以能达到这一究竟的境界，是因为他能做到"好古而敏求之者也"。④ 章学诚将性情与功力融为一体，称之为学问，这与他追求独断之学的思想精神密切相关。这一点，也是他与戴震的学术思想颇为不同的地方。戴震追求"十分之见"，似乎更倾向普遍有效的真理性知识。而章学诚则更追求"别识心裁"，"独断之学"，更强调学问的个性，就这一点而言，章氏学术思想与焦循的"性灵"经学思想似乎更为接近。不过，他追求的"大道"与"独断之

---

① 章学诚：《又与正甫论文》，《文史通义新编新注》，仓修良编注，第 807 页，杭州，浙江古籍出版社，2005。
② 章学诚：《又与正甫论文》，《文史通义新编新注》，仓修良编注，第 807 页。
③ 章学诚：《又与正甫论文》，《文史通义新编新注》，仓修良编注，第 807 页。
④ 章学诚：《博约中》，《文史通义新编新注》，仓修良编注，第 118 页。

学"之间，也存在着一定的张力。

在批评了考据学末流斤斤于考据而自以为是真学问的同时，章学诚也毫不客气地批评了历史上的官修史学了无史识和考据史学"循流忘源"的缺陷，认为他们的著作都无法体现历史变化、发展之道。他说：

> 子长、孟坚氏不作，而专门之史学衰。陈、范而下，或得或失，粗足名家。至唐人开局设监，整齐晋、隋故事，亦名其书为一史；而学者误承流别，不复辨正其体，于是古人著书之旨晦而不明。至于辞章家舒其文采，记诵家精其考核，其于史学，似乎小有所补；而循流忘源，不知大体，用功愈勤，而识解所至，亦去古愈远而愈无所当。①

由上述对历史学发展脉络的回顾与批评，章学诚表彰郑樵，并进而表彰司马迁、班固的历史学著作，认为他们的著作把握了历史变化之道，体现了史家的别识心裁。他认为郑樵在司马迁、班固之后，"慨然有见于古人著述之源，而知作者之旨，不徒以词采为文，考据为学也。于是欲匡正史迁，益以博雅；贬损班固，讥其因袭。而独取三千年来遗文故册，运以别识心裁，盖承通史家风，而自为经纬，成一家言者也"②。

郑樵是否达到了"自成经纬，成一家之言"的历史学高度，还有待讨论。然而章学诚是这样认定的。他认为，除了郑樵之外，在司马迁、班固之后，"史家既无别识心裁，所求者徒在其事其文"③。这样的历史学作品实在不可以称之为"史学"撰述。章学诚根据自己的历史哲学观念，将历史学著述分成两大类，一是撰述之作，一是记注之学。而依据史学研究与写作的风格，又分为史学与史考、史选、史纂、史评、史例等不同类型。而他本人最为欣赏的当然是"史学"。他说：

> 世士以博稽言史，则史考也；以文笔言史，则史选也；以故实言史，则史纂也；以议论言史，则史评也；以体裁言史，则史例也。唐宋

---

① 章学诚：《申郑》，《文史通义新编新注》，仓修良编注，第 249 页。
② 章学诚：《申郑》，《文史通义新编新注》，仓修良编注，第 249 页。
③ 章学诚：《申郑》，《文史通义新编新注》，仓修良编注，第 250 页。

> 至今，积学之士，不过史纂、史考、史例；能文之士，不过史选、史评，古人所为史学，则未之闻也。①

由上所引文献及分析可知，章学诚所说的"独断之学"，是异于考据学追求细节真实而言的追求形上大道的学问。章学诚所说的"别识心裁"，即是异于历史学研究领域里不能反映历史变化之道的史学，特别是相对于官修史学而言的个人创作的史学著作，如司马迁的《史记》就可以说具有"别识心裁"。它们的基本精神是一致的，即要求一切学术研究活动，包括所有历史学著述都必须与揭示人类变化的大道有关，而且有个人独到的见解。否则，他们所做的学问都可能因为是门户之见而没有什么重要的价值。就历史学的研究与撰述而言，史学家必须具备历史学家的内在德性——即对历史的真实性、历史变化之道的把握能力与表达能力，然后才有资格当历史学家。这便是章学诚在《文史通义》一书所发明的，也是他自以为是"别识心裁"的史德观。在此基础之上的历史学才能把握大道，即具备了"史义"。而具体历史学家的"史意"——即个人的历史裁断，就是为了把握"史义"，以便统御史事与史文。

《文史通义》一书内涵丰富，绝非本节简短文字所能穷尽其意。而历史学领域的诸前贤与时贤对该书及章学诚历史学思想丰富性的揭示与挖掘，可以与本节所论相互发明。本节只是想对《文史通义》一书内在哲学思想的一贯性特征给出简明的勾勒，一是凸显其在乾嘉考据学中的独特地位，二是补前贤所论未逮之处。相对于三大考据史学著作而言，该书不以具体的历史事件考订见长，也不是通过具体的历史事件的再叙述达到对历史与现实的批评，而是对历史之所以作为历史的根本属性——以探究变动不居之道的哲学思考为出发点，让史学统御人类所有的学问门类，进而对历史学的撰述、历史学家的内在资格提出要求；又进而论述一切学问和历史学研究、著述的分类问题。如果说，戴震的《孟子字义疏证》通过直接解构与批判宋明理学天理观念，意在表达自己的新伦理学

---

① 章学诚：《上朱大司马论文》，《文史通义新编新注》，仓修良编注，第 767 页。

与政治哲学理想诉求,而恢复原始儒家精神只是其托辞或言说技巧的话,那么章学诚的《文史通义》通过批评同时代学人斤斤于考据学并且以为唯考据学是从的学风,用意则在于让一切学术研究,包括史学研究走出故纸堆,面向现实社会。换言之,章氏以智者的孤勇从事历史文化哲学的思考,将人类的一切文字、著作都看作是大道的陈迹,将"六经"看作是先王之政典,要求人们通过对大道陈迹的研究而领悟变动不居的"道体",实现学以致用的目的。从学脉上说,章学诚的学问吸收、继承了戴震的一些思想,同时又批评了戴震哲学思想中的一些不足之处,并从历史学重视时间的维度来考察"道"的变动不居特征,从而在道论方面弥补了戴震以气化论为基础的道论思想中暗含而未明言的道之时间性的不足,深化并丰富了乾嘉哲学形上学——道论的思想内容。

第二节　章学诚的道论思想

一、章学诚道论思想的形成过程

晚明以降的绝大多数有创见的思想家,大体上都走过一条依傍宋明理学,最终又背离宋明理学的思想历程,正如宋学的绝大多数有创见的思想家都走过依傍佛老,而最终走向批判佛老的思想道路一样。章学诚道论思想的形成大体上也走过依傍朱子理学到摆脱朱子理学,最后形成以他自己理想中的史学为基础,以人类社会生活实践为内容的"新道论"的思想历程。按照前贤的研究成果看,章学诚写作《文史通义》的时间大约在 35 岁,而其论道的文字,较早出现在 40 岁左右。[1] 其时,章氏的道论思想还很传统,很抽象,并没有形成自己的真正见解。在《定武书院教诸生识字训约》[2]中,章学诚说:"夫道者,仁者见之谓之仁,知者见之谓之

---

[1] 参见仓修良、叶建华《章学诚评传》第二章,南京,南京大学出版社,2007。
[2] 此文作于乾隆四十二年(1777)春,时年章学诚 40 岁,属其早期思想。

知，百姓日用而不知，无定体者皆是也。"①可见，此时的章学诚在道论的认识上还是人云亦云，说不上有什么新见。

五年之后，章学诚的道论思想在主观意识上虽然力图摆脱宋代道学的影响，提出了"道不离器"的观点，但在具体内容上仍然没有摆脱朱子理学思想的影响。在《与朱沧湄中翰论学书》中，章学诚说：

> 盖学问之事，非以为名，经经史纬，出入百家，途辙不同，同期于明道也。道非必袭天人、性命、诚正、治平，如宋人之别以道学为名，始谓之道。文章学问，毋论偏全平奇，为所当然而又知其所以然者，皆道也。《易》曰："形而上者谓之道，形而下者谓之器。"道不离器，犹形不离影。日月光天，终古不变，而群生百物，各以质之所赋而被其光，谓其所得光影各有大小高下之不齐则可矣，谓尽去形质而始为日月之光，不知光将何附也！以所得之大小高下而推测日月之光则可矣，以谓光即在此大小高下而不复更有中天之日月焉，不知争此大小高下将何用也！由此观之，学术无有大小，皆期于道。若区学术于道外，而别以道学名，始谓之道，则是有道而无器矣。学术当然，皆下学之器也；中有所以然者，皆上达之道也。器拘于迹而不能相通，惟道无所不通，是故君子即器以明道，将以立乎其大也。②

上述一段文字较长，大体上可以从以下三个方面来理解，其一，所有学问的目标都是"求道"。经史百家之学的形式差异不影响这一根本的目标。其二，"道"并非宋明理学家们所讲的内容，而是所当然与所以然的结合体。其三，道不离器，离器则不可以见道。从这三个方面的内容来看，第一点与戴震的观点有相同之处，即二人均以"求道"为所有学问的根本目标。第二点中蕴涵着乾嘉学者的共识，即反对宋明理学的思想倾向。但他将"道"看作是所当然与所以然的结合体，其哲学认识又与朱

---

① 章学诚：《定武书院教诸生识字训约》，《文史通义新编新注》，仓修良编注，第 631 页。
② 章学诚：《与朱沧湄中翰论学书》，《文史通义新编新注》，仓修良编注，第 708—709 页。

子对形而上的"天理"的规定有相同之处,因为朱子所讲的"天理"就是所当然与所以然的统一体。章氏在此处只是换了一个"道"的名字而已。第三点,章氏的"道不离器"观点比较模糊,尤其是他采用的比喻性的论证缺乏足够的哲学明晰性。"日月光天,终古不变"的说法不仅在今人看来是错误的认识,中国古人也不是这样认识的,《周易》就是从变的角度这样来认识自然界之天的,从来不认为日月光天终古不变。而日月之光若是"道"的话,则日月之光可以脱离任何被照耀之物,不能用来说明"道不离器"的观点。这就表明,此时的章学诚对于此一抽象的哲学问题还没有真正的深刻的认识。

七年之后,即章学诚 52 岁时,思想已经成熟、定型,他的道论思想也更具有自己的特色了。在这一时期所创作的《原道》上中下三篇,以及相关的《易教》《诗教》《说林》《与陈鉴亭论学》等文章与书信中,集中而又系统地阐述了他自己的道论思想。概而言之,这一时期的道论思想有三点新的内容,其一是"以三人居室而成道"的人道论,其二是仅以"所以然"来规定"道",提出了道体不可见,而可见者为道之迹的说法,深化了 40 岁时"道无定体"的说法。其三,深化并丰富了"道不离器"的思想,提出了道在六经之中又在六经之外的思想,将"六经皆史"的旧命题赋予了新内容,使历史学成为面向现实与未来,并鼓励人们从事创造性事业的"经世"新史学,从而与同时代的考据史学追求普遍、确定的历史知识的史学品格区别开来了。下面着重分析其道论思想的新内容。

章学诚一反历史上"一阴一阳之谓道"的说法,着重从人类文明形成的历史角度来描述道的形成过程及其所具有的客观性特征,不再从自然哲学或气化论的角度来讨论抽象的哲学之道。他说:

> "道之大原出于天",天固谆谆然命之乎?曰:天地之前,则吾不得而知也。天地生人,斯有道矣,而未形也,三人居室,而道形矣,犹未著也;人有什伍而至百千,一室所不能容,部别班分,而道著矣。

仁义忠孝之名，刑政礼乐之制，皆其不得已而后起者也。①

在章氏看来，那种根源于天的抽象之道，他无法知晓。他只想谈论天地生人之后的"人道"的形成过程及其必然性，所谓"仁义忠孝之名，刑政礼乐之制，皆其不得已而后起者也"。这即是说，人类的文明制度虽出于人的思想构造，但有其"不得已"的客观、必然性的道理，看似主观的文明构造其实有其客观的、必然性内容。因此，人文世界其实也有如同天地运行的自然而然的客观性特征，因此，章学诚又说：

> 人之生也，自有其道，人不自知，故未有形。三人居室，则必朝暮启闭其门户，饔飧取给于樵汲，既非一身，则必有分任者矣。或各司其事，或番易其班，所谓不得不然之势也，而均平秩序之义出矣。又恐交委而互争焉，则必推年之长者持其平，亦不得不然之势也，而长幼尊卑之别形矣。至于什伍千百，部别班分，亦必各长其什伍而积至于千百，则人众而赖于干济，必推才之杰者理其繁，势纷而须于率俾，必推德之懋进司其化，是亦不得不然之势也；而作君、作师、画野、分州、井田、封建、学校之意著矣。故道者，非圣人智力之所能为，皆其事势自然，渐形渐著，不得已而出之，故曰"天"也。②

上述章氏所论"人道"形成的客观历程，既吸收了孟子从社会分工角度讨论儒家社会制度建制的合理性的思想，也吸收了柳宗元从历史动态发展过程论大型社会组织形成的思想，而着重强调历史上儒家所建构的一整套社会制度具有客观的必然性。这又与中国思想史上"名教与自然"之争的历史发生了联系。在魏晋玄学自然与名教的争论过程中，有以嵇康为代表的"越名教而任自然"的反名教一派，也有郭象、裴頠等人的"名教即自然"的肯定名教的一派。章学诚在此处所言的"当然"不是魏晋玄学的翻版，而是来自朱子的理学，但他的确是从新的角度论证了

---

① 章学诚：《原道上》，《文史通义新编新注》，仓修良编注，第 94 页。
② 章学诚：《原道上》，《文史通义新编新注》，仓修良编注，第 94 页。

儒家名教的客观必然性与历史合理性。他没有像程朱理学那样以独断论的方式论宣称："君臣父子，无所逃于天地之间"①，而是以历史学的方式论证了名教的必然性与历史合理性。虽然他并没有黑格尔那样的抽象哲学命题："凡存在的即是合理的"，但他的道论思想的确对历史上各阶段出现的规范与制度的客观性、历史合理性进行了论述与肯定。

章学诚虽然重视名教之总称（或别称）的"道"，却对圣人与道的关系作出了新论述。他认为，圣人可以体道，但不能等同于道。圣人与道的关系还不如众人与道的关系更加亲近。圣人所见之道只是众人"不知其然而然"的"道之迹"。因此，圣人所遗传下来的"六经"只是对"道之迹"的描述，而不是对"道"本身的规定，这就使得"经学"的地位有所下降。章学诚是这样论述道与圣人、众人，以及众人与圣人的关系的：

> 道有自然，圣人有不得不然，其事同乎？曰：不同。道无所为而自然，圣人有所见而不得不然也。故言圣人体道可也，言圣人与道同体不可也。圣人有所见，故不得不然；众人无所见，则不知其然而然。孰为近道？曰：不知其然而然，即道也。非无所见也，不可见也。不得不然者，圣人所以合乎道，非可即以为道也。圣人求道，道无可见，即众人之不知其然而然，圣人所藉以见道者也。故不知其然而然，一阴一阳之迹也。②

章氏道论在此处所阐发出的新意具有较大的思想突破意义。一方面，他找到了批评戴震"经之至者道也"的"经道合一论"的思想突破口；另一方面，他将学术的"求道"活动从纯粹的历史研究引向了对变动不居的生活现象本身的研究，从而蕴含着使历史研究摆脱对纯文献考订的思想的理由与价值目标的正当性，进而使历史研究内在地包涵对着当世制度的研究。这样，历史研究就可以摆脱考据史学的纯知识追求的趣味，

---

① 此语原出《庄子·人间世》，是庄子借孔子之口说出来的，然被宋代理学家借用过来了。
② 章学诚：《原道上》，《文史通义新编新注》，仓修良编注，第 95 页。

而让其保持一种古今贯通的"通史家风"。章学诚在其给友人的信中详细地解释了自己的道论思想①，但其内容基本上没有超出《原道》上中下三篇。他的道论思想从思想形式上看，与朱子的理学思想有内在的一致性，如他说："道者，万事万物之所以然也，而非万事万物之当然也。人可得而见者，则其当然而已矣。"②但是，他的道论思想毕竟又有不同于朱子理学思想中的"天理"论之处，因为他并没有将"道"看作是先于天地之先的存在，而只是将"道"看作一种不可见的"所以然"。这与他 40 岁时所说的"道无定体"的说法是一致的，只不过内涵更加丰富而且更加具体，更充分展现了自己的思想特质。

二、章学诚道论的基本内容

简明地说，章学诚道论思想的轮廓大致可以作如下的表述：阐明道源、推定道体、辩明道器关系，试图为当时的文史研究工作指明根本的方向，并为文史领域的不同部门研究工作的价值提供哲学上的根据与论证。从后人的角度看，其"道器"关系论与王夫之多有暗合，然而在章学诚时代，他本人及其他学者似乎还无法看到王夫之的相关论述，因而其"道器"关系论可以视为他的独创。

（一）天与天道

要准确地把握章学诚的道论思想，首先必须了解他思想中"天"字的含义。在章学诚的思想体系中，他所讲的"天"有两层意思，一是指客观的自然之天，即类似于今日的宇宙。在《天喻》篇，他说："夫天浑然而无名者也。三垣、七曜、二十八宿、十二次、三百六十五度、黄道、赤道，历象

---

① 在《与陈鉴亭论学》（撰于乾隆五十四年）一信中，章学诚向友人陈鉴亭进一步解释了其道论思想的基本逻辑思路，认为道无处不在，无所不包，"道无不该，治方术者各以所见为至"。而且说，由于一般人认为，他的"道之大原出于天，其说甚廓"，所以，他以"三人居室"而成道的历史过程来"实证"道的历史过程，从而推论"道体之存即在众人之不知其然而然"的自然历史过程之中。
② 章学诚：《原道上》，《文史通义新编新注》，仓修良编注，第 94 页。

家强名之以纪数尔。"①在《匡谬》篇,他说"盈天地间惟万物"。② 二是代指自然而然的状况,不是人力所为的过程与结果。章学诚主要通过"天"的概念来说明道的客观性,非人为性和普遍性的特征。因此,当他从生成论的角度说"道之大原出于天","天地生人,斯有道矣,而未形也"这两句话时,就是在阐述"天道"问题。而文中的"天"字就是自然之天。当他说这一段话时:"故道者,非圣人智力之所能为,皆其事势自然,渐形渐著,不得已而出之,故曰天也。"③其实是在阐述"道"的客观性,其中的"天"字代指自然而然的状况,不是人力所为的过程与结果。

通观章学诚的道论思想,他对"天道"的论述非常简略,这既可能与他对"天道"的态度有关,也可能与他个人的知识背景有关。他反复阐述这样一个道理:"言天人性命之学,不可以空言讲也",并将自己所归属的"浙东学派"的特征规定为:"言性命者必究于史"。他批评后人著述"舍人事而言性天",认为这样做是无法把握史学精义的。正是在这样的天人性命之学的观念下,他还说了一句非常奇怪的话:"上古详天道,中古以下详人事之大端也。"这句话显然不是对科技发展进步过程的描述,因为在其他地方,他多次说过,天文历算之学,后出转精之类的话;而应当理解为中古以后的学者多从"人事的大端"来阐发天人性命之学的。从另一方面看,由于他不太熟悉天文历算之学。这一知识结构的局限性也可能是他略于论天道的原因,而这一点也正是他与戴震道论思想形成区别的关键之一。

关于天道与人道的关系,章学诚没有明确的论述,只是在论述儒家经典时涉及这一关系。他说:"《易》以天道切人事,《春秋》以人事而协天道。"④在我们看来,章学诚的道论思想,其主体部分是阐述人道的内涵、变动不居的开放过程及其存在的方式。

---

① 章学诚:《天喻》,《文史通义新编新注》,仓修良编注,第 332 页。
② 章学诚:《匡谬》,《文史通义新编新注》,仓修良编注,第 169 页。
③ 章学诚:《原道上》,《文史通义新编新注》,仓修良编注,第 94 页。
④ 章学诚:《易教下》,《文史通义新编新注》,仓修良编注,第 18 页。

（二）"三人居室而成道"——章学诚的人道论

在章学诚看来，作为人类社会规则始端的"人道"，"乃始于三人居室"，只是在此阶段的"人道"特征还不是很显明。等到"人有什伍而至百千，一室所不能容，部别班分"之时，"人道"才开始彰显出来。因此，"仁义忠孝之名，刑政礼乐之制，皆其不得已而后起者也。"

章学诚为何将"人道"的开端规定为三人居室，而不是二人居室？《易传》讲"一阴一阳之谓道"，将夫妇看作是人伦之始，而章氏却说："三人居室，而道形矣，犹未著也。"这一说法有什么样的深意呢？按照章氏的论述，三人居室而人道开始形成，主要原因是起于分工，因分工而产生"均平秩序之义"，为了维持均平、秩序之义而推举年长者维持均平，因而又形成长幼尊卑的等级。他是这样说的：

> 人之生也，自有其道，人不自知，故未有形。三人居室，则必朝暮启闭其门户，饔飧取给于樵汲，既非一身，则必有分任者矣。或各司其事，或番易其班，所谓不得不然之势也，而均平秩序之义出矣。又恐交委而互争焉，则必推年之长者持其平，亦不得不然之势也，而长幼尊卑之别形矣。①

由上所引的材料可知，章学诚不再是简单地以天道来规定人道，而是从人道自身的内在需求——社会分工与社会秩序的角度揭示"人道"产生的内在逻辑，这一点上，他有比戴震道论思想高明的地方。

从本体论的角度看，章学诚所说的"道"与朱子所说的"天理"具有某种程度的相似性。朱子哲学中作为万事万物根据的"天理"，就具有"所当然"与"所以然"的意思。章学诚认为道是万物之所以然，而不是某种实体性的东西，就此点而言，他的道论思想与朱子的"天理"思想有某种相似性。他说："道者，万事万物之所以然，而非万事万物之所当然也。"因此，人们能看见的只是"当然"，而无法看到"所以然"。这种"当然"，只

---

① 章学诚：《原道上》《文史通义新编新注》，仓修良编注，第94页。

是"道"变动的陈迹,不是"道"本身。因此,从认识论的角度看,人们不可能看见道体本身,只能看见具体的物象与事象。如他说:"道不可见,人求道而恍若有见者,皆其象也。"①这与章学诚早年所说的"道无定体"②的观点在思维方式上基本一致。

由上所引文献可知,章学诚所说的"道"与戴震讲的指称"实体实事"之道,以及"合物与则之道",是相当不同的,而与朱子所讲的"天理"在具体内涵上也不尽相同,只是就"道"的非实体性特征而言,与朱子的"天理"有相似之处。③

既然"可形其形而名其名者,皆道之故(陈迹)",那么圣人是如何把握这种变动不居的"道"的呢? 在章学诚看来,大圣人是从众人的"不知其然而然"的人伦日用之中,体悟到道之形迹,从而"经伦制作","创制显庸"。相对于客观、自然之道(即真理)而言,圣人只是把握并顺应了道,而不是根据个人的主观才智来制定社会制度的。反过来说,由周公创立孔子继承的一套制度,乃是一种客观的人道法则的体现,而不是人道法则本身。所以,后人要知道人道的法则,首先必须知道"周、孔之所以为周、孔"的深层道理,而不是简单地把他们当作圣人来盲目的崇拜。因此,章学诚哲学思想中的"道体"其实是隐而不见的,人们所能看见的只是"道体"运动过程中遗留下来的陈迹。这一道论思想隐含着一些革命性的见解,即所有现存的人伦法则都可以根据具体的历史情境而加以修改的,因为这些人伦法则都只是道运动过程中的陈迹,都是具体的器物,而不是道本身。"道"本身只是所有事物、现象背后之所以是这样的理由、根据。因此,章学诚的人道论思想虽然包含着对历史上儒家所创立的制度予以客观化的肯定的倾向,即与"名教即自然"这一维护名教的思想命题有一致之处,但他的道论又包含着"因时而革"的合理思想内核。由此可以看到,章学诚的

---

① 章学诚:《易教下》,《文史通义新编新注》,仓修良编注,第 16 页。
② 章学诚:《定武书院教诸生识字训约》,《文史通义新编新注》,仓修良编注,第 631 页。
③ 详细辨别章学诚"道"与朱子之"天理"非本章任务,此处仅给予简单的提示,日后当以专文的方式来探讨这一问题。

道论思想中保守性与革命性非常奇特的融为一体。

（三）"道不离器"与即事言理

在《原道中》一文里，章学诚着重阐述了"道器"关系，提出了"道不离器"，"六经皆器"，"即器存道"，"道因器而显"等光辉思想。章氏反对"屏弃事功"而空言论道的思维方式，如他说："夫天下岂有离器言道，离形存影者哉？彼舍天下事物、人伦日用，而守六籍以言道，则固不可与言道矣。"很显然，章学诚反对仅从六经中求道的经学思维方式。究其实，就是反对以戴震为代表的乾隆时代的考据学者在六经中求道的思想。因为戴震在多处、且反复地阐述过"经之至者，道也"这一经道合一的观点，而在章学诚看来，"六经皆史"，故六经也是器。在《原道》（下）篇，章学诚进一步揭示了"道"既在六经之中，又在六经之外的道理。他说："夫道备于六经，义蕴之匿于前者，章句训诂足以发明之。事变之出于后者，六经不能言，固贵约六经之旨，而随时撰述以究大道也。"章学诚从变化、发展的角度论"道"的思想视角，比戴震仅限于六经中求道的思维方式有更合理的地方，甚至比戴震笼统地说："人道，人伦日用身之所行皆是也"，也更明确地揭示了"道"应时代变化而变化的涵义。这是章学诚的"道论"要比戴震"道论"高明的地方。

处在乾嘉重视实证的时代风气之下，章学诚也反对宋明理学中空谈性命的思想，他说："学夫子者，岂曰屏弃事功，预期道不行而垂其教邪？"他也批评宋儒"离器而言道"的思想。宋儒将工于训诂、文章之学看作是"溺于器而不知道"。章学诚则认为：

> 夫溺于器而不知道者，亦即器而示之以道，斯可矣。而其弊也，则欲使人舍器而言道。夫子教人博学于文，而宋儒则曰："玩物而丧志。"曾子教人辞远鄙倍，而宋儒则曰："工文则害道。"夫宋儒之言，岂非末流良药石哉？然药石所以攻脏腑之疾耳。宋儒之意，似见疾在脏腑，遂欲并脏腑而去之。将求性天，乃薄记诵而厌辞章，何以异乎？[1]

---

[1] 章学诚：《原道下》，《文史通义新编新注》，仓修良编注，第 105 页。

很显然，章氏的道不离器、即器言道的思想，在思维方式上与王夫之"即事以穷理"的思维方式颇为相似。不过其中也有细微的区别。章氏思想中的道器关系似乎是一种外在的关系，此点颇有朱子哲学"理事"关系的思想痕迹，而王夫之的理事关系、道器关系是内在的关系，理在事中，道在器中，而且道是器之道，理是事之理。下面章氏论理事关系的观点就可以看出二者之间的细微区别。

关于"理事"关系，章学诚这样说道：

> 天人性命之理，经传备矣。经传非一人之言，而宗旨未尝不一者，其理著于事物，而不托于空言也。师儒释理以示后学，惟著之于事物，则无门户之争矣。理，譬则水也。事物，譬则器也。器有大小浅深，水如量以注之，无盈缺也。今欲以水注器者，姑置其器，而论水之挹注盈虚，与夫量空测实之理，争辨穷年，未有已也，而器固已无用矣。①

章氏这一譬喻，意在阐明要"即事以穷理"，而不能离事以论理的道理。抽象地讨论理，永远没有结果。在其晚年所写的《浙东学术》一文里，章氏进一步以历史为例，来揭示事与理的关系，如他说道：

> 天人性命之学，不可以空言讲也。故司马迁本董氏天人性命之说，而为经世之书。儒者欲尊德性，而空言义理以为功，此宋学之所以见讥于大雅也。……故善言天人性命，未有不切于人事者。三代学术，知有史而不知有经，切人事也。后人贵经术，以其即三代之史耳。近儒谈经，似于人事之外，别有所谓义理矣。浙东之学，言性命必究于史，此其所以卓也。②

对比来看，章氏的这一"理事"关系论，与戴震的"理事"关系论是相当不同的。章氏所讲的"理事"关系，其实是说天人性命的抽象哲理必须

---

① 章学诚：《朱陆》，《文史通义新编新注》，仓修良编注，第126页。
② 章学诚：《浙东学术》，《文史通义新编新注》，仓修良编注，第121页。

透过人类的具体历史事件显现出来，而戴震在讨论理事、理物的关系时，"理"主要是指事与物的内在秩序与条理，而不是抽象的天人性命的道理。理与事、与物的关系是抽象与具体的内在关系，而章学诚的思想中，事似乎仅成为理的一种外在说明性关系，天人性命之理仅仅是要透过具体的事件加以解释，而不是从具体的事件中抽象出来的。综合看来，章氏所阐发的道器关系，也是一种类似于理事关系的外在关系。因此，其道器关系论、理事关系论还保留着相当浓厚的宋明理学，特别是程朱理学的思想痕迹，而与王夫之的道器论、理事论貌合而神离。

三、"六经皆器"说与"道器关系"论的历史学向度

"道器关系"论是章学诚道论思想的重点之一，内容极其丰富。① 而"六经皆器"说，则是章学诚在历史哲学领域丰富、充实了传统道器关系论的思想内涵。

从中国哲学史的角度看，"道器关系"论是一个古老的命题。然而，章学诚却借助这一古老的哲学命题来阐述他的历史文化哲学思想，即通过对道器关系的理论阐述，揭示历史上一直受人尊重的与"道"相联系的"经"，其实也只是具体的"器"而已。可以这样说，章学诚的思想重心并不在于从更加抽象的哲学层面讨论道与器的内在复杂关系，而只是想借助此命题阐述经与史的关系。如他说：

> 《易》曰："形而上者谓之道，形而下者谓之器。"道不离器，犹影不离形。后世服夫子之教者自六经，以谓六经载道之书也，而不知六经皆器也。……三代以前，《诗》、《书》、六艺，未尝不以教人，非如后世尊奉六经，别为儒学一门而专称为载道之书者。②

---

① 戴震有"道论"但无"道器关系"论，其对道与气的关系、道与分理的关系的论述颇为简略。钱大昕对此问题几乎没有涉及，焦循有"道论"而无"道器关系"论，阮元的"道器"关系论有新意，但缺乏理论的思辨性。参见吴根友《乾嘉时代的"道论"思想及其哲学的形上学追求》，《儒教文化研究》（国际版）第九辑，崔英辰主编，首尔，成均馆大学，2008。
② 章学诚：《原道中》，《文史通义新编新注》，仓修良编注，第 100 页。

在章学诚看来，六经虽是载道之书，但六经本身不是"道"，而只能算作是道之迹，因而六经亦可说是具体的载道之器。在道器不分离的上古时代里，《诗》、《书》、六艺，也未尝不用以教育普通的民众，并没有特别当作神圣的圣书而密之于王室。在章学诚所设想的上古时代，"官师治教"合为一体，没有所谓的私人著述，如他说："盖官师治教合，而天下聪明范于一，故即器存道，而人心无越思；官师治教分，而聪明才智不入于范围，则一阴一阳入于受性之偏，而各以所见为固然，亦势也。"①而且，在章学诚看来，只有理解"道器"相即不离的原初状态，才能真正理解学术的真谛。在与《与陈鉴亭论学》长信中，他这样说道："故知道器合一，方可言学；道器合一之故，必求端于周、孔之分，此实古今学术之要旨，而前人于此，言议或有未尽也。"他反复强调，"六经未尝离器言道，道德之衰，道始因人而异其名，皆妄自诩谓开凿鸿蒙，前人从未言至此也"②。章学诚心中理想的历史情境是"道器合一"的状态。这种道器合一的时代，也是经史合一的时代，不存在特别的尊经而黜史的学术倾向。孔子之后，"道器"分离了，因而经与史也分离了。在章学诚看来，道器分离的历史原因在于如下四点：

首先，是因为政治自身的变化，圣王的隐没导致了道器分离，如他说："夫子述六经以训后世，亦谓先圣先王之道不可见，六经即器之可见者也。后人不见先王，当据可守之器而思不可见之道，故表章先王政教，与夫官司典守以示人，而不自著为说，以致离器言道也。"③

其次，在圣王隐没之后，各大学派的分裂导致了道器的分离。他说："《易》曰：'仁者见之谓之仁，智者见之谓之智，百姓日用而不知。'道之所由隐也。夫见亦谓之，则固贤于日用不知矣。然而不知道而道存，见谓道而道亡。大道之隐也，不隐于庸愚，而隐于贤智之伦者纷纷有见也。……而诸子纷纷则已言道矣，庄生譬之为耳目口鼻，司马谈别之为

---

① 章学诚：《原道中》，《文史通义新编新注》，仓修良编注，第 101 页。
② 章学诚：《与陈鉴亭论学》，《文史通义新编新注》，仓修良编注，第 718 页。
③ 章学诚：《原道中》，《文史通义新编新注》，仓修良编注，第 101 页。

六家，刘向区之为九流，皆自以为至极，而思以其道易天下者也。由君子观之，皆仁智之见而谓之，而非道之果若是易也。夫道因器而显，不因人而名也。自人有谓道者，而道始因人而异其名矣。仁见谓仁，智见谓智是也。人自率道而行，道非人之所能据而有也。自人各谓其道而各行其所谓，而道始得为人所有矣。墨者之道，许子之道，其类皆是也。"①

再次，由于儒家内部的分派导致"道器"的分离。如他说："夫六艺者，圣人即器而存道，而三家之《易》，四氏之《诗》，攻且习者，不胜其入主而出奴也。不知古人于六艺，被服如衣食，人人习之为固然，未尝专门以名家者也。后儒但即一经之隅曲，而终身殚竭其精力，犹恐不得一当焉，是岂古今人不相及哉？其势有然也。古者道寓于器，官师合一，学士所肄，非国家之典章，即有司之故事，耳目习而无事深求，故其得之易也；后儒即器求道，有师无官，事出传闻而非目见，文须训诂而非质言，是以得之难也。夫六经并重，非可止守一经也；经旨闳深，非可限于隅曲也。"②

最后，章学诚从自己所处时代的问题出发，提出了由学科分治而导致"道器"分离的说法。他说："训诂名物，将以求古圣之迹也，而侈记诵者如货殖之市矣；撰述文辞，欲以阐古圣之心也，而溺光采者如玩好之弄矣。异端曲学，道其所道而德其所德，固不足为斯道之得失也。"③而要对治这一因为学科分立而导致"道器分离"的现象，必须是兼而治之。他说："训诂章句，疏解义理，考求名物，皆不足以言道也。取三者而兼用之，则以萃聚之力补遥溯之功，或可庶几耳。"④

章学诚从"六经皆器"的命题出发，导出了一个非常具有革命性的历

---

① 章学诚：《原道中》，《文史通义新编新注》，仓修良编注，第 101—102 页。同篇中，有关道的变化、发展特征的论述还有，"夫道自形于三人居室而大备于周公、孔子，历圣未尝别以道名者，盖犹一门之内不自标其姓氏也。至百家杂出而言道，而儒者不得不自尊其所出矣。一则曰尧、舜之道，再则曰周公、仲尼之道，故韩退之谓'道与德为虚位'也。夫'道与德为虚位'者，道德之衰也"。
② 章学诚：《原道下》，《文史通义新编新注》，仓修良编注，第 103 页。
③ 章学诚：《原道下》，《文史通义新编新注》，仓修良编注，第 104 页。
④ 章学诚：《原道下》，《文史通义新编新注》，仓修良编注，第 103 页。

史文化哲学新命题，即当"六经"不足以囊括后来历史事件的时候，后来者应当根据"六经"的意旨"而随时撰述以究大道"。这究竟是模仿圣人呢，还是从"六经"精神出发从事思想与文化的创造呢？章学诚没有明说，估计在他所处的那个时代他也不敢明说。然而其中所蕴涵的丰富内容，足以为后人细心阐发。而且，只有在道器关系论的旧命题里认真体味他的"六经皆器"说，才能充分地理解他的"六经皆史"说暗含着不同于前人的时代新意。

不过，章学诚所设想的"道器合一"状态与他重新要恢复的"道器合一"的理想之间，有一个非常大的裂痕。他所设想的"道器合一"状态是一种社会政治理想，而他要恢复的"道器合一"理想是一种学术状态。这一思想的裂痕恐怕连章学诚自己也未必意识到了。由于"乾嘉时代"传统士人在实际政治与社会生活中地位的下降，他们连两宋时期士大夫与天子共治天下的政治理想似乎都没有①，这一时代的士人多是在不自觉地从事着类似现代知识分子所从事的纯粹学术工作，与现实的政治生活相距甚远。然而他们又深受传统士人文化传统中"经世致用"思想的影响，总以为自己的学术研究与现实政治有密切的关系，以一个业余政治家的身份从事学术研究而又想参与政治，其实是一厢情愿。在这一点上，作为考据学思想旗帜的戴震与作为新史学理论代表的章学诚，在思想基础上是相同的。所不同的是戴震站在下层民众的立场上，要求在上位者关怀下层民众的饥寒愁苦；而章学诚则要求当时的士人，其著述应当裨益于风俗教化，世道人心。

四、"道公而学私"——章学诚的道论与其学术理想

在《原道》（中）一文里，章学诚还反对以一家一派之"道"来囊括人类至公之道。如章学诚说："孔子立人道之极，岂有意于立儒道之极耶？""人道所当为者，广矣、大矣！"儒、墨、道、农、九流，各自有道，而皆非人类

---

① 参见余英时《朱熹的历史世界》上篇，绪说，北京，三联书店，2004。

整全至公的大道。从这一角度说，章氏的确继承了"浙东学派"黄宗羲的多元学术史观，认为"道"存在于诸家之中，求道的方式也可以多样的，而不只是考据学一种。上文章学诚说"训诂章句，疏解义理，考求名物，皆不足以言道也"，必须是三者兼取而用之，才可以求得道。他还认为，"诸子百家，不衷大道，其所以持之有故而言之成理者，则以本原所出，皆不外于《周官》之典守。……非于先王之道全无所得，而自树一家之学也"①。

上述章学诚道论思想中蕴涵的学术宽容的思想倾向，值得肯定。而且，作为一个历史学家，他对于佛教的态度，不仅比戴震更为宽容，也比"浙东学派"的中坚人物黄宗羲更为宽容。这也是章学诚从历史文化哲学的角度论"道"时所具有的思想视角的优势。我们虽然不同意他所说的佛教"本原出于《易》教"的观点，但他试图打通佛教与儒家思想的关系，会通儒释的思想方向在我们看来则是有意义的。他说："（佛教）所谓心性理道，名目虽殊，推其义指，初不异于圣人之言；其异于圣人者，惟舍事物而别见有所谓道尔。"②而且，他还认为，即使是佛教中的"种种诡幻"，亦与"易教"中的"象教"有相通之处。如果能够将佛教改造成"切于人伦日用"的宗教，佛教也就是"圣人之道"。"以象为教，非无本也。"③这种融佛入儒、以儒化佛的思想比起一味地斥责佛教为异端的思想观点来说，更有可取之处。

晚年，章学诚在给陈鉴亭的论学书信中，比较系统地解释了自己的道论思想。他说："道无不该，治方术者各以所见为至。古人著《原道》者三家，淮南托于空濛，刘勰专言文指，韩昌黎氏特为佛老塞源，皆足以发明立言之本。"他认为，当时人所从事的考订、义理、言辞之事，仅仅是道之中一种具体的"事"而已，不能表征"道"之"体"。只有"知道器合一"之理，"方可言学"。而"道器合一之故，必求端于周、孔之分，此实古今学术之要旨，而前人于此，言议或有未尽也"④。

---

① 章学诚：《易教下》，《文史通义新编新注》，仓修良编注，第 17 页。
② 章学诚：《易教下》，《文史通义新编新注》，仓修良编注，第 17 页。
③ 章学诚：《易教下》，《文史通义新编新注》，仓修良编注，第 17 页。
④ 章学诚：《与陈鉴亭论学》，《文史通义新编新注》，仓修良编注，第 717—718 页。

章学诚从"道公而学私"的学术理想出发，认为只要是自己的学术能够揭示出公共之"道"，就不必在意所言之道的"言"，即著作的冠名权问题。他以惯用的托古言志方式说道："古人之言，所以为公也，未尝矜于文辞而私据为己有也。志期于道，言以明志，文以足言。其道果明于天下而所志无不申，不必其言之果为我有也。"①

他感叹后世各家之言在明"道"方面的缺陷，从而陷入了无谓的门户之争，说道：

> 呜呼！世教之衰也，道不足而争于文，则言可得而私矣；实不充而争于名，则文可得而矜矣。言可得而私，文可得而矜，则争心起而道术裂矣。古人之言，欲以喻世；而后人之言，欲以欺世。非心安于欺世也，有所私而矜焉，不得不如是也。古人之言，欲以淑人；后人之言，欲以炫己。②

针对前人与时人的门户之争现象，他提出了自己的解决方案，即立言求道，而不在乎是否要求立言的冠名权。他说：

> 若夫道之所在，学以趋之；学之所在，类以聚之. 古人有言，先得我心之同然者，即我之言也。何也？其道同也。传之其人，能得我说而变通者，即我之言也。何也？其道同也。穷毕生之学问思辨于一定之道，而上通千古同道之人以为之藉，下俟千古同道之人以为之辅，其立言也不易然哉！③

又说：

> 立言之士，将有志于道而从其公而易者欤？抑徒竞于文而从其私而难者欤？公私难易之间，必有辨矣。呜呼！安得知言之士而与之勉进于道哉！④

---

① 章学诚：《言公上》，《文史通义新编新注》，仓修良编注，第 200 页。
② 章学诚：《言公中》，《文史通义新编新注》，仓修良编注，第 206 页。
③ 章学诚：《言公中》，《文史通义新编新注》，仓修良编注，第 206 页。
④ 章学诚：《言公中》，《文史通义新编新注》，仓修良编注，第 206 页。

在上述三则文献里，章学诚反复讨论如何按照"道"的要求来立言，第一则文献批评邀名而言的自私行为，认为这种求名的自私行为致使道术分裂。第二则文献主要讲立言者如果从大道、公心出发，则不用担心我所立之言与古人、后人相同的问题，只要与大道相通即可。故立言并非像有些人所说的那样，是件十分困难的事情。第三则文献主要是端正立言者的动机，以"立言进于道"的崇高理想来鼓励士人。章学诚这种以求道为宗旨的立言理想，用今天的话来说，即是以追求真理为目标的学术理想，其实与戴震的学术理想在精神上是相通的。在《与姚孝廉姬传书》中，戴震批评当时很多人满足于前辈的学术成果，缺乏求道之心，结果导致学术上的皮相之见："故诵法康成、程、朱不必无人，而皆失康成、程、朱于诵法中，则不志乎闻道之过也。诚有能志乎闻道，必去其两失，殚力于其两得。"①而所谓"两失"，即是戴震在该文中批评的不明学术渊源和不能亲自从第一手资料出发理清学术发展过程的歧变这两种过失；所谓"两得"，即是所择取之义高远和资借之理闳阔两种好处。

作为考据学大家的戴震，同样严厉地批评了同时代人中丧失求道精神，而玩弄"考据学"的猥琐态度。他说："今之博雅文章善考核者，皆未志乎闻道，徒株守先儒而信之笃，如南北朝人所讥，'宁言周、孔误，莫道郑、服非'，亦未志乎闻道者也，私智穿凿者，或非尽掊击以自表襮，积非成是而无从知……故学难言也。"②这些批评性的言论与章学诚若出一辙！只是戴震没有采用"立言为公"的传统表达方式而已。戴震要求人们以一种不计功利的态度来求道，其实也即是章学诚提倡的"见道之言不必冠以己名"的另一种表达。在《答邓丈用牧书》一文中，戴震自述自己的"求道"态度道："其得于学，不以人蔽己，不以己自蔽，不为一时之名，亦不期后世之名。"这种纯粹的"求道"精神，虽不以"公"命名，其实表

---

① 戴震：《与姚孝廉姬传书》，《戴震全书》第 6 册，张岱年主编，第 373 页。
② 戴震：《答邓丈用牧书》，《戴震全书》第 6 册，张岱年主编，第 374 页。

达的正是"学术乃天下之公器"的学术理想,与章学诚的崇公学术理想在精神上具有高度的契合性。

戴震还进一步阐明了学术研究为什么不能求名的道理。在该文中,他继续说道:"有名之见其弊二:非掊击前人以自表襮,即依傍昔儒以附骥尾。二者不同,而鄙陋之心同,是以君子务在闻道也。"这与章学诚批评立言者为自表其学,坚持门户之见而不以得道为旨归的思想高度一致。戴震曾向世人敞开了他本人追求真知的纯粹学术态度:"不入四者之弊(即上文所说的'不以人蔽己'等四种弊端),修辞立诚以俟后学。其或听或否,或传或坠,或尊信或非议,述古贤圣之道者所不计也。"①这种不计利害得失的"求道"精神与章学诚所提倡的"道公而学私"的学术理想,以不同的言语方式展示了中国传统学术向近代纯知识论方向转向的新趋势。

要而言之,章氏道论的旨趣在于:通过史学来阐明"道"与时变化的特征与学术多元化的特点,在求道的方法论层面,主张道不离器,即器求道、明道的经验论思维方式。而且,他要求人们重视对当代典章制度的研究,让学术服务于现实政治(不一定是当时的王朝政府)。他否认"道"为儒家一家所专有,承认诸子各家均能得道之一偏,体现了比较开放的学术史观。这些思想在乾嘉考据学盛行的时代,的确具有不同凡响的意义。

第三节　章学诚历史文化哲学的内在结构

日人山口久和曾在其近著《章学诚的知识论》一书提出了这样的问题:章学诚在"考证学全盛时期的清代学术界做出了什么样的贡献"?②我们觉得这个问题提得好,它有助于我们从整体上来重新考察章学诚的

---

① 戴震:《答郑丈用牧书》,《戴震全书》第 6 册,张岱年主编,第 374 页。
② 山口久和:《章学诚的知识论——以考证学批判为中心》,王标译,第 21 页,上海,上海古籍出版社,2006。

学术问题意识。受此问题意识启发，我们进一步追问：章学诚的学术问题意识究竟是什么？这一问题可以从历时性的角度出发将其分为两个问题：第一，章学诚的学术问题意识是如何产生的？第二，贯穿于章学诚一生的根本性的学术问题意识是什么？对于前一问题，余英时似乎已经回答了，他认为章学诚的学术问题意识是受戴震的刺激而产生。对于第二个问题，余氏似乎也提出了自己的观点，认为章学诚的学术是要解决"道问学"问题①。我们现在要继续做的研究是：章学诚是如何来解决"道问学"的问题的。换句话说，他的"道问学"——"专家""独断"之学的内在体系及其逻辑次序究竟是怎样的？

山口久和认为，章学诚在清代考证学全盛时代的贡献是："他在'道问学'的土壤之中滋养了'尊德性'的精神，一面被'尊德性'所引导，一面进行'道问学'。"换句话说，章学诚"主张在知识活动中承认必须被承认的主观性契机的固有价值，恢复被那些视文献的客观处理为金科玉律的考证学者不合理地贬低了的知的主观性"②。山口氏的说法非常有启发性。与现行的很多论著相比，该著作集中而又鲜明地阐发了章学诚学术思想的个性，亦即章学诚自己所说的"独断"之学的个性特征。这种"独断"之学，不是说个人以任意、武断的态度去治学，而是说在追求知识客观普遍性的时候不会是学而不思、知而不返，而是假以主体的综贯裁断，"求其心得"，"使其在我"。③　虽然如此，章学诚强调学术研究中要充分体现出主体的"性灵"，但是却非常反对囿于主观局限的门户之见，而且反复提倡"道公而学私"，追求学术成果的公共性。与其说章氏学术恢复了"知的主观性"，不如说章氏在学术研究的领域彰显了研究者个人的主体

---

① 参见余英时《论戴震与章学诚——清代中期学术思想史研究》，台北，东大图书股份有限公司，1996。

② 山口久和：《章学诚的知识论——以考证学批判为中心》，王标译，第 21 页。

③ 山口氏书中说章氏恢复了"知的主观性"，严格地说应该是重申了"知的主体性"。因为"主观性"一词比较容易让人产生误解，它在现代汉语里与客观性相对，是随意性、不准确性、情绪性的代名词，与主体性的内涵差别甚大。这里如果不是翻译的问题，那么就是作者本人表述不够准确。

意识、独立理性与综贯裁断的精神。①

一、章学诚历史文化哲学的内在结构及其终极追求

山口久和在论章学诚与桐城文派思想的异同问题时，比较精辟地概括了章氏思想的几个面向。他认为章氏表达的"独断"之学是"通过文献媒介来主张自己的独断"的，因而与桐城派"不以经书理解为媒介，将自己的哲学（义理）用赤裸裸的语言来表达"的方式与态度是"无缘的"。章氏的思想可以从以下三个方面来理解："以《周礼》的官师合一为基础来纠弹知识的变质，遵循《尚书》的'因事命篇'来称扬超越既存知识框架的主观知性；重视司马迁《史记》、郑樵《通志》的'通（通史）'，主张历史记述不应该停留在过去史实的记述之上，而应该是以现在未来为志向的'知来'之学；模仿刘向、刘歆的《七略》制定透视知识整体的俯瞰图（以未完成而告终的《史籍考》的巨大尝试相当于这个）。"以上三个面向的知识体系整体上表现出一种共通的精神气质，即"带有浓厚的在道问学中恢复尊德性契机特性"。这与"通过'文以载道'的古文创作以阐明义理的桐城派宋学家之间显然有着大相径庭的差别"②。山口氏出于对目前日本汉学界仍然重视乾嘉考据学的客观求知方法的不满，主张学术研究应当表达研究者个人独立思想、见解，在基本认同余英时的观点的基础上，着重发掘章学诚学术思想中的"独断""专家"之学的性格，具有极大的启发意义，而且也的确彰显了章氏学术的某一方面性格。

当然，章学诚学术、思想的特征是否就完全如山口氏所说的那样呢？笔者认为未必全是。按照现代学术的分类方法来看，作为思想家的章学

---

① 参见吴根友《中国现代价值观的初生历程——从李贽到戴震》，第 277—280 页，武汉，武汉大学出版社，2004。当时该书未涉及章学诚，仅论述了以戴震为代表的考据学在理性研究过程中表现出的个性精神。其实，章学诚的"独断"之学，对性灵的追求，更为明显地体现了学者以理性的方式彰显个性的历史要求。
② 山口久和:《章学诚的知识论——以考证学批判为中心》，王标译，第 249 页。

386

诚,其思想内容大体上可以从三个大的方面去理解,一是其道论思想,二是其史学理论或曰历史哲学,三是学术思想史观。从现代学科分类的角度看,道论是其哲学的形上学部分,历史哲学是其哲学的形下部分,其中包含了其有关文化史的哲学思考,而学术史观则是其思想的最基础部分——历史学部分。这种分类有着现代学术的简明性,但其缺点是将章学诚的思想品格过分地现代化了。如果以经史子集的四库分类法来理解章学诚的思想特征,则章氏的思想特征可以这样来描述:即透过"文史"作品的表象寻求其中的"通义",而所谓的"通义"其实就是中国现代学术的哲学和文化哲学思想。章学诚所说的"文史"即是历史上的经史子集作品的总称,颇类似今日学术所讲的广义"文献",因而都是其思想的材料,而要在这些材料中找到一种共通的精神——即章学诚所说的"通义"才是章学诚学问的目的。这样的学术目标决定了章学诚的思想家品格而非史学家的品格。这有如戴震要在音韵、训诂、制度的考据学之中寻求"道"的理论目标决定了戴震是哲学家而不是考据学家一样。然而,在章学诚的时代,考据学成为该时代的学术主潮,而且该时代的一流大家都不喜欢广义的"宋学",包括他的老师朱筠在内。像章学诚这样一个不喜欢也不擅长考据学的人文学者,如何面对时代的压力而能独辟蹊径,自成一家之言呢? 这是一个巨大的思想困惑和挑战! 也是一种巨大的精神压力! 也正是这种巨大的精神压力,他引思想家的戴震为同调,而将作为考据学专家的戴震视为敌手。更有一层,作为思想家的章学诚,他并不愿意批评精神权威朱子的学术思想及其所阐发的伦理原则,即使他本人内心里更喜欢陆王心学的"学贵自得"的学术主张。他与戴震一样都批评朱学与陆王学之末流,但是他不惟不认可戴震等人激烈的反宋学立场,反而努力地去弥合、调停朱子学与陆、王学之间的冲突。在后面这一点上,他与戴震截然不同。晚年的戴震公开地宣称自己的学问与思想是"空无所依傍",而章学诚到晚年则依照自己的思想原则构造出一个"浙东学术"的学术流派,将自己放入这个学派的学术谱系之中,从而为自己的学术寻找到思想史的支持。章学诚这样做的原因可能是多方面的，但有一种可能是这样的，即他在世时的学术地位不及戴震在世时的地位高，必须借助学术史的背景来彰显自己的学术地位与价值，在一个巨大的学术谱系中为自己的学术定位。

根据前人的研究成果来看，《文史通义》内外篇的主要文字都在乾隆五十四年（1789）写成的，该年章学诚 52 岁，其系统的道论思想与"六经皆史说"都形成于此时，而对"浙东学术"的看法的形成则更晚，大约在 60 岁以后。

从其思想构成的逻辑结构来看，道论是章学诚所追求的"通义"的核心内容及基本形态，"六经皆史"说则是其思想的方法论原则，表明他是从历史的路径来通达大道的，从而形成与当时考据学以经学为对象的不同学说路数。这样一个独特的学术路数有没有学术史的支持呢？为了回答这个问题，他构造了一个"浙东学术"的学术史流派，为自己的方法寻求学术史的支持，以对抗当时流行的考据学风气的压力。如果这一理解大致不错的话，那么我们就可以很好的理解，他一方面要极力表彰作为思想家的戴震，一方面又要批评作为考据学大家——在他看来具有霸气的经学专家的戴震。因为，作为思想家的戴震在乾嘉考据学盛行而普遍轻视思想价值的时代里，可以引为同调，相互支持；而作为经学专家的戴震，因为在考据学方面取得的巨大成就而傲然于世，领袖群伦，让章学诚无法超越。章学诚拿什么样的工具来与戴震进行抗衡呢？他最终找到"文史"这样的思想史、文化史工具。经学家的戴震擅长于音韵、训诂、制度考订等语文学工具，但他们并不擅长文献、文章与历史学，而这是一个领域更为广阔的学术天地，又是极符合章氏本人"性情"的另一个学术世界。在文史领域里，章学诚从三个方面做了排拒工作，一是要将历史上擅长于文史而弱于思想的博学家的学术地位加以降低，从而突出自己所从事的"文史通义"工作的独创性，二是要以"文史"为工具来抗拒擅长于考据的当世学者给他施加的精神压力；同时（也是第三个方面的原因）又要将自己的思想风格与当世所一致批评的宋学的空疏学风区别开来。这种精神动机既可以从其晚年的

《浙东学术》一文中将自己归于思想家类而不归于文献学家类的学术流派史中可以看出来，也可以从其严厉批评戴震以考据学"概人"，特别是对戴震的方志学的学术批评和对宋学中"离事言理""离器言道"的思想方法的批评中可以看出来。章学诚要在三个维度的排拒中确立自己的学术风格，思想压力之大可想而知。[①] 也正因为他是在三个维度的排拒中来确立自己的学术风格，从而也就在一定程度上模糊了自己的学术风格，给后人理解他的学术与思想风格制造了很多的障碍。

历史学家往往将《浙东学术》一文看作是一篇勾勒学术流派史的文章，并因此而仔细分辨章学诚所说的"浙东学术"究竟能否成立的真实性问题。[②] 如果从思想家的角度看，《浙东学术》一文其实是晚年的章学诚为自己的学术寻找精神归宿的"言志"之作，正如王阳明在晚年作《朱子晚年定论》一样，是要将自己的思想纳入一个强大的学术谱系里，从而彰显出自己的学术价值与历史地位。如果说，自孟子到宋代理学，部分知识分子通过构造"道统"来确立儒家学者在政治生活中的崇高地位，从而对抗现实的王权；那么，章学诚的《浙东学术》则是在构造"学统"，从而为自己的学术风格寻找历史的支持。在该文中，章学诚为"浙东学术"提炼出了一个非常哲学化的命题："言性命必究于史"。这一学术与思想的命题其实包涵了三个方面的内容：第一，浙东学术是以探讨抽象的"性命"问题为自己学术宗旨的；第二，其探讨"性命"问题的方法是史学而非时流的考据学；第三，这一"性命之学"与"离事言理""离器言道"的空疏宋学的"性命之学"不同。然而大家非常明白，朱熹不擅长史学，陆王也不擅长史学，惟有黄宗羲、万斯同、全祖望擅长史学。因此，将"浙东学术"的性格归纳为"言性命必究于史"的特征，在很大程度上是夫子自道而已。他以学术史的方式向世人表明：我章学诚所讲的一套"天人性命

[①] 笔者以为余英时仅看到章学诚受戴震刺激的一面是不够的。

[②] 参见何炳松《浙东学派溯源》第六章，桂林，广西师范大学出版社，2004；仓修良、叶建华《章学诚评传》，第 434—455 页；陈祖武主编《明清浙东学术文化研究》，北京，中国社会科学出版社，2004。

之学"，是通过文史研究的实学途径来完成的，既不同于戴震的"由字以通词，由词以通道"的考据学与语言学路径，也不同于以往历史上"空言性命"的宋学，更与斤斤计较于细枝末节、有博无约的传统文献学——如王应麟之类的学术，以及时下流行的考据之学有本质的区别。因此，《浙东学术》一文是在多维度的"辨似"过程中确立章学诚自己学术面貌的一篇文章，而非是一篇真正梳理浙东学术发展史的历史学文章。然而，这并不是说这篇文章没有学术的客观性。在我看来，章学诚的这一说法恰恰以一种无意识的方式揭示了他自己学术风格与乾嘉学术的内在一致性，即通过人文主义的实证方法来表达抽象的哲学思想。只是其所使用的不是由音韵、训诂等构成的语文学这一实证工具，而是广义的文献学而已。因而在思维方式上，章学诚所走的仍然是"即事以穷理"的经验论的思想道路，而与宋学的"立理以限事"的先验论道路截然相反。

二、"六经皆史"说及其历史意义再评价

（一）"经史"关系论的学术发展史[1]

"经史"关系论是中国学术史上一个重要的学术问题之一，其发端、形成的历史很长。而"六经皆史"的观念萌芽甚早[2]，最早可以上溯到王充。[3] 隋末唐初的王通提出过类似观念，明中叶王阳明提出过"五经亦史"的观点，晚明李贽明确提出过"六经皆史"的观点。与章学诚同时代的钱大昕，在晚年（1800 年）亦提出了"经史不二"的观点。章学诚之后，

---

[1] 有关"六经皆史"的学术史讨论，可以参见仓修良、叶建华《章学诚评传》第五章第二节，在该部分，仓、叶二氏着重介绍了侯外庐、喻博文、钱钟书等人对此问题讨论的学术贡献。此处省去辩论的文字，仅依相关学说出现的先后次序，略加陈述，作为铺垫。

[2] 钱钟书先生将此说追溯到《庄子·天运》篇，可备一说。参见钱钟书《章学斋与随园》（附说二十"六经皆史"），《谈艺录》，第 656 页，北京，生活·读书·新知三联书店，2001。钱先生比较仔细地搜罗了历史持"六经皆史"说诸家说法，然并未作学理上的深论。本章不欲重复抄摘前人之言，仅就其中影响较大的诸家学说略作申论，以为论章学诚"六经皆史"说作一思想史的铺垫。

[3] 参见许苏民《李贽评传》，第 294—300 页，南京，南京大学出版社，2006。

龚自珍重新阐述了经史关系，直到清末民初，经史关系论仍然是一个重要的学术问题。

明确而正式的讨论"经史"关系的文字当从王充说起。王充在《论衡》的《程材》《谢短》《效力》诸篇，讨论文吏与儒生，儒生与文儒等类型的人才谁更有智力的问题时，涉及经与史的关系，批评文吏不通经书，不比儒生更有学问；同时又批评儒生守一经而不泛观博览，不了解古今之事，因而论定儒生不如文儒。兹引两条文献以为证明。王充批评当时社会不习经书，专攻律令，以至于社会风俗浇薄：

> 是以世俗学问者，不肯竟经明学，深知古今，忽欲成一家章句。义理略具，同超（趋）史书，读律讽今，治作情奏，习（刘盼遂案为衍文）对向，滑习跪拜，家成室就，召署辄能。徇今不顾古，趋仇（即售字）不存志，竞进不案体，废经不念学。是以古经废而不修，旧学暗而不明，儒者寂于空室，文吏哗于朝堂。①

王充又批评儒生徒知经而不知古今，即不通历史，因而涉及经史关系问题。他说：

> 夫经生之业，五经也。南面为师，旦夕讲授章句，滑习义理，究备于五经，可也。五经之后，秦、汉之事，无不能知者，短也。夫知古不知今，谓之陆沉，然则儒生，所谓陆沉者也。五经之前，至于天地始开，帝王初立者，主名为谁，儒生又不知也。夫知今不知古，谓之盲瞽。五经比于上古，犹为今也。徒能说经，不晓上古，然则儒生，所谓盲瞽者也。②

在《效力》篇，王充通过对比文儒与儒生，又再一次批评儒生守经而不知古今之事的缺陷：

> 诸生能传百万言，不能览古今，守信师法，虽辞说多，终不为博。

---

① 王充：《程材》，黄晖：《论衡校释》（附刘盼遂集解）（二），第538页，北京，中华书局，1999。
② 王充：《谢短》，黄晖：《论衡校释》（附刘盼遂集解）（二），第555页。

> 殷、周以前，颇载六经，儒生所（不）能说也。秦、汉之事，儒生不见，力劣不能览也。周监二代，汉监周、秦，周、秦以来，儒生不知，汉欲观览，儒生无力。使儒生博观览，则为文儒。文儒者，力多于儒生。[1]

从思想史的远源来说，上述所引王充论儒生之短在于历史知识缺乏的观点，对于章学诚论"六经"不能涵盖六经以后的历史及其中的变化之道的观点，应当有思想上的启发。

隋末唐初大儒王通对经史关系亦有所论述。他说："昔圣人述史三焉：其述《书》也，帝王之制备矣，故索焉而皆获。其述《诗》也，兴衰之由显，故究焉而皆得。其述《春秋》也，邪正之迹明，故考焉而皆当。此三者同出于史，而不可杂也，故圣人分焉。"不过王通仅涉及《尚书》《诗经》《春秋》三经与历史的关系，并未泛论经与史的关系，更没有明说所有的经书都是历史著作。元代理学家刘因则第一次明确地提出了"经史不分"的观念，他说："古无经史之分，《诗》《书》《春秋》皆史也，因圣人删定笔削，立大经大典也，即为经也。"但他实际论及的也只有《诗》《书》《春秋》三部经，未及五经（或六经）。郝经也有类似的论述，较之于前人，他更加全面地触及了六经与史内在关系，而且明确地提出了"经史互涵"的观念。他说："古无经史之分。六经自有史耳。故《易》，即史之理也；《书》，史之辞也；《诗》，史之政也；《春秋》，史之断也；《礼》《乐》，经纬于其间矣。何有于异哉？"[2]郝氏的观点不仅对章学诚，甚至对钱大昕都应当有所启发。

《传习录》记载王阳明与其弟子徐爱的一段对话，讨论了经与史的关系。"爱曰：'先儒论六经以《春秋》为史，史专记事，恐与五经事体终或稍异？'先生曰：'以事言谓史，以道言谓之经，事即道，道即事，《春秋》亦经，五经亦史，《易》是包羲氏之史，《书》是尧舜以下史，《礼》《乐》是三代史，其事同，其道同，安有所谓异？'"[3]阳明这段经史关系论颇有思想的深度

---

① 王充：《效力》，黄晖：《论衡校释》（附刘盼遂集解）（二），第 581 页。

② 上述所引文献，参见钱钟书《章学斋与随园》（附说二十"六经皆史"），《谈艺录》，第 656 页。另见许苏民《李贽评传》，第 294—300 页。

③ 王守仁：《传习录上》，《王阳明全集》，吴光等编校，第 10 页。

与学术的创发性。从经文所载的事件与史实讲，经亦具有史学的性质与成份。从史事与史实所蕴涵的抽象哲学道理讲，史学著作也具有经书的性质。经史合一即是事道合一，抽象的哲学道理不能脱离经验事实。这是阳明经史关系论中所蕴涵的哲学思想。

作为王学左派的后裔，也是将阳明心学推向其反面的异端思想家李贽，明确地提出了"六经皆史"的命题。他说："经、史一物也。史而不经，则为秽史矣，何以垂鉴乎？经而不史，则为说白话也，何以彰事实？故《春秋》一经，春秋一时之史也，《诗经》《书经》，二帝三王以来之史也。而《易经》则又示人以经之所自出，史之所从来，为道屡迁，变易匪常，不可以一定执也，故谓六经皆史也。"①

李贽的"六经皆史"说主要强调史必以经为根本，否则历史就是秽史，不足以反映人类文明发展、变化的常道、至理。经不以史为事实根据，则是空口说白话，游谈无根。故经与史相为表里，不应当分离。很显然，李贽的"六经皆史"说并没有要否定经的价值，以史学来取代经学的意思，而只是说经学要以史实为根据，避免空谈。从另一方面说，李贽还强调经对史的意义与价值的定位。缺乏了经所包含的大道、至理的支持，历史就不足以成为历史。这应当是李贽"经史"关系论的基本内涵，但与章学诚的"六经皆史"说的丰富内涵相比，仍然不可同日而语。

不过，李贽批判后来儒者，特别是假道学之辈假借"六经"、《论语》、《孟子》诸书为自己谋求利益的文字，倒成为章学诚否定"六经"蕴涵万世不变的至道的思想先驱，如李贽说："夫《六经》、《语》、《孟》，非其史官过为褒崇尚之词，则其臣子极为赞美之语。又不然，则其迂阔门徒，懵懂弟了，记忆师说，有头无尾，得后遗前，随其所见，笔之于书。后学不察，便谓出自圣人之口也，决定目之为经矣，孰知其大半非圣人之言乎？纵出自圣人，要亦有为而发，不过因病发药，随时处方，以救此一等懵懂弟子，

---

① 李贽：《焚书》卷五《经史相为表里》，《李贽文集》第 1 卷，第 201 页，北京，中国社会科学文献出版社，2000。

迁阔门徒云尔……是岂可遽以为万世之至论乎？"①

上述李贽对"经史"关系的论述，以及对"六经"《论语》《孟子》等儒家经典的激烈批评，已经远远地超出了学术史的讨论而进入了反经学权威的思想领域了。但李贽对"六经"精神普遍性的怀疑与否定，将"六经"看是应对具体历史问题的新思想则被章学诚以学术的方式继承了，以非常平缓的学术语言表达出来了。而这也是章学诚"六经皆史"中说最具有革命性的意义之所在。以往讨论章学诚"六经皆史"说的诸家，大多数忽视了章氏这一命题所包含的思想新意。

（二）"六经皆史"说的新意涵②

从学术史的角度来看，章学诚的"六经皆史"说并不新颖，而且其中所包含的思想内容，前贤都或多或少，或浅或深地触及到了。但是，我们也不因此而否定章学诚在乾嘉考据学盛行的时代，特别是在反对他以前的思想遗产——宋儒"荣经陋史"的时代风气下重新阐述"六经皆史"旧命题所具有的新意。通过对章学诚哲学思想的重新解读，我们大体上可以这样说，章学诚在其新道论的哲学思想体系内，利用了传统哲学"道器"关系的旧命题，将"六经"置于"器"的形而下层面，重新阐述了"六经皆史"的新意涵。而他所说的"六经皆史"的"史"，不是一般意义上的历史著作，而是指"先王之政典"。广而言之，天地间一切著作皆可称之为史。而这两点，也是章学诚思想中明显不同于以往所有论述的地方。另外，就其思想倾向而言，他不是要调和"经史"之间的关系，而是试图以他所理解的"史学"来取代经学，从历史学的时间维度与先王之政典（政治制度与政治思想史）的角度重新诠释中国传统学问系统。在《易教上》，他明确地说："六经皆史也。古人不著书；古人未尝离事而言理，六经皆先王之政典也。"③就此角度而言，章学诚的确是在与经学家戴震从考据

---

① 李贽：《焚书》卷三《童心说》，《李贽文集》第 1 卷，第 93 页。
② 有关章学诚"六经皆史"说的意义，仓修良、叶建华的《章学诚评传》第五章第二节有较充分的阐述。此处参酌了仓、叶二人的说法，并申之以己意。
③ 章学诚：《易教上》，《文史通义新编新注》，仓修良编注，第 1 页。

学角度出发来研究经学的范式立异。如果说，戴震所代表的经学研究范式试图通过语文学的方式来把握"六经"中的不变之道，然后运用此道来经世治民。那么章学诚恰恰要从历史学的时间角度来研究人类政治制度与整体文明形式的变化之道，要求历史学（在章学诚眼里是唯一一门学问）通过变化之道的"迹"——一切著作的研究而关注现实政治与生活形式，历史学家则应当"随时撰述以究大道"。很显然，章学诚的学术理想中也蕴含着"以史学经世"的思想内容。但从目前章氏著作的文献来看，章学诚极富于革命性的历史文化哲学主张并没有发展出一个更为鲜明、激进的政治学与伦理学主张，相反，他对新思想的代表人物戴震、诗人袁枚、文学家汪中等人的过激批评，往往给现代人造成一种认识上的错觉：即章学诚保守、迂腐，从而使得他在思想史上长期受人忽视。而现代中国学术的历史学界对章学诚的重视远胜过思想界对章学诚的重视，这是一种非常值得玩味的现象。

依现代中国的学问与知识分类来看，"六经"中的《易》是占卜与哲学类著作，《诗》《乐》是艺术类的著作，《礼》是典章制度方面的著作，只有《书》《春秋》属于史学类的著作。章学诚是从什么角度来论证"六经皆史"命题的？而他所说的"史"这一重要概念，其究竟意义是何指？在综合前贤与时贤有关章学诚"六经皆史"说研究成果的基础上，本章着重从以下三个方面阐述他的"六经皆史"说的时代新意。

首先，章学诚所说的"史"是一种广义的历史记载，既是指一种记载过去的人事活动的著述，即现在人所说的史料，也是一种包含着著作家个人借历史材料所阐发的学术思想与哲学思想。在《报孙渊如书》一文中，章学诚说道："愚之所见，以为盈天地间，凡涉著作之林，皆是史学，《六经》特圣人取此六种之史以垂训者耳。子集诸家，其源皆出于史，末流忘所自出，自生分别，故于天地之间，别为一种不可收拾、不可总次之物，不得不分四种矣。"[1]

上述章学诚所言有几点值得重视。其一是，他将中国典籍与学问

---

[1] 章学诚：《报孙渊如书》，《文史通义新编新注》，仓修良编注，第 721 页。

（知识）统统归纳到历史学的门下，从历史文化哲学的思想高度取消并否定了以往典籍与学问的分类的理由与合理性，当然也包括当时正在以四部分类为准绳的《四库全书总目》的分类在内。其二是，将子学也纳入了史学的范围之内，实开后来龚自珍以史统领经、子之学的"经史子"关系论之先河。应当说，章学诚这种激进的"史学为一切学问之母"的主张，是以往各种经史关系论中所不曾有的鲜明思想主张。

其次，章学诚将"六经"都看作是"先王之政典"。而"先王之政典"既包含天道，也包含人事："夫悬象设教与治宪授时，天道也；《礼》、《乐》、《诗》、《书》与刑政、教令，人事也。天与人参，王者治世之大权也。"①而作为"先王之政典"的"六经"是"先王得位行道，经纬宇宙之迹，而非托于空言，故以夫子之圣，犹且述而不作"②。因此，"史"的最基本的涵义就是对于古代圣王经世之迹的记述，因而首先是一种政治史的史料。这充分体现并更加具体地凸显了中国传统典籍与知识分类"以治道为中心"的思想特征。其二，"六经皆史"，意味着"六经"所载的内容只是历史上圣王治世的经验，是一种过去时的东西。这种过去的经验不是不重要，而是说仅凭"六经"所记载的过去经验去治理当今之世，还是不够的。所以，后人应当通过对六经的深入研究，把握"史义"与"史意"，从而探求历史在具体的展开过程中所表现出来的变化了的"道"。同时，作为后来的真正意义上的史学家，还应当具备一种"史德"去述史，从而为后人提供新的治世经验。在《原道》（下）篇，章学诚提出了一个非常具有革命性的主张，说道："事变之出于后者，《六经》不能言，固贵约《六经》之旨而随时撰述以究大道。"在乾嘉时代，甚至在整个经学时代里，能够敢于公开地说"六经"具有局限性，而要求学人以自己的"别出心裁"体会"六经"精神，依据具体历史条件从事创造性的著述工作，以追求"大道"——类似今人所说的真理，实在是一个革命性的主张。这一点，连当时的哲学狂

---

① 章学诚：《易教上》，《文史通义新编新注》，仓修良编注，第1页。
② 章学诚：《易教上》，《文史通义新编新注》，仓修良编注，第2页。

人戴震也没有这种激进的经学思想。

再次，"六经皆史"说具有鲜明的反对宋明理学"经精而史粗"的"荣经陋史"的时代气息，要将宋明以来理学与心学的抽象思辨的哲学思维方式转换到通过人类社会经验现象去思考哲学问题的经验论的哲学思维方式上来。正是在这一点上，章学诚的"六经皆史"说与乾嘉时代三大考据史学家的精神和经学家戴震及其学术共同体，在精神上可以产生共振，体现了乾嘉时代所共有的人文实证主义精神。章学诚"六经皆史"说所体现的哲学思维方式的转换与他在概括"渐东学术""言性命心究于史"的精神，在哲学致思方式上是一致的，即要通过历史学的实证方式从事哲学思考。而这一点也是乾嘉时代"实事求是"精神的一种体现（虽然章学诚本人几乎不提"实事求是"的命题）。

从客观的思想史来看，章学诚的"六经皆史"说，乃至于他的整个学术成果在乾嘉考据学的时代并没有产生多大的社会影响。这也是章学诚自己所意识到的，是时代"风气"使之然，但在嘉道以后则逐渐对学术界产生影响。嘉道之时的诗人、政论家、思想家龚自珍继承并丰富了章学诚的"六经皆史"说。在《古史钩沉论》一文中，龚自珍更加激进地说道："周之世官，大者史。史之外无有语言焉，史之外无有文字焉，史之外无人伦品目焉。史存而周存，史亡而周亡。""六经"仅是"周史之宗子也"，"五经者，周史之大宗也"，"诸子也者，周史之小宗也"[①]，从而将中国学术与文化的所有现象都纳入"史"的范围之内。而且从这一学术观出发，龚自珍批评乾嘉时代的名物、训诂之学，努力研究西北边疆史，元蒙史以及海防史，从而真正把史学研究与当世之务结合起来，实现了"史学经世"的学术转化工作。

三、"言性命必究于史"——章学诚历史文化哲学的实证品格

与章学诚的"道器论"相关，章学诚在晚年论述"渐东学派"的学术精

---

① 龚自珍：《古史钩沈论二》，《龚自珍全集》，王佩净校，第 20 页，上海，上海古籍出版社，1975。

神时，提出了"言性命必究于史"的著名命题，在学术理想方面，提出了"道公而学私"的命题，反对学术研究过程中的门户之见，要求学者以追求千古不易之道（类似今日所说的"真理"）为己任，在一定程度上体现了传统士人向现代知识分子转化的历史趋向。

学术界有关"浙东学派"的讨论已经有很多文章了①，本文不再对此进行论述。在我们看来，章氏的"言性命必究于史"的命题，其实是"道不离器"论的哲学思想在学术史领域的具体化表现而已，其所体现的思想倾向仍然是"即事以穷理"的经验论。章氏认为：

> 天人性命之学，不可以空言讲也，故司马迁本董氏天人性命之说而为经世之书。儒者欲尊德性，而空言义理以为功，此宋学之所见讥于大雅也。夫子曰："我欲托之空言，不如见诸行事之深切著明也。"此《春秋》之所以经世也。……故善言天人性命，未有不切于人事者。三代学术，知有史而不知有经，切人事也。后人贵经术，以其即三代之史耳。近儒谈经，似于人事之外别有所谓义理矣。浙东之学，言性命者必究于史，此其所以卓也。②

在章氏看来，他理想中的"浙东学派"之所以在各学派中卓然而立，就在于能够从具体的历史经验中探索"天人性命"的抽象义理，既避免了徒知文献与考据的弊病，也避免了空谈性理的弊病，最能代表学问中的"中道"一派。在考据学盛行的"乾嘉时代"，章学诚特别重视抽象的"性命之学"，这是他的"别识心裁"，值得称道。然而，他也不可能摆脱时代风气的影响，在谈"性命"的抽象问题时必征于实际经验，故他在《书孙渊如观察〈原性〉篇后》中说道："昔夫子罕言命，子贡以性与天道不可得闻，夫子自谓无行不与，又谓时行物生，天何言哉，乃知性命非可空言，当征

---

① 参见仓修良、叶建华《章学诚评传》，第434—455页。另参见陈祖武主编的《明清浙东学术文化研究》一书中的相关文章。
② 章学诚：《浙东学术》，《文史通义新编新注》，仓修良编注，第121页。

于实用也。"①所谓"征于实用",即是"即事言理",与"言性命必究于史"的说法在精神上是一致的。

章学诚很少讨论宋明理学的"理"字及其丰富的哲学内涵,然在《朱陆》篇还是谈到了理与事、理与器的关系,以"理水事器"的譬喻说明理抽象哲理与不离具体经验的道理。如他说:

> 天人性命之理,经传备矣。经传非一人之言,而宗旨未尝不一者,其理著于事物而不托于空言也。师儒释理以示后学,惟著之于事物,则无门户之争矣。理,譬则水也;事物,譬则器也。器有大小浅深,水如量以注之,无盈缺也。今欲以水注器者,如置其器而论水之挹注盈虚,与夫量空测实之理,争辨穷年未有已也,而器固已无用矣。②

在我们看来,章氏这一"理水事器"的譬喻非常蹩脚,不能非常周延地说明理事之间的复杂关系,但从这一譬喻中可以看出章学诚的哲学重视实证的思想品格。从一点看,章学诚其实是戴震的同路人,只是他们用来实证自己哲学思想的工具不同,戴震运用的是广义的语言学工具,而章学诚运用的是广义的文献学工具。

第四节　崔述的历史哲学思想

崔述(1740—1816),字武承,号东壁,直隶大名府魏县(今何北魏县)人。其先人以军功起家,至其父 30 岁前,家道已经衰落。至崔述一代,家计更加艰难。15 岁时,崔述与弟崔迈应大名府童子试,崔述得第一名。23 岁时中举。30 岁时,"觉百家言多可疑,悔从前泛览之误","乃反而求之《六经》,以考古帝王圣贤行事之实;先儒笺注,必求其语所本而细核

---

① 章学诚:《书孙渊如观察〈原性〉篇后》,《文史通义新编新注》,仓修良编注,第 569 页。
② 章学诚:《朱陆》,《文史通义新编新注》,仓修良编注,第 126 页。

之；欲自著一书以证伪书之附会，辟众说之谬诬，举子业置不复为。"①崔述自 30 岁以后致力于考据学的研究，他的疑古思想虽然以"尊经"为前提，具有很大的局限性，但通过对经学传统里传、注、疏等怀疑与驳议，间接地引导了史学的解放。有关崔述的学术与思想研究，目前学界已经有了相当多的成果，本节在此处着重将崔述放在乾嘉学术的大环境里考察其学术特点。虽然，崔述是乾嘉时代主流学术之外的异数，就其学术的异数性格而言，颇同于章学诚。但其思想倾向，治学方法与内容，与章学诚均不相同。

一、崔述史学的价值取向与乾嘉学术精神的内在关系

崔述 30 岁时有志于考据学，正为乾嘉考据兴盛的时期。自 1770 年到 1782 年，崔述花了十三年时间为著《考信录》一书作准备；至 1791 年《洙泗考信录》《补上古考信录》先后脱稿，又近十年时间。因为家贫不能自立，1792 年进京选官，与参加会试的陈履和邂逅相识。陈在见面之前就仰慕崔述的学问，见面时又拜读了崔述随身携带的手稿《洙泗考信录》《补上古考信录》，遂执意拜崔述为师。崔述先是不肯，后应承。陈履和是崔述一生收的唯一一个学生。由顾颉刚先生整理的《崔东壁遗书》是我们目前所能见到的有关崔述的最全著作材料。

依崔述自叙及陈履和《行略》所记，崔述的尊经疑古思想得自于幼时其父所教的读书法。《家学渊源》一文说道："先君教述，自解语后，即教以日数官名之属，授书后即教以历代传国之次，郡县山川之名，凡事之有益于学问者无不耳提而面命之。开讲后，则教以儒、禅之所以分，朱陆之所以异，凡诸卫道之书必详为之讲说，神异巫觋不经之事皆为指析其谬。以故述自成童以来，阅诸经史百家之书不至'河汉而无极'者，先有以导其源故也。"②

---

① 陈履和：《崔东壁先生行略》，《崔东壁遗书》，顾颉刚编订，第 940 页，上海，上海古籍书店，1983。
② 崔述：《家学渊源》，《崔东壁遗书》，顾颉刚编订，第 470 页。

应当说，家学渊源对于崔述从事考据学研究的影响是不容怀疑的。但崔述日后用四十余年的时间从事考据之学，在尊经的前提下从事历史还原的考信工作，与乾嘉时代"实事求是"的考据学大风气是密切相关的。"实事求是"是乾嘉学术的精神纲领，这一精神纲领用现代的哲学观念来理解可以称之为"求真"的精神。这一"求真"精神在经学与史学两大研究领域里分别表现为"经文原义之还原"与"历史事实真相之求证"。在经学研究领域里，主要通过语言、文字，古代文化史的研究以达到还原经文原义的经学理论目标。而在史学领域里，则主要通过对历史事实真相之发掘，来揭露古代官修史学中之讹谬，从而达到对历史事件真相之揭露与历史人物的重新评价。崔述所从事的考据工作内容及其方法、路径，与乾嘉时代的汉学家、经学家都相当的不同。但其学术所体现出的"求真"精神则与该时代的主流学术研究倾向是一致的。

就乾嘉考据学中的"史学考据"而言，王鸣盛、赵翼、钱大昕可以说有大致相同的学术目标，他们三人可以看作是一个不期然而然的史学考据学的学术共同体，是乾嘉史学的主流。而崔述则属于乾嘉史学考据学的异类。崔述与章学诚两人的学术类型，都可以视之为乾嘉学术的异数，但他们的学术思想对 20 世纪中国学术，特别是历史学研究都产生了深刻的影响。与章学诚一样，崔述虽然生活于乾嘉之世，然而与这一时代主流的考据学似乎不甚相关。与章学诚不同，章学诚试图以史学取代经学，在新道论思想的前提下重新阐述了"六经皆史"的旧史学命题。崔述则笃信经学权威，并极力维护经学权威而力辨上古子书中的种种造伪现象，并努力揭示出这种造伪的规律，试图还原经学以外古代诸子思想的真实面貌。因而，就其学术所具有的"求真"精神而言，崔述的"尊经疑古"，辨伪求真的学术活动，与乾嘉时代的学术与思想精神还是声气相通的。对此，刘师培有一段非常恰当的评论，他说：

> 论曰，近世考证学超越前代，其所以成立学派者，则以标例及征实二端。标例则取舍极严而语无庞杂；征实则实事求是而力矫虚

诬。大抵汉代以后,为学之弊有二:一曰逞博,二曰笃信。逞博则不遁规律;笃信则不求真知。此学术所由不进也。……惟江、戴、程、凌起于徽歙,所著之书均具条理界说,博征其材,而所标之义,所析之词,必融会贯通以求其审;缜密严栗,略与皙种之科学相同。近儒考证之精,恃有此耳。述生乾嘉间,未与江、戴、程、凌相接,而著书义例则殊途同归。彼以百家之言古者多有可疑,因疑而力求其是。浅识者流仅知其有功于考史;不知《考信录》一书自标界说,条理秩然,复援引证佐以为符验,于一言一事必钩稽参正,剖析疑似,以求其真,使即其例以扩充之,则凡古今载籍均可折衷至当,以去伪而存诚。则述书之功在于范围谨严,而不在于逞奇炫博。①

我们认为,刘师培对于崔述学术精神与乾嘉学术求真、求是精神一致性的分析是中肯的。崔述虽然不能简单地归为乾嘉汉学或宋学,也不能简单归为吴派或皖派,从这两个角度说,他是乾嘉学术流派中的"异数"。但崔述的"尊经疑古",考信求真的精神,与乾嘉学术的"实事求是"精神是一致的。至于他的学术研究成果在多大程度上达到了这一理想性的目标,那又是另一回事。

经过胡适与顾颉刚为代表的近代疑古学派的宣传,崔述的学术形象就是乾嘉时代的一个疑古学派的先驱者。不过,20 世纪也有少数历史学家对崔述"疑古"形象提出了相反的观点,如吕思勉。吕氏曾经这样说过:"读书最忌买椟还珠。读崔氏之书,徒知激赏其疑古之处,而于其论政论俗处,瞠目无所见,则不翅买椟还珠矣。静夜偶意及之,辄举斯义,以为青年告。"②当代著名学者路新生也不同意将崔述简单地界定为一个疑古学家,而是将他看作一个以"民本"思想为核心的经学家。他说:"崔述提倡回归原典,他的目的恰恰在于借助对经典的注释和考据来建立他的以'民本'为核心的经学思想体系。崔述所论古帝王因为'民'的选择

---

① 刘师培:《崔述传》,《崔东壁遗书》,顾颉刚编订,第 948—949 页。
② 吕思勉:《读〈崔东壁遗书〉》,《吕思勉论学丛稿》,第 711 页,上海,上海古籍出版社,2006。

和拥戴而确立其帝位；'五常'为汉儒所杜撰；贪人不可用；帝王应当广开言路，主动纳谏等，这些经说都饶有新意地围绕着他的民本思想而展开。"①

应当说，吕氏与路氏所言，为我们重新理解崔述的思想及其整体风貌，提供了十分有价值的不同论述，可以有助于人们改变对胡适、顾颉刚等人所塑造的崔述学术形象的认识。不过，就崔述区别于乾嘉时代其他一流学者的学术形象而言，"尊经疑古"思想仍然是他学术的主要特征。将崔述视作乾嘉时代"尊经疑古"者，这一判断基本上还是符合崔述的学术性格的。

二、尊经疑古，考信求真——崔述的实证史学精神

（一）尊经疑古——崔述"求真"思想及其理论前提

作为乾嘉考据学的异类，崔述以明确的"尊经观"为其理论前提，在诸子思想史领域里从事着"辨伪求真"的思想史的考据工作。他这样说：

> 圣人之道，在《六经》而已。二帝、三王之事，备载于《诗》《书》（《书》谓《尧典》等三十三篇），文在是，即道在是，故孔子曰："文王既没，文不在兹乎？"《六经》以外，别无所谓道也。②

由上引文可知，崔述的疑古思想前提是"尊经"，他疑古的目的是为了捍卫经的神圣性，这就在思想前提下规定了的他史学考据与辨伪是以维护《六经》中的圣人之道为己任的，因而与乾嘉时代史学考据追求历史真相的目标有相当大的不同。在崔述看来，存在于《六经》之中的圣人之道之所以被淹没，主要是由如下三个方面的原因导致的：

第一，秦统一六国，焚书坑儒，导致《六经》之道沉晦。他说："顾自秦火后，汉初诸儒传经者各有师承，传闻异词，不归于一。"③

---

① 路新生：《中国近三百年疑古思潮研究》，第 241 页，上海，上海人民出版社，2001。
② 崔述：《考信录提要》卷上，《崔东壁遗书》，顾颉刚编订，第 2 页。
③ 崔述：《考信录提要》卷上，《崔东壁遗书》，顾颉刚编订，第 2 页。

第二，战国时代的战乱，以及该时代书籍形式的限制，导致《六经》之道的沉晦。他说："战国之世，处士横议，说客托言，杂然并传于后，而其时书皆竹简，得之不易，见之亦未必能记忆，以故难于检核考正，以别其是非真伪。"[1]

第三，魏晋之后，学术空疏，再加上新的战乱，再次使儒家的经籍沦亡，使《六经》之道再一次陷入沉晦之渊。他说："东汉之末，始易竹书为纸，检阅较前为易；但魏、晋之际，俗尚词章罕治经术，旋值刘、石之乱，中原陆沉，书多散佚，汉初诸儒所传《齐诗》《鲁诗》《齐论》《鲁论》陆续皆亡，惟存《毛诗序传》及张禹更定之《论语》，而伏生之《书》，田何之《易》，邹、夹之《春秋》亦皆不传于世。于时复生妄人，伪造《古文尚书经传》、《孔子家语》，以惑当世。"[2]

由上所引文献可知，崔述所辨之伪乃是《六经》之后的传与诸子类书籍之伪。而这些伪书之伪的性质乃是：这些后于《六经》而出的传与诸子之书使得"二帝、三王、孔门之事于是大失其实"，[3]并不是这些书所记载之事与历史上真正发生过的事实本身的不相符。这样一来，崔述的"辨伪求真"的学术理想，以及这种学术理想所包含的知性精神就被其厚重的经学外衣所束缚。就其"尊经"的学术观念而言，反不如王鸣盛、赵翼、钱大昕等人史学考据学具有思想的解放意义。钱大昕"经史不二"的思想，虽然还带有以经书提高史书价值地位的思想痕迹，然而他不迷信"六经"，相反，通过对"六经"别开生面的解释来阐发他的带有近代人道主义气息的政治伦理与婚姻伦理的思想。这是钱大昕考据史学中最有思想光辉的因素之一。[4]

---

[1] 崔述：《考信录提要》卷上，《崔东壁遗书》，顾颉刚编订，第 2 页。

[2] 崔述：《考信录提要》卷上，《崔东壁遗书》，顾颉刚编订，第 2 页。

[3] 崔述：《考信录提要》卷上，《崔东壁遗书》，顾颉刚编订，第 2 页。

[4] 参见笔者主持的教育部人文社会科学基地重点项目结项成果《戴震、乾嘉学术与中国文化》第三编第五章。

虽然，崔述的"尊经疑古"思想是以维护《六经》中圣人之道为其理论的出发点与归宿点，但对于《孟子》一书中的不可信处也还是有所指责的。他说：

> 经传之文往往有过其实者。《武成》之"血流漂杵"，《云汉》之"击余黎民，靡有孑遗"，孟子固尝言。至《閟宫》之"荆、舒是惩，莫我敢承"，不情之誉，更无论矣。战国之时，此风尤盛，若淳于髡、庄周、张仪、苏秦之属，虚词饰说，尺水丈波，盖有不可以胜言者。即孟子书中亦往往有之。若舜之"完廪，浚井"，"不告而娶"，伊尹之"五就汤，五就桀"，其言未必无因，然其初事断不如此，特传之者递加称述，欲极力形容，遂不觉其过当耳。①

崔述对于《孟子》一书中所述史实的可靠性的怀疑，其重要意义不仅在于对《孟子》一书中史实的详实考订，而更在于对作为《十三经》之一的《孟子》一书本身的大胆怀疑，从而突破了其本人以"经"正"传"而不怀疑"经"本身的思想规定。

对于当时倍受官方推崇的朱子（而且在很多地方崔述本人也非常肯定的朱子），崔述对其著作中的不当之处也毫不客气地指出来了，这在当时也是需要理论勇气的，而且对于破除当时思想界的偶像崇拜，促进人们的思想解放起到了一定的积极作用。他说：

> 朱子《易本义》、《诗集传》及《论语》、《孟子集注》，大抵多沿前人旧说。其偶有特见者乃改用己说耳。何以言之？孟子"古公亶父"句，《赵注》以为太王之名；《朱注》亦云："亶父，太王名也。"《大雅》"古公亶父"句，《毛传》以字与名两释之；《朱注》亦云："亶父，太王名也；或曰字也。"是其沿用旧说，显然可见。②

应该说，崔述对于朱子的态度是相当理性的，他说："学者不得因一

---

① 崔述：《考信录提要》卷上，《崔东壁遗书》，顾颉刚编订，第 12 页。
② 崔述：《考信录提要》卷上，《崔东壁遗书》，顾颉刚编订，第 13 页。

二说之未当而轻议朱子，亦不必为朱子讳其误也。"①这种不迷信权威，也不故意以批评权威而抬高自己的做法，恰恰是乾嘉时代"实事求是"精神的具体体现。崔述认为，必须通过"考虚实而论得失"，才能使其议论言之有据。如果不考虚实而论得失，则言之无据，对此，他杜撰了一则故事，颇有启发意义。有两个极度近视的人，然而都不承认自己近视，相反，而相互夸耀自己的视力。正好村中有一富人第二天要挂匾额，他们两人头天晚上就派人刺探匾上之字，第二天就相互争指匾上之字。而其实，富人门上的匾还没有挂出来。通过这一故事，崔述批评道："大抵文人学士多好议论古人得失，而不考其事之虚实。余独谓虚实明而后得失或可不爽。故今为《考信录》，专以辨其虚实为先务，而论得失者次之，亦正本清源之意也。"②

就崔述的"尊经疑古"思想而言，其主要精华表现在刘古代典籍中成伪现象的原因分析及其原理的概括与提炼，对于后来的辨伪学的发展与科学化，起到了学术的奠基作用，从而具有重要的学术价值与理论价值。

（二）非汉非宋，"为有用之学"是求——崔述经世致用的学术目标

崔述之学既非全是宋学，亦不同于同时代的汉学，而是传统儒家经世致用之学，颇类似颜元之实学。③ 他与章学诚一样，是乾嘉时代超越各家各派的特立独行的学者，然其疑古辨伪、考信求真、力求致用的学术精神与乾嘉考据学的时代精神有相通之处。正如章学诚"道器论""言性命必究于史"的经验论哲学思维路线与该时代的哲学精神相通一样。

1. 非汉非宋的学术立场

崔述虽然也在怀疑传、注、诸子的同时从事考据学的工作，但他并不欣赏当时主流考据学的汉学家们的做法；他虽然尊经，然而与经学家，也是皖

---

① 崔述：《考信录提要》卷上，《崔东壁遗书》，顾颉刚编订，第 13 页。
② 崔述：《考信录提要》卷上，《崔东壁遗书》，顾颉刚编订，第 14 页。
③ 参见路新生《中国近三百年疑古思潮研究》，第 217—249 页；王纪录《中国史学思想通史》（清代卷），第 317—324 页，合肥，黄山书社，2002。

派汉学家戴震的思想似乎毫无瓜葛。从目前的众多研究类著作来看，崔述似乎没有读过戴震的著作。他与章学诚非常不同，似乎是一个完全独立于这个时代之外的学者。从今人的角度看，崔述"尊经"的观点似乎带有原教旨主义的味道。他说："圣人之道，在《六经》而已矣。二帝、三王之事，备载于《诗》《书》（《书》谓《尧典》等三十三篇）。孔子之言行，具于《论语》。文在是，即道在是，故孔子曰：'文王既没，文不在兹乎？'《六经》以外，别无所谓道也。"①戴震只是说"经之至者道也"，并没有说过《六经》之外无他道的话。章学诚更不会同意崔述的说法，因为章学诚看到出于《六经》之后的诸事，《六经》不足以囊括之，而蕴涵于这些事中之道则需要后来者随时撰述以探究之。相比较之下，崔述的"经道合一"论具有极强的尊经观点。

崔述有一段严厉批评汉儒的话，他说：

> 周道既衰，异端并起，杨墨名法纵横阴阳诸家莫不造言设事以诬圣贤。汉儒习闻其说而不加察，遂以为其事固然，而载之传记。若《尚书大传》《韩诗外传》《史记》《戴记》《说苑》《新序》之属，率皆旁采卮言，真伪相淆。继是复有谶讳之术，其说益陋，而刘歆、郑康成咸用之以说经。流传既久，学者习熟见闻，不复考其所本，而但以为汉儒近古，其言必有所传，非妄撰者。②

崔述这一段话似乎是针对以惠栋为代表的吴派汉学家而言的。他说的话大体上符合经学史与思想史的实际情况，但对当时迷信汉学的人来说是一种非常不中听的话。他还直接批评当时学界尊奉汉儒的做法，说道："近世浅学之士动谓秦、汉之书近古，其言皆有所据；见有驳其失者，必攘臂争之。此无他，但狥其名而实未尝多观秦、汉之书，故妄为是言耳。"③

崔述虽然尊经，但并不迷信宋儒，他对宋儒的崇尚性理道学，不尚考

---

① 崔述：《考信录提要》卷上，《崔东壁遗书》，顾颉刚编订，第 2 页。
② 崔述：《考信录提要》卷上，《崔东壁遗书》，顾颉刚编订，第 3 页。
③ 崔述：《考信录提要》卷上，《崔东壁遗书》，顾颉刚编订，第 6 页。

核古今的虚玄之学也有所批评。他说：

> 重实学者惟有宋诸儒，然多研究性理以为道学，求其考核古今者不能十之二三。降及有明，其学益杂，甚至立言必出入于禅门，架上必置以佛书，乃为高雅绝俗；至于唐、虞、三代、孔门之事，虽沿讹踵谬，无有笑其孤陋者。①

他又说：

> 逮宋以后，诸儒始多求之心性，详于谈理而略于论事，虽系探本穷源之意，然亦开后世弃实征虚之门。及陆、王之学兴，并所谓知者亦归之渺茫空虚之际，而正心诚意遂转而为明心见性之学矣。②

上述两则材料均表明，崔述对宋明理学的程朱之学与陆王之学均有所批评。另外，他对同时代的汉学与宋学之争现象，也表示了极大的不满，认为学术但求其是，而不必分汉宋。他说：

> 今世之士，醇谨者多恪遵宋儒，高明者多推汉儒以与宋儒角。……其实宋儒之说多不始于宋儒；宋儒果非，汉儒安得尽是。理但论是非耳，不必胸中存汉、宋之见也。③

对于当时学者批评朱子之学，崔述则颇为调侃地说朱子之误实沿用了不少汉儒的错误，他说：

> 今世之士，矜奇者多尊汉儒而攻朱子，而不知朱子之误沿于汉人者正不少也。拘谨者则又尊朱太过，动曰"朱子安得有误！"而不知朱子未尝自以为必无误也。即朱子所自为说，亦间有一二误者……所谓"智者千虑，必有一失"。惟其不执一成之见，乃朱子所以过人之处。学者不得因一二说之未当而轻议朱子，亦不必为朱子讳其误也。④

---

① 崔述：《考信录提要》卷上，《崔东壁遗书》，顾颉刚编订，第14页。
② 崔述：《考信录提要》卷上，《崔东壁遗书》，顾颉刚编订，第16页。
③ 崔述：《丰镐考信别录》卷三，《崔东壁遗书》，顾颉刚编订，第362页。
④ 崔述：《考信录提要》卷上，《崔东壁遗书》，顾颉刚编订，第13页。

应当说，崔述对汉儒、宋儒中不实不真之学的批评，对汉宋之争的批评，对于朱子的态度等，都与乾嘉时代"实事求是"的精神纲领颇为一致。正是因为他有这种独立不苟的精神，在乾嘉时代他不依门傍户而在学术研究方面做出了自己的独特贡献。崔述对汉学与宋学的双向排遣，不只是消极地否定他们，而是他自己所追求的"有用之学"的内在学术目标的外化表现。他发现，自宋代以来，某些考据学者在一些细节的问题考证得非常精细，然而对于古代帝王圣贤之行之事却并不清楚，因此他的《考信录》就是要发掘那些有益于世道人心的古代帝王圣贤之行之事。他说：

> 吾尝观洪景庐所跋赵明诚《金石录》及黄长睿《东观余论》，未尝不叹古人之学博而用力之勤之百倍于我也。一盘盂之微，一杯勺之细，曰，此周也，此秦也，此汉也。兰亭之序，羲之之书，亦何关于人事之得失，而曰孰为真本，孰为赝本。若是乎精察而明辨也！独于古帝王圣贤之行之事关于世道人心者，乃反相与听之而不别其真赝，此何故哉？拾前人之遗，补前人之缺，则《考信录》一书其亦不容尽废者与！①

由上所引文献可知，崔述的"考信"工作不在于孜孜以求历史事件在细节上的真实性，而是要追求古代帝王圣贤于世道人心有关的宏大事件方面的真实性。这是崔述的考据学不同于乾嘉史学中钱、王、赵的史学考据之处，也不同于乾嘉经学中戴、段、高邮王氏父子的经学考据之处。只有仔细辨别其学术与同时代大家的不同之处，才能更清楚地看出其学术的独特价值。

崔述要追求切于日用之学，他还要将自己的学术与宋明理学与陆王心学及其末流区别开来。他认为，自明季以来，学者多为时文所误，其中能读书不专为时文之人，千百人中或得一二人而已；而这些人之中，其才

---

① 崔述：《考信录提要》卷上，《崔东壁遗书》，顾颉刚编订，第 14 页。

能不仅为记诵辞章之学的人，又是千百人中仅有一二人而已。即使是这些人，又"多以道学自命，谨厚者惟知恪遵程、朱，放佚者则竟出入王、陆。然考其所言，大抵皆前人之陈言，其驳者固皆拾庄子、佛氏之唾余，即其醇者亦不过述宋儒性理之賸说。其真殚精经义，留心治术，为有用之学者，殊罕所遇。然后知学问之难言也！述自读诸经《孟子》以来，见其言皆平实切于日用，用之修身治国，无一不效，如布帛菽粟，可饱可暖，皆人所不能须臾离者。至于世儒所谈心性之学，其言皆若甚高，而求之于用殊无所当。正如五色彩纸，为衣可以美观，如用之以御寒蔽体，则无益也"①。

崔述将《孟子》一书看着是"如布帛菽粟，可饱可暖"，切于日用的著作，从学术史的角度看未必十分准确。然我们理解，他实际上是借《孟子》一书表达自己的学术价值理想，即通过考察古帝王圣贤的行事以助于世道人心的建设。他对科举时文危害读书人的分析，与顾炎武在《生员论》一文所论极其相似。他高度肯定《六经》及先秦儒家的学说切于日用，而对宋明以后的心性之学大加批评，说道："逮宋以后，诸儒始多求之心性，详于谈理而略于论事，虽系探本穷源之意，然亦开后世弃实征虚之门。及陆、王之学兴，并所谓知者亦归之渺茫空虚之际，而正心诚意遂转而为明心见性之学矣。"②

由上所引的文献可以看出，崔述对宋学与同时代的汉学采取了双向批评的态度，而其学术宗旨则在于借《六经》、先秦原始儒家之名而实现经世致用的目标。而这一学术目标与乾嘉时代诸儒也是相通的。

2. 崔述"辨伪求真"的具体方法

崔述对于自己的尊经疑古，辨伪求真、致用的学术活动有一定程度的方法论的自觉。其方法论在今天看来未必是十分恰当的，但在原则上是合理的。他说：

---

① 崔述：《考信录提要》卷上，《崔东壁遗书》，顾颉刚编订，第15—16页。
② 崔述：《考信录提要》卷上，《崔东壁遗书》，顾颉刚编订，第16页。

> 唐、虞有唐、虞之文，三代有三代之文，春秋有春秋之文，战国、秦、汉以迄魏、晋亦各有其文焉。非但其文然也，其行亦多有不相类者。是故，战国之人称述三代之事，战国之风气也；秦、汉之人称述春秋之事，秦、汉之语言也。《史记》直录《尚书》、《春秋传》之文，而或不免杂秦、汉之语；《伪尚书》极力摹唐、虞、三代之文，而终不能脱晋之气：无他，其平日所闻所见皆如是，习以为常而自觉，则必有自呈露于忽不经意之时者。少留心以察之，甚易知也。①

析而言之，崔述上面所说的"文"，既包括文章的用词、语言特征，也应当包括整体的文章风格。其次，上面所说的"事"，既指具体、真实发生的历史事件，也应当包括不同时代的人们对历史的态度，如战国时代称述三代之事情，秦、汉人称述春秋时代的事情。再次，由于人们生活在自己的时代，不知不觉中一定会流露出那个时代的习气与用语习惯，这种时代的集体无意识往往在语言与行文中流露出来。因此，"辨伪求真"的活动就在于通过对文、事的时代特征，与人生活在不同时代所具有的用语习惯这三个方面的切实了解（其实也可以说是主客两个方面），从而考证文、事所属的时代。

对于这一方法论的有效性，崔述列举了大量的例证，今摘其要以证明之。他说：

> 《易传》之述包羲，帝而称王（唐、虞以前无称"王天下"者，说见《补上古录》中），《蔡传》之引《史记》，益而加伯（《史记》以前称益，未有加以伯者，说见《唐虞录》中），此行文者所不自觉也。《传》之《三坟》、《五典》、《八索》、《九邱》，《杜注》但云"皆古书名"，及《伪书序》既出，而《林注》遂历历数之：无他，文必因乎其时故也。所以汉人好谈谶纬，则所撰之《泰誓》，"乌流""炎覆"，祥瑞先呈；晋人喜尚排偶，

---

① 崔述：《考信录提要》卷上，《崔东壁遗书》，顾颉刚编订，第15页。

则所撰之《泰誓》，"斮胫""剖心"，对待独巧。……是知伪托于古人者未有不自呈露者也。考古者但准是以推之，莫有能遁者矣。①

崔述上述所论大体正确。但通过语言风格而判断《泰誓》为晋人作伪，理据似嫌不足。后世语言现象总是从前代语言发展出来的。前代典籍中偶有后世的某些语言现象，也是正常的。对于古书是否为伪书的辨析，往往需要多方面的证据合在一起加以综合判断，才能得出比较可靠的结论。这一点我们必需要慎之又慎。从原则上说，每一时代的文章与文献都有特定时代的历史烙印，这是正确的。但要将这一原则落实在具体的文章与文献辨析上，则不是一件很容易做的事情。因为我们无法对一个时代之文、之事作出一个完全准确的概括。而从人类的经验与哲学思想的高度来看，凡事皆有例外似乎是一个通则，尤其是在人类的生活事件之中，而不是在自然的物理性事件之中，这种例外的可能性、概率性就更大。在历史学领域里通过归纳的方式得出的带有一定普遍性的结论，可以作为一个逻辑上的演绎的前提去分析、推论、裁断许多具体的事件的。但不能一概而论。因此，崔述的上述方法运用在具体的问题上就得小心。然崔述对于此点似乎缺乏认识。

除上述的三种方法之外，崔述在撰写《考信录》一书时，在体例上列有"备览""存疑"，"附录""附论"，"备考""存参"三种类型，体现了崔述存疑、阙疑的开放精神，这虽然不能说是"辩伪求真"的方法，但也与"辨伪求真"的方法密切相关，因而值得后人关注。如在《备览·存疑》条，崔述自问自答道："何以有'备览''存疑'也？曰：其书所载之事可疑者多，而此事尚无可疑，不敢遂谓其非实也，则列之于'备览'。其书所载之事可信者多，而此事殊难取信，不敢概谓其皆实也，则列之于'存疑'。皆慎重之意也。"②应该说，崔述在著书体例上存"备览"一类，在历史学方面的确体现了古人，也是乾嘉时代的学人"实事求是"的精神，值得肯定。

---

① 崔述：《考信录提要》卷上，《崔东壁遗书》，顾颉刚编订，第 15 页。
② 崔述：《考信录提要》卷上，《崔东壁遗书》，顾颉刚编订，第 23 页。

崔述感叹古往学者不用心于古代典籍记载中的真伪之辨，以至于伪史流行，导致很多疑惑，其原因在于：

> 一者心粗气浮，不知考其真伪；一则意在记览，以为诗赋时文之用，不肯考其真伪；一则尊信太过，先有成见在心，即有可疑，亦必曲为之解，而断不信其有伪。①

上文所总结的不知、不肯、尊信三种主观原因，使得传统的学术在对于古代典籍的"辨伪求真"方面的工作做得很少，留下了很多问题。处于18世纪的崔述则自觉地打扫传统典籍——主要是传记中的讹伪史事，在历史学领域展开了求真、求是的学术研究活动，与同时代的戴震、钱大昕等学者，在不通声气的前提下，不约而同的推进了该时代的"求真""求是"的时代思潮，形成了以"求真""求是"为目标，进而维护他们心目中的古代圣贤之道，开创了新的文化方向——即将理想中的圣贤之道（或曰人文价值理想）奠定在真实、可信的历史事实和对客观世界真实把握的基础之上。换句话说，通过"求真"的知性活动实现"向善"的价值追求，同时也将个人的生命意义安立于这一求真、求是的知性学术追求之中，与宋明儒学的道德形上学追求形成了巨大的时代反差。这种巨大的时代反差使得当代新儒家的学者群体无法理解这一新的人生终极关怀。崔述有一段批评宋明儒者心性之学，表明自己甘于"下学"的文字，虽为谦词，实际上正是表达了他的人生理想与终极关怀，今录于此，以为佐证：

> 逮宋以后，诸儒始多求之心性，详于谈理而略于论事，虽系探本穷源之意②；然亦开后世弃实征虚之门。及陆、王之学兴，并所谓知者亦归之渺茫空虚之际，而正心诚意遂转而为明心见性之学矣。余窃谓圣人之道大而难窥，圣人之事则显而易见，与其求难窥，不若考

---

① 崔述：《考信录提要》卷上，《崔东壁遗书》，顾颉刚编订，第 15 页。
② 戴震批评朱子"详于论敬而略于论学"，可参考也。

所易见。……述赋性愚钝，不敢言上达之事，惟期尽下学之功，故于古帝王圣贤之事，尝殚精力以分别其是非真伪，而从无一言及于心性者。固自知其不贤，甘为识小之人，亦有鉴于魏、晋之谈名理而尚老庄，卒至有陆沉之祸也。①

崔述此处所论，与王鸣盛、赵翼自谦不能从事经学研究，而只能从事史学研究，其精神取向如出一辙。而与段玉裁从正面论述以"求真"为人生的信仰之所归，也属于同声相应，同气相求。因此，对乾嘉学术的研究，不应当停留在学者表面的学术研究内容与研究方法上面，还应当透过对其研究内容与研究方法的价值取向的考察，寻找该时代学术精神的内在一致性。20 世纪的乾嘉学术研究受现代人文学分科形式的影响，在历史、哲学、文学—语言学等方面均取得了非常大的成绩，深化了对乾嘉学术细节的认识。但对于乾嘉学术内在精神的一致性，哲学思维方式的一致性的认识方面，似乎还做得很不够。再加上各种研究范式或学术进路的不同，研究者自说自话，虽皆能言之成理，持之有故，然而对乾嘉学术整体精神风貌的把把握上面，缺乏令人信服的学术共识。人们非常习惯地将考据学当作是乾嘉学术的整体，并且学界很多大家都认为乾嘉时代无哲学。这样一些有关乾嘉学术比较程式化、表面化的认识，在 21 世纪应当得到纠正，从而让我们对乾嘉时代学术的真精神有更加透彻的了解。

三、崔述对《六经》之外典籍成伪原因的分析与归纳

从现代人的学术观念来看，崔述的"尊经疑古"态度与思想倾向在乾嘉时代缺乏思想解放的意义。但在古籍成伪原因的探讨层面，崔述提出的"世益晚则采择益杂"成伪原理说，颇有学术方法论的意义。他说：

大抵古人多贵精，后人多尚博；世益古则其取舍益慎，世益晚则

---

① 崔述：《考信录提要》卷上，《崔东壁遗书》，顾颉刚编订，第 16 页。

其采择益杂。故孔子序《书》，断自唐、虞，而司迁作《史记》乃始于黄帝。然犹删其不雅训者。近世以来，所作《纲目前编》《纲鉴捷录》等书，乃始于庖羲氏，或天皇氏，甚至有始于开辟之初盘古氏者，且并其不雅训者而亦载之。故曰，世益晚则其采择益杂也。①

从历史发展的角度看，崔述的"古人多贵精"之说并不能成立，而"后人多尚博"的说法则大体上可以成立。尤其是"世益晚则其采择益杂"的说法，在相当大的程度上揭示了中国古代典籍作伪的一般性原理，以及一般诸子之学、史学、集部之学的基本生成状态。特别是那些故事性的叙事作品，由于受人类追求完型心理的影响，努力把一件事说得更加圆通，"采择益杂"也在所不辞。

崔述在指出了古书成伪的一般原则之后，他还进一步分析了古籍成伪的具体原因。这种具体分析的结论，大多数都具有学术价值。根据我们的初步研究，从以下三个大的方面对他揭示出的成伪原因作一概括性归纳，并作适当的分析。

（一）人言（包括口头语言、传说与书面书言）的主观性

1. 人言不可尽信

崔述对于人类语言的可信程度保持一种高度的怀疑态度，尤其对于远古时代的语言的可信性问题持有很大的保留态度。他说："人之言不可信乎？天下之大，吾非能事事而亲见也，况千古以上，吾安从而知之！人之言可尽信乎？……舌生于人之口，莫之扪也；笔操于人之手，莫之掣也；惟其意所欲言而已，亦何所不至者！"②

从"人言不尽可信"的普遍怀疑角度出发，崔氏展开了对战国以降，汉代诸子之书的真实性提出了怀疑：

> 周道既衰，异端并起，杨、墨、名、法、纵横、阴阳诸家莫不造言设
> 事以诬圣贤。汉儒习闻其说而不加察，遂以为其事固然，而载之传

---

① 崔述：《考信录提要》卷上，《崔东壁遗书》，顾颉刚编订，第 13 页。
② 崔述：《考信录提要》卷上，《崔东壁遗书》，顾颉刚编订，第 2 页。

记。若《尚书大传》《韩诗外传》《史记》《戴记》《说苑》《新序》之属，率皆旁采卮言，真伪相淆。继是复有谶纬之术，其说益陋，而刘歆、郑康成咸用之以说经。流传既久，学者习熟见闻，不复考其所本，而但以为汉儒近古，其言必有所传，非妄撰者。虽以宋儒之精纯，而沿其说而不易者盖亦不少矣。[1]

不过，崔述上述所表达出的怀疑精神，是以维护圣贤的面目出现的。准确地说，他所怀疑的众人之言，以至于经学传统里注经者之言的可靠性，然而他并不是通过详细的历史学考证方法具体指出哪些语言与事实不相符，因而是可疑的。因此，这种怀疑似乎还只能说是一种没有严格证据的普泛性的怀疑，缺乏足够的学术价值而只具有一般的思想启迪意义。

2. 古语失解后之妄说

崔述从语言演变而导致古书之说失真现象的分析，具有学术价值。他说："战国、秦、汉之书非但托言多也，亦有古有是语而相沿失其解，遂妄为之说者。古者日官谓之日御，故曰'天子有日官，诸侯有日御'。羲仲、和仲为帝尧臣，主出纳日，以故谓之日御。后世失其说，遂误以为御车之御，谓羲和为日御车，故《离骚》云'吾令羲和弭节兮，望崦嵫而勿迫'；已属支离可笑。又有误以御日为浴日者，故《山海经》云'有女子名羲和，浴日于甘渊'，则其谬益甚矣！"[2]

崔述以"羲和"之语的失解为例，进一步引申道："然此古语犹间见于经传，可以考而知者，若夫古书已亡，而流传之误但沿述于诸子百家之书中者，更不知凡几矣。大抵战国、秦、汉之书皆难征信，而其所记上古之事尤多荒谬。然世之士以其传流日久，往往信以为实。其中岂无一二之实？然要不可信者居多。"[3]

---

[1] 崔述：《考信录提要》卷上，《崔东壁遗书》，顾颉刚编订，第3页。
[2] 崔述：《考信录提要》卷上，《崔东壁遗书》，顾颉刚编订，第5页。
[3] 崔述：《考信录提要》卷上，《崔东壁遗书》，顾颉刚编订，第5页。

不过,崔述上述所论也还有进一步推敲之处。从"日御"到"以御日为浴日"的演变,固然需要纠正。但古代神话中的"浴日"故事未必就是从"日御"到"御日",再到"浴日"的语言学之误导致的。古代汉语中的词汇变化还有神话、民俗的影响,不能不加以考虑。而崔述对诸子文本中文学、神话、传说等不同类型的作品也缺乏分类意识。因此这些论断就不够精审。

3. 虚言衍成实事

此一类情况之中,又可以分为三种情况。一是后人误把前人的寓言故事当作真实的历史事实,如"战国之时,说客辨士尤好借物以喻其意。如'楚人有两妻','豚蹄祝满家','妾覆药酒','东家食,西家宿'之类,不一而足。虽孟子书亦往往在之。非以为实有此事也。乃汉、晋著述者往往误以为实事而采之入书,学者不复考其所本,遂信以为真有而不悟者多矣"[1]。二是历史中实有某事,然后人们加以虚夸,如"公父文伯之卒也,见于《国语》者,不过其母恶其以好内闻,而戒其妾无瘠容,无洵涕,无搯膺而已。《戴记》述之,而遂谓其母据床大哭,而内人皆行哭失声。楼缓又衍之,遂谓妇人自杀于房中者二八矣"[2]! 三是"无其事而又有其语",后人又衍生出一段事实的,如《春秋传》记载了子太叔的一段话:"嫠不恤其纬而忧宗周之陨,为将及焉"。这本来是一假设之辞,后人将衍变一段史实,说"漆室之女不绩其麻而忧鲁国。其后又衍之,遂谓鲁监门之女婴忧卫世子之不肖,而有'终岁不食葵,终身无兄'之言,若真有其人其事者矣"。[3]

对于上述三类情况,崔述总结道:"虽古有是语,亦未必有是事;虽古果有是事,亦未必遂如后人之所厶厶也。"[4]应当说,崔述指出中国史学著作中蕴含着很多传说、虚说等不实之事、或事与人物不相称的现象,对于

---

[1] 崔述:《考信录提要》卷上,《崔东壁遗书》,顾颉刚编订,第4页。
[2] 崔述:《考信录提要》卷上,《崔东壁遗书》,顾颉刚编订,第4页。
[3] 崔述:《考信录提要》卷上,《崔东壁遗书》,顾颉刚编订,第4页。
[4] 崔述:《考信录提要》卷上,《崔东壁遗书》,顾颉刚编订,第5页。

后人审慎地对待古史的事件提供了很好的案例。然这里仍然有文学性的运用与历史学的引用之异。崔述对此考证不够精审。

4. 儒者采谶纬之语——有意为之

崔述对于经学史中，特别是汉儒借纬书解释而故意作伪现象的揭示，有利于廓清经学史中的虚假之说。他说："先儒相传之说，往往有出于纬书者。盖汉自成、哀以后，谶纬之学方盛，说《经》之儒多采之以注《经》。其后相沿，不复考其所本，而但以为先儒之说如是，遂靡然而从之。如龙负河图，龟具洛书，出于《春秋》纬。黄帝作《咸池》，颛顼作《五茎》，帝喾作《六英》，帝尧作《大章》，出于《乐纬》。诸如此类，盖不可以悉数。"①

崔述通过对汉以后诸儒引纬书情况的总结，得出了这样的结论："大抵汉儒之说，本于《七纬》者不下三之一；宋儒颇有核正，然沿其说者尚不下十之三。乃世之学者动曰汉儒如是说，宋儒如是说，后生小子何所知而妄非议之！呜呼，以汉儒之说果汉儒所自为说乎？宋儒之说果宋儒所自为说乎？盖亦未尝考而已矣！"②崔述的这番议论，在乾嘉汉学如日中天之际可谓冒天下之大不韪。他对于汉学与宋学均采取了批评的态度，表现了崔述独立不苟的"求真"精神，值得赞许。

5. 杂说流行

崔述感叹明代科举考试制度，使读书人于仅读《四书》，举业之外，茫然不知的情况，指出明代社会造伪的特殊原因。他说："一二才智之士务搜览新异，无论杂家小说，近世赝书，凡昔人所鄙夷而不屑道者，咸居之为奇货，以傲当世不读书之人。"其结果是：世人以"六经为藜藿，而此书为熊掌雉膏然，良可慨也"③！这其实是从社会风俗变化的角度揭露明代社会作伪的原因，然这种类型的作伪易于识破。

---

① 崔述:《考信录提要》卷上,《崔东壁遗书》,顾颉刚编订,第5页。
② 崔述:《考信录提要》卷上,《崔东壁遗书》,顾颉刚编订,第5页。
③ 崔述:《考信录提要》卷上,《崔东壁遗书》,顾颉刚编订,第7页。

6. 事实误传

崔述提出"事实误传"的成伪原因是行得通的,但他所列举的事例却并不恰当。因为文学家所言并非都是历史事实,而是以传说之言来表达一种理想。因此,他下列所论就不是十分恰当。他说:"战国之时,邪说并作,寓言实多,汉儒误信而误载之,固也。亦有前人所言本系事实,而递传递久以致误者。此于三代以上固多,而近世亦往往有之。"如陶渊明的《桃花源记》本未涉及神仙之事,而唐代韩愈《桃源图诗》云:"神仙有无何渺茫,桃源之说诚荒唐。"刘禹锡《桃源行》诗也说:"俗人毛骨惊仙子",又说"仙家一出寻无踪"。

崔述以此为例,进一步引申道:"古之国史既无存于世者,但据传记之文而遂以为固然,古人受诬者尚可胜道哉! 故余为《考信录》,于汉、晋诸儒之说,必为考其原本,辨其是非;非敢诋諆先儒,正欲平心以求其一是也。"①很显然,崔述的这类辨伪文字意义不是很大。

7. 传闻异词之重出

"传记之文,往往有因传闻异词,遂误而两载之者。"②《春秋传》载鄢陵之战,"韩厥从郑伯,曰,'不可以再辱国君',乃止。郤至从郑伯,曰'伤国君有刑'亦止"。对于这段史实,崔述认为记载一定有误。理由有两条:其一是:"此时晋四军,楚三军,晋非用三军不足以适敌楚;若郑则国小众寡,以一军敌足矣;必无止以两军当楚,复以两军当郑之理。"③其二是:后文"郤至三遇楚子之卒"。而襄公二十六年记载,"中行、二郤必克二穆",所以,"郤至以新军当楚右军,而后萃于王卒,无缘得从郑伯,从郑伯者,独韩厥一军耳"④。

崔述上述的辨伪求真的结论,应当说是有理有据,证明《春秋传》所载"郤至从郑伯"的史实有误。不过,他并没有提供更多的历史材料佐

---

① 崔述:《考信录提要》卷上,《崔东壁遗书》,顾颉刚编订,第7—8页。
② 崔述:《考信录提要》卷上,《崔东壁遗书》,顾颉刚编订,第8页。
③ 崔述:《考信录提要》卷上,《崔东壁遗书》,顾颉刚编订,第8页。
④ 崔述:《考信录提要》卷上,《崔东壁遗书》,顾颉刚编订,第8页。

证，主要是通过推理来猜测，因而只能引起人们怀疑，但很难给人以确信的历史知识。

以上七个方面，崔述主要揭示了古代语言与事实真相之间不尽相符的现象，从而在言与事的关系上揭示了成伪的复杂原因。除此之外，崔述还从人类认识能力的有限性角度，揭示伪书的成因。

（二）人类认识的局限性与对此局限性缺乏反省导致伪讹

1. 少见者多误

崔述揭示了历史上人物同名的现象，而后来的注家不知，造成了张冠李戴的现象。他举出的唐代卫退之与韩退之（愈韩）之误，颇为典型。他说："凡人多所见则少所误，少所见则多所误。唐卫退之饵金石药而死，故白居易诗云：'退之服硫黄，一病讫不痊。'而宋人杂说遂谓韩退之作《李于墓志》戒人服金石药，而自饵硫黄。无他，彼但知有韩昌黎字退之，而不知唐人之字退之者尚多也！故曰，少所见则多所误也。"①

2. 强不知以为知

在崔述看来，"无所不知者，非真知也；有所不知者，知之大者也"②。这充分体现了崔述在知识论方面所具有的理性精神。他认为，"今之去二帝、三王远矣，言语不同，名物各异，且易竹而纸，易篆而隶，递相传写，岂能一一之不失真！……以为不知，夫亦何病"！③

然而，有些人强不知以为知，就会出现笑话。如苏轼集中有《过虔州》一诗，其中有诗句云："行看凤尾诏，却下虎头城。"而注者云："虎头，顾恺之也；恺之常州人，盖是时先生乞居常州也。"崔述认为此注大错。因为"虎头"即是"虔"。董德元言，"虔州俗谓虎头城。"原因是"虎"与"虔"二字皆从"虍"，故有"虎头城"之称。崔述以此小事为例，进而论述道："天下之书岂能尽见，缺之未为大失也。强以意度之，而属之顾恺之，则其失何啻千里尔！彼汉人之说经，有确据者几何，亦但自以其意度之

______

① 崔述：《考信录提要》卷上，《崔东壁遗书》，顾颉刚编订，第 3 页。
② 崔述：《考信录提要》卷上，《崔东壁遗书》，顾颉刚编订，第 9 页。
③ 崔述：《考信录提要》卷上，《崔东壁遗书》，顾颉刚编订，第 10 页。

耳,然则其类此者盖亦不少矣,特古书散轶,无可证其误耳,乌在其尽可信也哉!"①崔述在知识方面所持有的多闻阙疑的理性精神,与乾嘉时代"实事求是"的精神纲领是一体两面,在本质上是一致的。而他从文字演变的角度考察古代典籍中的伪讹现象,与后来龚自珍所论颇有暗合之处。

3. 记忆之失真

"传记之文,有传闻异词而致误者,有记忆失真而致误者。一人之事,两人分言之,有不能悉符者矣。一人之言,数人递传之,有失其本意者矣。是以《三传》皆传《春秋》,而其事或互异。此传闻异词之故也。古者书皆竹简,人不能尽有也,而亦难于携带,纂书之时无从寻觅而翻阅也。是以《史记》录《左传》文,往往与本文异。此记忆失其真故也。此其误本事理之常,不足怪,亦不足为其书累。顾后之人阿其所好,不肯谓之误,必曲为弥缝,使之两全,遂致大误而不可挽。"②

崔述对于上古史书中有误原因的分析,原则上是正确的。但具体说法中有可以商榷之处,《史记》与《左传》文本之异也并非就是失真,很有可能是《史记》考校其他史实纠正了《左传》的说法,亦未可知。当然,他批评后世的注家不认真思考这种误记的现象,而是努力弥合这种错误,是错上加错。这一批评是有道理的。崔述举出的典型的例证是:如九州之名,《禹贡》已经详细记载了,然而《周官》有幽、并而无徐、梁二州,本来是《周官》记忆之误。然而有人曲为之说道:"周人改夏九州,故名互异。"《尔雅》有幽、营而无青、梁,也是误记,然而又有人曲为之说,《尔雅》所记是"商制"。这些例证,在崔述看来,都是大误。此处的批评大体可以成立。③

(三)人类各种文化心理的影响导致讹误

1. 猜忌心理——以己度人

崔述非常敏锐地注意到,古代典籍成伪还与人的文化心理有关。猜

---

① 崔述:《考信录提要》卷上,《崔东壁遗书》,顾颉刚编订,第 10 页。
② 崔述:《考信录提要》卷上,《崔东壁遗书》,顾颉刚编订,第 8 页。
③ 崔述:《考信录提要》卷上,《崔东壁遗书》,顾颉刚编订,第 8 页。

忌心理就是导致古书成伪的一个重要原因。他说："人之情好以己度人，以今度古，以不肖度圣贤。至于贫富贵贱，南北水陆，通都僻壤，亦莫不互相猜度。往往径庭悬隔，而其人终不自知也。"[1]对此，他举了三个古人的例子，一个关于自己为官卸任之后旁人猜测之事。"邯郸至武安六十里，山道居其大半，向不可车。有肥乡僧募修之；人布施者甚少，乃倾己囊以成之。议者咸曰：'僧之心本欲多募以自肥；以施者之少也，故不得已而倾其囊。'夫僧之心吾诚不知其何好听，然其事则损己以利人也，损己利人而犹谓其欲损人以利己，其毋乃以己度人矣乎！"[2]

崔述自己在闽做官，"无名之征悉蠲之民，有余之税悉解之上；淡泊清贫之况，非惟百姓知之，即上官亦深信之。然而故乡之人隔数千余里终不知也，归里之后，人咸以为携有重赏。既而僦居隘巷，移家山村，见其饭一盂，蔬一盘，犹曰：'是且深藏，不肯炫耀也。'故以己度人，虽耳目之前而必失之；况欲以度占人，更欲以度古之圣贤，岂有当乎"[3]！

崔述对人情的猜忌心理的分析，可谓是有切身体会。因而对古代典籍中出现的冤枉好人的文字，深为感叹。不过，此种猜忌心理与古代典籍中的讹伪形成，关系不是很大。

2. 盲从古人心理——曲全与误会

崔述揭示这一类成伪的原因，用现代心理学的观点来看，即是追求完型的心理在作怪，进而对古代典籍中的故事加以附会，以至于造成记载与叙述的失真。他说："后人之书，往往有因前人小失而曲全之，或附会之，遂致大谬于事理。"如《大戴记》上说："文王十二而生伯邑考。十五而生武五。"《小戴记》上说："文王九十七而终，武王九十三而终。"如果《小戴记》所载真实，则武王元年，他已经 84 岁了，在位仅十年。然而"《序》称十有一年伐殷，《书》称十有三祀访《范》，其年不符。说者不得已，乃为说以曲全之云：'文王受命九年而崩，武王冒文王之年，故称元年

---

① 崔述：《考信录提要》卷上，《崔东壁遗书》，顾颉刚编订，第 4 页。
② 崔述：《考信录提要》卷上，《崔东壁遗书》，顾颉刚编订，第 4 页。
③ 崔述：《考信录提要》卷上，《崔东壁遗书》，顾颉刚编订，第 4 页。

为十年'"。① 对于以往学人这种盲目相信前人记载，不求所以然的态度，崔述感叹道："乃学者但见其说如是，不知其所由误，遂谓其事固然而不敢少异，良可叹也！故今为《考信录》，悉本经文以证其失，并为抉其误之所由，庶学者可以考而知之，而经传之文不至于终晦也。"②不过，崔述对此事的考证也不是令人十分信服，因为他没有拿出直接的证据来解决上述历史记载中文王与武王年龄不相符的事情，而仅从三个方面间接地证明《大戴记》与《小戴记》两书所载的矛盾，必有一错。首先，他以历史上帝王即位"改元"为头等大事作为理由，推论武王登基不可能不改元，而以文王的年号作为自己登基的年号。其次，他推论文王不可能于 12 岁成婚。因为，这样一来文王的妻子太姒年龄可能更小，不可能生武王。最后，他又对《孟子·公孙丑》篇"文王百年而崩"一句话说作解释，以之证明文王 97 岁是可能的。③ 这些推论均合情理，但毕竟未能拿出直接证据来解决上述他自己发现的问题。这大约也是崔述的考信录未能获得当世学术界承认的一个重要原因。

3."买菜求益"心理

此点非常有意思。揭示了后人在文献上不加考订，而总想胜过前人的心理。对此，崔述也给予了批评。以"买菜求益"而命名之，形象生动。他以《论语》为例，说道，"《论语》所记孔子言行不为少矣，昔人有半部治天下者，况于其全！学者果欲躬行以期至于圣人，诵此亦已足矣。乃学者犹以为未足，而参以晋人伪撰之《家语》。尚恨《家语》所采之不广也，复别采异端小说之言为《孔子集语》及《论语外篇》以益之，不问其真与赝，而但以多为贵。嗟乎，是岂非买菜而求益者哉"④！在此条中，崔述提出了一个如何对待古人的正确态度："吾辈生古人之后，但因古人之旧，

---

① 崔述：《考信录提要》卷上，《崔东壁遗书》，顾颉刚编订，第 9 页。
② 崔述：《考信录提要》卷上，《崔东壁遗书》，顾颉刚编订，第 9 页。
③ 崔述：《丰镐考信录》卷二，《崔东壁遗书》，顾颉刚编订，第 180—181 页。
④ 崔述：《考信录提要》卷上，《崔东壁遗书》，顾颉刚编订，第 11 页。

无负于古人可矣，不必求胜于古人也。"①不过，崔述的这种分析亦有不尽然之处。后人在文献搜罗方面有胜于前人的机会。现、当代考古学的发展更证明了此点。而崔述从尊经立场出发，认为现有《论语》已经足以供人使用，不需要再增加新的材料，这一观点过于狭隘。

4. 有意作伪——伪书诬古人

对于历史上有意作伪书以欺世盗名者，崔述给予了严厉的批评。他认为，自汉以后诸儒，"功之大者，朱子之外，无过赵岐；过之大者，无过汉张禹、隋二刘（焯、炫，引者注）、唐孔颖达、宋王安石等"②。其理由是："歧删《孟子》之外四篇，使《孟子》一书精一纯粹，不为邪说所乱，实大有功于圣人之经。禹采《齐论》章句杂入于《鲁论》中，学者争诵张文，遂弃汉初所传旧本。焯、炫等得江左之《伪尚书》，喜其新奇，骤为崇奉。颖达复从而表章之，著之功令，用以取士。遂致帝王圣贤之行事为异说所淆诬而不能白者千数百年，虽有聪明俊伟之士，皆俯首帖耳莫敢异词者，皆此数人之惑之也。王安石揣摩神宗之意，以行聚敛之法，恐人之议己也，乃尊《周官》为周公所作以附会之，卒致蔡京绍述（京亦以《周官》附会徽宗之无道者），靖康亡国之祸，而周公亦受诬于百世。象山、阳明之害未至于如是之甚也。孰轻孰重，必有能辨之者。"③

崔述在此条所论，当然还有可以商榷之处，如对王安石尊《周官》行为的批评。但他的思想出发点是可取的，即对于古代典籍如果我们没有充分的事实证据，是不能轻易加以肯定、甚至加以补充的。

上述所列崔述有关伪书、伪史成因的分析与论述，并非是崔述所论的全部。然就《考信录提要》而言，崔述对伪书成因的归纳还不是很系统，而且也没有上升到更高的理论层次。很多条目还只是一种现象的例举，很多条目之间也缺乏应有的逻辑联系。后来顾颉刚总结古代典籍成

---

① 崔述：《考信录提要》卷上，《崔东壁遗书》，顾颉刚编订，第 11 页。
② 崔述：《考信录提要》卷上，《崔东壁遗书》，顾颉刚编订，第 11 页。
③ 崔述：《考信录提要》卷上，《崔东壁遗书》，顾颉刚编订，第 11 页。

伪的原因时，提出了"无意的作伪"与"无意的成伪"两种原因①。而崔氏还没有达到这一思想高度，仅停留于现象的罗列，甚至连基本的分类工作也还没有来得及去做。我们在此处从言与事，人类认识能力的局限性，人类心理等三方面对崔述的辨伪工作做初步的归纳、整理，并没有能完全囊括崔述对古代伪书的成因的分析，但为今后进一步地总结伪书成因提供了认识的基础，从而有助人们将辨伪工作上升到更加系统的理论高度。这既是对崔氏辨伪工作的学术意义与历史意义的肯定，也是为日后研究崔述的辨伪学思想提供一个初步的认识成果。

四、崔述的经史论、封建论与正统论

（一）"经史不二"论

经史关系论是乾嘉学术中的重要问题之一，钱大昕、章学诚、袁枚等人对此都有精辟的论述。崔述在此问题上基本上也持"经史不二"论，但在思想深度上，思想的体系性上都不及钱大昕与章学诚。他只是说"三代以上经史不分"，而对"三代以后经史既分"的现象如何处理呢，他似乎没有更加系统地论说。下面一段文献集中表达了他的"经史不二"的观点，他说：

> 二帝、三王之与孔子，无二道也。是以三代以上经史不分，经即其史，史即今所谓经者也。后世学者不知圣人之道体用同原，穷达一致，由是经史始分。其叙唐、虞、三代事者，务广为纪载，博采旁搜，而不折衷于圣人之经。其穷经者则竭才于章句之末务，殚心于心性之空谈，而不复考古帝王之行事。其尤刺谬者，叙道统以孔子为始，若孔子自为一道者。岂知孔子固别无道，孔子之道即二帝、三王之道也！②

---

① 顾颉刚：《战国春汉间人的造伪与辨伪》，《古史辨自序》上，第 179 页，石家庄，河北教育出版社，2000。
② 崔述：《洙泗考信录·自序》，《崔东壁遗书》，顾颉刚编订，第 262 页。

这段话可以从三个层面去理解，第一，三代以上是经史不分的时代，经即是史，史即是经。第二，三代以后学者不理解这个道理，于是经史分家，其结果是导致两种不好的学术倾向，一是史因为脱离经的指导而变得驳杂无序；二是经学研究缺乏史学的支持变成死守章句。第三，将孔子之道与二帝、三王之道分开，就会将孔子降为先秦诸子之一，从而无法与墨家及其他诸子区别开来，而且也会使经学的真精神萎缩不振。在崔述看来，历史虽然在发生变化，治世的方法有所不同，但"圣人之道"则是具有高度的内在统一性，他说："《唐虞》《三代》诸录之后，何为继之以《洙泗》也？曰：二帝、三王、孔子之事，一也；但圣人所处之时势不同则圣人所以治天下亦异。是故，二帝以德治天下，三王以礼治天下，孔子以学治天下。"[1]

崔述对孔子"文王既没，文不在兹乎"一句中"文"字进行理论的发挥，说道："文也者，道之所寄以传焉者也。圣人在上，则文播之礼乐；圣人在下，则文托诸简编。孔子之文，《六经》备之矣。"[2]而且认为，《春秋》一书，"尤孔子之文之大焉者也"[3]，可见，崔述所说的寄道之文，也即是史学著作，与章学诚所说的广义之史——天地一切著述皆史的观念是相通的。而孔子之文，即《六经》之文。然而，崔述并没有进一步论述，三代以后的"史"是否也具有"经"的作用，也没说《六经》以后的历史过程中"道"是如何变化的，是否还是《六经》中之"道"？而他的考信工作的重点似乎是在于清理三代以后其他儒家经典、传注著作以及诸子百家著作中的虚妄成分，从而保证《六经》中所载之道的纯粹性，进而以此纯粹性之道来实现治国安民的经世目的。如果我们在此对崔述的学术思想的解读大致不错的话，则崔述的"经史不二"论就不是在为史学地位的提高进行新的理论论证，而只是在强调经学研究不能死守章句，史学考证也不在于历史事件中的细枝末节，而都应当放在考察古帝王圣贤之行之事而关心

---

[1] 崔述：《洙泗考信录·自序》，《崔东壁遗书》，顾颉刚编订，第 261 页。
[2] 崔述：《考信录提要》卷上，《崔东壁遗书》，顾颉刚编订，第 325 页。
[3] 崔述：《洙泗考信录》卷四，《崔东壁遗书》，顾颉刚编订，第 325 页。

世道人心之建设上面。这一学术目标原则上是正确的，即经史研究都要服从经世致用的目的，但他似乎没有看到乾嘉时代钱、王、赵等考据史学家揭露官修史学中的虚假事件的历史意义之所在，也未能理解以戴震为代表的皖派经学家追求经典原义所蕴含的经世情怀，特别是没有看到戴震在经学研究中，通过对政治化的程朱理学的批判所表达出的新人文理想。从与戴震学术和思想的比较来看，我们说崔述的学术和思想缺乏新的人文理想光芒，大体上不算是一个苛刻的评价。

（二）崔述的"封建"论

中国历史上的"封建"论，其实是讨论大的政治制度形式变迁的问题，属于政治制度史或政治制度思想史范畴。在晚明清初的大思想家中，很多人都涉及"封建制"的问题，前人顾炎武、王夫之、黄宗羲，同时代人则有袁枚，而上溯之，则有郑樵、柳宗元等人，对此问题都有所论述。[①]

崔述有关"封建"论的思想特点是，他特别重视历史变迁过程中"势"的作用。他认为，制度因时而变，圣人不能主观立法，顺应时势的凡人其实也可以立法。应当说，这是柳宗元、刘知几历史变迁论中"势"论思想的合理延伸。他说："法久则必弊，弊则变。法之始皆因其势之所趋，虽圣人不能立法，虽非圣人可以立法。"[②]在这一点上，崔述有关圣人与法的观点接近章学诚论圣人与道之关系的观点。因为章学诚并不认为圣人比众人更接近道，而只是在百姓日用而不知的过程中发现了"道"之迹，从而创立了一种适合时代要求的制度。

崔述将"封建制"形成的原因归结于"偶"，如他说："古何以封建？秦何以郡县？偶也。偶之云者，言因其势所固然，无成心焉耳。"[③]"偶"即是不以某个圣人的主观意志为转移的自然而然之"势"，包含着不知其然而然，但又不得不然的等意思。故其"偶"即有合于势的意思。

---

① 冯天瑜对此问题有详细论述，详见氏著《"封建"考论》，第 60—90 页，武汉，武汉大学出版社，2007。

② 崔述：《封建论》，《崔东壁遗书》，顾颉刚编订，第 847 页。

③ 崔述：《封建论》，《崔东壁遗书》，顾颉刚编订，第 847 页。

崔述认为，不仅封建制形成是"势"的结果，郡县制的形成也是"势"的结果，所以封建与郡县，"盖二者偶也；古岂必不郡县，秦岂必不封建，其势异，故其法亦异。德虽不同，易地则皆然，故曰偶也"①。

既然封建与郡县都是历史变化发展之"势"所导致的结果，那么封建制与郡县制之间，也就没有孰优孰劣的问题了，他说："然则封建与郡县孰优劣？曰，无优劣，得明主则治而延，得暴主则乱而促，其理同也。"②在这一点上，崔述可以说并不相信不同制度之间有所谓的优劣问题，而主要在于得"明主"。因此，他的政治思想可以说是坚定的"人治论"，与柳宗元、王夫之等相信郡县制具有进步性的观点颇不相同。

崔述深信历史是在变化的，而他所处时代的"郡县制"制度也会发生变化。但他并没有对郡县制变化的方向提出自己的看法，在这一点上他缺乏一个大思想家所具有的理想性色彩，在一定程度上也反映了他那个时代少数觉醒的士人在思想与精神上的苦闷与迷惘。他说："自秦以来二千年，郡县之法日弊矣，安知后世不复为封建也？然天下世变多端矣：封建，一变也；郡县，一变也；群雄割据，南北分治，藩镇拒命，皆变也。变故以来，前者不必有，而后起者无穷。封建之时，不知有郡县。后世或更有出于封建之外者，未可知也。吾又乌知郡县极弊之日，其势何所趋也？"③

崔述知郡县制因弊极而必变，但究竟变成什么样的制度，他本人无法预言。就政治思想的想象力而言，他远不如顾炎武。因为顾炎武从原则上提出了"寓封建之意于郡县之中"的设想，这一设想在精神上与现代的民主政治有暗合之处。然而，崔述没有提出具体的预言与设想，这也许与他的"求实"思想相关，也许与乾嘉时代因政治上的高压而使得整个社会与学术丧失了想象力有关。

---

① 崔述：《封建论》，《崔东壁遗书》，顾颉刚编订，第 848 页。
② 崔述：《封建论》，《崔东壁遗书》，顾颉刚编订，第 847 页。
③ 崔述：《封建论》，《崔东壁遗书》，顾颉刚编订，第 848 页。

（三）崔述论"正统"

正统论问题实际上是一政治哲学问题，即关于政治统治交替过程中治权所得的正当性问题。所得之治权是正当的，就是"正统"，所得是不正当的，就是非正统。然而，在中国政治思想史上，这一正统论往往又与历史哲学纠缠在一起，宋明理学成为主流意识形态之后又与道统论结合在一起，颇为复杂。崔述对"正统"问题的讨论，与他的"民本论的历史观"①联系在一起的，从整体上说具有进步性的思想因素。崔述认为：

> 盖天下有势有义：正者义也，统者势也。言正不可言统，言统不可言正，然后其理明而其说定。试言统之说。统之为言，犹曰有天下云尔。天下，公器也，非一人一姓之所得私。当其时归于一，则统有专属；及其分也，则统亦随而分矣。……自古以来，虽世变纷然，而统无一日之绝也，不过时有分合而已。……如曰得国之迹不同，故其名亦异，是论正不正也，非论统也。②

崔述的意思是说，治权的变化有客观之"势"所至，谁得"势"，谁就拥有了"统"。谁得义，谁之统就是"正统"。天下是公器，只要合乎势与义而得之，即是"正统"。因而历史上各个王朝无所谓正统与"偏统"，更无所谓"僭统""窃统"。很显然，崔述的这种治统论与宋明儒所倡导的道统论，俗儒们所坚持的正统论是大相径庭的。特别是他将"公天下"的观念与正统论的问题结合在一起，与明末顾、黄、王三大家的"公天下"思想有一定程度的暗合，体现了崔述思想进步性的一面。

对于得国之迹的正与不正的问题，崔述非常大胆地论说道："予于商、周，犹窃有疑焉。何疑尔？桀、纣虽暴，汤、武之君也。汤、武虽仁，桀、纣之臣也。臣弑其君，可乎？且夫汤、武之德盛矣，其功大矣，然考其

---

① 参见路新生《中国近三百年疑古思潮研究》一书第三章第二节"崔述的历史观和政治思想"。本书接受路先生对崔述历史观的定位。
② 崔述：《正统论》，《崔东壁遗书》，顾颉刚编订，第845页。

得天下之迹而律以后世之名，则不免于篡。"①崔述这一论断的意义非常吊诡，表面上是肯定君臣之大义不可违，然将儒家千年来相传的"道统"打破了。从儒家肯定"汤武革命，顺天而应人"这种一以贯之的意识形态来说，具有摧毁传统政治正当性的危险性。然而，他又认为，这是三代以前之事，三代以后不可以这样效法，因为三代以后，君臣之秩序已定，故不可以犯上作乱。我们应当同情地理解崔述所论。他生于乾嘉时代，不可能将自己的思想贯彻到底。那样是会杀头的。他只能以维护后世君臣之义的方式来掩盖自己的大胆言论。这一点，与唐甄说"自秦以来，凡为帝王者皆贼也"这句话时，首先要肯定"大清有天下，仁矣"一样。② 即使如此，崔述的同时代理学家谢庭兰就已经批评崔述这些观点是"蔑圣经""废人伦"③之论。

崔述还反对张载用"天命"的观点来论述政权转移、交替的正当性，他认为"天命不可见也，人何自而知之？ 世之论汤、武者，不过曰心非利天下也，应天顺人，伐暴救民而已。夫心藏于深微不测之地，其亦至难知矣。即心果无他，而终不可以掩其迹；心非篡则当恕其心，迹实篡则当严其迹"④。

所谓"严其迹"，即当认真考察这些获得政权的人是否做有利于民众的事情。如果获得政权后让民众真正能获得实惠，则就是"正统"，如果不是，就不是"正统"。崔述在多处阐述了"公天下"与"有德者得天下"的思想，如他说："天下者，天下人之天下也，非一姓之天下也。故舜继尧，禹继舜，人以为固然也。"⑤又对商以后传子的私天下评论道："然一姓之子孙必不能历千百世而皆贤，不贤则民受其殃，必更归于有德而后民安；而既已传子，又必不能复传之贤，则其势必出于征诛而后可。故揖让之

---

① 崔述：《正统论》，《崔东壁遗书》，顾颉刚编订，第 845 页。
② 唐甄：《室语》，《潜书》下篇下，第 196 页。
③《附录·关于本书的评论》，《崔东壁遗书》，顾颉刚编订，第 1075 页。
④ 崔述：《正统论》，《崔东壁遗书》，顾颉刚编订，第 845 页。
⑤ 崔述：《商考信录》卷一，《崔东壁遗书》，顾颉刚编订，第 135 页。

不能不变而为征诛者，天也，圣人之所不能违也；虽尧、舜当之，亦若是而已矣！"①崔述对孟子"残贼之人谓之一夫；闻诛一夫纣，未闻弑君也"这段话重新解释道："正谓夏、商失道，政不行天下，故不得谓之共主，非谓汤、武亲立桀、纣之朝而其君不仁，遂可不谓之君也。但孟子之意在于警人主，故以仁暴大义断之，而未暇详申其说耳。"②

对于得国之迹的正与不正，崔述具有一定的历史主义眼光，认为"汤、武之事，行于三代以后则不可，行于当时则可。古者人性情质朴，其有君臣之义非如后世之明也。当其时各自为国，势不能相属也。有功德与力者，则天下群起而奉之，非必制其予夺之权而设为贵贱之等也，不过势之所归而已。……故曰汤、武之事行于当时则可，其所以不见黜于正者此也。然汤、武之事行于三代以后则终不可，盖古今时异势殊，后之君臣非若古之君臣矣"③。

崔述这一观点当然是囿于现实政治，只能这样去解释。但他强调政治必行仁政，政治权力获得的正当性必以仁民与民心所向为基础，肯定有德者有天下。这些观念当然都是传统儒家的老观念，但却是儒家政治思想的优良传统。在乾嘉考据学盛行而讳言政治问题的时代，他能借助考证上古帝王圣贤之行之事以求有益于世道人心，其用心之良苦还是需要后人加以认真体察的。而其"公天下"的政治理想是晚明以降进步政治思想的继续，体现了中国早期启蒙思想在洄流中前进的特点。

崔述还从历史语义还原的角度，进一步揭示"正统"的历史含义。他说："论正统者众矣，自宋欧阳修以至国朝魏禧，予所未见者不论，所已见者予皆有以识其说之非也。夫统有分合而无正伪，而正不正不关其统。论者泥于其名，每曲为之说，又或以爱憎为褒贬，故其是非不当而予夺不公。"④

---

① 崔述：《商考信录》卷一，《崔东壁遗书》，顾颉刚编订，第 135 页。
② 崔述：《商考信录》卷一，《崔东壁遗书》，顾颉刚编订，第 135 页。
③ 崔述：《正统论》，《崔东壁遗书》，顾颉刚编订，第 845—846 页。
④ 崔述：《正统论》，《崔东壁遗书》，顾颉刚编订，第 844 页。

又说:"今夫'正统'之名何昉乎?非古圣人悬此格以待后之君也;其说起于后世之学士大夫。彼见历代之事务各殊也,于是正统之名兴焉。有'正统'而后有'偏统',由是而又有'僭统''窃统';此皆强立名字,以古人就己之私说,皆予之所不取。"①

在崔述看来,"古所谓正者,'三正'之正而非偏正之正也;所谓统者,'三统'之统而非统会之统也。其说载于《汉书·律历志》。《律历志》曰:'三统者,天施,地化,人事之纪也。十一月,《乾》之初九,阳气伏于地下,始著为一,万物萌动,锺于太阴,故《黄鐘》为天统。六月,《坤》之初六,阴气受任于太阳,继养化柔,万物生长,楙之于末,令种刚强大,故《林鐘》为地统。正月,《乾》之九三,万物棣通,族出于寅,人奉而成之,故《太族》为人统。是为三统。其于三正也,《黄鐘》为天正,《林鐘》未之衝丑为地正,《太族》寅为人正。三正正始。'由是观之,是正自正,统自统,各为一事;后人合二字以成文耳,非如论者所谓均此一统而有正不正之别也。"②

通过上述的历史语义还原,崔述将"正统"之义还原为先王历法问题,而不是后来如欧阳修的政权继承的正当性问题。他还进一步申论道:"昔者三代之盛,历法修明,王者之政令被于天下,岁颁朔于诸侯,诸侯奉若而不敢违,故其时无不遵天子之正统者。至春秋、战国之际,史官失纪,畴人子弟分散,兼以王室衰微,天下纷争,或不能尽遵天子之正统,故其时有《黄帝历》《颛顼历》《夏历》《殷历》《周历》《鲁历》。而孔子作《春秋》,亦谨书曰'春王正月'明其正为王之正,意若曰此方为天子之正而天下之所当遵者,故公羊氏释之曰'在一统'也。"③

崔述的这种历史语义还原的方法,从理论上说并不足以驳倒欧阳修的正统论。欧阳修是从政权交替的应当之理的角度立论的。其所立之论正确与否,另当别论。崔述试图从"正统"一词的历史语义的用法来证明欧阳修"正统"论的错误,则是两件事,而不是一件事。因为,欧阳修如

---

① 崔述:《正统论》,《崔东壁遗书》,顾颉刚编订,第844页。
② 崔述:《正统论》,《崔东壁遗书》,顾颉刚编订,第846页。
③ 崔述:《正统论》,《崔东壁遗书》,顾颉刚编订,第846页。

果能回答，可以轻松的说，我说的"正统"并不是历史上所说的"正统"的意思。由此可知，运用历史语义还原的方法来证明一种理论的不正确，其方法并不可行。即使如此，崔述"正统"论中所表现出的进步思想因素，还是应当得到肯定的。

要而言之，崔述的尊经考古学，就其考据的精审程度而言，不及同时代的钱大昕、王鸣盛、赵翼以考据见长的三大历史学家；其思想的批判性不及戴震深刻、犀利；其历史哲学的思考不及章学诚深刻系统。他虽生于乾嘉时代而外在于该时代的主流学术之外。从人文知识增长的角度看，崔述的整体考据成绩贡献不大。然就"疑古"的思想倾向而言，对于20世纪中国"疑古"思潮具有一定的思想史支撑意义。在乾嘉时代，汉学、宋学几乎是势不两立，然崔述能超越汉学、宋学的束缚，对汉、宋之学采取双遣的态度，以求真、求是作为自己的学术目标，既表现了一个学者独立不苟的精神，难能可贵，值得肯定；也从一个侧面丰富了该时代的精神。其在"正统论"中所表现出的进步政治思想倾向，与晚明以降的进步思想潮流具有高度的一致性，展现了中国传统社会在历史洄流中曲折前进的思想趋势。

本章结语

就章学诚、崔述二人学术的整体品格与特征而言，他们都是乾嘉时代的学术"异数"，在乾嘉考据学鼎盛之际，章学诚敢于追求别识心裁、"独断"之见，而且以"通史"作为自己的学术目标，不入考据学之大潮。在史学研究方面，他追求史学的理论体系建构，与考据史学的主流也格格不入。章学诚在理论追求方面非常欣赏戴震，但在史学的方志理论方面与戴震的观点有相当大的不同，本来可以相互补充、相得益彰，惜乎未能做到一点。他对戴震的许多批评，有些地方有合理因素，如道论方面，但在人格上对戴震进行攻击，则不足取。章学诚在当世是非常寂寞的，但他的史学思想在近、现代中国却引起了巨大反响。不过，对于章学诚历史哲学所具有的深刻意义,学界似乎还未能给予恰当的评价,因而还有很大的研究空间。崔述更是与该时代的主流学术保持一种隔阂的状态。他以特立独行的方式从事尊经辨伪的工作,对"六经"之后的广义学术史进行全面的怀疑,取得了一定的学术成就。其在政治思想方面的系列论述,表现出一定的进步性。具体说来,章学诚、崔述二人的学术研究在求实、求真,重视从经验事实出发阐发抽象的哲学道理等方面,又与乾嘉时代"实事求是"的学术精神颇为一致。而崔述在人性论方面的一些观点,也与晚明以降重视义理之性与气质之性不分的思想主潮,颇为一致。崔述说:"余谓人之性一而已矣,皆本理义,兼气质而成,不容分以为二。孟子之所谓性,即孔子之所谓性;但孟子之时异端并出,皆以性为不善,故孟子以性善之说辞而辟之,非与孔子为两义也。"①要而言之,孟子讲人性善,是统言之,"若析言之,则善之中亦有深浅醇漓之分焉,非兼气质而言遂不得为养善也"②。统而言之,章学诚、崔述二人的历史哲学展示了乾嘉时代历史学的另一个面向,丰富了乾嘉时代历史学的精神内涵。

---

① 崔述:《附论孟子性善之旨》,《崔东壁遗书》,顾颉刚编订,第 435 页。
② 崔述:《附论孟子性善之旨》,《崔东壁遗书》,顾颉刚编订,第 435 页。

第八章　扬州学派的哲学思想

　　按照辞典的解释，学派是指"一门学问中由于学说师承不同而形成的派别，如紫阳（指朱熹）学派、姚江（王守仁）学派"①等。更进一步地讲，构成学派的基本要素至少有两条：一是有系统的学说；二是这一学说至少要有后继者加以发扬光大。与这两个基本要素相关，还要有足够的学术影响力。我们在此处说的吴派、皖派、扬州学派，大体上均符合上述学派的基本要求。

　　"扬州学派"这一乾嘉时期区域性学术流派的名称，是由以"汉学"派传人自居的江藩的对手——方东树率先提出来的。方氏在《汉学商兑》一书中批评扬州著名学者汪中非议经籍、重视荀、墨等子学的"四书次第"之论时说，"其后扬州学派皆主此论"，将诸多扬州学者看成是一个有着共通的治学对象、方法和风格的群体。不过，方东树并未详论"扬州学派"的特征，史未从埋论上论证何谓学派。而值得玩味的是，身为扬州学者的江藩在其《汉学师承记》中却并没有将扬州学者单独列为一派，而是将扬籍学者分别按照师承渊源关系归属于吴派和皖派之名下。以今测

①"学派"条，《辞海》（第六版彩图本），夏征农、陈至立主编，第 2604 页，上海，上海辞书出版社，1979。

古，当时江藩可能出于这样的思考，即我们今天所说的"扬州学派"成员大多只是吴、皖诸派的延续和发展，因而这些居住于扬州地区的学者并无构成独立的"扬州学派"的理由和必要。

除此之外，还有诸多因素让人似乎难以将扬州学者看成是一个在思想上存在内在有机联系的学术流派。比如扬州学者中间既有考证学家，也有宋学家。黄生、王懋竑（1668—1741）、宋学的立场并不相侔。上述将扬州学者分解到吴、皖两派（主要是皖派或徽派）名下的这一做法，得到了近代支伟成和今人洪湛侯[1]、龚鹏程等不少人的支持。如龚鹏程认为，乾嘉汉学分为吴、皖、扬三派的看法大多是梁启超等人的"后见之明"，并不符合历史实际。他说如果认为扬州学派是源于戴震的话，那么"扬州学派并无独立门户之资格，顶多只能视为皖派或皖派之分支"[2]。这种说法虽然有一定的道理，但是龚鹏程也看到了这并不是反对扬州学派存立的充分理由。因为如果我们反过来看的话，汪中等人的诗词文章与诸子研究，焦循、凌廷堪等人的戏曲研究，阮元等人的科技史研究早已超越了戴震等皖派的治学范围，因此仅用皖派来界定扬州学者的治学成绩和风格也不甚妥贴。换言之，扬州学术即便是祖源于戴震，也并不妨碍扬州学派事实上的存立。当时的扬州学术能否自成一派，既要看到扬州学派与以戴震为主要代表的皖派之间的顺承关系，也应该看到扬州学者不同于吴、皖两派的诸多推陈出新的特别之处。正是综合继承与创新两个方面的内容，我们将扬州学者群称之为扬州学派。

18世纪末19世纪初的扬州府地域有所谓"八治"，即领有高邮、泰州两州，以及江都、甘泉、仪征、兴化、宝应和东台六县。扬州在清初遭到毁灭性的打击之后，在清代中叶由于成为盐业、漕运中心而再度成为商业极其繁荣，南方市民文化最为发达，思想最为活跃的中心城市。扬州在清代中前期的地位极类似上海在今天大陆中国的地位。大批在政治上

---

[1] 参见洪湛侯《徽派朴学》，合肥，安徽人民出版社，2005。

[2] 龚鹏程：《博学于文——清朝中叶的扬州学派》，《中国文人阶层史论》，第160页，兰州，兰州大学出版社，2004。

不得意的士人均聚集在扬州。扬州学派的学者仅是其中部分的佼佼者文人学者群体之一，而"扬州八怪"则是由画家、书法家、诗人构成的另一类优秀的文人群体。扬州学者群体之间不仅有着同乡、同学、同年或师生等多重关系，而且彼此之间还存在着密切的宗族与姻亲现象。例如清代宝应籍学者群体中间，耆宿王懋竑和朱泽沄两人是邻近知交还是儿女亲家，王氏的儿子王箴传既是朱泽沄的学生又是他的女婿。而他们两家与宝应刘氏家族也有着密切关系。刘台拱曾师从王懋竑的儿子王箴传，见到王氏及朱泽沄遗书之后才开始研治程朱之学。刘宝树和刘宝楠两兄弟则是刘台拱的从侄，刘恭冕则为刘宝楠的儿子。刘台拱的母亲又是朱彬的姑母，两人表兄弟，而朱彬的族祖父就是王懋竑的知交——朱泽沄。像焦循与阮元这两位扬州学者中的佼佼者也存在姻亲关系，焦循是阮元的族姊夫，这一层关系无疑给了他们两人在学术思想上的相互交流和支持提供了重要的纽带。这一时期以阮元为领袖的扬州学者间的频繁互动，逐渐累积了区域性知识精英共同体自身内部的文化认同，形成了自身的一些特点。①

自梁启超将乾嘉学术分为吴、皖、扬三派之后，"扬州学派"最有力的倡导者是张舜徽。他专门结撰《清代扬州学记》著作，在确认吴、皖、扬三派有着先后顺承与发展之关系的基础上，首次明确指出了扬州学派两个与众不同的治学特点："首先在于能'创'"，"其次在于能'通'"，"这都是吴、皖两派学者所没有，而是扬州诸儒所独具的精神和风格"②。很显然，张先生是从学术研究的特征角度来肯定扬州学派的存在的。继张舜徽之后的大多数清学研究者，诸如祁龙威、王俊义、田汉云、黄爱平、林庆彰、张寿安、杨晋龙、赵昌智等人大都认可扬州学派的存立。③ 台湾学者杨晋龙在对于扬州学派的研究成果做了较为全面的勾勒之后认定："无论承不承认存在扬州学派，但王氏父子、汪中、焦循、阮元……等扬州学

---

① 参见梅尔清《清初扬州文化》，朱修春译，第 132—146 页，上海，复旦大学出版社，2004。
② 张舜徽：《清代扬州学记》，第 3 页，扬州，广陵书社，2004。
③ 参见赵昌智主编《扬州学派人物评传》，第 2—5 页，扬州，广陵书社，2007。

者的表现是为乾嘉考据学发展的高峰。道光以下的学术主流地位，则逐渐转移给标榜恢复汉代今文学的'常州学派'，这应是相关学者间一个比较具有共识的认知。"①我们认为，以地域论，扬州学者人物众多、声气相通，足成一军，扬州学派提法是可以成立的；以学理论，扬州学派虽受皖派影响最为明显而吴派次之，但在一定程度上形成了独到的见解与别致的特色；以学术研究的内容论，他们的研究有超逸经学范围，在子、集二部有独到的研究。以影响论，扬州学派为后起之秀，有其超胜之处：他们之间交流密切，精诚协作，学术成果丰厚，其中还有家风绵长的学术统绪，沾溉近代学林不少，影响较广。姑以"扬州学派"一词概称后戴震时代身居扬州的一群学人及其学术。

从师承关系与学术渊源上看，扬州学者与吴、皖两派皆有密切关系，但相对而言，扬州学派更应该是皖派（主要是戴震）的嫡系。除了江藩是吴派惠栋的再传弟子之外，诸如王念孙、任大椿、焦循、凌廷堪和阮元等扬派大家皆与戴震有着直接或间接的师承关系。戴震去世之后，凌廷堪对于《戴氏遗书》"读而好之"，并撰写了《戴东原先生事略状》，"聊自附于私淑之末"。凌氏在该文中首次系统地指出了戴震后学的师承谱系："其小学之学则有高邮王给事念孙、金坛段大令玉裁传之；测算之学则有曲阜孔检讨广森传之；典章制度之学则有兴化任御史大椿传之，皆其弟子也。"②其中，王念孙、任大椿皆是扬州人。后来支伟成进一步指出，戴震"施教于京师，而传者愈众。声音训诂传于王念孙、段玉裁，典章制度传于任大椿。既凌廷堪以歙人居扬，与焦循友善，阮元问教于焦、凌，遂别创扬州学派"③。其中，扬州的王念孙、焦循、凌廷堪、阮元等亲炙与私淑后劲，在戴震后学之中占去大半矣。正所谓"戴氏弟子，舍金坛段氏之

---

① 杨晋龙：《〈清代扬州学术〉导言》，（台北）"中央研究院"中国文哲研究所编：《中国文哲研究通讯》第 15 卷第 1 期，第 111 页。
② 凌廷堪：《戴东原先生事略状》，《校礼堂文集》卷三十五，王文锦校，第 316 页，北京，中华书局，2006。
③ 支伟成：《清代朴学大师列传》，第 145 页，上海，泰东图书局，1926。

外,以扬州为最盛"①。应该说乾嘉学术在后戴震时代的发展,扬州学人功莫大焉。

第一节　焦循的哲学思想

焦循(1763—1820),字理堂,乳名桥庆,晚号里堂老人,戴震之后最为著名的哲学家、思想家之一,而且是清代最为著名的经学家、《周易》学专家之一。他的哲学思想虽然深受乾嘉考据学的影响,但又并不局限于考据学,而是具有较高的哲学思辨性。他生于清代江苏省扬州府甘泉县,祖籍为湖北人。少年的焦循,天性好辨且率直,曾与父亲讨论东汉党锢事件,明确表示"愿为杨桓,不为范滂"。17 岁时赴扬州应童子试,得到当时大学者刘塘的赏识。刘氏要他精通经学才可以致用,报效国家。这一劝告对焦循终身有影响。22 岁时,因父亲与嫡母亲相继去世,又赶上扬州百年不遇的大旱,焦循只得做家庭老师以养家糊口。不仅如此,该年,他还错过了人生中一次难得的中举机会。乾隆六十年(1795),他的姻亲阮元出任山东学政,他应阮元之邀而入幕。在游幕期间,焦循接识了当时学界的一些名流,如洪亮吉、孙星衍、邵晋涵、王念孙、汪中、黄景仁等人,也曾因游幕而再赴山东,途经江苏时拜见当时学界前辈钱大昕。在该年,他还接识了当时的数学家汪莱。嘉庆五年(1800),阮元由浙江学政升迁为浙江巡抚,焦循应邀再赴杭州,又接识了数学家李锐。焦循、汪莱、李锐曾被时人称为"谈天三友"②。嘉庆六年,焦循中举人,时年 39岁。嘉庆七年,赴京参加会试,不第。从此不再游幕,回到家中半九书塾。嘉从十四年雕菰楼筑成,迁住雕菰楼。在以后的十余年里,焦循深居简出,足不入城,悉心删改《易学三书》、编撰《孟子正义》。在这一过程

---

① 刘师培:《南北考证学不同说》,《清儒得失论——刘师培论学杂稿》,第 244—245 页,北京,中国人民大学出版社,2004。
② "谈天三友"的另一说法是凌廷堪、汪莱、李锐。参李斗见《新城北录下》,《扬州画舫录》卷五,中华书局,第 108 页,2001。

中，克服身体疾病，还对自己四十年学术的思想及创作的诗文进行总结，编辑成《雕菰集》。在编定《雕菰集》的第三年，因患疟疾，高烧不退。后连续在床上病了七个月有余，最后拒绝服药，于嘉庆二十五年病逝，时年58 岁。

就学术与哲学思想而言，焦循对朱子、阳明之学均有所肯定，表现出调和朱陆而稍稍偏向于阳明学的思想倾向，他说"余谓紫阳之学，所以教天下之君子，阳明之学所以教天下之小人。紫阳之学，用之于太平宽裕，足以为良相；阳明之学，用之于仓卒苟且，足以成大功。人心之分，邪正而已矣。世道之判，善恶而已矣"①。

又说："余读《文成全集》，至檄利头、谕顽民札，安宣慰及所以与属官谋告士卒者，无浮辞，无激言，真能以己之良心，感动人之良心……天下读朱子之书，渐磨莹涤，为名臣巨儒，其功可见。而阳明以良知之学，成一世功，效亦显然。然则为紫阳、阳明之学者，无容互訾矣。"②

学界一般将焦循看作是扬州学派的中坚，但扬州学派与皖派领袖戴震的学术与思想之间有深刻的联系，焦循亦不例外。他对戴震十分敬重并且理解戴震，称戴震为"世所共仰之通人"③，认为戴震临终之前所惦记的义理，并不是讲学家的义理，即不是程朱理学家所讲的一套义理，而是他自己临终前创作的《孟子字义疏证》一书中的义理，并以自己的亲身体验来加以证明。通过对戴震"义理"的维护，焦循批评当时之人了无自得之学的窘态。他说："浮慕于学古之名而托于经，非不研究六书、争制度文物之是非，往往不待临殁而已忘矣。"④

焦循一生的著述很多，最为代表的哲学性著作有《孟子正义》《论语通释》《易学三书》。在《雕菰楼集》中，其哲学性的文章主要集中在卷七、

---

① 焦循：《良知论》，《焦循诗文集》，刘建臻点校，第 154 页，扬州，广陵书社，2009。
② 焦循：《良知论》，《焦循诗文集》，刘建臻点校，第 154—155 页。刘点校本"谕顽民，札安宣慰"的断句，似有问题，故改。
③ 焦循：《申戴》，《焦循诗文集》，刘建臻点校，第 126 页。
④ 焦循：《申戴》，《焦循诗文集》，刘建臻点校，第 125—126 页。

卷八、卷九的一些论、说类文字之中，今人刘建臻校点的《焦循诗文集》全部涵盖了《雕菰楼集》。撮其要而言，这些哲学文章有：《述难》五篇，《性解》五篇，《说权》八篇，《格物解》三篇，《攻乎异端解》上下篇，《辨名》上下篇，《贞女》上下篇，《说定》上下，《辨学》《一以贯之解》《君子喻于义小人喻于利解》《理说》《矜说》等。

一、焦循的道论与一贯论

焦循的哲学思想与《易》学、数学有密切的关系。他的"天道"论与"人道"论主要是从《易》哲学中生发出来的。他不无夸张地说："不明卦画之行，不明象辞、爻辞、十翼之义，不足以知伏羲、文王、周公、孔子之道。"①

他对于名、数、理的认识，与数学研究多有关系。他将训诂学中的形与声的关系与算术中的加减乘除运算方法结合起来思考，从而在哲学思维的形式化方面做出了自己的贡献。他这样说道：

> 循谓古人之学，期于实用，以乂百工察万品而作书契，分别其事物之所在，俾学者案形而得声。若夫声音之间，义蕴精微，未可人人使悟其旨趣，此所以主形而主声也。惟算亦然。既有少广句股，又必指而别之，曰方田、曰商功；既有衰分、盈不足、方程，又必明以示之，曰粟米，曰均输，亦摺其事物之所在，而使学者人人可以案名以知术也。然名起于立法之后，理存于立法之先。理者何？加、减、乘、除之错综变化也。而四者之杂于《九章》，则不啻'六书'之声杂于各部。②

此处所讲的"名起于立法之后，理存〕立法之先"是讲算术运用过程中的各种名词是产生于数学法则之后，而数学中数与数之间可以从事于加减乘除运算之"理"是在具体运算法则之先的。

---

① 焦循：《与朱椒堂兵部书》，《焦循诗文集》，刘建臻点校，第 235 页。
② 焦循：《加减乘除释自序》，《焦循诗文集》，刘建臻点校，第 310 页。

相对于同时代的其他学者而言，焦循特别重视从《易》学中寻求哲学思想资源，并从中提炼出一些哲学范畴，他的"时行"概念就是从《易》中提取的，以之论述"天道"变化的问题，突出自然天道变动不居、应时而变的节律性特征。他说："惟寒变为暑，暑变为寒，乃为时行，乃为天道，乃为大和，是之为泰。"①他借助于易哲学中的"时行""天道"所具有的"变"的特征，大讲社会政治哲学中的"权变"的法则，通过对相反相成道理的揭示，追求一种和谐、和平、恰当处事方式，如他说："当极寒而济之以春，当极暑则和之以秋，此天道之权也。故为政者，以宽济猛，以猛攻济宽。……《易》之道，在于趋时，趋时则可与权矣！"②

（一）权变论

焦循有关社会制度论的哲学思考，集中表现在《权论》八篇之中，其核心思想是：一切制度皆需要应时、适时而变，以保证制度本身的永久有效性。权变本身不是目的，通过权变以保证经、常的有效性才是根本目的，故权变不失其常。用焦循自己的话来说，即是"经可反，道不可枉"。"权变"作为一种方法与手段，其应用的范围甚广，"圣人以权运世，君子以权治身"。焦循还通过自己所理解的权变论，对历史上的一些事件与理论观点进行了重新评价与思考，体现了他试图以自己的权变论为出发点，重新评价历史的学术史观。焦循"权变"论的理论出发点是救治制度的弊病，他说："法不能无弊，有权则法无弊。权也者，变而通之之谓也。"③"变而通之谓之权"，即是说，通过对制度中弊端的革除，让旧的制度在新的环境下仍然能够行得通，这就叫作权变。因此，焦循的"权变"论，就社会制度的变革问题来说并不是革命论，而仅仅是一种比较聪明的改良性活动。而且这种改良性的变革活动，其性质的确具有侯外庐所说的那样，表现出"均衡"论的色彩。如他说："法无良，当其时则良。当极寒而济之以春，当极暑则和之以秋。此天道之权也。故为政者以宽济

---

① 焦循：《寄朱休承学士书》，《焦循诗文集》，刘建臻点校，第 236 页。
② 焦循：《说权一》，《焦循诗文集》，刘建臻点校，第 174 页。
③ 焦循：《说权一》，《焦循诗文集》，刘建臻点校，第 174 页。

猛，以猛济宽。夏尚忠，殷尚质，周尚文，所损益合乎道之权。"①

不过，如果将焦循的权变论放到更加广泛的学术、思想文化的领域里，则又具有一种相当强的文化包容意识，在一定程度上可以纠正后期意识形态化儒家动辄以正统自居，排斥其他各家的偏狭缺陷。他以"易道趋时"为理论出发点，对杨、墨之说的价值作了巧妙的辩护。他说：

> 易之道在趋时，趋时则可与权矣。若立法者必豫求一无弊者而执之，以为不偏不过，而不知其为子莫之执中。夫杨子之为我，墨子之兼爱，当其时则无弊。迩言不能皆善，舜用之而当，则恶隐而善扬。中即在两端，执而用之于民，舜之权也。……以将来之有弊而致废见在宜行之法，不知权者也。以前此之有弊而致废见在宜行之法，亦不知权者也。②

焦循的意思是说，没有适应一切时代、一切场合的制度，也没有适应一切问题的思想主张，只要切合于当下的需要，杨、墨的思想也有其可取之处。百姓的日常语言与要求未必都是正当的、合理的，大舜的聪明之处在于能从其中选取合理的部分，因而达到了隐恶扬善的好效果。故在制度的应用中，更多的要考虑当下的、现实的需要，既不要预知未来的弊端而放弃现在仍然适当的制度，也不要畏惧以往出现的弊端而放弃在当前是恰当的制度法则。

焦循的权变论虽然有感于政治制度变革问题的思考，但他的思考并没有仅仅停留在制度变革的政治学领域，而是在儒家经典所提供的广阔思想资源里从事了融贯性的哲学思考，体现并发展了戴震所提出的"一字之义，当贯群经"哲学思想路线，故他的权变论不只是一种制度变革论，而且也是一种关于变与常的哲学思想。首先，他从"权变"的角度重新解释了《论语》"先进于礼乐，野人也。后进于礼乐，君子也"这段话，认为这段话是"圣人示人以权"的表现，理由是："野人质胜文，君子文质彬

---

① 焦循：《说权一》，《焦循诗文集》，刘建臻点校，第 174 页。
② 焦循：《说权一》，《焦循诗文集》，刘建臻点校，第 174—175 页。

彬矣。当孔子时，文胜质之时也。从先进，则以质胜文与文胜质相和，乃可以至彬彬之君子。譬如汤至沸，以寒水和之，乃得其平。故圣人之教人也，兼人则退之，退则进之。王者之化俗也，国奢示之以俭，国俭示之以礼。可与权，治天下如运诸掌。"①

其次，他通过对《春秋公羊传》《易传》《中庸》《论语》《孟子》中有关权与经，常与变等问题与事件的分析、讨论，揭示了重视"权变"的重要性，并从理论上试图区分权变与投机取巧的不同。

最后，焦循以自己的"权变"论思想对具体历史事件与历史人物进行再分析，以显示自己"权变"论的历史评价效用。并通过对董仲舒、应邵"权说"论的批判，再次揭示儒家"权变"论的真正意涵。

在"趋时""时行"的天道观指导下，焦循又继续阐发了从原始儒家开始，到戴震等人都一再关注的忠恕、"推己及人"、"絜矩之道"的同情原则以及建立在此原则之上的政治伦理，和学术研究方面所需要的包容精神。他说："孔子言：吾道一以贯之。曾子曰：忠恕而已矣。然则一贯者，忠恕也。忠恕者何？成己以及物也。孔子曰：舜其大智也……执其两端，用其中于民。孟子曰：大舜有大焉，善与人同，舍己从人，乐取于人以为善。舜于天下之善无不从之，是真'一以贯之'，以一心而容万善，此所以大也。"②由此文献可以看出，焦循所阐发的"一贯之道"，其核心精神是要"以一心容万善"，体现了后期儒家要容纳百家思想精华的理论气象。

（二）焦循的一贯论

焦循对孔子"吾道一以贯之"这句话也作了别开生面的解释。他认为，"一贯"即是善与人同，是"执中"而不是"执一"。"一贯"的目标是"成己以及于物"，这才是真正的"一贯"。因此，焦循的一贯论在伦理学上体现了传统儒家"成己成物"的思想，即在人我之间保持一种恰当的平衡，在学术上表现为包容与宽容的精神。

---

① 焦循：《说权二》，《焦循诗文集》，刘建臻点校，第 175 页。
② 焦循：《一以贯之解》，《焦循诗文集》，刘建臻点校，第 164 页。

就成己成物的角度看,焦循这样说道:"孔子言'吾道一以贯之',曾子曰'忠恕而已矣'。然则'一贯'者,'忠恕'也。'忠恕'者何? 成己以及物也。"①

又说:"克己则无我,无我则有容天下之量,有容天下之量,以善济善,而天下之善扬;以善化恶,而天下之恶亦隐。贯者,通也,所为通神明之德,类万物之情也。惟事事欲出乎己则嫉妒之心生;嫉妒之心生,则不与人同而与人异;不与人同而与人异,执一也,非一以贯之也。"②

就学术的角度说,焦循所理解的"一贯"乃是对于他者学术思想的理解与宽容,进而避免党同伐异。他说:"人惟自据其所学,不复知有人之善,故不独迩言之不察,虽明知其善,而必相持而不相下。荀子所谓'持之有故,言之成理'。凡后世九流、二氏之说,汉、魏南北经师门户之争,宋、元、明朱、陆、阳明之学,其始缘于不恕,不能舍己克己,善与人同,终遂自小其道,近于异端。使明于圣人一贯之指,何至此?"③

焦循将"执一"的做法看作是"异端",并指出三种"异端"的各自危害性,如他说:"今夫学术异端则害道,政事异端则害治,意见异端则害天下国家。"④他希望整个社会都能真正通达"一贯"之旨,做到包容万物,成己以及人物,他说:

孟子曰:"物之不齐,物之情也。"虽其不齐,则不得以己之性情,例诸天下之性情,即不得执己之所习所学所知所能,例诸天下之所习所学所知所能,故有圣人所不知人知之,圣人所不能而人能之。知己有所欲,人亦各有所欲,己有所能,人亦各有所能,圣人尽其性以尽人物之性,因材而教育之,因能而器使之,而天下之人,共包函于化育之中,致中和,天地位焉,万物育焉。是故人之有技,若己有之,保邦之本也;己所不知,人岂舍诸? 举贤之要也;知之为知之,不

---

① 焦循:《一以贯之解》,《焦循诗文集》,刘建臻点校,第 164 页。
② 焦循:《一以贯之解》,《焦循诗文集》,刘建臻点校,第 164—165 页。
③ 焦循:《一以贯之解》,《焦循诗文集》,刘建臻点校,第 164 页。
④ 焦循:《一以贯之解》,《焦循诗文集》,刘建臻点校,第 164 页。

知为不知,力学之基也。①

他又说:

> 多学而后多闻多见,多闻多见,则不至守一先生之言,执一而不博。然多仍在己,未尝通于人,未通于人,仅为知之次,而不可为大知。必如舜之舍己从人,而知乃大。不多学则蔽于一曲,虽兼陈万物而悬衡无其具。乃博学则不能皆精,吾学焉,而人精焉。舍己以从人,于是集千万人之知,以成吾一人之知,此一以贯之,所以视"多学而识者"为大也。……"多学而识",成己也,"一以贯之",成己以及物也。仅多学而未一贯,得其半,未得其全,故非之。②

由上述两则材料可知,焦循通过对"一贯""忠恕之道"的重新解释,表达了对宽容精神和多元真理观的向往与追求。其所用的观念如"成己以及物","善与人同,舍己从人","以一心而容万善"等,都来自传统儒家,但这种有选择的表述,努力将儒家中与传统专制思想相近的东西剥离出去,突出儒家传统中活泼泼的精神内容,在注经解经的夹缝里表达出新的思想倾向。他虽然也批评"异端",但他所说的"异端"乃是具有权威主义特征的思想倾向与学术观点。通过对这种"异端"的批评,其所要彰显的恰恰是"殊途""百虑"之学。在上述的文献中,焦循努力从理论上区分"执一"与"一以贯之"的思想内涵的不同,既是对李贽以来反对"执一害道"的反专制思想的继承,也是对戴震等人"体民之情,遂民之欲"的新伦理及政治理想的继承与呼应。

当然,焦循的道论思想中,也有比较保守的一面。对于儒家的人伦之常,他认为是不能改变的,这便是他在"变"之中又追求"定"——即不变的思想。什么东西不能变呢?他说:"人伦也,孝弟也,仁义也,忠恕也。圣人定之,不容更有言也。更有言,使不定其所定,则杨墨之执一

---

① 焦循:《一以贯之解》,《焦循诗文集》,刘建臻点校,第 164 页。
② 焦循:《一以贯之解》,《焦循诗文集》,刘建臻点校,第 165 页。

也，佛氏之弃人伦灭人性也。"①正是从这一"定"的思想出发，在两性与婚姻伦理方面，焦循又持有较保守的观念，坚持"夫妇之道""必定"。他说："男女生于天地，夫妇定于人。夫妇定而后君臣父子乃定。……然则伏羲之前，夫妇之道不定。夫妇不定，则有母而无父。同父而后有兄弟，兄弟不可以母序也。故父子兄弟虽天属，其本则端自夫妇之道定。……苟夫可以去妻，妻可以去夫，则夫妇之道仍不定。天下之为夫妇者，稍一不合，纷纷如置弈棋，非其道也。"②

这一"夫妇之道必定"的思想，一方面有维护男性中心义的思想倾向，如上文说的："夫妇不定，则有母而无父。同父而后有兄弟，兄弟不可以母序也。故父子兄弟虽无属，其本则端自夫妇之道（不）定。"另一方面，也有维护社会稳定的意思在其中，如他说："天下之为夫妇者，稍一不合，纷纷如置弈棋，非其道也。"但是，针对如何才能维护夫妇之道稳定的方法论问题，焦循并没有提出新的解决方案，更缺乏维护妇女权利的新思想内容。在今天看来，那些的确是合不来的夫妻，就应该允许他们文明的离婚、分开，而不是强硬将他们绑在一起。故焦循上述有关"夫妇之道"的论述并非十分妥当。

二、焦循的伦理学思想

（一）人性善论

焦循曾作《性善解》五篇，阐发自己的人性善理论。首先，他以食色来论人性，即以人的感性来论人性。他说："性善之说，儒者每以精深言之，非也。性无他，食色而已。"③

其次，他以"人能知"来论人性之善。"性何以善？能知，故善。同此男女，饮食嫁娶，以为夫妇，人知之，鸟兽不知之。耕凿以济饥渴，人知

---

① 焦循：《说定下》，《焦循诗文集》，刘建臻点校，第 182 页。
② 焦循：《翼钱》，《焦循诗文集》，刘建臻点校，第 127—128 页。
③ 焦循：《性善解一》，《焦循诗文集》，刘建臻点校，第 158 页。

之，鸟兽不知之。鸟兽既不能自知，人又不能使之知，此鸟兽之性所以不善。"①

焦循此处以"人能知"的认知理性来区分人与禽兽的不同，颇有见地。此处焦循所说的"知"，既指一般性地认识事物的能力，更主要的是指人的道德理性的认知能力。人不仅一般性地从理智上理解道德理性，而且还能在实际生活中对道德理性知识加以恰当的运用，从而形成了人类有秩序的伦理生活。在《性善解五》中，焦循这样论证道：

> 同一饮食，而人能耆味，鸟兽不知耆味。推之同一男女，人能好色，鸟兽不知好色，惟人心最灵，乃知耆味好色。知耆味好色，即能知孝弟忠信、礼义廉耻，故礼义之悦心，犹刍豢之悦口。悦心、悦口，皆性之善。②

焦循的意思是说，人将自己在感性上追求美味、美色的要求推广到道德理性方面，从而能做到推己及人，克服自己的私利，贯彻并实践孝弟、忠信等伦理美德。这是鸟兽所不能做到的，故人虽然与动物有共同的感性知觉，但人能将感性的知觉上升到具有一定普遍性的道德理性层面，故人对美色、美味的追求都可以视为人性之善。从思维方式的角度看，焦循所采用的这种类推的方式当然还是孟子式的类比推理，在方法论上并没有新的突破。但与孟子的不同之处在于，焦循强调了人基于感性的认知而上升到道德理性认知与道德实践的连续过程，不像孟子那样通过否定感性需要是人性的一部分，而特别突出地强调人的道德理性的重要性。要而言之，焦循的人性善论将人能知，人有灵明，能贯通，能变化，在习的过程中使人与人之间的差异越来越远等属性作一通贯性的说明，体现了他的性善论的独特性，如他说："善之言灵也，性善犹也性灵。惟灵则能通，通则变，能变故习相远。"③

---

① 焦循：《性善解三》，《焦循诗文集》，刘建臻点校，第 159 页。
② 焦循：《性善解五》，《焦循诗文集》，刘建臻点校，第 160 页。
③ 焦循：《性善解四》，《焦循诗文集》，刘建臻点校，第 159 页。

这一"性善论"综合了孔子、孟子、荀子等诸家的思想，对儒家的性善论思想传统做出了新的论证。不过，焦循并没有很令人信服地论证"人为何能知"的问题，他仅从人能知美味、美色的感性认知类推人能够知礼义廉耻等道德理性知识，并能实践之，显然还缺乏足够的理论说服力。从马克思主义的历史唯物主义及其社会实践论的哲学来看，焦循还不理解造成人性最灵的根本原因在于人的社会实践的历史性特征，他只是一般性归结为圣人的教养与个人的修养。这是他的人性论的不足之处。

其三，焦循在讨论人性善的问题时，还以他一贯重视的"实测"方法来加以验证。他通过三重论证的方式来证明人性是性善的，他说："性善之可验者有三：乍见孺子入井，必有怵惕恻隐之心，一也；临之以鬼神，振之以雷霆，未有不悔而祷者，二也；利害之际，争讼喧嚣，无不自引于礼义，无不自饰以忠孝友悌，三也。"①焦循此处所说的验证，当然不同于自然科学的实验型的验证，而是一种人文性的举证或曰论证，但也体现了他的哲学重视实证，重视证据的新特征。

相比较而言，乾嘉汉学的前期特别重视以经证经。焦循作为乾嘉、道光时期的汉学中坚人物，他在论述经学问题时，已经突破前期"以经证经"的范围，而大胆地以子证经。在论证人性善的问题时，焦循大段地引述秦汉道家《淮南子》一书中的观点，以证成自己的人性善的论说。他在解释孟子"口之于味有同嗜""人之性与犬马之性不同"这两个命题时说：

> 此于口味指出性字，可知性即在饮食。曰其性与人殊，可知人性不同于鸟兽。……《淮南·泰族训》云："民有好色之性故有大昏之礼；民有饮食之性，故有大饗之谊；有喜乐之性，故有钟鼓管弦之音；有悲哀之性，故有衰经哭踊之节。"先王之制法，因民之所好而为之节文者也。皆人之所有于性，而圣人之所匠成。故无其性不可教训。有其性，无其养不能遵道。……故善言性者，孟子之后，惟《淮南子》。②

---

① 焦循：《性善解四》，《焦循诗文集》，刘建臻点校，第 159 页。
② 焦循：《性善解五》，《焦循诗文集》，刘建臻点校，第 160 页。

上述这段文献既表现了焦循以子证经的哲学论证方法，又表明他以《淮南子》一书的人性论为基础，进一步阐发了儒家的道德、伦理规范必须建立在人的感性需求基础之上。同时，人的感性需求又不能脱离伦理规范的约束，否则就会失范。这一思想与戴震有关"自然"与"必然"二者的辩证关系的阐发，若合符节。

（二）格物论与"絜矩之道"

焦循认为，"格物"即是"絜矩"，他说："格物者何？絜矩也。格之言来也，物者对乎己之称也。"① 而絜矩即是恕，如他说："絜矩者恕也。所藏乎身不恕而能喻诸人者，未之有也。不能格物，则所藏乎身不恕矣。"②

焦循将"格物"解释成"絜矩"，表面上是对孔子、孟子思想的继承，其实是对戴震思想的继承与进一步发挥。因为他提倡的"絜矩之道"是以满足人的饮食男女之欲的感性要求为基础的，而不是孔子基于仁，孟子基于"四端之心"而来的德性要求。他说："饮食、男女，人之大欲存焉。圣人于己之有夫妇也，因而知人亦欲有夫妇；于己之有饮食也，因而知人亦欲有饮食。安饱先以及父兄，因而及妻子，人人亲其亲，长其长，而天下平矣。于是，与人相接也，以我之所欲所恶，推之于彼，彼亦必以彼之所欲所恶，推之于我，各行其恕，自相让而不相争，相爱而不相害。平天下，所以在絜矩之道也。"③

在焦循看来，作为执政者，如果对于"百姓之饥寒仳离，漠不关心，是克伐怨欲不行，苦心洁身之士"，至多只能算得上所孔子所讲的"难而非仁"一类的人罢了，"绝己之欲，不能通天下之志，物不可格矣"④。

焦循将人的感性欲求作为人与人相互感通、理解的桥梁，故尔将"格

---

① 焦循：《格物解一》，《焦循诗文集》，刘建臻点校，第 162 页。
② 焦循：《格物解一》，《焦循诗文集》，刘建臻点校，第 162 页。
③ 焦循：《格物解二》，《焦循诗文集》，刘建臻点校，第 163 页。
④ 焦循：《格物解二》，《焦循诗文集》，刘建臻点校，第 163 页。

物"解释成对他人类似的感性欲求的理解，进而在道德上实现对自己欲求的节制。他说：

> 感于物而动，性之欲也，故格物不外乎欲己与人同此性，即同此欲。舍欲则不可以感通乎人，惟本乎欲以为感通之具，而欲乃可窒。人有玉而吾爱之，欲也，若推夫人之爱玉，亦如己之爱玉，则攘夺之心息矣。能推，则欲由欲寡；不能推，斯欲由欲多。不知格物之学，不能相推，而徒曰过其欲，且以求人曰遏其欲，天下之欲可遏乎哉？①

焦循的设想是美好的，但对于人的欲望进行管理、控制，恐怕不只是一个伦理问题，还需要相应的社会制度来约束。别人有好的东西，自己想得到。一想到别人也如自己一样的喜爱，就不去想了。人在实际的生活中并非如此简单。商业社会的公平交换原则也可以让人通过平等的交换手段来实现爱物的转移。当然，恃强凌弱式的抢劫是不允许的。伦理上的"推己及人"仅为遏欲提供了一种可能性，而不能提供必然的保证。这一点上，儒家的伦理学把伦理的可能性作用夸大了。焦循在这一点上并没有突破儒家的"推己及人"的思维在逻辑方面的简单性与局限性。

（三）义利观

焦循在伦理学上对儒家的义利观也有新的解释，体现了晚明以降重视普通民众感性生活的进步思想倾向。他认同荀子关于君子、小人之分的观点，说道：

> 贵贱以礼义分，故君子、小人以贵贱言，即以能礼义不能礼义言。能礼义故喻于义，不能礼义故喻于利。无恒产而有恒心者，惟士为能，君子喻于义也；若民则无恒产，因无恒心，小人喻于利也。惟小人喻于利，则治小人者，必因民之所利而利之。故《易》以君子孚于小人为利。君子能孚于小人，而后小人乃化于君子，此教必本

---

① 焦循：《格物解二》，《焦循诗文集》，刘建臻点校，第 163 页。

于富，驱而之善，必先使仰足事父母，俯足畜妻子。儒者知义、利之辨，而舍利不言，可以守己，而不可以治天下。天下不能皆为君子，则舍利不可以治天下之小人，小人利而后可义。君子以利天下为义，是故利在己，虽义亦利也；利在天下，即利即义也。孔子言此，正欲君子之治小人者，知"小人喻于利"。①

上述的引文很长，需要稍作解释。从表面上看，焦循并不反对孔子"君子喻于义，小人喻于义"的命题。但他对此题所做的解释几乎与孔子的原意是相反的。他认为，既然小人以利为重，君子治小人就应当满足小人对利益的追求，如此一来，君子就可推行义的原则。所以君子当利天下为义，而不是将利垄断在自己手中，而这正是孔子所讲的"小人喻于利"的真正意思。很显然，焦循为下层人——小人争取合法的、正当的利益，与李贽以降，直至戴震的哲学为下层民众争取正当利益的思想一脉相承。

（四）"以礼代理"的倾向

焦循的思想中也表现出"以礼代理"的倾向，《理说》一文集中体现了这一思想倾向。他对"后世不言礼而言理"的现象极为反感，试图拔乱反正。首先，他在该文中揭示了政治行为的本质在于平息天下人之间的争执，故要设定礼的制度，让人们遵循礼制的规范而行事。他说道："君长之设，所以平天下之争也。故先王立政之要，因人情以制礼，故曰：'能以礼让为国乎何有？'天下知有礼而耻于无礼，故射有礼，军有礼，讼狱有礼，所以消人心之忿而化万物之戾。渐之既久，摩之既深，君子以礼自安，小人以礼自胜，欲不治得乎？"②

其次，他又进一步揭示了后世理官（即今天的法官）的社会作用及其性质。他说："九流之原，名家出于礼官，法家出于理官，齐之以刑则民无耻，齐之以礼则民且格，礼与刑相去远矣。惟先王恐刑罚之不中，务于罪辟之中，求其轻重，析及豪芒，无有差谬，故谓之理，其官即谓之理官，而所以治

---

① 焦循：《君子喻于义小人喻于利解》，《焦循诗文集》，刘建臻点校，第 168 页。
② 焦循：《说理》，《焦循诗文集》，刘建臻点校，第 182 页。

天下则以礼，不以理也。"①在这里，焦循反对的"理"不应当是戴震所讲的"分理"，而是宋明儒的"天理"，应当与戴震直斥"以理杀人"之"理"相同。

最后，他对礼与理在实际的政治实践中的积极与消极作用作了对比，肯定了礼的正面价值，否定了理的负面价值，并进而批评历史上吕坤"以理抗势"的主张，体现了焦循思想中保守的一面。他说："礼论辞让，理辩是非。知有礼者，虽仇隙之地，不难以揖让处之，若曰虽伸于理，不可屈于礼也。知有理者，虽父兄之前，不难以口舌争之，若曰虽失于礼，而有以伸于理也。今之讼者，彼告之，此诉之，各持一理，哓哓不已。为之解者，若直论其是非，彼此必皆不服，说以名分，劝以孙顺，置酒相揖，往往和解。可知理足以启争，而礼足以止争也。明人吕坤有《语录》一书，论理云：'天地间惟理与势最尊，理又尊之尊也。庙堂之上言理，则天子不得以势相夺，即相夺，理则常伸于天下万世。'此真邪说也。孔子自言'事君尽礼'，未闻持理以要君者，吕氏此言，乱臣贼子之萌也。"②

学界对于焦循"以礼代理"观点的评价并不相同，有论者认为此观点是针对宋儒而言的，有论者认为此观点是对戴震思想的含蓄批评与偏离。就我们的研究的结果来看，焦循颇认同戴震的"分理"说，而他自己在《孟子正义》一书中也是接受戴震的"分理"说。很显然，他的"以礼代理"说不可能是针对戴震的。不过，他在社会政治、伦理生活中强调不论是非问题，而论名份问题，与戴震强调"是非之争"思想立场相比，的确有倒退的一面。尤其是对明人吕坤"以理抗势"思想的批评，更显示了焦循思想在政治方面的保守之处。但在处理世俗事务方面，而不是涉及大是大非的问题，焦循所说的："今之讼者，彼告之，此诉之，各持一理，哓哓不已。为之解者，若直论其是非，彼此必皆不服，说以名分，劝以孙顺，置酒相揖，往往和解。可知理足以启争，而礼足以止争也。"也未尝没有道理。现实生活中，特别是民事纠纷的过程中，公说公有理，婆说婆有理，相持

---

① 焦循：《说理》，《焦循诗文集》，刘建臻点校，第182页。
② 焦循：《说理》，《焦循诗文集》，刘建臻点校，第183页。

不下，这时按照制度——礼的规定来解决，也是解决民间纠纷的一种办法。焦循此处的论述主要是针对民事纠纷而言的，与戴震批评当政者"以理杀人"，不在同一个论述的层次上。故他的"以礼代理"的命题更接近今天以法律（民法）来代替当事人各执一词（讲理）的现象。

三、焦循的哲学思考方法

（一）"实测"方法与人文实证主义精神

焦循所讲的"实测"方法，主要来自他的"易学"研究，而且也与他的数学研究有关。他曾说：

> 余学易，所悟得者有三：一曰"旁通"，二曰"相错"，三曰"时行"。此三者，皆孔子之言也，孔子所赞伏羲、文王、周公者也。夫《易》，犹天也，天不可知，以实测而知。七政恒星错综不齐，而不出乎三百六十度之经纬；山泽水火错综不齐，而不出于乎三百六十四爻之变化。本行度而实测之，天以渐而明；本经文而实测之，易亦以渐明，非可以虚理尽，非可以外心衡也。初不知其何为"相错"，实测其经文、传文，而后知比例之义出于"相错"。不知"相错"，则比例之义不明。余初不知何为"旁通"，实测经文、传文，而后知升降之妙出于"旁通"。不知"旁通"，则升降之妙不著。余初不知其何为"时行"？实测经文、传文，而后知变化之道出于"时行"。不知"时行"，则变化之道不神。未实测于全《易》之先，胸中本无此三者之名，既实测于全《易》，觉经文、传文有如是者乃孔子所谓"相错"，有如是者乃孔子所谓"旁通"，有如是者乃孔子所谓"时行"测之既久，益觉非"相错"、非"旁通"、非"时行"，则不可以解经文、传文，则不可以通伏羲、文王、孔子之意。十数年来，以测天之法测《易》，而此三者，乃从全《易》中自然契合。①

然焦循的"测天之法"又是如何呢？依阮元等人的说法来看，他的测

---

① 焦循：《易图略序目》，《焦循诗文集》，刘建臻点校，第295—296页。

天方法基于西方天文学的科学实证方法，阮元等人说道：

> 初，循以太阴次轮及火星岁轮皆与天不合，谓其有当然，自必有有其所以然。及覆数四，不得其故。商之元和李锐，锐谓古法自三统以来，见存者四十家，其于日月之盈缩迟疾，五重之顺留逆伏，皆言其当然，而不言其所以然。本朝《时宪》书，甲子元用诸轮法，癸卯椭圆法，以及穆尼阁新西法用不同心天。蒋友仁所设地动仪，设太阳不动，而地球七曜之流转。此皆言其自然，而又设言其所以然。然其当者悉凭实测，其所以然者止就一家之说，衍而极之，以明算理而已。是故月五星初均、次均之加减，其故由于有本轮、次轮，而其实月五星之所以有本轮、次轮，其故仍由于实测之时，当有加减也。……循韪其说，故自叙《释轮》云："七政诸轮，生于实测，若高卑迟疾之故，则未敢以臆度焉。"其虚衷服善有如此。①

不过，结合焦循上述两段文献来看，他在《易》学研究方面的"实测"，其实并不能与天文学中测量地球等行星运行轨迹相比拟，而只是一种依托对《周易》经、传文字的深入研究，从中归纳出若干的体例出来，然后又将这种体例运用于《周易》的经、传文字的解释，从而得出旁通、相错、时行的三种规则。焦循将数学方法引用到"易学"之中，提出了齐同、比例的"易学"解释方法，试图对《周易》的经、传做出一以贯之的解释。他说：

> 夫九数之要，不外齐同、比例；以此之盈，补彼之朒，数之齐同如是，《易》之齐同亦如是。以此推之得此数，以彼推之亦得此数，数之比例如是，《易》之比例亦如是。说《易》者，执于一卦一爻，是知五雀之俱重，六燕之俱轻，而不知一燕一雀，交而迺平，又不知两行交易，遍乘而取之，宜乎左支右绌，莫能通其义也。余既悟得旁通之旨，又悟得比例之法，用以求经，用以求传，而经传之微言奥义，乃可得而窥其万一。②

<hr>

① 阮元等撰：《畴人传汇编》下册，彭卫国、王原华点校，第 620 页，扬州，广陵书社，2009。
② 焦循：《易学三书》卷五，李一忻点校，第 87 页，北京，九州出版社，2003。

"齐同"的术语出之刘徽的《九章算术》,意思是以不同的分母和分数相加减时,先经过通分,然后将分数相加相减。用现代的代数符号来表示,如 $\frac{a}{b}$ 与 $\frac{d}{c}$ 两个分数相加时,先将分母 b 和 c 相乘,变成 $\frac{a}{bc}$ 和 $\frac{d}{bc}$ 的形式,然后才能相加。焦循的说法是:"相乘则两数如一,故谓之同(三乘五得一十五,五乘三亦得一十五)。互乘则两子之差立见,可以施加施减,故谓之齐。"① 焦循在"易学"中提出的"旁通""相错"方法,都是有关卦爻运动和转化的方法,与数学的齐同有类似之处。在《易通释》中,他对《丰卦》与《既济》,《涣卦》与《益卦》,《丰卦》《涣卦》与《家人卦》等之间的关系,就是用齐同的方法来处理的。他说:

> 《丰》上六"蔀其家"。蔀者,齐同之也。《丰》成《既济》,犹数之有减尽也;《涣》则成《益》,犹数之有差较也。"蔀其家"犹"齐其家",《丰》《涣》本错为《家人》,齐同之成《既济》《益》,乃相错为《家人》也。《损》成《益》,《咸》成《既济》,与"蔀其家"同。②

上述所言,以简明的图示法表示,更为简明

丰(䷶)涣(䷺)齐同为——→既济(䷾)益(䷩)相错为——→家人(䷤)

焦循将数学中的齐同法运用到六十四卦之间的相互转换之间的解释上面,的确对六十四卦之间复杂关系的解释提供了新的途径,为后人进一步认识易卦之间的意义关系提供了新的视野。但这种新的解释对于如何处理现实的问题,并不能提供直接的帮助。

焦循所说的"比例"方法,其实即是今日所说的"类推"方法,而且主要着眼于《易》中的"辞"而言的。他说:

---

① 焦循:《加减乘除释》卷六,第 2 页,清嘉庆年间江都焦氏雕菰楼刻刻本。又见陈居渊《焦循阮元评传》,第 268—273 页,南京,南京大学出版社,2011。
② 焦循:《易学三书》卷十九,李一忻点校,第 529—530 页。

以六书之假借，达九数之杂糅，事有万端，道原一贯，义在变通，而辞为比例，以此求《易》，庶乎近焉。比例之用，随在而神……《泰》《否》为《乾》《坤》之比例，《既济》《未济》为《坎》《离》之比例，《益》《恒》为《巽》《震》之比例，《损》《咸》为《艮》《兑》之比例……①

用现代的数学术语来表述，"比例"的意思即是：a 比 b 的比值为 m，c 与 d 的比值也是 m，则 a:b＝c:d。那么 a:b 与 c:d 之间的关系就是"比例"关系。上文所说的"《泰》《否》为《乾》《坤》之比例，《既济》《未济》为《坎》《离》之比例"的意思是：《乾》《坤》两卦相错即为《泰》《否》两卦，而《坎》《离》两卦相错即《既济》《未济》两卦。相反，《泰》《否》两卦相错即又变成《乾》《坤》两卦，《既济》《未济》两卦相错又变成《坎》《离》两卦。

上述焦循所说的齐同、比例方法，在《周易》的经、传中都没有明确的文字提及过，只是焦循将数学方法运用到《易》学研究过程中阐发出来的。就《易》学研究的本身而言有一定的学术意义。他通过对经文的"实测"而得出的齐同、比例法则，就《周易》的经文而言具有可证实的特征，符合"实事求是"的原则。但如果从"通经致用"的角度看，这种方法并没有多少现实的价值与意义。由焦循的"易学"研究引出另一种思考：乾嘉学者虽然从理论上追求通经致用的理想目标。但问题是："通经"之后能否实现"致用"的目标，则是大可疑问的。

在经学研究方面，焦循基本上还是接受了戴震提出的"由字以通其词，由词以通其道"的语言学方法，只是在具体的说法上有所不同。如他在论文字训诂的方法对于理解古人思想的重要性时说："刘氏徽之注《九章算术》，犹许氏慎之撰《说文解字》。士生千百年后，欲知古人仰观俯察之旨，舍许氏之书不可，欲知古人参天两地之原，舍刘氏之书小不可。"②这一段话表明，焦循的经学研究与哲学思考深深地打上了乾嘉时代广义的语言学方法的烙印。焦循认定，不通过训诂的方法，隐藏在经典中的

---

① 焦循：《易学三书》卷五，李一忻点校，第 89 页。
② 焦循：《加减乘除释自序》，《焦循诗文集》，刘建臻点校，第 310 页。

真正意思就无法彰显出来。在《诗经》的研究过程中，他虽然强调诗歌"不言理言情，不务胜人而务感人"和"思则情得，情得则两相感"的以情动人的特质，但他最终还是认为，要了解诗歌，必须首先通过训诂的语言学方法，才能达致对诗的真正理解。他说："虽然，训诂之不明，则诗辞不可解。必通其辞而诗人之旨可释而思也。《毛传》精简得诗意为多，郑生东汉，是时士大夫重气节而温柔敦厚之教疏，故其笺多迂拙，不如毛氏。则传、笺之异不可不分也。"①

焦循这一"训诂之不明，则诗辞不可解"，"必通其辞而诗人之旨可释而思"的说法，其实还是强调要通过恰当的训诂方法以了解诗歌的语言，进而通过对诗歌语言的了解而了解诗歌的意旨。与戴震的"由词以通道"的思想在思维方式上是一致的。

在具体运用训诂学方法解释经义，从而表达自己的哲学见解时，《易通释》一书中时有体现。仅举二例，以证明之。其一，他在解释《周易》的重要哲学概念"太极"时，首先就是运用训诂的方法来表达自己对"太极"概念的理解。他说："余谓欲明大极，必先求大极二字之义。大或读泰，其义则同；极，中也。大极，犹云大中。"②其二，在"训厉为危"一条，焦循将戴震"一字之义，当贯群经"这一以整体来解释局部的经学解释学思想加以活用，从《周易》一书的全部经文来训释"厉"字一义。他说："厉之训危……总全《易》而通之，厉与无咎相表里，未悔吝则厉，既悔吝则无咎。"③

不过，焦循已经没有戴震那样激烈地反对宋儒的思想主张了，他只是要求通过训诂的方式将宋人的义理与原始儒家的义理分开，努力以原作者之言参原作者之意，追求经典解释的客观性。同时再旁参其他相关的思想家及经典，从而达到对原始儒家思想的准确理解。这一追求经典

---

① 焦循：《毛诗郑氏笺》，《焦循诗文集》，刘建臻点校，第 304 页。
② 焦循："易有大极，与时偕极，失时极，不知极，六爻之动三极之道也"条，《易学三书》卷二十，李一忻点校，第 561 页。
③ 焦循：《易学三书》卷二，李一忻点校，第 35 页。

训诂与解释中的客观原义的思想倾向，基本上是以戴震开创的"人文实证主义"经学训释精神的继续。稍有不同的是，焦循在追求儒家经典原义的过程中，还进一步提出了分别经、注、疏三者文本的方法，而且相信通过文字训诂的方式，触类旁通，可以把握经、注、疏之"本意"，从而为自己的经学训释提供比较可靠的经学史的证据。他说：

> 学经之法，不可以注为经，不可以疏为注。孔颖达、贾公彦之流所释毛、郑、孔安国、王弼、杜预之注，未必即其本意。执疏以说注，岂遂得乎？必细推注者之本意，不啻入其肺腑，而探其神液。……要之，既求得注者之本意，又求得经文之本意，则注之是非可否，了然呈出；而后吾之从注非漫从，吾之驳注非漫驳。不知注之本意，驳之非也，从之非也。①

焦循这种在追求"本意"的历史理性的前提下来研究经学的历史，显然是乾嘉时代考据学中所透射出的历史理性的一种反映，体现了乾嘉学术内在精神的一贯性。不过，即使如此，焦循在这一方面也有所发展，那就是：他不再局限于戴震时代的经学范围了，而是将这种人文实证的材料范围扩大到"子学"领域，开创一种"思想旁证法"。② 他曾经这样说道：

> 孔子之道所以不著者，以未尝以孔子之言参孔子之言也。循尝善东原戴氏《孟子字义考证》（戴氏书名作《孟子字义疏证》，引者案），于理、道、天命、性情之名，揭而明之如天日，而惜其于孔子一贯仁恕之说未及畅发。十数年来，每以孔子之言参孔子之言，且私淑孔子而得其旨者，莫如孟子。复以孟子之言参之，既佐以《易》《诗》《春秋》《礼记》之书，或傍及荀卿、董仲舒、扬雄、班固之说，而知圣人

---

① 转引自赖贵山《台海两岸焦循文献考察与学术研究》，第 263 页，台北，文津出版社，2008。
② 此为我借用明人陈第的"旁证"说而新创的一种说法。梁启超在《清代学术概论》中论顾炎武治学方法时说，顾氏在治音韵学时，先列出本证，继列出旁证。经后人考证，此为梁氏所误记，治音韵学时，首先提出运用本证、旁证法的作者是明代学者陈第。

之道惟在仁恕。仁恕则为圣人，不仁不恕则为异端小道。①

在这段文献里，焦循在戴震所开创的"字义还原"的基础上，进一步提出了"语言还原"的思想，从而深化了开创期乾嘉学者在经学训释中表现出来的历史还原主义思想。不仅如此，他在"以孔子之言参孔子之言"的前提下，继而以"孟子之言参之"，并"佐以《易》《诗》《春秋》《礼记》之书，或傍及荀卿、董仲舒、扬雄、班固之说"，把戴震所发明的"一字之义，当贯群经"的以整体解释局部的经学解释学思想，推进到以同一学派的后来者思想来解释前贤的"思想旁证法"，从而深化了戴震所未加注意的先秦儒家的一些伦理与政治思想，通过文字训诂、经学体例的发明与创造，诸子思想与儒家经典的相互发明的"思想旁证法"等多种方式，丰富并深化了乾嘉时代经学研究的方法，从而也丰富了中国哲学思想的内容。因此，焦循在经学研究中所表现的历史还原主义思想倾向，虽然与其"性灵"经学在精神上有不相协调的一面，保留了较多的戴震思想的痕迹。但是，他用来实现历史还原的方法本身蕴涵了较多的弹性空间，并不能真正地实现历史还原的意图。这样一来，其"性灵"经学与人文实证主义方法之间就蕴涵着一种内在的张力。

（二）"假借"方法

焦循通过对"六书"中"假借"方法在《周易》中运用情况的论述，揭示了"六书"中"假借"方法在易哲学中的普遍意义，以哲学的思维提升了"六书"中"假借"方法的普遍意义，从而深化了人们对"假借"方法的认识，并通过此方法又深化了对"易哲学"的认识。他说：

> 六书有假借，本无此字，假借同声之字以充之，则不复更造此字，如许氏所举令长二字。令之本训为发号，长之本训为久远，借为官吏之称，而官吏之称但为令为长，别无本字。推之"而"为面毛，借为而乃之而，"为"为母猴，借为"作为"之为，无可疑者也。……近者

---

① 焦循：《论语通释自序》，《焦循诗文集》，刘建臻点校，第 300 页。

学易十余年,悟得比例、引申之妙,乃知彼此相借,全为易辞而设,假此以就彼处之辞,亦假彼以就此处之辞,如豹袪为同声,与虎连类而言,则借袪为豹,与祭连类而言,则借豹为袪。沛绂为同声,以其刚掩于困下,则借沛为绂;以其成《兑》于《丰》上,则借绂为沛,各随其文以相贯,而声近则以借而相通。窃谓本无此字而假借者,作六书之法也。本有此字而假借者,用六书之法也。古者命名辨物、近其声即通其义,如天之为颠,日之为实(《说文》),春之为蠢,秋之为愁(《乡饮酒义》)……无不以声义之通而为字形之借。故闻其名即知其实,用其物即思其义。欲其夷也,则以雉名官;欲其聚也,则以鸠名官;欲其户止也,则以扈名官。以曲文其直,以隐蕴其显,其用至精。施诸《易》辞之比例、引申,尤为神妙矣。①

有关"六书"中的"假借"方法,在语言、文字学中有很多讨论,学者们的观点并不尽相同,②焦循从"作六书之法"与"用六书之法"的两个层面讨论六书中的"假借"方法,实为创见。而他又特别从"易学"的语言运用法则出发,进一步从比例、引申的角度来丰富"六书"中"假借"的方法,更是把"六书"中的"假借"方法泛化为一种语用学方法。这一方法是否符合《周易》一书作者当初的意图,暂且不去讨论。但有一点我们认为是相当明确的,即焦循在"易学"的语用学意义上讨论"假借"问题,已经远远超出了"六书"中"假借"方法的原意了,在一定意义上已经将"假借"方法上升到一种"易哲学"的思维与表达方法了。而这种哲学方法意义上的"假借",其实为他的"性灵"经学提供了一种貌似具有客观性的文字、语言学的工具与手段。究其实,是要为他的"以己之性灵,合诸古圣贤之性灵,并贯通于千百家著书立言者之性灵"的"性灵"经学主张提供一种表面上的可实证的文字、语言学方法。

---

① 焦循:《周易用假借论》,《焦循诗文集》,刘建臻点校,第 155—156 页。此处引文断句与刘氏稍异。
② 参见张其昀《"说文学"源流考略》,第 229—251 页,贵阳,贵州人民出版社,1998。

更进一步，焦循还将这种"假借"用法扩大到诗歌领域，并仔细辨析了经学的假借方法与诗歌艺术中的假借方法之间的异同。[①] 他认为诗歌创作中的同声假借亦通于《周易》中的"假借"法。他说：

> 是故柏人之过，警于迫人；秭归之地，原于姊归（《后汉书·和帝记》）……温飞卿诗："进底点灯深烛伊，共郎长行莫围棋。玲珑投子安红豆，入骨相思知不知？借烛为属，借围棋为违期，即借蚌为邦，借鲋为附之遗也。"……樽酒为尊卑之尊，蒺藜为迟疾之疾，即子夜之双关也。文、周系《易》之例晦于经师，尚扬其波，存其迹于文人、诗客之口，其辞借其义则质，知其借而通之，瞭乎明，确乎实也。或以比庄、列之寓言，则彼幻而此诚也，或以比说士之引喻，则彼诡而此直也。即以比《风》诗之起兴，亦彼会于言辞之外而此按于字句之中也。《易》辞之用假借也，似俳也而妙也，似凿也而神也，非好学深思、心知其意者，不足与言之也。[②]

在上述一段引文的结尾处，焦循对《易经》语言运用中"假借"方法的神妙之处的赞美，其实可以看作是"性灵"经学的一种方法论的注脚。所谓"非好学深思、心知其意者，不足与言之也"，完全可以替换为"无性灵不可以言经学"。大家知道，大历史学家司马迁在《五帝本纪》赞语中曾有一段感慨之辞："《书》缺有间矣，其轶乃时时见于他说。非好学深思，心知其意，固难为浅见寡闻道也。"司马迁要求真正的历史学家或者对历史有深刻洞见的人，应当超越细枝末节的文献证据，以一种具有历史穿透力的哲学洞见把握远古世系以来中华民族文明的起源、发展及其大致

---

① 此一做法，颇类似章学诚将"易学"中"象"概念进一步哲学化，形成了他特有的"象"论。章氏提出了"天地自然之象"和"人心营构之象"的两种类型的"象"，并揭示了二者之间的辩证关系。章氏认为，哲学意义上的"象"与诗歌艺术中的审美之"象"互为表里："《易》象虽包《六艺》，与《诗》之比兴，尤为表里。"章学诚还进一步从"象"论出发，来沟通儒佛道三教的在实施社会教化方面的可沟通性。参见章学诚《文史通义新编新注》，仓修良编注，第16—19页。
② 焦循：《周易用假借论》，《焦循诗文集》，刘建臻点校，第156—157页。此处引文断句与刘氏稍异。

梗概。这大约是司马迁所说的"好学深思，心知其意"一语的基本意思。焦循将司马迁的话借过来，要求"易学"研究者、阅读者也能够运用自己的"性灵"，对《周易》这部经典中的语言运用的"假借"方法之妙心领神会，从而理解《周易》一书中蕴藏着的人类文明的真精神。

为了更进一步论证"假借"方法的普遍性，焦循还通过做"易学"学术史的翻案工作，来证明"假借"方法在易学史上具有一贯性。一般而言，在焦循之前与同时的易学界，都认为魏晋之际的易学，特别是王弼的易学，以扫除汉代象数易为己任，着重从易理的角度来阐发《周易》一书的哲学思想，因而没有"汉易"的经学方法论的痕迹。焦循不同意这种见解。他认为，王弼的解易方法中，其实也包涵有"六书通借"的方法，如"读彭为旁，借雍为甕，通孚为浮，而训为务躁。解斯为厮，而释为贱役。诸若此，非明乎声音训诂，何足以明之？……故弼之易，以六书为通借解经之法，尚未远于马郑诸儒，特貌为高简，故疏者辄视为空论耳"①。由此而进一步证实，"假借"之法其实非汉学家所独有，而是一种在"易学史"中具有普遍意义的方法。

要而言之，焦循从三个方面入手，将"六书"中的"假借"方法加以泛化，使之从单纯的文字学的方法变成了一种哲学意义的方法。这三种方法就是：第一，从《周易》一书的语言运用法则角度将"假借"方法从文字学中的方法提升到一种语用学方法，从而使"假借"方法与经学的思维方法结合起来。第二，将《周易》中的"假借"方法与《诗经》、诸子中的"假借"方法异同之处揭示出来，使之在先秦诸经与诸子之书中获得一种普遍性的性格。这种哲学论证方法正是戴震提倡的"一字之义，当贯群经"的经学训释方法的灵活运用。所不同的是，焦循在这里不是从群经中"求一字之义"，而是在群经与诸子典籍中证明一种经学的语用学法则与思维法则的普遍性。第三，他从经学史的角度进一步证明，即使是在只重义理，不重考据的魏晋之际，"假借"的方法也在实际的经学训释过程

---

① 焦循：《周易王氏注》，《焦循诗文集》，刘建臻点校，第 302 页。

中被广泛运用，不只是新老汉学家们的狭隘的家法。通过对《周易》中的"假借"方法的研究，焦循完成了对文字学"假借"方法的哲学提升之后，在他实际的经学训释活动中就大胆运用这种新方法，从而表达他自己的"性灵"。下面仅举三例，看焦循如何通过"音近而义近"的"声训法"（这是乾嘉考据学在语言学方面对该时代哲学思考提供的一个重要的训诂原则）——"假借"方法中重要的语言学原理，来实现他的"性灵"经学的主张。

其一，在释"隅"一字的字义时，焦循说道："形之有隅角者称方，何也？隅犹言遇；角犹言较。有两乃遇，亦有两乃较。物折则一为二，故折而有隅角者为方。方者，併也。有两乃可言併也。如母配于考则称妣。妣者，比也，比亦方也。"①此则文献还仅仅是在语言、文字层面的"假借"法。

其二，在释"阜"的过程中，焦循通过非常曲折的声训方法，对原始儒家的"仁爱"思想作出了非常新颖的解释，深化了人们对原始儒家仁爱与恻隐之心这一伦理思想的理解。他说：

> 《说文》"隅从阜，禺声，陬也。"《文选魏都赋》刘逵注：聚居为陬。陬之聚，犹诹之聚。凡物由分而合为聚，两线相引其合处，或角以其聚则为陬，以其、遇则为隅。遇者，会也。会者，合也。《广雅》陬隅同训隈。《说文》："隈，水曲奥也。"《释名》："曲，局也。"《尔雅·释言》："局，分也。"有两则分，亦有两乃聚。隅、陬、隈，皆以两得名。廉，从兼得声。兼，并也。故隅亦名廉。廉，棱也。棱，威也。威畏也。……畏，读如秦师入隈之隈，是隈即畏也。畏也者，必挠。挠，曲也。故隈为曲。凡心一则直，贰则曲。两合则爱，两而分则畏。畏爱异而同。故偎从畏而训爱。记曰："畏而爱之。"则兼其义也。爱通僾，而义为隐。隐之义又通于曲。爱者，仁也。于是仁为恻隐。

---

① 焦循：《说方下》，《焦循诗文集》，刘建臻点校，第 173 页。

而隐曲之隐与畏爱之爱，遂相转注可通而通矣。①

很显然，焦循在此处所做的并不是一种简单的文字、语言层面的"假借"方法的分析，而恰恰是通过文字、语言学的"假借"方法之运用来阐发他自己的伦理学思想。这一哲学论证方法，与阮元通过文字训诂与经学史的方法，将先秦儒家的"仁爱"思想解释成"相人偶"之意，在方法论上有异曲同工之妙，即以"人文实证主义"的方法来曲折地表达自己的哲学思想。

通过这一具有哲学意味的"假借"的方法，焦循还对"经学"一词作出了别开生面的训释，从"用"与"变"的双重视角阐述了经学的精神，充分体现了焦循哲学"尚变"、求通的基本精神。他说："经者何？常也。常者何，久也。《易》'穷则变，变则通，通者久。'未有不变通而能久者也。……常本衣裳之裳，其训久者，通于长。长从兀从匕。匕即化。《说文》言'久则变化'。非变化不可以久，亦未有久而不变化者也。常亦庸也。《说义》：'庸，用也。从用从庚。''庚，更事也。'更犹变也。……故变而后不失常，权而后经正。"②

焦循反复强调："非明六书之假借、转注，不足以知象辞、爻辞、十翼之义；不明卦画之行，不明象辞、爻辞、十翼之义，不足以知伏羲、文王、周公、孔子之道，不知伏羲、文王、周公、孔子之道，不足以知格致诚正、修齐治平之学。"③此处所说的"六书之假借、转注"，实即是训诂的代名词，而且联系上文三个层面的分析，此处所讲的"假借"其实已经不仅仅局限于文字、语言学中的"假借"意涵了，而是带有焦循独特规定的哲学方法意义上的"假借"了。他说他对戴震的《孟子字义疏证》一书最为心服，说道：

循读东原戴氏之书，最心服其《孟子字义疏证》。说者分别汉

---

① 焦循：《说隅》，《焦循诗文集》，刘建臻点校，第173—174页。
② 焦循：《说权四》，《焦循诗文集》，刘建臻点校，第176—177页。
③ 焦循：《与朱椒堂兵部书》，《焦循诗文集》，刘建臻点校，第235页。

学、宋学，以义理归之宋，宋之义理诚详于汉。然训诂明，乃能识羲文、周公之义理。宋之义理，仍当以孔子之义理衡之，未容以宋之义理，即定为孔子之义理也。①

然而大家都知道，戴震的《孟子字义疏证》一书，只是借当时人们认可的考据学形式进行哲学论述而已，并非传统的汉代注疏。而焦循心服"疏证"一书的原因乃在于该书能"还宋归宋"，"还孔子归孔子"的历史还原主义的方法，在区分了宋儒义理与孔子义理之后，再以孔子义理来衡量宋儒义理，而能不以宋儒义理来衡量孔子义理。这样一来，焦循所提倡的"性灵"经学，在形式与内容的两个方面都表现为一种复古主义的特征。不过，这种复古主义并不是真的要回到古典时代，其精神实质当如梁启超所言："以复古为解放"②。而且，在我们看来，这种历史还原主义还表现为一种"求真""求实""求是"的科学精神，从而使其哲学思考打上了该时代"人文实证主义"的方法论的烙印。

四、焦循经学思想中的内在张力

求"通"是焦循哲学的目标之一。在焦循的思想中，通是其中的核心概念与观念之一。他经常使用的有"旁通""类通""变通""情通""通核""贯通"等词。而"通核"是他提出的五种学术方法中的一种方法。他说：

> 通核者，主以全经，贯以百氏，协其文辞，揆以道理。人之所蔽，独得其间，可以别其是非、化拘滞，相授以意，各慊其衷。其弊也，自师成见，亡其所宗，故迟钝苦其不及，高明苦其太过焉。③

从原则上讲，焦循最为推崇"通核"的方法，但他也意识到这种方法的弊病。针对通核这种方法的弊病，焦循提出以"汇而通之""析而辨

---

① 焦循：《寄朱休承学士书》，《焦循诗文集》，刘建臻点校，第 236 页。
② 梁启超：《清代学术概论》，第 6 页。
③ 焦循：《辨学》，《焦循诗文集》，刘建臻点校，第 139 页。

之"，"融会经之全文，以求经之义，不为传注所拘牵，此诚经学大要也"①。

由上文献的分析可知，焦循的人文实证主义方法所表现出的历史还原主义的思想倾向与他的经学所要追求的"性灵"——主体性的独特认识这二者之间，其实存在着一种内在的张力。一方面，在乾嘉时代普遍重视学术研究客观性的历史潮流下，焦循又不能不受这个时代潮流的影响。另一方面，"性灵"经学又要求研究者在经学研究过程中表达出尊重研究者个体主体性的思想倾向。但在他所处的时代里，焦循还不敢，也不可能将研究者的个体主体性强调到后来龚自珍"唯我论"所达到的那样高度。而最为集中又鲜明地体现焦循思想体系中重视经学研究者主体的个性与尊重经典的客观原义这二者之间的内在张力，在于他的学术分类与文章分类的广义知识分类学的思想之中。

（一）学术分类与传统经学研究中的学问分类雏形

就学术分类问题而言，乾嘉学者多持三分法，如戴震分为辞章、义理、考据。焦循则将学术分成五种类型，并进一步认定，这五种学问并非都适合每个人，学者当以自己的性情特质来加以选择，以发挥研究者的长处。而且，他还告诫学者们要清醒地认识到各自学问之所长与所短，如他说：

> 今学者众矣，而著书之派有五：一曰通核，二曰据守，三曰校雠，四曰掇拾，五曰丛缀。此五者，各以其所近而为之。通核者，主以全经，贯以百氏，协其文辞，揆以道理，人之所蔽，独得其间。可以别是非，化拘滞，相授以意，各慊其衷。其弊也，自师成见，亡其所宗，故迟钝苦其不及，高明苦其太过焉。据守者，信古最深，谓传注之言紧确不易，不求于心，固守其说，一字不敢议，绝浮游之空论，卫古学之遗传。其弊也，跼踏狭隘，曲为之原，守古人之言而失古人之心。……丛缀者，博览广稽，随有心获，或考订一字，或辨证一言，略所共知，得未曾有溥博渊深，不名一物。其弊也，不顾全文，信此屈

---

① 焦循：《辨学》，《焦循诗文集》，刘建臻点校，第 139 页。

彼，故集义所生，非由义袭，道听途说，所宜诫也。五者兼之则相济，学者或具其一而外其余，余患其见之不广也，于是乎辨。①

从上述所引文献可以看到，焦循对不同类型学问的长处与内在局限进行了分析，要求学者努力做到"五者兼之而相济"，体现了焦循在"求是""求真"过程中所具有的广博学术胸襟，也是其"性灵"经学精神的具体体现。然而，在下面要提及的"述意"方法中，焦循经学思想中的内在张力更为鲜明。

（二）"述"类文章与"求是"精神

在焦循广义的知识分类学思想中，他提出了一种在我们看来更为简洁，也更具哲学意味的分类方法，即从文章学的角度看，根据文章的性质，将文章分成"述意""叙事"的分类方法。他说：

> 意之所不能明，赖文以明之。或直断，或婉述，可详引证，或设譬喻，或假藻缋，明其意而止。事之所在，或天象算数，或山川郡县，或人之功业、道德，国之兴衰、隆替，以及一物之情状，一事之本末，亦明其事而止。明其事，患于不实；明其意，患于不精。学者知明事难于明意矣。以事不可虚，意可以纵也。然说经之文，主于意。而意必依于经，犹叙事之不可假也。孔子之十翼，即训故之文，反复以明象变、辞气，与《论语》遂别。后世注疏之学，实起于此。依经文而用己意以体会其细微，则精而兼实。故文莫重于注经，叙事则就事以运其事，必令千载而下，览其文而事之，毫末毕著。②

上述文献中，焦循将解释经文的"述意"文章看作是超越单纯的叙事与一般性的"述意"文章，具有"精而兼实"的特征。他认为，孔子作"十翼"，通过训诂的方法，反复推敲阐明易之象变、辞气，与《论语》直接"述意"颇为不同。这种带有实证方法特征的注经述意之文，实际上高于一

---

① 焦循：《辨学》，《焦循诗文集》，刘建臻点校，第 139 页。
② 焦循：《与王钦莱论文书》，《焦循诗文集》，刘建臻点校，第 266 页。

般的"述意"文章，也高于一般的"叙事"文章。因此，从表面的文章类型学来看，焦循将文章分成了"述意"与"叙事"两大种类，似乎无所偏好，但就焦循个人的思想倾向性而言，他更强调"述意"一类文章的重要性。他进一步说道：

> 学者诩于人：辄曰吾述乎尔。问其何为乎述，则曰学孔子也。孔子所谓"克己复礼"，"善人为邦百年"，皆古语。……"己所不欲，勿施于人"，则《周书》《管子》所已言也。吾述乎尔吾学孔子乎尔，然则所述奈何？则曰：汉学也。呜呼，汉之去孔子几何岁矣，汉之去今又几何岁矣？学者学孔子者也，学汉人之学者，以汉人能述孔子也，乃舍孔子而述汉儒。汉儒之学果即孔子否邪？穆姜妇人也，胥臣管仲，齐桓晋文之臣也，而孔子述之，则孔子而生近世，必不屏绝唐宋元明而专取汉人也，明矣。……学者述孔子而持汉人之言，惟汉是求而不求其是，于是拘于传注，往往扞格于经文，是所述者，汉儒也，非孔子也。而究之汉人之言，亦晦而不能明，则亦第持其言而未通其义也，则亦未足为述也。且夫唐宋以后之人，亦述孔子者也。持汉学者，或屏之不使犯诸目，则唐宋之述也，讵无一足征者乎？学者或知其言之足征而取之，又必深讳其姓名，以其为唐宋以后之人，一若称其名遂有碍乎？其为汉学者也，噫，吾惑矣！①

在上述这段话里，焦循反对从狭隘的"汉学"立场出发，对唐宋以来的儒家思想采取贬抑的态度。他认为，真正善于把握古人思想精神的，就在于突破语言的限制而上达"求是"的境界，从而才能做到"善述"前人的思想。如果仅仅局限于历史性的时间观念，以为汉人距孔子的时代近，故而他们所述的孔子思想可能更真实，这恰恰是一种靠不住的想法。太拘泥于"传注"的字面意思，不从经典的整体精神来体会经典中的意义，其结果只会导致"第持其言而未通其义"的结果。因此，在如何"述"

---

① 焦循：《述难四》，《焦循诗文集》，刘建臻点校，第 135 页。

的问题上，焦循的思想与传统语言哲学中"言不尽意""得意而忘言"的观点更为接近，虽然他并未就此有明确的论述。如果从下面一段论"述"的文字看，我们认定焦循在"言意"观方面更倾向于"得意"，大致是没错的。只是他在强调"得意""得实"的理论目标时，并不轻视语言的作用，而只是强调"述"的活动——即言语活动要以得其"实质"为目标，并要摒弃个人的主观偏好，使"述"更具有客观性。他说：

> 善述人者如善医，各审其人之阴阳、表里、虚实，研究而洞悉之，然后用攻用补，用凉用热，各如其人之病，而无我之心也。……学者述人，必先究悉乎万物之性，通乎天下之志，一事一物，其条理缕析分别，不窒不泥，然后各如其所得，乃能道其所长，且亦不敢苟也。其人著撰虽千卷之多，必句诵字索，不厌其烦，虽一言之少，必推求远思，不忽其略，得其要，把其精，举而扬之，聚而华之，隐者标之，奥者易之，繁者囊之，缩者修之，郁者矢之。善医者存人之身，善述者存人之心，故重乎述也。不善述者，拂人之长，引而归于己之所知，好恶本歧，去取寡当。绘人者嫌眇而著瞭，恶偻而形直，美则美矣，而非其人矣。①

焦循以医学科学为例，强调以综合的判断为基础，正确地把握患者病情的重要性，进而论证在经学研究过程中，善述者正解地把握所述对象的重要性。从思想原则上讲，这种类比可以成立，即通过综合的理性判断可以把握经典的基本意思。但是，经学研究的对象——经典意义与医生所把握的病人病症来说，还是有相当大的不同。病症的客观性要大于经典意义的客观性——尽管这种具有很强客观性的病症也不是很容易把握的，此点焦循似乎没有注意到。不过，我们能够理解，焦循之所以强调"述意"一类文章正确把握作者原义的重要性，与乾嘉学者（包括焦循本人在内）在学术方面所追求的"求真"精神密切相关。乾嘉学者非常

---

① 焦循：《述难五》，《焦循诗文集》，刘建臻点校，第 136 页。

强调"实事求是"，如果学者在"实事"的层面都不能保证客观性，其所追求的"是"——真理就缺乏根基。这正是焦循强调"述意"一类文章所体现出的深层次的语言哲学的思考。

由上所论，我们可以看到，焦循强调的"述意"已经超越了简单地建立在对文字的训诂和语言的表面理解之上训诂主义的主张，而是强调对于孔子整体精神的准确叙述。在精神上与戴震的思想更为接近，然而，这样的"述意"就不可避免地加入了经学研究者的个人理解，因而其客观性是极容易引起第三者的怀疑与质疑的。作为乾嘉时代哲学思想的代表人物戴震，他的"由字通词，由词通道"的思想也仅仅说是"通道"，在思想的理解方面并没有过分地强调客观性。而焦循的"述意"说法，特别强调了经学研究者对经典意义理解的客观性，这虽然有其理论上的合理性，然而在实际的研究过程中是无法完全做到的。就焦循本人强调经学研究中的"性灵"这一旨趣来说，他其实想要强调的是研究者的个体主体性。然而，在那样一个普遍重视经典研究中的客观本义的历史潮流下，焦循无法摆脱时代所加于他的思想上的压力。透过他所提出的"述意"概念，恰恰可以看到焦循经学思想中的内在紧张性。而这种紧张性在龚自珍那里以一种更加明显的方式表现出。龚自珍一方面极力强调"尊我"——"众人之我"，另一方面又极力地表现出"尊史"的观点，把章学诚的"六经皆史说"进一步地深化与细化，提出了"周之世官大者史。史之外无有语言焉；史之外无有文字焉；史之外无人伦品目焉"的激进主张，而且将中国的所有文化现象都纳入了史学的范畴，提出了"夫六经者，周史之宗子也"，"五经者，周史之大宗也"，"诸子也者，周史之小宗也"①等新主张。乾嘉学术追求客观性与强调学者的个性这二者之间的紧张关系，在摆脱了经学束缚之后，将学术的目标彻底地转向"求真"的目标，则学者们依据自己的个人价值偏好、才情而选择自己独特的问题意识，则学术研究中的个性问题与学术研究中的"求真"目标就可以实现内在的

① 龚自珍：《古史钩沈论二》，《龚自珍全集》，王佩诤校，第 21 页。

统一，并能相得益彰了。

（三）"性灵"经学与焦循哲学思想中的个体主体性

从"性灵"经学的角度看，焦循的经学研究及其所体现出的哲学思想倾向，表现出较鲜明的重视知识精英个体主体性的思想特征。学术界有关焦循的研究已经发表了很多有价值的成果①，然而，对于焦循"性灵"经学思想，以及通过对这一种新经学思想的阐发而揭示出"后戴震时代"乾嘉学术的微妙变化，即更加重视经学研究者个体主体性因素的增长，似乎关注得不够。② 此处略学界同仁已有研究之详，详他人研究之略，尝试以"性灵"经学为题，对焦循思想中所体现出的对经学研究者个体主体性关注的新倾向，以及这一新倾向与焦循思想中重视经典意义还原的"人文实证主义"方法之间的内在紧张关系作一简要的论述，以推进学术界有关焦循的思想研究。

我们在前面相关章节曾指出，以戴震为代表的乾嘉学人在从事哲学思考时，依托音韵训诂等广义语言学的方法，和相关的典章制度知识、古代科学史知识以及版本校勘、文献考订等人文考古的手段，开创了一种新的"人文实证主义"的经学与子学研究方法，从而使得该时代的哲学思考表现出明显的"人文实证主义"的色彩。这种人文实证主义的方法，在阮元的经学研究，段玉裁、王念孙、王引之的语言学研究，任大椿、孔广森等人的制度学研究中表现得最为突出。然而，我们通过对焦循的初步研究发现，作为乾嘉学派后期重要代表人物之一的焦循，其哲学思考与经学研究，虽然基本上沿着戴震所开创的"人文实证主义"的路径，但在具体的研究过程中表现出了鲜明的个人特色，那就是：在追求经典原意与表达学者个人"性灵"的二者之间，焦循的思想稍稍有偏向于学者个人

---

① 比较代表性的专门研究成果有陈居渊的《焦循阮元评传》、赖贵三的《台海两岸焦循文献考察与学术研究》、刘建臻的《焦循著述新证》等。其他的思想通史、明清思想史、哲学史和学术史等均有专门章节涉及焦循的思想与学术成就。

② 最近，日本学者山口久和在其所著的《章学诚的知识论——以考证学批判为中心》一书中，对此章学诚思想中重视研究者主体性的思想有比较充分的阐发，值得重视。

“性灵”的倾向，从而与戴震等人努力通过实证方式发掘蕴涵于经典之中的“道”的客观化倾向了有非常微妙的偏差，使得“后戴震时代”的乾嘉经学研究与哲学思考，表现出了为研究者的个体主体性张目的新倾向。[1]而且，这一潜滋暗长的、重视知识精英的个体主体性的思想，在章学诚的史学研究、袁枚的诗歌创作理论那里也得到了某种历史性的回应。章学诚在史学研究过程中，经常强调研究者的“别识心裁”和“神解精识”的重要性，而针对学问中的功力与性灵的关系，也有明确的论说。他曾说："仆尝谓功力可假，性灵必不可假，性灵苟可以假，则古今无愚智之分矣。"[2]

在诗歌创作理论方面，袁枚继承了中国传统诗歌理论中“主情派”以及晚明以来文学领域里重视作者个性的文艺思想，如李贽的“童心说”，公安三袁的“性灵说”等，再一次高举“性灵”的理论大旗，反对当时诗歌理论界以王渔洋、沈德潜为代表的“神韵说”“格调说”，以及翁方纲为代表的“肌理”说，认定“自‘三百篇’至今日，凡诗之传者，都是性灵，不关堆垛。惟李义山诗，稍多典故，然皆用才情驱使，不专砌填也”[3]。

虽然，在他们三人的思想体系里，“性灵”一词的内涵不尽相同，但都包含着对知识精英个体主体性之尊重的思想内核，这一点大体上是可以说得通的。因此，焦循的“性灵”经学思想其实是在经学研究的领域反映了“后戴震时代”哲学思想中知识精英个体主体性增长的另一种倾向。这一思想倾向与稍后成长起来的诗人、思想家龚自珍的“唯我论”思想的出现[4]，在思想史上恰恰表现为一种非常巧妙的历史过渡。这种思想史的历史细节再一次生动地表明，中国哲学的现代性过程并不因为清政权

---

[1] 戴震“大其心”的经学解释学思想，亦体现了这种倾向，然未能作为主要特色凸显出来。

[2] 章学诚：《与周永清论文》，《文史通义新编新注》，仓修良编注，第 726 页。有关此一问题的论述，可以参见山口久和《章学诚的知识论——以考证学批判为中心》一书第五章的相关论述。

[3] 袁枚：《随园诗话》卷五，《袁枚全集》第 3 册，第 141 页，南京，江苏古籍出版社，1993。

[4] 龚自珍的典型论述有："众人之宰，非道非极，自名曰我。我光造日月，我力造山川，我变造羽毛肖翘，我理造文字语言，我气造天地，我天地又造人，我分别造伦纪。"参见龚自珍《壬癸之际胎观第一》，《龚自珍全集》，王佩净校，第 12 页。

的建立而中断，他以自己固有的客观历史进程在注经解经研史的夹缝里向前推进。

侯外庐先生曾在分析焦循"易学"中的形式主义的"均衡"理论时指出，"焦氏在哲学上的有关同一、相对的理论，是一种商业世界的观念的预觉，是谭嗣同的商业式的'仁学'的先行者"。他"在抽象的理论上，反映了世界商业的交换关系"。[1] 这一说法不一定十分准确，但却启迪我们要努力发掘焦循思想中包裹在传统"经学"坚硬外壳之下的新哲学思想内容。在我们看来，这一新思想内容之一即是对经学研究者个体主体性的关注与肯定。而且，与历史学领域里的章学诚、诗歌理论领域里的袁枚等人关注知识精英阶层个体主体性的思想相应和，汇聚成为"后戴震时代"中国传统社会里继续壮大的新思想潮流。

在讨论训诂与经典的关系时，焦循一方面遵循乾嘉学者的共识："训诂明而后经义明"的广义语言学的思想路线。另一方面，他又非常强调经学研究过程中研究者的个体"性灵"的重要性，而且对于"立言之人"的独特价值有非常独到的见解，如他说：

> 夫人各有其性灵，各有其才智。我之所知，不必胜乎人；人之所知，不必同乎己。惟罄我之才智，以发我之枢机，不轨乎孔子，可也。存其言于天下后世，以俟后之人参考而论定焉。[2]

这一肯定个人"性灵"与才智的独特性的思想，既肯定了个体的内在价值，又强调了立言之人应当具有广阔的胸襟，一方面承认自己所知的有限性，另一方面又不轻视自己有限之知的价值，表现出一种温和的认识论上的个体主义思想倾向；更为可贵的是，他的这一重视知识精英个体主体性的思想还包含有温和的反权威主义的思想，认为只要是自己个体独特性的真实表达，哪怕不遵守孔子的思想，也是可以的。但这不是自大狂妄，而是期待后人的考订，也不怕后人批评，因为在知识方面，我

---

① 侯外庐：《中国思想通史》第五卷，第 558 页。
② 焦循：《说矜》，《焦循诗文集》，刘建臻点校，第 181 页。

们总有可能是出错的。因此，在真理观方面，焦循表现出开放而又灵活的特征。

不过，最能体现焦循经学研究的独特性，从而也展示了他的哲学思想的新颖之处的，乃是在于他将研究者的"性灵"引入经学研究活动之中。他认为：

> 经学者，以经文为主，以百家子史、天文、术算、阴阳、五行、六书、七音等为之辅，汇而通之，析而辨之，求其训故，核其制度，明其道义，得圣贤立言之指，以正立身经世之法，以己之性灵，合诸古圣贤之性灵，并贯通于千百家著书立言者之性灵。以精汲精，非天下之至精，孰克以与此？①

上述一段文字，焦循其实从三个大的方面阐述了如何从事经学研究的问题。从研究的对象看，要以经文为主要对象，旁及诸子百家及相关的知识；在研究的方法上，既要运用综合的方法，又要运用分析的方法，而且还要运用训诂的方法，制度史的知识等。上述两个方面偏重于客观性的一面，力求阐明经学中的道义。第三个方面要调动研究者的主体"性灵"，这可以看作是一种独具匠心的研究。其成果可能并不完全符合经文的原意，但又契合经学的精神。这一点非常重要，体现了"后戴震时代"的乾嘉学者在追求经学原初的、客观性意义的目标下，重视一种保证客观性、原义的训诂学与制度史的考证方法的同时，还在追求另一种新的精神，即强调研究者主体性的方法。这种方法，在戴震那里就是通过"大其心"的方法以契合古圣贤之伟大的心灵。而在焦循这里，则是通过张扬研究者"性灵"的方法，以求得对经学真精神的理解。在戴震的语言哲学那里，为了解决古今悬隔，徒用语言方法不足以理解古圣贤之精神的时候，引进了"大其心"的方法。然其主要手段与方法是"由词以通其道"与"知识考古"的客观性方法。在焦循这里，则首先强调经学研究者

---

① 焦循：《与孙渊如观察论考据著作书》，《焦循诗文集》，刘建臻点校，第 246 页。

要有"性灵",并且通过自己的性灵来契合古圣贤之性灵,从而"贯通于千百家著书立言者之性灵",在贯通的过程中实现经学的研究创新。而实现经学研究者的"性灵"与对古贤圣"性灵"契合的主要方法与工具,是他所着重强调的"假借"方法,以及"述意"一类的文章。

在焦循看来,经学绝对不是死记硬背的学问,而是一种充满着"性灵"的学问。他甚至认为:

> 盖惟经学,可言性灵。无性灵不可以言经学。故以经学为词章者,董贾崔蔡之流,其词章有根柢无枝叶。而相如作《凡将》,终军言《尔雅》,刘珍著《释名》,即专以词章显者,亦非不考究于训故、名物之际。晋宋以来,骈四俪六,间有不本于经者。于是,萧统所选,专取词采之悦目。历至于唐,皆从而仿之际,习为类书,不求根柢,性情之正,或为之汩。是又词章之有性灵者,必由于经学,而徒取词章,不足语此也。赵宋以下,经学一出臆断,古学几亡于是。为词章者,亦徒以空衍为事,并经之皮毛,亦渐至于尽,殊可闵也。①

焦循在此处所说的"性灵",用今天的话来说,即是研究者个人的独立思考精神与切实的人生体验,凭借这一"性灵",然后再从经典中寻找出与时俱进的、普遍的人文精神或曰人文价值。从这一点看,其"无性灵不可以言经学"的说法与同时代的大诗人袁枚在诗歌创作方面提出的"性灵说",历史学家章学诚重视历史学研究中的"性灵"问题,具有时代精神的共鸣之处,即都从不同的领域出发提出了重视知识精英的个体主体性的问题。这将戴震"大其心"的经学诠释思想又向前推进了一步。

第二节　段玉裁的语言哲学思想

段玉裁(1735—1815),字若膺,号茂堂,江苏金坛人,乾隆时举人,是乾嘉时代杰出的学者,语言学家,早年师事戴震。除在对待程朱理学的

---

① 焦循:《与孙渊如观察论考据著作书》,《焦循诗文集》,刘建臻点校,第 246 页。

态度上不同于戴震之外，在学术与思想方面，他对戴震的学术、思想或继承，或发展，终身对戴震保持高度的敬意。一旦遇到恰当的地方，就对戴震的思想加以传播与表彰。在其精心结撰的《说文解字注》一书中，"理"字条突破字典学的惯例，大段引证戴震在《孟子字义疏证》中对"理"字的定义，由此可见段玉裁服膺戴震学说之一斑。

一、段玉裁的"求是"精神

"实事求是"是乾嘉学术研究的共同精神纲领，但每个学者对此具体精神纲领的理解有一定的差异性，从而显示了乾嘉学术共同体内部精神内涵的丰富性。段玉裁学术的主要成就在《说文解字》的研究方面，但其学术思想非《说文解字注》一书所能范围。相对于其师追求"十分之见"而言，段玉裁在"求是"方面表现了某种谦逊的态度，而且将"求是"上升到人生终极价值追求的高度，深化并推进了该时代学人对"实事求是"共同精神纲领的理解。

（一）"凡著书者，将以求其是而已"

相对于焦循、阮元而言，段玉裁更是一个语言学家而不是一个哲学家。他在促使 18 世纪中国哲学的语言学转向的过程中，其思考与哲学更远，而与语言学更近。即使如此，他在有关训诂、注经原则、治经方法等方面的论述，仍然涉及了广义的语言哲学问题。特别是他在古典语文学的研究中所贯彻的追求真知的精神，与戴震是相通的。他说："凡著书者，将以求其是而已，非将以求胜于前人而要名也。将以求胜于前人而要名，则吾斯未信，而欲天下后世信之，无是理也。虽然，吾非以要名，吾非以求胜于人而诚求其是，则其书之成，宜必可信矣。"①他曾经批评当时人模仿明人王应麟著《困学纪闻》和明末清初大学者顾炎武著《日知录》的著书方法，认为这种著书方法有两种弊端，一是好为异说，二是剿说雷同，中无所得，仅是邀名而已。他自己的观点是：著书应当追求真知。他

---

① 段玉裁：《左传刊杜序》，《经韵楼集》卷四，《续修四库全书》第 1434 册，第 626 页。

说："闻之东原师曰：知十而皆非真知，不若知一之为真知也。洞彻其本末，釐剖其是非，核诸群书而无碍，反之吾心而帖然，一字一句之安妥，亦天地位，万物育之气象也。久能所说，皆得诸真知，故近以自娱娱亲，远以娱人，涣然冰释，怡然理顺，其传世行后无疑也。"①

不仅如此，段玉裁还认为，通过这种追求真知的活动，上可以神交古人，下可以神交后人，使人的生命存在超越时间的限制而进入永恒的境界。他说："夫人有心得之处、超乎古人者，必恨古人不我见，抑余以为古人有言有为，未尝不思后人处此必有善于我者，未尝不恨后之人不可见也。"②这种在追求真知的活动中寻求短暂生命的永恒意义的思想，恰恰可以从一个侧面说明，乾嘉学者的学术活动并非仅仅是外在的政治高压的结果，他们在考据学的学术研究工作中寻找到了一种精神寄托。这也是我们从学术史内在的角度理解乾嘉时代考据学兴盛的一个关键之所在。

通过对王应麟、顾炎武为代表的"博闻强记"式的著书活动的批评，段玉裁提出了自己的为学主张，认定考据学乃为学问之全体。他说："考核者，学问之全体，学者所以学为人也。故考核在身心性命伦理、族类之间，而以读书之考核辅之。今之言学者，身心伦理不之务，谓宋之理学不足言，谓汉之气节不足尚，别为异说，簧鼓后生，此又吾辈所当大为之防者。然则余之所望于久能者，勿以此自隘，有志于考核之大而已。"③

此处需要稍加辨析的是：段玉裁在此所说的"考核"，已经不再是局限于狭义的考据了，而是包含了"身心性命伦理"等抽象的思想内容，只是他要以知识论的"求真"方式来实现他的哲学思考。

---

① 段玉裁：《娱亲雅言序》，《经韵楼集》卷八，《续修四库全书》第 1435 册，第 75 页。
② 段玉裁：《娱亲雅言序》，《经韵楼集》卷八，《续修四库全书》第 1435 册，第 75 页。
③ 段玉裁：《娱亲雅言序》，《经韵楼集》卷八，《续修四库全书》第 1435 册，第 75 页。

（二）"真是日出"——"求是"是一个历史的过程

与其师戴震追求"十分之见"的确然性知识目标不尽相同，段玉裁认为"追求真是"是一个过程，不是一劳永逸的活动。后代胜于前代，后人不得已要与前人不同，是追求真理的一般规律所规定的，并不是有意要难为前人。他说：

> 著书者，固以天下后世信从真是之为幸，而非以天下后世信从未必真是之为幸。左氏非不乐公羊、谷梁之后出，杜氏非不乐刘炫辈之后出，朱子在今，必深幸诋议之有人。夫君子求为可信，不求人之信。求其真是，而亦不敢自必为真是。此真是之所以日出也。①

这种"为求真是而求真是"的纯学术态度，充分体现了乾嘉学者在知识论方面所具有的纯粹"求真"精神。而且，段玉裁清醒地意识到，追求"真是"是一个历史的过程，后来的人不断地发现"真是"是服从知识本身的规律，因而会不断地产生新的真理。段玉裁对"真是日出"的信心，从原则上预示了他之后的世界不断产生各种"真是"的历史，而他得出这一科学性的预言是从人文学研究的过程中获得的。就追求"真是"是一个过程的认识而言，他有超逸其师戴震追求"十分之见"之处。因为戴震似乎没有看到"十分之见"是一个理想性的目标，而不是一次性完成的。正是因为他这一类学人有这种纯粹的"求真"精神，后来梁启超、胡适等人都认为清代乾嘉学术具有科学精神。

与戴震"由字通词，由词通道"的语言哲学的纲领相比，段氏更强调经文与语言学的相互独立性，以及在此独立性基础上所具有的相互关联性。更有甚者，在段氏看来，语言学的根本在于熟悉声类，即语音学的基础作用，不理解语音学，古典的语言学也就缺乏坚实的基础，语言学的基础不扎实、不牢靠，对经典意义的理解则失去了可信性。因此，段玉裁非常重视声音与意义的关系，将戴震的"由字通词，由词通道"的一般语言哲学思想，细

---

① 段玉裁：《左传刊杜序》，《经韵楼集》卷四，《续修四库全书》第 1434 册，第 626 页。

化为"由音通字义,由字义再通道"的语言学的哲学思考。

不仅如此,段玉裁还重视发掘训诂的原则,也即是说更重视对语言学规则的总结,从而为正确地解经提供更加合适的工具。如他在论述训诂的原则时说:"训诂必就其原文而后不以字妨经;必就其字之声类而后不以经妨字。不以字妨经,不以经妨字,而后经明。经明而后圣人之道明。点画谓之文,文滋谓之字,音读谓之名,名之分别部居谓之声类。……不习声类,欲言六书,治经难矣。"①所谓"不以字妨经",即是说通过对局部的字词的正确理解与训释,为经文大意的正确把握提供文字、语言方面的正确释义;"不以经妨字",即是要求解经者具备精湛的文字、音韵学知识,将经文中的字词、语言给出正确的训释。这段话的重点在于强调文字、音韵、训诂的相对独立性及其在解经过程中的重要性。他花费了四十年的时间才出版的《说文解字注》一书,通过对《说文解字》一书的深入研究,提出了"于古形、古音、古义互可求焉"的文字释义方法,为更能逼近古代经典原义提供了更为精确的语言学的释义工具。

(三)"求是"与经学中的人伦之道

值得注意的是,段玉裁的"求是"活动与经学研究中的求道要求具有内在的联系。与戴震的"尊经"思想一脉相承并有所推进,段玉裁认为,"六经"是中国文化的总武库:"尝闻六经者,圣人之道之无尽藏。凡古礼乐、制度,名物、训诂之昭著,义理性命之精微,求之六经,无不可得。虽至亿载万年,而学士、大夫推阐,容有不能尽,无他,经之所蕴深也。"②这一经学思想,在一定程度上既限制了段玉裁在思想层面要做进一步的创造性和批判性的思考,也使得他的"求是"活动难以取得与自然科学"求是"的更大成果。虽然,他在音韵学的学术研究方面不乏创见,而且也取得了巨大的学术成就。但他的文字、音韵学研究还只是停留在经学领域,未能在更加广泛的子、史领域里展开自己的研究。段玉裁在经学研

---

① 段玉裁:《周礼汉读考序》,《经韵楼集》卷二,《续修四库全书》第1434册,第589页。
② 段玉裁:《江氏音学序》,《经韵楼集》卷六,《续修四库全书》第1435册,第27页。

究过程中提炼出的"求是"理想所表现出的局限性,不只是段玉裁一人的局限性,也是整个乾嘉经学研究中共同存在的局限性。这一源自经学研究内在学理的局限性,也从根本上限制了乾嘉经学研究难以取得更大的学术成就,更遑论形成推动社会进步的新思潮了。

在伦理思想方面,段玉裁不像其师戴震那样批评宋代理学,而是认同宋代理学的伦理观念。这也从价值立场上限制了他的"求是"活动具有更加广泛的社会思想启蒙的意义。虽然,他也反对将考据学技术化,要求考据学与求道——即身心性命之学的形上追求结合起来,这一精神努力方向与戴震是一致的,是值得肯定的。但由于"经学"自身的特点限制了其"求是"价值理想的充分实现。

二、"治经莫重乎得义,得义莫切于得音"的语言学路途

段玉裁是音韵学家,他对声音与意义的关系更为敏感,其认识也更为系统、深入。在前人研究的基础上,他深化了声音与意义相关联的语言学思想,提出了"治经莫重乎得义,得义莫切于得音"的语言哲学思想和治经的语音学原则。这可以看作是他对乾嘉语言哲学思想的一种独特的贡献。在《王怀祖〈广雅注〉序》中,段玉裁这样说道:

> 小学有形、有音、有义,三者互相求,举一可得其二。有古形,有今形;有古音,有今音;有古义,有今义。六者互相求,举一可得其五。古今者,不定之名也。三代为古,则汉为今;汉魏晋为古,则唐宋以下为今。圣人制字有义而后有音,有音而后有形。学者之考字,因形以得其音,因音以得其义。……治经莫重乎得义,得义莫切于得音。①

从上述一段引文可以看出,段玉裁已经将戴震"由字以通其词,由词以通其道"语言哲学思想转化为一种经学的语义、语音学,在学术上推进

---

① 段玉裁:《王怀祖〈广雅注〉序》,《经韵楼集》卷六,《续修四库全书》第 1435 册,第 71 页。

了戴震的语言学研究,然在哲学上则更加远离了戴震的思想。

（一）因音求义的语言学方法

在如何辨析字义的问题上,他从语音为主的原则出发,指出:"文字起于声音,六书不外谣俗。六书以象形、指事、会意为形,以谐声、转注、假借为声;又以象形、指事、会意、谐声为形,以转注、假借为声。六书犹五音,十七部犹六律。不以六律不能正五音,不以十七部不能分别象形、指事、会意、谐声四者文字之声韵鸿杀,而得其转注假借。"①

又说:"古六书、假借以音为主,同音相代也,转注以义为主,同义互训也。作字之始,有音而后有字,义不外乎音,故转注亦主音。"②

"字义不随字音为分别。音转入他部,其义同也。音变析为他韵,其义同也。平转为仄声、上入转为去声,其义同也。"③

上述三则材料所讨论的核心问题均是如何辩认经典中"字义"问题。从经典训释的角度看当然与"求道"相关。然而段氏所论的主要意思毕竟在于"求道"的工具与方法上面,只能算是为"求道"提供正确的字义训释基础罢了,并不是"求道"本身。

这一语音学原则在校书过程中亦有自己的价值,他认为,校书的准则可以效法孔子,而以郑玄为汉以后的榜样。郑玄在校书过程中形成的一整套原则与方法可以取法。他说:"郑君之学不主于墨守而主于兼综,不主于兼综而主于独断,其于经字之当定者,必相其文义之离合,审其音韵之远近,以定众说之是非,而以己说为之补正。凡拟其音者,例曰读如、读若,音同而义略可知也。凡易字者例曰读为、读曰,谓易之以音相近之字而义乃瞭然也。凡审知为声相近若形相似,二者之误则曰当为,谓非六书假借而转写纰缪者也。汉人作注皆不离此三者,惟郑君独探其本原。"④

---

① 段玉裁:《六书说》,《说文解字注》第十五卷下,第 833 页。
② 段玉裁:《古异部假借转注说》,《说文解字注》第十五卷下,第 832 页。
③ 段玉裁:《古音义说》,《说文解字注》第十五卷下,第 816 页。
④ 段玉裁:《经义杂记序》,《经韵楼集》卷六,《续修四库全书》第 1435 册,第 72 页。

上述文献中的"独断"一词，其实是指有根据的学术创见，非今日"武断"之意。在这则文献中，段氏将东汉注经大师郑玄"因音求义"原则总结为三条：(1) 拟音者曰读如、读若；(2) 易字者曰读为、读曰；(3) 通过审音而为声相近形相似者曰当为。这三条原则既是对汉儒注经过程中因音求义原则的归纳总结，也可以看作是乾嘉学者在"因音求义"方面提炼出的语言学原则。从锻造解经新工具的角度看，乾嘉学术也在哲学方法论方面有所突破与创获。如段玉裁认为，"不知虞夏商周之古音，何以得其假借、训诂？不知古贤圣之用心，又何以得其文义而定所从，整百家之不齐与自是"①？这就将解经的新工具、新方法提高到了一个新的高度，体现了乾嘉时代重视哲学思考方法论的倾向。

通过专门的语音学知识，段玉裁的确解决了古代经典中的某些疑难问题。如在《密州说》一文中，他通过夷夏之语互训的语言学原则，揭示了《左传》杜注将密州看作是莒国国君买朱鉏之字说法的错误之处。他说："襄公三十一年经，莒人弑其君密州。'左氏传'书曰：'莒人弑其君买朱鉏，言罪之在也。'杜曰：'买朱鉏，密州字。'案，此语必误！密州双声，朱州叠韵。州为朱鉏，犹邾为邾娄也，断非一名一字。未有弑君书君字者，亦未有圣经书其名，传易之以字而冠以书曰者。昭元年，《左》大卤，《公》、《谷》作大原。《公羊》曰：'地、物从中国，邑、人名从主人。'《谷梁》曰：'号从中国，名从主人。'盖买朱鉏者，从主人，密州者，从中国欤？昭元年左经曰大卤，《左传》以大原释之。此左经曰密州，《左传》以买朱鉏释之，岂非通夷夏之语，互训之欤？中国曰'大原'，夷狄曰'大卤'；吴谓'善伊'、谓'稻缓'，中国曰'善稻'；狄人谓贲泉矢胎，中国曰贲泉，皆一夷语一华语也。"②

段玉裁的结论是：《左传》杜预注将密州当作莒国国君买朱鉏之字，是错误的。这种称谓方法不合经、传中指称国君的称谓法，而错误的原

---

① 段玉裁：《经义杂记序》，《经韵楼集》卷八，《续修四库全书》第 1435 册，第 72 页。
② 段玉裁：《密州说》，《经韵楼集》卷四，《续修四库全书》第 1434 册，第 625 页。

因可能是因为华语与夷语的不同导致的。段玉裁对此段文献的考订没有给出最终的确定性答案。但他的分析过程是有启发意义的。由此段文献资料可知，通过专门的语言知识，的确可以解决经典传注中一些细节性的知识问题。但这与哲学思考相距甚远。我们可以这样说，透过语音分析来解决古代经典中疑难意义的辨析工作是段玉裁在乾嘉时代为语言哲学的思考提供语言工具方面所做的新贡献，但其在具体的哲学思考方面，贡献甚微。

（二）"释慊"与"圣之于天道也"辨

强调通过训诂的方法来阐明经义，是乾嘉考据学学者的共识。段玉裁对此亦有论述。他说："经之不明，由失其义理。义理所由失者，或失其句度，或失其故训，或失其音读。三者失而义理能得，未之有也。"①

段玉裁通过具体的例证，证明训诂手段对正确理解经文的重要性。首先，以《大学》一文中"此之谓自谦"一句中"谦"字为例，段玉裁论证了训诂对于正确理解经义的重要性。他说：

> 《大学》曰："所谓诚其意者，毋自欺也。如恶恶臭，如好好色，此之谓自谦，故君子必慎其独也。"郑注云："谦读为慊。慊之言厌也。"凡言读为者，易其字，与言读如拟其音不同。《说文》心部："慊者，疑也。"是许叔重谓慊即今"嫌疑"字。郑意慊，即歉。徐仙民音古簟反，是也。汉人歉、嗛、慊三字义略同。凡云言者，皆以转注假借达其义，谓此慊字当以厌为言。厌，《释文》不为音，盖读于艳切，自恨也。《正义》释厌为安静，读同毛诗《小戎》"湛露之厌厌"，于经义甚隔。朱子读慊苦叶切，云："快也，足也。"似于经义亦未协。古书虽多以慊为惬者，而此则非也。经云"毋自欺。"何者为"自欺"？人各有炯然不昧处。恶恶如恶臭然，好善如好色然。自觉未能无此恶，自觉未能有此善，耿耿自恨于中而人所不知，此之谓自慊也，此所谓

---

① 段玉裁：《"在明明德，在亲民"说》，《经韵楼集》卷二，《续修四库全书》第 1434 册，第 616 页。此句中"句度"即"句逗"。

独也。"自欺"云者，自欺其所自歉。虽自恨未能有，未能无而不诚心致力于有之无之也。"毋自欺"者，慎其所独知而诚心致力于有之无之也。"自歉"为自欺、不自欺之根，工夫全在慎独。孟子言乍见孺子将入井，皆有怵惕恻隐之心，呼尔蹴尔之箪食豆羹，皆有羞恶不受之心，谨守此心，即是慎独；不守此心，即是自欺。下文"小人闲居为不善，无所不至"。此不慎独而自欺者也。及于厌厌然，掩其不善著其善，则其自歉之心未尝无，而自欺者终不能欺人。君子惕于十目所见，十手所指而慎独以充之，则意诚而驯至于心广体胖。不自欺而人亦共见，一反一正，皆以申明如恶恶臭。以下四句，郑既云谦读为慊矣，而又能云慊之言厌也者，正恐人读为"行有不慊于心"之慊，同慊而以此足之。汉人慊谦慊通用。子夏《易传》用慊为谦。《大学》之篇用谦为慊，惟歉字汉人少用。谦慊，即歉歉。慊者，口有所衔也。人有不自得于心，正如口有所衔未下于嗌，乃不快不足之反。而心广体胖，乃是快足之境。①

上述引文过长，但不如此不足以完整地反映段氏的本意。段氏的意思是说，《大学》文中的"自谦"的"谦"字当为"歉"字，歉为厌之意，"自歉"为"自恨"，即段氏所云："人各有炯然不昧处"的所谓"独"也，而不是如朱子等所注：为德性自足之意。段氏的解释虽非定论，然其新的释义是奠定在复杂而曲折的字义与语义分析基础之上的，带有语言学的实证特征。

其次，他通过对《孟子》文本中"圣之于天道也"一句的文本辨析，借孟子与朱子的伦理思想阐发了自己的认识论思想——"凡心所能通曰圣"，从而将传统思想中"圣"的观念由重德性的倾向转换到重认知的方向。在《孟子"圣之于天道也"说》一文里，段玉裁说道：

《孟子》各本作"圣人之于天道也"，赵注亦云："圣人得以天道王

---

① 段玉裁：《〈大学〉"此之谓自谦郑注"释》，《经韵楼集》卷三，《续修四库全书》第 1434 册，第617—618 页。

于天下。"《朱子集注》乃云:"仁义礼智天道在人,则赋于命者,所禀有厚薄清浊,不以圣为仁义礼智之类,天道为父子、君臣、宾主贤者之类。"令孟子一例之句,忽生颠倒,每以为疑。

通过文本考察,段玉裁认为,经文中多了一个"人"字,原文当为"圣之于天道也。"他认为:

圣非圣人之谓。《尚书大传》曰:"心之神明谓之圣。"《洪范》曰:"恭作肃,从作乂,明作哲,聪作谋,睿作圣。"《小雅》亦云:"或圣或否,或哲或谋,或肃或乂。"《周礼》教民六德:智、仁、圣、义、忠、和。智、仁、义、忠、和,皆所性而有,则圣亦所性而有也。《说文》曰:"圣者,通也。凡心所能通曰圣。"天道者,凡阴阳五行日星历数吉凶祸福,以至于天人性命之理。人有通其浅者,有通其深者,有通其一隅者,有通其大全者,有绝不能通者。其间等级,如奕者之高下然。犹仁于父子,义于君臣,礼于宾主,智于贤否,各人之所知所能,固不可以道里计矣。是皆限于天所赋者,故曰命也,但其所行虽未能诣极,而其性善无不可以扩充诣极者,故曰有性焉,君子不谓命也。于分别贤否曰智,于明乎天道则曰圣,各就其事言之,常人所通不谬者,亦曰圣,如曲艺中皆有圣是也,如农夫有能占晴雨者,极而至于李淳风,刘文成之术数。小儒皆言性理,以至孔孟之言性与天道,皆得云圣之于天道。由是言之,则五句一例,而无所不伦矣。①

在上述文献中,段氏通过文本分析,将圣人对于"天道"的垄断权还之于众人,并断言:"常人所通不谬者,亦曰圣。"从而把历史上的圣人与凡人之间的绝对界线取消了,而代替为一种认识上的程度差别:"有通其浅者,有通其深者,有通其一隅者,有通其大全者,有绝不能通者。其间等级,如奕者之高下然。"更有甚者,他认为,各行各业中,凡能明于天道

---

① 段玉裁:《孟子"圣之于天道也"说》,《经韵楼集》卷四,《续修四库全书》第 1434 册,第 634—635 页。

者，都有自己的"圣人"，从而将"圣人"普泛化。

从纵向的思想史的比较角度看，段氏的这些思想是以考据学的知识形态表现出来，与李贽直接的"非圣非贤"的直白议论相比，显得非常地冷静、理性，没有直接诉之于人的情感的感染力。与王夫之在历史哲学中以思辨的方式阐发的"众人当以圣人自居"的哲学相比缺乏思辨的力量，但通过诉之于人的理智的理解力，从而会间接地产生一种理性的思想启蒙意义。

三、段玉裁的治经方法与语言哲学的方法论追求

（一）"由字通词"方法的进一步细化——寻求本字

在具体的训诂方法方面，段玉裁进一步提出了"寻求本字"说。如他说："凡治经，经典多用假借，其本字多见于《说文》，学者必于《尔雅》、传、注得经义，必于《说文》得字义，既读经、注，复求之《说文》，则可知若假借字，若为本字。此治经之法也。"①

这一"寻求本字"的方法可以从他对《大学》文本中"明明德"一词的训诂中窥测一斑。他说：

> 《大学》曰："大学之道，在明明德，在亲民，在止于至善。"明明之故训，见于《尔雅》，释训曰："明明、斤斤，察也。"察者，宣著之谓。郑康成氏曰："明明德者，谓显明其至德也。"凡言显明者，皆谓明之至。其字古文作㷉。《说文》曰："㷉，察微秒也。从日中视丝，会意。"重言明者，其德自小至于大，自内至于外，自微至于著，自近至于远，自迩室屋漏至于家国天下。下文云"明明德天下"，谓大明于天下，即《书》之"光被四表""格于上下""勤于四方"也，非重言明不足，形容其积累之盛。其文见《诗》者曰："明明上天，照临下土。"曰"明明在

---

① 段玉裁：《聘礼辞曰非礼也，敢对曰非礼也？敢》，《经韵楼集》卷二，《续修四库全书》第 1434 册，第 593 页。

下，赫赫在上"。《传》云："明明，察也。"①

段氏对"明明德"的辨析的确体现了哲学思想之不同。其意为彰显君王的最高德惠，由近及远，由室家而至于天下。而不是把先验具有的内在光明峻德彰显出来。唐宋儒的解释是从修养论的理论背景出发来解释"明明德"一词的，而段氏是从社会政治学的角度解释"明明德"的。段氏的解释有文本与训诂的根据，而唐宋诸儒的解释在语言的句法上也说得通。然不管如何，由此例可以看出，段氏的文字训诂学中包含着隐晦的哲学思考，这一点是毫无疑问的。

段玉裁还进一步考察了这种训诂谬误的根源。他认为，自孔颖达之后，"释《大学》明明德曰：谓身有明德而更章显之，皙为明其明德，与郑注绝不合，为后儒读经错谬之始。古经言'明明'，皆煌煌、赫赫之类"②。段氏所论既有学术意义，也有思想史的意义。

如果说："一字之义，当贯群经"，是戴震语言解释学的基本纲领，那么，这一纲领在段玉裁训释《大学》"在明明德"一句中，则得到非常典型地运用。他引《诗经》《尚书》《尔雅》《礼记》《左传》等经典，以证明"明明"为"察"之意，非如唐人、宋人将"明明"二字拆开，释为明"明德"，他说：

> 定本、集注本皆作"但议明德也"，无上明字，已为不古。至孔本但作明义、明德，妄增义字，令下引《大学》不相贯，由浅人不解"明明"之语，妄为增窜耳。……朱子云："明，明之也。明德者，人之所得乎天而虚灵不昧，以具众理而应万事者也。"虚灵不昧，语近佛氏本来面目之云，特以理字易心字，谓吾儒本天，释氏本心耳。复初之云，始见于《庄子》。《大学》言充积，非言复初也。失古经句度。故训以私定之句度。故训释经，非《大学》之旨也。至于程子之读"亲民"为"新民"，则又失其音读者也。汉儒有改读经字者，而"大学之道在亲民"不得援此例。人与人，患隔而不亲。亲民之事，必兼富

---

① 段玉裁：《"在明明德，在亲民"说》，《经韵楼集》卷三，《续修四库全书》第 1434 册，第 616 页。
② 段玉裁：《"在明明德，在亲民"说》，《经韵楼集》卷三，《续修四库全书》第 1434 册，第 616 页。

之、教之，未有不使民菽粟如水火而责以仁者，即《大学》一篇言之曰："小人乐其乐而利其利"，曰"为人君止于仁，与国人交止于信"。曰"民之所好好之，民之所恶恶之，不以利为利，以义为利。"是岂偏言教化耶？失其音读，而为政之次第失矣，尚何至善之可求耶？近儒王文成亦言不当读新矣。往者东原师作《大学补注》，为予言开宗二句之义，而其书未得见，因述以诒后之人。①

段玉裁辨"明明德"与"亲民"问题，虽是考据学的问题，但却是关涉到儒家政治哲学、心性哲学的大问题。他对宋明儒的批判，对戴震哲学思想的继承，贯注于字里行间。以"寻求本字"的考据方式曲折地阐发了其与戴震相同的哲学思想。

（二）总结汉人的注经原则与读注的方法

段玉裁通过总结汉人注经原则，为经典的正确阅读提供训诂学的技术与方法，从而为正确地把握经典原义提供人文学的方法论的支持。他说：

> 汉人作注，于字发疑正读，其例有三：一曰读如、读若；二曰读为、读曰；三曰当读为。读如、读若者，拟其音也。古无反语，故为比方之词。读为、读曰者，易其字也。易之以音相近之字。故为变化之词，比方主乎同，音同而义可推也。变化主乎异，字异而义瞭然。比方主乎音，变化主乎义，比方不易字，故下文仍举经之本字。变化字已易，故下文辄举所易之字。注经必兼兹二者。故有读如，有读为。字书不言变化，故有读如，无读为。有言读如某，读为某，而某仍本字者，如以别其音为以别其义。当为者，定为字之误、声之误而改其字也，为救正之词。形近而讹，谓之字之误，声近而讹谓之声之误。字误、声误而正之，皆谓之"当为"。凡言读为者，不以为误。凡言当为者，直斥其误。三者分而汉注可读，而经可读。三者皆以音

---

① 段玉裁：《"在明明德，在亲民"说》，《经韵楼集》卷三，《续修四库全书》第 1434 册，第 616—617 页。

为用。六书之形声、假借、转注于是焉在汉之音,非今之四声二百六韵也。非通乎虞夏商周汉之音,不能穷其条理。①

上述有关汉人训诂学原则的总则,虽然属于语文学范畴,但从古代经典阅读的角度看,仍然可以放在广义的古典语言范围之内,因为,理解了汉人注疏的原则有助于理解经典的意义,虽不直接涉及语言分析,而与语言分析密切关,从而构成他的语言哲学思想的一个有机组成部分。

四、语言分析与段玉裁的政治伦理思想

段玉裁也论述了传统哲学中的天道与人道的问题,特别是通过对文字与古代制度的分析,对古代版本文字错讹的考订,从而阐述了传统政治、伦理思想中的君道、臣道、子道、妇道等问题,表现了乾嘉时代学者以古典语言学的方式关心传统哲学之道的一般特征。在个别地方,也对理与天理一词的意义进行阐发。他是这样论述天道的:"天道者,凡阴阳五行日星历数吉凶祸福,以至于天人性命之理。人有通其浅者,有通其深者,有通其一隅者,有通其大全者,有绝不能通者。其间等级,如弈者之高下然。"②

由此段文献可知,段氏的天道观实包含有人道心性、伦理之法则的内容。他以人对"道"的理解程度为标准,划分人的思想境界的高低。惜乎其所论过于简略,不足以充分地展现其对哲学形上学的思考。

(一)杀弑之辨与"政治之道"

段玉裁对天道论述的文字并不多见,他从经典中所追求的道,主要是属于传统儒家"民本"思想的政道和维护君主政治权威的君道,以及维护固有等级制度的子道与妇道。在辨析《春秋三传》中"杀"与"弑"二字不同含义的一系列文章中,他基本上是以维护君主政治权威的"政治之

---

① 段玉裁:《周礼汉读考序》,《经韵楼集》卷二,《续修四库全书》第 1434 册,第 589 页。
② 段玉裁:《孟子"圣之于天道也"说》,《经韵楼集》卷四,《续修四库全书》第 1434 册,第 634—635 页。

道"为己任，如他说：

> 凡《春秋》传于弑君或云杀者，述其事也。《春秋》经必云弑者，
> 正其名也。弑者，臣杀其君也。弑之言试也（见《白虎通》）杀于六
> 书，从殳杀声。弑于六书，从杀省式声，杀声于音在脂部。式声于音
> 在之部。脂之者，古音之大判，彼此不相假借者也。凡六书假借，必
> 其音同部。是故杀与弑音殊义殊。汉《公羊》经传假试为弑，断无有
> 假杀为弑者也。凡三经三传之用杀为弑者，皆讹字也。……凡传中
> 记事言曰杀某君者，时时有之，非必讹字也，惟其述经为训，则必依
> 经曰弑，无有作杀者，如《左氏传》书曰弑其君，《书》曰弑其君之子是
> 也。经文于杀诸侯必曰弑。二百四十二年，凡书弑二十六，《春秋》
> 正名之书也，周公之典，曰放弑其君则残之，正其名曰弑，定其罪曰
> 残。残者，掌戮所谓膊焚辜肆也，惟其名正而后罪定，书弑者，圣人
> 所以残之也。自汉以后，经籍讹舛，杀而讹弑者且有之，弑而讹杀者
> 尤多矣。陆德明为释文绝无裁断之识，但于隐四年卫弑其君完发，
> 凡曰弑，本又作杀，同音弑。凡弑君之例皆放此，可以意求，不重音。
> 乌呼，此何等大事而谓圣人垂世立教之书，本无一定之字，可以蒙混
> 书之，待读者定其字乎？①

上述看似烦琐的杀、弑之辨，其实包含有段氏的政治伦理关怀。其
思想大体可以从如下四个层次去理解：其一，杀、弑二字不同音，故绝不
通假。以此证明此二字不可混用。其二，三经、三传书杀诸侯之事皆曰
弑，无有作杀，作杀皆为讹字。以此论定经、传严判弑君为犯上的行为。
其三，圣人对弑君行为进行正名，名之曰弑，定其罪曰"残"。对于残、贼
之类的人物严加惩罚，就是合理的。其四，段玉裁认为，汉以后经籍中，
杀、弑二字经常混淆，此点不能不加辨别。段氏此点所论是否完全准确
为另外一回事，然其通过考据的方式维护君道的神圣性，这一思想倾向

---

① 段玉裁：《春秋经杀弑二字辨别考》（辛未正月），《经韵楼集》卷四，《续修四库全书》第 1434
　　册，第 620—621 页。

是十分鲜明的。

针对晋里克弑君之事，段玉裁反复阐明君道、臣道、子道问题，表明段氏的语言学研究其实是关系到传统儒家的政治、人伦之道的，尽管其所追求的人伦之道的思想内容属于旧的东西。他说：

> 左氏、谷梁氏皆作杀，惟公羊作弑。孰（原文为执，讹错。引者注）是乎？曰：公羊是也。曷为公羊是？曰：《春秋》以是为弑。未逾年之君，发凡也。缘孝子之心不敢称君，故称子；缘臣民之心不可一日无君，子即君也。公羊子曰弑其君之子。何其君之子者？未逾年君之号也。不书弑，是在丧之君，可弗君之也，故《春秋》书弑，以立万世臣道之防也。然则何不言弑其君也，不滑没其实也，不以臣道灭子道也。古者必逾年而后即位，未有逾年而遽即位者，则书弑其君齐公子。商人弑其君，舍是也。书弑以正商人之罪，书君以见舍之子道未尽也。然则据宋子之例，何不言晋里克弑晋子奚齐也？曰：宋子者，以世子在丧者也，其君之子者，非世子而其君杀世子立之者也，又以见父道之不正也。《坊记》云，鲁《春秋》记晋丧，曰弑其君之子奚齐及其君卓。云及其卓者，隐括之辞，以一弑领二事，则所据经之两书弑明矣。①

段玉裁此处所辨，就是要在重视血缘亲情与重视君臣政治伦理之间保持平衡。就君主的家庭内部关系而言，不要因为政治权力的关系而伤害父子之间的血缘亲情；作为社会政治生活而言，人民当以君臣之间的上下关系为重。因此，段玉裁本人同意《公羊传》对晋国国君之子奚齐被杀之事，以被"弑"的方式加以定性。这一结论，体现了段玉裁绝对尊重君臣之大伦的政治思想倾向。就此点而言，段氏的思想反而从孟子"闻诛一夫纣，未闻弑君也"的进步思想上倒退了。我们通过历史知道，奚齐其实是一暴君，段玉裁却从维护君主专制的君臣之伦的立场出发为其作

---

① 段玉裁：《晋里克弑其君之子奚齐》，《经韵楼集》卷四，《续修四库全书》第 1434 册，第 623 页。

辩护。就此点而言,其政治思想严重违背了其师戴震的民本政治立场。

不仅如此,段玉裁还通过对《春秋》及"三传"中君母弑君之例的分析,表达了他要维护"父道"的男权主义思想。"或问于余曰:三代以下史书所载母事弑君者有矣,求之《春秋》之例,其将以弑书之乎? 抑否乎? 应之曰:是当书弑其君也。"①他以宋襄夫人王姬以及鲁哀姜两人弑君为例,表明《春秋》一书之所以据实书之,名之曰弑,主要是"以立万古之防,闲其不主"。对鲁哀姜在齐参与了弑其君于齐国之事,段玉裁并借何休评《公羊传》的话为引子,表明本他本人重视男权中心时代的孝道思想。他说:"何休说《公羊》曰:'念母则忘父,背本之道也。故庄公绝文姜,乃为孝。'呜呼,唐中宗知此,可以处武照矣。"②

由上述所引的诸文献可知,段玉裁的杀、弑之辨,表面上看是以考据学方式对弑、杀二字的异同进行辨析,实际上是关乎政治伦理的重大问题。从他一味维护君主的绝对地位和男权的思想倾向来看,其政治伦理思想与其师戴震相比有较大的后退。然而,透过对这些考据学的典型文献分析可以看出,其考据学绝非饾饤之学,而是与"求道"目标有关,这一点是毫无疑义的。只有他们对道的具体内涵的规定是不同的。

(二)段玉裁的伦理思想

在《与严厚民杰论〈左传〉》一文中,他通过文本考订,认为《左传》中"人尽夫也,父一而已,胡可比也"属于讹错导致的。他说:

> 祭仲之壻雍纠将杀祭仲,雍姬谓其母曰:"父与夫孰亲?"其母曰:"人尽夫也,父一而已,胡可比也?"人即禽兽其心,未有肯云"人尽夫者"。此乃开成石经一误而莫之正,是以名儒不窥也。唐律疏义音义两引,皆作"天"字。考杜注云:"妇人在室则大父,出则大夫。"是知传文作"人尽天也"。祭仲之妻意谓:人尽天之所覆也。妇人未有不天父、天夫者,但父为生我之天,至亲者一人而已。夫则为

---

① 段玉裁:《君母弑君当书弑论》,《经韵楼集》卷四,《续修四库全书》第 1434 册,第 624 页。
② 段玉裁:《君母弑君当书弑论》,《经韵楼集》卷四,《续修四库全书》第 1434 册,第 624 页。

所适之天，其亲不比生我者也。此盖祭仲妻知雍纠有变，故以重于夫诱其女，正以成己重夫之志，以保全祭仲。①

段氏对"人尽夫也"一句作版本考订，的确富有学术意义。然其中所包含的伦理思想尤为值得注意，即段氏绝对维护传统男权中心主义的伦理观，认为女人在家以父为天，出嫁后以夫为天。在"所生之天"与"所适之天"的比较、选择当中当以"所生之天"为重，即夫妻之情与血缘亲情二者，更重视血缘亲情。段氏此处的考辨，既有版本学的根据，在理论上也很雄辩，然未必切合春秋时代的伦理观。"人尽夫也"是指一种可能性，即女人在找丈夫的过程有多种选择，并不是像段玉裁所想象的那样，任何一个男人都可以成为丈夫。相对于择偶的多种可能性而言，生身的父亲只有一个。不过，段氏对此句非常有名的重视血缘亲情伦理的思想命题提供新的版本依据，还是具有学术价值。

段玉裁很少讨论哲学问题，然而，在其最为重要的语言学著作《说文解字注》中，偶尔也阐发一些哲学思想。如释"理"字时，他就借释"理"字的字义，宣传其师戴震的新"天理"观，进而也表达了他自己对"天理"的看法。他说：

> 郑人谓玉之未理者为璞。是理为剖析也。玉虽坚，而治之得其鰓理以成器不难，谓之理。凡天下一事一物，必推其情至于无憾而后即安，是之谓天理，是之谓善治。此引伸义也。戴先生《孟子字义疏证》曰："理者，察之而几微必区以别之名也。是故谓之分理。……天理云者，言乎自然之分理也。自然之分理，以我之情絜人之情而无不得其平。"②

由上所论可以看出，像段玉裁这样的乾嘉时代的一流考据学者，在他看似纯客观性的语言学研究中，其实也包含着深厚的现实关怀与一定

---

① 段玉裁：《与严厚民杰论〈左传〉》，《经韵楼集》卷四，《续修四库全书》第 1434 册，第 627 页。
② 段玉裁：《说文解字注》第一卷，第 15—16 页。

的政治哲学、伦理学的理论思考。至于他的理论思考成果是否具有思想史的价值，那又是另一回事。不可否认，清代的政治高压对于段玉裁等考据学者们的思想还是有相当大的影响的，但我们并不能像有些学者所认为的那样，认为清代的考据学都是清廷的御用学术。更公正一点说，清代的很多学者恰恰是通过考据学的治学方式来逃避政治高压，将他们称之为"学隐"，也许更恰当一些。

第三节　阮元的仁学与人性论

阮元（1764—1849），字伯元，号芸台，江苏仪征人。他是乾嘉考据学的殿军，其学术成就是多方面的。龚自珍在《阮尚书年谱第一序》中，从十个方面概括了其学术成就，虽略嫌夸张，然大体上比较接近实际。其中，龚氏对其训诂学作了这样的概括："尝谓黄帝名物，宣尼正名，篇者句所造，句者字所积，古者有声音而有语言，有语言而有文字，自分隶之递变，而本形晦矣，自通假之法繁，而本义晦矣。识字之法，以经为谊；解经之法，以字为程。是公训诂之学。"①由龚自珍的概述可知，阮元在语言哲学方面具有综合性的特征，他既认同乾嘉时代"因音求义"的基本训诂主张，又重视训诂过程中的注重"本字"法，在训诂与解经两方面，既重视经义，即思想的内在逻辑性，又重视从文字入手的实证方法。在一定程度上可以将他看作是乾嘉学术的总结者。目前出版的一般学术通史著作与断代史著作，对阮元的经学思想、哲学思想都有论述，②然而从哲学方法论的角度集中论述其思想特征的还不多见。本节主要从广义的语言

---

① 龚自珍：《阮尚书年谱第一序》，《龚自珍全集》，王佩净校，第 225—226 页。
② 如侯外庐《中国思想通史》第五卷中虽然论述了阮元的研究方法与文化史观，但由于他的哲学观的影响，并没有看到阮元借助语言学工具从事哲学思考的特征，反而认为阮元并不是一个哲学家。王茂等人合著的《清代哲学》一书虽然承认阮元有哲学思想，并着重论述了其新的仁学思想，但对其哲学思考的语言学方法几乎没有触及。陈居渊在《焦循阮元评传》中对阮元思想与学术的地位给予了很高的评价，认为他是重塑乾嘉经学典范式的人物，但对其通过语言学方法从事哲学思考的特征也未给予关注。

学角度①，论述其哲学思考的方法论特征。

一、阮元论道

阮元对于"道"的论述文字不多，他所说的"道"，主要是指"圣贤之道"，因而，他的道论思想基本上关注的是人伦与政治之道。

从求道的方法来看，阮元继承并发展了戴震"由字以通词，由词以通道"的训诂学方法，坚持认为："圣贤之道存于经。经非训诂不明。"②

而在训诂的方法与求道的目标这二者之间，阮元的思想保持着高度的张力，他既反对空言论道，亦反对沉溺于具体的名物研究之中而不顾"求道"的目标。如他说："圣人之道，譬若宫墙，文字训诂，其门径也。门径苟误，跬步皆歧，安能升堂入室乎。学人求道太高，卑视章句，譬犹天际之翔，出于丰屋之上，高则高矣，户奥之间未实窥也。或者但求名物，不论圣道，又若终年寝馈于门庑之间，无复知有堂室矣。"③阮元的意思是说，圣贤的根本精神、法则是 一个严谨的体系，像一栋宏大的建筑，而文字训诂就是这座宏大建筑的门径。不经过文字训诂的门径如何进得了圣贤博大精深的思想体系？有些人将圣贤之道看得很虚玄，瞧不起章句训诂，这就好像在一尊高房上飞翔，飞得虽然高，但无法深入圣贤思想的堂奥。有些人太重视章句训诂，忘记了圣贤之道，就像在门与走廊之间来回走动，根本不知道厅堂宫室在何处。这一譬喻性的说法，极其生动地表达了阮元在章句训诂与探求圣贤之道二者之间保持辩证统一的思想。

但有时为了强调训诂方法的重要性，阮元又认为："圣贤之言，不但深远者非训诂不明，即浅近者亦非训诂不明也。"④

---

① 所谓广义的语言学，即是将语文学也看作是语言学的一个部分。相关论述可以参见索绪尔著的《普通语言学教程》（高名凯译，商务印书馆 1980 年版），洪堡特著的《洪堡特语言哲学文集》（姚小平主编并译注，湖南教育出版社 2001 年版）等著作。

② 阮元:《西湖诂经精舍记》,《研经室集》上,第 547 页,北京,中华书局,1993。

③ 阮元:《拟国史儒林传序》,《研经室集》上,第 36 页。

④ 阮元:《论语一贯说》,《研经室集》上,第 53 页。

　　他通过训诂，将孔子所说的"吾道一以贯之"这句话，解释成"孔子之道皆于行事见之，非徒以文学为教也"①。贯训为"行事"，不能训为"通彻"。因此，"壹以贯之，犹言壹是皆以行事为教也。弟子不知所行为何道，故曾子曰：'夫子之道，忠恕而已矣。'此即《中庸》所谓'忠恕违道不远，施诸己而不愿，亦勿施于人；君子之道四，某未能一，庸德、庸言、言行相顾之道也'。……此皆圣贤极中极庸极实之道，亦即天下古今极大极难之道也。若云贤者因圣人一呼之下，即一旦豁然贯通，此似禅家顿宗冬寒见桶底脱大悟之旨，而非圣贤行事之道也。……故以行事训贯，则圣贤之道归于儒；以通彻训贯，则圣贤之道近于禅矣"②。

　　很显然，阮元在此通过训诂的方法，将"一贯"之"贯"训为行事，着重阐释儒家哲学重视人伦日用的道德实践功夫，反对佛教禅宗的顿悟方法及其蕴含的道德修养的虚无化、神秘化倾向。同时也暗示着对宋明理学"蹈虚"思想倾向的批评。

　　阮元的"道器关系"论颇有特色。他通过对三代钟鼎文的研究，看到了中国传统的"王道"与器皿的关系，从考古学的角度丰富了中国传统的道论思想。他认为，三代及周王朝所体现的治道精神，除《九经》的文字文本之外，还存在于具体的器皿之中。他说：

> 形上谓道，形下谓器，商、周二代之道存于今者，有《九经》，若器则罕有存者，所存者，铜器钟鼎之属耳。古铜器有铭，铭之文为古人篆迹，非经文隶楷缣楮传写之比，且其词为古王侯大夫贤者所为，其重与九经同之。……器者所以藏礼，故孔子曰："惟器与名，不可以假人。"先王之制器也，齐其度量，同其文字，别其尊卑。……商祚六百，周祚八百，道与器皆不坠也。……此古圣王之大道，亦古圣王之精意也。……故吾谓欲观三代以上之道与器，《九经》之外，舍钟鼎之属，曷由观之。③

---

① 阮元：《论语一贯说》，《研经室集》上，第 53 页。
② 阮元：《论语一贯说》，《研经室集》上，第 53—54 页。
③ 阮元：《商周铜器说上》，《研经室集》下，第 633 页。

阮元这一"由器求道"的思想深化了戴震"由字通词，由词通道"的语言哲学思想，使乾嘉考据学的"求道"路径进一步转向了对文物的研究，从而由语言训诂转向了文物史的研究，也将戴震提出的由语言、名物、制度的研究来理解往古圣贤之道的实证思想进一步具体化了。同时，阮元也为中国传统哲学"道器关系"论提供了新的论证方式，将"器"这一哲学范畴具体化为文物的器皿，透过历史上的文物器皿来考察逝去时代的典章制度。从一角度学，阮元的"道器关系"论更具有历史学的实证特征。

二、阮元的哲学方法论

从"求道"的方法来看，阮元继承并发展了戴震"由字以通词，由词以通道"的训诂学方法，坚持认为："圣贤之道存于经。经非训诂不明。""汉之相如、子云，文雄百代者，亦由《凡将》《方言》贯通经诂，然则舍经而文，其文无质，舍诂求经，其经不实。为文者尚不可以昧经诂，况圣贤之道乎？"①

阮元的意思很明确，连汉代的文学家都需要通过经学训诂以实现文质统一的目标，更何况探求隐藏在经典之中的圣贤之道呢！那就更离不开训诂的方法了！

（一）训诂明然后经义明

阮元也重视求道，但与宋明儒者不同，他更突出训诂方法的基础作用。在阮元看来，"圣贤之言，不但深远者非训诂不明，即浅近者亦非训诂不明也。就圣贤之言而训之，或有误焉，圣贤之道亦误矣，说在《论语》之一贯"②。由此可见，作为考据学殿军的阮元已经将训诂上升到一种哲学方法论的层面，认为离开了训诂手段就无法从事正确的哲学思考了。然而，作为哲学家的阮元比同时代一般的考据学者高明的地方在于：他

---

① 阮元:《西湖诂经精舍记》,《研经室集》上,第 547 页。
② 阮元:《论语一贯说》,《研经室集》上,第 53 页。

是通过训诂方法来阐述自己的哲学思考。例如通过训诂，阮元将孔子所说的"吾道一以贯之"这句话，解释成"孔子之道皆于行事见之，非徒以文学为教也"①。认为"贯"应当训为"行事"，不能训为"通彻"。因此，"壹以贯之，犹言壹是皆以行事为教也。弟子不知所行为何道，故曾子曰：'夫子之道，忠恕而已矣。'此即《中庸》所谓'忠恕违道不远，施诸己而不愿，亦勿施于人；君子之道四，某未能一，庸德、庸言、言行相顾之道也。'……此皆圣贤极中极庸极实之道，亦即天下古今极大极难之道也。若云贤者因圣人一呼之下，即一旦豁然贯通，此似禅家顿宗冬寒见桶底脱大悟之旨，而非圣贤行事之道也。……故以行事训贯，则圣贤之道归于儒；以通彻训贯，则圣贤之道近于禅矣"②。

很显然，阮元在此通过训诂的方法，阐释儒家哲学重视人伦日用的道德实践功夫的精神面向，反对佛教禅宗的顿悟方法及其蕴含的道德修养的虚无化、神秘化倾向，非常含蓄地表达了自己"重行"的哲学思想，以此与宋明儒空谈心性的思想区别开来。

为了将《大学》"格物"一词解释成"至止于事物"的"实践"之学，而不是通过"心灵穷理"，阮元从经、传里引证了大量的例证，并引证钟鼎文、字典来证明"格"为"止"之意。其哲学的论证方式是广义的语言学方法。他说：

> 《礼记》《大学》篇曰："致知在格物，物格而后知至。"此二句虽从身心意知而来，实为天下国家之事。……物者，事也。格者，至也。……格有至义，即有止意，履而至，止于其地，圣贤实践之道也。凡经传所云"格于上下""不格奸""格于艺祖""神之格思""孝友时格""暴风来格"及古钟鼎文"格于太庙""格于太室"之类，皆训为"至"。……《小尔雅》《广诂》曰："格，止也。"知止即知物所当格也。③

---

① 阮元：《论语一贯说》，《研经室集》上，第 53 页。
② 阮元：《论语一贯说》，《研经室集》上，第 53—54 页。
③ 阮元：《大学格物说》，《研经室集》上，第 54 页。

阮元还利用音训的知识，通过对"文"字的重新解释，将《论语》中"文莫吾犹人也"一句做了新的解释，并以此证明训诂明而后经义乃明的道理。他说："刘端临曰：'文莫吾犹人也'，犹曰'黾勉吾犹人也'，后人不解孔子语，读'文'为句，误矣。是故训诂不明则圣贤之语必误，语尚误，遑言其理乎？"①

上述文献中"语尚误，遑言其理乎"一句，与戴震批评宋明儒不识字而妄谈心性的言论如出一辙，以此彰显清儒"由字通词，由词通道"的哲学思考路径的优越性。

上述所引的三例表明，作为一种方法论的训诂，在阮元的哲学思考中占有极重要的位置，但并没有成为其学术追求的本身。思想的表达还是第一位的。因此，在训诂的方法与求道的目标这二者之间，阮元的哲学思考始终保持着高度的张力，他既反对空言论道，亦反对沉溺于具休的名物研究之中而不顾"求道"的目标。他所谓"文字训诂"为探求"圣人之道"的门径，即是将训诂活动看作是哲学思考的方法论的明证。同时亦表明，以阮元为代表的乾嘉考据学者并没有沉溺于琐碎的考据之中，时刻在"求道"与"求是"之间保持着思想的张力。

（二）语言学的方法与经验论思维方式——阮元论"心"

与阮元自己一贯重视经验，重视道德实践的思想相一致，阮元也反对将"心"看作是先验的、能知的思维器官。在阮元看来，人的认识能力只能是来自外在的经验。他通过语言学的方法来实现他的哲学论证意图。他说：

> 汉刘熙《释名》曰："心，纤也。言纤微无物不贯也。"此训最合本义。盖纤细而锐者皆可名曰心，但言心，而其钎锐、纤细之意见矣。……《易》《说卦》云："坎，其于木也，为坚多心。"虞翻云："坚多心者，枣、棘之属。"案：枣、棘之属，初生未有不先见尖刺者，尖刺即心也。……《诗·凯风》："吹彼棘心，棘心夭夭。"皆言枣、棘初生有

---

① 阮元：《释门》，《研经室集》上，第33页。

尖刺，故名曰心，非谓其木皮外裹赤心在内也。心果在内，风安得吹之？①

阮元如此解释"心"字，其思想的针对性何在呢？依我们的理解，他主要反对宋明理学与心学传统以来将"心"看作是先验地具有某种知识、原理在其中的一种先验的能藏能识的思维器官，而是从经验主义的思想逻辑出发，只把"心"看作是一种能识的器官，并不先验地具备一切。他通过训诂的方法表达了这样一种经验论的认识论思想："心"只有通过与外在事物的接触，才能具备知识。"心"并不是常识所认为的那样，是木皮包裹在外而"赤心"在木皮之内的东西。"心"只是一纤微之物，具有敏锐、纤细统贯万物的功能，而且保持着与外物接触、感应的特征。这正是戴震一再批评宋儒有关"心具万理应万事"的思想的继续。只是阮元没有戴震那么有思想的锋芒，而是在貌似客观性的训诂学面目下，委婉地表达了自己的经验论的认识论思想。

考察许慎的《说文解字》一书，我们可以看到，将"心"解释在人身之内，是汉儒以来最为传统的释义。"心，人心。土臧也。在身之中，象形。"作为乾嘉汉学殿军的阮元却别出心裁，将"心"解释成露于外的纤细之物，从而曲折地表达他的经验论哲学思想。由此，我们可以再一次地看到，乾嘉考据学的训诂方法，并非像他们自己所自称的那样，在学问方面仅仅是"实事求是"，追求客观真理。其实，像阮元这样的大学问家，仍然是有意通过字义的选择来表达他自己的哲学思想。只是相对于宋儒直接的哲学创造而言，阮元这样的以学问表达思想的方法与策略，使得他的哲学思想从形式上看更具有历史语义学的客观性。究其实，仍然是在从事一种新的哲学思考。在《性命古训》一文里，阮元将"事"与传统哲学中的"心"对立起来，认为"商周人言性命多在事，在事故实"，"晋唐人言性命多在心，在心故虚"。② 这种"求实""去虚"的理论追求正好反映了

---

① 阮元：《释心》，《研经室集》上，第 5 页。
② 阮元：《性命古训》，《研经室集》上，第 235 页。

乾嘉考据学求实、求真的思想品格。因此，我们认定，乾嘉考据学的哲学思考采用了一种语言学策略。他们借阶于训诂方法，从而使该时代哲学思考具有了某种"人文实证主义"的色彩。从广义的语言学角度看，以阮元为殿军的乾嘉哲学思考，深化并丰富了戴震所开创的哲学语言学转向的内含。

三、阮元的政治思想与人生、道德哲学

（一）"顺""鲜""达"三字训释中所表达的政治思想

阮元通过有选择的方式，将儒家经典中并非常用的语词上升到重要的思想史高度，从而通过训诂的方式作一创造性的解释，曲折地表达了他爱民的政治与伦理思想。在《释顺》篇，阮元说道："有古人不甚称说之字，而后人标而论之者；有古人最称说之恒言要义，而后人置之不讲者。孔子生春秋时，志在《春秋》，行在《孝经》，其称至德要道之于天下也，不曰'治天下'，不曰'平天下'，但曰'顺天下'。'顺'之时义大矣哉，何后人置之不讲也！《孝经》'顺'字凡十见。……'顺'与'逆'相反，《孝经》之所以推孝弟以治天下者，顺而已矣。故曰：'先王有至德要道以顺天下，民用和睦，上下无怨。'……是以卿大夫士本孝弟忠敬以立身处世，故能保其禄位，守其宗庙，反是，则犯上作乱，身亡祀绝，《春秋》之权所以制天下者，顺逆间耳，鲁臧、齐庆皆逆者也。此非但孔子之恒言也，列国贤卿大夫莫不以顺、逆二字为至德要道。是以《春秋》三《传》、《国语》之称'顺'字者最多，皆孔子《孝经》之义也。"①

阮元通过文献训诂，得出了这样的政治学结论："圣人治天下万世，不别立法术，但以天下人情逆叙而行之而已。（《尔雅》：'叙，顺也。'）故孔子但曰'至德要道以顺天下'也。'顺'字为圣经最要之字，曷可不标而论之也。"②阮元从经典中找出"顺"字，无非是借经典的权威来阐发自己

① 阮元：《释顺》，《研经室集》上，第 26 页。
② 阮元：《释顺》，《研经室集》上，第 29 页。

的哲学思想。他如此推崇"顺"字，其实与戴震讲"达情遂欲"的伦理与政治学的主张有异曲同工之妙。而且与李贽所讲的顺民之情，遂民之欲，民本自治的伦理、政治思想，在精神上也是相通的。

在《释魚芊》篇，他认为古"鲜"字虽然从字义的角度看属于鱼部，但从音的角度看，与斯相近，因而可以相互通借。此点，顾炎武、惠栋都已经从训诂学的角度揭示了这一道理。阮元在此基础上，进一步以经典为例，证明将"鲜"释为"斯"的重要性。他说：

> 元谓"鲜""斯"通籍之迹，求诸经传多有可稽释者，少误便成舛谊，今试释之。有以"斯"本语词，籍声近之"鲜"为用者，则有《尚书·无佚》曰："文王怀保小民，惠鲜鳏寡。""鲜"即"斯"字，言文王惠斯鳏寡，即祖甲保惠于庶民，不敢侮鳏寡之义是也。《伪孔》训鲜为"少"，失之。又《立政》曰："知恤鲜哉。"《诗·蓼莪》曰："鲜民之生，不如死之久矣。""鲜"皆当训"斯"字。……而《伪孔》训"鲜"为"少"，《毛传》训"鲜"为寡，并失之。①

上述所引的阮元分析表明，只有将"鲜"释为"斯"而不释为"少"，才能揭示出儒家经典中关爱生民的民本思想精神。一字之义的细微差别，使得儒家经典的精神迥然有异。训诂方法如何与哲学思考无关？训诂的重要性亦由此可见一斑。

在《释达》篇，他针对宋明以来将"达"理解成"明体达用"之"达"，提出了一种重视事功的人生观。他说：

> "达"之为义，圣贤道德之始，古人最重之，且恒言之，而后人略之。元按：达也者，士大夫智类通明，所行事功及于家国之谓也。②

他反复引证古代经典，以证明"达"非"达用"之"达"，而是指士大夫

---

① 阮元：《释魚芊》，《研经室集》上，第 6 页。
② 阮元：《释达》，《研经室集》上，第 29 页。

"学问通明，思虑不争，言色质直，循行于家国之间无险阻之处也"。①

阮元对"达"字作如此的训诂，在今人看来，颇有翻案之嫌。因为"闻达"之"达"、"达人"之"达"，就有"达用"等事功的追求。阮元一反儒家经典训释中的常训，而别心裁地将"达"训为"士大夫智类通明，所行事功及于国家之谓之也"，无非是要借助经典的权威来表达自己的哲学思考而已。这种表面上的"考据之实"其实追求的是"思想之虚"而已。其对"相"字的训释，亦体现了"以实求虚"的思想特征。

在《释相》篇，阮元说道："自周、秦以来，同宰辅之臣皆名曰'相'，相之取名，必是佐助之义。""相"之本字为"襄"字，"古人韵缓，平仄皆可同义，是以'辅相'之'相'亦可平志，'赞襄'之'襄'亦可去声，后人昧此，故不知'襄''相'音同，可假借矣。"②

阮元的伦理学思想集中休现在《性命古训》一文里。在该文里，他通过对儒家经典中性、命两字的意涵分析，得出"节性"的伦理主张。阮元认为："古性命之训虽多，而大指相同。"仅以《尚书》《召诰》《孟子》《尽心》二说为例可知。《召诰》上说："节性，惟日其迈。王敬作所，不可不敬德。"又说："若生子，罔不在厥初生，自贻哲命。今天其命哲，命吉凶，命历年。"又说："王其德之用，祈天永命。"通过对这些文献的分析，阮元进一步地得出自己的哲学观点，认为《召诰》所讲的"命"，"即天命也。若子初生，即禄命福极也。哲与愚，吉与凶，历年长短，皆命也。哲愚授于天为命，受于人为性，君子祈命而节性，尽性而知命。故《孟子》《尽心》亦谓口目耳鼻四肢为性也。性中有味、色、声、臭、安佚之欲，是以必当节之"③。

阮元的"节性"说，在理论上将"人欲"纳入了"人性"的范畴之中，既符合孟子的人性论思想，亦与戴震的人性论思想保持着理论上的一致性，故具有反对宋儒"以天理为性"、排斥人欲的伦理思想倾向，含蓄地表

---

① 阮元:《释达》,《研经室集》上,第 230 页。
② 阮元:《释相》,《研经室集》上,第 34 页。
③ 阮元:《性命古训》,《研经室集》上,第 211 页。

达了反理学的思想特征。

在论述心性修养的传统伦理学问题时，阮元通过训诂的方式，揭示了"主敬"与"主静"的区别。他说"古圣人造一字必有一字之本义，本义最精确无弊。'敬'字从'苟'从'攴'。'苟'，篆文作'苟'（音亟），非'苟'（音狗）。'苟'即'敬'也，加'攴'以明击敕之义也。'警'从'敬'得声得义。故《释名》曰：'敬，警也，恒自肃警也。'此训最先最确。盖敬者言终日常自肃警，不敢怠逸放纵也。……非端坐静观主一之谓也，故以肃警无逸为敬。凡服官之人，读书之士，所当终身奉之者也。……盖静者，敬之反也"①。

联系宋儒心性修养论，如周敦颐"主静"，二程、朱子"主敬"，且程朱的心性修养论都坚持"主一谓之敬"的观点。阮元既反对"主静"的修养论，亦反对"主一谓之敬"的修养思想，而是"以肃警无逸为敬"，即以自我反思、敲打、不懈怠、不放纵为敬。阮元对"敬"的这一解释显然含蓄地批评了宋儒及程朱理学的修养论，在具体的理论主张上表现出反宋儒的思想倾向。

（二）阮元的仁学与"性命"思想

乾嘉学者阐发哲学思想，往往通过训诂的方式，以实证的方法追求一种理想中的客观之意。阮元通过训诂的方式，对原始儒家的仁学思想，以及宋明以来详细而热烈讨论过的"性命"思想，给出了他自己新的解释。

阮元将仁学看作是孔子的核心思想，如他说："孔子为百世师，孔子之言著于《论语》最多。《论语》言五常之事详矣，惟论'仁'者凡五十有八章，'仁'字见于《论语》者凡百有五，为尤详。若于圣门最详切之事论之，尚不得其传而失其旨，又何暇别取《论语》所无之字标而论之邪？"②问题是，在《〈论语〉论仁论》长文里，阮元几乎是通过资料长编的方式，将《论

---

① 阮元：《释敬》，《研经室集》下，第 1016 页。
② 阮元：《〈论语〉论仁论》，《研经室集》上，第 176 页。

语》中涉及"仁"字的资料集中在一起，同时又引证其他文献，以证明孔子的仁学思想是他阮元所理解的那样："相人偶为仁"之意。因此，阮元的仁学思想并不就是孔子"仁学"思想的原意。在我们看来，阮元运用训诂的方式对孔子仁学的思想所作的解释，在相当大的程度上其实表达了阮元本人的仁学思想。然而，由于阮元的"新仁学"思想是建立在文字训诂基础之上的，以一种貌似的客观性面目掩盖了其新思想的光芒。这一含蓄的新思想与其作为三朝大吏的身份极其吻合。如果不理解他通过语言学的方法进行哲学思考的思想特征，下列有关仁和己与私的论述与辨别就很难被看作是一种哲学的论述。

他为了证明"仁，即相人偶"新仁学观点，以训诂的方式引证了大量的语言学文献："许叔重《说文解字》：'仁，亲也。从人二。'段若膺大令《注》曰：'见部曰："亲者，密至也。"会意。'《中庸》曰：'仁者，人也。'《注》：'人也，读如相人偶之人，以人意相存问之言。'《大射仪》：'揖以耦。'《注》：'言以者，耦之事成于此意相人耦也。'《聘礼》：'每曲揖。'《注》：'以人相人耦为敬也。'《公食大夫礼》：'宾入三揖。'《注》：'相人耦。'《诗·匪风》《笺》云：'人偶能烹鱼者。偶能辅周道治民者。'……以上诸义，是古所谓人耦，犹言尔我亲爱之辞。独则无耦，耦则相亲，故其字从人二。"①

在"仁即相人偶"的仁学思想前提之下，阮元又通过大量的训诂材料，并从文本内部语词的内在一致性原则上出发，进一步论证宋儒将"己"释为"私"，"克己"解释为战胜"己身私欲"的观点属于对经典的误解，从而以"乾嘉汉学"的语言学工具重新阐发他的仁学思想。他说："颜子'克己'，'己'即'自己'，与下文'为仁由己'相同，言能克己复礼，即可并人为仁。……仁虽由人而成，其实当自己始，若但知有己，不知有人，即不仁矣。……若以'克己'字解为私欲，则下文'为仁由己'之己，断不能再解为私，而由己不由人反诘辞气与上文不相属矣。"②

---

① 阮元：《〈论语〉论仁论》，《研经室集》上，第 176—179 页。
② 阮元：《〈论语〉论仁论》，《研经室集》上，第 181 页。

为了进一步证明自己的"己非私"的观点更符合孔子的原意，他先引前贤毛奇龄（字西河）来支持他的观点。"毛西河检讨《四书改错》曰：'马融以约身为克己，从来说如此。惟刘炫曰："克者，胜也。"此本扬子云"胜己之私之谓克"语。然己不是私，必从"己"下添"之私"二字，原是不安。至程氏，直以己为私，称曰："己，私欲"。《集注》谓"身之私欲"，别以"己"上添"身"字，而专以"己"字属私欲，于是宋后书皆注"己"作"私"，引《论语》"克己复礼"为证，诬甚矣，毋论字义无此，即以本文言，现有"为仁由己"，"己"字在下，而一作"身"解，一作"私"解，其可通乎？'"①

次引同时代凌廷堪的研究成果来支撑他自己的观点："凌次仲教授曰：'即以《论语》"克己"章而论，下文云"为仁由己，而由人乎哉"！"人""己"对称，正是郑氏相人偶之说。若如《集注》所云，岂可曰"为仁由私欲乎"？再以《论语》全书而论，如"不患人之不己知"，"夫仁者，己欲立而立人，己欲达而达人。"……"己所不欲，勿施于人。"……皆"人""己"对称。……若作私欲解，则举不可通矣。'"②

其实，自戴震始就一直反对宋儒将儒家经典中的"己"解释为"私"，而且这种思想可以从学术史追溯得更早些，如王夫之就提出"有我之非私"。由此可以看出，阮元的伦理学思想在基本精神上属于中国"早期启蒙"思想的阵营。只是他的新思想深深地隐藏在其分散的字义考据学之中，一般情况下不容易被发现，而且是以追求古典人文知识的客观意义的面貌出现的，没有戴震的思想那样具有批判的锋芒，故很多人不太注意到阮元的反宋儒的思想。

阮元"新仁学"思想的语言学方法大体如上。下面再从其"性命论"思想看其语言学的方法。在性命论的传统哲学命题方面，阮元为反对李翱的"复性说"，通过对《尚书》《孟子》《诗经》中有关"性命""威仪"等词语的重新解释，提出了"节性"的"性命说"。如果仅从语言学的方法角度

---

① 阮元：《〈论语〉论仁论》，《研经室集》上，第182页。
② 阮元：《〈论语〉论仁论》，《研经室集》上，第183页。

看，阮元对"性命"论述的新意在于：他将"性"与"生"联系起来，以说明人性内在地包含着情与欲的感性成份。他说："'性'字本从'心'从'生'，先有'生'字，后造'性'字，商周古人造此字时即已谐声，声亦意也。"①由此，他将《尚书·西伯戡黎》篇中"王曰：'我生不有命在天'"一句中的"生"字解释为"性"字，并认为这是虞夏商周四代以来首次出现的"性"字，《周易》卦、爻辞只有"命"字，无"性"字，表明"性"是包括于"命"之内的，而且表明"性受于天"。而性与命发生关联也首见于此篇。由此可以看到李翱"复性说"之不符合儒家的性命理论以及性命理论的常说史。②

要而言之，阮元通过一系列的训诂方法，将晋唐人的"性命说"与商周人的"性命说"的差异作出了如下的概括："晋唐人言性命，欲推之于身心最先之天，商周人言性命者，祇范之于容貌最近之地，所谓威仪也。"③"商周人言性命多在事，在事故实，而易于率循。晋唐人言性命多在心，在心故虚，而易于附会，习之此书是也。"④也即是说，晋唐人把性命问题讲得很玄，而商周人讲性命问题很切合日常生活，具有可见性与实在性。而商周人的这种质朴的"性命观"其实也就是阮元本人的性命观。

总之，阮元通过语言学方法，重新阐释了儒家的仁学与性命理论，体现了乾嘉考据学时代哲学思考的"语言学转向"的特征。这种语言学方法主要是以古典的语文学为内容，表现出强烈的"人文实证主义"色彩。但是，我们也要清醒地意识到，这种语言学方法其实还是一种经典解释学方法，其中包含了思想者个人浓厚的主观理解成份，并不像自然科学，甚至也不像社会科学那样，具有特别强势的客观性色彩。虽然，这一语言学方法的转向的意义也许并不像胡适、梁启超所认为的那样具有科学的精神，但至少在思想的形式上为中国哲学开辟了一条"求知""求真"的认识论的新转向。

---

① 阮元：《性命古训》，《研经室集》上，第 230 页。
② 阮元：《性命古训》，《研经室集》上，第 213—214 页。
③ 阮元：《性命古训》，《研经室集》上，第 217 页。
④ 阮元：《性命古训》，《研经室集》上，第 235 页。

四、阮元的语言学思想及其历史还原主义

如果说，戴震第一次明确地提出了"由字通词，由词通道"语言哲学纲领与方法，开始了利用文字、词汇、语言的新工具从事哲学思考的语言学转向，那么，其后学如段玉裁、高邮王氏父子、阮元等人则进一步对通道之"字"的新工具进行锻造，在更加精细的经典训诂层面追寻经典的原义，从而实现对经典原义的还原。如何彻底地实现对古代经典意义的还原呢？那就必须找到经典中关键词的"本义"，这样才能真正地获得经典的原初意义。所以，阮元说："古圣人造一字必有一字之本义，本义最精确无弊。"①

他在辨别"佞"与"仁"二字的意思时说："是故解文字者，当以虞夏商周初、周末分别观之。"②阮元注意到文字意义的历史演变过程，在文字、语言与经典意义的解释与研究过程中，体现了历史主义的思想，这在一定程度上纠正了戴震过于重视语言的共时性特征，相对忽视语言的历时性特征的偏颇。简括地讲，阮元追求本义的历史还原主义是通过"因音求义"和崇尚汉人古训的方法来实现的。

（一）"古字义随音生"

阮元接受了乾嘉语言学研究的新成果，坚持义由音生、因声求义的学术共识，并通过这一语言学原则来寻求一字之古义，进而对经典的意义作出新的解释。他说："古人造字，字出乎音义，而义皆本乎音也。"③又说："义从音生也，字从音义造也。试开口直发其声曰'施'……重读之曰'矢'……'施''矢'之音皆有自此直施而去彼之主义，古人造从'㐰'从'也'……之'施'字'，即从音义而生者也。……'矢'为弓弩之矢，象形字，而义生于音。凡人引弓发矢，未有不平引延陈而去止于彼者……此

---

① 阮元：《释敬》，《研经室集》下，第 1016 页。
② 阮元：《释佞》，《研经室集》下，第 1012 页。
③ 阮元：《释矢》，《研经室集》上，第 25 页。

义生于音。"①

通过使用语言学的新工具,阮元对古代经典中的一些难以解释的字的确给出了新的解释,从而使一些千古以来闇而不彰的意思得以显豁出来,体现了语言学的新工具在哲学释义方面的魅力,也以此证明通晓古音的语言学方法在了解经典意义过程中的价值。在《释易象音》与《释易象意》两文中,阮元通过复杂的训诂学知识,将象释为材。在《释易象音》,通过辨别"象""象"二字的不同,以此证明《易传·象辞》中"象"字实即古之"象"字之误,并由此进一步论证《易传》"象者,材也"的解释,符合孔子本来的意。"《周易》'象'之为音,今俗皆读'团'之去声,与古音有异。古音当读若'驰',音近于'才',亦与'蠡'字音近。故《系辞传》曰:'象者,材也。'此乃古音训相兼。是象意必与'才'音同部。"②

在《释易象意》一文中,他进一步地说道:"'象'之为音,既据《系辞》、《大雅》定之矣,然则其意究如何?孔子'材也'之训究如何?曰:此但当以'象'字为最先之字,但言其音,而意即在其中,即如'蠡'字,加蚰与不加蚰无异也。《方言》曰:'蠡,分也。''蠡'尚训为'分',则'象'字本训为'分'可知也。'豕揜'即分也,此即孔子之所以训'象'为'材'也。'材'即'财成天地之道'之'财',亦即'三才'之'才',以天、地、人三分分之也。今人但知写'化而裁之'之'裁',方谓用刀裁物,而不知古人音意相同,字多假借,'材'即'裁'也,'财'亦'裁'也。……是故学者以'象者材也'求孔子之意不能明,以'蠡者裁也'求之则明矣。若执迂守浅,古音古意终不明矣。"③

在《释门》篇,阮元说道:"凡事物有间可进,进而靡已者,其音皆读'门',或转若'免'、若'每'、若'敏'、若'孟',而其义皆同,其字则展转相假,或假之于叠韵,或假之于同纽之双声。试论之。凡物中有间隙可进

---

① 阮元:《释矢》,《研经室集》上,第22—23页。
② 阮元:《释易象音》,《研经室集》上,第2页。
③ 阮元:《释易象意》,《研经室集》上,第4—5页。

者莫首于门矣，古人特造二户象形之字，而未显其声音，其声音为何则与'曻'同也。"①

上述新思想的出现，全是依托音训方法。由此可见，乾嘉时代哲学的语言学转向，的确给该时代的哲学思考提供了新的活力。但不无遗憾的是，这些新思想都被包裹在考据学的形式之中，一是在整体上未能形成新的思想冲击，二是对社会的影响甚微。梁启超曾在总结乾嘉学术不像欧洲的文艺复兴运动那样产生广泛的社会影响原因时说到，乾嘉学术是一方法的运动，而不是一种思想的运动。这一说法未必完全正确。但就阮元的新思想与被考据学所遮蔽的事实来看，梁氏的说法有一定的启发意义。

（二）崇尚"汉人之诂"的复古主义方法

对于文字训诂标准的选择问题，阮元的思想中有崇尚古人的复古主义方法与"实事求是"这一超越时空的本质主义学术理想的矛盾。他一方面说："余以为儒者之于经，但求其是而已矣，是之所在，从注可，违注亦可，不必定如孔、贾义疏之例也。歙程易田孝廉，近之善说经者也，其说《考工》戈、戟、鐘、磬等篇，率皆与郑注相违，而证之于古器之仅存者，无有不合，通儒硕学咸以为不刊之论，未闻以违注见讥。盖株守传注，曲为附会，其弊与不从传注凭臆空谈者等。夫不从传注凭臆空谈之弊病，近人类能言之，而株守传注，曲为附会，其弊与不从传注曲为附会之弊，非心知其意者未必能言之也。"②另一方面他又说，"两汉经学所以当尊行者，为其去圣贤最近，而二氏之说尚未起也。……吾固曰，两汉之学纯粹以精者，在二氏未起之前也"③。

他甚至简单地从历史时间的角度出发，论证汉人的训诂具有可靠性。他说："汉人之诂，去圣贤为尤近，譬之越人之语言，吴人能辨之，楚人则否，高曾之容体，祖、父及见之，云、仍则否，盖远者见闻终不若近者

---

① 阮元：《释门》，《研经室集》上，第 31 页。
② 阮元：《焦里堂循群经宫室图序》，《研经室集》上，第 250 页。
③ 阮元：《国朝汉学师承记序》，《研经室集》上，第 248 页。

之实也。……谓有志于圣贤之经，惟汉人之诂多得其实者，去古近也。"①

这一崇尚汉人训诂的思想倾向，在一定程度上削弱了其"实事求是"哲学主张的积极意义，并使他的哲学方法论与其哲学目标之间存在巨大的张力。而阮元思想中存在的这一矛盾，在很大程度上是由以惠栋为代表的"吴学"与以戴震为代表的"皖学"两者之间的学术目标不同所导致的。"吴派"惟汉是崇，而"皖派"重视求真求是。作为乾嘉学术的殿军人物的阮元，他想调和两派的思想，因而在自己的思想体系中出现了顾此失彼的现象。

（三）语言分析、典章制度研究与 18 世纪中国哲学的实证化倾向

以戴震、段玉裁、焦循、阮元等为代表的 18 世纪中国哲学，通过语言分析，以及典章制度的研究，以"人文实证主义"的方法重新阐释原始儒家的思想，从而达到对官方提倡的程朱理学的批判。其理论贡献主要有两点：第一，将中国传统哲学以求善为目标的思维方式，转向了以"求真"为目标的思维方式。"实事求是"成为那个时代的共同精神纲领。这一"求真"的学术活动虽然不是在自然科学与社会科学领域里展开的，而仅是在古代经典研究领域里以考证经典原貌、求索经典原义的方式表现出来的，然这种"求真"精神为日后中国知识阶层接受现代西方自然科学知识提供了思想的温床。尽管这种精神努力方向与同时期西方社会兴起的以自然科学为主体的"求真"思潮相比，并没有带来更加巨大的社会历史效应。第二，在这一精神努力方向的指引下，传统的语言学（广义的，包括语文学在内）得到了长足的发展，特别是文字学、音韵学、版本学、校勘学的发展，使得这一时期的文献整理工作取得了前所未有的成就。而且，乾嘉时代末期的金石学的兴起与发展，为 19 世纪末、20 世纪初的甲骨、金文学的研究奠定了学术与思想的基础。很多传统经典经过这一时期学者的整理、校对，由以往的不可卒读变成了文从字顺的善本图书，为19、20 世纪学者的进一步研究提供了足资借用的善本。

---

① 阮元：《西湖诂经精舍记》，《研经室集》上，第 547 页。

当然，18 世纪中国哲学的实证化倾向，其自身也有弊病，特别是乾嘉学术的后期，很多学者陷入了细枝末节的考证之中，思想光芒逐渐减弱。像阮元、段玉裁、高邮王氏父子，其哲学思想远逊于戴震，基本上没有多少突破，有些地方还有很大的倒退。不过历史的发展总会有自己的内在逻辑。正当乾嘉考据学走向衰落的初期，清代的"公羊学"却在悄然兴起。作为清代由古文经学向今文经学转化的关键人物之一龚自珍，其语言哲学及其思想的转化，恰好预示着乾嘉考据学的自我转化。这是历史的偶然呢，还是透过这一偶然的历史人物显示了某种历史的必然呢？

本章结语

由上三节所论我们似乎可以看出到，乾嘉时代后期以及嘉庆道光时代里，中国学术内部正在酝酿着一种新的变化。这种新的变化可以从不同的角度加以论证，而就其原因而言，也是由多种因素而促成的。然而，从乾嘉学术自身的内在理念——实证方法，以及其所面对的对象——经典文本及其意义之间的关系角度去加以考察，可以看出其内在矛盾运动及其变化。而焦循的"性灵"经学主张，以及这一主张所彰显出的对研究者个体主体性张扬的哲学思想，在一定程度上预示了乾嘉考据学在嘉道以后的变化趋势，即以戴震为代表的乾嘉时代的"人文实证主义"方法论，以及由此方法论所体现的历史还原主义思想倾向，逐渐向着一种带有较强个体主体性的"性灵"经学方向转化。而在"后戴震时代"出现的章学诚的新史学，庄存与、刘逢禄等人为代表经今文学的逐渐兴起，直到龚自珍这位一身兼具经古文与经今文经学两种学统的特殊历史人物的出现，都在不同的学术领域里预示着一种新的、重视经学研究者个体主体性时代的到来。

在乾嘉考据学大的时代背景之下，焦循学术的自身个性特征不太容易彰显出来。他在经学研究中所透射出的哲学新思往往被其玄妙、高深难懂的易哲学体系与数学符号体系所掩盖。然而，其提出的"无性灵不可以言经学"的"性灵"经学思想，其实以非常理论化与学术化的语言表达了乾嘉后期学者对知识精英阶层个体主体性关注的新倾向。这一新倾向与同时代其他领域里一流学者与思想家，如章学诚追求个体主体性的思想倾向交相呼应，从而在一个政治文化处于高度一统的时代里非常含蓄地表达了中国传统社会走向近现代的内在历史要求。从思想史的角度看，也是对戴震"大其心"的经学解释学思想的继承与发扬。而段玉裁、阮元二人的哲学思想贡献主要集中在哲学思考新工具——语言学方法的铸造方面。他们在具体的细节方面提出了一些新的哲学思想，但在整体规模上，尤其是在对旧学的批判力度上，均未超出戴震。当然，"扬州学派"还有汪中、凌廷堪等人，限于本书的篇幅、体例与本人的精力问题，在此暂付阙如。

第九章　龚自珍与魏源的哲学思想

　　龚自珍（1792—1841），字定庵，浙江仁和（今杭州）人。8 岁开始读《登科录》，了解他之前两百年的科名掌故。12 岁接受外祖父段玉裁的文字学研究训练，开始了"以经说字、以字说经"①的学术训练。13 岁，在家塾教师宋璠的指导下，作命题文章《水仙赋》《辨知觉》二文。16 岁，开始读《四库全书总目提要》。19 岁，中乡试副榜第 28 名。27 岁，中乡试第 4 名举人。28 岁，师从刘逢禄研究《公羊春秋》，接受今文经学的思想。38 岁始中进士。30 岁之前，龚自珍著有多篇批评时政的政论文，23 岁时作《明良论》四篇，24 岁至 25 岁的两年里，著有《乙丙之际箸议》25 篇。29 岁，著《西域置行省议》。这篇文章后来受到李鸿章的高度肯定。② 32 岁，作《五经大义终始论》及《答问九篇》《壬癸之际胎观》（九篇）。38 岁时参加殿试，他仿效王安石《上仁宗皇帝书》体例，提出对策。被朝中大臣所忌，以"楷法不中程"为由，未列优等。从此，他失去进翰林院的机会，因而也就从根本上失去了当大学士的机会。龚自珍为此非常郁闷。

----

① 吴昌绶：《定庵先生年谱》，《龚自珍全集》，王佩净校，第 594 页。
② 李鸿章说："古今雄伟非常之端，往往创于书生忧患之所得，龚自珍议西域置行省于道光朝，而卒大设施于今日。盖先生经世之学，此尤其为荦荦大者。"参见吴昌绶《定庵先生年谱》，《龚自珍全集》，王佩净校，第 604 页。

　　就学术与思想来说，思想成熟后的龚自珍一直处在古文经学与今文经学的综合与超越的过程之中，对于乾嘉学术中的"汉宋之争"持一调和的态度，这一调和汉宋的学术态度集中体现在《与江子屏笺》一文中。该文对江藩的《汉学师承记》一书提出十不安，其第五、第六不安云："若以汉与宋为对峙，尤非大方之言；汉人何尝不谈性道？五也。宋人何尝不谈名物训诂？不足概服宋儒之心。六也。"[1]龚自珍深受佛学天台宗与华严宗等思想的影响，而且也深受道家思想的影响。但就其思想的主要倾向而言，是儒家的"经世致用"思想。在人性论、社会政治批判与文学、美学思想等方面，亦受到晚明以来李贽、顾炎武、黄宗羲等人思想的影响。他多次在诗中提到"童心"，如"觅我童心廿六年"，"六九童心尚未消"，"童心来复梦中身"。[2]　由于他去世太早，未能接触更多的西方学术思想，其有关社会改革的思想主要受传统经学思想的影响。他对传统社会各种腐朽现象的批判十分深刻、犀利，然对于将要到来的新社会愿景的描绘则十分隐晦。其文章语言古奥，文风汪洋恣肆，颇近庄子。在一定的意义上说，他是中国传统思想的真正的终结者，又是新思想的开启者，颇类似意大利诗人但丁在意大利文学与思想史上的地位。

　　学术界有关龚自珍研究的成果已经很多，我们在吸收前贤研究成果的基础上[3]，试图在以下三个方面对其哲学思想进行重新阐述：一是在社会政治思想方面集中阐述其朴素的历史唯物论思想，这是前贤与时贤著作品比较忽视的一面；二是对其肯定人性自私的人性论思想进行阐述；三是在语言哲学的新视野下对龚氏的语言哲学思想做深入的挖掘与开拓，以补前贤与时贤所未逮。由于龚氏的著作多有散佚，无法全面地把握他的思想。现仅以王佩诤校定的《龚自珍全集》为底本，论述龚自珍的思想。

---

① 龚自珍：《与江子屏笺》，《龚自珍全集》，王佩诤校，第 347 页。

② 参见陈铭《龚自珍评传》，第 209—210 页，南京，南京大学出版社，1998。

③ 参见侯外庐《中国思想通史》第五卷第十七章，王茂、蒋国保等《清代哲学》第二十四章，陈铭《龚自珍评传》，樊克政《龚自珍年谱考略》等著作。

第一节　龚自珍的社会政治思想

侯外庐先生曾经指出，"龚自珍的思想中心是他的社会批判论，他的经史之学则为一种附带研究的东西"。[①] 我们部分地认同侯先生的说法，认定龚自珍的思想中心是社会政治思想，而社会批判思想乃是社会政治思想的中心。在其社会政治思想中，龚自珍还是深入地探讨了人类社会变化之道，尤其是将社会变化的基础奠定在物质生产，特别是粮食生产的基础之上，这是一个十分重要的思想见解。由此思想出发，龚自珍还特别重视人的感性、物质生活的第一性，要求统治者首先满足人们的基本物质生活的需求，然后再谈伦理教化的问题。这一思想倾向与晚明以来反对政治化儒学和"存天理、灭人欲"的伦理异化思想相一致，是李贽等人所创发，由顾、黄、王、陈确等人所光大并丰富的早期启蒙思想一脉相承。

一、以饮食为始基的社会政治之道

龚自珍的社会政治思想有一种非常朴素的历史唯物论倾向，将人的饮食之需及其满足看作是圣人之道的开端。他说："圣人之道，本天人之际，胪幽明之序，始乎饮食，中乎制作，终乎闻性命天道。"[②]就政治上的"聪明"——明智而正确的决断而言，古代圣王要高于普通百姓，但"聪明"之中最伟大的"聪明"是什么？就是能够首先给民众解决饮食问题的人。故龚自珍说：

> 聪明孰为大？能始饮食民者也。其在《序卦》之文曰："物穉不可不养，屯蒙而受以需，饮食之道也。"其在《雅诗》，歌神灵之德，曰："民之质矣，日用饮食。"是故饮食继天地。又求诸《礼》曰："夫礼之初，始诸饮食。"礼者，祭礼也。民饮食，则生其情矣，情生则其文

---

① 侯外庐：《中国思想通史》第五卷，第 650 页。
② 龚自珍：《五经大义终始论》，《龚自珍全集》，王佩诤校，第 41 页。

矣。……谨求之《春秋》,必称元年。年者,禾也。无禾则不年,一年之事视乎禾。《洪范》称祀者何? 禾熟而当祀;祀四时而遍,则一年矣。元年者,从食以为祀;无祀者,从祭以为纪。①

龚自珍将儒家传统的《五经》大义的核心精神解释成以"饮食为始端",从经学的角度看未必那么贴切,但从哲学思想的创新角度看,恰恰体现了龚自珍社会政治思想中以满足民众物质生活为出发点的朴素唯物论思想萌芽。这一朴素的唯物论思想,在其《农宗》篇亦充分地体现出来。当代中国哲学界著作中,有很多论著将此篇所表达出的社会政治思想看作是落后的、以农业宗法社会为理想蓝图的乌托邦思想。从社会理想的角度看,这种评价虽也有一定的合理因素。但就该篇文章的思想核心精神来看,其主要论述的还是以饮食满足为政治的出发点的观念。《农宗》篇开篇对社会政治哲学诸问题的思考是非常有深意的,龚自珍这样追问道:"古者未有后君公,始有之而人不骇者何? 古者未有礼乐刑法,与礼乐刑法之差,始有之而人不疑惧者何? 古者君若父若兄同亲者何? 君若父若兄同尊者何? 尊亲能长久者何? 古之为有家,与其为天下,一贯之者何? 古之为天下,恒视为有家者何?"②

对于上述七个问题的回答,龚自珍归结为如下一点,即能够让土地生产出更多粮食的人,就可以成为社会的领导者与统治者。他说:

> 生民之故,上哉远矣,天谷没,地谷苗,始贵智贵力,有能以尺土出谷者,以为尺土主;有能以倍尺若十尺、伯尺出谷者,以为倍尺、十尺、伯尺主;号次主曰伯。帝若皇,其禄尽农也,则周之主伯欤?③

不仅古代的政治领袖是那些能让土地长出更多粮食的聪明农人,而且礼乐刑法等上层意识形态也是建立在粮食生产的基础之上,"土广而谷众,足以芘其子,力能有文质祭享报本之事,力能致其下之称名,名之

---

① 龚自珍:《五经大义终始论》,《龚自珍全集》,王佩诤校,第41—42页。
② 龚自珍:《农宗》,《龚自珍全集》,王佩诤校,第49页。
③ 龚自珍:《农宗》,《龚自珍全集》,王佩诤校,第49页。

曰礼,曰乐,曰刑法。儒者失其情,不究其本,乃曰天下之大分,自上而下。吾则曰:先有下,而渐有上。下上以推之,而卒神其说于天,是故本其所自推也,夫何骇? 本其所自名也,夫何疑何惧? 儒者曰:天子有宗,卿大夫公侯有宗,惟庶人不足与有宗。吾则曰:礼莫初于宗,惟农为初有宗"①。

既然一切上层建筑均以农为初宗,则各种政治设施均起于农业生产物质基础之上。龚自珍说:

> 上古不讳私,百亩之主,必子其子;其没也,百亩之亚旅,必臣其子;余子必尊其兄,兄必养其余子。父不私子则不慈,子不业父则不孝,余子不尊长子则不悌,长子不赡余子则不义。……农之始,仁孝悌义之极,礼之备,智之所自出,之为也百亩之农,有男子二,甲为大宗,乙为小宗,小宗者,帝王之上藩,实农之余夫也。②

龚自珍甚至由此得出了一个非常惊世骇俗而又颇有道理的结论:"不以朝政乱田政"③。他给出了这样一个政治结论:"是故筹一农身,身不七尺,人伦五品,本末原流具矣! 筹一农家,家不十步,古今帝王,为天下大纲,细目备矣! 木无二本,川无二原,贵贱无二人,人无二治,治无二法,请使农之有一田、一宅,如天子有万国天下。"④龚自珍这段话的意思是说,只要筹划好一个农人的身体之所需,则治天下的本末之事全部解决了。只要筹划好一个农人家庭之所需,而一个家庭所需之地不需要"十步"那么大,则古今帝王治理天下的大纲细目全部都具备了。树没有两个根本,河流没有两个源头,人不分贵贱,没有额外不同的治理办法;治理国家没有另外特殊的制度,只要让农民有一份田地,有座房子,这样天子就有万国天下的领土。可见,龚自珍以非常晦涩的语言表达了非常

---

① 龚自珍:《农宗》,《龚自珍全集》,王佩净校,第 49 页。
② 龚自珍:《农宗》,《龚自珍全集》,王佩净校,第 49 页。
③ 龚自珍:《农宗》,《龚自珍全集》,王佩净校,第 51 页。
④ 龚自珍:《农宗》,《龚自珍全集》,王佩净校,第 51 页。

深刻的社会政治与社会治理思想，也是明代农民起义与近代太平天国起义要求"耕者有其田"的政治纲领在龚自珍思想里的集中反映。

二、社会批判与社会变革思想

龚自珍的社会变革思想萌芽甚早，在青年代时他就已经敏锐地觉察到清王朝政治的腐败，写出了《明良论》四篇，深得其外祖父段玉裁的欣赏："四论皆古方也，而中今病，岂必别制一新方？"[1]在这一组政论文中，龚自珍就王朝政治如何培养士气、增进廉耻、改革用人制度，奉行理想的"政道"，提出了自己的系列主张。龚自珍认为，王朝政治应当让士人、王公大臣有体面的生活，否则他们就无心于政治事务。这与今日高薪养廉论颇有相合之处。龚自珍说："三代以上，大臣、百有司无求富之事，无耻于言富之事。……人主之遇其臣也，厚以礼，绳以道，亦岂以区区之禄为报？然而禹、箕子、周公然者，王者为天下国家崇气象，养体统，道则然也。孟子曰：'无恒产而有恒心，惟士惟能。'虽然，此士大夫所以自律则然，非君上所以律士大夫之言也。"[2]

年轻的龚自珍对专制政治泯灭士人气节的做法给予了猛烈的批判，他说："士皆知有耻，则国家永无耻矣；士不知耻，为国之大耻。历览近代之士，自其敷奏之日，始进之年，而耻已存者寡矣！官益久，则气愈媮；望愈崇，则诌愈固；地益近，则媚亦益工。至身为三公，为六卿，非不崇高也，而其于古者大臣巍然岸然师傅自处之风，匪但目未睹，耳未闻，梦寐亦未之及。臣节之盛，扫地尽矣。非由他，由于无以作朝廷之气故也。"[3]而之所以朝廷不能兴起士人、大臣之气节，主要是由于专制政治奴役从政者之心，"朝见长跪、夕见长跪之余"，让大臣坐而论道，与君主平起平坐的政治平等传统被消除殆尽的缘故。

---

① 龚自珍：《明良论四》，《龚自珍全集》，王佩净校，第 36 页。
② 龚自珍：《明良论一》，《龚自珍全集》，王佩净校，第 29 页。
③ 龚自珍：《明良论二》，《龚自珍全集》，王佩净校，第 31 页。

　　龚自珍还非常深刻、犀利地揭露了专制政治消磨士气的另一种阴招，那就是在京城里广设妓馆，从而达到拑塞天下游士心思、言论的目的。他说："士也者，又四民之聪明喜议论者也。身心闲暇，饱暖无为，则留心古今而好议论。留心古今而好论议，则于祖宗之立法，人主之举动措置，一代之所以为号令者，俱大不便。凡帝王所居曰京师，以其人民众多，非一类一族也。是故召募女子千余户入乐藉。乐藉既棋布于京师，其中必有资质端丽，桀黠辨慧者出焉。目挑心招，捭阖以为术焉则可以塞天下之游士。乌在其可以箝塞也？曰：使之耗其资财，则谋一身且不暇，无谋人国之心矣；使之耗其日力，则无暇日以谈二帝三王之书，又不读史而知古今矣；使之缠绵歌泣于床第之间，耗其壮年之雄材伟略，则思乱之志息，而议论图度，上指天下画地之态益息矣；使之春晨秋夜为靡体词赋、游戏不急之言，以耗其才华，则议论军国臧否政事之文章可以毋作矣。如此则民听壹，国事便，而士类之保全者亦众。"①

　　龚自珍非常敏锐地指出，士无气节，实是整个国家民族的悲哀，而造成灾难的原因则出自朝廷之上的专制政治。他说："农工之人、肩荷背负之人则②无耻，则辱其身而已；富而无耻者，辱其家而已；士无耻，则名之曰辱国；卿大夫无耻，名之曰辱社稷。由庶人贵而为士，由士贵而为小官，为大官，则由始辱其身家，以延及于辱社稷也，厥灾下达上，象似火！大臣无耻，凡百士大夫法则之，以及士庶人法则之，则是有三数辱社稷者，而令合天下之人，举辱国以辱其家，辱其身，混混沄沄，而无所底，厥咎上达下，象似水！上若下胥水火之中也，则何以国？"③

　　龚自珍虽然还缺乏现代西方式的民主政治理念，但他所提出的"为政之道"，在中国传统政治框架内还是具有消解皇权专制主义毒素的意义。他说："律令者，胥吏之所守也；政道者，天子与百官之所图也。守律令而不敢变，吏胥之所以侍立而体卑也；行政道而惟吾意所欲为，天子百

---

① 龚自珍：《京师东藉说》，《龚自珍全集》，王佩净校，第 118 页。
② 此"则"字当为"若"字。
③ 龚自珍：《明良论二》，《龚自珍全集》，王佩净校，第 32 页。

官之所以南面而权尊也。为天子者，训迪其百官，使之共治吾天下，但责之以治天下之效，不必问其若之何而以为治，故唐、虞三代之天下无不治。"①

他吸收了明末清初黄宗羲、顾炎武的政治改革思想，坚持"君臣共治群分"与"一命之官莫不分天子之权"的精英民主政治理想，反对设立过于苛细的一家之私法、不可破之例束缚大臣为天下百姓办事的手脚。他说："天下无巨细，一束之于不可破之例，则虽以总督之尊，而实不能以行一谋、专一事。夫乾纲贵裁断，不贵端拱无为，亦论之似者也。然圣天子亦总其大端而已矣。至于内外大臣之权，殆亦不可以不重。权不重则气不振，气不振则偷，偷则敝。权不重则民不畏，不畏则狎，狎则变。……圣天子赫然有意千载一时之治，删弃文法，捐除科条，裁损吏议，亲总其大纲大纪，以进退一世，而又命大臣以所当为，端群臣以所当从。内外臣工有大罪，则以乾纲诛之，其小故则宥之，而勿苛细以绳其身。"②

如果说，黄宗羲曾经提出了"臣道"，要求传统士人从"为天下的目的"出发来做官，那么，龚自珍则提出了"宾宾"的理想，要求士人不要"籍道以降"。他是这样界定王朝政治中的"宾"之类大臣的身份的："故夫宾也者，生乎本朝，仕乎本朝，上天有不专为其本朝而生是人者在也。"③正因为"宾"不是专为一朝政治服务的，所以这些人从事政治活动主要是服从"政道"的原则，为国家、为百姓做事，因而具有相对独立的政治人格与处事原则。龚自珍说：

> 兴王圣智矣，其开国同姓魁杰寿考，易尽也，宾也者，异姓之圣智魁杰寿考也。其言曰：臣之藉，外臣也；燕私之游不从，宫库之藏不问，世及之恩不预，同姓之狱不鞠，北面事人主，而不任叱咄奔走，捍难御侮，而不死私难。是故进中礼，退中道，长子孙中儒，学中史。④

---

① 龚自珍：《明良论四》，《龚自珍全集》，王佩净校，第 34 页。
② 龚自珍：《明良论四》，《龚自珍全集》，王佩净校，第 35—56 页。
③ 龚自珍：《古史钩沈论四》，《龚自珍全集》，王佩净校，第 28 页。
④ 龚自珍：《古史钩沈论四》，《龚自珍全集》，王佩净校，第 27 页。

甚至在王朝更迭之际，这些"宾者"也应当受到真正的王者的尊重。其理何在？龚自珍认为："古之世有抱祭器而降者矣，有抱乐器而降者矣，有抱国之图藉而降者矣。无藉其道以降者，道不可藉也。下至百工之艺，医卜之法，其姓氏也古，其官守也古，皆不能以其艺降。"①

而对于这样异姓的"圣智魁杰"之宾，王者应当"芳香其情以下之，玲珑其诰令以求之，虚位以位之"②。

上述龚自珍通过历史学的方式阐述的反专制政治的思想，要求大臣以道自尊，也要求理想中的王者尊重抱道之大臣，其实是明末清初反皇权专制政治思想的继续，也是中国传统政治思想中士大夫与天子共治天下的政治理想的一种继续。

龚自珍还对传统政治中所谓的"王道"思想进行了犀利的批判，提出了"王者取天下有阴谋焉"的惊世骇俗之论。在《葛伯仇饷解》一文中，对《逸周书》中"葛伯仇饷"一事进行重新解释，认为葛虽贫，葛伯作为一国之君，绝对不可能做杀人夺酒肉之事，其原因是商汤制造的阴谋而已。他说：

> 王者取天下，虽曰天与之，人归之，要必有阴谋焉。汤居亳，与葛为邻，葛伯不祀，汤教之祀，遗以粢盛可矣；乃使亳众往为之耕，春耕、夏耘、秋收，乃困乃米……亳众者何？窥国者也，策为内应者也。老弱馈者何？往来为间谍者也。葛虽贫，士可兼，葛伯放而柔，强邻圣敌，旦夕虎视，发众千百入其境，屯于其野，能无惧乎？……仇者何？众词，大之之词。杀者何？专词。杀一人不得言仇，仇不得言杀。史臣曰："葛伯仇饷"，得事实矣。又曰："汤一征，自葛载。"夫葛何罪？罪在近。后世之阴谋，有远交而近攻者，亦祖汤而已矣。③

---

① 龚自珍:《古史钩沈论四》,《龚自珍全集》,王佩净校,第 28 页。
② 龚自珍:《古史钩沈论四》,《龚自珍全集》,王佩净校,第 27 页。
③ 龚自珍:《葛伯仇饷解》,《龚自珍全集》,王佩净校,第 124 页。

上述龚自珍所论，显然借用《公羊春秋》的笔法，批评历史上所谓的"王道"政治，将儒家历史上歌颂的大圣人商汤看作是后世政治阴谋的始作俑者。这一曲折的笔法与王夫之在史论中将文王看作是剥夺相权、开始皇权专制始作俑者一样，都是借古讽今的手法。

龚自珍有关社会变革的思想往往通过托古改制的言语方式表达出来。他说："吾闻深于《春秋》者，其论史也，曰：书契以降，世有三等，三等之世，皆观其才；才之差，治世为一等，乱世为一等，衰世别为一等。"①他称自己所处之世为"衰世"，这一"衰世"表面上看"方类治世，名类治世，声音笑貌类治世"②，然而人才绝无，人心已经彻底腐烂，距离大乱之日仅有一步之遥：

> 黑白杂而五色可废也，似治世之太素；宫羽淆而五声可铄也，似治世之希声；道路荒而畔岸隳也，似治世之荡荡便便；人心混混而无口过也，似治世之不议。左无才相，右无才史，阃无才将，庠序无才士，陇无才民，廛无才工，衢无才商，抑巷无才偷，市无才驵，薮泽无才盗；则非但鷇君子，抑小人甚鷇。当彼其世也，而才士与才民出，则百不才督之、缚之，以至于戮之。戮之非刀、非锯、非水火，文亦戮之，名亦戮之，声音笑貌亦戮之。戮之权不告于君，不告于大夫，不宣于司市，君大夫亦不任受。其法亦不及于要领，徒戮其心，戮其能忧心、能愤心、能思虑心、能作为心、能有廉耻心、能无渣滓心。又非一日而戮之，乃以渐，或三岁而戮之，十年而戮之，百年而戮之。才者自度将见戮，则蚤夜号以求治；求治而不得，悖悍者则蚤夜号以求乱。夫悖且悍，且眀然眮然以思世之一便己，才不可问矣。鷝之伦聒有辞矣。然而起视其世，乱亦竟不远矣。③

① 龚自珍：《乙丙之际塾议第九》，《龚自珍全集》，王佩诤校，第 6 页。
② 龚自珍：《乙丙之际塾议第九》，《龚自珍全集》，王佩诤校，第 6 页。
③ 龚自珍：《乙丙之际塾议第九》，《龚自珍全集》，王佩诤校，第 6—7 页。

　　龚自珍对衰世的表象作了生动的刻画，黑白混淆，宽和之音与悠扬之音混淆①，道路上一切稀松，不紧不慢，仿佛是治世一般，而实际上是整个社会各个领域里都缺乏人才。其主要原因在于国家将人们的能忧、能思、能作为、有廉耻之心等内在的积极主动意志全部摧毁，表现出的是一夫为刚，万夫为柔的景象。龚自珍还以十分形象的语言揭示了嘉道之际的清王朝政治与社会的现实状态："履霜之屦，寒于坚冰；未雨之鸟，戚于飘摇；痹痿之疾，殆于痈疽；将萎之华，惨于槁木。"②又说："日之将夕，悲风骤至，人思灯烛，惨惨目光，吸饮莫气，与梦为邻"。③　他通过隐喻的方式，将京师与山中之民的力量作一鲜明的对比，预言清王朝社会里行将爆发一场下层民众的革命运动。他认为，由于权贵所处的京师之地，拒绝接纳社会中的"人功精英，百工魁杰"，以至于京师之气泄，京师之势力空虚，而让山中实力增加，其结果是"豪杰轻量京师；轻量京师，则山中之势重矣"④，最后是"山中之民，有大音声起，天地为之钟鼓，神人为之波涛矣"⑤。

　　透过对历史上王朝兴替的认识，龚自珍得出了"无八百年不夷之天下，天下有亿万年不夷之道"⑥的历史常变观。这即是说，具体的王朝天下是会改姓换代的，然而政治之道的根本精神是不变的。而这不变的"政治之道"，或许就是他在《农宗》篇中所阐述的朴素的唯物论的政治思想。龚自珍甚至还说："夫五行不再当令，一姓不再产圣。"⑦这其实是在

---

① 《晋书·乐志》载："是以闻其宫声、使人温良而宽大……闻其羽声，使人恭俭而好礼。"宫音为五音之首，"声始于宫……属土"，《汉书·律历志》说："宫，君也，倡始绝生，为四声纲也"，认为宫声在五音之中最重要。土为大地，万物之母，脾土为后天之本，生命活动的持续和气血津液的生化都有赖于脾胃运化水谷精微，而同为"土"的宫音，因为性质的相似，同气相求，可以与脾发生联系。羽音悠扬澄静，柔和透彻，同有水的特性，故羽声入肾。
② 龚自珍：《乙丙之际塾议第九》，《龚自珍全集》，王佩净校，第 7 页。
③ 龚自珍：《尊隐》，《龚自珍全集》，王佩净校，第 87 页。
④ 龚自珍：《尊隐》，《龚自珍全集》，王佩净校，第 87 页。
⑤ 龚自珍：《尊隐》，《龚自珍全集》，王佩净校，第 88 页。
⑥ 龚自珍：《乙丙之际塾议第七》，《龚自珍全集》，王佩净校，第 5 页。
⑦ 龚自珍：《古史钩沈论四》，《龚自珍全集》，王佩净校，第 27 页。

预言爱新觉罗氏的大清王朝即将灭亡。然而，即使如此，龚自珍还是希望清王朝的统治者能进行自我改革，他说："一祖之法无不敝，千夫之义无不靡，与其赠来者以劲改革，孰若自改革。抑思我祖所以兴，岂非革前代之败耶？前代所以兴，又非革前代之败耶？何莽然其不一姓也？天何必不乐一姓耶？鬼何必不享一姓耶？奋之！奋之！将败则豫师来姓，又将败则豫师来姓。《易》曰：'穷则变，变则通，通则久。'非为黄帝以来六、七姓括言之也，为一姓劝豫也。"①

非常遗憾的是，清王朝并未听从龚自珍的劝告，在太平天国农民起义洪流的冲击下迅速走向衰亡，最后在外国资本主义强大势力的攻击下，加上内部的混乱而迅速走向灭亡。

龚自珍是诗人、文学家，其有关社会变化的理论思考往往借助于文学形象表达出来。其《释风》一文就生动形象地揭示了人类社会变化的不可预期性、渐变而人不知的特征，并形象地论证了人是促使社会风气变化的根本原因。他甚至说社会性质的风气之"风"是风字的本义："古人之世，儵而为今之世；今人之世，儵而为后之世；旋转簸荡不已。万状而无状，万形而无形，风之本义也有然。"②当有人问"风"之古字"風"从"虫"作何解释时，龚自珍说："且吾与子何物？固曰：倮蟲。文积虫曰蟲。天地至顽也，得倮蟲而灵；天地至凝也，得倮蟲而散；然而是天地至老寿也，得倮蟲而死；天地犹旋转簸荡于虫，矧虫之自为旋转而簸荡者哉？"③

龚自珍此处以文学的形象语言揭示了人为万物之灵，因人的作用而使天地发生变化的道理。他还进一步借道家之言，阐述了人受社会风气的影响而不知觉，然而因生病而衰老，因衰老而死亡的结局。他说："道家者流，又言无形么虫万亿，昼夜啮人肤，肤觉者亿之一耳，是故有老死

---

① 龚自珍：《乙丙之际塾议第七》，《龚自珍全集》，王佩诤校，第 6 页。
② 龚自珍：《释风》，《龚自珍全集》，王佩诤校，第 128 页。
③ 龚自珍：《释风》，《龚自珍全集》，王佩诤校，第 128 页。

病。是说也，予亦信之。"①龚自珍在此所说的道家其实为道教，先秦道家没有类似的说法。他这一带有诗化哲学特征的语言形式，带有极强的隐喻性、暗示性、启发力，如果我们仅从概念、范畴的角度来把握他的社会政治思想，往往会觉得他的思想贫乏、浅薄。实际上，他的思想极其深刻且值得反复咀嚼。

第二节　龚自珍的心力论与人性论

在《己亥杂诗》中，龚自珍曾吟咏道："颓波难挽挽颓心，壮士曾为九牧鍼。鐘虡苍凉行色晚，狂言重起廿年瘖。"他深知道光时代的清王朝已经处于颓波横流的衰世，距乱世只有一步之遥。他个人无能为力，只希望通过挽救人心来挽救世道了。龚自珍深受佛教思想的影响，但他将佛教的"救心"思想与儒家经世致用的思想结合起来，希望通过提升众人"心力"来拯救当时社会颓靡的风俗。他说："心无力者，谓之庸人。报大仇，医大病，解大难，谋大事，学大道，皆以心之力。司命之鬼，或哲或昏，人鬼之所不平，卒平于哲人之心。哲人之心，孤而足恃，故取物之不平者恃之。"②

一、以"心力"挽颓波与"尊命"的矛盾

龚自珍无力改变现实，甚至也无力改变众人之"心力"，而最终想依托"哲人之心"，唤醒众人，改变世界。他又将"尊史"的观念与尊心结合起来，提出了"尊史即尊心"的观点。他说："史之尊，非其职训、司谤誉之谓，尊其心也。"③

"尊史"如何与尊心结合起来的呢？龚自珍认为，良史必具备善于体察"人心风气"，善于表达出真实的"人心风气"的能力。善于体察"人心

---

① 龚自珍：《释风》，《龚自珍全集》，王佩诤校，第 129 页。
② 龚自珍：《壬癸之际胎观第四》，《龚自珍全集》，王佩诤校，第 15—16 页。
③ 龚自珍：《尊史》，《龚自珍全集》，王佩诤校，第 80 页。

风气"称之为"善入",善于表达"人心风气",称之为"善出"。"不善入者，非实录，垣外之耳，乌能治堂中之优耶?"①"不善出者，必无高情至论，优人哀乐万千，手口沸羹，彼岂复能自言其哀乐耶?"②正是从善入、善出"人心风气"的角度看，龚自珍认定尊史即是"自尊其心"，而且因为史家自尊其心，则史官之职因此而得到尊重，史官的语言也因此得到尊重，史官之具体作者也得到尊重。在这样的前提下，龚自珍提出了"出乎史，入乎道，欲知大道，必先为史"的历史哲学命题。这一历史哲学命题以前所未有的哲学新观念表达了对新历史学——忠实反映、表达民众心声的人本史学的高度推崇，既是对章学诚"六经皆史"思想命题的继承，也是一种发展与创新。

在《庐之推》一文，龚自珍希望通过士人坚持庐墓的守丧之礼，以培养天下士人之德，进而理解圣人祀其先王之礼所具有整合天下人心的教化意义。他说:"士德之盛者，能知圣人。圣人者，合万国之欢心，以祀其先王，大命必于庙，其始升歌曰;'济济多士，秉文之德'。而卒称无斁于人，以如将万年焉，由此其推也。"③这种政治理想带有很强的空想色彩，但他希望当社会精英阶层——士群体能够起到引领众人的积极作用，从而改变社会的衰朽之象，还是有积极意义的。

龚自珍批评专制政治摧残人心，摧毁人的气节。他说:"昔者霸天下之氏，称祖之庙，其力强，其志武，其聪明上，其财多，未尝不仇天下之士，去人之廉，以快号令，去人之耻，以嵩高其身;一人为刚，万夫为柔，以大便其有力强武。"④这种对专制政治的批评，上接晚明顾、黄、王等人的反专制思想，下开近代以来士人思想解放之先声，而他对"一人为刚，万夫为柔"的专制政治现象批判的深刻性，是先前反专制政治思想所难以比拟的。龚自珍一方面批判千百年来的专制政治历史，另一方面又希望有

---

① 龚自珍:《尊史》,《龚自珍全集》,王佩诤校,第 81 页。
② 龚自珍:《尊史》,《龚自珍全集》,王佩诤校,第 81 页。
③ 龚自珍:《庐之推》,《龚自珍全集》,王佩诤校,第 96 页。
④ 龚自珍:《古史钩沈论一》,《龚自珍全集》,王佩诤校,第 20 页。

理想的圣王出现，这样的圣王能培养人的气节，从而改变社会的风气，他说："气者，耻之外也；耻者，气之内也。温而文，王者之言也；惕而让，王者之行也；言文而行让，王者所以养人气也。"[1]

现实中的龚自珍在政治上不可能有什么作为。他只能借用佛教"发心愿"的形式，来表达自己的救世思想。在《发大心文》中，他化用佛教的行文风格，以奇诡的文风形式表达了拯救世界的无穷心愿。他说：

> 我若不以今生坐大愿船，自鼓愿楫，尽诸后身，终成蹉忽，负恩无极，是谓枉得人身，虚闻佛法。……我今誓发大心，凡生人伦，受种种恼，大心菩萨深知因果，各各有故，略可设说。[2]

甚至说，假设有后身仍生人间，"皆当发心而正思惟。如遇它横逆，应正思惟，生安受心；遇他机械，应正思惟，生怜他心；遇他作恶，应正思惟，生度他心；遇他冥顽，不忠不孝，不存血性，于家于国，漠然无情，应正思惟，生感动他心"[3]……

龚自珍一腔改革、救世之心，在无情的现实面前只能化为泡影。他在自己的精神世界里借助佛教的力量来鼓励自己，以孤胆英雄的形象来从事改革的事业，今生不遂心愿，来生继续奉行。这一借助大乘佛教的精神力量来从事社会改革的思路，被部分近代革命家所利用，其中章太炎就是典型的例子。

龚自珍一方面高调提倡"心力"，另一方面却也"尊命"。他所说的"命"，既是天命，也是"君命"，而其共同特征是，既"必信"，又"不必信"。所谓"必信"，即指有一定的规律性。所谓"不必信"，即指又有一定的偶然忄。要而言之，让人捉摸不透又不得不接受的一种命令、结局，就叫作命。他说：

> 儒家之言，以天为宗，以命为极，以事父事君为践履。君有父之

---

① 龚自珍：《古史钩沈论一》，《龚自珍全集》，王佩诤校，第 20 页。
② 龚自珍：《发大心文》，《龚自珍全集》，王佩诤校，第 392—393 页。
③ 龚自珍：《发大心文》，《龚自珍全集》，王佩诤校，第 392—393 页。

严，有天之威；有可知，有弗可知，而范围乎我之生。君之言，唐、虞谓之命，周亦谓之命。……夫天，寒、暑、风、雨、雷必信，则天不高矣；寒、暑、风、雨、雷必不信，则天又不高矣。①

面对"命"，人只有被动的接受，无论是正命、不正命，无如何者，都要接受。他还认为，儒家言"命"，不仅比佛教更加细致、完备，而且在觉世牖民方面，儒家之言最妙。由此，他将儒家传统中的"发乎情，止乎礼义"的命题改造为"发乎情，止于命"的命题。他说："三百篇之世及迁之世，天竺法未东，命之正，命之无如何，又各有其本，因是已，缘是已，宿生日已，诗人、司马迁，惜乎其皆未闻之。未闻之而不能不立一说，使正者受，不正者亦受，无如何者亦受，强名之曰命。总人事之千变万化，而强诿之曰命，虽不及天竺书，要之儒者之立言，觉世而牖民，莫于此，莫善于此！或问之曰：传曰：'发乎情，止乎礼义。'其言何若？应之曰：子庄言之，我姑诞言之；子质言之，我姑迂言。夫我也，则发于情，止于命而已矣。"②

这样一来，龚自珍在提倡"心力"与"尊命"之间，就表现出了极大的思想张力，也体现了其作为地主阶级改革家内在的软弱之处。他无法找到真正改革社会的动力，所以最终又将改革社会的任务寄托在个别英雄身上。他提出的"尊任"观念——即推崇社会上见危求难的任侠之豪杰，就体现了龚自珍在社会改革方面的无奈。他说："《周礼》：'以九两系邦国之民，八曰友以任得民。'又曰：'以六行教万民：孝、友睦、姻、任、恤。'杜子春曰：'任，任朋友之事者。'周爵五等，公侯伯子男，任也；子，以榖璧养人；男，以蒲璧安人。曾子曰：'士不可以不弘毅，任重而道远。'任也者，侠之先声也。古亦谓之任侠，侠起先秦间，任则三代有之。侠尚意气，恩怨太明，儒者或不肯为；任则周公与曾子之道也。世之衰，患难不相急，豪杰罹患难，则正言庄色厚貌以益锄之；虽有骨肉之恩，夙所卵翼

---

① 龚自珍：《尊命一》，《龚自珍全集》，王佩净校，第83页。
② 龚自珍：《尊命二》，《龚自珍全集》，王佩净校，第83页。

之子,飘然拒绝,远引事外。"①

上述引文中,龚自珍试图通过对《周礼》中"任"字的重新解释,找到社会改革的经典依据。他提倡周公与曾子提倡的儒侠精神,以急世道为己任而不以一家之安危为意,以为公和牺牲小家的精神担当起社会改革的重任。龚自珍的这种精英式的社会改革理想,与他在人性论方面肯定人性自私的伦理学说,看似有矛盾,实则并不矛盾。他肯定人性自私,是要政治家看到普通大众的人性具有自私的特性,要求政治活动满足大众的需求。而在社会改革方面,他呼呼的是精英士人阶层自觉承担起社会改革的任务。这是传统士阶层自律性要求的体现。

二、肯定人性有私的人性论与伦理学思想

在伦理学方面,龚自珍高度肯定了"私"对于人类社会与人伦建设的重要性,反对"大公无私"的伦理观念。这一思想应当说是对李贽肯定"人必私,而后其心乃见"观念的继承。② 龚自珍从大自然有"私"、历史上圣君哲后皆有"私",以及历史政治伦理都肯定私的三个层面,论证了人性有私的合理性。从自然的层面,龚自珍这样说道:

> 天有闰月,以处赢缩之度,气盈逆虚,夏有凉风,冬有燠日,天有私也;地有畸零华离,为附庸闲田,地有私也;日月不照人床闼之内,日月有私也。③

从圣君哲后的层面,龚自珍说道:

> 圣帝哲后,明诏大号,劬劳于在原,咨嗟于在庙,史臣书之。究其所为之实,亦不过曰:庇我子孙,保我国家而已,何以不爱他人之国家,而爱其国家? 何以不庇他人之子孙,而庇其子孙? 且夫忠臣忧悲,孝子涕泪,寡妻守雌,扞门户,保家世,圣哲之所哀,古今之所懿,

---

① 龚自珍:《尊任》,《龚自珍全集》,王佩诤校,第85—86页。
② 虽然,目前并没有直接文献证明龚自珍读过李贽的书。
③ 龚自珍:《论私》,《龚自珍全集》,王佩诤校,第92页。

史册之所纪,诗歌之所作。忠臣何不忠他人之君,而忠其君?孝子何以不慈他人之亲,而慈其亲?寡妻贞妇何以不公此身于都市,乃私自贞私自葆也?[1]

从历史上的政治伦理的层面,龚自珍以反面例子与孟子正面维护"私"的正面角度,再一次论证"私"的合理性。他说:

且夫子哙,天下之至公也,以八百年之燕,欲予子之。汉哀帝,天下之至公也,高皇帝之艰难,二百祀之增功累胙,帝不爱之,欲以予董贤。由斯以谭,此二主者,其视文、武、成、康、周公,岂不圣哉?由斯以谭,孟子车氏,其言天下之私言也,乃曰:"人人亲其亲,长其长而天下平。"且夫墨翟,天下之至公无私也,兼爱无差等,孟子以为无父。杨朱,天下之至公无私也,拔一毛利天下不为,岂复有干以私者?岂复舍我而徇人之谒者?孟氏以为无君。且今之大公无私者,有杨、墨之贤耶?[2]

龚自珍由上述所论,得出了一个非常耸人听闻的结论,无私即是禽兽。他说:

且夫狸交禽媾,不避人于白昼,无私也。若人则有闺阃之蔽,房帷之设,枕席之匿,赪颒之拒矣。禽之相交,径直何私?孰疏孰亲,一视无差。尚不知父子,何有朋友?若人则必有孰薄孰厚之气谊,因有过从谦游,相援相引,款曲燕私之事矣。今日大公无私,则人耶,则禽耶?[3]

从上述三则材料来看,龚自珍对"人必有私"合理性的论述,在逻辑上非常严密。第一则材料是从自然哲学的角度肯定"人必有私"的合理性。本来天地运行是自然而然的,不存在私与不私的问题,然而龚自珍

---

① 龚自珍:《论私》,《龚自珍全集》,王佩净校,第 92 页。
② 龚自珍:《论私》,《龚自珍全集》,王佩净校,第 92 页。
③ 龚自珍:《论私》,《龚自珍全集》,王佩净校,第 92 页。

以诗人的想象力对天地的运行规则做了一个拟人化的论证，特别是"日月不照人床闼之内，日月有私也"的说法，完全是为了肯定人的私密性生活的合理性而借助日月的自然现象来保证其神圣性。此层论述绝对不能从自然科学的角度来理解，那样只能是笑话。第二则材料主要是揭露了历史上所有王朝政治为"私天下"的本质。从而通过"私天下"的政治史来证明人性自私的普遍性，也揭露了历史上帝王以天下为公的道德虚伪性。该则材料讲到女性自私其身的例证并不恰当，但以歪曲的方式肯定了人保护自我的基本人权。第三则材料是通过历史上"公天下"实践活动的失败与孟子肯定人性私的理论的讨论，再一次证明"人性自私"是正当的、合理的。不过，龚自珍虽然竭力肯定人皆有"私"的一面，但并不因此而否定人当有"公"的一面，而在整体上，他主张公私兼顾，公不废私。他说：

> 《七月》之诗人曰："言私其豵，献豜于公。"《大田》之诗人曰："雨我公田，遂及我私。"《楚茨》之诗人曰："备言燕私。"先公而后私也。《采蘋》之诗人曰："被之僮僮，夙夜在公，被之祁祁，薄言还归。"公私并举之也。《羔羊》之诗人曰："羔羊之皮，素丝五紽，退食自公，委蛇委蛇。"公私互举之也。[1]

龚自珍在此处所引的公私兼顾的经典材料，顾炎武在《日知录》中也引用过。这表明，晚明与清中晚期的进步思想家具有声气相通的一面，也显示了晚明与清代的早期启蒙思想具有一脉相承之处。当然，从理论论证的周密性角度来看，龚自珍论证"私"的合理性的理据是值得商榷的。首先，天地自然无所谓私与公，自然而然也。其次，古代圣帝哲后的自私行为，孟子批评杨朱、墨翟的观点，并不能证明自私就是绝对正确的，至多只能说自私有其历史的合理性。从禅让的角度，以及从最高政治权力转移不影响下层百姓生活，尤其不导致无辜百姓流血的仁政观点

---

[1] 龚自珍：《论私》，《龚自珍全集》，王佩诤校，第 92—93 页。

看,子哙、汉哀帝未必不可以贤于文、武、成、康、周公。最后,禽兽交配不避人,亦是自然而然的行为,无所谓公与私。龚氏理论论证方面确实存在不严密的问题,但丝毫不影响他为"私"的合理性进行理论辩护的伦理倾向的进步意义。晚明以降,伴随着商品经济的大力发展,思想界出现了一股潜流,为商人的谋利行为进行伦理正当性与合理性的辩护的思潮,李贽开其端,顾炎武、黄宗羲等人继其后,龚自珍为"私"的合理性进行理论上的辩护,可以看作是这股潜流的继续。而这股思想潜流恰恰预示并呼唤着新型的资本主义性质的工商业社会的来临。

龚自珍在人性论方面持"人性无善无不善"之论,从思想的近源看,应当说深受阳明"无善无恶是心之体"的思想影响。从远源看是受告子思想的影响。他说:

> 龚氏之言性也,则宗无善无不善而已矣,善恶皆后起者。夫无善也,则可以为桀矣;无不善也,则可为尧矣。①

他进一步阐述荀、孟人性论思想的异同,并申述自己性无善恶的人性论思想的理由,说道:

> 知尧之本不异桀,荀卿氏之言起矣;知桀之本不异尧,孟氏之辨兴矣。为尧矣,性不加菀;为桀矣,性不加枯。为尧矣,性之桀不亡走;为桀矣,性之尧不亡走;不加菀,不加枯,亦不亡以走。是故尧与桀互为主客,互相伏也,而莫相偏绝。古圣帝明王,立五礼,制五刑,敝敝然欲民之背不善而向善。攻劙彼为不善者耳,曾不能攻劙性;崇为善者耳,曾不能崇性;治人耳,曾不治人之性;有功于教耳,无功于性;进退卑亢百姓万邦之醜类,曾不能进退卑亢性。②

龚自珍的结论是:

> 是故性不可以名,可以勉强名;不可似,可以形容似也。扬雄不

---

① 龚自珍:《阐告子》,《龚自珍全集》,王佩净校,第 129 页。
② 龚自珍:《阐告子》,《龚自珍全集》,王佩净校,第 129 页。

能引而申之,乃勉强名之曰:"善恶混。"雄也窃言,未湮其原;盗言者雄,未离其宗。告子知性,发端未竟。[1]

龚自珍的意思是说,人性就其自然性而言,所有的人都是一样的。人在现实生活中最终表现为善人或恶人,完全是后天的教育、教化、环境影响的结果。要让全社会的人转化为善人,就需要好的社会制度。由此可以看出,龚氏的人性论思想与政治改革思想具有内在的一致性。而仅从此一点看,他对人性善恶问题的论述有与颜元相似之处。

第三节　龚自珍的语言哲学与"宗史"思想

以戴震为代表的乾嘉考据学实际上开启了中国哲学的语言学转向。而由戴震开创的 18 世纪中国哲学的语言学转向,经由焦循、段玉裁、阮元等人的继承与发展,到龚自珍的时代为止,基本上告一段落。作为段玉裁的外孙,同时又是清代公羊学大家刘逢禄的弟子的龚自珍,在清代哲学史与学术史上占有特殊重要的位置。一方面,龚自珍通过其外祖父段玉裁,对清代古文经学有着深刻的了解;另一方面,他又不囿于古文经学在文本中寻找真理,借助解经来曲折地表达自己的政治与社会理想的做法,而是直面社会现实问题,提出自己的社会与政治改革主张,进而对古代经典做出了别开生面的解释。因此,我们把龚自珍看作是清代古文经学向今文经学转换的关键人物,通过对他的语言哲学思想的研究,来考察 18 世纪中国哲学的语言学转向的终止点及其朝向新方向转换的可能性与契机。

一、从语言学转向史学

我们认为,把龚自珍看作是 18 世纪中国哲学"语言学转向"的转折点式的人物,是非常合适的。他的学术活动虽然主要在 19 世纪,但他特

---

[1] 龚自珍:《阐告子》,《龚自珍全集》,王佩诤校,第 129 页。

殊的家庭背景与学术背景,使他可以担当这一历史任务。从 12 岁起,其外祖父段玉裁就开始教他阅读许慎《说文解字》部目,17 岁时他开始收集各种碑刻①,从《家塾策问》一文可以看出,龚自珍对乾嘉时期语言学发展的历史非常熟悉,且以非常精练的语言做出了总结,并揭示了其发展的趋向。他从以下八个方面概括了中国古代语言学研究的主要问题及清代语言学研究的特点:第一,六书的变化问题到许慎得到一大总结,而"六书之目,有体有用"。第二,中国古代语言学著作有三大类:《说文》是形书,《尔雅》《广雅》是义书,《声类》是音书。第三,中国文字及书面语的特色:"以字义而论,一字有一字之本义,有引申之义,有假借之义,往往引申假借之义,通行于古今而本义反晦。"第四,汉代言六书者有多家,在次第方面有小的不同,但在"形声与谐声"方面有大的不同。按照当时段玉裁的语言学研究成果,可将古音分为十七部。第五,对小学的分类更加条理化:"六书为小学之一门,声又为六书之一门,等韵之学,又为声中之一门。"第六,声韵之学与明经之学相关:"古韵足裨经读","古韵明而经明","等韵明而天下之言语明"。第七,"语言亦文字"。不同类型的字典,包括当时新出土的钟鼎器铭文,都可以作为许慎《说文》著作的补充。最后,他认同戴震以来乾嘉学者的经学解释学思想:"夫解经莫如字也,解字莫如经也","古未有不明乎字,而称经生者也",将经学的语言学解释与语言学的历史文本考察结合起来,从而构成一个"语言—经典意义和经典文本—语言意义"的相互循环的语言学解释学系统。这可以说是龚自珍继承乾嘉学派语言哲学思想的典型例证。而且,也正是在龚自珍的总结里,乾嘉考据学与经典释义学构成了一个具有内在逻辑关系的知识体系,使传统的训诂实践具备了训诂学理论的结构,并从训诂学迈向了经典解释学的新境界。

在《最录段先生定本许氏〈说文〉》一文中,他从十个方面总结了段玉裁的语言学思想,仅举其中四条为例,表明龚自珍的语言学思想来自家

---

① 参见樊克政《龚自珍年谱考略》,第 41、53 页,北京,商务印书馆,2004。

学背景。其一，"本义"说。"段先生曰：许氏书与他师训诂绝异，他师或说其初引伸之义，或说其再引伸之义，许则说其仓颉、史籀以来之本义，然本义十七八，非本义亦十二三，何也？本义亡则如就后义说之，去古稍远，时为之势为之也。"

其二，"本字"说。"段先生曰：群经诸子百家假借同声之字，东汉而降，增益俗字，则并不得称为假借字。假借字行，而本字废矣，俗字行，而本字废矣。许书绝用本字，当如此作。后儒反疑其迂僻，则由沿习假借与沿用俗字二端之中也。"

其三，"以声为义"说。"段先生曰：古今先有声音而后有文字，是故九千字之中，从某为声音，必同是某义，如从非音者定是赤义，从番声者定是白义，从于声者定是大义，从酉声者定是臭义，从力声者定是文理之义，从协声者定是和义，全书八九十端，此可以窥上古之语言。于协部发其凡焉。"

其四，"引经以说字"说。"段先生曰：许引经以说字，后人不察而改经，如艸部有藟，引《易》之藟以说之，岂许所见《易》有作藟者哉？"①

又，在《龚自珍全集》中有《说文段注札记》一文，这也表明他曾经对其外祖父段玉裁的《说文解字注》下过功夫。有了这些家学的背景，他对乾嘉以来通过语言学路径研究经学的得失评价就有了学术的基础。其语言哲学思想也就有了语言学的学术基础。

龚自珍深受乾嘉考据学的思想影响，对于宋明理学不重视小学的思想有较含蓄的批评。在《抱小》篇，他高度肯定通过小学而上达天人性命之学的治学路径，而将探求天人性命之学的任务推到他日。他说：

> 古之躬仁孝，内行完备，宜以人师祀者，未尝以全贤自处也，自处学者。未尝以父兄师保自处也，自处子弟。自处子弟，故终身治小学。小学者，子弟之学；学之以侍父兄师保之侧，以待父兄师保之顾问者也。孔子曰：入则孝，出则弟，有余力以学文。学文之事，求

---

① 龚自珍：《最录段先生定本许氏说文》，《龚自珍全集》，王佩诤校，第 258 页。

之也必劬，获之也必创，证之也必广，说之也必涩。不敢病迂也，不
敢病琐也。求之不劬则粗，获之不创则剿，证之不广则不信，说之不
涩则不忠，病其迂与琐也则不成。其为人也，淳古之至，故朴拙之
至，故退让之至；退让之至，故思虑之至；思虑之至，故完密之至；完
密之至，故无苟之至，故精微之至。小学之事，与仁、爱、孝、弟之行，
一以贯之已矣。若夫天命之奥，大道之任，穷理尽性之谋，高明广大
之用，不曰不可得闻，则曰俟异日，否则曰：我姑整齐是，姑抱是，以
俟来者。①

龚自珍认为，正是通过"小学"——乾嘉时代的音韵、训诂学、制度与
度数之学的长期而严肃的训练，理想的道德人格因此而被养成。而这种
表面上看起来与人格修养无关的学术研究活动，恰恰可以"与仁、爱、孝、
弟之行"一以贯之。因为，传统的小学是经学的一部分，小学研究不外在
于经学研究。"小学"之"小"，形式上看不如讲天人性命之学广大精神
微、深奥，但恰恰可以培养理想的人格。龚自珍提出的七个"之至"——
淳古之至、朴拙之至、退让之至、思虑之至、完密之至、无苟之至、精微之
至，恰恰都是通过"小学"训练完成的。这与其外祖父段玉裁讲考据学可
以自立、自娱，可以娱亲，可以让人上神交古人，下神交后人的说法，在精
神上颇为相通。"小学"岂止是破碎的饾饤之学，无关于人格的养成。恰
恰相反，在"小学"严谨的知识训练过程中，培养出了谦谦君子、有守有为
的理想人格。正是从这一角度看，龚自珍的"抱小"论其实与戴震的"由
字通词，由词通道"的语言哲学纲领，具有内在的一致性。其通过"抱小"
的途径而实现的理想人格培养，即是戴震由文字、语言的阶梯去通达的
经中之"道"。

二、龚自珍对古典文献定本及本字说的怀疑

从现存的《龚自珍全集》看，他在语言学方面并没有多少成就，但是

---

① 龚自珍：《抱小》，《龚自珍全集》，王佩诤校，第 93 页。

他通过对其前辈语言学得失的考察，在语言哲学方面倒是提出了一些非常重要的思想。从整体上看，他的语言哲学方面主要思想表现在对文字的起源，以及语言的类型分析上面；另外，与乾嘉后期不断发现的金石文献资料有关，其语言学的兴趣更多的表现在对这些保留着古代语言的金石材料的关注上面。龚自珍的这些努力与清末民初的金文、甲骨文研究倒是有内在的学术史关联，从而使得他的语言哲学思考转向了更为广阔的文化、考古领域。

由于中国哲学在 18 世纪所发生的"语言学转向"，发展到龚自珍时代基本上完成了自己的历史使命，而外在的社会环境变化，使得这种关注文本的研究已经没有多少工作可做了。另一方面，乾嘉学者们所追求的恢复古代经典原貌的学术目标本身，也有值得怀疑之处。对此，龚自珍有明确的认识。在《古史钩沉三》一文中，龚自珍以问答的形式表达了这种新的思想认识。当他的朋友李锐、陈奂、江藩要求他为《诗》《书》《易》《春秋》的版本整理出一个定本时，他首先推脱说自己的兴趣不在于此，"方读百家，好杂家之言，未暇也"①。接下来又论证说，这是一件不可能的事情。他说："然而文、武之文，非史籀之挚也。史籀之挚，孔子之雅言，又非汉廷之竹帛也。汉之徒隶写官，译有借声，皆起而与圣者并有权。然而竹帛废，契木起，靗紬者不作，凡契令工匠胥史学徒，又皆起而与圣者并有权，圣人所雅言益微。"②

这即是说，由于历史上文字发展史的几次形体变化，每一种形体之间的内在联系无法搞清楚，故要将古代的经典整理出一个所谓的"定本"，那是不可能的。他还进一步地申述道：

> 今夫《易》《书》《诗》《春秋》之文，十五用假借焉，其本字盖罕矣。我将尽求其本字，然而所肄者孤，汉师之泛见雅记者阙；孤则不乐从，阙则不具，以不乐从之心，采不具之储，聚而察之，能灼然知孰为

---

① 龚自珍：《古史钩沉三》，《龚自珍全集》，王佩诤校，第 25 页。
② 龚自珍：《古史钩沉三》，《龚自珍全集》，王佩诤校，第 25 页。

正字、孰为假借？固不能以富矣。诸师籍令完具，其于七十子之所请益，仓颉、史籀之故，孔子之所雅言，又不知果在否焉。[1]

龚自珍上述的论述当然带有强烈的夸张性，但在其夸张的语言背后所蕴涵的思想还是相当有说服力的。因为，从文字、语言的变化与发展一面看，很难进行全面的还原，在没有足够证据的前提下从事经典版本的勘定工作，是一件吃力不讨好的事情。当然，在龚自珍的时代，他还很难有现代人所具有的解释学的系统思想，但他上述的一番话也明确地表达了对乾嘉考据学在经典释义方面追求客观性、原始性的怀疑，从而与现代解释学的精神颇有相通之处。在现代解释学看来，古代经典一旦进入思想的解释领域，那种理想的客观性就已经渗透了解释者的主观性。诗人龚自珍的眼光的确是非常敏锐的，他在那个时候已经领会到经典文本还原的不可能性了。因而，他将乾嘉学者对语言学"因音求义"的实证研究、语言运用规律、词汇学研究等合乎逻辑地转向了对广义的语言、文字历史的追溯和对语言与人类文明史关系的探索方面了。

三、对文字起源与发展的哲学新思

与乾嘉时代学术追求经典解释的客观性相比，龚自珍更加突出了语言文字、创造过程中的主体能动性。这与他鲜明的"唯我论"哲学思想密切相关，龚自珍的语言哲学思想中最为突出的特色之一，就是强调了人类的"主体之我"在创造文字、语言过程中的主动性，以一种自主的规则——理，制造了文字、语言，从而否定了"易哲学"传统中圣人制造语言、文字的说法。他说："天地，人所造，众人自造，非圣人所造。""众人之宰，非道非极，自名曰我。我光造日月，我力造山川，我变造羽毛肖翘，我理造文字语言，我气造天地，我天地又造人，我分别造伦纪。"[2]

龚自珍在这里所说的"我"——即现代哲学所讲的个体主体性，是一

---

[1] 龚自珍：《古史钩沉三》，《龚自珍全集》，王佩诤校，第25—26页。
[2] 龚自珍：《壬癸之际胎观第一》，《龚自珍全集》，王佩诤校，第12页。

个与历史上所谓的"圣人"相对立的、普通人的主体之"我"。这种重视"众人之我"的思想，显然是李贽以来，经王夫之等人所提倡、所重视的"凡人之我"的思想在新的历史条件下进一步明确化的表达。他坚持认为："日月旦昼，人所造，众人自造，非圣人所造。乃造名字，名字之始，各以其人之声。声为天而天名立，声为地而地名立，声为人而人名立。人之初，天下通，旦上天，夕上天，天与人，旦有语，夕有语。万人之大政，欲有语于人，则有传语之民。传语之人，后名为官。"①

这一强调众人创造文化与文明的思想，对于中国传统思想中圣人创造文字、语言的思想是一种巨大的颠覆，比起李贽的"圣凡平等"思想更为激进地肯定了人民大众的历史作用。后来，中国的马克思主义者毛泽东在历史哲学方面特别强调人民大众推动历史的作用。我们没有足够的证据说毛泽东的思想与龚自珍的思想有某种联系，但也可以看出，毛泽东的这一历史哲学思想有着深厚的中国文化土壤，在晚清以后的中国社会可以被广大的士人和新派的知识分子所接受。

非常有意思的是：龚自珍以诗人的想象力揭示了人类统治权与语言垄断权力的关系。他认为，在人类社会开初的状态下，人人可与天通，旦夕皆可与天通。然而当出现"万有之大政"的时候，由于要有"传语之民"，则"传语之人"因为掌握了"万有大政"的"传语"权力，因而获得了"官"之名。在古汉语里，"官"就有管理、掌管的意思。《老子》一书云："朴散为器，圣人设为官长。"而在远古"以天为法"的政治时代，或以龙纪官，或以云纪官，或以鸟纪官，都是"天所部，非人所部"②。但由于"后政不道，使一人绝天不通民，使一人绝民不通天，天不降之，上天不降之，上大所天，又不降之。诸龙去，诸鸟不至，诸云不见，则不能以绝。比其久也，乃有大圣人出，天敬降之，龙乃以部至，鸟以部至，云以部至，民昂首见之者，天之藉也"③。

---

① 龚自珍：《壬癸之际胎观第一》，《龚自珍全集》，王佩诤校，第13页。
② 龚自珍：《壬癸之际胎观第一》，《龚自珍全集》，王佩诤校，第13页。
③ 龚自珍：《壬癸之际胎观第一》，《龚自珍全集》，王佩诤校，第13页。

可见，"圣人"的出现一方面是远古黄金时代的结束，同时又是新的人文理想世界的开端，而"圣人历史"的开端就是文字垄断的历史。"既有世已，于是乎有世法。民我性不齐，是智愚、强弱、美丑之始。民我性能记，立强记之法，是书之始。中方左行，东方左行，南方左行，东南方左行，东北方右行，西南方左行，西北方右行，北方右行，皆曰文。文之孳曰字，字有三名，曰声，曰形，曰义。"①

从上述文献可以看到，龚自珍将汉字的形、声、义三要素的形成追溯到缈远的人文历史开端，与戴震、段玉裁、高邮王氏父子及乾嘉学者仅以形、声、义三者互求的方法考索六经及诸子、史学经典文本中某些句子、词汇的本义的做法相比，完全是另辟蹊径的做法，即龚自珍以追溯文字发生原理的方式展开中国文化发生史的文化哲学探究活动。他不再是简单地提供个别的人文知识，而是寻求人文知识的产生原理。龚自珍的这种人文学研究在表面上并没有提供新的人文知识，然而是在更高级的意义上提供了新的人文知识，即他以历史学的眼光将人文知识的产生追溯到远古的开端处，从而在哲学方法论的意义上拓展了新的人文知识视野。

不仅如此，与戴震、段玉裁等人主要从经典文献出发研究中国古代语言、语音规律的前辈学者不同，龚自珍还对金石、砖瓦等实物文献有相当的研究，因而他对于中国文字的发展历史，有了相当科学的认识。他认为："商器文，但有象形指事而已，周器文，乃备六书，乃有属辞。周公讫孔氏之间，佚与籀之间，其有通六书，属文辞，载钟鼎者，皆雅材也，又皆贵而有禄者也。"②这一观点，将汉字的"六书"特征放在历史学的背景下加以考察，从而在语言学的学科里树立起了历史演进的哲学观念。这是龚自珍对乾嘉时代语言学研究的重大发展。

再加上在语言哲学方面，龚自珍崇尚众人创造"名""语言"的新观

---

① 龚自珍：《壬癸之际胎观第二》，《龚自珍全集》，王佩诤校，第 14 页。
② 龚自珍：《商周彝器文录序》，《龚自珍全集》，王佩诤校，第 267 页。

念,因而从文字发展的实际历史进程看,他认识到文字是不断地完备起来的,不可能是圣人一下子创造、完备起来的。这表明他对文字、语言的"历时性"特征有更为深刻、明确而且系统性的认识。

龚自珍还认为,语言既有自己的时代特征,而且还有不同职业群体的特征,所谓"三代之立言,各有世。世其言,守其法。察天文、刻章蔀,储历,编年月,书日,史氏之世言也。规天矩地,匡貌言,防狂僭,通蒙蔽,顺阴阳,布时令,陈肃圣哲谋,教人主法天,公卿、师保、大臣之世言也。言凶,言祥,言天道,或谂,或否,群史之世言也"①。

龚自珍非常重视历史与语言的关系。他甚至夸张地说:"周之世官大者史。史之外无有语言焉;史之外无有文字焉;史之外无人伦品目焉。史存而周存,史亡而周亡。"②

由语言与历史文献的内在关系,龚自珍进一步探讨了历史文献与传统经学的关系。他说:

> 夫六经者,周史之宗子也。《易》也者,卜筮之史也;《书》也者,记言之史也;《春秋》也者,记动之史也;《风》也者,史所采于民,而编之竹帛,付之司乐者也。《雅》《颂》也者,史所采于士大夫也。《礼》也者,一代之律令,史职藏之故府,百时以诏王者也。小学也者,外史达之四方,瞽史谕之宾客之所为也。今夫宗伯虽掌礼,礼不可以口舌顾,儒者得之史,非得之宗伯;乐虽司乐掌之,乐不可以口耳存,儒者得之史,非得之司光。故曰:五经者,周史之大宗也。③

龚自珍在这里将"六经"(或五经)看作是周史之大宗,着重从书面语言的角度来肯定现存的"五经"不是口头相传的产物,而是以书面语言的形式保存了周王朝的礼、乐等文献,故从书面语言文献的角度看,"五经"可以看作是周史的大宗。

---

① 龚自珍:《乙丙之际塾议第十七》,《龚自珍全集》,王佩净校,第8页。
② 龚自珍:《古史钩沉论二》,《龚自珍全集》,王佩净校,第21页。
③ 龚自珍:《古史钩沉论二》,《龚自珍全集》,王佩净校,第21页。

比章学诚的"六经皆史"的观点更进一步，龚自珍又提出了"诸子也者，周史之小宗也"的新命题，让"史学"与子学发生了关联，并通过"史学"的枢纽将经、史、子三者构成了一个内在联系的知识系统。这一点应当是龚自珍对于中国传统人文知识分类学的一个特殊贡献。龚自珍对于作为史学之小宗的诸子之学，分别给它们命名为：任照之史、任天之史、任约剂之史、任名之史、任文之史、任纬之史、任喻之史、任本之史、任教之史的别名，并批评刘向仅以"道家及术数家出于史，不云余家出于史"[1]的学术史观是"此知五纬、二十八宿异度，而不知其皆系于天也；知江河异味，而不知皆丽于地也"。[2]

龚自珍的结论是："诸子也者，周史之支孽小宗也。"[3]

龚自珍还说："良史者，必仁人也，且史家不能逃古今之大势。"[4]

相对于乾嘉考据学"以知识说经"的方式而言，龚自珍将中国学术的发展统归于"史学"的思想，是中国传统"经学"逐步走向自我解体的第二步。自王阳明、李贽、章学诚等人"归经于史"的学术思想以来，龚自珍更进一步将诸子之学也纳入史学的范围之内，并从大宗与小宗的关系角度揭示中国史学的内在结构，重新叙述中国传统四部分类的内在逻辑关系，展示了中国传统学术寻求新的内在统一性的历史发展意图。近代新史学的开创者梁启超、胡适等人，对于中国传统的学术以"国故学"统称之，应当也表现了以历史学统一中国传统学术的意图。龚自珍以"史学"统率经学与子学，应当是他们的学术思想前身。也许，梁、胡二人的新史学思想未必意识到这一点，但今天从学术思想史的发展脉络来看，这一暗而不彰的客观思想史进程还是值得我们认真反思与咀嚼的。再者，龚自珍突出语言的历时性特征的思想，与戴震特别重视语言的共时性特征

---

① 龚自珍：《古史钩沉二》，《龚自珍全集》，王佩诤校，第 22 页。

② 龚自珍：《古史钩沉二》，《龚自珍全集》，王佩诤校，第 22 页。此处龚氏所列各种"史"类，颇类似方以智《东西均》中各种"均"。

③ 龚自珍：《古史钩沉二》，《龚自珍全集》，王佩诤校，第 22 页。

④ 龚自珍：《与徽州府志局纂修诸子书》，《龚自珍全集》，王佩诤校，第 334 页。

的思想大相径庭。而之所以有这种不同，一方面由于龚自珍吸取了章学诚的"六经皆史"说，对于乾嘉学派特别重视经学的思维方式有所修正；另一方面，乾嘉考据学，特别是以戴震为代表的皖派考据学，通过语言学、制度学、古代自然科学史的研究，合乎逻辑地要求学术转向，纯粹的语言学研究、制度史与自然科学的实证研究不足以揭示人文历史的内在复杂性。龚自珍以他特有的诗人哲学家的敏锐眼光，自觉地从事着清代学术的转向工作。

四、龚自珍对名实关系与言语方式的新阐释

"正名"曾经是先秦诸子语言哲学的重要组成部分，其发端于春秋末年礼乐制度崩溃之际。孔子和老子对名实之间的关系问题都有论述。孔子说："必也正名乎！名不正则言不顺，言不顺则事不成。"老子说："名可名，非常名。"龚自珍处在清代社会由盛转衰的关节点上——按照龚自己的说法，是处在初秋之际①，他对"名"的问题特别敏感。在《六经正名》一文里，他提出了"六经在孔子之前"的主张："孔子之未生，天下有六经久矣"。因此，"六经、六艺之名，由来久远，不可以臆增益"。这样，龚自珍从历史学的眼光出发，再一次从学术上解构了经学的权威与孔子作为经学创始人的圣人权威，其所蕴含的思想解放意义虽然含蓄却意义深远。

不仅如此，龚自珍反对将《论语》《孟子》《尔雅》《孝经》等书当作"经"来侍奉，主张"以经还经，以记还记，以传还传，以群书还群书，以子还子"②。这种历史还原主义思想，一方面是乾嘉考据学精神的延续，另一方面又更加明显地带有历史批判意识，对于科举制度下的士人与现行的考试制度将《论语》《孟子》《孝经》当作"经"来看待的普遍看法，无疑构成

---

① 《己亥六月重过扬州记》："天地有四时，莫病于酷暑，而莫善于初秋，澄汰其繁缛淫蒸，而与之为萧疏澹荡，泠然瑟然，而不遽使人有苍莽寥沉之悲者，初秋也。今扬州，其初秋也欤？"参见《龚自珍全集》，王佩诤校，第186页。
② 龚自珍：《六经正名答问五》，《龚自珍全集》，王佩诤校，第40页。

了一种巨大的挑战。

龚自珍从人的主体性的角度讨论名的产生问题，并对名与实的对应关系作了比较详细的分析。他说：

> 万物不自名，名之而如其自名。是故名之于其合离，谓之生死；名之于其生死，谓之人鬼；名之于聚散，谓之物变；名之于其虚实，谓之形神；名之于久暂，谓之客主；名之于其客主，谓之魂魄，名之于其淳浊、灵蠢、寿否、乐否，谓之升降；名之于其升降，谓之劝戒；名之于其劝戒、取舍，谓之语言文字。有天，有上天，文王、箕子、周公、仲尼，其未生也，在上天。其死也，在上天。其生也，教凡民必称天，天故为群言极。①

在这一段文字里，龚自珍对实与名的关系，以及一些重要的名的内涵作了界定。从一般的名到表述价值概念的名，直到最高的称谓"天"，龚自珍都从哲学的角度给予了重新的解释。首先，"名不自名"，表明万物的命名都是由人开始的，突出了人类主体对万物命名的作用与意义。

其次，人类的所有命名都有与之相适应的对象，如以人鬼来表达生死现象，物变表达气之聚散现象等，而所谓的"语言文字"无非表达人类的劝诫、取舍的价值诉求而已。这种语言分析的思想，在其前辈如段玉裁那里是没有的，但在戴震的《孟子字义疏证》那里是有的。戴震对理、天理、善、性的界定，颇似龚自珍的语言分析方法。只是戴震的哲学思考更为系统，而从现存的文献看，龚自珍的思考则比较零碎而已。

其三，往古圣人不是终极价值，也就是说往古圣人不是人类价值的源泉，而只有上天才是人类终极价值的源泉。所谓"天为群言极"一语，再一次从历史文化的哲学本体高度否定了圣人的权威，而将自然之天加以神圣化。

龚自珍还认识到名的世界与实的世界的对应关系：

---

① 龚自珍：《壬癸之际胎观第八》，《龚自珍全集》，王佩净校，第 119 页。

> 万物名相对者，势相待，分相职，意相注，神相耗，影相藏；势不相待，分不相职，意不相注，神不相耗，影不相藏，将相对之名不成，万事皆不立。万事不自立，相倚而已矣；相倚也，故有势。万理不自立，相譬而已矣；相譬也，故有辨。①

龚自珍透过对名言的相对关系的分析，揭示了对象世界的关系性特征。没有"相对之名"，则万事将无法得以区别开来，因而人也就无法从事认识世界、改造世界的活动。通过"万物相对之名"，去理解、把握"势相待，分相职，意相注，神相耗，影相藏"的相对而存在的现实世界及其相互关系。因此，在名实问题上，龚自珍不是简单地认同名能反映实，循名可以责实的"名实"观。而且，他看到了名言世界的相对关系与对象世界分立关系二者之间的内在联系，从而进一步凸显了名言世界对于人们把握对象世界的能动作用。

五、龚自珍对思想类型与语言类型的分类

龚自珍认为，语言与思想类型密切相关。"王统以儒墨进天下之言，霸统以法家进天下之言。"②然而，从历史的起源看，古代的政治、文化是统一的，所以语言也是统一的。他说："古之世，语言出于一，以古语古，犹越人越言，楚人楚言也。后之世，语言出于二，以后语古，犹楚人以越言名，越人以楚言名也。虽有大人生于霸世，号令弗与共，福禄弗与偕，观其语言，引弗可用；号令与共，福禄与偕，观其语言，卒弗可用；于是退而立大人之语言，明各家之统，慕圣人之文，固犹将生越而楚言也。"③

龚自珍对远古时代"语言出于一"的理论设想，与司马迁在《五帝本纪》中所设想的中华民族源头上都共同出自一个祖先——黄帝的设想，具有思想结构上的同一性。如果从人类学的角度看，人类起源是多源并

---

① 龚自珍：《壬癸之际胎观第七》，《龚自珍全集》，王佩诤校，第18页。
② 龚自珍：《壬癸之际胎观第一》，《龚自珍全集》，王佩诤校，第15页。
③ 龚自珍：《壬癸之际胎观第一》，《龚自珍全集》，王佩诤校，第15页。

生的，并非同出于一个地区，然后分散开来的。① 依此而言，龚氏的"古之世，语言出于一"的理论设想其实是没有根据的，但他由此而得出的个别结论，即后之世文化具有差异性是非常有价值的。这就从理论上否定了回归"圣人原意"，以及通过"因声求义"方式发掘古汉语的原初意义的可能性。因为"后之世"语言出于二，与"古语"不同，这种不同就如同楚国人用越国的语言来命名或称谓，越国人用楚国的语言来命名或称谓，势必会引起命名或称谓的混乱，无法展开交流。

他还从教派的角度区分"域外之言"与"域中之言"两大语言类型。而这两大语言类型实际是两大思想类型，即"方外之言"——儒家学派以外的佛、道二教的语言与"方内之言"——儒家学派的语言。他说：

> 有域外之言，有域中之言，域外之言有例，域中之言有例。有以天为极，以命为的；有不以天为极，不以命为的。域外之言，善不善报于而身，历万生死而身弥存，域中之言，死可以休矣，善不善报于而胤孙。②

龚氏在此所谓的"域中之言"，即是中国本土的思想类型，尤其是以儒家为典型代表。他通过对"域中之言"所构筑的名言世界及其一切行为的分析，最终否定了"域中之言"的名言世界一切价值判断的实有性，从而走向了否定"名教"的结论，这是龚自珍语言哲学思想中的"异端"成分，以往学者对此少有论及。如他说："域中之言，名实其大端，兵为其几。有名，天下兵集之有辞矣；无实，天下之兵集之无患矣。有名无实，是再受兵；有实无名，是再却兵。无名伪有名，耻；无实伪有实，败。名实中，不败，战亦不胜。有名伪无名，霸。败果何丧？败者不能言；霸果何获？胜者不能言。非不能言，无以言。故曰：万物不自立。有说十之一，无说十之九；无说十之一，始有说卒无说十之九。善非固有，恶非固有，

---

① 参见萧萐父《古史祛疑》，《吹沙集》，成都，巴蜀书社，1991。
② 龚自珍：《壬癸之际胎观第六》，《龚自珍全集》，王佩诤校，第 17 页。

仁义、廉耻、诈贼、很忌非固有。"①

　　上述"善非固有，恶非固有，仁义、廉耻、诈贼、很忌非固有"的语言哲学结论，已经远远溢出乾嘉考据学"由字以通词，由词以通道"的语言哲学纲领。戴震所开创的由文字、语言探索"经中之道"的语言哲学体系，在龚自珍的历史语言学和语言哲学里已经变成了否定儒家经典中蕴涵着"道"的思想了。因此，龚自珍的语言哲学还从思想性质上开启了对乾乾语言哲学与语言学研究"经中之道"的解构与否定的端绪。

　　龚自珍还从思想的性质角度区分语言的类型：他说：

　　　　温而文，王者之言也；惕而让，王者之行也；言文而行让，王者之所以养人气也。②

又说：

　　　　大人之所难言者三：大忧不正言，大患不正言，大恨不正言。忧无故比，患无故例，仇无故诛，恨无故门，言无故家。③

这种语言类型与思想之间相关性的观点，在一定程度上触及了思维与语言的统一性问题，而这一语言哲学思想也是乾嘉时代所没有的新内容。

　　从语言学的角度看，龚自珍本人在这方面并没有多少贡献。但通过他对语言论述的一系列文字看，他对乾嘉以来中国哲学的语言学转向的路径及其局限性是有着某种历史的自觉。他个人能够跳出乾嘉学术透过语言来从事哲学思考的限制，直面现实，直抒己见，表达自己的社会政治理想与哲学思想，为中国哲学的新发展起到了开风气之先的作用。在《己亥杂诗》中，他非常自豪地说："河汾房杜有人疑，名位千秋处士卑。一事平生无齮齕，但开风气不为师。"现在看来，龚自珍的自许并不过分。

———————————————

① 龚自珍：《壬癸之际胎观第七》，《龚自珍全集》，王佩诤校，第 17 页。
② 龚自珍：《古史钩沉论一》，《龚自珍全集》，王佩诤校，第 20 页。
③ 龚自珍：《壬癸之际胎观第六》，《龚自珍全集》，王佩诤校，第 17 页。

非常可惜的是，龚自珍存留于世间的文字不够多，再加上他的语言深奥难懂，思想奇诡飘忽，对于后人确切地、完整地把握其思想，带来了极大的困难。

第四节　魏源的经学与哲学思想

魏源（1794—1857），字默深，湖南邵阳人。其父魏邦鲁曾经是地方上小官僚。魏源 9 岁应童子试。县令出"杯中含太极"上对，他答以"腹中孕乾坤"下对，让县令大惊。15 岁补弟子员，开始研究阳明学。21 岁在京问学于刘逢禄，并与龚自珍切磋，学问大进。26 岁至山西入学政贺长龄幕，29 岁中举，52 岁中进士。28 岁时，撰写《老子本义序》。30 岁撰《两汉经师今古义文家法考》。32 岁受贺长龄之请编《皇朝经世文编》，33 岁那年冬，《皇朝经世文编》一百二十卷编成。35 岁始，着手准备纂著《圣武记》。36 岁《诗古微》二卷撰成，47 岁重订《诗古微》。48 岁受林则徐委托编写《海国图志》。49 岁撰成《圣武记》十四卷，该年十二月撰成《海国图志》五十卷，54 岁该书增补成六十卷，59 岁又增补成一百卷。58 岁，补高邮知州，《说文拟雅》书成，并作《说明转注释例》《说文假借释例》二文。61 岁，增撰《诗古微》成。62 岁，撰成《书古微》。《默觚》上下篇（不知作于何时）较集中地反映了他的哲学思想。在晚清早期的思想界，龚自珍与魏源并称。与龚自珍稍有不同的是，魏源笃信今文经学，并有系统的今文经学的著作《诗古微》《书古微》二书，在道家哲学方面有《老子本义》一书，在应对西方列强入侵的现实政治、军事问题时，魏源曾明确地提出了"师夷长技以制夷"的政治与文化主张。如果说，龚自珍是一个站在传统经学门槛眺望未来中国的先进人物，魏源则是一个已经游走在近代中国社会之中，提出向西方学习具体技术的近代开风气之先的人物。龚、魏二人均有社会变革思想，然而他们用来变革的思想资源主要还是传统经学思想，特别是今文经学及其他诸子的一些思想。从龚、魏二人的社会变革思想来看，中国传统社会即使不遭遇西方列强社会,也会自发产生一些变革的社会思想。正是由于西方近现代资本主义经济、文化的大举入侵,为中国社会变革提供了更加强劲的外在引发力,并提供了明确的变革方向。中西、古今的大交会,由此将中国社会与中华文化引入了一个三千年未有的大变局之中。直到今天,我们仍然处在这个大变局之中,重新在找寻中华文化的方向,并努力重建中华文化的新格局。①

一、魏源的经学思想

作为今文经学家,魏源的主要经学著作有《诗古微》《书古微》《公羊春秋上下》《董子春秋发微》《孝经集传》《礼记别录考》《易象微》《大戴礼记微》《论语类编》《孟子类编》《两汉经师今古文家考》等著作、文章。其经学所指的内容主要是当时认可的十三经,其经学研究方式主要是今文经学一贯使用的"微言大义"法。从哲学的角度看,这种"微义大义"法主要是一种经学的解释学方法。因此,在经学的方法论上,魏源竭力反对清代乾嘉以降的古文经学以"小学"方式治经、努力还原经义的实证经学的路数,主张治经"以淑其身""通经致用"。他说:

> 道形诸事谓之治;以其事笔之方策,俾天下后世得以求道而制事,谓之经;藏之成均、辟雍、掌以师氏、保氏、大乐正,谓之师儒;师儒所教育,由小学进之国学,由侯国贡之王朝,谓之士;士之能九年通经者,以淑其身,以形为事业,则能以《周易》决疑,以《洪范》占变,以《春秋》断事,以《礼》《乐》服制兴教化,以《周官》致太平,以《禹贡》行河,以《二百五篇》当谏书,以出使尊对,谓之以经术为治术。曾有以通经致用为诟厉者乎? 以诂训为音声蔽小学,以名物器服蔽《三礼》,以象数蔽《易》,以鸟兽草木蔽《诗》,毕生治经,无一言益己,无

---

① 本节在写作的过程中主要参考了侯外庐著《中国思想通史》与蒋国保等著《晚清哲学》诸书中有关魏源学术、思想的论述。欲全面了解魏源的思想可以参看陈其泰、刘兰肖著《魏源评传》(南京大学出版社,2005 年版)一书。湖南岳麓书社 2004 年出版的《魏源全集》(20 册)是目前研究魏源思想的较好文本。

一事可验诸治者乎？①

上述引文中，魏源对经的定义、经的多方面作用进行了简明扼要的阐述，并揭示了道与经的关系。可以从三层次来理解。其一是经的定义问题。魏源持一种经道合一论的思想，认为经即是道通过书面文字记载下来的古代诸事件，让后世人依照这些典型的事件来处理新的事件的历史典范。其二，这些记载在策的典范事件具有多方面的功能，国家层面的高级官员掌握了这些经典就称之为师儒，师儒教育出来的人可以称之为士。士经过九年以上的学习，利用其中的一经来处理天下各方面的事情，从而形成"事业"，总称"以经术为治术"。其三，诸经之中，以及与研究诸经相关的各种学问，总会对治经者有益，诸经亦总有合于治道的。很显然，魏源的"经"论与章学诚的"六经皆史"说，"八经为器"说颇为不同。与戴震所说的"经之至者，道也"的观点亦不相同。他属于绝对的尊经主义者。

与乾嘉古文经学重视人文学研究的实证特征极其不同，魏源特别重视今文经学"口受微言大义"的传经方式与"三世、三统"的历史演进论与政治正当性的谱系，进而为自己的"通经致用"，托经学以言政事提供经学方法论的根据。他说：

> 《春秋》之有公羊氏也，岂第异于左氏而已，亦且异于谷梁。《史记》言《春秋》上记隐，下至哀，以制义法，为有所刺讥褒讳抑损之文不可以书见也，故七十子之徒口受其传指。《汉书》言仲尼没而微言绝，七十子丧而大义乖。夫使无口受之微言大义，则人人可以属词比事而得之，赵汸、崔子方何必不与游、夏同识；惟无其张三世、通三统之义贯之，故其例此通而彼得，左支而右诎。②

上则文献表明，魏源相信经学传承中的口耳相传的师承统绪，不认

---

① 《魏源集》上，第 24 页，北京，中华书局，2009。
② 《魏源集》上，第 132 页。

为任何人可以摆脱师承而能够获得经中的微言大义。后世的经学家，赵汸、崔子方①在见识上未必赶不上子游、子夏，但他们的经学中没有孔子口授的张三世、通三统的微言大义，所以他们的经说在这方面说通了在那方面又不通，显得捉襟见肘。这就表明，经学不只是单纯的知识，不能简单地通过文字的理解与解释来充分展现其中的精微义蕴。魏源的经学是与尊重孔子这一古老而又神圣的权威紧密地结合在一起的。

在今文经学传统内部，魏源对于三科、九旨的解释，认同汉儒旧传，而对同时代孔广森的新三科、九旨说颇不以为然。汉儒三科、九旨说有两种，一是何休的说法。何休在《春秋文谥例》中指出："三科九旨者：新周，故宋，以《春秋》当新王，此一科三旨也"；"所见异辞，所闻异辞，所传闻异辞，二科六旨也"；"内其国而外诸夏，内诸夏而外夷狄，是三科九旨也"。二是东汉宋衷注《春秋》的说法，以张三世、存三统、异内外为三科；以时、月、日，王、天王、天子，讥、贬、绝为九旨。在宋衷的说法中，三世是指夏商周，夏为人统，商为地统，周为天统；时月日，指纪事的详略。王、天王、天子，指称谓的远近亲疏；讥、贬、绝指《春秋》书法评价的轻重。魏源所信守的就是此二家的三科九旨说，不同意孔广森的新三科九旨说。孔氏以天道、王法、人情为"三科"，以时、月、日，讥、贬、绝、尊、亲、贤为九旨。他说道："乃其三科、九旨，不用汉儒之旧传，而别立时月日为天道科，讥贬绝为王法科，尊亲贤为人性科。如是，则公羊与谷梁奚异？奚大义之与有！"②

在此一点上，魏源表现出惟汉儒传统是从的尊汉从古的思想倾向。而在对汉儒今文经学传统的取舍方面，他又特别推崇董仲舒。他说："若谓董生疏通大诣，不列经文，不足颉颃何氏，则其书二科、九旨燦然大备，

---

① 赵汸、崔子方：赵汸，字子常，休宁（今安徽省黄山市休宁县）人，生于元仁宗延祐六年（1319），卒于明太祖洪武二年（1369）。师事黄泽，受易象春秋之学。隐居著述，作东山精舍以奉母。洪武二年召修元史。不愿出仕，乞还山。未几，卒。学者称东山先生。汸著有《东山存稿》七卷，《周易文诠》四卷（均《四库总目》）与《师说》《左氏补注》《春秋集传属辞》，并传于世。崔子方是北宋苏氏蜀学派的重要人物，以《春秋》学显名。
② 《魏源集》上，第 133 页。

且弘通精渺,内圣而外王,蟠天而际地,远在胡母生、何邵公《章句》之上。盖彼犹泥文,此优柔而厌饫矣;彼专析例,此则曲畅而旁通矣;故抉经之心,执圣之权,冒天下之道者,莫如董生。"①

魏源站在今文经学的立场批评乾嘉以降的古文经学,又对今文经学传统里不同于汉儒的一些学术观点进行批判,表面上看是一种学术之争,实际上主要是一种不同的经世思想借助于学术争论体现出来的。除今文经学的立场之外,魏源在经学研究方面的另一个突出特色就是会通诸经之义,而试图对经学的"一贯"之思作出别开生面的解释。这一思想倾向集中体现在《庸易通义》的长文之中。在该文中,魏源列举了二十四条,从多个角度会通《中庸》与《周易》的思想,仅以他开篇总论与二条为例,略窥其综合庸易的思想。他说:"《中庸》之义全通乎《易》,而'未发之中''立天下之大本'者,原于《易》之'何思何虑',各经所未泄之蕴,迥异《大学》以意、心、身为家、国、天下之本。……'《易》无思也,无为也,寂然不动,感而遂通天下之故',非即'喜、怒、哀、乐未发谓之中,发而中节谓之和',为天下之大本、达道者乎?《易》曰'复其见天地之心',岂非《中庸》'莫见乎隐,莫显乎微',徵慎独之心体乎;'君子学以聚之,问以辨之,宽以居之,仁以行之',非即'博学、审问、慎思、明辨、笃行'者乎?"②

不仅如此,在其所作的《默觚》上下篇里,他还通过调和宋明理学内部各大学派的思想,作孔、孟赞,颜子、曾子赞,周程、程朱、陆九渊、朱陆异同、杨慈湖、王文成、明儒高刘诸子赞;甚至融通儒道思想,从"为学"与"为治"两个方面,探讨社会治理与人才培养的重大问题,比较集中地体现了魏源的社会与政治思想。

二、魏源的哲学思想

就哲学思想的深邃、系统性而言,魏源远不及清中叶的戴震,更不及

---

① 《魏源集》上,第 135 页。
② 《魏源集》上,第 100—101 页。

晚明清初的王夫之、黄宗羲等人了。而就其哲学思想的批判性来说看，魏源的思想也不及龚自珍。然在嘉道时期的诸学人当中，魏源的哲学思想却极具代表性，即他以综罗百家的广博性展示了其哲学思考的综合性特点。

（一）魏源的"天"论、"命"论与"鬼神"论

魏源哲学思想的根本特征是"以天为本"。他说：

> 万事莫不有本，众人与圣人皆何所本乎？人之生也，有形神、有魂魄。于魂魄合离聚散，谓之生死；于其生死，谓之人鬼；于其魂魄、灵蠢、寿夭、苦乐、清浊，谓之升降；于其升降，谓之劝戒。虽然，其聚散、合离、升降、劝戒，以何为本，以何归乎？以天为本，以天为归。黄帝、尧、舜、文王、箕子、周公、仲尼、傅说，其生也自上天，其死也反上天。其生也教民，语必称天，归其所本，反其所自生，取舍于此。大本本天，大归归天，天故为群言极。①

魏源所说的"天"，既是我们直觉认识上的"自然之天"，更主要的是儒家经文中的主宰之天，道德之天。《论语》中孔子所讲的"四时行焉，百物生焉"之"天"，《礼运》篇讲"人也者，天地之德，阴阴之会，五行之秀气也"。"政必本于天，殽以降命"之"天"，《尚书·洪范》中所讲的"天"，都是魏源哲学中"天"论思想的来源，也是他所讲之"天"的基本内容。②

魏源甚至认为，人一身内外皆天也。他说："人知地以上皆天，不知一身内外皆天也。'天聪明自我民聪明，天明威自我民明威。'人之心即天地之心，诚使物交物引之际，回光反顾，而天命有不赫然方寸者乎？"③这段文献表明，魏源在多重意义上使用"天"这一概念，人的认识能力来自于"天"，而"天命"亦先天地就驻扎在人的心智之中。因此，他重新解

---

① 《魏源集》上，第5页。
② 《魏源全集》第12册，第2—3页，长沙，岳麓书社，2004。龚自珍亦重视"天"。似乎可以认为，嘉道时期的哲学形上学开始以"天"为宗。
③ 《魏源集》上，第12页。

释了"万物皆备于我"的古老命题，说道：

> 人知心在身中，不知身在心中也。"万物皆备于我矣"，是以神
> 动则气动，气动则声动，以神召气，以母召子，不疾而速，不呼而至。
> 大哉神乎！ 一念而赫日，一言而雷霆，不举动而气满大宅。《诗》曰：
> "命之不易，无遏尔躬。"知天人之不二者，可与言性命矣。①

上述所引文献表明，魏源借用经文中古老的"天"概念，重新阐述了
"天人合一"之说，将王道与神圣之天结合起来。在承认"天"这一超越的
形上根据的前提下，谈造命、立命、安命的诸问题。魏源的这一思想与晚
明以来重新建立的以气化之道为形上根据的新哲学趋势颇为不合，但在
"以复古求解放"的思维方式上又颇为相同。他批评世人反对"天人合
一"之说，说道：

> 世疑天人之不合一久矣，惟举天下是非、臧否、得失一决之于利
> 不利，而后天与人事一也！ 知是非与利害一，而后可由利仁以几于
> 安仁；知天道之与人事一，而后可造命立命以成其安命。王道之外
> 无坦途，举皆荆棘，而不仁者安仁矣；仁义之外无功利，举皆祸殃，而
> 不知命者安命矣。②

在上述文献中，魏源的意思是说，我们只有知道有一种超越的、神圣
的力量在主宰着我们，才能在有限的前提下从事人为的诸事情，否则就
不可能成功。由主宰之"天"出发，魏源很合乎逻辑地将"天"予以伦理化
的解释，他说：

> 人之为道也，敬天地之性而不敢亵，全天地之性而不敢亏。"事
> 亲如事天，事天如事亲"，"济济漆漆"，"如执玉，如奉盈"，不必言敬
> 言诚言仁，而诚敬仁有不在其中者乎？"至德要道以顺天下，民用和
> 睦"，不必言性言命言天道，而性命道德有不全其中者乎？ 大哉，孝

---

① 《魏源集》上，第13页。
② 《魏源集》上，第20页。

之外无学,孝之外无道也! 塞天地,横四海,亘古今,通圣凡,无有乎或外者也;彻精粗,兼体用,合内外,无有乎费贯者也。①

他甚至说:

> 孝子亦天其亲而已,天何尝有不是之风雷? 人不敢怨天而敢怨亲,是人其亲而未尝天其亲也;未天其亲,由未尝以道求其身也。诚以道求其身,则但见身有不尽之子职,何暇见亲之圣善不圣善哉!②

魏源将孝提高到如此高的地位,并且说无不是的父母。这种观点在晚明以降出现了反专制、反家长制权威的新思潮之后,显然有点不合时宜。虽然说这是魏源"崇天"思想逻辑的合理延伸,却是其思想中保守或落后的部分。这再一次表明,思想史的发展历程从来就不是直线前进的,旧思想常常以某种回流的方式卷土重来,从而以梦魇的方式纠缠在人们的心灵之中。

与"崇天"思想相关,同时也是其"崇天"思想的另一种表达方式,魏源的哲学思想中又有"崇一"之说。他说:

> 君子之于道也,始于一,韬于一,积于一,优游般乐于一。一生变,变生化,化生无穷。所谓一者何也? 地之中也有土圭,道之中也有土圭。③

上文所说的"一",与老子哲学有关,因为老子曾说"昔之得一者,天得一以清,地得一以宁"之类的话。而上文所谓的"土圭",即是测日影用的仪器,与测量广狭的圭臬有所不同,引申而言皆指准则与规范。正因为君子之道始于规范,故又不同于守株待兔式的"执一"。如魏源说:"然则株守夫一者,何以适夫千变,全乎大用欤? 举一隅,不足反三隅,望之尽,挹之无余,何以阴噏而阳呿,何以海涵而坤负欤?"④

---

① 《魏源集》上,第 15 页。
② 《魏源集》上,第 15 页。
③ 《魏源集》上,第 26 页。
④ 《魏源集》上,第 26 页。

应当说，"崇一"与"崇天"是一致的。"一"即是"天"，"天"即是"一"。此一即是统一、根本、标准之"一"，也是绝对的整体。它是无形而有象——直观之天，遍覆包含，无有出于其外；但又广大无极，变化莫测，人物皆不能逃脱其控制。故魏源以"天"为其哲学形上学，兼顾直观与理智，要对世界的变化及其规则性、人的有限性与人又必须主动参与天地造化之中的诸方面问题，给出一个合乎常识与理智的回答。

魏源以"天"为形上根据，在讨论"天"的自然性层面问题时，他又大讲人的操存、参赞、裁成等能动性的一面，从而显示了中国哲学一贯的精神。他说："一阴一阳者天之道，而圣人常扶阳以抑阴；一治一乱者天之道，而圣人必拨乱以反正；何其与天道相左哉？天左旋，日月五星右转，一经一纬而成文，故人之目右明，手右强，人之发与蛛之网、螺之纹、瓜之蔓，无不右旋而成章，惟不顺天，乃所以为大顺也。物之凉者，火之使热，去火即复凉；物之热者，冰之使凉，去冰不可复热；自然常胜者阴乎！故道心非操不存，人心不引自炽。政之治乱，贤奸之进退亦然。"①

上述魏源提供的论据是经验性的，经不起严格的逻辑分析。但其意思是很明确的，即要通过人对自然之天的逆——反抗，才能成就人间的事业与功绩。魏源一方面承认"命"，另一方面又指出"命"所不能拘者的三种情况。如他说：

> 命所不能拘者三，有君子焉，有小人焉。怂山欲壑，立乎岩墙，"下民之孽，匪降自天"，此恃命之小人，非命在旦夕所拘者乎？诚知足，天不能贫；诚无求，天不能贱；诚外形骸，天不能病；诚身任天下万世，天不能绝。匪直是也，命当富而一介不取，命当贵而三公不易，命当寿而杀身成仁，舍生取义。匹夫确然其志，一辈子不能与之富，上帝不能使之寿，此立命之君子，岂命所拘者乎？人定胜天，既可转贵富寿为贫贱夭，则贫贱夭亦可转为贵富寿。《诗》三百篇，福禄寿考，子孙昌炽，颂祷假祝而不疑。祈天永命，造化自我，此造命

---

① 《魏源集》上，第 10 页。

之君子,岂天所拘者乎?①

魏源此处提出的"君子造命"思想基本上积极的,但相对于王夫之的"造命"思想而言,则是一种退步,因为王夫之不仅认为"君子造命",而且认为普通人亦可造命(参见本书第三章)。

与重"天"的哲学形上学思想有关,魏源相信有鬼论。一方面由重天思想出发,魏源相信人有灵魂,如他说:"水火有气而无生,草木有生而无知,禽兽有知而无义,人有气有生有知,亦且有义,故最为天下贵也。是故君子以天为家,以德为本,以道为域;身躯由地而来,向地而归,灵魂由天而来,向天而归。人者不属此地而属天,何可轻忽人性之天,而背圣人之理乎?"②另一方面,从社会治理的角度说,他认为相信鬼神有益于社会教化。他说:"以鬼神为二气之良能者,意以为无鬼也。岂知洋洋在上在左右,使天下齐明承祀,'相在尔室,尚不愧于屋漏'即后儒'天知、地知、人知、我知'之所本,谓天神知、地祇知也。……圣人敬鬼神而远之,非辟鬼神而无之也。……鬼神之说,其有益于人心,阴辅王教者甚大,王法显诛所不及者,惟阴教足以慑之。"③这些文献表明,魏源试图以中国传统社会重视鬼神的宗教思想来辅助他所理想的王道之治,虽然合乎传统政治的经验,但与人类的理智要求、科学发展的趋势不相吻合。

魏源的思想中有浓厚的圣人崇拜情结,过分强调圣人与普通人的不同,这与晚明以降重视圣凡平等的新思想趋势也不甚吻合。他说:

> 心为天君,神明出焉。众人以物为君,以身为臣,以心为使令,故终身役役而不知我之何存。圣人以心为君,以身为城,以五官为臣,故外欲不入谓之关,内欲不出谓之局,终身泰然而不知物之可营,未有天君不居其所而能基道凝道者也。④

①《魏源集》上,第 20—21 页。

② 魏源:《海国图志》卷七六,《魏源全集》第 7 册,第 1866 页。

③《魏源集》上,第 3 页。

④《魏源集》上,第 18 页。

又说：

> 惟圣人通于幽明之理，故制礼作乐，饗帝饗亲，进退百神五祀，声气合莫，流动充满于天地之间，则天神降，地祇出，人鬼享，而制作与造化参焉，阴教与王治辅焉，孰谓太虚聚为气，气散为太虚而贤愚同尽乎，礼乐皆刍狗而神道无设教乎？《诗》曰："明明在下，赫赫在上。"①

上述两则材料，一是从德性修养层面说明圣人之所以是圣人，众人之所以是众人的道理。圣人以心为主宰，众人以物为主宰，故众人永远居于道德的较低层面。第二材料则是从政治治理的角度说明圣人之所以能治理众人，是因为他们能领会幽明两界的变化，故能治理天下。这就把圣人神化了。要而言之，魏源"崇天"的哲学思想中，有相当多的积极性思想内容，但也弥漫着一股神秘主义的气氛。这大约与他崇尚今文经学的根本思想倾向有关。

（二）魏源的人性论与伦理学思想

在人性论的问题上，魏源不相信"气质之性"。他说："气质之性，其犹药性乎！各有所宜，即各有所偏；非煅制不能入品，非剂和众味，君臣佐使互相生克，不能高调其过不及。故气质之性，君子有不性者焉。仁义礼智，孤行偏废，皆足以偾事。贤智之过，有时与愚不肖相去唯阿，况以利欲济其气质，侯有不及无太过乎？"②这就表明，在义理之性与气质之性的问题上，魏源不接受晚明以降进步思想家对"气质之性"不恶的诸观点，基本上坚持宋儒义理之性为人性之根本的观点，这在一点上也可以认为是思想的倒退。但他相信人心之内有先验的、永恒的仁之性。在这一点上，他所表现出来的又是性善论的观点，与宋明以来主流的人性善说是一致的。他说：

---

① 《魏源集》上，第 32 页。
② 《魏源集》上，第 29 页。

> 因树以为荣枯者华也，华之内有果，果之内有仁，迨仁既成而不因树以荣枯矣；因气以为生死者身也，身之内有心，心之内有仁，迨仁既成而不因形气以生死矣。性根于心，萌芽于意，枝分为念，岜茂为情，则性之华也。①

又说：

> 谷种为仁，实函斯活。仁者天地之心也，天生一人，即赋以此种子之仁，没然津然不容已于方寸。故一粒之仁，可蕃衍化育，成千百万亿之仁于无穷，横六合，亘古今，无有乎不同，无有乎或变者也。②

魏源虽然坚持先天的性善说，但在对社会生活中的人何以不善的问题上，则归因于社会环境的影响，不认为是人内在气质之性影响的结果。他认为，仁之种不熟的原因，是因为莨稗侵夺的结果。引申而言，人在社会生活中未能完全展现出其先验的仁性，是因为外在环境没有提供适宜的土壤的缘故。他说："功利之稗一，记醜之稗一，词章之稗一，技艺嗜好之稗一，生气渗泄，外强中乾，而仁之存者寡矣。"③

正因为如此，魏源十分非常重视"君子以德为本"的思想，他说："惟本原盛大者，能时措出之而不穷，故君子务本，专用力于德性而不敢外骛，恐其分吾德性之功而两失之也。"④魏源称此为"贯用于体之圣学"。⑤

魏源论学时，将尊德性与道问学作一会通性的理解。他说："学之言觉也，以先觉觉后觉，故莘野以畎畝乐尧、舜君民之道；学之言效也，以后人师前人，故傅严以稽古陈茶恭默思道之君。觉伊尹之所觉，是为尊德性；学傅说之所学，是为道问学。自周以前，言学者莫先于伊、尹傅二圣，君子观其会通焉。"⑥由此可知，魏源主要还是在传统儒家伦理学的意义

---

① 《魏源集》上，第 30 页。
② 《魏源集》上，第 30 页。
③ 《魏源集》上，第 30—31 页。
④ 《魏源集》上，第 28 页。
⑤ 《魏源集》上，第 28 页。
⑥ 《魏源集》上，第 1 页。

上来讨论"学",而还没有进入对外在经验世界客观知识的关注上面。因此，他所坚持下学上达的思想，也主要是从个人成德的角度来说的，他认为，"技可进乎道，艺可通乎神；中人可易为上智，凡夫可以祈天永命；造化自我立焉。'用志不分，乃凝于神'，己之灵爽，天地之灵爽也。'俛焉晬孳孳，毙而后已'何微之不入？何坚之不劘？何心光之不发乎？是故人能与造化相通，则可自造化"①。

鸦片战争以后，魏源的哲学有所变化，在"知行"关系上，魏源更强调"行"与经验知识的重要性。他说："'及之而后知，履之而后艰'，乌有不行而能知者乎？翻《十四经》之编，无所触发，闻师友一言而终身服膺者，今人益于古人也。耳聒义方之灌，若罔闻知，睹一行之善而中心惕然者，身教亲于言教也。披五岳之图，以为知山，不如樵夫之一足；谈沧溟之广，以为知海，不如贾客之一瞥；疏八珍之谱，以为知味，不如庖丁之一啜。《诗》曰：'如彼行迈，则靡所臻。'"②

因而在认识论的问题上，魏源重视直接经验之于认识的重要性，他说："山居难以论舟行之险，泽居难与论梯陟之艰。处富不可与论贫，处暇不可与虑猝，处亨不可与言困，处平世不可与论患难。"③

后期的魏源编纂了大量反映西方国家情况、国内政治、军事、地理之类的著作，其中以《海国图志》最为典型。现实政治生活的变化也促使魏源的思想发生变化。这表明魏源还是一个与时俱进的风流人物。

（三）魏源的辩证思维

魏源从《易传》、老子的思想中吸取了抽象的辩证法思想，并着重从政治管理与人生修养方面加以引申，如他说道：

> 暑极不生暑而生寒，寒极不生寒而生暑。屈之甚者信必烈，伏之久者飞必决。故不如意之事，如意之所伏也；快意之事，忤意之所

---

① 《魏源集》上，第 5—6 页。
② 《魏源集》上，第 7 页。
③ 《魏源集》上，第 46 页。

乘也。众所福，君子不福，不福其祸中之福也；众所利，君子不利，不利其害中之利也。消与长聚门，祸与福同根。岂惟世事物理有然哉？学问之道，其得之不难者，失之必易；惟艰难以得之者，斯能就业以守之。①

又说：

不乱离，不知太平之难；不疾痛，不知病之福；故君子于安思危，于治忧乱。……故世人处富贵如贫，君子处贫如富。与人之取，则天下无竞人；取人之舍，斯天下无困境；故君子辟丰如辟患，得歉如得福。②

上述两则材料的第一则意思是说，任何事物发展到极点就会向相反的方向转化。这则没有多少新意。而第二则的意思是说，人类的认识与经验亦应当从相反的方面体会正面价值的可贵与难得。这虽也是常识经验之谈，但在当时有一定的警示意义。

就辩证思维的理论层面来说，魏源主要阐述了"天下之物无独必有对"的辩证法思想，而且还认为，这"无独有对"之中必有主次关系，否则就无法构成一个统一体。从抽象的原则来看，魏源的这种认识应当是正确的。但由之所得出的结论则未必完全是正确的。他说：

天下物无独必有对，而又谓两高不可重，两大不可容，两贵不可双，两势不可同，重、容、双、同必争其功。何耶？有对之中一主一辅，则对而不失为独。乾尊坤卑，天地定位，万物则而象之，此尊无二上之谊焉。是以君令臣必共，父命子必宗，夫唱妇必从。……是以君子之学，先立乎其大而小者从令，致专于一，则殊途同归。道以多歧亡羊，学以多方丧生。其为治也亦然。

上述引申的一些结论，如君令臣共、父命子宗、夫唱妇随的诸论断

____

① 《魏源集》上，第18页。
② 《魏源集》上，第19页。

中，还涉及一个是非对错问题，如果君令、父命、夫唱在认识上是错误的，则不应当绝对的服从。而"道歧"也未必就不好，道并行而不相悖的情况也是常有的事情。魏源讲辩证的双方有一主一从之关系，也与今天辩证法思想所阐述的主要矛盾与次要矛盾，矛盾的主要方面与次要方面的辩证思想相去甚远，因为他是在崇阳而抑阴的僵硬形式下来讲对立双方的主与从的关系的。他曾说："天地之道，一阳一阴。而圣人之道，恒以扶阳抑阴为事。"①这就表明，魏源的辩证思维最终还是被他的形式化而且颇为僵化的崇阳抑阴的思想所窒息。

三、魏源的经世思想

魏源的经世思想似可分成两个阶段来理解。前期主要是立足于嘉道时期的社会现实矛盾，提出了一些抽象的变法思想。后期则针对西洋列强的入侵，针对具体的社会现实问题，提出"师夷之长技以制夷"的新经世策略，为中国文化在新的国际环境中的生存与发展，提出了带有一定开放倾向的新思想。其所著的《海国图志》一书，对于中国人全面了解西方文化提供了一个极好的文化窗口。

（一）重有用之学、重"逆"与变革思想

在中国社会未受西方经济、军事势力的粗暴入侵之前，魏源也像当时少数进步士人一样，还是从中国传统文化内部寻求社会变革的思想资源。他仍然相信"内圣外王"之道，认为王道必有性命精微流行其间，他说："王道至纤至悉，井牧、徭役、兵赋，皆性命之精微流行其间。使其口心性，躬礼义，动言万物一体，而民瘼之不求，吏治之不习，国计边防之不问；一旦与人家国，上不足制国用，外不足靖疆圉，下不足苏民困，举平日胞与民物之空谈，至此无一事可效诸民物，天下亦安用此无用之王道哉？"②

---

① 魏源：《老子本义》，《魏源全集》第 2 册，第 649 页。
② 《魏源集》上，第 36 页。

由此，魏源批评一些士人瞧不起农桑等具体事务的观点。他说："工骚墨之士，以农桑为俗务，而不知俗学之病人更甚于俗吏；托玄虚之理，以政事为粗才，而不知腐儒之无用亦同于异端。彼钱粮谷簿书不可言学问矣，浮藻饾饤可为圣学乎？释老不可治天下国家矣，心性迂谈可治天下乎？"①

在经世的问题上，魏源强调经验之知与众人之智的重要性。他说："以匡居之虚理验诸实事，其效者十不三四；以一己之意见质诸人人，其合者十不五六。古今异宜，南北异俗，自非设身处地，乌能随盂水为方圆也？自非众议参同，乌能闭户造车出门合辙也？历山川但壮游览而不考其形势，阅井疆但观市肆而不察其风俗，揽人材但取文采而不审其才德，一旦身预天下之事，利不知孰兴，害不知孰革，荐黜委任不知孰贤不肖，自非持方枘纳圆凿而何以哉？"②

而且，魏源十分重视"逆"的作用。他说："故真人之养生，圣人之养性，帝王之祈天永命，皆忧惧以为本焉。真人逆精以反气，圣人逆情以复性，帝王逆气运以拨乱反治。逆则生，顺则夭矣；逆则圣，顺则狂矣。草木不霜雪，则生意不固；人不忧患，则智慧不成。大哉《易》之为逆数乎！五行不顺生，相克乃相成乎！……顺流之可畏也如是夫！"③

魏源强调"逆"的作用，其实是强调人在社会政治活动中积极、主动参与的作用，并非是完全违反天道或自然规律。圣人"逆气运"，并非是逆天道，至多是一种逆潮流、逆风气，然其所逆之中蕴含着更为深刻的道与理，那就是通过仁道的方式去"聚人气"。在政治治理过程中，魏源特别重视聚"人气"，而且对于君子与细民，应当采取不同的治理手法。他说："人者，天地之仁也。人之所聚，仁气积焉；人之所去，阴气积焉。山谷之中，屯兵十万，则穷冬若春；邃宇华堂而皇，悄无綦迹，则幽阴袭人。人气

①《魏源集》上，第 37 页。
②《魏源集》上，第 36 页。
③《魏源集》上，第 39 页。

所蕴，横行为风，上泄为云，望气吹律而吉凶占之。"①"圣人以名教治天下之君子，以美利利天下之庶人。……故于士大夫则开之于名而塞之于利，于百姓则开之于利而坊之于淫。……故曰：刑期以坊淫，庶民之事也；命以坊欲，士大夫之事也；礼以坊德，圣贤自治之学也。世之极盛也，使天下以义为利，其次则以民为利。"②

魏源重"逆"的思想倾向，也在其社会变革论得到了较充分的体现。他要求政治治理根据变化了的实际情况来采取具体的措施，特别重视"时异则世变"的道理。他说："三代以上，天皆不同今日之天，地皆不同今日之地，人皆不同今日之人，物皆不同今日之物。天官之书，古有而今无者若干星，古无而今有者若干星；天差而西，岁差而东，是天不同后世之天也。"③

在具体的社会政策方面，魏源认为变革得越是彻底，对于民众越是方便。"变古愈尽，便民愈甚"的观点，曾经被看作是激进的变革观念。其实，魏源在此处所讲的变革仅是具体政策层面的变革，而对于儒家的纲常伦理之道是不能变的。他说："租、庸、调变而两税，两税变而条编。变古愈尽，便民愈甚，虽圣王复作，必不舍条编而复两税，舍两税而复租、庸、调也；乡举里选变而门望，门望变而考试，丁庸变而差役，差役变而雇役，虽圣王复作，必不舍科举而复选举，舍雇役而为差役也；丘甲变而府兵，府兵变而弩骑，而营伍，虽圣王复作，必不舍营伍而复为屯田为府兵也。天下事，人情所不便者变可复，人情所群便者变则不可复。江河百源，一趋于海，反江河之水而复归之山，得乎？履不必同，期于适足；治不必同，期于利民。是以忠、质、文异尚，子、丑、寅异建，五帝不袭礼，三王不沿乐，况郡县之世而谈封建，阡陌之世而谈井田，笞杖之世而谈肉刑哉！"④

---

① 《魏源集》上，第 44 页。
② 《魏源集》上，第 45 页。
③ 《魏源集》上，第 47 页。
④ 《魏源集》上，第 48—49 页。

不过，魏源并不完全割裂古与今的内在关系，只是反对僵化地照搬古代已经不适应变化了的形势的旧法则而已。所以他又讲："君子之为治也，无三代以上之心则必俗，不知三代以下之情势则必迂。……善治民者不泥法；无他，亲历诸身而已。读、黄、农之书，用以杀人，谓之庸医；读周、孔之书，用以误天下，得不谓之庸儒乎？靡独无益一时也，又使天下之人不信圣人之道。"①

魏源认为，"后世之事，胜于三代者三大端：文帝废肉刑；三代酷酷而后世仁也；柳子非封建，三代私而后代公也；世族变贡举，与封建之变为郡县何异？三代用人，世族之弊，贵以袭贵，贱以袭贱，与封建并起于上古，皆不公之大者"②。

而且在变与不变的问题上，魏源认为，气化无一息不变，而"道"是不变的。他说："故气化无一息不变者也，其不变者道而已，势则日变而不可复者也。"③魏源所讲的不变之道，实即儒家社会政治哲学中的三纲五常之人伦。

（二）早期民主主义的政治思想

在有关封建与郡县之制的优劣问题上，魏源不同于他之前的一些学者的观点，而是以分析的眼光看待封建与郡县之制的优势与不足。他认为："春秋以前，有流民而无流寇，春秋以后，流寇皆起于流民，往往斁宗社，痛四海。读诗则《硕鼠》'适彼乐郊'，《黄鸟》'复我邦族'，《鸿雁》劳来中泽，未闻潢池揭竿之患，此封建长于郡县者一也。"④

"春秋以后，夷狄与中国为二，春秋以前，夷狄与中国为一。读《诗》与《春秋》，知古者名山大泽不以封，列国无守险之事，故西戎、徐戎、陆浑之戎、赤狄、白狄、姜狄、太原之戎，乘虚得错处其间。后世关塞险要尽属

---

① 《魏源集》上，第 49 页。
② 《魏源集》上，第 60 页。
③ 《魏源集》上，第 48 页。
④ 《魏源集》上，第 42 页。

王朝,而长城以限华、夷,戎、狄攘诸塞外,此郡县之优乎封建者一也。"①

他还认为:"治天下之具,其非势、利、名乎！井田,利乎;封建,势乎;学校,名乎！圣人以其势、利、名公天下,身忧天下之忧而无天下之乐,故塞裳去之,而樽俎揖让兴焉;后世以其势、利、名私一身,穷天下之乐而不知忧天下之忧,故慢藏守之,而奸雄觊夺兴焉。争让之分,帝王之忧乐天下为之也。"②

在魏源早期的经世思想中,还有一些闪光的思想火花。如他在人才观方面提出"有情方有才"的思想,他说:"人有恒言曰'才情',才生于情,未有无情而有才者也。慈母情爱赤子,自有能鞠赤子之才;手足情卫头目,自有能捍头目之才。无情于民物而能才济民物,自古至今未之有也。小人于国、于君、于民,皆漠然无情,故其心思智力不以济物而专以伤物,是鸷禽之爪牙,蜂虿之芒刺也。"③

在天子与众人的关系问题上,魏源还认为天子亦为众人之所积,故当视天下为天下人之天下,而不能私天下为一人、为一家。他说:"地气随人气而迁徙也。'天地之性人为贵',天子者,众人所积而成,而侮慢人者,非侮慢天乎?人聚则强,人散则尫,人静则昌,人讼则荒,人背则亡。故天子自视为众人中之一人,斯视天下为天下之天下。"④

嘉庆之后,清代的文字狱有所松动,但也没有完全解禁。与魏源同时的龚自珍就有"避席畏闻文字狱,著书只为稻粱谋"的诗句。然而魏源已经明确意识到,民众对时政的批评与国家昌盛的内在关系。他将整个天下看作是人的身体一样,需要息息相通:"天下其一身与！后元首,相股肱,诤臣喉舌。然则孰为其鼻息? 夫非庶人与！九窍百骸四支之存亡,视乎鼻息,口中以终日闭而鼻不可一息柅。古圣帝明王,惟恐庶民之不息息相通也,故其取于臣也略而取于民也详。天子争臣七人而止,诸

————————

① 《魏源集》上,第 42 页。
② 《魏源集》上,第 44 页。
③ 《魏源集》上,第 35 页。
④ 《魏源集》上,第 44 页。

侯争臣五人而止。至于彻膳之宰，进善之旌，诽谤之木，敢谏之鼓，师箴，瞍赋，矇诵，百工谏，庶人传语，士传言，道人木铎以徇于路，登其歌谣，审其诅祝，察颜观色其谤议，于以明目达聪，而元首良焉，股肱康焉。”①这一要求当然也与道光之后清王朝社会矛盾的激化密切相关。他希望在上位的统治者能够给民众以表达自已诉求的机会，从而让整个社会上下之间信息沟通，让在上位的统治者做出更加明智、合理的决策。

（三）“师夷之长技以制夷”与开放的文化观

鸦片战争爆发后，魏源的经世思想明显地转向到更为实际的重大社会政治问题的处理方面，其中如何抵抗西洋列强的入侵，保卫中华民族的领土与主权就成为其后期经世思想的主要内容。他提出的“师夷之长技以制夷”的经世策略，在近代中国之初具有极其重要的文化意义。魏源针对当时中国处于劣势的现实，提出了以守为战，以守为款的政治、军事、外交策略。他说：

> 自夷变以来帏幄所擘画，疆场所经营，非战即款，非款即战，未有专主守者，未有善言守者。不能守，何以战？不能守，何以款？以守为战，而后外夷服我调度，是谓以夷攻夷；以守为款，而后外夷范我驱驰，是谓以夷款夷。自守之策二：一曰守外洋不如守海口，守海口不如守内河；二曰调客兵不如练士兵，调水师不如练水勇。攻夷之策二：曰调夷之仇国以攻夷；师夷之长技以制夷。款夷之策二；曰听互市各国以款夷；持鸦片初约以通市。②

且不说魏源的守策能否行得通，仅就其“师夷之长技以制夷”的主张而言，的确在中国近代史上具有开创性的意义。该主张虽然仅停留在技术层面学习西方文化，但毕竟重新打开了中国向西方学习的一条通道。自晚明以来，中国已经开始了学习西方文化的历程，徐光启等先进的中国人大体上都坚持一条“欲求超胜，必先会通”的文化主张。然而自清代

---

①《魏源集》上，第 67—68 页。
②《魏源集》下，第 839 页。

康熙年间出现了"礼仪之争"后，中国社会基本关闭了向西方学习的通道。乾隆皇帝又自高自大地拒绝了英国使团马嘎蒂尔要求通商的请求，就更加剧了中国与外界的隔离与封闭，从而使得中国社会对于欧洲社会17世纪到19世纪前半叶近二百五十年所取得的现代文明的巨大成就一无所知。魏源能在当时整体上还处于封闭的中国上层社会提出向西方学习的文化主张，的确重新打开了中国与西方世界接触的一条正确的通道。因此，"师夷之长技以制夷"的政治与军事主张虽然还停留于具体的技术层面，却蕴涵着丰富的思想与文化的含义。因此，中国思想史、哲学史上，将魏源象征性地看作是睁眼看世界的第一人，的确是一个正确的观点。实际上，魏源向西方学习的观点并非仅停留于"师技"的层面，他也提到了一般意义上的了解夷情。如他说："然则欲制外夷者，必先悉夷情始；欲悉夷情者，必先立译馆翻夷书始；欲造就边才者，必先用留心边事之督抚始。"①既然要了解夷情、翻译夷书，就必然要了解西方的经济、政治制度与学术、思想。而且，在实际的与西方打交道的过程中，魏源已经看到了西方之长不只是在兵器上，而且在军事组织与士兵管理制度上也有其长。他说："人但知船炮为西洋之长技，而不知西夷之所长不徒船炮也。每出兵以银二十圆安家，上卒月饷银十圆，下卒月饷银六圆，赡之厚故选之精，练之勤故御之整。即如澳门夷兵仅二百余，而刀械则昼夜不离，训练则风雨无阻。英夷攻海口之兵，以小舟渡至平地，辄去其舟，以绝反顾。登岸后则鱼贯肩随，行列整齐，岂专恃船坚炮利哉？"②

魏源还进一步提出了与外国展开正常的经贸活动的思想，并希望通过正常的经贸活动来阻止鸦片的邪恶贸易，内修武备，整饬吏制；外拒强敌，开放市场，从而做到威利并举。他认为，要禁止鸦片对中国人的毒害，必须是内禁与外禁并举。有些人认为"外禁"不可能。魏源认为外禁是可以实现的，而实现"外禁"的手段就是严修武备，同时与西方国家展

---

① 《魏源集》下，第 868 页。
② 《魏源集》下，第 874 页。

开正常的贸易，并对正常贸易的物品关税加以减裁，而对夹带的鸦片课以重税，这样就可以从根本上杜绝鸦片贸易。他说：

> 今与夷约，果鸦片不至，则尽裁一切浮费，举前此贡使所屡求，大班所屡控者，一旦如其意而豁除之，俾岁省数百万，夷必乐从者又一。彼国入口之货，莫大于湖丝、茶叶；出口之费，莫大于棉花、洋米、呢、羽。今中国既裁浮费，免米税，商本轻省，则彼国不妨于进口之茶、丝，出口之棉、米、呢、羽酌增其税，以补鸦片旧额。此外铅、硝、布等有益于中国之物，亦可多运多销，夷必乐从者又一。威足慑之，利足怀之，公则服之，有不食桑葚而革鸮音者乎？水师之通贿不惩，商胥之浮索不革，战舰之武备不竞，而惟外夷操切是求，纵获所求，且不可久。矧乃河溃而鱼烂，鸟惊而兽骇，尚何暇议烟禁哉！①

由上所引的文献可以看出，魏源提出的向西方学习的文化主张，其实并非停留在技术层面，而是已经广泛地注意到文化与制度的诸方面内容。其中还包含着非常具体的商贸往来的经济互惠思想，以及通过经贸活动而改革内部的税制与吏制的经济与政治改革思想。从哲学思想而言不够具有普遍性，但从政治改革的角度看，却是非常具体的，具有可行性。

魏源还在中外文化观方面提出了非常具有震撼性的观点，对于数千年的夷夏之大防的观念产生了强烈的冲击。他说：

> 夫蛮狄羌夷之名，专指残虐性情之民，未知王化者言之。故曰：先王之待夷狄，如禽兽然，以不治治之，非谓本国而外，凡有教化之国，皆谓之夷狄也。且天下之门有三矣，有禽门焉，有人门焉，有圣门焉。由于情欲者，入自禽门者也；由于礼义者，入自人门者也；由于独知者，入自圣门者也。诚知夫远客之中，有明礼行义，上通天象，下察地理，旁彻物情，贯串今古者，是瀛寰之奇士，域外之良友，

---

① 《魏源集》下，第 886 页。

尚可称之曰夷狄乎?①

魏源要求人们破除陈腐的"夷夏"的观念,睁开眼睛看看中国以外的"教化"之国,认真虚心地学习他国的先进、合理的文化。他对美国的民主政治体制不仅有所介绍,而且持有极其肯定的态度,体现了魏源向西方学习主张的全面性。他说:

> 呜呼! 弥利坚国非有雄材枭杰之王也,涣散二十七部落,涣散数十万黔首,愤于无道之虎狼英吉利,同仇一倡,不约成城,坚壁清野,绝其饷道,(遂)[逐]走强敌,尽复故疆,可不谓武乎! ……二十七部酋分东西二路,而公举一大酋总摄之,匪惟不世及,且不四载即受代,一变古今官家之局,而人心翕然,可不谓公乎! 议事听讼,选官举贤,皆自下始,众可可之,众否否之,众好好之,众恶恶之,三占从二,舍独徇同,即在下预议之人亦先由公举,可不谓周乎!②

上述文献对于美国的民主政治介绍虽然简略,对于民主决策程序的介绍亦有想象之词。但基本内容及其精神是准确的。特别是其中所讲到的不世及、不四载而换届的方法,魏源称之为"一变古今官家之局",实乃睿见卓识! 他从中国传统政治哲学"崇公"的思想传统出发,将其"大公"的政治思想,非常巧妙地与西方现代民主政治的精神对接,亦是创见。魏源肯定西方民主政治自下选贤的任官制度,认为这是周密的选拔人才的制度,予以肯定与歌颂,亦体现了他的开放精神与敏锐的洞察力。其表述的语言亦是中国化的,且与中国古代理想的选贤任能思想具体有高度的吻合之处,因而亦很容易被中国人所接受。

魏源是一个非常重视社会实际情况的思想家,他的经世思想与他重视实践知识的哲学思想有高度的内在关联。他所受的教育使得他一时无法摆脱儒家纲常伦理思想的束缚,不可能从根本上意识到中国在近代

---

① 魏源:《海国图志》卷七六,《魏源全集》第 7 册,第 1866 页。
② 魏源:《海国图志》卷五九,《魏源全集》第 6 册,第 1585 页。

社会的被动、挨打，是因为经济、政治、文化的全面落后所导致的。但他能从实际的社会情况分析出发，提出一些比较可行的政治、经济、外交的主张。其所编的《海国图志》一书，不断地扩大内容，对于当时中国知识界全面了解西方的经济、政治、文化，具有非常重要的引导意义。只是非常遗憾的是，腐朽的清王朝政府无法接纳他的一些相当正确可行的对策与建议。而满汉联合的地主阶级政权按照专制政治的固有逻辑，既拒绝从内部展开真正的自改革，又不能积极主动地向西方学习先进的现代工商业文明，最终一步一步地走向灭亡，同时也将中华民族拖进了灾难深重的历史深渊，使得中华民族在近代的一百五十年里饱受外敌的蹂躏与欺侮。这一沉痛而又血腥的教训，应当永远为中华民族的儿女所牢记，绝对不能让它再次重演！

主要参考文献

一、基本典籍

［1］班固.汉书［M］.颜师古,注.北京:中华书局,1961.

［2］陈寿.三国志［M］.裴松之,注.北京:中华书局,1982.

［3］陈确.陈确集［M］.北京:中华书局,1979.

［4］崔述.崔东壁遗书［M］.顾颉刚,编订.上海:上海古籍书店,1983.

［5］戴震.戴震全书［M］.张岱年,主编.合肥:黄山书社,2010.

［6］邓牧.伯牙琴［M］.张岂之、刘厚祜,标点.北京:中华书局,1959.

［7］段玉裁.经韵楼集［M］.钟敬华,校点.上海:上海古籍出版社,2008.

［8］段玉裁.说文解字注［M］.上海:上海古籍出版社,1981.

［9］房玄龄等.晋书［M］.北京:中华书局,1974.

［10］方以智.东西均注释［M］.庞朴,注释.北京:中华书局,2001.

［11］方以智.方以智全书［M］.侯外庐,主编.上海:上海古籍出版社,1988.

［12］方以智.浮山文集前编［M］//续修四库全书:第1398册.上海:

上海古籍出版社,2002.

[13] 方以智.物理小识[M].上海:商务印书馆,1937.

[14] 方以智.方以智全书[M].合肥:黄山书社,2019.

[15] 方以智.药地炮庄[M].张永义、邢益海,校点.北京:华夏出版社,2011.

[16] 方以智.一贯问答[M]//庞朴,注释.儒林:第一辑.济南:山东大学出版社,2005.

[17] 冯从吾.关学编(附续编)[M].陈俊民、徐兴海,点校.北京:中华书局,1987.

[18] 傅山.傅山全书[M].尹协理,主编.太原:山西人民出版社,1991.

[19] 龚自珍.龚自珍全集[M].王佩诤,校.上海:上海古籍出版社,1975.

[20] 顾炎武.顾亭林诗文集[M].北京:中华书局,1959.

[21] 顾炎武.日知录集释[M].长沙:岳麓书社,1994.

[22] 洪亮吉.洪亮吉集[M].北京:中华书局,2001.

[23] 海德格尔.存在与时间[M].陈嘉映、王庆节,译.北京:三联书店,1987.

[24] 焦循.焦循诗文集[M].刘建臻,点校.扬州:广陵书社,2009.

[25] 焦循.易学三书[M].李一忻,点校.北京:九州出版社,2003.

[26] 李斗.扬州画舫录[M].北京:中华书局,2001.

[27] 李塨.李塨文集[M].邓子平、陈山榜,点校.石家庄:河北人民出版社,2011.

[28] 黎靖德编.朱子语类[M].王星贤,点校.北京:中华书局,1994.

[29] 李颙.与当事论出处[M].二曲集.陈俊民,点校.陈俊民,注解.北京:中华书局,1996.

[30] 李贽.李贽文集[M].北京:中国社会科学文献出版社,2000.

[31] 凌廷堪.校礼堂文集[M].王文锦,校.北京:中华书局,2006.

［32］刘向辑录.战国策［M］.上海：上海古籍出版社,1998.

［33］陆九渊.陆九渊集［M］.钟哲,点校.北京：中华书局,2008.

［34］黄震.黄氏日钞［M］.四库全书本.

［35］黄宗羲.黄宗羲全集［M］.杭州：浙江古籍出版社,2005.

［36］黄宗羲.明儒学案［M］.沈芝盈,点校.北京：中华书局,2008.

［37］黄宗羲、全祖望.宋元学案［M］.北京：中华书局,1986.

［38］马克思、恩格斯.马克思恩格斯选集［M］.北京：人民出版社,1995.

［39］钱谦益.钱牧斋全集［M］.上海：上海古籍出版社,2003.

［40］阮元.研经室集［M］.北京：中华书局,1993.

［41］阮元等.畴人传汇编［M］.彭卫国、王原华,点校.扬州：广陵书社,2009.

［42］唐鉴.唐鉴集［M］.长沙：岳麓书社,2010.

［43］唐甄.潜书［M］.北京：中华书局,1955.

［44］黄晖.论衡校释［M］.北京：中华书局,1999.

［45］王夫之.船山全书［M］.长沙：岳麓书社,2011.

［46］王弘撰.砥斋集［M］.上海：上海古籍出版社,2002.

［47］王念孙.王石臞先生遗文［M］//续修四库全书：第 1466 册.上海：上海古籍出版社,2002.

［48］王守仁.王阳明全集［M］.吴光等,编校.上海：上海古籍出版社,1992.

［49］王引之.王文简公文集［M］//续修四库全书：第 1490 册.上海：上海古籍出版社,2002.

［50］全祖望.全祖望集汇校集注［M］.朱铸禹,汇校集注.上海：上海古籍出版社,2000.

［51］魏源.魏源集［M］.中华书局编辑部,编.北京：中华书局,2009.

［52］魏源.魏源全集［M］.长沙：岳麓书社,2004.

［53］颜元.颜元集［M］.王星贤等,点校.北京：中华书局,1987.

［54］李塨.颜元年谱［M］.王源订,陈祖武,点校.北京:中华书局,1992.

［55］袁枚.小仓山房诗文集［M］.上海:上海古籍出版社,1988.

［56］袁枚.袁枚全集［M］.南京:江苏古籍出版社,1993.

［57］张栻.南轩集［M］.四库全书本.

［58］章学诚.文史通义新编新注［M］.仓修良,编注.杭州:浙江古籍出版社,2005.

［59］朱熹.朱子文集［M］.陈俊民,校订.台北:德富文教基金会,2000.

二、相关研究类著作

［1］蔡元培.中国伦理学史［M］.北京:商务印书馆,1910.

［2］仓修良,叶建华.章学诚评传［M］.南京:南京大学出版社,2007.

［3］陈居渊.焦循阮元评传［M］.南京:南京大学出版社,2006.

［4］陈来.诠释与重建［M］.北京:北京大学出版社,2004.

［5］陈铭.龚自珍评传［M］.南京:南京大学出版社,1998.

［6］陈其泰,刘兰肖.魏源评传［M］.南京:南京大学出版社,2005.

［7］陈祖武主编.明清浙东学术文化研究［M］.北京:中国社会科学出版社,2004.

［8］戴逸主编.简明清史［M］.北京:人民出版社,1984.

［9］丁为祥.虚气相即:张载哲学体系及其定位［M］.北京:人民出版社,2000.

［10］樊克政.龚自珍年谱考略［M］.北京:商务印书馆,2004.

［11］冯天瑜."封建"考论［M］.武汉:武汉大学出版社,2007.

［12］葛荣晋主编.中国实学思想史［M］.北京:首都师范大学出版社,1994.

［13］龚鹏程.中国文人阶层史论［M］.兰州:兰州大学出版社,2004.

［14］辜鸿铭.中国人的精神［M］.黄兴涛,宋小庆,译.海口:海南出

版社,1996.

　　[15] 顾颉刚. 古史辨自序[M]. 石家庄:河北教育出版社,2000.

　　[16] 何炳松. 浙东学派溯源[M]. 桂林:广西师范大学出版社,2004.

　　[17] 洪堡特. 洪堡特语言哲学文集[M]. 姚小平,主编并译注. 长沙:湖南教育出版社,2001.

　　[18] 洪湛侯. 徽派朴学[M]. 合肥:安徽人民出版社,2005.

　　[19] 侯外庐. 中国思想通史[M]. 北京:人民出版社,1956.

　　[20] 胡适. 胡适学术论文集[M]. 北京:中华书局,1991.

　　[21] 蒋国保. 方以智与明清哲学[M]. 合肥:黄山书社,2009.

　　[22] 蒋国保. 方以智哲学思想研究[M]. 合肥:安徽人民出版社,1987.

　　[23] 蒋维乔. 近三百年中国哲学史[M]. 上海:中华书局,1936.

　　[24] 赖贵三. 台海两岸焦循文献考察与学术研究[M]. 台北:文津出版社,2008.

　　[25] 李开. 戴震评传[M]. 南京:南京大学出版社,2001.

　　[26] 李明友. 一本万殊——黄宗羲的哲学与哲学史观[M]. 北京:人民出版社,1994.

　　[27] 梁启超. 清代学术概论[M]. 上海:上海古籍出版社,2005.

　　[28] 梁启超. 中国近三百年学术史[M]. 北京:中国书店,1986。

　　[29] 刘建臻. 焦循著述新证[M]. 北京:社会科学文献出版社,2005.

　　[30] 刘师培. 清儒得失论——刘师培论学杂稿[M]. 北京:中国人民大学出版社,2004.

　　[31] 刘述先. 黄宗羲心学的定位[M]. 杭州:浙江古籍出版社,2006.

　　[32] 路新生. 中国近三百年疑古思潮研究[M]. 上海:上海人民出版社,2001.

　　[33] 罗炽. 方以智评传[M]. 南京:南京大学出版社,2006.

　　[34] 吕思勉. 吕思勉论学丛稿[M]. 上海:上海古籍出版社,2006.

　　[35] 梅尔清. 清初扬州文化[M]. 朱修春,译. 上海:复旦大学出版

社,2004.

［36］潘用微.潘子求仁录辑要［M］.钟哲,点校.北京:中华书局,2009.

［37］钱穆.中国近三百年学术史［M］.北京:商务印书馆,1997.

［38］钱钟书.谈艺录［M］.北京:生活·读书·新知三联书店,2001.

［39］山口久和.章学诚的知识论——以考证学批判为中心［M］.王标,译.上海:上海古籍出版社,2006.

［40］王纪录.中国史学思想通史(清代卷).合肥:黄山书社,2002.

［41］王茂,蒋国保等.清代哲学［M］.合肥:安徽人民出版社,1992.

［42］王瑞昌.陈确评传［M］.南京:南京大学出版社,2002.

［43］魏宗禹.傅山评传［M］.南京:南京大学出版社,2011.

［44］吴根友.戴震、乾嘉学术与中国文化［M］.福州:福建教育出版社,2015.

［45］吴根友.中国现代价值观的初生历程 ——从李贽到戴震［M］.武汉:武汉大学出版社,2004.

［46］索绪尔.普通语言学教程［M］.高名凯,译.北京:商务印书馆,1980.

［47］夏征农,陈至立主编.辞海(第六版彩图本).上海:上海辞书出版社,1979.

［48］萧萐父.吹沙集［M］.成都:巴蜀书社,1991.

［49］萧萐父,许苏民.明清启蒙学术流变［M］.沈阳:辽宁教育出版社,1995.

［50］萧萐父,许苏民.王夫之评传［M］.南京:南京大学出版社,2002.

［51］熊十力.熊十力全集［M］.武汉:湖北人民出版社,2001.

［52］许苏民.顾炎武评传［M］.南京:南京大学出版社,2006.

［53］许苏民.李贽评传［M］.南京:南京大学出版社,2006.

［54］余英时.方以智晚节考［M］.北京:三联书店,2004.

［55］余英时．论戴震与章学诚——清代中期学术思想史研究［M］．台北：东大图书股份有限公司，1996．

［56］余英时．朱熹的历史世界［M］．北京：三联书店，2004．

［57］余英时等．中国哲学思想论集·清代篇［M］．台北：水牛出版社，1988．

［58］张岱年．张岱年文集［M］．北京：清华大学出版社，1989．

［59］张其昀．"说文学"源流考略［M］．贵阳：贵州人民出版社，1998．

［60］张师伟．民本的极限——黄宗羲政治思想新论［M］．北京：中国人民大学出版社，2004．

［61］张舜徽．清代扬州学记［M］．扬州：广陵书社，2004．

［62］章太炎、刘师培．中国近三百年学术史论［M］．上海：上海古籍出版社，2006．

［63］章太炎．章太炎学术论著［M］．刘凌，孔繁荣，编校．杭州：浙江人民出版社，1998．

［64］章太炎．章太炎学术史论集［M］．溥杰，编校．北京：中国社会科学出版社，1997．

［65］张学智．明代哲学史［M］．北京：北京大学出版社，2000．

［66］赵昌智主编．扬州学派人物评传［M］．扬州：广陵书社，2007．

［67］赵俪生．顾亭林与王山史［M］．济南：齐鲁书社，1986．

［68］郑宗义．明清儒学转型探析——从刘蕺山到戴东原［M］．香港：香港中文大学出版社，2009．

［69］支伟成．清代朴学大师列传［M］．上海：泰东图书局，1926．

［70］朱义禄．颜元李塨评传［M］．南京：南京大学出版社，2006．

三、相关研究类论文

［1］东方杂志，21(3)．

［2］彭国翔．公议社会的建构：黄宗羲民主思想的真正精华［J］．求是学刊，2006(4)．

［3］吴根友.从来前贤畏后生——重评章学诚对戴震的批评［J］.安徽大学学报,2008(2).

［4］吴根友.段玉裁的"求是"精神与其语言哲学思想［J］.华东师范大学学报,2009(2).

［5］吴根友.乾嘉时代的"道论"思想及其哲学的形上学追求［J］.儒教文化研究(国际版):第九辑.崔英辰,主编.首尔:成均馆大学,2008.

［6］吴根友.试论戴震的语言哲学思想［J］.中国哲学史,2009(1).

［7］吴根友.试论阮元哲学思考的语言学路径及其得失［J］.哲学研究,2008(9).

［8］吴根友.唐君毅的"明清思想研究"述评［J］.中国哲学与文化:第七辑.刘笑敢,主编.桂林:广西师范大学出版社,2010.

［9］吴根友.言、心、道——戴震语言哲学的形上学追求及其理论的开放性［J］.哲学研究,2004(11).

［10］杨晋龙.《代扬州学术》导言［J］.(台北)"中央研究院"中国文哲研究所,编.中国文哲研究通讯,15(1).

［11］张立文.戴震［J］.清史研究,2010(3).

［12］周辅成.戴震的哲学［J］.哲学研究,1956(3).

后　记

本卷的主要内容是由我一人撰写的，其中第四章第一节的初稿由孙邦金教授执笔，由我修改润色完成。

虽然本书主要由一人执笔完成，但并非一气呵成，很多章节的内容是由以往发表的专业论文修改、加工而成，因而可能存在着学术性有余而可读性不足的缺点。另外，由于是学术性的著作，不像专门为教学而写的哲学史教材，故而有些常识性的观点并未在书中出现。

本书是我二十余年明清哲学研究成果的一次比较集中的展现，其中有些章节与本人已经出版的相关著作有所重合，特此说明。

另外，随着研究的深入，虽对有些论述已经很不满意，但本书已来不及修改了，有些新的论述也无法再重新加入，只能在未来的作品里集中表达了。

伴随着近四十年中国社会的发展，明清哲学研究也遇到了新的挑战与机遇。近百年前辈大师们的研究范式与进路已然成为某种典范，但新的研究范式或进路似乎还未形成。本书可能是处在旧范式向新范式过渡的产物，它一面世可能就会成为历史。但是，作为对百年来明清哲学研究的一个总结性成果，它本身就是通过对历史的总结而面向着未来的。我希望它能成为后来者继续研究明清哲学研究的一块比较稳当的垫脚石，让后来者稳稳地踩着它继续前进。若能如此，则吾心甚慰。

是为记。

2021 年 2 月 20 日晚